D1748918

Underbara dagar framför oss

Henrik Berggren

Underbara dagar framför oss

En biografi över Olof Palme

NORSTEDTS

Norstedts
Besöksadress: Tryckerigatan 4
Box 2052
103 12 Stockholm

www.norstedts.se

Norstedts ingår i
Norstedts Förlagsgrupp AB,
grundad 1823

© Henrik Berggren 2010
och Norstedts, Stockholm 2010
Redaktör: Ingemar Karlsson
Omslag: Miroslav Šokčić
Tryckt hos ScandBook, Falun 2010
ISBN 978-91-1-301708-2

Innehåll

Förord 7
1. Kalmar–Stockholm 11
2. En stor svensk familj 33
3. Söndagsbarn 53
4. Mannen utan väg 77
5. De nakna och de röda 111
6. Student as such 143
7. Det gamla riket 181
8. Trollkarlens lärling 221
9. Modernitetens vita hetta 257
10. Kennedylooken 297
11. Vi ses i Song My 335
12. Prime Minister of Sweden 381
13. Den demokratiske socialisten 421
14. Andra svartmålar, vi bygger vidare 469
15. Vinter i paradiset 519
16. Återkomsten 567
17. Bröderna Mozart 609

Släktträd 659
Kommentar till källorna 661
Källor och litteratur 677
Tack 701
Bildkällor 703
Personregister 705

Les beaux jours sont devant nous.
FRANSKT ORDSPRÅK CITERAT AV OLOF PALME 1968

Tidens förvirring och bristen på pålitliga källor skapar problem för den historiker som strävar efter en klar och obruten linje i sin berättelse. Omgiven av bristfälliga fragment som alltid är för kortfattade, ofta obskyra och ibland motsägelsefulla tvingas han att sammanställa, jämföra och gissa. Och även om han aldrig borde blanda ihop sina gissningar med fakta kan det hända att en insikt om den mänskliga naturens starka passioner vid något enstaka tillfälle har fått ersätta bristen på historiskt material.
EDWARD GIBBON

Förord

LÖRDAGSMORGONEN DEN I MARS 1986 vaknade jag av att klockradion gick i gång. Ett grått förmiddagsljus strilade in genom fönstret och i bakgrunden hördes det avlägsna slamret av spårvagnar. Min hustru och jag hade precis kommit tillbaka till Sverige efter att ha bott nästan två år i Kalifornien. Vi hade en gigantisk gammal våning vid Järntorget i Göteborg med en takhöjd på 3,5 meter och ett omfattande renoveringsbehov. Jag tittade sömndrucken upp mot den spruckna, rosenformade stuckaturen i taket och lyssnade förstrött på radion. Efter ett tag insåg jag att något var allvarligt fel. En kvinnlig reporter höll på att sammanfatta den svenske statsministern Olof Palmes liv med det torra, avmätta tonfall som används när en känd person plötsligt har avlidit. Det var obegripligt. Allt hade varit normalt i Sverige föregående kväll.

När vi väl läst morgontidningen började bilden klarna. Det var ingen statskupp eller revolution. Olof Palme hade blivit skjuten klockan tjugo över elva föregående kväll i centrala Stockholm på väg hem efter ett biobesök. Någon mördare var ännu inte gripen. Regeringen hade blixtinkallats och Ingvar Carlsson, som var vice statsminister, hade på lördagsmorgonen utsetts till regeringschef. Alla underhållningsprogram i teve ställdes in. Kondoleanser strömmade in från hela världen och människor samlades på mordplatsen och lade ner blommor. I USA, där vi bott på gränsen mellan den idylliska universitetsstaden Berkeley och det socialt utsatta Oakland, hade vi ibland kunnat höra pistolskott om nätterna. Men nu var vi hemma i Sverige, en upplyst plats där ingen skulle falla igenom det sociala skyddsnätet och inga mörka gränder skulle vara farliga på nätterna.

Under de närmaste dagarna klagades det över att regeringen inte utlyste landssorg. Experter förklarade att det var juridiskt omöjligt enligt den svenska författningen. Men saknaden låg ändå tung över landet. I medierna vittnade statsmän och politiker från hela världen om sin starka personliga sorg. Det var som om svenskarna först nu verkligen insåg Olof Palmes internationella betydelse. På söndagskvällen – 48 timmar efter mordet – anordnades en minneshögtid i centrala Göteborg. Fyrtiotusen människor gick med facklor i händerna längs stadens stora paradgata Kungsportsavenyn fram till Götaplatsen. För första gången i mitt liv upplevde jag den nationella samhörighetens kraft, känslan av att vara sammanlänkad med andra människor i en ödesgemenskap. Jag tittade på människorna omkring mig – arbetaren i keps, punktjejen, den unge invandrarkillen, det välklädda medelålders paret – och kände en ömhet för dem alla. Det spelade ingen roll var vi kom ifrån, vilka gudar vi dyrkade eller vilken ideologi vi hade. Vi hade just drabbats av en förlust som band oss samman.

Vad var det vi sörjde? Som alltid vid dödsfall var sorgen en blandning av saknad efter en människa och en insikt om vår egen förgänglighet. Olof Palme hade alltid funnits i mitt liv. Jag var ett år gammal när han som trettioåring tog plats i Sveriges riksdag 1958. När han valdes till socialdemokratisk partiordförande och statsminister hösten 1969 var jag tolv år och hade vaknat till någon form av politisk medvetenhet. Under de närmaste åren beundrade jag honom för hans ställningstagande mot Vietnamkriget. Jag blev stolt när jag såg klipp från amerikanska teveprogram där han på lysande engelska försvarade Sveriges rätt att kritisera USA. Under andra hälften av sjuttiotalet gjorde jag en föga originell utflykt vänsterut, men när den väl var avklarad framstod Olof Palme återigen som det självklara valet. Jag röstade på honom när han återtog makten 1982 och även i valet 1985. Då avlämnade vi våra röster på generalkonsulatet i San Francisco och eftersom vi visste att vi var på väg hem hade det känts som om vi inte bara valde Olof Palme utan även Sverige. Nu stod vi på Götaplatsen och sörjde honom.

Alltför snabbt efter mordet övergick sorgen i förvirring och ilska. Den svenska polisen visade sig vara mer inkompetent än någon kunnat föreställa sig. I stället för att säkra alla spår och vittnen på brottsplatsen ägnade sig spaningsledningen åt fantasifulla konspirationsteorier riktade mot utlänningar eller svenska medborgare av utländsk härkomst. När det sommaren 1988 avslöjades i medierna att den socialdemokratiska regeringen anlitat privata spanare som använt sig av illegala metoder tycktes det som om ämbetsmannastaten Sverige förvandlats till en bananrepublik. Till slut började polisen uppmärksamma Christer Pettersson, en kriminell missbrukare som förmodligen var mördaren. Han blev dömd i tingsrätten, friad i hovrätten och avled 2004. Uppmärksamheten kring det ouppklarade mordet – med alla vansinniga konspirationsteorier och självutnämnda privatdetektiver – ledde till att Olof Palmes liv hamnade i skuggan av hans död.

Om någon hade talat om för mig den där marskvällen på Götaplatsen 1986 att jag drygt tjugo år senare skulle skriva en biografi över Olof Palme hade jag inte trott dem. Då såg jag mig själv helt som en blivande historiker, specialiserad på artonhundratalet. Men saker går inte alltid som man tänkt sig. Jag hamnade på den stora morgontidningen *Dagens Nyheter*, först på kulturredaktionen och sedan på ledaravdelningen. Och en söndag i slutet av februari 2006 hade jag jourtjänst. Jag hade ingen aning om vad jag skulle skriva om tills någon påminde mig om att det i veckan var tjugo år sedan Olof Palme mördades. Min entusiasm var måttlig, jag hade svårt att se vad det fanns för nytt att säga. Men jag beställde fram klippkuverten och började läsa.

När jag bläddrade bland de spröda, gulnade klippen insåg jag plötsligt att Olof Palme tillhörde en annan tid. Under de två decennier som gått sedan mordet hade världen förvandlats på ett oåterkalleligt sätt. Palme var nu inkapslad i den epok som har kommit att kallas "det korta nittonhundratalet". Han var född 1927, nio år efter första världskrigets slut, och dog tre år före Berlinmurens fall. Hans barndom utspelade sig under det svenska folkhemmets första stapplande år. När slaget om Stalingrad rasade var han tonåring. Han blev vuxen precis vid krigsslutet och genomkorsade det förödda Europa som studentledare i början av femtiotalet. Som ung socialdemokratisk politiker formulerade han sextiotalets välfärdsideologi. På sjuttiotalet gick han i spetsen för de reformer som gjorde Sverige till ett av västvärldens mest jämställda och jämlika länder. I början av åttiotalet, när

USA och Sovjet åter hamnat i ett kallt krig, ivrade han för nedrustning och kollektiv säkerhet. Palme, tycktes det mig, var som ingen annan svensk inblandad i nittonhundratalets mest avgörande motsättningar: det kalla kriget, avkolonialiseringen, välfärdsstaten, Vietnamkriget, utbildningsexplosionen, studentrevolten, kärnkraften, sjuttiotalskrisen. När jag gick hem från *Dagens Nyheter* den kvällen, efter att ha skrivit en kort och otillfredsställande ledare, visste jag att jag ville berätta historien om Olof Palme och hans tid med all den rikedom, gestaltningsförmåga och kunskap som den förtjänade.

Henrik Berggren, Tyresö i mars 2010

1. Kalmar–Stockholm

Jag är av borgerligt ursprung.
OLOF PALME

Jag känner redan mina krafter bära
och glöder som av nya druvors saft.
Nu får jag mod att vandra ut i världen
och bära jordens sorg och fröjd på färden,
och slåss med stormen utan att förskräckas
när jag ser skutan av en brottsjö bräckas.
JOHANN WOLFGANG VON GOETHE

I DE FLESTA EUROPEISKA huvudstäder, även i mycket demokratiska och jämlika länder, finns oftast en stadsdel som inte bara är välbärgad och exklusiv, utan också utgör en nationell symbol för klasspyramidens yttersta topp. I Paris är det Faubourg Saint Germain, London har sitt Mayfair och i Berlin finns Dahlem. Arkitekturen kan variera, men den sociala grammatiken är gemensam: en slutenhet som får den tillfällige besökaren att känna sig ovälkommen men verkar lugnande på lokalbefolkningen. Gatulivet är dämpat och återhållsamt. Dels därför att rika människor har stora våningar eller villor och inte behöver umgås utomhus, dels därför att fastighetspriserna är så höga att kaféer, barer och småbutiker blir olönsamma. Dessa områden liknar äldre arvtanter; kanske något bedagade, men alltid ytterst solida och respektabla.

I den svenska huvudstaden Stockholm sammanfaller välstånd, politisk makt och kulturellt kapital framför allt i stadsdelen Östermalm nordost om centrum, byggd i slutet av artonhundratalet. De främsta verktygen var, säger elaka tungor, baron Haussmanns linjal och Alfred Nobels nitroglycerin. Från den franske stadsplaneraren som rev stora delar av det medeltida Paris hämtades breda esplanader och gator i rutsystem. Med hjälp av den svenske uppfinnarens dynamit sprängde man bort berg, kullar och andra ojämnheter i topografin. Stadsdelen blev inte bara rak på det vertikala planet utan även det horisontella.

I dag kan rätlinjigheten framstå som ett exempel på nivellerande ingenjörskonst. Men vid sekelskiftet sågs Östermalm som ett storslaget projekt för att skapa en ny sorts bostadsområde med ljus och luft. "Allt är ståtligt, präktigt och nytt", skaldade nationaldiktaren August Strindberg som bodde några år på Östermalm: "esplanadernas gröna gångar, järnbanbroarnes svarta spångar". Strindberg var inte den ende konstnären som attraherades av den nya stadsdelen. Snarare än tråkförnämt borgerligt framstod det tidiga Östermalm som modernt och framåtriktat. Efter hand skulle dock anklagelserna om dysterhet och brist på folkliv växa sig starka. Här fanns inga barn, klagade författaren Gustaf Adolf Lysholm. Det mest ungdomliga inslaget var rödblommiga unga familjeflickor i koketta små muffar, som han föreställde sig vara på väg hem från skridskoturen på Stockholms stadion till pianolektioner i "tysta och mörka våningar".

I en av dessa tysta våningar, i hjärtat av det "rika Östermalm" på hörnet av Engelbrektsgatan och Östermalmsgatan, växte Olof Palme upp under mellankrigstiden. Familjen hade bott där sedan första världskriget, först som ägare till fastigheten och sedan som hyresgäster. Själva huset, som numera rymmer rumänska ambassaden, byggdes i början av artonhundraåttiotalet, en välproportionerad grå stadsvilla där familjen disponerade två våningar på det tredje planet i ett flergenerationellt arrangemang. I den ena, en niorumslägenhet, bodde Olof med sina föräldrar och två äldre syskon. Tvärsöver trapphallen förfogade hans farfar och farmor över sju rum. På andra planet residerade en annan blivande svensk statsministerfamilj, överste Nils Bildt med hustru och fyra söner, varav en skulle komma att bli far till den moderate partiledaren Carl Bildt, statsminister på nittiotalet och i dag utrikesminister. Bottenvåningen rymde två äldre damer, en sjöofficersänka och en målarinna från Hamburg, samt en portvaktsbostad där två kvinnor på parisiskt manér bemannade en lucka på insidan av porten och kontrollerade inpasseringen i huset.

Två omständigheter brukar framhållas om den blivande socialdemokratiske partiordförandens uppväxt på Östermalm: familjens privilegierade ekonomiska ställning och dess konservativa världsåskådning. Att Olof Palme tidigt fick stifta bekantskap med välstånd är ovedersägligt. Den utsträckta familjen Palme levde på stor fot med tjänstefolk och guvernanter, en herrgård i Sörmland med 18 rum och havsutsikt, bil med chaufför, regelbundna utlandsresor och privatskolor för barnen. Även med den närmaste omgivningens mått var umgängeslivet på Östermalmsgatan 36 grandiost. Vid middagar och soaréer fylldes lägenheten av kungligheter, friherrar, direktörer, generaler, professorer, godsägare, ambassadörer och ibland någon enstaka kulturpersonlighet. Gästlistan för en musikafton i mars 1927 inkluderade bland andra kronprins Gustav Adolf, prins Carl, Ivar Kreuger samt tre statsråd. Middagsvinerna var direktimporterade från Frankrike, whiskyn kom från egen leverantör i Skottland och menyerna skrevs ut i förväg på franska. Olof Palmes farfar efterlämnade ingen astronomisk förmögenhet när han dog 1934 – omkring åtta miljoner kronor i dagens penningvärde – men familjen var mer än behagligt välbesutten i ett klassamhälle där en arbetarfamilj på fem-sex personer kunde trängas i ett rum och kök.

Att de flesta medlemmar i familjen stod till höger på den politiska skalan är också ett faktum. I ett Sverige som under mellankrigstiden blev alltmer socialdemokratiskt, USA-vänligt, nedrustat och lillsvenskt var den allmänna hållningen i familjen Palme antisocialistisk, tyskorienterad, försvarsvänlig och Finlandsaktivistisk. Få av familjemedlemmarna var visserligen direkt aktiva i offentligheten, men när de engagerade sig – som vid det klasskampspräglade kosackvalet 1928 – var det till stöd för Högerpartiet och framför allt mot socialdemokratin. Förhållandet till Finland var ständigt närvarande, drömmen om en stark och fast allians mellan ett svenskorienterat Finland och ett baltiskt aktivt Sverige var en hägrande men orealistisk vision. Solidariteten med det besegrade Tyskland och harmen över de hårda villkoren i Versaillesfreden ventilerades på sammankomster i Svensk-tyska föreningen. De ledande högerpolitikerna Ernst Trygger och Gösta Bagge sågs regelbundet i det palmeska hemmet, liksom friherre Mannerheim, bror till den finske presidenten, och den tyske diplomaten prinsen av Wied, senare känd som Nazitysklands främste påtryckare i Sverige.

Att denna burgna Östermalmsmiljö skulle frambringa en av den svenska arbetarrörelsens största politiker är naturligtvis pikant. För Olof Palmes beundrare bevisar detta uppbrott från familjebakgrunden att han var en fri och självständig intellektuell, en *selfmade man*. Hans belackare har däremot sett honom som en opportunist som inte bottnade i sina idéer. Det finns ett korn av sanning i båda perspektiven, men till större delen bygger de på en felaktig premiss: att såväl Palmes värderingar som hans politiska gärning skulle utgöra ett brott med hans bakgrund. Familjen var i själva verket långt mer sammansatt och mångfasetterad än vad ovanstående ögonblicksbilder från tjugotalet ger vid handen.

Pengar och politiska åsikter är onekligen viktiga delar av det sociala arvet. Men partilojaliteter kan bytas och förmögenheter förloras, under det att mer djupgående familjemönster består. Betraktar vi familjen i ett längre historiskt perspektiv – i rörelse snarare än i frusen tjugotalstablå – var Palme inte så mycket en avfälling som en representant för många av de grundvärderingar och karaktärsegenskaper som präglade släkten Palme: en stark tro på vetenskap och modernitet, en mångspråkig internationalism, en blandning av aristokratisk *noblesse oblige* och faustisk vilja till makt, ett intresse för litteratur, dramatik och retorik samt en grundmurad övertygelse om nödvändigheten av att mobilisera all sin viljekraft när det gäller att uppnå avgörande mål. Och inte minst viktigt: med sin familjebakgrund hade Olof Palme inte svårt att förstå konflikten mellan ett litet, nationalistiskt sinnat land och en imperialistisk stormakt.

*

Släktens anfader var skepparen och handelsmannen Palme Lyder som år 1609 flyttat till Ystad från Holland. Han danade en respektabel men inte särskilt spektakulär landsortsätt av köpmän, präster och ämbetsmän i södra Sverige. Först när Olof Palmes blivande farfar Sven Palme och hans halvbror Henrik lämnade föräldrahemmet i sjöfartsstaden Kalmar och flyttade till Stockholm i mitten av artonhundratalet utvecklade de familjens fulla potential.

Det var en rörelse i förbund med tiden. Det sömniga och agrara Sverige höll på att kasta sig ut i det språng som utvecklingsekonomerna kallar *take-off*, det första steget mot ett dynamiskt, urbant industrisamhälle. De viktigaste framstegen skedde utanför de större städerna. Alltmer rationellt drivna bondgårdar försörjde den växande befolkningen med livsmedel. Norrländska ångsågar levererade trävaror till utlandet och exportinkomster till ägarna. Utbyggnaden av järnvägen och ny teknik förvandlade slutna svenska brukssamhällen till en europeisk storindustri. Med sina drygt 100 000 invånare hopträngda under ytterst osanitära förhållanden låg Stockholm däremot långt efter de flesta av kontinentens huvudstäder i utveckling. "Sveriges stolta huvudstad har länge stått utpekad som ett undantag från hela den civiliserade världen", menade en missnöjd stockholmare som försökte förmå stadens styrelse att bygga vatten- och avloppsledningar. Fler människor dog än föddes i den råkalla, dimmiga Östersjöstaden och endast Wien av alla Europas huvudstäder överträffade Stockholm i antalet oäkta barn.

Men här togs de politiska beslut som skapade en ny marknadsekonomi i Sverige, från avskaffandet av skråordningen till instiftandet av nya lagar om aktiebolag, försäkringsväsende och bankverksamhet. Kreditmarknaden var ännu svagt utvecklad. Det var framför allt staten som tillhandahöll kapital, inte minst för järnvägsutbyggnaden. Men driftiga entreprenörer började inse att det fanns outnyttjade tillgångar hos småspararna om dessa kunde övertygas om att det var tryggt att sätta in pengar i banken, köpa aktier eller ta försäkringar. Det var på dessa områden som bröderna Palme från Kalmar satte sitt märke i huvudstaden. Deras uppbrott ingick i den stora folkomflyttningsrörelse då svenskarna lämnade det gamla ståndssamhället bakom sig för en osäker men löftesrik modernitet i individualismens tecken. Men till skillnad från de tiotusentals desperata torpare, backstugusittare och jordproletärer som också bröt upp från hembygden hade Sven och

Henrik utbildning, kontakter och det goda självförtroende som skapas av att växa upp som aktade borgare i en stillsam provinsstad.

Det Kalmar som bröderna Palme lämnade var på nedgång. På medeltiden hade staden varit en av Sveriges främsta, inte minst i egenskap av gränspost mot Danmark, som då omfattade de södra delarna av det moderna Sverige. Men efter Roskildefreden 1658, då Sverige erhöll Blekinge, Skåne och Halland, hade det gått utför. Stadens praktfulla kungliga slott från tolvhundratalet, där Vasakungarna periodvis residerat, förföll och användes på artonhundratalet som magasin och fängelse. Den kungliga prakten hade ersatts av borgerlig godmodighet. Stadens invånare levde framför allt på handel och sjöfart utan att göra något större väsen av sig. Intriganta hovmän och djärva officerare hörde till det förflutna, i stadens Societetshus samlades nu köpmän som rökte långpipa och drack toddy. Det var en miljö som gynnade sällskaplighet, studier och flit. Kalmar hade många skolor och ett rikt föreningsliv.

Adolph Palme, Henrik och Svens far, var landssekreterare, den högste ämbetsmannen i länet efter landshövdingen. Han var en aktad medborgare i staden med många barn och mer fallenhet för att skriva vers än att göra affärer. Precis när sonen Henrik blev gammal nog för att skickas i väg till universitet drabbades familjen av en ekonomisk katastrof i svallvågorna efter Krimkriget. I februari 1859 kunde Kalmarborna läsa i den nystartade tidningen *Barometern* att lagman Palmes tillgångar skulle säljas på auktion: ett tolvrumshus i staden, tre brädgårdar samt fem skepp.

Palme skulle återhämta sig, men konkursen påverkade sonen Henriks utträde i livet. Likt sin far hade den sjuttonårige Henrik intellektuella böjelser. Han var stillsam, rökte pipa och svängde sig gärna med sentenser från Platon och Shakespeare. Men Adolph ville att sonen skulle bli ingenjör, kanske för att undvika hans egen ekonomiskt osäkra livsbana. Henrik placerades som praktikant på ett kanalbygge, men visade sig sakna såväl lust som fallenhet för mekaniken. Efter diverse turer hamnade han i stället vid universitetet i Uppsala, där han slutförde en kameralexamen på rekordtid. År 1860 flyttade han till Stockholm, där han blivit antagen som extraordinarie tjänsteman både vid Kungliga

Statskontoret och vid Generaltullstyrelsen. Arbetet var inte betungande – "en eller två timmar varje förmiddag" – men i gengäld illa avlönat.

Han drygade ut sina inkomster med tillfälliga uppdrag som teaterskribent, bland annat för Dramatiska teaterns programblad och den konservativa dagstidningen *Stockholms Dagblad*. Han bodde i ett enkelt hyresrum och åt på källarkrogar, men som tidningsman kunde han inte avvara punsch och cigarrer, yrkets nödvändiga attribut vid denna tid. År 1863 blev han notarie i riksdagens borgarstånd, en position som gav tio riksdaler om dagen när ständerna var samlade. Det var en ekonomisk förbättring som möjliggjorde en studieresa till staden Orléans i Frankrike, där Palme tillbringade det mesta av sina kvällar på stadens teatrar. Innan han återvände hem till Stockholm försommaren 1864 besökte han även Stratford-upon-Avon för att fira trehundraårsminnet av Shakespeares födelse.

Med en fot i tidningsvärlden och en i riksdagen var den unge mannen från Kalmar perfekt placerad för att följa framväxten av ett nytt Sverige. Hans första år i Stockholm sammanföll med den dramatiska höjdpunkten i striden för att ersätta den medeltida ståndsriksdagen med ett modernt parlament med under- och överhus. Långa och vältaliga debatter fördes på Riddarhuset, komplicerade reformförslag stöttes och blöttes i tidningarna. Från hela landet gick deputationer som uppvaktade den motvillige och konservative kungen Karl XV.

Avskaffandet av ståndsriksdagen var tänkt att bli kronan på det borgerliga reformverk som pågått sedan artonhundrafyrtiotalet. Nu, sjuttiofem år efter bollhuseden i Versailles, tycktes äntligen tredje ståndet redo att ta makten även i det tröga och efterblivna Sverige. Borgar- och bondeståndet stod helt bakom nyordningen, prästståndet hade deklarerat att man skulle rätta sig efter adeln, så i praktiken hängde allt på att den svenska aristokratin gav upp sitt sista betydelsefulla privilegium, dess ledande ställning i den svenska folkrepresentationen. "Den sanna adeln känner alltid sin plikt mot fäderneslandet", förklarade lantmarskalken Lagerbielke stoiskt när det nya förslaget segrat med 361 röster mot 294 i Riddarhuset strax före julen 1865.

Men representationsreformen visade sig utgöra den sista liberala kraftsamlingen på ett par decennier. Den blev inte startskottet för en ny era av borgerlig dominans inom det politiska livet. Den mer välbesuttna delen av landsbygdsbefolkningen, inte städernas medelklass, blev den verkliga vinnaren. 1865 var "förhoppningarnas dödsår", skrev August Strindberg i efterhand: "Den ohyggliga reaktion som har inträtt... har verkat demoraliserande på det nya släkte som vuxit upp." Vid mitten av artonhundratalet var den svenska bourgeoisien en fattig kusin med europeiska mått, en tunn gräddklick som flöt ovanpå i en mustig bondsoppa. Men även om den urbana medelklassens omedelbara politiska förhoppningar kom på skam, innebar ändå representationsreformen att de gamla hindren för en marknadsekonomi med utrymme för driftiga entreprenörer undanröjts.

Henrik Palme hörde till denna kategori av företagsamma nydanare. Med inspiration från Österrike och Preussen lanserade han 1869 en ny sorts bank som specialiserade sig på inteckningslån för fastighetsägare, Stockholms Inteckningsaktiebolag, SIGAB eller "inteckningsbanken" som den kom att kallas. För egen del hävdade den teaterintresserade Palme att det var Goethe som hade gett honom den avgörande impulsen att kasta sig ut i affärslivet. Hos den tyske diktaren hade Palme fäst sig "vid ett yttrande som gick ut på att det ivrigt eftertraktade alltid låter sig framtvingas av en tillräcklig stark viljekraft". Sannolikt syftade han på den berömda slutrepliken i *Faust*, där ängeln som räddar doktorn som gått i pakt med djävulen förkunnar: *Wer immer strebend sich bemüht, den können wir erlösen*, "ty mäktar vi förlossa den som outtröttligt strävar". Eller som hans brorsonson uttryckte det på sextiotalet: politik är att vilja.

Starten för SIGAB blev trög, men snart hade Palme etablerat sig som en ledande aktör i Stockholms finansliv. Andra hälften av artonhundratalet var en dynamisk tid för svenskt bankväsende. Ekonomin expanderade kraftigt och behovet av nya kredit- och investeringsmöjligheter var stort. År 1856, ett drygt decennium före Henrik Palmes inträde i bankvärlden, grundade den före detta marinofficeren A.O. Wallenberg Stockholms Enskilda Bank, som skulle komma att bli stommen i en av världens mest framgångsrika och långvariga familjedynastier. Henrik Palme hamnade tidigt i konflikt med Wallenbergarna när han på artonhundrasjuttiotalet vägrade bistå Enskilda Banken under en tillfällig kris. Det var upptakten till ett långt och spänningsfyllt förhållande mellan familjerna Palme och Wallenberg, först som konkurrenter inom affärsvärlden och sedan som representanter för å ena sidan den socialdemokratiska arbetarrörelsen och å andra sidan svenskt storkapital.

Henrik Palmes framgångar banade väg för andra lukrativa projekt. Han grundande Centraltryckeriet på Vasagatan, satt i olika styrelser och projekterade omfattande nybyggnation, både i form av arbetarbostäder och lummiga trädgårdsförorter för Stockholms elit. Det är utmärkande för Henrik Palme – och senare brodern Sven – att han inte drog skarpa rågångar mellan sociala ideal och affärer. I Henriks fall är detta kanske tydligast när det gäller hans skötebarn, villastaden Djursholm som byggdes under 1890-talet. År 1883 hade han köpt en stor lantegendom vid Värtan, Svalnäs, alldeles intill det stora godset Djursholm. Familjen trivdes storartat, och bankdirektör Palme insåg snart det natursköna områdets potential. Han och hustrun Anna hade inspirerats av de prunkande borgerliga förorter som vuxit fram i utkanten av London, Berlin och de nordamerikanska storstäderna. Också denna orientering mot den internationella borgerliga kultur som höll på att utvecklas i västvärlden var karaktäristisk för bröderna Palme.

Henrik hade en tydlig vision av en trädgårdsstad utanför Stockholm och 1889 bildade han ett bolag som köpte granngodset Djursholm. Projektet lockade en blandning av konstnärer, intellektuella och välbeställda läkare, ingenjörer och affärsmän. Men det skar sig mellan Henrik och de andra investerarna, som inte delade hans vision av den nya förortsgemenskapen. Bland annat omfattade denna en ambitiös kooperativ verksamhet och en "reformskola" med särskild betoning på ämnen som slöjd och gymnastik. Men Djursholm kom ändå att få något av en bohemisk och intellektuell prägel, särskilt i jämförelse med Saltsjöbaden, den andra högborgerliga villaförorten i Stockholm som skapades vid samma tid – av familjen Wallenberg.

*

När Sven Palme anlände till Stockholm 1873 fick han sova på en fältsäng i Henriks femrumsvåning vid Kungsträdgården, den första av många tjänster som den alltmer inflytelserike bankmannen skulle göra sin tretton år yngre halvbror. De hade inte stått varandra särskilt nära under uppväxten. Sven hade betraktat den piprökande Henrik mer som en "farbror", han mindes broderns långa samtal med fadern om litteratur och filosofi som "lillgamla". Svens ohämmade beundran var reserverad för en annan halvbror, Axel. Denne var modig, rask och elegant i uppträdandet och hade "det 'något' som satte pojkfantasier i rörelse", enligt Sven. Axels hjältegloria var också förknippad med två fenomen som skulle prägla Sven som vuxen: militärlivet och skandinavismen. Axel var löjtnant vid livgrenadjärerna och hade gått ut som frivillig i dansktyska kriget 1864. Hemma i Kalmar hade den tioårige Sven gripits av både den skandinavistiska yran och den efterföljande förstämningen när Sverige inte kom Danmark till undsättning. Året därpå hade han följt med familjen när den reste till Köpenhamn för att hämta hem den sårade Axel ur tysk fångenskap.

Efter studentexamen sökte sig Sven också till den militära banan. Han var nitton år gammal när han kom till Stockholm som volontär vid Svea artilleriregemente vid Lill-Jansskogen. Vid början av artonhundraåttiotalet hade han avancerat till löjtnant och dessutom fått ett krävande extraarbete i det av brodern grundade försäkringsbolaget Victoria. Det var nepotism, men svågerpolitik visade sig som så ofta i den begåvade familjen Palme vara en god affär. Under den berömde matematikprofessorn Mittag-Lefflers ledning (också städslad i Victoria av Henrik Palme) och med de goda grundkunskaper i matematik som han förvärvat på Artillerihögskolan utvecklades Sven snabbt till en skicklig försäkringstjänsteman. Det blev ett lönande extraknäck för en ung löjtnant som började fundera på att bilda familj.

Officersyrket hade ännu hög social status i artonhundratalets Sverige. Nästan hälften av kåren var av adligt ursprung när Sven Palme tog värvning. Gentlemannaidealet var en stark del av yrkesidentiteten. En officer var, hette det, "adelsmans like" i umgängeslivet. En ung löjtnant förväntades behärska inte bara kaserngårdens drill utan även balsalens danssteg och salongens konversationskonst. Den starka adelskulturen smittade av sig på de ofrälse officerarna. Sven Palme skulle längre fram i livet uppfattas som mer aristokratisk till sättet än sin genuint blåblodiga hustru, åtminstone av tjänstefolket. Men lönerna var relativt sett låga, och för många innebar officersbanan det "lysande elände" som författaren Agnes von Krusenstjerna beskrev i romanen *Fattigadel*, där en glänsande balkväll motsvarades av långa gråmånader med salt sik, härsket smör och reverser. Palme var en skötsam och ekonomisk officersaspirant, men efter ett par år hade han ändå dragit på sig omfattande skulder.

Det dåliga löneläget blev särskilt frustrerande vid tekniska truppslag som artilleriet, eftersom goda ingenjörs- och matematikkunskaper var eftertraktade på en expanderande civil arbetsmarknad. Dessutom fanns ett starkt missnöje med att börd och inte minst goda förbindelser med hovet var viktigare egenskaper än förtjänst och duglighet. När Sven år 1888 fick erbjudande om att bli verkställande direktör i det relativt nystartade livförsäkringsbolaget Thule tvekade han knappast. Den intellektuelle och förvånansvärt affärssinnade brodern Henrik hade slagit ut den hjältemodige löjtnantsbrodern som förebild. Det var också en gynnsam tid att ge sig in i affärslivet. Under det kommande decenniet, artonhundranittiotalet, upplevde Sverige en enastående högkonjunktur där stora delar av landets framgångsrika exportindustri grundlades.

Men försäkringsbranschen var också ifrågasatt. Den blev en tacksam symbol för den nya tidens hjärtlösa kapitalister som skodde sig på människors lidande och längtan efter trygghet. Det är ingen tillfällighet att August Strindberg valde just denna näring för att driva med den illa maskerade girigheten hos tidens uppåtstigande borgarklass i sitt genombrottsverk från 1879, *Röda rummet*. Strindberg ironiserade över kontrasten mellan de ordensprydda försäkringsdirektörernas svulstiga retorik och de pengahungrande aktieägarna som krävde tjugo procent utdelning på kapitalet. Försäkringsinstitutionen var inte en affär, betygade styrelseledamöterna i Strindbergs fiktiva sjöförsäkringsbolag Triton, utan i själva verket ren altruism: "Bland alla patriotiska och för mänskligheten välsignelsebringande företag, torde få, om ens något, vara av den ädla och till syftet människovänliga art, som en försäkringsinstitution." Strindbergs romanhjälte Arvid Falk blir alldeles överväldigad av all denna humanism: "Och det fordras en stor kärlek för att riskera sina pengar på nödställda likar som drabbats av olyckan, och här fanns kärlek; så mycket kärlek hade Falk aldrig sett samlad på en gång!"

Även om den svulstiga retoriken tålde att stickas hål på, var Strindbergs kritik av försäkringsbolagen i *Röda rummet* grundad i en extrem radikalindividualism som såg alla sociala kontrakt som en korrumpering av människans naturliga väsen. "Samhället var en väv av lögn", som Falk uttryckte författarens kompromisslösa civilisationskritik. Men Strindberg hade själv inte särskilt rent mjöl just i denna påse. I början av sin karriär hade han varit en hyrd penna i försäkringsbolaget Nordstjernans tidskrift *Svensk Försäkringstidning*. Sin vana trogen gjorde Strindberg inget halvt och delat. Han kastade sig ut i ett furiöst angrepp på en av Nordstjernans konkurrenter, som just råkade vara det nybildade livförsäkringsbolaget Thule. Eftersom Strindberg var helt okunnig om försäkringsekonomi blev angreppet mest en pinsamhet för Nordstjernan. Han blev snabbt överbevisad av Thules matematiska expert och kort därefter lades tidskriften ner. Sejouren i försäkringsvärlden skapade sedermera stor litteratur, men gjorde inte Strindberg till någon insiktsfull analytiker av försäkringsväsendet.

Mer nyktert betraktat var de stora försäkringsbolagens – Skandia, Thule, Victoria, Nordstjernan – framväxt under artonhundratalet framför allt en nödvändig institutionell utveckling i en modern marknadsekonomi. Som dess direktörer ofta framhävde var idén urgammal: att människor på olika sätt utlovade varandra stöd och skydd mot oförutsedda olyckor och katastrofer. Men det fanns en avgörande skillnad mellan å ena sidan äldre tiders husbönder som sörjde för orkeslösa drängar eller en gemenskap av goda grannar som byggde upp en nedbrunnen lada och å andra sidan det nya försäkringsväsendet. Försäkringsskydd lösgjorde individen från ett omedelbart beroende av överordnade eller den lokala gemenskapen och förvandlade henne till en mer självständig och fri aktör på marknaden.

Men livförsäkringarna förde också in marknadsekonomins principer på ett område där människan traditionellt hade accepterat Guds outgrundliga vägar. Var det inte en hädelse att räkna på värdet av ett liv? Från konservativt håll upplevdes den expanderande försäkringsbranschen som farlig och moralupplösande. På Riddarhuset i mitten av artonhundratalet rasade en talare mot de osunda livförsäkringarna. I stället för att använda sitt intjänade kapital till familjens och det allmännas bästa ägnade sig försäkringstagaren åt en obehaglig form av hasard: "Han förväntar sig vinst i det ögonblick han skall dö i stället för att hava en uppmuntran till arbete."

Dessa moraliska invändningar till trots ledde Sven Palme på drygt tio år Thule till en ledande position på den skandinaviska livförsäkringsmarknaden. Thule byggde på en i Sverige ny och originell idé: att införa premieåterbäring på livförsäkringar. Inspirationen kom från Frankrike och utgjorde en av de bärande affärsprinciperna i företaget när Sven Palme kom in i bilden. Men han gjorde återbäringstanken till sin. Det var fel att livförsäkringsbolagen tjänade eller förlorade pengar på människors liv eller död, menade han: "Thules nettovinst skall återgå till de verkliga ägarna av bolaget – försäkringstagarna." Det var en moralisk hållning som också visade sig vara en god affärsidé, och än en gång ett exempel på bröderna Palmes förmåga att tänka lite större än konkurrenterna. Men bakom framgångarna låg samma viljekraft och självförtroende som präglat Henriks första steg i affärsvärlden. Även Sven trodde på viljans makt över omständigheterna; i sina minnesanteckningar beskriver han hur han inom sig tidigt kände den kraft och förmåga som skulle kunna göra honom "till något över medelmåttan". Redan när han kom som nyanställd aktuarie till Victoria hade han bestämt sig för att bli chef och sitta i bolagets sjuhörniga direktörsrum – ett mål han förverkligade inom några år.

*

Ungefär samtidigt som han gav sig in i försäkringsvärlden gifte sig Sven Palme med den finlandssvenska Hanna von Born, han tjugonio år gammal och hon tjugotvå. Också här hade brodern banat väg. År 1882 träffade Sven sin blivande maka första gången hemma hos Henrik och dennes hustru, som var kusin med Hanna. Den verkliga romansen kom först följande år när Hanna passerade Sverige på väg hem från Paris. Hon och Sven träffades igen – avsiktligt sammanförda enligt familjemytologin – på den vackra herrgården Bjärka Säby i Östergötland som Henrik fått låna för en sommarvistelse.

Borgarsonen från Kalmar blev helt överväldigad av en underbar fläkt av "parisienne". Romansen spirade under bokarna i slottsparken, en inramning som sannolikt tilltalade Svens sociala ambitioner. Han imponerades av Hannas intellektuella kraft, hennes beläsenhet och inte minst hennes intresse för politiska frågor. "Skönlitteratur kände jag till något, men jag var väldigt okunnig i tidens frågor", hävdade han: "Jag kom ohjälpligt till korta inför en kvinna som läst Spencer..." Kanske överdrev han något sin respekt och fascination för Hanna i efterhand för att motverka elaka rykten om att den fattige unge löjtnanten skulle ha gift sig för pengar. Men det är ingen tvekan om att Hanna von Born hade både fysisk och intellektuell lyskraft, trots att hon var mycket kort till växten. Som en av hennes många beundrare skaldade: "Din själ är kraftfull, stark och stor/ Din kropp är, lindrigt talat, liten."

Hanna hade vuxit upp på godset Gammelbacka utanför Borgå som det nionde av tio syskon. Den finlandssvenska herrgårdskulturen liknade i mycket sin rikssvenska motsvarighet: tät och patriarkal med starka lokala seder och tydliga ståndsmarkörer. Men inflytandet från det autokratiska Ryssland i kombination med avsaknaden av ett gemensamt språk gjorde klyftan mellan herrskap och underlydande större än i Sverige. Grundtonen var bördsstolt och konservativ, på gränsen till feodal. Som en familjebiografi uttrycker det: von Borns motto kunde ha varit *mutare bene, conservare melior* – att förändra är bra, att bevara bättre. De var godsägare av den gamla stammen: bestämda motståndare till torparfrigörelse och finska som officiellt språk, men med en gammaldags uppfattning om *noblesse oblige* när det gällde patriarkala förpliktelser mot underlydande. Bildning och upplysning hyllades förvisso i herrgårdsmiljön, men liksom hos Tolstojs liberala godsägare tycks man ha varit osäker på om dessa ideal verkligen gällde de egna underlydande. Familjen von Born präglades av en mångkulturell adelskultur som skar genom de nya nationella identiteter och ideologier som vuxit fram i franska revolutionens efterföljd. Den kunde fläckvis vara frisinnad och modern, men adels- och familjeband övertrumfade alltid den lokala, folkliga kulturen. Man talade svenska hemma, behärskade tyska, briljerade med franska, kommunicerade nödtorftigt med torpare och arrendatorer på finska och använde sig av ryska om man ville handla med eller göra karriär i kejsardömet.

Hanna var en spännande ung dam, språkkunnig och berest efter att ha både bott i Frankrike och Ryssland. Hon läste inte bara problemlitteratur. Hemma i Borgå hade hon arbetat som lärarinna i ett år och senare, i Stockholm, grundade hon en kooperativ inköpsförening och drev en pensionskassa för hembiträden tillsammans med den blivande vänstersocialdemokraten Carl Lindhagen. Samtida betraktare beskrev henne som utåtriktad och mycket uppskattad av det motsatta könet men också som högdragen, vasstungad och ytterst bestämd i sina åsikter i såväl stort som smått. Likt den vackra men dominanta pastorskan i Väinö Linnas torpartrilogi *Högt bland Saarijärvis moar* var hon en modern kvinna och "avhånade med förkärlek den gamla stilens herrskapsflickor" som ansåg att kvinnor inte skulle befatta sig med ekonomiska och politiska spörsmål.

Likt Linnas romanfigur – som inte är särskilt smickrande tecknad – var Hanna också en hängiven finlandssvensk nationalist. Det florerar mängder av familjeanekdoter om henne som bornerad *grande dame*. Hon gav ofta uttryck för sina fördomar på ett ostentativt sätt i sällskapslivet, från att förolämpa Hjalmar Branting till att vägra ta emot personer av judiskt ursprung i sitt hem. Historierna är inte osannolika med tanke på familjen von Borns feodala bagage. Detta var dock inte något problem för den unge löjtnanten Palme, vars uppvaktning uppmuntrades livligt av Hannas mor. Att hitta lämpliga partner åt sina barn var ett växande demografiskt problem för aristokratin och en driftig ung officer av god borgerlig härkomst var på det hela taget ett gott parti. Men medvetenheten om den sociala deklasseringen fanns utan tvekan hos Hanna: livet igenom skulle hon signera sig "Hanna Palme, f. von Born".

Som unga utgjorde Sven och Hanna Palme ett karismatiskt ungt par på Stockholmsscenen. Det stod en aura av chic men måttfull radikalitet runt "den elegante, urbane, alltid älskvärde löjtnant-direktören" och hans vackra, kraftfulla och aristokratiska hustru från Finland. Hanna engagerade sig för såväl kvinnlig rösträtt som kvinnlig värnplikt men ägnade sig framför allt åt olika förslag om hur hem och hushåll skulle kunna bedrivas mer rationellt och hygieniskt. Hon introducerade diskmaskinen Solator ("befriar oss från den ledsamma, långsamma och otidsenliga diskningsproceduren") och ivrade för en praktisk "reformdräkt" för kvinnor som skulle ersätta de svepande kjolarna.

Den unge löjtnanten hade sina sympatier åt vänster, vilket i tullstridens tidevarv betydde frihandel, allmän rösträtt, parlamentarism och allmän framstegstro. Motståndet bestod av en höger som försvarade tullar, nationell chauvinism, den personliga kungamakten och religiös underdånighet. Sven Palme var en god artonhundratalsliberal, trodde på upplysning och vetenskap och hämtade sina ideal från franska revolutionen, Viktor Rydberg och John Stuart Mill, som han ofta åberopade i tal och artiklar. Han satt med i Arbetarinstitutets ledning, var med och grundade rösträttsrörelsen, deltog i litterära salonger och ivrade för religionsfrihet. Och när August Strindberg frikändes från anklagelserna för hädelse i Giftasåtalet var Sven en av dem som hyllade honom vid den stora jubelmiddagen på Hotell Rydberg.

Palmes politiska profil decennierna före sekelskiftet var inte helt olik den berömde liberale "braständaren" Sven Adolf Hedins, vars kompromisslösa hållning i riksdagen väckte både beundran och irritation. Både Hedin och Palme var liberaler som kommit till huvudstaden från stabila borgerliga familjer i provinsen. Båda tog avstånd från den hårdföra manchesterliberalismen och förespråkade statlig intervention för att hjälpa svaga grupper. Båda var principfasta frihandelsvänner, båda ville ha ett starkt försvar och var präglade av en demokratisk artonhundratalsnationalism. I detta perspektiv legitimerades folkstyret utifrån det nationella perspektivet: nationen tillhörde alla medborgare och dessa hade i sin helhet rätt att regera sitt land. Tanken återfinns över hela Europa under 1800-talet i nationalistiska rörelser, från revolutionären Mazzinis kamp för ett enat Italien till den franske historikern och liberale politikern Jules Michelets hyllande av den franska bondeklassen som nationens salt.

I Sverige utgick den demokratiska nationalismen från Geijers föreställningar om att de redliga svenska odalmännen måste ta makten från de aristokratiska herrarna. Ännu i slutet av 1800-talet fanns ingen uppenbar motsättning mellan att hylla den svenska nationen och att omfatta idén om universella mänskliga rättigheter. "Individ" och "nation" var tvillingbegrepp, menade till exempel Hedin; båda ledde fram till frihet och demokrati. För folktribunen Hedin, liksom den före detta officeren Sven Palme, fanns heller ingen motsättning mellan att vara försvarsvänlig och liberal. Folkets demokratiska rättigheter motsvarades av skyldigheten att försvara fosterlandet.

Maliciösa tungor hävdade att Sven egentligen var ointresserad av politik och drevs på av den "finska ihärdigheten", det vill säga Hanna. Den norske dramatikern Henrik Ibsen lär vid ett tillfälle ha sagt till Hanna att hon påminde om hans rollfigur Hilde Wrangel i *Byggmästare Solness*, en kvinna som driver sin beundrade man till stordåd. Något låg det kanske i påståendena. Det är ingen tvekan om att Sven Palme blev politiskt och socialt medveten ungefär samtidigt som han gifte sig. När han kom till Stockholm på 1870-talet hade han varit närmast apolitisk; "jag följde strömmen" skrev han senare självkritiskt. Han reagerade visserligen på översitteriet inom armén, både mot underlydande och civila, och själva idén "att officerare utgjorde en grupp medborgare som stod högre än andra".

Men det som dominerade hans horisont var förhoppningen om att göra karriär inom försäkringsväsendet, regelbundna besök på Dramaten och glatt umgänge på officerskaféet Kung Karls vid Brunkebergstorg. Utan tvivel bidrog Hanna till att väcka en mer latent politisk sida hos honom, men orsakssambandet kan lika gärna ha varit det omvända: att Sven Palme var på jakt efter intellektuell stimulans när han blev förälskad i Hanna. Hur som helst var båda typiska men lite ytliga produkter av 1880-talets tidsanda. De var allmänt "radikala" och "moderna", läste Strindberg och ivrade för vetenskap och socialt ansvar men hade i grund och botten ingen förståelse för de framväxande sociala rörelser som såg den nya tidens borgarklass snarare än den gamla aristokratin som ett hot mot jämlikhet och demokrati.

I privatlivet var Sven och Hanna också allt annat än bohemiska och okonventionella. De bosatte sig först i Djursholm, nära Henriks familj, i ett stort trähus som fick namnet Villa Kallio efter finskans ord för klippa. Efter hand kom fyra barn: Olof (född 1884), Gunnar, den framtida statsministerfadern (1886), yngste sonen Nils (1893) och slutligen dottern Birgitta (1897). Med Thules framgångar i ryggen införskaffades 1899 det sörmländska godset Ånga utanför Nyköping, komplett med kvarn, mejeri, egen handelsbod och ett sjuttiotal underlydande och arrendatorer. Sven tillbringade mycket av sin tid antingen på kontoret på Kungsträdgårdsgatan eller på resande fot, medan Hanna tog hand om barnen och ledde det med åren alltmer omfattande hushållet. Stundtals blev hon förbittrad över att hon fick ta hela ansvaret för hus och hem medan Sven firade triumfer i offentligheten. "Jag är bara en hushållerska i ditt hem", skrev hon ilsket från Finland 1907, då maken var på resa till England medan hon vårdade sjuka barn. Han hade svikit de löften han gett då han lockat henne att överge sitt hemland och flytta till Sverige, men någon ånger kände han väl inte, menade hon, "ty det passade ej Sven Palme".

Hanna var en närmast idealtypisk representant för det hennes väninna Ellen Key kallade "missbrukad kvinnokraft": en begåvad och viljestark kvinna vars insatser för barnuppfostran och hemkultur inte värderades enligt de rådande manliga normerna. Men det fanns också en temperamentsskillnad mellan makarna. Sven var aktiv men inte särskilt självreflekterande, Hanna mer intellektuell men frustrerad inom hemmets väggar. När hon var yngre attraherade hon en rad framstående beundrare, däribland diktaren Oscar Levertin som blev olyckligt förälskad i henne. "Allt kan jag ej ge", skrev Hanna till honom. Salongsflörtandet var en kompensation för äktenskapstristessen. Hon blev påtagligt irriterad när hon på äldre dagar upptäckte att män i hennes egen ålder nonchalerade henne för att uppvakta yngre kvinnor. Det som räddade henne var sannolikt godset Ånga, där hon tog kommandot – "jag är min egen inspektor", sade hon i en tidningsintervju – och förverkligade sig själv som ledare för ett framgångsrikt och modernt storjordbruk. På tjugotalet valdes hon som andra kvinna in i Sörmlands hushållningssällskap.

Men även om Hanna stundtals var missnöjd, så skapade hon och Sven en påtagligt intellektuell och kosmopolitisk hemmiljö i Villa Kallio. Under deras kulturradikala period kring sekelskiftet var Strindberg, Selma Lagerlöf, Ellen Key och Verner von Heidenstam gäster i huset. Strömmen av utländska gäster, en del prominenta, var också strid; inte minst från Finland, men även andra länder. Att behärska utländska språk stod högt i kurs i familjen Palme. Detta gick delvis tillbaka till den mycket ovanliga internatskola i närheten av Kalmar där Henrik hade läst några år och som mer eller mindre hade strukit de flesta andra ämnen till förmån för moderna språk. Det var de tre europeiska "kulturspråken" tyska, franska och engelska som gällde, även om Sven Palmes hjärta vid den här tiden klappade något mer för Frankrike, som "alltsedan den stora revolutionen varit den främsta bäraren av framåtskridandet och frigörelsens idéer", som han uttryckte det. Han medverkade med artiklar i en internationell tidskrift på franska, *L'Européenne*, och anlitade en fransk guvernant åt barnen. Rose, som hon hette, var så effektiv att en gäst i familjen förundrades över att höra barnen gräla på franska.

Men tyska hade också sin plats (även om Sven vid denna tid ansåg att "Tyskland, enkannerligen Preussen varit konservatismens främsta representant i Centraleuropa"), särskilt som den svenska försäkringsbranschen hämtade många impulser söderifrån. Barnens faster Ingegerd stod å sin sida för ett starkt engelskt inslag. Hon var en av de första kvinnorna som studerat vid Cambridge och hade även tagit en mastersexamen vid Trinity i Dublin. I England fanns också en annan syster, Anna, som gift sig med en läkare av indiskt ursprung vars son, Rajani Palme Dutt, sedermera blev generalsekreterare i brittiska kommunistpartiet. Sin entusiasm för Indien skildrade Anna Dutt i en med rätta bortglömd roman med titeln *Det högsta idealet* som kom ut 1902. Till detta kom den skandinavism som präglat Svens uppväxt samt hans engagemang i den internationella försäkringsbranschen. Direktör Palme var en flitig och entusiastisk deltagare i årliga kongresser som samlade representanter från hela Europa. Allt som allt var familjen ytterst ekumenisk i sina internationella relationer.

I takt med Thules växande framgångar, en alltmer framskjuten offentlig position och en ökande barnaskara blev den elegante löjtnanten omfångsrikt patriarkal i sin utstrålning. Sven Palme, hette det skämtsamt bland vänner och bekanta, var en stor man som vägde 105 kilo utan ordnar och 110 kilo fullt påklädd. Han bevarade en kalmaritisk skorrning i sitt tal och klädde sig vanligtvis i redingot (en förfranskning av engelskans "riding coat") – det vill säga den klassiska livrock som tillsammans med väst och svart rosett var populär bland äldre gentlemän kring sekelskiftet – samt cylinderhatt. Han satt i otaliga styrelser, i riksdag och kommunfullmäktige, skrev tidningsledare i *Aftonbladet*, höll offentliga föredrag, tog emot ministrar, kungligheter och kända kulturpersonligheter och var vid ett tillfälle en tänkbar statsrådskandidat. Inte minst var han en dominerande profil inom Stockholms lokalpolitik. Likt Thomas Manns klassiska borgerliga romanfigur Thomas Buddenbrook var Sven Palme inte bara bärare av "en hundraårig borgerlig ryktbarhet", han besatt också förmågan att representera och exploatera denna ställning på ett betvingande sätt, om än kanske inte lika lättsamt och älskvärt som den tyske köpmannen. Olof Palmes farfar var en viljestark man vars framgång, makt och bestämda åsikter skaffade honom åtskilliga fiender. I minnesskrifter talas om en stridbarhet som även omfattade den närmaste omgivningen: "även med vänner har han skiftat nog så skarpa hugg…"

Likt sin sonson drabbades också Sven av hatfyllda smädeskrifter med oklar avsändare. Under den oskyldiga vinjetten *Facer och Profiler från den svenska försäkringsverlden* hävdade en anonym skribent att Sven Palme var en oduglig militär som kommit in i försäkringsbranschen tack vare broderns intrigerande. Han hade visserligen ett gott huvud, men var "högmodig och fåfäng". I stället för att lugnt och värdigt sköta försäkringsbolaget Thule ägnade sig Palme åt rabulism och försökte göra sig bemärkt med sin "kända vältalighet". Men någon stor talare skulle han aldrig bli, "om han ock flera gånger ginge genom Demosthenes stora kurs". Enligt Palme rörde det sig om ett utpressningsförsök. Skribenten kontaktade honom och erbjöd sig att avstå från publicering mot betalning. Men oavsett omständigheterna ekar anklagelsepunkterna märkligt bekanta in i vår tids förbittrade Palmehat: brott mot svensk jantelag genom förment högmod, överskattning av den egna retoriska förmågan och ett alltför "rabulistiskt" sinnelag.

Helt grundlös var inte attacken, även mer nyanserade bedömare menade att Sven Palmes problem som offentlig talare var en något pipig röst och en oförmåga att improvisera: "talar stolpigt och skorrande under ideliget 'ä... äe...'" Men i mycket var anklagelserna orättvisa. Palmes framgångar med Thule var otvetydiga och hans förmåga att klara av sina många skiftande förpliktelser framstår i dag som imponerande. I skrift var han väl påläst, stringent och effektiv i sin argumentation, om än något floskulös. Det fanns ett självgott och pompöst drag hos honom, en inre övertygelse om den egna förträffligheten som kom honom väl till pass i många kritiska situationer men också signalerar ett något slutet och dogmatiskt intellekt. Med sådana förutsättningar var det mer eller mindre självklart att den framgångsrike försäkringsdirektören skulle försöka sig på det politiska livet.

2. En stor svensk familj

*Sund "diplomati" kan vara försiktigt, men svenskt
är det inte, och det är föga överensstämmande
med ett kulturfolks samvete.*

SVEN PALME

*Vårt ur var tolv, och vi följde det,
Men den ryska klockan är ett.*

JOHAN LUDVIG RUNEBERG

OLOF PALME, SOM OFTA ANSATTES av frågor om familjens politiska åsikter, beskrev i en intervju på sjuttiotalet sin farfar som "en gammal officer". I början av sin karriär hade Sven Palme stått nära socialisterna, förklarade sonsonen, men sedan drivit högerut på grund av sin försvarsvänlighet. Det var inte osant, men betydligt förenklat. Sven Palme var mer än en gruffig gammal militär.

Den utvecklingslinje som Olof Palme beskrev var inte ovanlig i en tid då vänster och höger ännu inte utkristalliserat sig i det mer välbekanta folkhemslandskapet. Det mest kända exemplet är författaren och poeten Verner von Heidenstam, som vid sekelskiftet var den obestridde andlige ledaren i kampen för allmän rösträtt men senare blev gisslan hos den nationalistiska högern. Han var minst lika populär inom arbetarklassen som sin vän och rival August Strindberg. I dikten "Medborgarsång", som riktade sig mot den graderade rösträtten, satte han ord på den svenska längtan efter demokrati: att få "rösta fritt/ som förr bland sköldar och bågar/ men icke vägas i köpmäns mitt/ likt penningepåsar på vågar".

Sven Palmes politiska karriär började i artonhundranittiotalets rösträttsrörelse, där både liberaler och socialdemokrater samlades.

År 1895 blev han invald i riksdagen och anslöt sig till det liberala Folkpartiet i andra kammaren. Partierna var vid denna tid inga valorganisationer utan lösliga riksdagsfraktioner. Sven Palme tillhörde den grupp som brukar kallas stadsradikaler. Tillsammans med mindre konservativa bönder och frireligiösa bedrev de opposition mot den konservative godsägaren E.G. Boströms regering. Palme lämnade riksdagen efter en mandatperiod, men förblev en betydande person inom den liberala rörelsen i Stockholm. Han gjorde comeback i det nybyggda riksdagshuset på Helgeandsholmen 1905. Under de följande oroliga åren – med storstrejk, världskrig och författningsreform – trädde han fram som en tongivande högerliberal och verkade mot samarbete med Socialdemokraterna och för en alltmer tyskvänlig och storsvensk hållning i utrikespolitiken.

Rösträttsrörelsen hade präglats av ett spänningsfyllt samarbete mellan liberaler och socialister. Det som förde dem samman var kampen mot den institutionella konservatismen i det svenska samhället. Socialdemokratins ledare Hjalmar Branting och Liberalernas anförare Karl Staaff var dessutom gamla ungdomsvänner. Liberalerna dominerade rösträttsförbundet, men på sikt var det Socialdemokraterna som vann på samarbetet. Att rösträtten i Sverige var så pass begränsad vid sekelskiftet i jämförelse med mer politiskt avancerade länder missgynnade den svenska liberalismen. I Sverige hade bara tio procent av männen rösträtt år 1890 mot 42 procent av alla franska, 37 procent av de tyska och 29 procent av de brittiska. Liberaler i mer demokratiska länder hann vänja sig vid parlamentarism och omfattande valrörelser innan de utmanades av arbetarrörelsen. Tidigare än sina motsvarigheter i Frankrike och Storbritannien hotades den svenska liberalismen att klämmas mellan arbetarrörelsens och högerns bepansrade sköldar. En grupp liberaler ville samarbeta med socialdemokratin, en annan fraktion blev alltmer bekymrad över socialismens växande styrka och gled högerut. Det är en svaghet, förklarade Sven Palme, "att det liberala partiet inom sig rymmer alla skiftningar från varsam moderat-liberalism och till djärv radikalism".

Sven Palme tillhörde den förra gruppen. Det var mindre uppenbart när han kom in i riksdagen första gången, då socialdemokrater och liberaler ännu samverkade och arbetarrörelsen var relativt svag. Hans viktigaste fråga då var förbättrad sociallagstiftning, inte minst i försäkringsfrågor. Också på detta område gick han i den karismatiske Sven Adolf Hedins fotspår. Hedins stora slagnummer var införandet av en olycksfallsförsäkring för arbetare, ett förslag som han lanserade i en berömd riksdagsmotion 1884: "Om någon går ner sig på isen; om någon blir ihjälslagen av en fallande tegelpanna: om någon osar ihjäl sig, o.s.v., då anställer man undersökningar. Men om i en fabrik eller annan hantering, där faror lurar på alla håll, en arbetare hackas sönder, eller krossas, eller kvävs, behövs då ingen undersökning om vems felet är? Är det då nog att anmäla dödsfallet och befordra offret till kyrkogården?"

Sven Palme åberopade gärna Hedin som förebild, men hans sociala patos var långt ifrån lika brinnande. Han såg sig knappast som en småfolkets talesman även om han i mycket delade Hedins grundvärderingar. Kring sekelskiftet stod familjen Palme för en måttfull storstadsliberalism, som hade ideologisk förankring i anglosaxiskt tänkande men saknade närmare kontakt med de framväxande svenska folkrörelserna. Familjen var oanfäktad av tidens sociala och andliga massrörelser, utan spår av vare sig frireligiositet eller nykterism i den sekulariserade och solitt borgerliga miljön.

Med stöd i John Stuart Mill och i polemik mot den gamla manchesterliberalismen menade Palme att staten hade rätt att ingripa för att skydda medborgarna. Lagstiftaren måste värna den individuelle försäkringstagaren, som var den svagare parten i förhållande till försäkringsbolaget – enligt Mills princip om statens rätt "att förebygga oförrätt mot andra". Som liberal (och direktör i ett stort försäkringsbolag) var Sven Palme självklart motståndare till förstatligande av den existerande privata försäkringsbranschen. Däremot förespråkade han utbyggnad av statliga och obligatoriska socialförsäkringar. Här var "statsdrift icke blott nyttig utan nödvändig", som han uttryckte saken. Socialförsäkringar måste nämligen, argumenterade Palme, vara tvingande. Som försäkringsman visste han att de grupper som bäst behövde skydd mot "livets vedervärdigheter" – sjukdom, invaliditet, arbetslöshet – också hade de sämsta förutsättningarna både andligt och materiellt att skydda sig. Därför måste staten stå för kostnaderna – "göra sig till förmyndare för försäkringsklientelet", för att tala med Sven Palme. Men försäkringen måste också bli obligatorisk för alla medborgare. Han avvisade den tyska modellen där socialförsäkringarna endast omfattade lönearbetare och förordade i stället en universell folkförsäkringsmodell för alla svenska medborgare. Det skulle också bli den segrande linjen i 1912 års pensionsreform, som Sven Palme medverkade till att utforma.

Grundtanken var att staten och den individuelle medborgaren stod i ett direkt och oförmedlat förhållande till varandra. Välfärden skulle inte distribueras av mellanliggande och självständiga aktörer i civilsamhället: arbetsgivare, föreningar, familjen. I stället för "fattigvårdens bittra nådebröd med ofrihet och social degradation", som Sven Palme uttryckte det, skulle försäkringar och pensioner syfta till att förebygga förödmjukande beroende och göra den individuelle medborgaren fri och självständig. Här kunde han ha ställt sig skuldra vid skuldra med den unge radikale Strindberg, som i *Röda rummet* inte bara satiriserat över försäkringsbranschen utan också över de nedlåtande och självgoda överklassdamer som idkade välgörenhet bland Vita bergens fattiga arbetare. Palmes motiv var dock mer rationella än känslomässiga: de gamla patriarkala banden var upplösta, arbetsgivaren och lönearbetaren hade inte längre ett intimt och personligt förhållande. Numera befann sig arbetarna på en fri marknad där staten måste garantera grundläggande sociala rättigheter. I denna tanke finns en stark kontinuitet, inte bara i svensk historia utan även inom familjen Palme.

Men även om Sven Palmes socialpolitik förebådade socialdemokratins "starka samhälle" blev hans politiska gärning efter hand alltmer konservativ. Under storstrejken 1909 hade han upprörts av vad han uppfattade som våldsmetoder från fackföreningarnas sida. Hans politiska sympatier flyttades till en annan Hedin än den radikale riksdagsmannen, nämligen dennes kusin, högernationalisten Sven Hedin. Åren före första världskriget turnerade den berömde upptäcktsresanden Sverige runt och varnade för det militära hotet från Ryssland, "full av studenternas punsch och docenternas gunst" som skämttidningen *Naggen* uttryckte det. Den liberale Palme drev samma ryssfientliga linje och stödde de krav på upprustning som kom till uttryck i agitationen för pansarbåtsbygget och det stora bondetåget 1914.

Därmed hamnade han i sällskap med den nationalistiska höger som utmålade den liberale statsministern Karl Staaff som en landsförrädare. I det palmeska hemmet på Östermalm inkvarterades och utfodrades några av de redliga odalmän som farit till Stockholm för att uttrycka sitt stöd till kungen Gustav V och ett stärkt nationellt försvar. Det tal som kungen höll till de tillresta försvarsvännerna, det så kallade "borggårdstalet" skrivet av Sven Hedin, utlöste en konstitutionell kris som resulterade i att Staaff (som Palme nominellt stödde) avgick. Konflikten mellan höger- och vänsterliberaler var oerhört bitter. Staaff utsattes för en av de värsta förtalskampanjerna i svensk politisk historia. Bland annat såldes askfat i vilka hans motståndare kunde aska av sina cigarrer på statsministens porträtt. Men även hans motståndare utsattes för personangrepp. "Ni är en humbug, sir", menade en av Sven Palmes belackare som anklagade honom för att mot betalning göra "drängtjänst åt högern". År 1917 lämnade Palme riksdagspolitiken efter ett misslyckat försök att med ett antal likasinnade bilda ett moderatliberalt utbrytarparti.

Det är ingen tvekan om att Sven Palmes aversion mot arbetarrörelsen skulle ha drivit honom högerut oavsett vad som hände utanför Sveriges gränser. Men första världskrigets utbrott innebar också att stora delar av den ålderdomliga liberalism som formade fundamentet i hans världsbild slogs i bitar. Han tillhörde den riktning som kom att kallas "Aftonbladsliberalism" efter den klassiska Stockholmstidningen som grundats av Lars Johan Hierta men under första världskriget blivit alltmer konservativ, tyskvänlig och fientlig mot socialdemokratin. Sven Palmes tidigare frankofila inställning trängdes tillbaka och sympatierna för Tyskland blev allt starkare. År 1913 blev han en av initiativtagarna till Svensktyska föreningen, som han skulle spela en aktiv roll i fram till sin död, bland annat med uppvaktningar av Hindenburg och hjälp till krigsdrabbade tyskar.

Tysklandsorientering var normen inom svensk borgerlighet under 1900-talets första decennier. Tyska språket och tysk kultur var nästan lika självklara referenspunkter som USA och engelskan skulle komma att bli efter andra världskriget. Den tyska segern i 1871 års krig med Frankrike ledde till att det tidigare tämligen franskorienterade Sverige vände kompassnålen söderut. Det nya riksdagshuset på Helgeandsholmen som stod färdigt 1905 gick i vilhelminsk stil, på Kungliga operan i Stockholm spelade man Wagner och inom politiken beundrade man såväl Bismarck som de tyska katedersocialisterna.

Journalisten Ivar Harrie, som var gymnasist vid första världskrigets utbrott, mindes det förkrossande tyska inflytandet: "Idétransporten på routen Berlin-Stockholm hade vuxit lavinartat. De svenska universiteten var välskötta filialer till tysk forskning. Den svenska armén, vaknad ur lång dvala, hade den preussiska till ideal både i inre och yttre motto. De svenska dagstidningarna översatte, ibland slarvigt, tyska artiklar. Tysk metod, tysk organisation, tysk effektivitet vore önskemålen för affärs- och industrilivet." Tysklands ställning i Sverige nådde sin historiska kulmen bara någon månad före krigsutbrottet sommaren 1914 på den stora Baltiska utställningen i Malmö. De deltagande länderna var Sverige, Danmark, Tyskland och Ryssland – men eftersom ryssarna endast medverkade på papperet blev Tyskland som enda stormakt dominerande. Delar av familjen Palme var på plats: Birgitta och Olof besökte utställningen, där de bland annat träffade Heidenstam.

Att beundra Tyskland var dock inte ett självklart tecken på ett konservativt sinnelag. För en socialdemokrat var Tyskland den vetenskapliga socialismens hemland. Svensk arbetarrörelse hyste en oböljd beundran för sin tyska motsvarighet vars partiskolor, kulturmanifestationer och skickliga organisationsarbete saknade motsvarighet i det provinsiella Sverige. Ur ett liberalt perspektiv kunde Tyskland framstå som ett progressivt föregångsland med en modern författning, en effektiv administration och en avancerad socialpolitik. Det senare imponerade inte minst på Sven Palme, och 1917 skickade han sonen Gunnar till Tyskland för att studera hur livförsäkringsbranschen klarade sig under brinnande krig.

Att stödja den ena eller den andra stridande parten i "det europeiska inbördeskriget" 1914–1918 var inte ett val av samma art som andra världskrigets moraliska imperativ att ta ställning mellan fascism och demokrati. Det vilhelminska Tyskland var en autokratisk men borgerlig rättsstat. Familjeband, språkkunskaper och andra tillfälligheter var ofta avgörande. För många var det obehagligt att de ledande europeiska "kulturländerna" råkat i konflikt med varandra. I det perspektivet var neutraliteten en avspegling av opinionsläget. Svensken i gemen kände som Frida i Birger Sjöbergs populära diktsamling *Fridas visor* som kom ut strax efter kriget: "Jag vill vara neutral intill min död."

Ändå fanns det en ideologisk slagsida i valet mellan Tyskland och västmakterna. Första världskriget utvecklades till en kraftmätning mellan de politiska dygder och brister som tillskrevs de stridande parterna. Storbritannien och Frankrike stod för en blandning av demokrati, ett friare samhällsliv och kapitalistisk materialism, och Tyskland för en mix av bildningskultur, effektiv organisation och auktoritär disciplin. Men västmakterna var också allierade med Ryssland, ett förhållande som av både geopolitiska och historiska skäl spelade in i Sverige. Vilket av dessa alternativ man valde sade också något om hur man såg på framtidens Sverige – inte minst inom familjen Palme.

*

Den verkligt avgörande frågan som skulle komma att påverka familjens öden var dock varken det stora världskriget eller arbetarrörelsens frammarsch. Familjen Palmes stora passion – för att inte säga besatthet – var Finland. Här skulle familjen hamna på den förlorande sidan av det svenska nittonhundratalet. Dels på det personliga planet med förlusten av den äldste sonen, dels på den offentliga arenan där den officiella svenska politiken skulle bli en strikt neutralitet. Att Finlands sak inte var vår skulle komma att bli det mest definierande draget i modern svensk utrikespolitik.

I Sven Palmes fall berodde aktivismen delvis på äktenskapet med den finlandssvenska Hanna. Den kosmopolitiska och patriarkala herrgårdsvärld som hon stammade ur hamnade i stark gungning bara några år efter det att hon gift sig med Sven. Sedan 1809 hade storfurstendömet Finland haft en autonom ställning inom det ryska imperiet, som på många sätt gett finländarna större frihet och självständighet än det haft i det svenska stormaktsväldet. Men under artonhundraåttiotalet började tsar Alexander III dra åt tumskruvarna. Ryska skulle bli ett officiellt språk, rysk lag skulle gälla och tull-, post- och myntväsende skulle samordnas. Inte minst ökade tsarregimens jakt på terrorister den polisiära kontrollen. Till den aristokratiska självkänslan hos familjen von Born fogades nu också en nationell självmedvetenhet; man var stolta finländare som försvarade landets frihet mot det tsaristiska Ryssland. Hannas bror Viktor von Born, som var aktiv i kampen mot russifieringen, landsförvisades av den ryska regimen. Han flyttade med sin familj till Henrik Palmes Djursholm, där han tillsammans med andra finländare i exil bildade en flyktingkoloni som verkade för Finlands sak i Sverige.

De talade inte för döva öron. I äldre svensk självuppfattning hade Finland inte varit någon baltisk provins utan en del av själva kärnnationen, jämställt med Svea eller Göta rike. Oförmågan att försvara denna del av Sverige, den östra rikshalvan, när ryssarna gått över Kymmene älv 1808 blev en traumatisk vändpunkt i svensk historia. Nederlaget ledde till en existentiell kris för Sverige som nation med förlust av en tredjedel av territoriet, konstitutionell kris, statskupp och nytt kungahus. Det svenska statsskeppet, förklarade general von Döbeln i den svenska riksdagen 1809, svajade på världshavet, utan mast, utan segel, utan kompass. Men det var också ur denna kris som det moderna Sverige skulle uppstå, "det bernadottska lillsverige", som den finländske historikern Matti Klinge har kallat det.

Helt utan stormaktsanspråk var inte det nya Sverige, unionen med Norge blev ett tröstpris för förlusten av Finland. Men med en anmärkningsvärd osentimentalitet övergav den svenska eliten sitt Östersjövälde och fokuserade på en försiktig men bestämd modernisering. Finland betraktades som en del av den ryska maktsfären, även om Oscar I försökte utnyttja Krimkriget för att återta förlorade positioner på andra sidan Östersjön. Intresset var mer riktat västerut, mot Danmark och Norge, broderfolken som skulle samlas – hoppades idealister – i ett demokratiskt och liberalt

Storskandinavien. Däremot upplevde många en stark om än kanske inte alltid så verklighetsförankrad känsla av kulturell samhörighet med Finland. Denna kom inte minst till uttryck i den omåttliga popularitet som Johan Ludvig Runebergs diktsamling *Fänriks Ståls sägner*, utgiven i mitten av 1800-talet, åtnjöt i den svenska medelklassen. På Ånga, hemma hos familjen Sven Palme, var en målning föreställande Runeberg den enda i husets porträttsamling som inte avbildade en släkting.

Fänrik Ståls sägner handlade om det svensk-ryska kriget 1808–1809 då Finland förlorats. Tonen var godmodigt heroiserande, inte bittert revanschistisk. Runeberg talade mer till den unga finska nationalismen än till det gamla svenska ressentimentet. Det var sagor från en svunnen tid som tycktes oåterkalleligen förlorad – men underströk samtidigt de starka banden mellan de enda två länder i världen där svenska var ett officiellt och kulturbärande språk. För Sven Palme var det en extra krydda att hans fästmö var sondotter till den unge löjtnant som i Runebergs berömda dikt om slaget vid Virta bro kom instörtande hos general Sandels när han rofyllt frukosterade i Pardala by och krävde att denne omedelbart skulle rycka ut mot ryssarna: "Harm brann i den unge krigarens själ / av dess flammor hans öga sken". Men Runebergs eggande diktning var inte bara pikant släkthistoria. Den blev också tragiskt profetisk för familjen Palmes engagemang i den hårdnande konflikten mellan Finland och Ryssland. Även om Runeberg kunde läsas utan revanschistiska drömmar om att erövra Finland åter, var också dikternas popularitet ett tecken på att Finlandsfrågan var en pyrande låga som lätt kunde flamma upp till en brasa med rätt tändmedel.

Den varan fanns det gott om hemma hos familjen Palme. Tack vare den tsaristiska politiken att landsförvisa finska nationalister uppstod en livlig trafik i familjen Palmes hem, först i den stora trävillan i Djursholm och sedan i de olika våningarna på Östermalm. Exilfinländarna var över huvud taget ett påtagligt inslag i Stockholm efter sekelskiftet; "internationella men ändock urfinska figurer som osade trassliga affärer, sprit, stark tobak, franska romaner och Kalevala", som Sigfrid Siwertz uttryckte det i romanen *Eldens återsken* från 1916. Det fanns en viss konkurrens mellan Sven och hans svåger Viktor om vem som skulle vara ledande inom solidaritetsrörelsen. Dessutom låg Hanna i arvsfejd med sin bror efter deras mors död 1907. Men det påverkade inte känslorna för Finland. Stundtals fungerade livförsäkringsbolaget Thules lokalkontor som rena agentverksamheten för Finlandsaktivism, med distribution av material och värvning av sympatisörer. Det hette ibland att finska utrikesdepartementets adress var Kungsträdgårdsgatan 14 i Stockholm, det vill säga LivThules kontor. Aktivismen nådde sin kulmen under den dramatiska perioden 1917–1918, då Sven Palme ledde arbetet med att organisera den frivilligbrigad av svenskar som anslöt sig till Mannerheims vita armé under inbördeskriget.

En av de första att anmäla sig för att slåss som frivillig i Finland blev Sven och Hannas äldste son Olof. Han var då 33 år gammal, en hetsig, lite apart person med utrerade åsikter som låg till höger om föräldrarnas. Född 1884 i Hannas hemstad Borgå i Finland hade han licentierat för den framstående konservative historikern Harald Hjärne i Uppsala 1908. Som akademisk historiker var han tämligen misslyckad. Men han hade ett starkt politiskt engagemang som förutom i Finlandsfrågan fick sitt utlopp i den konservativa studentföreningen Heimdal. Det är en historiens ironi att ett av de första verken författat av en Olof Palme är ett agitatoriskt teaterstycke riktat mot socialismen, "ett skri mot vår tids allt förhärjande demon: socialismen", som det heter i förordet till pjäsen *Förnyelse* som kom ut 1908.

I dramat finns inledningsvis en viss sympati för den unge socialdemokratiske godsförvaltaren som tror sig kunna hitta en medelväg mellan klasskampens framvällande anarki och den gamla ordningen. Enligt uppgift skulle Olof också ha vurmat för socialismen under en kort period. Men pjäsens reformist avslöjas skoningslöst, i bästa fall som naiv, i värsta fall som en opportunist som tror sig kunna rida på de revolutionens krafter han släppt lös. Slutsatsen blir att det krävs en fast och beslutsam hand för att undvika en total samhällskollaps. Samma allt-eller-inget-filosofi kom Olof Palme också att omfatta i Finlandsfrågan, där han förespråkade en återförening mellan Sverige och Finland. Visserligen insåg han att den finsktalande majoriteten i Finland inte alls var attraherad av att åter bli svenska undersåtar; "i var finne göms, trots seklers odling, en barbar, som ännu tarvar, liksom hitintills, vård och tuktan". Men just därför var detta rätta tillfället att gripa in och säkra den finlandssvenska minoritetens ställning som elit för framtiden: "Finland vill endast bli fritt från den ryska örnens klor. Om Sverige griper in får också Sverige belöningen."

Den äldre Olof Palme var långt mer av en rebell inom familjen än vad hans socialdemokratiske brorson och namne skulle komma att bli. Att förhålla sig till de framgångsrika och viljestarka föräldrarna var inte lätt för något av Sven och Hannas barn. Olof hamnade – möjligtvis därför att han var äldst – i konfrontation med sina föräldrar, i synnerhet med fadern. Familjegemenskapen var tät, med intensiva kontakter även när barnen flyttat hemifrån, och Olof pendlade mellan att försöka vara en plikttrogen son och att göra uppror.

År 1903, när han var nitton år gammal, skrev han ett förtvivlat brev från Uppsala där han förklarade sin avsky för den bana han valt, historieforskarens. I mycket handlade det om naturlig ungdomsvånda: "han kunde inte förklara sig själv", han var olycklig och hade valt fel bana i livet, han borde ägna sig åt musik, han skulle bli bonde men aldrig "adjunktsmaskin" eller "amanuensträgubbe". Men där fanns också ett tema som skulle återkomma under resten av hans korta liv, en motvilja mot det moderna samhället och en nostalgisk längtan till det förflutna: "Jag kan icke dana om mig själv till att plugga namn och skrifter och andras tankar och till att lära mig förgångna tider, i vilka jag älskar att leva med drömmarnas dimma kring mig." Denna *Sehnsucht* och civilisationskritik föll inte fadern Sven på läppen. Han irriterades av vad han uppfattade som krångelmakeri och självupptagenhet. Det är en sak att svärma, skrev han till sonen, en annan är "det levande, handgripliga, verkliga livet". Känslorna var starka mellan far och son och med jämna mellanrum skar det sig – inte minst därför att Olof liksom bröderna var beroende av faderns ekonomiska stöd.

Till skillnad från fadern och farbrodern Henrik, som var mer eller mindre gjutna i ett stycke, utvecklades Olof till en sökande och grubblande person. "Stackars min egen gosse, hur har han ej lidit...", skrev Hanna till Sven efter att ha fått ett av Olofs plågade brev. I en rationell och pragmatisk familj som såg modernisering och förändring som en möjlighet snarare än ett hot, pendlade Olof Palme mellan en vemodsfylld längtan efter flydd storhetstid och en tidstypisk handlingskult som krävde heroism och offervillighet. Hans ungdomsuppror omfattade inte enbart en flört med socialismen, utan också med en annan lära som inte stod så högt i kurs i hemmet, kristendomen. "Mina föräldrar voro åttiotalsmänniskor och föraktare och jag levde i en luft som många gånger vibrerat av hån mot Gud", säger den unge förvaltaren i hans teaterpjäs. Han sökte ett fundament i en värld där allt fast tycktes förflyktigas. Han fördjupade sig i släktens historia, flyttade till Sigtuna där han tog på sig uppgiften att rädda den medeltida staden undan den framvällande moderniteten. Sigtuna skulle bli "en fridens och lugnets punkt i detta hetsens, maskinernas och penningkultens århundrade".

Ett annat av hans intressen var den märklige tyske läkaren Krall som hävdade att han kunde lära hästar att lösa matematiska problem. Olof besökte honom strax före världskrigets utbrott vilket resulterade i den entusiastiska men bisarra skriften *Fem dagar i Elberfeld hos Krall och hans hästar.* I några minnesanteckningar om sonen målade Sven en bild av en ung man på kant med tiden: "Med ytterrocksfickorna fullproppade av böcker, en kappsäck med manuskript i ena handen och en lång rulle kartor i den andra handen, men blicken lite frånvarande och stegen snabba." Vännerna beskrev honom som överdriven, hetsig och impulsiv. "Gosselynne" är ett återkommande epitet i minnesrunorna. Hans studentkamrat Giovanni Lindberg mindes hur han hade reagerat när vännen läst upp sitt nyskrivna drama om hur Sverige hotades av framvällande horder av anarkister. Det var för våldsamt, det stämde inte med svensk verklighet.

Olofs Finlandsaktivism, mer extrem än föräldrarnas, var också en form av fadersuppror. Att vara mer katolsk än påven är inte nödvändigtvis en komplimang ur den senares perspektiv. Med tanke på Sven och Hannas starka engagemang för Finland var det svårt för dem att i princip motsätta sig att deras egna söner gick ut som frivilliga. Men Olof var en gift man med fyra barn och beskedet om att han gått med i Svenska brigaden kom som en chock för Sven och Hanna. Det hela ledde till ett känslofyllt uppträde på järnvägsstationen i Sigtuna i februari 1918 som gav Olof en möjlighet att ta överhanden i ett slags inverterat oidipusdrama. "Vad var egentligen Pappas mening med ledningen och order på Thule-sammanträdet om Finland, därest Pappa ej var beredd att stå för dem? En 63 års man går ej ut i krig, men han sänder sina söner – det är det enda han kan göra...", skrev Olof till sin far dagen efter. Nu måste de väl äntligen förstå att han menade vad han sa: "Visserligen taga Ni mig ofta – alltför ofta endast skämtsamt, liksom vore jag en gyckelmakare, men jag menar *allvar*. Det är på tiden att ni upphör med denna vana."

Den 28 februari 1918 lämnade han sin gravida hustru och fyra barn och for till Finland som frivillig i "striden för frihet, lag och rätt, till Finlands räddning och Sveriges heder". Efter en lång tågresa över Haparanda kom Svenska brigaden till Uleåborg, där de övades och exercerades i närmare en månad. I slutet av mars sattes styrkan in mot Tammerfors som hade omringats av de vita. "Färden söderut var likt ett triumftåg", skrev Palme i sin dagbok: "Rikligt med mat vid varje anhalt... Kärleksgåvor (cigaretter, karameller, blommor)..." Efter ett eggande tal av general Mannerheim skickades rikssvenskarna in i en ovanligt blodig strid kring en hästkapplöpningsbana strax öster om Tammerfors. På ett par timmar hade omkring 15 procent av styrkan stupat, inklusive bataljonschefen. "Trots alla förluster var man fylld av längtan att storma in och befria staden", skrev Olof till sin far.

Morgonen den 3 april skickas vad som är kvar av brigaden – 160 man – mot Tammerfors sjukhus för att förstärka de vita styrkorna på plats. Men när svenskarna kommer förbi lasarettgaveln hamnar de under förgörande eld från tre röda kulsprutor. Det finns också uppgifter om att de besköts av den egna sidan: "...kulspruteeld framifrån, från sidorna av misstag även eld från vita styrkor", beskrev en överlevande situationen. I vilket fall dör femton frivilligsvenskar – däribland Olof Palme – och 24 såras. En av de stupade brigadisterna var bara 16 år. Vad Olof Palme dog för hade han formulerat i konflikten med föräldrarna två månader tidigare i Sigtuna: "Starka äro de krafter som driva mig att nu, törhända för alltid, övergiva hustru och barn. Bland dessa krafter finnes även en i mitt inre aldrig fördunklad bild – bilden av den gamla gården på höjden över åkrarna, inramad av lönnar och granar, bilden av den vördade gamla, till vars värld jag aldrig ska upphöra att räkna mig. Denna värld var *svensk*, och som svensk står jag nu beredd att giva mitt liv för dess helgade minne."

Även de andra syskonen Palme blev indragna i Finlandsarbetet. Birgitta, som var yngst i skaran, arbetade som femtonåring med att värva frivilliga. Den yngste brodern, Nils, som övergett studierna i Uppsala och likt fadern blivit artilleriofficer, reste också till Finland, men som yrkesofficer i den reguljära vita armén. Den näst äldste sonen Gunnar hade utbildat sig till jurist och arbetade på LivThule. Han var sjuklig – det tycks ha rört sig om ett astmaliknande tillstånd – och hade som student tvingats avbryta den i familjen obligatoriska reservofficersutbildningen. Några år senare hade han visserligen gått igenom Karlberg som överårig kadett, men frågetecknen kring hans hälsotillstånd kvarstod. Dessutom ansåg förmodligen Hanna och Sven att det räckte med att ha skickat två av tre söner till Finland, även inom de aktivistiska kretsar som de stod i spetsen för. Gunnar fick hjälpa sin far med arbetet i föreningen Finlands vänner på hemmaplan.

Den svenska frivilliginsatsen 1918 utgjorde kulmen på familjens kvartssekellånga arbete för Finlands sak. På ett plan var det en stor framgång: Finland fick sin självständighet. Men samtidigt hade den politiska kontexten förändrats sedan artonhundraåttiotalet. I stället för en hjältemodig strid mot den ryska arvfienden hade konflikten grumlats till ett blodigt brödrakrig. Sven Palmes solidaritet med Finland var visserligen oförändrad, men vid första världskrigets slut hade det fört honom till den högra sidan av det politiska spektrumet. Det hade funnits starka liberala argument för att stödja Finland. Det despotiska Tsarryssland var ett "folkens fängelse" och det var varje sann frihetsväns plikt att stödja en förtryckt nation som ville frihet och självbestämmande. Många kulturpersonligheter Europa runt slöt upp till stöd för Finland: Émile Zola, Anatole France, Henrik Ibsen, Florence Nightingale, Herbert Spencer. Med en argumentation som för tankarna till sonsonens Vietnamengagemang skrev Sven Palme om den internationella adress för finsk självständighet som riktades till tsaren år

1900: "Det har sålunda börjat röra sig ett universellt, ett allmänmänskligt samvete, som inte den mäktigaste stat ostraffat kan trampa under fötterna, utan måste räkna med... Dess befogenhet att tala... kan ej betvivlas, ty det vore att söka likhetstecken mellan makt och rätt."

Men ur ett konservativt perspektiv var 1809 inte glömt. Det var en svensk plikt att försvara det som en gång varit en del av Sverige mot den ryska arvfienden – och om detta skulle leda till nära, intima band mellan ett ungt, befriat Finland och Sverige vore inte det ur vägen. Palmes liberale kollega Sven Adolf Hedin hade tidigt påpekat denna grumlighet i Finlandssolidariteten. Och Olofs akademiske handledare, den konservative historieprofessorn Harald Hjärne, ansåg att Sverige borde vara försiktigt med inblandning i Finlands affärer. På 1890-talet försäkrade Sven Palme att han inte strävade efter en återförening mellan Finland och Sverige, att det handlade om en ren solidaritetsrörelse med det finska folket.

Men dynamiken i den finska frågan var sådan – vilket inte minst Hedin förutsett – att den liberale Palme skulle komma att glida över i en storsvensk nationalism som hoppades på om inte en ren återförening så åtminstone en mycket nära allians mellan Sverige och ett svenskdominerat Finland. Det Olof gick i strid och dog för var just att Finland och Sverige åter skulle bli ett land. Ett självständigt Finland var inte bättre än rysk överhet, menade han: "Jag ser framtiden mörk: ett Finland, som är mer eller mindre ett Stor-Finland med gräns mot Ladoga och Ishavet, där svenskheten för en hopplös kamp och där om 100 år en rent finsk, starkt svenskfientlig, säkert imperialistisk stormakt uppstått med 4:a gånger vårt invånarantal – en fara för oss så god som någonsin den ryska."

Om man avlägsnar överdrifterna och storsvenskheten kanske ändå Olof såg Finlands framtid klarare än fadern, vars vaga dröm om en frivillig allians mellan Finland och Sverige blev omkullsprungen av utvecklingen. Den 6 december 1917 hade den borgerliga majoriteten i lantdagen förklarat Finland självständigt och strax före nyåret fick man ett erkännande av Lenin, Trotskij och de andra nya makthavarna i Sankt Petersburg. Men det oklara konstitutionella läge som rådde i den nyutropade unga republiken spädde på de sociala spänningar som krig och dyrtid skapat. Den ömsesidiga misstron och antagonismen mellan socialdemokrater och borgerliga i lantdagen var påfallande, inte minst i jämförelse med Sverige. Någon fungerande kompromiss kunde inte etableras. Dessutom utgjorde de kvarvarande ryska soldaterna, nu under bolsjevikisk ledning, ett starkt oroselement. I slutet av januari fattade socialdemokraterna det ödesdigra beslutet att gripa makten med våld. Resultatet blev ett bittert inbördeskrig som varade vintern 1918, fram till dess att Viborg i slutet av april föll till de vita under general Mannerheim.

Den svenska frivilliginsatsen i detta broderkrig väckte en rad besvärliga frågor som skulle komma att kasta ett misstänksamhetens ljus över familjen Palme. Det fanns visserligen en kraftig borgerlig opinion i Sverige till stöd för den vita regeringen. Men mot den stod arbetarklassens spontana sympati för den röda sidan. Den socialdemokratiska ledningen betraktade sina finska kamrater som huvudlösa, men hade svårt att stödja Mannerheim och "de vita slaktargardena". Dessutom fanns det västorienterade liberaler som fruktade att en svensk intervention hotade att liera Sverige med Tyskland inte bara mot Ryssland, utan också mot västmakterna. Många av de frivilliga hade också en dubiös bakgrund, ett faktum som gärna basunerades ut av den svenska vänstern men också skapade olust bland de mer idealistiska Finlandskämparna. Sven Palmes yngste son Nils förfärades i sina brev till fadern över "den ohyggliga samling svenskar som kommit hit utstraffade, avskedade, förfallna, försupna".

Den svenske statsministern Nils Edén oroade sig för att det finska inbördeskriget kunde spilla över till Sverige. Regeringen försökte hitta en försiktig medelväg. Man vägrade att stödja den vita sidan med vapen och trupp, men underlättade på olika sätt frivilliginsatser och hemtransport av de finländska jägarsoldater som utbildats i Tyskland. Situationen komplicerades av att befolkningen på ögruppen Åland i Östersjön ville ansluta sig till Sverige. När en svensk flottexpedition skickades till ögruppen i februari 1918 uppstod i Finland en misstanke om att Sverige försökte utnyttja läget. Det hela gav en besk svensk eftersmak. Fackföreningar och andra arbetarorganisationer svartlistade och hängde ut de hemvändande frivilliga som arbetarmördare. Bland liberaler och mer moderata socialdemokrater som passivt stött den vita sidan uppstod en förstämning efter tidningsrapporterna om den vita sidans framfart i det besegrade Tammerfors med summariska avrättningar och massdöd i sjukdom och svält i fånglägren. Och Ålandsfrågan blev ett kvardröjande mörkt moln över relationerna mellan Sverige och den nya självständiga republiken Finland

Däremot väckte Finlandsaktivismen entusiasm bland stora grupper av officerare, konservativa ämbetsmän och tyskvänlig borgerlighet. De fallna fick krigsmannabegravningar med kistor svepta i svenska fanor och sörjande slöt upp längs alla anhalter där tåget som transporterade hem de stupade genom Sverige stannat. De överlevande hedrades vid ett massmöte på Stockholms stadion, dit kungen gärna anslutit sig om han inte hindrats av statsministern. Sven Palme beskrev i sitt tal hur fartyget som fört hem de frivilliga tagits emot i Stockholm: "Som en ung brud med blommor i håret står Mälardrottningen och har redan långt ut i de yttersta skären sträckt ut sina längtande armar mot er. Medborgarhyllningens tacksamma vågor möter er varhelst era blickar går." I Uppsala jordfästes Olof Palme av ärkebiskopen Nathan Söderblom med en fanborg av unga män från studentkåren.

Känslosvallet speglade dock en hastigt uppblommande patriotism utlöst av de första svenska krigsoffren efter fyra år av krig i omvärlden snarare än ett helgjutet stöd för Finlandsaktivisterna. Den stora uppslutningen till trots var ändå dessa högernationella krafter på tillbakagång i det svenska samhället. Men de hade varit framträdande i svensk politik vid ingången till första världskriget, och levde vidare inom stora delar av den svenska borgerligheten under mellankrigstiden.

*

Världskrigets massdöd och hårda vardagliga prövningar hade sopat undan mycket av den idealistiska nationalism med vilken Europas gamla eliter hade marscherat sina unga ut i krig. Social revolution stod på dagordningen i många krigshärjade stater. I de mer stabila länderna gick vänstern och arbetarrörelsen stärkta ur kriget. För den drygt sextioårige Sven Palme framstod det politiska landskapet vid första världskrigets slut som ogästvänligt. Å ena sidan hade – sett utifrån hans ursprungliga värderingar från artonhundranittiotalet – det mesta av vad han strävat efter förverkligats, åtminstone på papperet. Finland hade blivit självständigt, folkpension och annan sociallagstiftning som han ivrat för var på plats, allmän rösträtt och parlamentarism hade slutligen triumferat i Sverige.

Å andra sidan hade ingenting egentligen blivit som han tänkt sig. Finlands frigörelse från Ryssland hade inte medfört den nära allians med Sverige som han drömt om. Hans äldste son hade offrat sitt liv i en våghalsig krigsinsats som åtminstone till hälften var ett desperat fadersuppror. Demokrati och författningsreform hade inte gynnat den moderata liberalism han representerade utan öppnat vägen till makten för arbetarrörelsen. Och mer allmänt grumlades glädjen över att första världskriget äntligen tagit slut av det tyska nederlaget och den hårda Versaillesfreden. "Jag förstår innerligt väl hur den nazistiska rörelsen uppkommit och jag förlåter mycket av vad denna strid med nödvändigheten medfört", skrev den gamle rösträttskämpen i ett brev till sin syster Anna 1933. Från slutskedet av första världskriget fram till sin död vid åttio års ålder 1934 ägnade han sig huvudsakligen åt Thule och levde ett tämligen stillsamt familjeliv i huset på Östermalmsgatan 36, inte minst i närheten av sina barnbarn. Bland dem favoriten Olof, som redan i femårsåldern kunde läsa *Svenska Dagbladets* ledare högt för farfar medan denne rakade sig.

Kontrasten är stark mellan den dynamiska roll som familjen Palme spelade i Stockholm och även i nationens liv mellan 1870 och 1920 och den tillbakadragna position man intog under mellankrigstiden. Det vore visserligen orättvist att säga att den generation inom familjen Palme som kom efter de kraftfulla samhällsbyggarna Sven och Henrik var misslyckad. Svens överlevande tre barn klarade sig tämligen väl. Gunnar blev en skicklig försäkringsman, Nils etablerade sig som trävaruhandlare, om än inte med lysande framgång, och Birgitta gifte sig med godsägaren Karl Curman och blev husfru på den uppländska herrgården Antuna. Av Henriks barn fortsatte en son i faderns spår som framgångsrik byggmästare och en annan blev välkänd konstnär. Men faktum kvarstår. Från att ha varit en familj som var drivande i samhällsutvecklingen blev de flesta medlemmarna i familjen Palme passiva åskådare.

3. Söndagsbarn

> *Det finns ingen god far, sådan är regeln.*
>
> JEAN-PAUL SARTRE

> *Även om en aristokrat med ovanligt moderat inställning lyckas hinna upp sin egen samtid, behöver han bara minnas sin barndom för att genom sin mor, sina onklar och grandtanter komma i kontakt med en tillvaro som i våra dagar är nästan okänd.*
>
> MARCEL PROUST

OLOF PALME FÖDDES DEN 30 januari 1927, en ovanligt varm vintersöndag då termometern visade på fem plusgrader. Hans start i livet präglades av ett bedrägligt lugn, inte bara inom familjen utan även i världen i stort. De första efterkrigsårens ekonomiska kris, sociala oro och massarbetslöshet hade övervunnits. Henry Fords rullande band levererade en strid ström av bilar, inte bara till medelklassamerikaner, utan även till familjen Palme i Sverige och andra välbeställda européer. Adolf Hitler var fortfarande en misslyckad tysk högerpolitiker. Demokratins bleksiktiga ynglingagestalt tycktes ha klarat de värsta barnsjukdomarna.

Aktiekurserna pekade uppåt och de som hade eller kunde låna upp pengar men inte investerade betraktades som ohjälpliga förlorare, oförmögna att ens öppna munnen när de stekta sparvarna kom flygande. Tekniken firade nya triumfer, inte bara på fabriker och i verkstäder, utan även inom masskulturen, där dittills stumma filmskådespelare plötsligt kunde sjunga och tala på vita duken. Spanska sjukan hade avlösts av en jazzepidemi; kvinnor med bobbat hår och korta kjolar utmanade den västerländska civilisationen genom att dansa charleston och blackbottom. I Sverige talades om en andra stormaktstid under ledning av de stora svenska exportföretagen och inte minst den dynamiske ingenjören Ivar Kreuger. Konjunkturerna var även goda inom försäkringsbranschen, där Thule försvarade sin plats som Nordens ledande försäljare av livförsäkringar.

Namngivningen av den nyfödde gossen Sven Olof Joachim var ett tecken på att livet gått vidare för familjen Palme efter första världskrigets bittra förluster. Vid dopet på familjesätet Ånga hoppades pastor Jungner från Nyköping att gossen skulle få något av "den rakryggade självständighet, det ideella sinnelag, av den offervilja och trohet intill döden" som utmärkt de två av föräldrarnas syskon som han var namngiven efter: farbrodern Olof som stupat vid Tammerfors och morbrodern Joachim von Knieriem som dött i lunginflammation 1919 som inkallad i det tyska lantvärnet i Lettland. Men i enlighet med den hinduiska föreställningen att farfaderns själ återföds i sonsonen skulle den nyfödde mest komma att likna den tredje av de släktingar han var uppkallad efter.

Själv beskrev han sin barndom som "ganska händelselös fram till sju års ålder". Hans mest omedelbara familj bestod av fadern Gunnar, modern Elisabeth – allmänt kallad Müsi i familjen – och de två äldre syskonen Claës och Carin (Catharina). De bodde i en separat lägenhet, men hushållet flöt ihop med farföräldrarnas mittöver trapphallen och barn, hundar och tjänstefolk rörde sig fritt mellan lägenheterna. Banden mellan generationerna var invävda. Gunnar var vice verkställande direktör under fadern i Thule; de arbetade dagligen tillsammans på bolagets kontor på Kungsträdgårdsgatan. För Olofs mor, som ensam kommit till Sverige som flykting från Lettland under första världskriget, hade svärföräldrarna, på gott och ont, fått ersätta hennes egna föräldrar. I umgängeslivet var Gunnar och Müsi permanenta deltagare på middagar i grannlägenheten, oftast med funktion som vicevärd och vicevärdinna; ibland anlitades också barnbarnen för att ta mot gästerna. Och för deras del var närheten till farfar och farmor i en lägenhet fylld av släktporträtt och familjeattribut en ständig påminnelse om att de var en del av en längre kontinuitet.

Olofs barndomsvärld var socialt avskärmad. Han var under "ständig tillsyn" som det hette i det psykologiska prov han genomgick som officersaspirant nitton år gammal. I jämförelse med barn som växte upp under mer blygsamma omständigheter var hans liv kontrollerat och reglementerat. Han vallades i Humlegården och Lill-Jansskogen av barnflickor och hade få möjligheter att utforska sina omgivningar på egen hand. "Jag var elak mot en pojke i Humlegården idag, då fick jag smäll av rottingen", meddelade han sina föräldrar genom sin barnflicka då dessa befann sig på resa i USA 1930. Dessutom var han ett sjukligt barn, som tvingades till långa perioder av sängliggande. Exakt vad hans "klenhet" bestod i är oklart förutom att han – liksom brodern Claës – drabbades av knölros, en tuberkulär infektion, under en sommarvistelse i Lettland och dessutom led av allergiska eksem. Rädslan för sjukdomar, inte bara den fruktade tuberkulosen utan en rad andra i dag mer vardagliga infektioner, var på många sätt naturlig i en tid då antibiotika ännu inte fanns.

Men enligt dottern Carin tenderade Müsi också att bli överdrivet orolig när barnen blev sjuka. Husläkaren dr Ernberg var en flitig besökare i familjen, och barnen skickades till sängs så fort febertermometern visade över 37,5 grader. Även om tuberkulosen – som varade under ett år – inte var att leka med, kanske Olof i verkligheten inte var ett fullt så sjukligt barn som familjemytologin gör gällande, utan också ett offer för moderns överdrivna omsorger och farhågor. Vid ett tillfälle när Müsi trodde att Olof fått blindtarmsinflammation for Claës ut mot henne: hon "förstörde pojken med sitt klemande". En barndomsmiljö som redan från början var innesluten i sig själv blev än mer stängd. Och föreställningen om hans klenhet under barndomen blev en grundmurad del av Olof Palmes vuxna självbild.

Men inom sina skrankor var hushållet ett rikt mikrokosmos. Den utsträckta familjen Palme kunde ha stått som förebild för ett av tidens Östermalmskåserier av Hasse Z. Det var en skenbart självklar borgerlig värld där alla familjeroller var fördelade på förhand: groggande fäder, bekymrade mödrar, idrottstokiga läroverkspojkar, förnumstiga småsyskon och flamsiga husor. På sitt sätt var miljön barnvänlig. Den stora staben av tjänstefolk på Östermalmsgatan utgjorde motorn i ett imponerade och med tidens mått rationellt storhushåll: varor levererades till köksingången, tvätt lämnades bort, matlagning var en heltidssyssla och kläder syddes och lappades i hemmet. Att ha ett hembiträde eller en barnflicka var inte så märkvärdigt under mellankrigstiden, det kunde förekomma även i mer välbeställda arbetarhem. Men personaltätheten kring Olof var ovanligt hög: föräldrar, farföräldrar, storasystern Carin, barnflicka och övrigt tjänstefolk i de två lägenheterna. Han bjöds på middag hos farmor och farfar, följde med till skomakaren och togs på utflykter till Skansen, Riksmuseet och "kompaniet", det vill säga varuhuset NK på Hamngatan. Olof hade intensiva relationer med många vuxna under sina första år, inte minst barnjungfrun Maddi (Margareta Andersson) som sov i hans rum. Han drabbades av en första känslomässig förlust när hon lämnade sin tjänst för att gifta sig 1931.

Under somrarna upplevde Olof och syskonen den traditionella sociala hierarki som präglade både morföräldrarnas gård i Lettland och farföräldrarnas gods i Sörmland. Här fanns torpare och arrendatorer, gårdskarlar och mjölkerskor, rättare och förmän, alla inordnade i ett patriarkalt värdesystem som visserligen var på väg att försvinna men ännu var starkt under mellankrigstiden. Olof, Claës och Carin lekte på sommargästers vis med såväl fattiga grannars som underlydandes barn och deltog ibland i enklare jordbruksarbete. Men skillnaden var stor mellan Ånga och Skangal. Det senare var ett "Restgut", ett före detta balttyskt storgods som en serie agrarreformer krympt ihop till en förfallen lantgård med köksträdgård, lite djur och några gårdstjänare. Skangal var en ålderdomlig, fantasieggande värld. Där fanns varken elektricitet, rinnande vatten eller motorfordon: man läste i skenet av fotogenlampor, vatten hämtades i stora tunnor på en hästdragen vagn och kosten bestod av främmande maträtter som surdegsbröd, blinier och bovetegröt. Tjänstefolket var analfabeter och hälsade på herrskapet genom att kyssa på hand. Ånga, under farmor Hannas ledning, drevs som ett modernt jordbruksföretag samtidigt som det sociala livet var mer herrskapslikt med vita dukar och jungfrur som serverade på finporslin. Men också den sörmländska herrgården präglades av lantlivets tusenåriga rytm och sega sociala strukturer med skötsel av djur, skördearbete och jakt.

Ett av de viktigaste inslagen i Olofs barndomsmiljö var den betydelse som familjen fäste vid språklig förmåga. Att kunna formulera sig elegant och briljera med ett välvalt franskt *bon mot* eller ett stålblankt romarcitat var en gemensam hörnsten i tidens borgerliga bildningskultur. Men för att vara en framgångsrik affärsfamilj var språkintresset ovanligt väl utvecklat hos familjen Palme. Delvis gick det tillbaka till den versskrivande lagmannen Adolph Palme i Kalmar, författare till det stora men opublicerade dikteposet *Brödsmulor*. Det hade också sitt ursprung i den estetiska sensibilitet som grundats under Sven och Hannas kulturradikala period kring sekelskiftet. Men framför allt speglade det en insikt om att förmågan att kunna argumentera och övertyga hade bidragit till Sven Palmes framgångar, både som affärsman och politisk opinionsbildare.

Gunnar, Olofs far, uttryckte sig sällan i skrift utanför försäkringsjuridiken och det privata brevskrivandet. Även om han på dessa områden utvecklade en behärskad elegans, är kontrasten stark mellan honom och hans verbalt utåtriktade far Sven. Och av Gunnars barn i sin tur var det yngste sonen Olof som uppvisade den mest otvetydiga språkbegåvningen. Att han var yngst i syskonskaran – Claës och Carin var tio respektive sju år när han föddes – hade säkert betydelse. Han var en lillpojke i en stor skara av vuxna som uppmuntrade och applåderade alla tecken på briljans och begåvning. Han betraktades som ett underbarn: "när det kom gäster tvingades jag rabbla upp *Fritjofs saga*, jag skuffades fram i alla möjliga situationer", mindes han som vuxen. Men slagfärdigheten och charmen blev också vapen när det gällde att underminera disciplin och undvika bestraffningar. Särskilt Maddi hade svårt att hålla sig för skratt när han kom med avväpnande bortförklaringar.

Hur mycket hjälp han fick av sin tysktalande mor när han lärde sig att läsa är oklart. Själv mindes han att han i ren sjukdomstristess började foga ihop ord med hjälp av en bokstavsväska i leksakslådan. I vilket fall som helst var han läskunnig redan i fyraårsåldern och uppvisade tidigt ett lekfullt och kreativt förhållande till språket, inte minst genom en stor ordkunskap och förmåga att hitta passande uttryck i oväntade situationer. Den enda som tycks ha velat bromsa honom var farmor Hanna, som ansåg att läsning vid så unga år inte var nyttigt och krävde att han skulle hindras.

Men han var ett intensivt och fokuserat barn som gärna förlorade sig i såväl böcker som lek. Det var hans "arbete" som han förnumstigt uttryckte det, kanske i gemensam insikt med Freud om att lekens motsats inte är allvar utan verkligheten.

Under sina långa sjukdomsperioder läste han sig igenom tidens klassiska barnlitteratur, från den tyske författaren Karl Mays populära indianböcker till Louis de Geers Singletonböcker om en svensk pojkes upplevelser på en engelsk internatskola. Litteraturintresset skulle bli den mylla som hans framtida politiska retorik kom att spira ur. Hans berömda angrepp på kommunistledarna i Tjeckoslovakien som "diktaturens kreatur" 1975 var till exempel lånat från Alexandre Dumas *De tre musketörerna* där den intrigante Richelieus hantlangare beskrivs som – "kardinalens kreatur". Brev skrivna till farföräldrarna när han var nio-tio år gammal röjer också ett säkert grepp om grundläggande språkstrukturer. Han var naturligtvis lillgammal – han läste *Iliaden* i barnboksversion långt innan han började skolan – men hur skulle han kunna bli något annat under dessa omständigheter? Språkfärdigheterna handlade inte bara om det svenska fadersmålet. Han lärde sig tidigt tyska av modern, som han även övades i under sommarvistelserna i Lettland. Senare inhyrdes också en guvernant som lade grunderna till hans senare färdigheter i franska. Farfaderns kosmopolitiska ideal fördes vidare till sonsonen, som tidigt lärde sig att vara flexibel och välja rätt språk efter omständigheterna.

*

Det fanns ett pris för denna mångkulturella miljö – och det betalades främst av Olofs mor Müsi. Likt svärmodern var hon adlig och hade kommit över Östersjön för att gifta sig med en Palme. Men finlandssvenska Hanna hade tusen trådar in i den svenska samhällseliten och kunde röra sig fritt mellan sina två hemländer. Elisabeth von Knieriem var däremot av balttyskt ursprung och hade under dramatiska omständigheter kommit som flykting till Sverige 1915. Det var en resa till ett främmande land, mycket annorlunda mot den myllrande mångfalden i det ålderdomliga Riga med dess kosmopolitiska blandning av letter, ryssar, tyskar och judar.

Även om förbindelserna med Sverige varit starka på sextonhundratalet hade den baltiska adeln aldrig varit en självklar del av det svenska stormaktsväldet. Många av dess medlemmar hade visserligen tjänat den svenska staten, liksom många svenska adelssläkter hade flyttat till Livland och Kurland (som senare blev Lettland). Men den baltiska aristokratin hade aldrig varit representerad i det svenska riddarhuset. Den svenska perioden i Lettlands historia präglades också av reformer riktade mot den tyska elitens dominans. Livegenskapen hade avskaffats och skolväsendet byggts ut. Medan de lettiska bönderna idealiserade svensktiden var Karl XI:s minne hatat av de balttyska aristokraterna. Till skillnad från sin finlandssvenska motsvarighet, som inte bara var språkligt sammanbunden med Sverige utan också under lång tid varit integrerad i den svenska staten, hade den tyska adeln överlevt som en autonom elit med feodal makt över de livegna baltiska bönderna. I tur och ordning hade denna överklass tjänat polska, svenska och ryska ockupanter utan att förlora sin grundläggande kulturella identitet. Strategin hade varit effektiv i en tid av mångkulturellt imperiebyggande, men kolliderade med både demokratins jämlikhetsideal och den idé om etniskt grundade nationalstater som svepte över Europa under artonhundratalet.

Elisabeth, som var född 1890 i Riga, fick en allt annat än stillsam uppväxt. Hennes far Woldemar von Knieriem var framstående akademiker i Lettland. Han hade utbildats som kemist i Heidelberg och avancerat till professor i agronomi. Revolutionsåret 1905 utnämndes han till rektor för Tekniska högskolan i Riga. Framför allt ledde han högskolans utbildnings- och forskningslantgård Peterhof strax utanför Riga, där han också bodde tillsammans med sin familj, kolleger och studenter. Denna idylliska tillvaro där lantbruk, herrgårdskultur och vetenskaplig forskning förenades sattes i gungning under 1905 års ryska revolution. Skolan besattes först av revolutionärer för att sedan återtas av kejserliga styrkor i form av kavallerister på vita hästar som gjorde starkt intryck på den femtonåriga Müsi.

Lugnet blev inte bestående. Vid första världskrigets utbrott – då Ryssland och Tyskland hamnade i krig – slog den ryska regeringen ner på alla verksamheter som kunde misstänkas för illojalitet. All kurslitteratur och alla föreläsningar vid högskolor och universitet skulle vara på ryska. Till en början klarade sig familjen von Knieriem. Woldemar var en respekterad forskare och lärare som hade presenterats vid det kejserliga hovet och fick dispens att undervisa på tyska. Men familjen blev snart ansatt som medlemmar av en misstänkt femtekolonn. Elisabeths mor anklagades för att ha smugglat livsmedel till den tyska armén. Hon förvisades, visserligen inte till Sibirien, men väl till det inre av Ryssland.

När kriget bröt ut befann sig Elisabeth i Freiburg där hon studerade medicin. Hon var en av de första kvinnorna som tog studenten i Baltikum, vid Rigas pojkgymnasium med högsta betyg i historia, religion och tyska. Nu avbröts hennes studier därför att hon var rysk medborgare i ett fientligt land. Väl hemma hamnade hon strax i den ryska elden efter att ha varit i den tyska askan. I Moskva, dit hon följt modern under hennes förvisning, gjorde hon upprepade besök som rödakorssyster hos tyska krigsfångar som vistades på lasarett. Ett brev till en släkting där hon skildrade den fruktansvärda vanvården som dessa utsattes för fick allmän spridning. Hon blev eftersökt av polisen. Själv hävdade hon att hon endast skrivit ett privat brev och att kopiorna distribuerats utan hennes tillstånd. Müsi räddades av den svenske konsuln i Riga, som ordnade så att hon av hälsoskäl fick utresetillstånd till Sverige våren 1915. Den svenske diplomaten, som var god vän med Gunnar Palme, ordnade också med mottagandet och skickade ett telegram till försäkringsbolaget Thule där han lakoniskt bad Gunnar "prenez garde à Elisabeth", att ta hand om Elisabeth.

Gunnar var då trettio år gammal, en stillsam och hårt arbetande ung man. Han hade ännu inte börjat i familjeföretaget utan fullgjorde sin tingsmeritering som jurist samtidigt som han – något överårig – höll på att utbilda sig till reservofficer i kavalleriet vid Karlbergs kadettskola. Sedan några år tillbaka betraktades han också som Sven Palmes efterträdare i Thule. Han var ännu ogift och bodde hemma hos sina föräldrar. Med alla konventionella mått var han mogen att gifta sig och bilda familj. Under studietiden hade han haft en romans med en servitris på det klassiska Uppsalakonditoriet Ofvandahls. Det var mer än en tillfällig förbindelse, den unge juridikstudenten var förälskad i Anna Jönsson som kom från enklare förhållanden i det lilla samhället Tierp en bit utanför Uppsala. Äktenskap var inte att tala om, trots att affären resulterade i en son som föddes i december 1911.

Hanna Palme tog diskret hand om saken och såg till att ett underhåll utbetalades till modern. Sture Gunnarsson, som pojken döptes till, blev en icke-person i familjen Palme, han nämndes aldrig och ansågs inte ha något med familjen att göra. Olof Palme var för sin del helt ovetande om att han hade en äldre halvbror till långt upp i vuxen ålder. Det var inget ovanligt hyckleri i borgerliga familjer vid den här tiden, även om det inte minskar den stigmatisering som det innebar att stämplas som "oäkta". Men även Gunnar fick betala ett pris i form av förlorad självkänsla. Hans första stapplande steg i det vuxna kärlekslivet hade slutat i en katastrof som tvingat honom att gå till föräldrarna för att be om hjälp. Inte minst hade hans redan dominanta mor fått ett än starkare grepp om honom.

Detta satte sin prägel på romansen mellan Gunnar och Müsi. Den attraktiva lettiska flyktingen med det gäckande leendet inkvarterades i april i jungfrukammaren i familjen Palmes dåvarande våning på Engelbrektsgatan och blev snabbt omtyckt av alla familjemedlemmar. Hon fick ställning som ett slags guvernant med uppgift att hjälpa Gunnars yngre syster Birgitta med skolarbetet i tyska. Även Gunnar övade sin dåliga skoltyska på henne. I början av juni bjöd han henne på kadettbalen på Karlberg. Samtidigt gjorde han allt för att dölja den spirande romansen för sin mor. Med rätta misstänkte han att Hanna, även om hon uppskattade Müsi som föremål för en viss moderlig omsorg, inte såg henne som en blivande svärdotter.

Under sommaren 1915, då den utsträckta familjen Palme ambulerade mellan Stockholm och Ånga, utvecklade sig det hela till en Wodehouseliknande historia: lappar inskjutna under dörren, möten i bersån och komplicerade intriger för att undvika Hannas argusögon. "Du måste uppbjuda all din energi för att förhindra mammas medfärd... vi träffas vid spårvägens slutpunkt kl 4...", instruerade Gunnar nogsamt Müsi inför ett möte. Exakt vad Hanna hade emot sin blivande svärdotter är oklart, men i början av augusti skrev hon ett långt brev till Gunnar där hon tämligen klumpigt försökte göra gällande att Müsi var en kallhamrad, olycklig kvinna som förmodligen aldrig skulle trivas i Sverige.

Bröllopet som ägde rum påföljande sommar blev pampigt med ångbåtstur från Nyköping, där vigseln ägt rum i Allhelgonakyrkan, till stor middag på Ånga. Officersinslaget var påfallande. Den unge kadetten greve Folke Bernadotte, brorson till den svenske kungen, var kyrkomarskalk. "Er dotter har skött sig storartat, men hon var blek och mycket nervös, stackars kära barn...", skrev Hanna något matroniserande till Müsis mor i Lettland. När äktenskapet väl var ett faktum tycks Hanna ha accepterat Müsi fullt ut även om förhållandet aldrig blev innerligt.

Gunnar och Müsi var lågmält intensiva familjemänniskor förenade av ett visst livsallvar på grund av svåra sjukdomar under uppväxten. När Gunnar fruktade att han skulle dö under en operation i mitten av tjugotalet rafsade han ner ett avskedsbrev till sin hustru som han avslutade karaktäristiskt enkelt med orden "tack för allt!". Men även om berättelsen om Gunnar och Müsi är romantisk levde de inte lyckliga i alla sina dagar. Den främsta anledningen var att Gunnar dog i förtid 1934 efter arton års äktenskap. Men det finns ytterligare skäl till att denna i sig tunga förlust lade sig som ett sorgflor över Elisabeths långa liv i Sverige (hon dog 1972 efter att ha bott femtiofyra år i samma hus på Östermalmsgatan som hon flyttat in i 1918).

Ett av dem handlade om att hon inte fullföljde sina planer att bli läkare. Hon övergav visserligen inte sina ambitioner omedelbart. Efter flykten till Sverige försökte hon återuppta medicinstudierna i Freiburg under våren 1916, men hennes ryska medborgarskap skapade problem när hon skulle resa in och ut ur landet under pågående krig. Hon övergick en kort period till Karolinska Institutet i Stockholm, men avbröt studierna när hon blev gravid med Claës, Olofs äldre bror, som föddes 1917. Likt svärmodern hamnade hon i den frustrerande situationen att vara en ambitiös, intellektuell och välutbildad kvinna som var tvungen att anpassa sig till rollen som maka och mor. "Jag vill aldrig gifta mig", hade hon sagt till Hanna under sin första tid som flykting i Sverige, vilket kanske förklarar något av svärmoderns negativa inställning till henne i början. Medan Hanna fick utlopp och till slut även erkännande för sin kapacitet som driftig godsägare på Ånga, blev Müsis lott välgörenhetsarbete och socialt inriktade kvinnoföreningar.

Även om dessa verksamheter inte fullt ut kunde kompensera en förlorad yrkeskarriär var de både krävande och imponerande i sin omfattning. Hon arbetade för Röda korset, var frivillig på amningshjälpen Mjölkdroppen i Solna, föregångaren till dagens barnavårdscentraler, undervisade hemsamariter och organiserade luftskyddet på Östermalm under kriget. År 1937 valdes hon in i styrelsen för det feministiska Fredrika Bremer-förbundets Stockholmsavdelning, som innehöll såväl liberaler som socialdemokrater. Efter kriget deltog hon i Röda korsets hjälpaktioner i Tyskland och hennes brev till barnen under denna tid vittnar om en handlingskraftig kvinna som njuter av att lösa problem och ta initiativ: "Efter en vecka voro vi färdiga att starta för 5 000 barn och i dag höjde vi siffran med 280 barn, dessa nya platser bestämde jag förra veckan, och i dag om en vecka tar vi 7 500 till 8 000 barn till – om jag hinner. Jag har lagt upp ett kontrollsystem men saknar allt kontorsmateriel. [S]om jag måste tigga mig till hos Besatz. Amt, hos kväkarna o.s.v."

Ointresset för hushållsarbete, den överdrivna medicinska omsorgen om barnen och insatserna på Mjölkdroppen i Solna då hennes medicinska kunskaper kom till nytta är alla tecken på att hon hade svårt att försona sig med att hon lämnat läkarbanan. Enligt Olofs barnflicka var unga fru Palme inte hemma mycket. Det kanske inte är så förvånande att Maddi betraktade hennes beteende som typiskt för överklassfruar: "de fina fruarna på den tiden hade ju sina luncher och sina uppdrag av alla de sorter". Olof följde henne när hon gjorde sina insatser, till exempel bland unga mödrar på amningshjälpen. När han var mindre, förklarade han i det militärpsykologiska prov han gjorde 1946, hade han framför allt idealiserat sin far men senare under uppväxten hade han kommit att beundra sin mor. Att både hon och farmodern var adliga innebar att hans uppväxt präglades av kvinnor som hade en starkare självkänsla än vad tidens borgerliga familjeideal föreskrev – men också upplevde en starkare frustration i hemmafrurollen. Den europeiska aristokratins nedgång var en triumf för jämlikheten, men inte för jämställdheten.

Det var inte bara de avbrutna yrkesambitionerna som påverkade Elisabeth von Knieriems liv i Sverige. Hon var också en flykting från en månghundraårig kultur som höll på att gå under i den internationella politikens virvelstormar. Eftervärldens sympatier för balttyskarnas öde har varit begränsade. De utgjorde inte bara resterna av en autokratisk härskarklass utan kom också att ansluta sig till Nazityskland under andra världskriget, en del säkert motvilligt, men många med påtaglig entusiasm. Vid nazistpartiets formering i München i början av tjugotalet fanns ett påtagligt balttyskt inslag med rasideologen Alfred Rosenberg i spetsen. von Knieriems var inte nazister, men som alla balttyskar var de historiskt präglade av en stortysk mentalitet. Hur humanistisk och liberal denna föreställningsvärld än var hade den en kolonial slagsida.

Müsis föräldrar flydde till Tyskland under slutet av första världskriget. Först 1920, när den politiska situationen stabiliserats, återvände de till Riga. Balttyskarnas privilegier blev fortsatt ansatta i den nygrundade självständiga republiken Lettland, framför allt genom en serie jordreformer. För von Knieriems del betydde det bland annat en kraftig reducering av familjegodset Skangal, som dessutom hade plundrats av både ryska militärer och bolsjeviker. Molotov-Ribbentroppakten 1939 – då Hitler och Stalin gjorde upp om Polen och Baltikum – innebar att 90 procent av tyskbalterna flyttade till den del av Polen som ockuperats av Nazityskland (efter kriget hamnade de i Tyskland). Müsi övertalade sin mor att i stället komma till Stockholm. Andra delar av hennes familj hade emigrerat till Tyskland redan på tjugotalet, framför allt hennes bror Ottokar som gjorde karriär på Dresdner Bank och blev dess representant i Stockholm under andra världskriget.

Det fanns många flyktingöden som var värre än Müsis. Hon blev omhändertagen av en av Stockholms mest inflytelserika familjer och kom till en kulturkrets med stort intresse och välvillig sympati för det tyska. Men Müsi blev aldrig riktigt integrerad. Hon hamnade i limbo mellan en multikulturell barndomskultur i upplösning och den mer homogena svenska kulturens inåtvändhet. Som nyanländ flykting fann hon Sverige ödsligt och kallt jämfört med den täta gemenskap hon upplevt inom den tyska kulturen i såväl hemmiljön på Skangal som vid studierna i Freiburg. När Carin föddes några år senare skrev Gunnar till en vän att dottern kunde bli en tröst för Müsi i hennes ensamhet och främlingskap. Han oroade sig över att hustruns band till sitt nya hemland var för svaga. Inför operationen våren 1924 vädjade han att hon skulle stanna i Sverige för barnens skull om han skulle avlida. Utanför familjen Palme och sina ideella aktiviteter hade hon få svenska vänner och hon bedrev en omfattande korrespondens med sina utspridda släktingar kring Östersjön. Kanske speglade hennes isolering ett djupare och mer personligt främlingskap inför tillvaron. Enligt Carin Palme var Gunnars syster Birgitta Curman Müsis enda nära vän i Sverige.

En del av Müsis anpassningsproblem i Sverige handlade också om att tyskbalterna inte stod särskilt högt i kurs. Den balttyska adeln med sitt ursprung i de tyska riddarordnarna från tolvhundratalet manade fram minnen av folkskolans skildringar av de svenska böndernas kamp mot hårdhänta tyska fogdar under medeltiden. År 1928 publicerade Gunnar Palme ett debattinlägg om Lettland i *Nya Dagligt Allehanda* som belyser konfliktlinjerna i den svenska debatten om Baltikums framtid. Hans artikel var ett genmäle till en tidigare artikel om den pågående jordreformen i Lettland som hävdade att den tysk-baltiska adeln försökte återföra Lettlands bönder i träldom. Gunnars argumentation, med säkerhet inspirerad av Müsi, säger en del både om den gängse synen på tyskbalterna och om vilka medel dess sympatisörer kunde använda för att försvara sig. Svärdsriddarnas metoder hade visserligen varit hårdhänta, medgav Palme, men inte värre än Birger jarls när han kristnade Finland. Dessutom hade riddarordnarna räddat den lettiska bondebefolkningen från att sväljas av det ryska folkhavet. Även om något slags jordreform var nödvändig, borde Sverige inte ensidigt stödja en befolkningsmajoritet som ville fördriva en kulturellt högtstående minoritet ur landet. Risken var att judarna skulle överta tyskarnas ledande ställning, vilket knappast skulle bli "angenämare för landets befolkning".

Den antisemitiska slängen är uppenbar: tyskarna behövs i Baltikum för att hålla judarna i schack. Olof Palmes föräldrar var tyskvänliga och konservativa, även om Gunnar i sin ungdom tillhört den liberala studentföreningen Verdandi. Båda var medlemmar i

Högerpartiet även om de inte var särskilt aktiva i offentligheten. Enligt Olof Palmes syster Carin blev de övertygade antinazister efter en gemensam resa i Tyskland 1932 där de upplevde nationalsocialisternas hätska propaganda på plats. Men Gunnar och Müsi tycks inte, till skillnad från Sven och Hanna Palme som hade åsikter om det mesta, ha varit särskilt ideologiska till sin läggning. Snarare vände de sig bort från det storvulna inom familjen Palme och fokuserade på det mer vardagligt greppbara. När Müsi några år efter Gunnars död besökte Hitlertyskland skrev hon i ett långt brev hem inte en rad om det rådande politiska tillståndet. För en person med en grundmurad exilkärlek till tysk kultur kan det kanske tolkas som ett passivt avståndstagande.

Gunnars artikel från 1928 är också den enda publicerade politiska text som han har efterlämnat, i övrigt höll han sig strikt till försäkringsjuridiken. Olof Palmes föräldrar kan inte friskrivas från sin tyskvänlighet eller för sin delaktighet i den antisemitism som var vanlig inom många skikt av det svenska samhället före andra världskriget. "Jag tror du skulle haft helt trevligt, trots de många judarna", skrev Gunnar när han berättade för hustrun om en middagsbjudning i början av tjugotalet, och fortsatte med okaraktäristisk hätskhet att beskriva en judinna som han fann ovanligt osympatisk. Men liknande citat från denna tid går också att uppbringa från personer som senare blev kända för sin antinazism, till exempel *Handelstidningens* redaktör Torgny Segerstedt och revykungen Karl Gerhard. Det avgörande i makarna Palmes världsbild var framför allt Müsis lojalitet med sitt balttyska ursprung. Denna kompassnål – som stundtals skulle visa mycket fel – styrde hon efter under hela sitt liv, från engagemanget för tyska krigsfångar i Ryssland 1914 till sin medverkan i *Der Deutsche Frauenbund* i Stockholm under andra världskriget, där hon och andra tyskättade damer virkade tossor till tyska frontsoldater i Sovjetunionen. Men hjälparbetet fortsatte också efter kriget när hon deltog som tolk då Folke Bernadottes vita bussar hämtade koncentrationslägerfångar från Bergen-Belsen till Göteborg.

Hennes bror Otto var en mer ideologiskt orienterad person. Han anklagades för att ha varit nazist av de allierade efter kriget men friades efter karaktärsvittnesmål från Jacob och Marcus Wallenberg som hävdade att han "gjort klart antinazistiska uttalanden i politiska frågor" före kriget. Kanske var det sant, kanske var det bara ett "tack för senast" från bröderna Wallenberg till Ottokar von Knieriem för goda affärsförbindelser med Tyskland under kriget. En vän till Olof Palme som besökte Ånga i början av femtiotalet minns att "onkel Otto" tagit henne åt sidan för att diskutera om Hitler inte hade gjort en del bra saker, till exempel att bygga motorvägar.

Men bortom det anekdotiska finns en politisk sida av familjen Palmes förhållande till Baltikum. Två gånger under nittonhundratalets första hälft hade man förts oroväckande långt ut mot högerkanten av svensk politik till följd av starka känslomässiga bindningar till etniska minoriteter på andra sidan Östersjön. Många av finlandssvenskarna och en ännu större del av balttyskarna tillhörde en härskande elit som trängdes av den framväxande demokratin men också ansattes som etnisk minoritet. I Finland, där de svensktalande inte utgjort samma brutala kolonialmakt som tyskarna i Baltikum, nåddes en harmonisk lösning. I Lettland förblev spänningarna höga under hela mellankrigstiden. Men i båda fallen ledde den nationella lojaliteten familjen Palme till en mer aggressiv och reaktionär form av nationalism; först Svenska brigadens storsvenskhet och sedan en identifikation med Tyska rikets geopolitiska ambitioner i Baltikum. Det psykosociala mönstret var märkvärdigt likartat i båda fallen: först Svens giftermål med den finlandssvenska Hanna von Born och sedan Gunnars med den balttyska Elisabeth von Knieriem.

Att lägga ansvaret på kvinnorna vore dock orättvist. Snarare var familjen Palmes *Drang nach Osten* konsekvensen av en oförmåga att inse att tiden hade sprungit förbi den borgerligt liberala nationalismen. I sin elitism hade familjen Palme svårt att förstå den kraft som rymdes i folkliga rörelser, vare sig de var nationalistiska eller socialistiska. Men det fanns också liten förståelse i den svenska enhetsstaten för hur olika lojaliteter korsade varandra i de mångkulturella småstater som befann sig i kraftfältet mellan Sovjetunionen och Nazityskland.

*

På hösten 1934, när Olof var drygt sju år gammal, dog hans far. För barnens del kom det som en blixt från en om inte klar så åtminstone ljus himmel. Gunnar hade sedan ungdomen lidit av astma och under senare hälften av tjugotalet genomgått flera hjärt- och lungundersökningar. Han hade gjort sitt bästa för att dölja sjukdomen. Några år innan han dog hade Müsis mor skrivit till hans syster Birgitta att hon misstänkte att Gunnar var allvarligt sjuk. Om detta hade något direkt samband med att hans aorta sprack en septembereftermiddag i familjens sommarhus på Ånga är oklart. Enligt äldste sonen Claës var faderns plötsliga död en effekt av häftig sinnesrörelse. Bara några veckor tidigare hade Sven Palme dött i cancer vid åttio års ålder och när Gunnar informerades om testamentet visade det sig att Ånga skulle överlåtas på brodern Nils, kanske som en tröst för att denne släpade sig fram som medelmåttigt framgångsrik trävaruhandlare i Norrland. Enligt Claës var Gunnars besvikelse en bidragande orsak till hans död. Men ett brustet hjärta leder inte till en brusten aorta. Ändå är närheten i tid mellan Gunnars och Svens dödsfall anmärkningsvärd med tanke på hur intimt sammantvinnade far och son var i livet.

Av Svens tre söner var Gunnar både den mest framgångsrike och den mest fadersbundne. Den äldre brodern Olof hade tidigt avsagt sig rollen som kronprins i Thule genom att välja den akademiska banan. Nils, den yngste, vägrade studera vidare efter läroverket och hotade med att gå till sjöss. Sven hade, med både Olofs och Gunnars bistånd, resolut ingripit för att rädda honom från "förfall" genom att tillfälligt styra in honom på den militära banan. Olofs mantel föll tungt på Gunnar. Du har ett stort hägrande mål, förklarade Sven för sin tjugofemårige son 1911, "som mänskligt att se, bör kunna bli ditt, om jag får leva tillräckligt länge". Målet var Thule, som Gunnar uppmanades göra sig beredd för genom att vårda sin sköra hälsa, sköta sina studier och inte dras med i kamratlivets excesser. Sven hade stort förtroende för mellansonen, som han alltmer kom att fråga till råds i både familje- och affärsfrågor. Gunnar, ansåg han, besatt förmågan att kunna förena vänlighet och mjukhet med beslutsamhet och övertygelse – i underförstådd kontrast till å ena sidan den överhettade Olof och å andra sidan den velige Nils. Efter juridikstudier i Uppsala och några års tingstjänstgöring anställdes Gunnar 1917 vid Thule, där han långsamt började sega sig upp mot chefsposten. I mitten av tjugotalet blev han vice verkställande direktör och 1932 tog han över som vd sedan fadern dragit sig tillbaka till posten som styrelseordförande.

Gunnar var en skicklig försäkringstjänsteman. Branschhistoriker anser att han spelade en betydande roll för Thules förmåga att behålla sin ledande position på marknaden under mellankrigstiden. Hans insats har beskrivits som "omvänd nepotism", det vill säga en situation där den gynnade släktingen besatt en sådan kompetens att han sannolikt skulle ha gjort en bättre karriär utanför familjeföretaget. Det var inte någon tacksam situation för Gunnar vars prestationer under många år skrevs på Sven Palmes konto av omgivningen. Enligt en familjeanekdot brukade Gunnar inför styrelsemötena ge privata instruktioner till den åldrade fadern om hur ärendena borde avgöras. Resultatet blev att de övriga styrelsemedlemmarna prisade Svens märkvärdiga vitalitet och fasta grepp om företaget inför sonen. Över huvud taget hade den tillbakadragne Gunnar svårt att matcha fadern i utstrålning och pondus. Sven var huvudet högre än sonen, hade en karaktäristisk militär hållning med framskjutet bröst och uppfattades allmänt som en kraftkarl från sekelskiftet.

Att fadern valde att testamentera Ånga till Nils skapade en närmast biblisk situation. Patriarken Sven hade slaktat gödkalven till den förlorade sonens ära och likt dennes försmådde broder kunde Gunnar ha sagt till fadern: "Här har jag tjänat dig i alla dessa år och aldrig överträtt något av dina bud, och mig har du aldrig gett ens en killing att festa på med mina vänner." Men bitterhet tycks inte ha varit något framträdande drag i Gunnars personlighet. Trots drag av förnumstighet och en stundtals pedantisk läggning var han en harmonisk person, som stod för mycket av gemytet i hemmet. Hans tillbakadragenhet och stillsamhet var sannolikt en sund reaktion gentemot de utåtriktade och dominanta föräldrarna. "Livet [är] inte endast brinnande längtan efter handling och strävan efter det oerhörda", skrev Gunnar i milt trots mot familjevärderingarna till sin hustru, människan behöver också "kärlek och ro, ömhet och stillhet."

Hans enda större offentliga insats var som huvudsekreterare i en utredning om en ny livförsäkringslag 1927. Men också hos honom fanns det stråk av kulturell avantgardism som ofta återkommer hos familjen Palme oavsett politiska ställningstaganden. När han i början av trettiotalet lät bygga en separat sommarstuga åt sin familj på Ånga anlitade han en funktionalistisk arkitekt som skapade ett av de första privatbyggda husen i Bauhausstil i Sverige. Av alla tre sönerna var det Gunnar som med sin följsamhet och strävsamma arbetsmoral till slut erövrade den största självständigheten. Hans bröders försök att staka ut en egen bana i livet blev inte särskilt framgångsrika.

Olofs akademiska bana innan han stupade vid Tammerfors var knappast lysande och Nils skulle långt fram i livet tvingas skriva tiggarbrev till fadern efter olika karriärmisslyckanden. Gunnar arbetade sig däremot långsamt fram till Thules ledning och vann kollegernas respekt för sin trägna gärning i skuggan av fadern. Under tjugotalet utvecklades han från en underordnad son till att bli en jämlik och professionellt betrodd partner i familjeföretaget. Sven hade fullt förtroende för Gunnars framtida kapacitet att klara både Thule och sin egen familj. Kanske var det därför han likt fadern i den bibliska liknelsen valde att gynna den förlorade sonen. Misshälligheterna inom familjen kring Svens testamente är en tydlig manifestation av hur laddade och komplicerade relationerna kan bli mellan fäder och söner, inte minst i en framgångsrik borgerlig familj där arbete, egendom och känslor var ovanligt tätt sammanvävda.

Vid den här tiden var det mest vanliga problemet för familjer där fadern gått bort eller övergett hemmet krasst ekonomiskt. Hustru och barn hade förlorat familjeförsörjaren och riskerade en klassresa nedåt. De problemen fanns inte i försäkringsfamiljen Palme som förtjänat sina pengar på insikten om tillvarons förgänglighet. Müsi flyttade visserligen till en mindre lägenhet i huset på Östermalmsgatan och på längre sikt skulle familjens omständigheter försämras utan att någonsin bli direkt obekväma.

Ändå förändrade Gunnars bortgång i ett slag Olofs hela barndomsmiljö. Det handlade om mer än den omedelbara sorgen och förvirringen hos en sjuårig pojke som mister sin far. Inom loppet av några dramatiska veckor förvandlades den patriarkala familjen Palme till ett matriarkat. Efter faderns och farfaderns död skickades Claës till internatskola i Sigtuna vårterminen 1935 och Olof blev ensam kvar som den ende manlige familjemedlemmen på Östermalmsgatan. Visserligen stod inte bröderna varandra särskilt nära. Åldersskillnaden var tio år och Claës hade redan gjort en vända på internat i Schweiz för att bättra på sina svaga skolbetyg. Men hans avresa gjorde att Olof nu var helt omgiven av kvinnor: farmor Hanna, modern Müsi, en fransk guvernant som var illa omtyckt av barnen, fjortonåriga storasystern Carin samt ett antal kvinnliga tjänsteandar.

Med Gunnars bortgång försvann mycket av livfullheten på Östermalmsgatan; "Det blev så tyst", mindes Carin. Müsi hade förlorat sitt viktigaste stöd i livet, men Svens död innebar också att hon mist en välvillig svärfar. Hon var nu ensam i en familj och en kultur som hon inte helt hade kunnat göra till sin egen. Carin, som då var fjorton år, fick ta ett stort ansvar när det gällde att hålla ihop familjen. Det blev också systern som Olof tydde sig till under de här åren. Ändå var kontrasten stor mellan den myllrande barndomsmiljö där han hyllats som ett underbarn och det hopkrympta familjeliv som omgav honom från faderns död fram till dess att också han skickades till Sigtuna vid tio års ålder 1937. Med Gunnar gick också mycket av den palmeska livsaptiten i graven och hushållet kom att styras av Müsis mer defensiva hållning till tillvaron. Flyktingskapet och familjen von Knieriems erfarenheter som *pauvres honteux* i det nya Lettland hade satt sina spår. Hon var sparsam, förde ständigt kassabok och betonade vikten av hårt arbete framför nöjen och flärd. När Gunnar vid ett tillfälle klagade på att hennes brev var lite väl prosaiska – han ville ha "nette Briefe" – svarade hon att hon "saknade all begåvning för sådant". Olof fick en mer stram uppväxt än sin äldre bror, som nästan var vuxen när fadern dog och hade fått uppleva familjen under dess expansiva glansdagar.

Historiskt sett är det inte ovanligt att framgångsrika vetenskapsmän, konstnärer och politiska ledare har förlorat en förälder under uppväxten. Om fader- och/eller moderlöshet är vanligare bland "genier" och karriärmässigt lyckade personer än bland resten av befolkningen vet vi inte. Det är näst intill omöjligt att upprätta relevanta kontrollgrupper för ett par tusen år av historia. Men att mista en förälder tycks inte vara någon uppenbar belastning. Från de romerska kejsarna fram till nittonhundratalets demoniska såväl som goda politiska ledare har inte förlusten av en förälder hindrat att de fullföljt de mest spektakulära offentliga ambitioner.

Den psykoanalytiska hypotesen är suggestiv: att förlora en förälder skapar ett existentiellt trauma hos barnet som – om det övervinns framgångsrikt – skapar en stark vilja till makt. Förlusten innebär en plågsam insikt om att världen aldrig kan återgå till vad den var tidigare, att förändring är ett oåterkalleligt tillstånd som måste bemästras. Den etablerade auktoriteten som representeras av föräldrarna försvagas och yttervärldens moral- och samvetsregler internaliseras inte i samma utsträckning som hos barn i en vanlig familj. Avsaknaden av ett starkt överjag kan leda till slirig moral och i värsta fall kriminalitet, men det kan också resultera i framväxten av ett autonomt samvete som blir än starkare därför att det har uppstått i ett tillstånd av frihet. Den döde föräldern blir en idealiserad auktoritet som till skillnad från levande föräldrar inte kan tala, ingripa eller fördöma. Barnet kan själv sanktionera sina beslut och val utan att riskera konflikt.

Den existentialistiske filosofen Jean-Paul Sartre som tidigt förlorade sin far gratulerade sig själv till att inte ha något överjag. "Om min far hade levat", hävdade han i sin självbiografi, "skulle han ha satt sig på mig så tung han var och krossat mig fullständigt." Det var inte faderns fel som individ utan "faderskapets murkna hand", fortsätter Sartre och konstaterar att han hade lämnat bakom sig "en ung avliden som aldrig hann vara min far och som i dag kunde vara min son". Olof Palme, som senare i livet tog starkt intryck av existentialismen, förklarade för sin del att det var viktigare vart han var på väg än var han kom ifrån.

Man kan vara skeptisk till psykoanalysens orsaksförklaringar. Men man kan också se dem som beskrivningar av en viss typ av borgerlig familjekultur i Europa kring sekelskiftet snarare än som universella sanningar. Sigmund Freud var trots allt samtida med Sven Palme. Olof Palme kom från en miljö där konflikter mellan fäder och söner spelade en viktig roll. Med faderns tragiska död gick ridån ner för det utdragna manliga drama om söner, bröder och fäder som utspelat sig mellan de två tidigare generationerna inom familjen. Thule gick dem ur händerna, i mitten av fyrtiotalet förpassades den siste av Svens söner, Nils, ur styrelsen efter inre stridigheter. På längre sikt befriades Olof Palme från att ta ställning till om han skulle gå in i familjeföretaget och, i ett bredare perspektiv, slapp också brottas med den starka patriarkala familjekultur som framför allt den dynamiske farfadern skapat.

Med tanke på Gunnars lågmälda personlighet är det möjligt att det inte skulle ha uppstått några starka oidipala konflikter mellan honom och sönerna. "Kom för övrigt ihåg att lära barnen förstå och icke döma", skrev han till Müsi när han trodde att han skulle dö. Men på grund av hans tidiga bortgång eliminerades alla risker för faderskonflikt och Olof kunde som ung man välja sin väg i livet utan att brottas med frågan om faderns samtycke eller ogillande – även om man kan hävda att han till slut hittade ett ännu större familjeföretag att ta över än det som gått förlorat.

Inget av detta förändrar naturligtvis det tragiska i Gunnars plötsliga död, som dessutom inträffade i ett känsligt skede av Olofs uppväxt. Våren innan fadern dog hade han börjat skolan. Han skrevs direkt in i andra förberedande klass i Beskowska, en privatskola som omfattade både småskola och läroverk. Den låg fem minuters promenad från hemmet på Engelbrektsgatan intill Humlegårdens västra sida. Den lätt jugendinfluerade byggnaden i rött tegel var, som den samtida Östermalmsbon Alice Lyttkens uttryckte det, "en snobbskola". Det hindrade henne inte från att sätta sin son där eftersom hon ansåg att lärarna var ovanligt bra. Men i jämförelse med andra privata läroverk var Beskowska något av en dumpningplats för rikemansbarn som misslyckats i de statliga läroverken. Ovanligt många elever hade fäder som var direktörer eller fabrikörer. Det var en lättsammare atmosfär på Beskowska, minns en student som inte kommit in på Östermalms läroverk: "Det bjöds på smokingmiddagar med dans och tryckta inbjudningskort." Beskowskas rykte vilade framför allt på skolans ställning som kunglig hovleverantör, där hade prinsarna Carl och Gustav Adolf gått kring sekelskiftet. Men skolan är också unik i att den producerat två socialdemokratiska statsministrar: Hjalmar Branting och Olof Palme.

Vid mitten av trettiotalet var dock de privata småskolorna på utdöende. Den gamla folkskolan hade inte varit något för de högre klassernas barn. De hade börjat direkt i läroverket efter att antingen ha undervisats hemma eller gått i privatskola. Att placera sina söner på ett statligt läroverk oavsett studieförutsättningar var en hederssak för tidens borgerlighet, som ofta anlitade privatlärare för att driva på motspänstiga telningar. Systemet var allt annat än en rättvis tävling mellan begåvningar; i princip köpte välbeställda föräldrar läroverksplatser åt sina barn. Men samma år som Olof Palme föddes, 1927, hade en stor skolreform knuffat det svenska utbildningssystemet mot en gemensam bottenskola för alla barn. Det blev svårare för eleverna från de privata småskolorna att komma in vid läroverket, vilket ledde till att allt fler välbeställda föräldrar började skicka sina barn till folkskolan. De lägre klasserna vid Beskowska lades ner i slutet av trettiotalet, och skolan blev ett rent läroverk fram till dess slutgiltiga insomnande på sextiotalet, under Olof Palmes tid som utbildningsminister.

Några tårar fällde han knappast. I sig var inte själva småskolan särskilt skräckinjagande. Klasserna var små och de första åren hade Olof bara sju-åtta klasskamrater. Undervisningen sköttes av lärarinnor och tanken var att de skulle följa med de förberedande klasserna hela vägen fram till dess att pojkarna övergick till läroverket. Barnen lämnades och hämtades av mödrar eller barnflickor och de gick hem på frukostrasten. Eleverna kom från familjen Palmes grannkvarter och deras föräldrar var nästan alla välbeställda och högutbildade. Men varken småskalighet eller social homogenitet är något skydd mot mobbning och dålig stämning, något som många som gått i idylliska skolor på landsbygden kan intyga. Småskolan var dessutom ett litet annex till det stora Beskowska läroverket, fyllt av hormonstinna tonåriga pojkar som gärna slogs i Humlegården tvärs över gatan.

De privata småskolorna var kanske något varmare och gemytligare än de stora folkskolorna, men ur elevernas synvinkel var kontrasten stor mellan den ombonade hemmiljön på Östermalm och den spartanska skolvärlden: torr kritluft, doft av vått ylle, fullklottrade pulpetlock och guldstjärnor i kanten. Sällan tycks den ha efterlämnat några positiva minnen. Ingenting var behagligt, ingenting var lustbetonat, hävdade en samtida Östermalmselev som gick på en annan privatskola på andra sidan Humlegården, Carlssons (där Marc och Peter Wallenberg var elever). "Vrålande av ångest bars jag in i klassrummet", skriver Ingmar Bergman i sin självbiografiska *Laterna Magica*. Han var några år äldre än Olof och bodde ett stenkast bort på Villagatan.

Till denna miljö – som antagligen inte var sämre eller bättre än på någon annan motsvarande institution vid denna tid – återvände Olof fylld av sorg efter faderns bortgång. Han var yngst i sin klass, hans kamrater var ett och två år äldre. Det var visserligen logiskt från undervisningssynpunkt med tanke på att Olof inte bara varit läskunnig sedan femårsåldern utan också kunskapsmässigt låg långt över det utbud som tillhandahölls under de första skolåren; att läsa *Robinson Kruse* och *Nils Holgersson* var en munsbit för en pojke som redan var på förtrolig fot med Akilles, Ajax och de andra hjältarna i *Iliaden*. Men det blev svårt för honom att passa in socialt. Om han blev mobbad eller inte är svårt att säga. Ännu i dag går det sällan att exakt kalibrera graden när kränkningar inträffar i barnens undanskymda värld. Men omgivningen, både klasskamrater och vuxna, är tydliga i sina minnesbilder av att hans första skoltid knappast var lycklig. Militärpsykologen som intervjuade Olof vid nitton års ålder drog slutsatsen att han som barn varit "självmedveten och uppnosig" och att han retade upp skolkamraterna genom "sina underbarnsfasoner". Liknande omdömen har tidigare skolkamrater också lämnat.

Egentligen hade det varit mer förvånande om den yngre, begåvade pojken som just mist sin far inte hade kommit på kant med de omgivande skolkamraterna. Själv förklarade han i efterhand att han varit likgiltig för skolan, "man gick dit för att det skulle vara så". Men denna indifferens är knappast trovärdig. Att bli mobbad eller bara ställas utanför är smärtsamt för de flesta barn. Han visste att han var jämbördig och ofta överlägsen sina äldre kamrater i skolkunskaper, men han ville också hävda sig när det gällde idrottsliga prestationer, något som respekterades mer av kamraterna än intellektuella färdigheter. På grund av sin ringa storlek hade han svårt att mäta sig med de andra pojkarna i Beskowska, men han gjorde sitt bästa och gick till och med till en boxningsklubb på Narvavägen för att lära sig slåss, till Müsis förfäran.

Som vuxen talade Olof Palme sällan om faderns död och de första skolåren. Hans barndomsupplevelser fick inordnas i den ofta upprepade formeln om hans fysiska klenhet under barndomen. Det är oftast lättare att tala om kroppsliga besvär än om själsliga plågor. För den amerikanske presidenten Franklin D. Roosevelt, som likt Olof Palme kom från en gynnad patriciermiljö och blev en radikal socialreformator, var övervinnandet av hans polioförlamning beviset för att han var något mer än en bortskämd rikemanspojke. "Det enda jag med säkerhet minns", skrev Palme om sina första år, "är små helt fristående detaljer, en ilsket röd tygbit, en vattendroppes monotona klatschande mot stenläggningen, solglittret i badrummets svart-vit-rutiga golv."

4. Mannen utan väg

Tappa inte kontakten med grisen.
ELISABETH PALME

*sanningen åldras och lägger sin patience
medan landskapet fäller ihop sina ruiner.*
ERIK LINDEGREN

NORR OM STOCKHOLM RULLAR den lummiga idyllen Sigtuna ner mot en av Mälarens många vikar. Staden är förutsägbart pittoresk med smala stadsgator och låga trähus från sjutton- och artonhundratalen. Större delen av sin långa historia har Sigtunaborna framlevt i den döda vinkeln mellan statsmaktens Stockholm i söder och lärdomens och biskoparnas Uppsala ytterligare några mil norrut. Men i slutet av 900-talet, då Stockholm inte var mer än en tillfällig handelsstation och man ännu blotade till Oden och Tor i Gamla Uppsala, var den medeltida stadsbildningen ett bålverk för kristendomens framryckning i nordlig riktning. Här etablerades ett av landets tidigaste biskopssäten och Olof Skötkonung slog de första svenska mynten, präglade med ett kors. Minnet av denna heroiska kristna epok har gjort Sigtuna till en symboliskt laddad plats för många andligt sökande svenskar under 1900-talet. En av de första var den äldre Olof Palme, som bosatte sig i den fridfulla gamla staden strax före första världskriget för att fly undan den brusande moderniteten.

Olof Palme den yngre kom inte till Sigtuna för att finna inre frid. Men på sitt sätt var han lika ur takt med tiden som en gång farbrodern. Hösten 1937, då Müsi skickade sin tioårige son till internatskolan Sigtuna humanistiska läroverk, framstod Olof mest som vrakgods från det förflutna. Fadern var död, kontrollen över familjeföretaget hade gått förlorad och rötterna i Baltikum utgjorde ingen uppenbar tillgång. Familjen Palme var visserligen välbeställd och besatt ett ansenligt kulturellt kapital. Men Olofs liv i triangeln Östermalm–Skangal–Ånga med farmor Hanna och Müsi var inte i fas med det nya folkhem som Socialdemokraterna höll på att skapa under statsminister Per Albin Hanssons ledning.

I valet hösten 1936 hade svenska folket med rungande kraft bejakat den välfärdspolitik som påbörjats under den föregående mandatperioden. Därmed var grunden cementerad för ett över fyrtio år långt maktinnehav som skulle brytas först 1976 då Socialdemokraterna under Olof Palmes ledning tappade makten till en borgerlig koalition. Högerpartiet, vars kvinnosektion på Östermalm Müsi var verksam i, blev den största förloraren i valet 1936. Av oppositionspartierna var det Högern som profilerat sig starkast i sin kritik mot Socialdemokraterna, vilket bestraffats av den svenska valmanskåren. Ironiskt nog var Olof Palmes mor i praktiken engagerad på flera av de områden där den nya regeringen skulle göra socialpolitiska framstötar, framför allt mödrahjälp och familjepolitik.

Beslutet att skriva in Olof vid Sigtuna var inte självklart. Att skicka bort sina barn från hemmet under skoltiden ingick inte i den självmedvetna familjen Palmes traditioner. I Sverige har aldrig internatkulturen varit stark inom de högre samhällsklasserna. Att bo och studera tillsammans har snarare varit ett folkligt fenomen. Äldre ungdomar från landsbygden tillbringade ofta ett år på folkhögskola för att bättra på sina skolkunskaper och tränas i social gemenskap. Men till skillnad från framför allt England fanns det inte en utbredd uppfattning om att internatskolor var nödvändiga för att fostra en uppväxande manlig samhällselit. Grundpelaren i den svenska borgarklassens reproduktion var de statliga läroverken. I så gott som alla större svenska städer hade imposanta och centralt placerade läroverksbyggnader i nyantik stil uppförts under artonhundratalet. De präglades av en känsla av statligt sanktionerad utvaldhet som bildade ett sammanhållande kitt inom den härskande klassen i Sverige.

För en elev från Stockholm fanns ingen större karriärmässig

fördel med internatskola framför statliga Norra Latin eller Norra Real, eller för den delen privatläroverken Beskowska eller Carlssons. Däremot fanns det särskilda anledningar att skicka barn till internatskola: utlandsarbete, brist på skolor i glesbygden, familjeproblem, övertygelse om dess pedagogiska värde. Att sända Olofs sjuttonårige storebror till Sigtuna vårterminen 1935 hade varit en omedelbar krisåtgärd föranledd av faderns död och Claës studieproblem i Beskowska. Att Olof fick följa efter några år senare var ett mer välgrundat beslut. Müsi ansåg att det kvinnodominerade hemmet var otillräckligt som uppfostringsmiljö, Olof behövde manliga förebilder. Kanske kände hon också att hon inte räckte till som ensam förälder och hoppades att det breda kontaktnät som tidigare funnits inom familjen skulle kunna ersättas av nya sociala band på Sigtunaskolan. Även om det var traumatiskt för Olof att skickas bort från hemmet var det ett begripligt val. Och internatmiljön skulle visa sig vara ett effektivt drivhus för just denna planta, även om dess varma atmosfär inte alltid var behaglig att vistas i.

*

Olof hade tillbringat sommaren 1937 på Skangal. Enligt Müsi hade han varit "glittrande glad" och harmonisk, helt annorlunda än i stan. Om detta innebar att han såg fram mot att börja i Sigtuna eller bara njöt av sommarens familjegemenskap inför en hotfull höst är svårt att säga. Müsi noterade dock att han var ovanligt smeksam, de senaste årens butterhet var som bortblåst. Han var inte heller helt oförberedd på vad som väntade honom vid höstterminens start. Han läste sin tids Harry Potter, de populära Singletonböckerna om en svensk pojkes äventyr på en engelsk internatskola. Den första boken kom ut 1927 – samma år som Olof Palme föddes – och skildrar hur den tolvårige Gunnar Wigelius, "icke lång för sin ålder men smärt och välväxt", skickas till England av sina föräldrar för att få en engelsk *public school*-fostran.

Släktingar och vänner avråder bestämt, de engelska internatskolorna är världsberömda för sin pennalism. Men Gunnar är en duktig idrottsman och börjar långsamt vinna kamraternas respekt och mot slutet av boken har han avancerat till prefekt för sitt skolhus. I den rollen ställs han inför en rad svåra prov som understryker att internatskolan utgör en gynnsam miljö för att utveckla ledarskapsinstinkter hos unga pojkar; det var ju på Etons spelplaner som imperiet vanns. Singletonböckernas popularitet under trettio- och fyrtiotalen signalerade en begynnande vändning mot anglosaxisk kultur inom den tidigare tyskorienterade svenska borgerligheten. Det fanns något engelskt över internatskolor – hur auktoritär och odemokratisk skolkulturen än var – som också färgade av sig på Sigtuna humanistiska läroverk.

Men i praktiken var inte Sigtuna en traditionsrik engelsk *public school*. När Olof Palme anvisades säng, bord och skåp i ett dubbelrum på elevhemmet Ängsbacken den sista augusti 1937 hade skolan i likhet med den nyanlände eleven bara tio år på nacken. Internatet var en utlöpare av Sigtunastiftelsen, en nykyrklig tankesmedja med folkbildningsambitioner som skapats under första världskriget. De bakomliggande idealen var konservativa och nationalistiska. Grundaren Manfred Björkquist hade åren kring storstrejken 1909 varit ledande i den så kallade ungkyrkorörelsen. Dess strävan var att hos det svenska folket inympa en fosterländsk kristlighet och idealistisk humanism som skulle göra det immunt mot ateism, socialism och materialism. Björkquist hade samlat in pengar till den omdebatterade pansarbåten 1914 och utgjort en av de ideologiska krafterna bakom bondetåget, som han betraktade som en manifestation av Guds vilja i den svenska historien.

Samtidigt befann sig ungkyrkomännen i revolt mot den svenska statskyrkans sömniga självgodhet. Björkquist ville vinna medborgarnas själar snarare än diktera från predikstolen. Han talade tidigt om att Sverige skulle vara ett "folkhem" och inspirerades av folkrörelsernas framgångar. Sigtunastiftelsens humanistiska läroverk, som officiellt invigdes 1927, var tänkt att bli ännu ett led i att ena svenska folket i allvarsam kristlighet. Björkquist strävade efter en bred social rekrytering till sin nya skola genom ett rikligt mått av friplatser för begåvade och karaktärsfasta ungdomar från mindre bemedlade familjer. Han ville profilera sin skola i motsättning till den handfull exklusiva internatskolor som fanns i Sverige vid den här tiden, inte minst den av familjen Wallenberg finansierade Sigtunaskolan som låg några kilometer bort. Återigen korsades familjerna Palmes och Wallenbergs banor och som vanligt valde den förra kulturen och den senare pengarna.

Men även om skolan kunde peka på att omkring tio till femton procent av de omkring 300 eleverna var begåvade stipendiater från fattiga hem kunde inte överklasstämpeln suddas ut. Den fulla terminsavgiften per elev låg på omkring 2 000 kronor om året när Olof kom till skolan, vilket låg väl över årslönen för en industriarbetare år 1935. I skolans matriklar från de första decennierna finns en mängd adliga namn som Aminoff, Hermelin, Peyron, Ramel, Stenbock, Wachtmeister och Wattrang. Och även många av de icke-adliga namnen signalerade "högre borgerskap", som en före detta elev uttryckte det: Boheman, Lübeck, Montelius, Palme, Ramstedt, Schönmeyer. "En typisk överklasskola", ansåg Socialdemokraternas berömde talesman i skolfrågor, Oscar "med skägget" Olsson, i riksdagens andra kammare när frågan om statsbidrag debatterades våren 1930. Andra, som folkpartisten Kerstin Hesselgren, hade en mer välvillig inställning. Sigtuna var inte "en rikemansskola", menade hon, det behövdes en internatskola för barn som kom från glesbygden eller hade splittrade hemförhållanden. Den framtida socialdemokratiske finansministern Ernst Wigforss tyckte för sin del att skolans undervisningsfilosofi var bra men undrade om det verkligen var nyttigt att plocka in barn från fattiga hem i en så främmande miljö.

*

Trots att det föreföll långt mellan ideal och verklighet var den högstämda humanismen och folkbildningsidealismen inte betydelselösa ur den nyanlände tioåringens perspektiv. Sigtuna humanistiska tog bestämt avstånd från den engelska traditionen med officiellt sanktionerad kamratfostran. Det fanns inga prefekter och rituellt utstuderade kroppsbestraffningar, även om enstaka lärare kunde beordra eleverna att böja sig framåt för att motta slag med pekpinnen. Att samla ett stort antal barn och ungdomar som förvisats från sina hem i en tät miljö bäddar för såväl konflikt som hierarkisk maktutövning. I början av trettiotalet hade pennalismen varit allvarlig. De yngre eleverna gick aldrig säkra för "luftgevärspilar, varghagel och moraknivar". Men detta organiserade "barnplågeri" – som ett av offren kallade det – hade någorlunda nedkämpats när Olof kom till Sigtuna. Eleverna försökte upprätthålla en tradition av att nykomlingar "döptes" genom diverse trakasserier och skämt – men även detta motarbetades aktivt av skolledningen.

På vissa elevhem förekom "fag-system", den engelskinspirerade seden att yngre elever skulle vara passopper till de äldre. Olof Palmes "slav" när han gick i de högsta klasserna minns att denne mest var besvärad av fenomenet. Musikestradören Povel Ramel, en Östermalmspojke som kom till Sigtuna tre år före Olof, ger i sina memoarer en ambivalent bild av skolan. Povel, som hade en ytterst brokig skolkarriär bakom sig, tilltalades av den allmänt goda stämningen: vänliga och omtänksamma lärare, de flesta kamraterna "var goda bröder i förskingringen". Men väl på sitt rum utsattes han för ett systematiskt översitteri av sin starkare och mer förslagne rumskamrat: "...i vårt rum hämnades han... Han visste att jag inte förmådde slå tillbaka och att jag inte skulle skvallra."

Sigtuna blev både värre och bättre än Beskowska för Olof Palme. Internatskolan var en helt annan sorts institution än det brackiga läroverket vid Humlegården. Internatets huvudkomplex från 1927 – samtida med Gunnar Asplunds centralbibliotek och Ragnar Östbergs stadshus i Stockholm – är uppfört i en stram nyklassisk stil med gula fasader och marmorpelare "på en av furor kransad kulle" i utkanten av Sigtuna. Den högstämda idealismen signaleras över nejden: ett kyligt, vindpinat nordiskt Hellas. Interiörerna i skolbyggnad och de första fyra elevhemmen var påkostade men spartanska. Möblerna var signerade den svenske designern Carl Malmsten, känd för sin rena elegans och utsökta materialanvändning. Här fanns ingenting överdådigt. Anden och intellektet skulle stå i centrum, inte kroppen eller social samhällsposition. Det var helt i den gravallvarlige grundarens anda. Manfred Björkquist grubblade ibland över om han inte på romerskt manér borde begå självmord för att få det lättsinniga svenska folket att besinna sig.

Olof Palmes elevhem Ängsbacken – också det försett med kolonner vid entrén – låg nedanför den talliga kullen med en magnifik utsikt över Mälaren. Där bodde ett trettiotal pojkar i olika åldrar under överinseende av en husfar och husmor som skulle träda i de frånvarande föräldrarnas ställe genom att såväl tukta och straffa som pyssla om och trösta. Oavsett privatekonomi levde eleverna i en centralt dirigerad jämlikhet där fickpengar delades ut av skolan. De dagliga rutinerna styrdes av ett strikt schema, från gemensam frukost till skoputsning och obligatorisk läxläsning på kvällen. Middagen serverades klockan tre på eftermiddagen och var inte överdådig, särskilt inte under krigstidens ransonering. En helg i månaden hade eleverna permission för att hälsa på sina familjer. Samma år som Olof började introducerades också den röda skolkavajen med Sigtunas emblem – en båge och en lyra – på bröstfickan. Det var en stramt konservativ miljö, men på sitt sätt också folkhemskt jämlik. Sigtunaskolans ideal, om än inte dess praktik, sammanföll med den vision av det goda samhället som Per Albin Hansson gett uttryck för i sitt berömda folkhemstal i riksdagen 1928:

> Det goda hemmet känner icke till några privilegierade eller tillbakasatta, inga kelgrisar och inga styvbarn. Där ser icke den ena ner på den andre, där försöker ingen skaffa sig fördel på andras bekostnad, den starke trycker icke ner och plundrar den svage. I det goda hemmet råder likhet, omtanke, samarbete, hjälpsamhet.

Det är ingen tillfällighet att de kontakter mellan arbetsgivare och fackföreningsrepresentanter som skulle mynna ut i 1938 års Saltsjöbadsavtal påbörjades på Sigtunastiftelsen decenniet innan under Manfred Björkquists ledning.

*

Vid inskrivningen överlämnade mödrarna de yngre eleverna till husfar och husmor för att sedan ta in på ett särskilt gästhem där de på håll kunde betrakta elevhemmen. Som nyanländ plågades sannolikt Olof av samma känslor som Povel Ramel gjort tre år tidigare i samma situation: "själens ensamhet inför en främmande värld, [...] värkande tvångsanpassning och [...] intensiv hemlängtan". Ändå blev de första åren förhållandevis trivsamma. Han sattes i realskolans andra klass, "två-fem" med tidens terminologi. På Ängsbacken tumlade den faderlöse nykomlingen lyckligt runt med husfadern, en militärisk gymnastiklärare, i den solitt manliga miljön. De äldre eleverna tråkade honom visserligen för hans slarviga klädsel och fläckiga kavaj. "Man kan fortfarande se hela föregående veckas matsedel på hans skoljacka", rapporterade en äldre elev i en rapport från Ängsbacken i skoltidningen. Men Sigtuna tycks för Olof ha inneburit en känsla av befrielse över att få lämna Beskowska och den dystra tillvaron på Östermalmsgatan.

Problemen började kring 1939–40, när han kom till realskolans högre klasser, det som vi i dag kallar högstadiet. Det är smått häpnadsväckande att konstatera hur mycket yngre han var än sina femton klasskamrater. Ingen var jämnårig med Olof som var född 1927 (om än tidigt på året): en var född 1923, två 1924, nio 1925 och två 1926. Som hans storasyster Carin uttryckte det: "Olof har ju alltid varit yngre..." Förvisso kan åldersblandning ha ett pedagogiskt värde, men Olof Palme kom till Sigtuna som ensam tioåring bland tolv-trettonåringar. Och än värre blev det när han själv trädde in i tonåren samtidigt som kamraterna var mitt uppe i eller på väg ut ur puberteten. Om Olof var mer utsatt för mobbning och trakasserier än andra yngre elever är oklart. "Han var odräglig, skitviktig, skulle alltid säga emot och alltid ha rätt", förklarade en av hans plågoandar senare med mobbarens särpräglade logik. Men det finns något av efterhandskonstruktion över vittnesmål av det här slaget; en bakåtriktad projicering av senare tids missnöje med den radikale socialdemokratiske politikern. Hur som helst var dessa år plågsamma för Olof Palme. Han fick ständigt ont i magen när han skulle lämna Östermalmsgatan för att återvända till skolan efter ferier och lov. Själv beskrev han denna period i sitt liv som ett utanförskap.

Men även om Olof aldrig helt skulle skaka av sig outsiderstämpeln – han ansågs alltid lite bohemisk och egen, ett "underbarn" – blev de avslutande gymnasieåren en harmonisk tid. I grunden handlade det om att han kom i kapp sina kamrater. Exakt när det vände är svårt att avgöra, men Olof Palmes bana vid Sigtuna löpte ungefär parallellt med de allierades lycka i det stora krig som rasade ute i världen. Hans mörkaste tid sammanföll med Nazitysklands spektakulära segrar mellan 1939 och 1942. Men år 1943 konstaterade en krönika från hans elevhem i skoltidningen *Suum Cuique* ("Vi och vårt") att Bolo – det var hans smeknamn – hade genomgått en positiv "metamorfos". Det kan tyckas som en ovanligt maliciös kommentar eftersom skribenten fortsatte med att påpeka att varje förändring hos honom ju måste vara "till det bättre". Men tonen i rapporterna från elevhemmen som publicerades i skoltidningen var ofta rå utan att alltid vara hjärtlig. Året innan var det Bolo själv som hållit i pennan när de vassa kommentarerna om livet på Ängsbacken levererades. Just detta deltagande i munhuggandet mellan de äldre pojkarna på elevhemmet var ett tecken på att Olof tagit sin plats i gemenskapen. "Jag trivdes i början, vantrivdes i mitten och trivdes bra på slutet", var hans egen minnesbild.

Olof Palme var i själva verket väl rustad för den krävande miljön på Sigtuna. Han var varken blyg eller inåtvänd och kunde utveckla en betydande charm när så behövdes. Den tidiga uppväxten i det myllrande hemmet på Östermalmsgatan med syskon, föräldrar, tjänstefolk och släktingar hade lärt honom att framgångsrikt hantera en mångfald av sociala relationer. I det psykologiska mönstringsprov han gjorde när han var nitton år gammal svarar han jakande på nästan alla frågor som har med social förmåga att göra: han anser att han har lätt för att få vänner och att tilltala främmande. Hans uppburna ställning i familjen innebar visserligen att han till en början var alltför vuxenorienterad och brådmogen i sina kontakter med jämnåriga (eller rättare sagt äldre) kamrater.

Men han var inte socialt inkompetent utan slipade efter hand av sina later. Som politiker skulle han vid sidan om sin kompromisslösa debattstil utmärka sig genom sin nyfikenhet och sitt chosefria sätt att skapa kontakt med obekanta. Samtidigt innebar också den täta internatskolemiljön att en del av hans manér och karaktärsdrag cementerades för livet. Den slarviga klädseln, ointresset för praktiska ting, en viss nonchalans för vardagslivets krav föll sig säkert naturliga för honom, men dessa egenskaper blev också en del av hans stil, inte minst när han erövrat en plats i gemenskapen. Under sina åtta långa uppväxtår på Sigtuna lärde sig Olof Palme att kollektivet kan acceptera alla möjliga individuella idiosynkrasier så länge de kan inordnas under en etikett som inte känns farlig eller hotande.

De två sista åren, när han gick i tredje och fjärde ring, tillhörde han enligt egen bedömning "de ledande" på skolan. Det kanske var en överdrift, men han hade goda kamrater, började intressera sig för flickor och deltog i skolans föreningsliv. På Ängsbacken delade han rum med Bertil Hökby, vars föräldrahem inte låg långt från Ånga och som i likhet med Olof hade ett starkt intresse för litteratur (han skrev senare två romaner och blev bokförläggare). Hans bäste vän var den två år äldre Hans Wattrang som bodde på ett annat elevhem. Denne hade också han förlorat sin far. De lyssnade på jazz och diskuterade politik, inte minst var båda mycket intresserade av Amerika. Det som Wattrang uppskattade mest hos den unge Olof var hans självironi, en välkommen vara i den strama och uppsträckta miljön. Likt de flesta av skolans manliga elever gjorde sig Olof också gärna ärenden till de två elevhem för flickor som tillkommit i början av fyrtiotalet. Han uppvaktade en Elise Falkenberg, som gick tre klasser under honom och därmed var jämnårig. Sista året ertappades han också av husmor då han stod gömd bakom gardinen på förbjudet område i ett av rummen på det kvinnliga elevhemmet, vilket ledde till sänkt ordningsbetyg.

I Sigtuna fanns ett begränsat nöjesliv med ett kafé som serverade chokladbiskvier à 25 öre samt en biograf i en grönmålad lada med obekväma träbänkar och en föråldrad repertoar. För eleverna i de högsta årskurserna hägrade Stockholm fyra mil bort, en av de få huvudstäderna i Europa där det inte rådde livsmedelsbrist och ljusreklamen fortfarande var tänd om natten. De jazzintresserade Sigtunaynglingarna drog runt på ställen som *Salle de Paris, Berzeliiterassen, Galleri Modern* och lyssnade på Sam Samsons eller Seymour Österwalls orkester. Olof var visserligen jazzintresserad, men deltog inte i de avancerade nattliga expeditionerna till huvudstaden som kunde sluta med grogg klockan fem på morgonen på *Hotel Atlantic*, där skådespelaren Thor Modéen höll hov.

Men han tillbringade ferier tillsammans med kamrater, spelade teater och deltog i olika upptåg och tycks på det hela haft en anständig tid i en tät miljö som trots allt var påfrestande för de flesta. Som vuxen återkom han till pennalismen och vantrivseln under de värsta åren när han diskuterade sin uppväxt med vänner, särskilt inom arbetarrörelsen. Till en del handlade det om att visa att även överklassynglingen ådragit sig ärr i klasskampen. Men även om vi ofta använder våra barndomsminnen selektivt för att manipulera omvärldens bild av oss som vuxna innebär det inte att de är falska. Olof Palmes senare aggressivitet mot borgerliga politiker må ha varit mycket av ett spel för galleriet, men även den skickligaste skådespelare hämtar de känslor han uttrycker på scen ur en inre källa.

Precis som Gunnar, hjälten i Singletonböckerna, satsade han också hårt på att vinna idrottsliga framgångar. Palmes idrottsintresse hade väckts tidigt. Redan som nioåring hade han följt 1936 års olympiad i Berlin med fascination. Under sommarvistelserna på Ånga älskade han att arrangera tävlingar med sina kusiner och sysslingar. Den framtida författaren Heidi von Born upplevde hans krav på att hon skulle delta som direkt hotfulla: "Jag låste in mig på dass och grät. Utanför stod Olof och bultade tills jag gav upp." Intresset hade inte avtagit på Sigtuna, där, som den högst ofysiske Povel Ramel upplevde det, idrott var närmast "en religion". Med tanke på att Palme tävlade med kamrater som var ett par år äldre lyckades han över förväntan. Han blev en god terränglöpare, hävdade sig väl i bordtennis och utvecklades till en duktig bandymålvakt. "Palme i målet visade nästan Lelle-klass...", var skoltidningens gynnsamma omdöme efter en final på Studenternas IP i Uppsala 1943. "Jag kan se honom kasta sig med huvudet före, mitt i virvlar av klubbor och skridskor", mindes skolkamraten Hemming Sten på sextiotalet. Vilja, snabbhet och självförtroende kompenserade vad han saknade i vikt, längd och teknik. Temperamentsmässigt var han en konkurrensmänniska som avskydde att förlora, vilket område i livet det än handlade om. Hans brinnande idrottsintresse bröt inte utanförskapet under de svåra åren, men gjorde det lättare att bli respekterad när han väl kom in i (den manliga) gemenskapen. Som i alla religioner gick inte den viktigaste gränsen mellan präster och menighet utan mellan troende och icke-troende.

Med sin bakgrund och sina förutsättningar behärskade Olof det mesta som var viktigt inom den värld som många av hans kamrater kom ifrån. Han kunde rida och jaga, var en hyfsad idrottsman, talade flera språk och klarade av skolarbetet utan att behöva anstränga sig. Det var snarare denna överkompetens i förhållande till hans underårighet som skapade problem för honom. Hans fysiska omogenhet, slarvighet och nonchalans blev provocerande för en omgivning där många kämpade hårt för att leva upp till de föreskrivna klassidealen. Palme var inte en rebell, utan något mycket mer irriterande i kamraternas ögon: en avvikare som inte ville eller kunde förstå värdet av de gåvor han fått. Han hade ett ironiskt manér och en subversiv hållning till regler och förordningar. Han utmanade sällan omvärlden öppet, men signalerade på olika sätt – genom klädsel, sena ankomster, ett gäckande leende – att han inte hade någon överdriven respekt eller rädsla för övermakten. Från skoltiden till militärlivet hade han höga betyg i nästan alla ämnen, men hamnade för det mesta på en lägre nivå när det gällde uppförande, disciplin och önskvärd attityd. Han var av naturen utrustad med starkt självförtroende som hade förstärkts av en barndom där han bekräftats av en kärleksfull omgivning.

Kanske spelade hans adliga påbrå in. Det som skiljer den aristokratiska självkänslan från den borgerliga är att individens värde i första hand bestäms av vad man är och inte vad man gör. Men självförtroende är ett dubbelslipat svärd. Den som tror på sig själv blir ofta mindre självupptagen, har mindre behov av att hävda sig och kan lättare vara tolerant och respektera andra människor. Men om självkänslan inte erkänns av omvärlden kan den, som hos Olof Palme när han var trängd, förvandlas till arrogans och övermod. Det var knappast ett problem som han var ensam om. Den manlige Sigtunaeleven präglades överlag, som en kvinnlig bedömare påpekade i skoltidningen, av en sammansatt blandning av högfärd och försagdhet. Han var så intensivt rädd om sig själv, sitt inre och sin värdighet att han "liknar en skrämd struts som gömmer huvudet och vänder den ofördelaktigaste sidan till".

Men att socialisera vilsna barn var just skolans bärande affärsidé. Lärarna visste att de inte bara var kunskapsförmedlare utan att de också hade ett socialt ansvar för barn som ofta var olyckliga över att ha skickats i väg från hemmet. Någon motsvarighet till den sadistiske skolfuxen lektor Caligula från den av Ingmar Bergman författade filmen *Hets* fanns inte. I motsats till sin yttre elitism var atmosfären inom skolan förvånansvärt egalitär. Förhållandet mellan lärare och elever var personligt och undervisningen kunde i hög grad anpassas efter elevens behov. Bildning snarare än utbildning stod i centrum. Det var visserligen "en omåttlig dans kring betygen", enligt en elev som var samtida med Olof Palme, men det fanns också en speciell anda inom internatskolan: "Inte för att proven voro enklare än i någon annan skola, men respektive lärare kände sina elever så väl att han hade högsta ambition att göra allt inom det tillåtnas gränser för att hjälpa."

Palme behövde inte så mycket hjälp med skolarbetet. Men Harriet Kuylenstierna, som var husmor på Ängsbacken under hans sista skolår, blev något av en modersfigur för honom. Hon sällskapade i sin tur med en annan lärare, John Persson, som också utvecklade en relation med Olof. Jompa – som han allmänt kallades – hade kommit från en fattig gård utanför Smedjebacken som stipendiat till Sigtuna och sedan blivit anställd som lärare. Han var socialdemokrat och djupt förankrad i folkrörelserna. Han gjorde knappast den unge gymnasisten till socialdemokrat men det är ett tydligt exempel på att en viss folkrörelseidealism kunde spira i tallbackarna kring Sigtuna humanistiska. Paradoxalt nog gav den privata internatskolan Olof Palme en bättre träning i jämlik kollektivism och social idealism än vad han skulle ha fått vid ett statligt Stockholmsläroverk.

*

Innehållet i undervisningen på Sigtuna humanistiska skilde sig inte från de statliga läroverken. För Olof, som valt latinlinjen, innebar det att tyngdpunkten låg på språk, även om han föredrog de levande språken framför de döda. Favoritämnet var historia, som också omfattade vad som i dag kallas samhällskunskap. Eleverna fick en ordentlig drillning enligt tidens mått på allmänbildning och god träning i skriftliga färdigheter, både när det gällde modersmålet och främmande språk. Under sina gymnasieår läste han Sofokles, Shakespeare och Goethe. De mer moderna inslagen i litteraturlistan utgjordes av Hjalmar Söderberg, Sigfrid Siwertz och Gustaf Hellström. I sista ring deltog han ironiskt nog också i en uppsättning av *Kung Oidipus*, där han spelade den blinde siaren. Skolan erbjöd också frivilliga kurser i aktuella frågor. Våren 1944 föreläste fackföreningsmannen Ragnar Casparsson om den svenska arbetarrörelsen. De flesta fjärderingarna hoppade av eftersom de hade fullt upp med förberedelserna inför studentexamen, men Palme var en av dem som höll ut under hela eller större delen av kursen.

Lärarna talade mycket om humanism och andlig fostran, men undvek explicita ställningstaganden i tidens frågor. Skolans värderingar reflekterade i hög grad den konservativa borgerlighetens städade överjag under mellankrigstiden. Man hyllade inte Hitler och Mussolini och uttryckte ingen längtan efter att stoppa demokratin och vrida klockan tillbaka. Skoltidningen riktade 1936 stark kritik mot antisemitismen och judeförföljelserna i Tyskland. Men det manades inte till kamp mot nazism och fascism; "värderingen av Hitler kan blott framtidens nyktrare, objektivare historieforskare göra", heter det i en annan artikel som jämförde Bismarck och Hitler. Humanitet, förnuft och personlig bildning var ledorden för undervisningen, inte politiskt engagemang och ideologisk konflikt. I praktiken innebar det att en del av skolans elever under trettiotalet ostört kunde hysa stor beundran för Nazityskland. En elev som var samtida med Olof Palme beskrev hur många elevrum i början av andra världskriget hade bilder på tyska soldater "i snygga uniformer, strömlinjeformade hjälmar och stålblå blick i ögonen".

Att under trettiotalet vara kritisk mot Hitler, Mussolini och Franco var klart avvikande. En annan elev, som var starkt engagerad på den republikanska sidan i spanska inbördeskriget – som rasade för fullt under Olof Palmes första skolår – fick smeknamnet "Kalle Marx". Men eftersom varken belackare eller offer "kände till dennes idéer eller vad han stod för blev benämningen tämligen uddlös och inte särskilt långlivad". Men också detta röda får på internatskolan understryker att skolledningen inte accepterade militant nazism. Efter angreppen på Norge och Danmark 1940 sjönk tysksympatierna drastiskt och det som kallades "den svenska linjen", det vill säga nationell samling kring svensk demokrati och neutralitet, blev också den dominerande hållningen. Frihet, rätt och humanitet var de största tillgångarna och skatterna i svensk kultur, förklarade Olofs svensklärare i en föreläsning i februari 1941. I skolbiblioteket fanns dessutom den uppskattade geografiläraren Sigurd Fridén som uppmanade eleverna att läsa Vilhelm Mobergs flammande motståndsroman *Rid i natt* och Winston Churchills tal.

Var stod den tonårige Olof Palme mitt i allt detta? Ganska mycket vid sidan om, i enlighet med skolans officiella hållning. Den tidigare så politiskt aktiva familjen Palme låg lågt under kriget. Claës Palme, liksom några av hans kusiner, hade familjens traditioner trogen gått ut som frivillig i finska vinterkriget. Men 1939 var inte 1918. Volontärerna hade brett stöd av den svenska befolkningen även om Finland hade hoppats på mer. Hanna Palme hade fullt upp med att sköta Ånga, hennes svärdotter organiserade skyddet mot luftangrepp på Östermalm och oroade sig för sina baltiska släktingar. Carin höll på att utbilda sig till kurator. Man följde beredskapspropagandans uppmaning: en svensk tiger. Men om man lämnar den rätlinjiga politikens värld av tydliga sidor och ställningstaganden finns det starka tecken på att Olof Palme befann sig mitt uppe i en intellektuell utvecklingsprocess.

På en nivå tog sig detta uttryck i att han orienterade sig bort från det tyska arvet inom familjen mot amerikansk och brittisk kultur. Att han och vännen Hans Wattrang lyssnade på Jack Teagarden, Louis Armstrong och andra amerikanska jazzmusiker är naturligtvis inte särskilt märkligt. Jazzen härskade även på Sigtunas elevhem under fyrtiotalet. Striden om att få lyssna på och dansa till modern musik rasade mellan elever och lärare under hela Olofs skoltid. Skolans högstämda ideal föreskrev att ungdomarna skulle roa sig med lekaftnar och folkdans, inte med osund och erotiskt eggande populärmusik. Jazzintresset var i sig inget tecken på politisk radikalism, men den amerikanska populärkulturen stod ändå i motsättning till de konservativa bildningsideal som många förknippade med Tyskland. Olof Palme fick under sina tonår en första smak av den demokratiska kraft som fanns inbyggd i den nya underhållningskultur som kom från USA.

Mer ideologiskt talande är att såväl hans specialarbete som studentskrivning var helt fokuserade på Storbritannien. Det första, fyrtio sidor i omfång, handlade om Winston Churchill och finns tyvärr inte bevarat. Ämnet för hans studentuppsats – visserligen föreskrivet men valt från en längre lista – var "Kritiska situationer i Englands historia under den nya tiden" och är intressant på flera sätt. Först och främst för det otvetydiga ställningstagandet för engelsk kultur och demokratiska traditioner. Kombinationen av personlig frihet och respekt för lagen i brittisk historia lyfts fram i förhållande till Frankrikes såväl despotiska som revolutionära tradition. Men uppsatsen, om än på en gymnasial nivå, röjer också den framtida retorikern. Den sjuttonårige Olof Palme börjar med Filip II och spanska armadan 1588: "En hel värld trodde att England var tillspillogivet. De enda som inte gåvo upp hoppet voro engelsmännen själva." Han fortsätter sedan med att gå igenom kris efter kris där England har tyckts uträknat för att avsluta med räddningsaktionen vid Dunkerque 1940. Greppet är enkelt – det var mer eller mindre givet i själva ämnet hösten 1944 – men väl genomfört. Utan att bli övertydlig får Palme läsaren att betrakta hela Englands historia som en förberedelse för den pågående kampen mot Tyskland. Han fick A i betyg.

Att lyssna på jazz och hylla Churchill och Storbritannien våren 1944 var naturligtvis varken särskilt originellt eller djärvt. Författaren Lars Gyllensten som var sex år äldre än Olof beskrev hur en hel generation skiftade orientering:

> Vi vände oss från tyska språket och kulturen och från sådant, som vi kopplade samman med tyskt väsen – det pretentiösa, sentimentala och patetiska, den till intet förpliktande retoriken, det abstrakta och vittomfattande, det määänskliga. För många blev det en inriktning mot väster – mot det engelska och mot sådant som vi trodde hörde ihop med engelsk karaktär och tradition: kritik, besinning, empiri.

Olof Palme hade vuxit upp i en miljö med en stark känsla för tysk kultur. Åtminstone fram till kriget korresponderade Müsi med barnen på sitt modersmål. Man kunde tänka sig att den sjuttonårige gymnasisten skulle ha känt sig förvirrad och vänt sig bort från den internationella politiken i det rådande läget. Atmosfären på Sigtuna uppmuntrade just en högstämd bildningsidealism som svävade ovanför dagspolitiken. Det fanns en rad andra studentämnen som han lätt kunde ha klarat av, till exempel "Homeriska hjältar", något som han behärskat sedan femårsåldern. Men det som slår igenom är intresset för utrikesfrågor och politik. Han hyllar inte bara England, han gör det tveklöst och uppvisar en tidig förmåga att hitta en argumentation som fungerar både känslomässigt och intellektuellt. Han är i hög grad sonson till Sven Palme, som i sin ungdom idealiserade det revolutionära Frankrike för att senare orientera sig mot det vilhelminska Tyskland. Det grundläggande familjearvet bestod inte främst i sympati för ett visst land utan i en tradition av att aktivt förhålla sig till och söka förebilder på den internationella politiska scenen.

Orienteringen mot det anglosaxiska var en förskjutning, inte ett uppror. Det finns inga tecken på någon radikalism eller ens politiskt intresse hos Olof Palme under internatskoleåren. I den mån som han hade några politiska övertygelser som gymnasist var de kongeniala med de värderingar som var förhärskande inom familjen och i skolmiljön. Men de hade mer karaktären av udda arvegods som han fortsatte att använda sig av därför att han inte kunde föreställa sig något annat alternativ. Hans verkliga problem var att hitta en underliggande livshållning och ett värdesystem som kunde fylla det tomrum som omgav honom på väg ut i vuxenvärlden mot slutet av andra världskriget.

*

Den svenska bokmarknaden slog rekord under andra världskriget. Folk läste som aldrig förr och kritiker kunde beklaga att det var för lätt att ge ut böcker: "Vägen till bokhandelsdisken [hade] gjorts alltför framkomlig", som det uttrycktes i *Svenska Dagbladet*. Någon större publik framgång fick dock inte poeten Erik Lindegren med diktsamlingen *Mannen utan väg* som kom 1942. De fåtaliga kritiker som uppmärksammade den klagade över krävande form och innehåll. Men efter hand kom författaren att hyllas som en banbrytare som gav uttryck åt en ny generations erfarenheter och konstnärliga ideal. Med ekon av T.S. Eliot och Lawrence Durrell banade Lindegren väg för en ny riktning inom svensk litteratur: modernistisk form, ironiskt eller pessimistiskt anslag och existentiell, allmängiltig problematik. Klassfrågorna var borta, det handlade inte längre om oslipad proletärkonst kontra finstämt borgerligt känsloliv. De stora sanningarna var förpassade till omklädningsrummet, varken religionen, psykoanalysen, marxismen eller nationalismen erbjöd några relevanta svar. Kvar stod människan i sin existentiella nakenhet, tvingad att konfrontera våldsamma historiska krafter som hon själv släppt lös men saknade medel att kontrollera.

Likt Jean-Paul Sartre och Albert Camus i Frankrike sökte sig svenska fyrtiotalister som Lindegren, Karl Vennberg, Werner Aspenström och Ragnar Thoursie ner till en tillvarons nollpunkt där endast till synes omöjliga val kvarstod. Trosvissa kommunister och konservativa traditionalister fann deras verk obegripliga och nihilistiska, utan hopp och försoning. Men många, framför allt i deras egen generation som formats av det stormiga trettiotalet, kände igen sig och fann mening i de tillspetsade abstraktionerna och det surrealistiska bildspråket. Där kritikerna såg uppgivenhet och obeveklig svartsyn såg yngre läsare en renande pessimism som sopade bort murkna frågeställningar och rensade banan för en mer konstruktiv livshållning.

En av dessa var Olof Palme. Livet igenom skulle de ledande poeterna och författarna ur denna generation utgöra den litterära kanon han vände sig till för att hitta både en värdegrund och ett passande citat när han ville höja sig ovanför prosaisk pragmatism. Just Erik Lindegrens svåråtkomliga lyrik lånade sig visserligen inte särskilt väl till ens den mest subtila politiska retorik, men Palme använde desto flitigare två andra fyrtiotalister med ett mer vardagligt formspråk: Karl Vennberg och Ragnar Thoursie. Han refererade ofta till den förres genombrottsverk *Halmfackla* som kom 1944. När regeringskollegan Thage G. Peterson träffade Olof efter moderns begravning 1972 hade han lågmält citerat några strofer ur Vennbergs dikt "Avsked" som han läst på begravningen.

Vennberg, en trettiofyraårig torparson från Småland, fick stort inflytande i efterkrigstidens litterära liv, men ingen ledande svensk politiker bar hans dikter så nära hjärtat – eller huvudet – som Olof Palme. På ytan kan uppgivenheten och fatalismen i *Halmfackla* tyckas vara raka motsatsen till socialdemokratins äppelkindade framtidsentusiasm och teknologiska trosvisshet under rekordåren på femtio- och sextiotalen då Olof Palme gjorde karriär. I en av sina mest berömda dikter, "Om det fanns telefon", avslutar Vennberg med att begrava hela den västerländska civilisationen:

> Om liket ska vi emellertid slåss
> om rätten att begrava
> den västerländska kulturens
> stympade lemmar

Men det domedagsliknande innehållet spänner mot både Vennbergs tonfall och stilistiska anslag som är ironiskt och till och med lekfullt. Diktens repetitiva "katten-på-råttan"-tema har drag av barnramsa. Om det fanns en telefon skulle vi kunna ringa ett sjukhus och få råd som ingen kan ge, börjar han, och fortsätter sedan med svart humor:

> Om vi hade haft en bår
> och det hade tjänat något till med läkarvård
> skulle vi ha fattat den sjuke från den friska sidan
> om han hade haft någon frisk sida
> Vi skulle ha bäddat under honom med gräs och kuddar
> och gett honom ett upphöjt läge

Med tanke på hur väl – oanständigt väl skulle somliga säga – Sverige klarat sig undan andra världskriget kan naturligtvis undergångsstämningen tyckas affekterad, kanske nästan kokett. Under trettiotalet hade Vennberg dessutom åkt ideologisk karusell, än hade han svärmat för kommunismen, än sett nazismen som bärare av en ny form av gemenskap för att mellan varven hämta andan genom att prisa den engelska demokratin. Men omdömeslös politik kan bli god poesi. Just det faktum att läsarna levde i ett land som inte var sönderbombat gjorde att pessimismen kunde tolkas som ett moraliskt imperativ att hjälpa dem som verkligen drabbats. Vennbergs vardagliga tonfall där uppgivenhet och indignation kämpar med varandra gör att dikten blir en maning till handling: det finns faktiskt telefon, det finns faktiskt läkare, varför gör du inget? Det var en ny sorts existentialistiskt färgad politisk retorik, fjärran från socialismens dånande kratrar, som passade den blivande politikern Olof Palme perfekt. Med tiden skulle det existentiella anslaget också komma att bli slitet, men just den ironi och känsla för vardagsspråkets nyanser som Vennberg odlade bidrog till att göra Palme till en av den svenska efterkrigstidens främsta politiska retoriker.

När Olof Palme först kom i kontakt med de ursprungliga fyrtiotalistverken är svårt att säga. Rent teoretiskt kunde han ha läst Lindegren i tredje ring och inhandlat *Halmfackla* som nybakad student. Helt osannolikt är det inte. Litteratur och poesi var Olofs tydligast manifesterade intresse under de sista skolåren. Hans smak var avancerad, han läste Harry Martinson, Axel Liffner och tog sig igenom James Joyces *Ulysses*. Hösten 1943 blev han också sekreterare i Sigtunaläroverkets kulturförening, Arcus et fidibus ("Bågen och lyran"), den enda förtroendepost den framtida socialdemokratiske partiordföranden hade under sin skoltid. I styrelsen ingick Hemming Sten, framtida teveskribent på kvällstidningen *Expressen* samt Christina Lilliestierna, på vars rum Olof hade påträffats olovandes av flickhemmets husmor.

Föreningens arkiv har tyvärr förkommit, men att döma av skoltidningen var den ytterst ambitiös, inte minst när Olof Palme satt i ledningen. Urvalet av svenska författare som uppmärksammades med föredrag och artiklar var inte ens före Olof Palme fullt så konservativt som man skulle ha kunnat vänta sig: bredvid Heidenstam och Bertel Gripenberg fanns också Artur Lundkvist och Pär Lagerkvist. Det är som sekreterare i Arcus et Fidibus som Olof Palme skriver sin första publicerade artikel under eget namn. I sig är den inte märkvärdig – en typisk skoltidningsprodukt – men innehållet bekräftar både den tidigare nämnda vändningen mot engelsk kultur och hans intresse för radikalare diktning. På inbjudan av kulturföreningen har skolan precis gästats av författaren och konsthistorikern Erik Blomberg. Denne hade visserligen ett intresse för tros- och livsåskådningsfrågor som delvis konvergerade med Sigtunastiftelsens, men han var också politiskt radikal och hade samma år publicerat den berömda dikten "Gravskrift" om dödsskjutningarna i Ådalen 1931, då fem strejkande arbetare dödats av militärer: "Här vilar en svensk arbetare / stupad i fredstid..." Ärendet i Olofs artikel var förutom att göra reklam för kulturföreningen att inbjuda till en tävlan om att göra den bästa översättningen av en dikt på engelska.

Trots detta dokumenterade lyrikintresse som gymnasist är det ändå mest sannolikt att Olof läste Vennberg och de andra fyrtiotalisterna först under decenniets andra hälft, som värnpliktig i Umeå eller som student vid Stockholms högskola. Det finns en uppgift om att han läste Lars Ahlins *Tåbb med manifestet* hösten 1948. I en artikel 1960 talade han om de av oss "som kom ur puberteten med Halmfacklan under huvudkudden, gömde [Stig Dagermans] Ormen i logementsskåpet och ägnade juridiska föreläsningar åt Tåbb..." Den exakta tidpunkten är dock mindre väsentlig. Poängen är att den unge Olof Palme var ovanligt mottaglig för modernismens ironiska intellektualism och existentiella uppbrottsstämning under dessa år då han var på väg ut i livet. Historikern Piers Brendon har kallat perioden mellan 1930 och 1945 för "den mörka dalen" i Europas historia, en period då kontinenten oavbrutet snubblade utför i mörkret och inte skulle ta sig upp i ljuset med mindre än ett världskrig och ett folkmord.

Olof Palme växte upp i denna mörka dal; han var sex år när Hitler tog makten och drygt arton år när den nazistiske diktatorn begick självmord i sin bunker i Berlin. Han hade visserligen varit ett barn när de avgörande politiska händelser som format fyrtiotalisterna inträffat – nazismens seger i Tyskland, spanska inbördeskriget, Molotov-Ribbentroppakten – men faderns död och förvisningen till Sigtuna hade skapat en stark intuitiv upplevelse av att en gammal värld höll på att gå i graven utan att ersättas av något bättre och vackrare. Vennberg och Thoursie erbjöd en livshållning som på det psykologiska planet erkände den förlust, tomhet och desorientering som präglade den familjekultur Olof Palme kom ifrån. Det innebär inte att det var pessimismen och uppgivenheten som fångade den psykiskt robuste ynglingen som vuxit upp i ett land som klarat sig undan världsbranden. Snarare lockades han av det moderna tilltalet och den dialektiska rörelsen. Han var inte ensam; med hjälp av språket, förnuftet och personlig viljekraft kunde världen byggas upp på nytt utan stora gester, med försiktig ingenjörskonst. Det var ett budskap som passade en ung man som var sonson till den handlingskraftige Sven Palme, men som också tempererats av känslomässiga förluster och sociala motgångar. Olof Palme verkade komma från en svunnen epok men skulle visa sig väl lämpad för en ny värld där det fanns gott om telefoner.

*

Den 16 maj 1944 stormade Olof och ett trettiotal studentkamrater ut på den högt belägna grusplan som kantades av Sigtuna humanistiska läroverks ockragula huvudbyggnader. De hade just avslutat tre dagar av ansträngande muntliga och skriftliga prov med lärare och statliga censorer. De olyckliga elever som kuggats fick gå ut bakvägen genom ett fönster i markhöjd och i tysthet slinka tillbaka nedför kullen till sina studentrum. De framgångsrika studenterna tog på sig sina vita mössor och rusade ut på skolgården där de möttes av en högljutt spelande blåsorkester och gratulerande släktingar och familjevänner. Ur fönstren kastades gamla studentmössor, sönderlästa grammatik- och andra skolböcker. Under jubel och hyllningar marscherade de nybakade studenterna längs Sigtunas smala huvudgata. Skolans rektor, den respekterade men knappast älskade Arvid Bruno, talade till studenterna och varnade för att Sverige befann sig i ett "utomordentligt ödesdigert läge". Han syftade inte främst på "den utrikespolitiska situationen", utan oroade sig för "den våg av lättsinne som gick genom landet och vällde fram inom alla åldrar och samhällsklasser". Att bekämpa detta lättsinne var, förklarade han, framför allt den bildade ungdomens ansvar, de som hade rätten att bära den vita mössan.

Studenterna hade hört det förut. Att bekymra sig för lättsinne var något av en återkommande specialitet för den tungfotade Sigtunarektorn. Men hans oro delades vid denna tidpunkt av politiker, höga tjänstemän och intellektuella runtom i världen, om än med något andra förtecken. USA och Storbritannien höll på att förbereda Operation Overlord, den gigantiska invasionen av Västeuropa som alla väntade på men som bara de invigda visste exakt när och var den skulle genomföras. Det stod klart att Nazityskland skulle besegras inom en överskådlig framtid och frågan om hur en ny fredlig värld skulle organiseras stod på dagordningen.

Den allmänna uppfattningen var att den internationella ekonomin skulle drabbas av en recession på samma sätt som åren efter första världskriget, med massarbetslöshet och politisk instabilitet som följd. "Varning för fredsoptimism" var slagordet för dagen. Samtidigt som Olof Palme tog studenten var den svenska arbetarrörelsen i fullt arbete med att utforma sitt efterkrigsprogram inför sin sjuttonde kongress, som ägde rum i Folkets hus i Stockholm i slutet av maj 1944. "Den värld vårt folk skall leva i sedan freden återställts måste bli en mycket ny värld", hette det. Utgångspunkten i programmet var att mellankrigstidens liberala marknadsekonomi var orsaken till de återkommande kriser och den massarbetslöshet som lett fram till kriget. En ny fredlig värld krävde mer statlig styrning av näringslivet, en aktiv välfärdsstat som säkrade medborgarnas trygghet och ett utbildningssystem som fostrade demokratiska individer som inte skulle lockas av extremism och totalitära läror. Även om de mest långtgående idéerna om planhushållning skulle slipas bort efter starkt motstånd från de borgerliga partierna, kom 1944 års socialdemokratiska partiprogram att definiera de samhällspolitiska ramar inom vilka Olof Palme skulle göra en framgångsrik karriär.

Fast just det senare fanns det inga indikationer på sommaren 1944. Tillsammans med Olofs gode man, affärsmannen och högerpolitikern Harald Nordensson, hade Müsi ordnat ett sommarvikariat på *Svenska Dagbladets* sportredaktion åt den nybakade studenten. Palme var inte särskilt förtjust i sin femtioårige förmyndare, en imposant herre med skarpa drag och bestämda åsikter. Nordensson var en något anakronistisk figur i efterkrigstidens

Stockholm, en mångbegåvad patricier av sekelskiftessnitt som vid sidan om chefskapet för Liljeholmens stearinfabrik satt i riksdagen, skrev vetenskapliga uppsatser om Einsteins relativitetsteori och hade varit ordförande i Dramatiska teaterns styrelse. En del av problemet kan ha varit att han också hade ansvar för Sture, Gunnars son utanför äktenskapet, som vid den här tiden ännu var okänd för syskonen Palme. Kanske Nordensson medvetet eller omedvetet lastade Olof för den orättvisa behandling som Sture utsatts för av familjen Palme.

I vilket fall hade Olof, som när han var liten hade läst *Svenskans* ledare för sin farfar, knappast några betänkligheter när det gällde att börja sitt yrkesliv på högerorganet. Tidningen hade grundats kring sekelskiftet och hade sitt ursprung i den liberalt färgade storsvenskhet som Sven Palme också varit en del av. Vid fyrtiotalets mitt präglades tidningen av motsättningarna mellan en äldre tyskorienterad kulturkonservatism och en mer modernt inriktad höger. Tidningens chefredaktör Ivar Anderson hade en solid bakgrund som nationalistisk och försvarsvänlig riksdagspolitiker, men han hade också den framgångsrike journalistens demokratiska sensibilitet. Även han var bekant med familjen Palme och höll ett öga på den unge volontären, som han uppfattade som begåvad men nonchalant.

Tidningsredaktionen, där Olof fick husera i den kände sportjournalisten Birger Buhres rum, låg på Karduansmakargatan i gamla Klara i närheten av Stockholms centralstation. Den unge studenten kom in i en tidningsvärld som var fjärran från dagens professionaliserade medieföretag. Dagstidningarna hade en tydlig partifärg och fungerade, som författaren Ivar Lo-Johansson noterade i en av sina betraktelser över livet i huvudstaden, som klassmarkörer nedkörda i kavaj- och rockfickor. Det fanns ingen särskild journalistutbildning. Yrkeskåren bestod av en blandning av självskolade murvlar och klassiskt utbildade akademiker. Klarakvarteren var Stockholms Fleet Street, där så gott som alla stora tidningar och mängder av små tidskrifter, förlag, annonsbyråer och grafiska industrier låg samlade. År 1950 trycktes sammanlagt en miljon tidningar varje dag i Klara, en tredjedel av hela den svenska dagstidningsupplagan. På de smala gatorna trängdes ilande telegrambud på motorcykel med lastbilar som körde ut kvällstidningar eller kom med pappersrullar som skulle baxas ner till tryckerierna i tidningarnas källare. På krogar som W6, Tennstopet och Cosmopolit samlades inte bara journalister utan även författare, konstnärer och mer allmänt vinddrivna existenser med stora planer och tomma magar. Bohemtraditionerna i Klara gick tillbaka till slutet av 1800-talet och hade besjungits av diktare som Nils Ferlin och Dan Andersson. Men romantiken dolde också en vardag som var präglad av misär och missbruk: "Skrävlande, hel- eller halvfulla letade vi sprit och fenedrin dygnet runt", menade en Klarabohem i efterhand.

Gamla Klara sjöng på sista versen när Palme kom dit i mitten av fyrtiotalet. Under de kommande decennierna skulle tidningarna flytta ut till kontorskomplex i stadens utkanter och den gamla bebyggelsen jämnas med marken för att ge plats åt parkeringshus, internationella storhotell och långa kulvertar under marken där politiker och byråkrater kan förflytta sig utan att behöva komma i kontakt med stockholmarna. Olof, som knappt varit ute på restaurang, deltog inte i sina nya kollegers spritdränkta middagar. Däremot hittade han snabbt en stil som passade in i tidningens profil. Från sportredaktionen vidgade han sitt revir till att bevaka musik, scenkonst och lokala nyhetshändelser under signaturen SOJ (Sven Olof Joachim). Han skrev till och med dagsvers på tidningens kåserisida (om ett ungt par som inte hade råd att sätta bo därför att alla pengar gick åt i skatt).

Som recensent visade han tidigt tigerklon. "Ikväll fortsätter eländet", avslutade han en anmälan av det första nordiska dammästerskapet på dragspel, Chinabaletten anklagade han för att vara "alltför välfödd", han blev "utless" på Harry Brandelius och ett folklustspel av författaren Vilhelm Moberg – vars bana han senare skulle korsa i andra sammanhang – var "föga originellt". Hans aversion mot det självetiketterat folkliga var närmast reflexmässig, givet hans elitistiska fostran och intellektuella läggning. Kanske hade den också en grund i skolårens kamp för modern jazzmusik och hans antipati mot Sigtunaskolans uppbyggliga lek- och dansaftnar. Men som alla yngre tidningsförmågor visste han också att det gällde att ta ut svängarna, att ungdomligt provocera, om man skulle fånga redaktörernas uppmärksamhet. Recensionen av Mobergs pjäs lyckades dock lite väl bra i detta avseende. Efter klagomål från regissören, teaterdirektören och en rad andra personer beslöt chefredaktören Ivar Anderson att skicka tidningens ordinarie teaterkritiker till föreställningen. Då Olof nästa dag öppnade tidningen läste han en recension som var diametralt motsatt hans egen: "Aldrig förr hade jag sett något liknande: en tidning som publicerade två motsägande recensioner av samma pjäs." Men han blev kvar som frilansare i *Svenska Dagbladet* fram till 1950.

Något år före sin död hade Gunnar Palme lämnat en lapp till sin äldste son Claës där han nedtecknat sina önskningar om sonens framtid: först studenten, sedan kavalleriets aspirantskola i Skövde och avslutningsvis juridikstudier. När Claës, som samvetsgrant följt anvisningarna, berättade om det postuma meddelandet från fadern för Olof, blev denne överförtjust. Psykologiskt sett var budskapet dubbelverkande: dels skapade det en känsla av att fadern ännu höll en skyddande hand över sönerna, dels befriade det Olof från ett val som han inte var redo för. Också han följde troget faderns önskan. I augusti 1944, efter sommarvikariatet på tidningen, skrev han in sig som juridikstuderande på Stockholms högskola. Varför han valde Stockholm är oklart, särskilt som Claës läste i Uppsala. Den mest sannolika förklaringen är att han på grund av sin ungdom – han kunde inte rycka in förrän han fyllt arton – ändå skulle bli tvungen att avbryta sina studier för militärtjänstgöring och fann det praktiskt att inte bryta upp från hemmet.

Möjligtvis kan man också läsa in en instinktiv insikt om att det spelade mindre roll var han läste juridik; hans slutgiltiga livsval var ännu inte fattat. Samtidigt som han påbörjade sina studier i högskolans lokaler vid Odenplan, en kvarts promenad från Östermalmsgatan där han bodde med Müsi, började han också läsa en kvällskurs i ryska. Sigtunas skoltidning *Suum Cuique* noterade profetiskt Olofs höga tempo ut i livet i en notis på hösten 1944:

> Palme d.y., vilken redan under sin skoltid var ett underbarn, fullföljer sina framgångar genom att samtidigt studera juri-

dik och ryska och vara boxningsreporter och jitterbuggexpert i Sv. D., allt med största lycka, och dessutom uppnå full poäng i svenska arméns kvistiga frågesport för mönstrande ynglingar. Var månne detta sluta?

*

I början av juni 1945, en knapp månad efter andra världskrigets slut, ryckte Olof Palme som artonåring in vid Norrlandsdragonerna, ett anrikt kavalleriregemente i den norrländska residensstaden Umeå. Norrlandsdragonernas regementsflagga ståtade med orden "Nowodwor 1655" i dunkelt minne av ett slag under Karl X Gustavs polska krig där förbandet möjligtvis engagerat fienden med stor framgång. Att bli dragon 1945 kan tyckas som ett underligt val för den senare så framåtriktade politikern. Men dels fanns Gunnars önskan i bakgrunden, dels var kavalleriet långt ifrån avskrivet som vapengren i slutet av fyrtiotalet. Beridna skvadroner ansågs ännu av arméchefen vara "av stort värde för försvaret av Norrlands skogrika och skogfattiga terräng", en uppfattning som han grundade på erfarenheter från östfronten under andra världskriget.

Men kavalleriet var också den svenska adelns sista bastion. År 1950 var ännu 70 procent av officerarna blåblodiga. Umeådragonernas aristokratiska karaktär dämpades visserligen något av deras placering i det folkliga Norrland. Men umgängeslivet vid regementet präglades in på 1900-talet av "en egendomlig blandning av Maupassant och ryska epiker, med en betydelsefull tillsats av rustik nordisk landsort". Inte för att detta beredde Olof några problem. Han behärskade etikettsreglerna och var förtrogen med den herrgårdskultur som många av officerarna stammade från. Villkoren under vinterexercisen i Norrland var krävande, men studentrekryterna hade också resurserna att göra tillvaron drägligare. De lät skräddarsy sina uniformer för att "snobba och vara lite tjusig[a]", som en av dem uttryckte det. Olof och en kamrat hyrde en lägenhet i Umeå där de kunde tillbringa sina helgpermissioner. Som så gott som alla rekryter med studentexamen placerades han i underbefälsutbildning, på ett så kallat studentkompani.

Konstnären Claes Bäckström som gjorde sin värnplikt vid samma tid som Palme hade förväntat sig en rå, brutal värld "av fotsvett, könsord och svordomar" men blev överraskad över de väluppfostrade kamraterna. Tjänstgöringstiden på femton månader avslutades med att de värnpliktiga befälen fick ta hand om nyinryckta soldater på sitt hemregemente. I Palmes fall var det K1 i Stockholm, fem minuters promenad från hemmet på Östermalmsgatan, där han avslutade sin vanliga värnplikt i november 1946.

Att Olof gick in i det militära livet med entusiasm är knappast förvånande. Familjen Palme hade en stark anknytning till den svenska armén och Olof bar dess traditioner med stolthet. Hans egen uppväxt hade från tolv års ålder präglats av världskriget som en vardaglig realitet: ransonering, luftskyddsövningar, knastriga radiorapporter om avgörande slag och gråsvarta tidningsartiklar illustrerade med kartor där frontlinjer och trupprörelser noggrant markerats. Liksom de flesta av sina generationskamrater såg han värnplikten som en meningsfull och självklar plikt i en hotfull värld. Efter åtta år på internatskola var han också psykologiskt väl förberedd för den kollektiva manliga samvaron i armén. De sista framgångsrika åren på Sigtuna hade stärkt hans självförtroende och putsat fram mer av den charm och ledarskapsförmåga som hela tiden funnits bakom försvarspositionerna. Han var en bra soldat som klarade av de praktiska fältövningarna och imponerade på lektionerna i militär strategi och taktik. I klädseln var han lika nonchalant som på internatskolan. "Passar väl egentligen mindre bra till officer och trivs nog [mycket] dåligt med de militära formerna, men även här har han en familjetradition att följa", var militärpsykologens omdöme. Hans kamrater fick hålla efter honom när det gällde uniform och andra persedlar. Alla tilltalades inte av den skärpte men slarvige soldaten.

En del av hans befäl har i efterhand utmålat honom som något av en myglare som flöt ovanpå. Återigen infinner sig de källkritiska problemen. Talade dessa officerare om den socialdemokratiske statsministern eller den unge kavalleristen? Några kamrater minns att de stördes av hans diskussionslystnad. Regementschefen på K4, överste Lagercrantz (en farbror till *Dagens Nyheters* blivande kulturchef Olof Lagercrantz), lade tidigt märke till den

unge studentbeväringen eftersom han gärna ställde frågor och framförde krav från de värnpliktiga. Men Olof Palme var knappast ensam bland studentsoldaterna om att komma från en välbärgad bakgrund och vara intresserad av intellektuella spörsmål. Han fick goda vänner som minns honom som en god och pålitlig kamrat. De skiftande omdömena är inte förvånande med tanke på hur han senare skulle komma att dela den svenska väljarkåren. Under värnplikten anar man konturerna av Palmes senare personlighet, dess förmåga att väcka vänskap och lojalitet men också motstånd och irritation.

Hemmet på Östermalmsgatan var mer eller mindre upplöst under hans värnpliktstid i Umeå. Claës tjänstgjorde som tingsnotarie i Nyköping, Carin gjorde praktik som kurator på olika sjukhus och Müsi befann sig i Tyskland för Röda korsets räkning. Hon bekymrade sig på distans för sin yngste sons första stapplande steg i vuxenlivet; "Tappa inte kontakten med grisen", vädjade hon patetiskt till Carin och Claës i ett brev från Dortmund i februari 1946. Hennes oro var inte helt ogrundad. Olof var som de flesta i den åldern en aning desorienterad. Våren 1947 fullföljde han Gunnars önskan genom att söka till kadettskolan i Skövde.

Där fick han genomgå ett omfattande prov under ledning av den unge psykologen Arne Trankell, som senare skulle bli uppmärksammad professor vid Stockholms universitet. Bland annat fick han besvara en rad frågor om sitt tänkta yrkesval. Av kommentarerna att döma tog han det inte särskilt allvarligt, han tycks i likhet med många verbala personer ha irriterats av de fyrkantiga kategorierna och förnumstiga frågorna. Men han ville trots allt bli antagen, och det finns alla skäl att anta att hans svar är någorlunda representativa för hans värderingar och önskningar. På en lång lista med 124 yrken, från advokat till överingenjör, finns det inte ett enda som han definitivt vill utesluta. Tre yrkesval markerar han som särskilt attraktiva: advokat, politiker och diplomat. De övriga tänkbara utgörs av chefredaktör (han ville bli en ny Tingsten), industriledare, jurist, krigsreporter, läkare, operasångare, personalchef, rentier ("why not!" skrev han i marginalen), riksdagsman, romanförfattare, sportjournalist, teaterman, tolk och vetenskapsman. Han vill bli något stort, oklart vad.

Under sin militärtjänstgöring försvinner han in i den skrynkliga men anonyma uniformen. Ingenting pekar på något djupare engagemang eller starkare övertygelse under hans tid i svenska armén. Han var inte med i några föreningar, skrev inte några artiklar med klar tendens, vare sig i *Svenska Dagbladet* eller i någon annan tidning, och har över huvud taget inte lämnat några frivilliga politiska eller ideologiska ställningstaganden efter sig. Han var intresserad av politik – det var ett av hans främsta yrkesval – och gillade att diskutera, men det är inte samma sak som att ha en djupare övertygelse. I Skövde var han dessutom inte längre en medborgare som gjorde sin demokratiska värnplikt utan en frivillig officersaspirant med allt vad det innebar av ryttartävlingar, uniformsprål och kadettbaler.

För de värnpliktiga, som levde i en värld av "hästskit och skäll", var kadetterna "överordnade och militärsnobbar" som måste "hatas, föraktas och avskys". Reservofficersutbildning var visserligen inte samma klassmarkör som det varit. Många från mindre bemedlade hem lockades av de gynnsamma villkoren för studier och framtida pension. Kriget hade förankrat försvarsmakten hos breda folklager; Sverige var inte längre ett befäst fattighus utan ett folkhem värt att försvara. Men det fanns ännu en folklig misstänksamhet mot den svenska officerskåren. I sin skildring av beredskapstiden på en ö i Stockholms skärgård beskriver Ivar Lo-Johansson hur de inkallade soldaterna gör upp listor över befäl som de misstänker vara nazistsympatisörer och som ska skjutas om det blir krigsutbrott. Hur stark högerorienteringen och nazistsympatierna var i den svenska armén under kriget är en ännu outredd fråga, det finns gott om anekdotisk bevisföring men ingen substantiell empiri.

Det har hävdats att Olof var "mörkblå" under denna period, men det är en anakronistisk och föga belysande etikett. Den är sann i den meningen att han fortfarande omfattade den konservativa världsbild han hade med sig hemifrån, det fanns alla skäl att av hans framtoning anta att han delade omgivningens dominerande värderingar. Hans syn på samhällsreformer i officersprovet är över lag borgerlig, vacklande mellan klassisk liberalism och konservatism, med några inslag av mer socialliberal karaktär. Den konservative Palme är mot humaniseringen av fångvården ("kan ej ytterligare humaniseras, utan att slå över"), avskaffandet av kristendomsundervisningen, höjning av skatterna och kan överväga en höjning av rösträttsåldern till 28 år. Den klassiskt liberale Palme är mot filmcensur, skärpta invandringsregler (han var själv ett invandrarbarn) och handelshinder men osäker på vad han tycker om sexualundervisning i skolan. Den mer socialliberale Palme vill ha kostnadsfri utbildning av begåvade barn, mer stöd till barnfamiljer och bättre skolor på landsbygden. Men han gör också klart att han är helt emot den sittande socialdemokratiska regeringen. Som nybliven tjugoåring var Olof Palme om något en mer modernt orienterad högerman.

Däremot fanns det mörkblå – för att inte säga nattsvarta – inslag i den miljö han rörde sig i. I Skövde fanns Lennart Hagman, som Olof lärt känna som volontär på *Svenska Dagbladet*. Det fanns många beröringspunkter mellan dem förutom tidningen: deras familjer var bekanta, båda hade förlorat sina fäder och båda hade läst juridik. Men det fanns också en avgörande skillnad. Hagman, som senare blev centerpartist, hade varit övertygad nazist. Som trettonåring hade han 1934 gått med i Nordisk ungdom, en filial till Lindholmsnazisterna, och varit verksam där under hela trettiotalet. Han hade granskats av säkerhetspolisen och hindrats från att bli reservofficer tills han efter en lång serie överklaganden lyckades bli godkänd som "demokratiskt pålitlig" fänrik vid I15 i Borås. Skillnaden mellan Hagmans familjebakgrund och Olof Palmes är talande. Den förra var aktivt nazistisk i kontrast till Gunnars och Müsis borgerliga Tysklandssympatier. Graden av intimitet mellan Olof Palme och Hagman kan möjligen ha överdrivits av den senare i efterhand, men det är odiskutabelt att de umgicks och senare korresponderade med varandra. Men det som senare skulle bli problematiskt för Olof Palme var inte Hagmans nazistiska förflutna utan att han på en kräftskiva blev bekant med en socialdemokratisk reservofficer från Jönköping vid namn Birger Elmér som skulle komma att spela en central roll i Sveriges politiska liv.

*

Låt oss för ett ögonblick frysa bilden av den unge tjugoårige officerskadetten Olof Palme sommaren 1947. Till det yttre en spenslig ung man, nästan exakt av svensk medellängd år 1947, 174 centimeter. Han är försedd med en gråblond ostyrig kalufs och har skarpskurna drag; intensiva blå ögon, profilerad näsa och nästan kvinnligt sensuella läppar. Hakan är för svag, tänderna för ojämna och näsan lite för böjd för att han ska kunna kallas stilig. Men en del kvinnor uppfattar honom som attraktiv. Hans ansikte är livfullt och förmedlar personlighet. Ibland intar han en ironisk hållning med en lätt dragning i mungiporna som kan tolkas som förakt eller inbjudande charm beroende på betraktaren. Andra gånger är hans uppsyn allvarlig med en varm nyfikenhet i ögonen. Ur vissa vinklar ser han direkt ofördelaktig ut: allt blir för vasst och överdrivet. Men i andra perspektiv framstår hans anlete som frimodigt och öppet; en intressant och tilldragande ung man som man gärna skulle vilja lära känna lite bättre.

Ingenting i hans uppenbarelse antyder att han är en blivande arbetarledare som ska jaga skräck i delar av det borgerliga Sverige. Hans begränsade livsval fram till tjugoårsåldern har varit ytterst pietetsfulla mot familjens önskningar och hans åsikter är tämligen konventionella om än något till höger på den politiska skalan. Han är artig, omtänksam om än disträ och uppvisar inga tecken på ett starkt behov av att ta avstånd från sin miljö eller familj. Hans stora intresse är litteratur, där han enligt militärpsykologen Trankell hade "ett exceptionellt moget omdöme". Familjetraditionerna har inte utgjort begränsande bojor utan förtöjningar som hindrat att han drivit i väg alltför ung ut på stormiga hav. Den skarpsynte skulle kanske också skönja ett gäckande drag i hans personlighet, en subversiv lättsamhet som signalerade att han förbehöll sig rätten att tänka själv och inte acceptera givna auktoriteter och respekterade traditioner. Och den som kände till något om familjen skulle kanske fundera på hur mycket av Sven och Henrik Palmes intensitet och viljekraft som doldes bakom de blå ögonen.

Hans bakgrund, hans utbildning och inte minst hans begåvning pekade på att han hade stora möjligheter att lyckas med det mesta av vad han än företog sig i det svenska efterkrigssamhället. Han hade klarat sig igenom sju år på internatskola och två års officersutbildning, vilket i sig var tecken på att han var tillräckligt robust för att möta vuxenlivet. Han tillhörde en elit i det svenska samhället som i framtiden skulle återfinnas inom näringsliv och statlig förvaltning, den akademiska världen, journalistiken, politiken och försvarsmakten. Ingen skulle ha blivit förvånad om han valde politiken med tanke på hans intresse för samhällsdebatt. Inte så många hade heller blivit förvånade om han gjort karriär som forskare eller tidningsman med tanke på hans intellektuella läggning och litterära intressen.

I det första fallet togs det för givet att han skulle engagera sig på den borgerliga sidan, mot socialdemokratin. I det andra fallet kunde man kanske förvänta sig en mer distanserad hållning till samhällsfrågorna, en vag liberal kulturradikalism som styrde bort från den hårda kampen om samhällsmakten. Vad ingen tycks ha förutsett är det som hände: att Olof Palme delvis kombinerade de två alternativen genom att bli en socialdemokratisk politiker. Det brott som Olof Palme onekligen gjorde med sin bakgrund bestod inte främst i att han blev socialdemokrat i en mer intellektuell bemärkelse utan i att han också valde att omsätta denna övertygelse i aktiv handling och maktpolitik. Det var förvånande – om man hade glömt bort att hans farfar hette Sven Palme. Tjugo år gammal tog plötsligt Olof ett kliv i en helt ny och oväntad riktning: han reste till USA.

5. De nakna och de röda

> *... tanken på att susa hela natten genom Nebraska, Wyoming och Utahöknen på morron, och sen troligen Nevadaöknen på eftermiddan och faktiskt komma till Los Angeles inom överskådlig tid kom mej nästan att ändra mina planer.*
>
> JACK KEROUAC

> *... det är denna amerikanska krigsgeneration, miljoner farmare, studenter och arbetare, som i kraft av sin egen vitalitet för oöverskådlig tid framåt, kommer att dominera och verka normgivande på de traditionellt, kulturbärande skikten i ett desorienterat Västeuropa.*
>
> OLOF PALME

OLOF PALMES FÖRSTA KONTAKT med USA gick i protestantismens tecken. När han kom till Kenyon College i Ohio som tjugoårig utbytesstudent trodde en av hans studentkamrater att anledningen till att den unge svensken hamnat där var att hans farfar var en framstående biskop i hemlandet. Sannolikt hade vännen missförstått något som Olof sagt om den allt annat än andlige försäkringsdirektören Sven Palme.

Kenyon College var djupt präglat av den episkopala kyrkan i USA, den amerikanska motsvarigheten till den anglikanska kyrkan i Storbritannien. Skolan hade grundats redan på artonhundratjugotalet av Philander Chase, en ytterst företagsam biskop som ansåg att det behövdes utbildade präster i Ohios vildmark. Motståndet hade varit stort inom kyrkans ledning på östkusten. Man befarade att ett nytt prästseminarium bland nybyggarna västerut skulle leda till en schism. Men Chase lyckades vinna stöd i England för sitt projekt, bland annat fick han en större donation från den rike Lord Kenyon, som i gengäld fick den nya skolan uppkallad efter sig. Efter hand förlorade kyrkan kontrollen. Prästseminariet utvecklades som så många andra liknande institutioner till ett *liberal arts college* som tränade unga män, framför allt av anglosaxiskt protestantiskt ursprung, i latin, grekiska, engelska, matematik och historia. Men den episkopala inramningen levde vidare. Man fortsatte att utbilda präster och på Olof Palmes tid var skolans studenter fortfarande tvungna att delta i de gudstjänster som hölls varje söndag i den stora stenkyrka som stod mitt på campusområdet, The Church of the Holy Spirit.

Olof Palme placerades på Kenyon av American Scandinavian Foundation, den organisation som gett honom ett stipendium för studier i USA. ASF hade bildats i New York 1910 och samarbetade med Sverige-Amerikastiftelsen i Stockholm för att ordna studier och praktik i USA för svenskar. Till en början handlade det mest om naturvetenskapliga, tekniska och affärsinriktade utbildningar, USA ansågs inte ha så mycket att bjuda européer i humaniora och samhällsvetenskap. Men i slutet av fyrtiotalet ökade strömmen av svenskar som av olika anledningar ville till USA, och ASF upprättade samarbete med allt fler amerikanska college och universitet, däribland Kenyon.

Trots sina med amerikanska mått imponerande anor och sin ställning i dag som ett exklusivt college hade Kenyon en tämligen brokig historia. Det var inte, som Palme i begriplig lojalitet med sitt gamla *alma mater* uttryckte det, "ett av USA:s bästa college" vid den här tiden. Under artonhundratalet hade skolan producerat en rad framstående män, bland annat USA:s nittonde president Rutherford B. Hayes och Lincolns krigsminister Edwin M. Stanton. Men under första hälften av nittonhundratalet hade colleget hamnat i en nedgångsperiod. Till en del berodde detta på en makaber incident som gav colleget mycket negativ publicitet i den nationella pressen i början av seklet. En student hade under oklara omständigheter blivit överkörd av ett tåg. Antingen hade han råkat somna på rälsen efter en ordentlig spritfest eller också handlade det om en initiationsrit till en studentförening som gått snett. I vilket fall som helst ledde uppmärksamheten till att studentantalet minskade drastiskt under några år.

Vändningen kom 1939 med grundandet av *Kenyon Review*, som skulle komma att bli en av USA:s främsta litterära tidskrifter. Den redigerades av sydstatspoeten John Crowe Ransom, lärare i engelska vid colleget. Ransom var en av de drivande krafterna bakom den inflytelserika litterära riktning som kallades New Criticism och som betonade närläsning av verket snarare än historiska sammanhang och psykologiska förklaringsmodeller. Trots den prestige som *Kenyon Review* gav blev dock problemet med studentrekrytering till en början värre under krigsåren. Antalet studenter minskade igen, hösten 1945 fanns det bara 51 studenter på campus. När kriget väl var över skulle dock problemen lösas genom ett massivt inflöde av före detta soldater. De kom under den så kallade *GI Bill of Rights* som antagits av den amerikanska kongressen 1944, ett av de mest ambitiösa och framgångsrika välfärdsprogram som någonsin sjösatts i USA.

Lagstiftningen tillförsäkrade de hemvändande soldaterna arbetslöshetsunderstöd, bidrag till att köpa hus och starta företag och, framför allt, betalade deras collegeutbildning. Inflödet av nya studenter, som ofta kom från enklare förhållanden än de traditionella Kenyonstudenterna, innebar en vitalisering av det pastorala före detta prästseminariet. Många var lokala pojkar från Ohio, de var ofta lite äldre och en del var gifta och åtföljdes av fruar och barn. Collegets kapacitet sträcktes väl över de cirka 250 studenter som ursprungligen kunde rymmas. De före detta soldaterna – som vid Palmes tid hade ökat studentpopulationen till väl över 600 – inkvarterades i tillfälliga militärbaracker.

*

Det Kenyon College som Palme mötte den septemberdag 1947 när han första gången steg av vid den lilla tågstationen i samhället Gambier där colleget är beläget var motsägelsefullt. Oavsett om han promenerade eller hämtades med bil – vilket inte var något vanligt fortskaffningsmedel i Gambier vid den här tiden – såg han först ett långsträckt campusområde med välvårdade gräsmattor, stora ekar, lönnar och lärkträd samt imponerande stenbyggnader i den överdådiga stil som i USA kallas *collegiate gothic* och var tänkt att erinra om Oxford, Cambridge och andra medeltida europeiska lärdomsinstitutioner. Det var en luftlandsatt miljö i centrala Ohio, en delstat som med sina vidsträckta majsfält och fyrkantiga, vita bondgårdar är arketypiskt amerikansk. En författare som fått sin utbildning vid Kenyon beskrev det som ett osannolikt ställe: "ett engelskt universitet som omringade en skranglig appalachisk by, beläget på en kulle i mitten av Ohio".

När han väl passerat det centrala campuset, inklusive den stora stenkyrkan, och kommit förbi samhällets lilla huvudgata med bank, affär och kafé, anlände han till den lugubra och primitiva tvåvåningsbyggnad i trä, T-Barracks, som skulle bli hans hem under det närmaste året. Det var en av de militärbaracker som uppförts för att inhysa soldatstudenterna. Som de flesta helt manliga studenthem stank det, som en annan Kenyonstudent senare skrev, av "otvättade kläder, utspilld öl och onani". Där möttes han av ett antal unga män i tidens typiska collegemundering: snaggat hår, vita läderskor, chinos och pullovers. Då blev han, om det inte inträffat tidigare under resan, varse att hans svenska golfbyxor var ett hopplöst föråldrat plagg som väckte hans nya kamraters munterhet. Förmodligen slogs han som många andra besökare vid den här tiden också av att amerikanerna var ovanligt välnärda och friska. I en efterkrigsvärld där det ännu rådde matbrist och ransonering fick genomsnittsamerikanen dagligen i sig 3 000 kalorier.

Till skillnad från Olof Palme, som visserligen var officersutbildad men kom från det neutrala Sverige, hade många av de unga männen flera års krigserfarenhet bakom sig. De två unga män som skulle bli hans närmaste vänner under Kenyontiden, Henry ("Hank") J. Abraham och William ("Bill") Bulger, var båda före detta soldater. Abraham, som kom från en tysk judisk familj, hade flytt nazismen som tonåring 1937 och deltagit i kriget som amerikansk infanterisoldat; hans familj hade gått under i Förintelsen. Bulger stammade från en trävaruhandel i staden Flint i Michigan, där General Motors hade sitt högkvarter. Han hade också varit i infanteriet, men tjänstgjort som kanslist i South Carolina.

Skolan var ännu vid denna tid helt manlig, men några av veteranerna hade sina familjer med sig. Bortom baracken där Olof inkvarterades skymtade collegets *fraternities*, dystert ruvande byggnader där de olika studentföreningarna samlades för hemlighetsfulla riter som framför allt involverade ett massivt intag av alkohol. Olof Palme blev aldrig medlem, men sannolikt välkomnades han i T-Barracks på samma sätt som den japanska utbytesstudent som kom till Kenyon några år senare: en kagge öl med ömsesidigt skålande och intensiva diskussioner om "förkrigstiden, krigstiden och efterkrigstiden". Likt den japanske studenten kanske också Olof Palme förundrades över den vänliga amerikanska informaliteten, inte minst genom att över hela campuset mötas av ett glatt "Hi!" från helt obekanta personer. Som han beskrev det vid hemkomsten till Sverige: den amerikanska ungdomen "är praktisk, expansiv, bärs upp av tron på sin egen framtid och övertygelsen om att 'the world is ours for the taking'".

Men det fanns inte bara en kontrast mellan de strama collegebyggnaderna och det otvungna studentlivet i T-Barracks. Slutet av fyrtiotalet var en tid av både högstämd idealism och krass materialism i USA, och inte minst på Kenyon College. Kriget hade kittat samman det amerikanska folket över ras- och klassgränser som aldrig förr. Svarta hade börjat integreras i armén. "Jag gick ut i kriget som en nigger, jag kom hem som en man", förklarade en svart korpral från Alabama 1945. Året efter det att Olof Palme tagit sin examen tog också det helvita Kenyon in sina första två svarta studenter. Kvinnor hade under kriget ryckt in i hemmaindustrin och fått uppleva produktiv delaktighet i samhället och den känsla av växande självförtroende som det medför; "Anything you can do, I can do better", sjöng den kvinnliga huvudpersonen i Irving Berlins musikal *Annie Get Your Gun* som hade premiär 1946.

Övertygelsen om att USA hade gått segrande ur kriget mot nazism och fascism tack vare sitt demokratiska, öppna och jämlika samhälle var stark. Den isolationism och ovilja att engagera sig internationellt som dominerat före andra världskriget var helt tillbakatryckt. Det var självklart att USA nu var världens ledande demokrati och skulle komma att spela en aktiv global roll. Arvet efter den älskade krigspresidenten Franklin Delano Roosevelt var i högsta grad levande. Hans liberala New Deal-politik definierade ännu ramarna för den politiska debatten. Den amerikanska fackföreningsrörelsen hade vuxit rekordartat under kriget. År 1945 var 35 procent av alla arbetare utanför jordbrukssektorn fackligt anslutna, en låg organisationsgrad med svenska mått, men en höjdpunkt i amerikansk historia från en tid då det betraktades som en nästan patriotisk handling för arbetare att organisera sig.

There'll be a union-label in Berlin
When the union boys in uniform march in;
And rolling in the ranks
There'll be UAW tanks –
Roll Hitler out and roll the union in!

hade den vänsterinriktade gruppen Almanac Singers sjungit i en hyllning till det amerikanska bilarbetarfacket United Auto Workers 1942. För många innebar segern i andra världskriget ett imperativ för USA att rätta till orättvisor på hemmaplan och bygga ett nytt, bättre och gemensamt samhälle. Som Olof Palme sammanfattade saken efter det att han kommit tillbaka till Sverige: den amerikanska efterkrigsgenerationen återvände hem "i hela sin sprudlande vitalitet, med sin blandning av livsbejakande materialism och naiv idealitet".

Men det fanns också en stark önskan om att amerikanerna nu skulle få en chans att återgå till sina egentliga affärer, det vill säga individuellt självförverkligande och *the business of getting on*. Många var krigströtta. De ansåg att de hade uppfyllt sina kollektiva förpliktelser mot det amerikanska samhället och att de nu måste se till sig själva och sina familjer. Det hade också funnits en stark underström av kritik mot demokraternas statsinterventionism och välfärdspolitik under hela Roosevelts presidentperiod mellan 1932 och 1945. Trettiotalskrisen och behovet av statlig styrning av krigsekonomin hade desarmerat mycket av detta motstånd. Oppositionen hade inga alternativ som verkade övertygande på de amerikanska väljarna. Men efter kriget började republikanerna och de mer traditionellt konservativa krafterna vädra morgonluft. Även om demokraten Harry S. Truman i efterhand skulle komma att upphöjas till en av de stora amerikanska presidenterna, ansågs han av de flesta i samtiden vara ett mycket svagt kort.

Denne klädhandlare från Missouri hade ramlat in i ämbetet efter Roosevelts död våren 1945, bara några månader efter att denne omvalts för fjärde gången. Storföretag, affärsmän och konservativa ville bromsa New Deal-politiken om än inte avskaffa den. Man ansåg att fackföreningarna hade blivit för starka och att statsapparaten var full av liberala intellektuella från östkustuniversiteten som strävade efter att gå allt längre i socialistisk riktning. Efter Trumans oväntade seger 1948 – motståndaren Thomas E. Dewey hade räknat med en promenadseger – gav man upp försöken att vrida klockan tillbaka. Roosevelts nya giv accepterades av republikaner som Eisenhower och Nixon som ett fundament i en amerikansk välfärdsstatsmodell under de kommande decennierna. Men angreppen på Roosevelts New Deal-anhängare fann sig andra, mer lömska men framgångsrika former genom den växande antikommunismen. Denna var ännu i sin linda när Olof Palme kom till Kenyon, men skulle blomma fullt ut i femtiotalets McCarthyism. Slutet av fyrtiotalet var en övergångsperiod i amerikansk historia, då vänsterkrafterna ännu var relativt starka medan traditionell konservativ "amerikanism" befann sig i en omorienteringsfas.

Dessa motsatta tendenser präglade också Kenyon College. Lärarkåren var, som man kanske kunde förvänta sig på ett *liberal arts college*, tämligen liberal. Flera var aktiva medlemmar i det demokratiska partiet i Ohio och innehade lokala förtroendeposter. Men skolan hade naturligtvis ingen politisk inriktning utan predikade framför allt den klassiska bildningsidealism som präglade dess traditioner. Någon stark politisk aktivism fanns inte inom studentkåren. Föreningslivet präglades framför allt av det sociala livet kring collegets *fraternities* och den typ av problem som uppstod kring dessa: studentikosa skämt som gick för långt, alkoholtillstånd och organiserandet av baler som skulle locka studentskor att besöka den manligt enkönade institutionen.

Idrotten tog också stor plats, även om Kenyon var en utpräglat akademisk skola. Amerikansk fotboll var den självklara paradgrenen, men 1947 startades också ett soccerlag för europeisk fotboll. Tränaren var en balttysk fysiker som flytt till USA och som sannolikt kände till Olofs morfar, kemiprofessorn Woldemar von Knieriem. Vännen Abraham var också med i laget och minns Olof Palme som en snabb vänsterytter. Den starka tonvikten på nöjesliv och idrott var en del av USA:s övergång till civila förhållanden. Det var just den sortens aktiviteter som signalerade att kriget var över och att studenterna – inte minst de som deltagit i kriget – nu kunde återgå till en oskyldigare och fridsammare värld. Jämfört med sextiotalets studentradikalism framstår collegelivet i slutet av fyrtiotalet som opolitiskt och apatiskt, en "drivhusatmosfär" som Olof Palme uttryckte det.

Men det rörde sig också under den idylliska ytan. Varken Kenyon eller andra college och universitet hade gått oförändrade genom kriget. Många av studenterna var före detta soldater som stridit i Asien och Europa. Utbytesstudenter som Olof Palme började också bli ett allt vanligare inslag i campusmiljön. Den amerikanska isolationismen var bruten. Colleget präglades alltmer av internationella kontakter, både på individuell basis och genom en särskild kommitté för studentsamarbete med andra länder. Det diskuterades politik, och inte minst gav frågan om hur man skulle förhålla sig till den forna allierade Sovjetunionen upphov till livlig debatt. I en ledare i mars 1948 tog studenttidningen *The Kenyon Collegian* starkt avstånd från alla idéer om att använda atombomben mot Sovjetunionen: "Vi skulle förmodligen upptäcka att vi hade förvandlat större delen av världen till en askhög och drivit dess invånare till barbari och hopplöshet... Tänk över den här frågan noga, pojkar; ni kommer att vara med när det blir dags för 'Drang nach Moskau!'" Med jämna mellanrum kom också olika gästtalare – författare, politiker och kulturpersonligheter – till Kenyon, bland annat ordföranden för den amerikanska motsvarigheten till Landsorganisationen, American Federation of Labor, och den svarte författaren Langston Hughes, som också var kommunist (vilket ledde till en arg insändare i studenttidningen).

Under Palmes tid på Kenyon fanns det också en kortlivad socialistisk studentförening. Den var knappast särskilt durkdrivet marxistisk; två av dess fem medlemmar blev senare präster. Mycket av engagemanget var mer idealistiskt-religiöst än politiskt. Kenyon College var knappast någon kokande kittel av radikalism i slutet av fyrtiotalet, men det fanns tillräckligt med politisk debatt för att stimulera den som hade ett mottagligt sinne. Det är inte en tillfällighet att två av de mest internationellt kända Kenyoneleverna – Olof Palme och Paul Newman – inte bara delade ett aktivt engagemang mot Vietnamkriget på sextiotalet utan också hade lärt känna varandra som grannar i T-Barracks collegeterminen 1947–48.

*

USA blev en avgörande upplevelse för den unge Olof Palme, som på sikt skulle forma honom som politiker och statsman. Den gjorde honom inte till socialdemokrat eller socialist i den meningen att han omedelbart löste partikort och började agitera i gathörnen när han kom hem till Stockholm. Varken Hank Abraham eller Bill Bulger trodde att deras svenske vän skulle satsa på politiken, snarare att han i likhet med dem själva skulle göra en akademisk karriär; Bulger blev professor i historia och Abraham professor i författningsrätt. Men i USA skalade Olof av sig det mesta av de mer ytliga och förutfattade meningar om politik, arbetarrörelsen och socialismen som formats av familjen, Sigtunaskolan och officersaspirantskolan. De ersattes inte av någon entydig partipolitisk uppfattning eller några enkla etiketter. Men han hittade fram till ett nytt och annorlunda sätt att betrakta världen och sin egen roll i den, en amerikansk vänsterliberalism som skulle prägla hans grundläggande livshållning genom åren.

Olof Palme åkte till USA med ett öppet och sökande sinnelag. Han ville bli påverkad, stimulerad, få nya idéer. Han var långt ifrån den ende som begav sig västerut efter krigsslutet. Sverige var under fyrtiotalet på väg in i ett långt och starkt kärleksförhållande med amerikansk kultur, om än inte alltid med landets regering. Hösten 1947 reste även *Dagens Nyheters* chefredaktör Herbert Tingsten till USA för att studera den amerikanska demokratin, en resa som resulterade i en artikelserie som senare publicerades som boken *Problem i USA*. Titeln till trots handlade det om en plädering för USA som en förebild för efterkrigstidens Europa. De följande decennierna skulle en strid ström av studenter, författare, journalister, affärsmän, politiker och akademiker korsa Atlanten. Alla ville de smaka på den amerikanska dynamiken, framgångsoptimismen, känslan av att det goda livet också var förenligt med jämlikhet och demokrati. De kunde vara kritiska mot ytligheten och materialismen, men det handlade oftast om en bock i marginalen i en för övrigt entusiastisk upplevelse. I Olof Palmes fall var beslutet att studera i USA mer radikalt än för de flesta.

När han steg ombord på Amerikabåten i Göteborg den 6 september 1947 var det hans första verkligt självständiga handling som ung vuxen. Fram till USA-resan hade han pliktskyldigt uppfyllt de önskningar som Gunnar Palme nedtecknat i slutet av tjugotalet: han hade tagit studenten, utbildat sig till kavalleriofficer och påbörjat studier i juridik. Nu tog han sitt första egna betydelsefulla steg, och det gick i en helt annan riktning än den anvisade. Intresset för det amerikanska låg helt utanför familjen Palmes traditioner. Han valde engelskan, ett språk som han lärt sig i skolan, framför barndomens tyska. Det fanns inga traditioner av att gå på college och få andra erfarenheter av amerikanskt liv inom familjen. Gunnar och Elisabeth hade visserligen gjort en USA-resa 1930, men det var ett tillfälligt inslag i ett familjeliv som för övrigt var helt inriktat på tysk kultur. Olof var också högst medveten om att han gjort ett val.

När han vid hemkomsten skrev om sina erfarenheter i USA i *Svenska Dagbladet* jämförde han explicit Tyskland och Amerika. Efter kriget hade den tyska ungdomen kommit tillbaka "till en civilisation i undergång, till en materiell och moralisk upplösning av förfärande mått" medan den amerikanska kom tillbaka till ett land "i blomning" och sprudlande av vitalitet. Palmes nya *Drang nach Westen* var visserligen representativ för Sverige i allmänhet och dess elit i synnerhet, men det som är slående är kraften och självmedvetenheten hos den unge mannen. Han kastade sig helhjärtat in i den nya, amerikanska eran utan reservationer och ängsliga tillbakablickar. Han var i högsta grad en anförvant till bröderna Sven och Henrik Palme som sorglöst hade lämnat barndomens Kalmar för en ny tillvaro i Stockholm.

Fartyget som bar honom över Atlanten var representativt för

den nya eran av amerikansk global dominans. Det bar det märkliga namnet *Marine Jumper* och hade ursprungligen tillverkats för att transportera amerikanska trupper till Europa och Stilla havet, en stadig farkost på 12 000 ton. De närmaste åren efter kriget fick fartyget se de mest skiftande passagerare på sina däck: tyska medborgare som tvångsåterfördes från Japan av den amerikanska ockupationsmakten, brittiska krigsbrudar som gift sig med amerikanska soldater, överlevare från Förintelsen som flydde Europa för ett nytt liv, immigranter på väg till Australien. Under 1947 och 1948 gjorde fartyget tjänst i det växande kulturutbytet mellan USA och Europa och transporterade studenter, forskare, journalister och kulturarbetare fram och tillbaka över havet. Där en gång 2 000 soldater trängts levde omkring 600 civila passagerare under tämligen bekväma former med tennisturneringar och dans, även om kanonlavetterna fortfarande utgjorde ett hinder vid däckspromenaderna. En ung amerikan på väg till Europa beskrev livet ombord som intensivt ungdomligt i ett brev till sina föräldrar:

> ...de flesta av oss går inte och lägger oss före 2–3 på natten, stiger upp ur våra gungande kojer omkring klockan 11 för att inleda dagen med oavbrutet samtalande, bra samtal om man söker det, om musik, konst, sex, kärlek, religion, vilket ämne som helst på vilket språk som helst, utmärkta måltider, dagen växer i betydelse och njutning under dess gång, når sin höjdpunkt efter midnatt över 3-4-5 koppar te och en cigarett...

När Olof Palme steg på i Göteborg hade *Marine Jumper* just fört över ett stort antal amerikanska studenter till en sommarskola i Norge och var på återresa till New York.

Efter att ha sett New York och möjligtvis turistat något på vägen anlände Olof Palme till Kenyon i tid för höstterminens start den 1 oktober. Till det yttre var Kenyon College en ytterst välbekant miljö för Olof Palme. Sedan tio års ålder hade han levt på kollektiva institutioner, först i Sigtuna och sedan under militärtjänsten. Att dela rum, äta gemensamt i stora matsalar och leva avskilt från samhället tillsammans med en grupp unga män var närmast en självklar tillvaro för honom. Den högkyrkliga inramningen och de religiösa idealen var honom inte främmande. Det fanns många likheter mellan det amerikanska colleget och den internatskola som grundats av Manfred Björkquist. Ändå fanns det en fundamental skillnad mot allt som Olof upplevt tidigare. För första gången i sitt liv var han helt okänd och anonym. Han var en främling; fri, klasslös, en obestämd vara som kunde prissätta sig själv. Han befann sig dessutom i ett samhälle som visserligen präglades av stora socioekonomiska skillnader, men där nedärvda föreställningar om status spelade ytterst liten roll. I sin ansökan till Kenyon hade han angett sina främsta fritidsintressen som ridning, jakt och segling. Inga av dessa mer aristokratiska nöjen skulle han komma att utöva under sitt collegeår. Ingen hade heller någon förutfattad mening om honom, utan han bedömdes helt utifrån sig själv. Det innebar inte att hans personlighet förändrades. De amerikanska studentkamraternas beskrivningar av Olof Palme påminner i många avseenden om gymnasie- och värnpliktskamraternas.

På Kenyon, liksom tidigare, gjorde hans kvicktänkthet och vältalighet starkt intryck. "[H]e's a bright 'un", är omdömet i Kenyons årsbok från 1948, och det är uppenbart att språket inte var något hinder för honom. Vännerna upplevde honom som skärpt och fylld av självförtroende. Men på Kenyon försvinner också de negativa reaktionerna på hans intelligens. I den amerikanska kulturen betraktas det sällan som en belastning att vara begåvad, att tro på sig själv eller att stå på sig i en debatt. Den jantelag som inte minst präglade den svenska överklassmiljö som Olof Palme vuxit upp i lyste helt med sin frånvaro. Hans amerikanska vänner betraktade honom som ödmjuk, omtänksam och vänsäll, förvisso självtillräcklig ("self-sufficient") men inte överlägsen eller styv i korken. Han var en "regular guy", en bra kompis som det var lätt att umgås med. De uppskattade hans lätt subversiva sinne för humor, som till exempel när han drev med skolmatsalens krav att uppassare måste ha slips och kom till tjänstgöringen visserligen iklädd en slips men utan skjorta.

Att han arbetade som servitör utgjorde inte något försök att framställa sig som fattigare än han var inför kamraterna. Valutaregleringen hade hindrat honom från att föra ut några större summor pengar från Sverige och han var tvungen att dryga ut sitt stipendium. Han försörjde sig också genom att ge privatlektioner i tyska. Olof Palme levde på marginalen under sin USA-tid. Vännen Bill Bulgers mor blev så bekymrad att hon vid ett tillfälle tog med sig en filt hemifrån för att ge till den fattige svenske studenten. Att ha extrajobb var dock tämligen normalt på Kenyon. Studenterna i T-Barracks fick till exempel sin tvätt hämtad av den framtida Hollywoodstjärnan Paul Newman.

Ändå stod Palme utanför mycket av gemenskapen på colleget i egenskap av kortvarig och tillfällig besökare. Han tillhörde inte någon av skolans studentföreningar, som utgjorde navet i skolans sociala liv, och han hade heller inte samma möjligheter att ordna träffar med flickor – på colleget en bristvara som krävde goda lokala kontakter. Vid skolbalerna som anordnades med jämna mellanrum fick han nöja sig med att dansa med kamraternas "dates". Men Olof och hans vänner åt T-bensstekar på den småstadseleganta restaurangen The Alcove i den närbelägna staden Mount Vernon. Familjen Bulgers hus i Flint blev också ett andra hem för honom under året i USA. Han tillbringade både Thanksgiving och julen 1947 där och stannade till där två gånger sommaren 1948 under sin långa transkontinentala resa genom USA. Familjen Bulger fick senare två ljusstakar i form av svenska dalahästar som tack.

I efterhand skulle han beskriva tiden på Kenyon som en av de bästa perioderna i sitt liv. Den kanske viktigaste orsaken var sannolikt den upplevelse av existentiell frihet som Kenyon erbjöd trots sin klosterkultur. Olof Palme tog för sig av den amerikanska efterkrigstiden med full aptit. På helgerna utnyttjade han de lokala bussarna för att ta sig runt i Ohio, bland annat för att göra studiebesök på lokala fabriker. Efter examen i juni gav han sig ut på en tre månader lång resa genom efterkrigstidens USA. Han liftade och åkte Greyhoundbuss genom 34 av landets dåvarande 48 delstater.

Exakt vilken väg han tog är oklart. Vi vet att han befann sig på republikanernas partikonvent i Philadelphia i början av juni 1948 och därför måste ha börjat med att först åka österut från Ohio till Pennsylvania. Från Philadelphia åkte han förmodligen söderut; någon gång under resan åkte han i alla fall genom Mississippi, där han väckte irritation i den lilla staden Laurel genom att sätta sig längst bak i bussen bland de svarta passagerarna. Han stannade till en längre period i Mexico City hos sin syssling Ramón Palme. Det skedde förmodligen i början av juli, eftersom hans syster Carin fick ett vykort skrivet strax efter att han lämnat Mexico i mitten av juli. Den opraktiske Palme arbetade som lagerbiträde i familjens järnhandel och lärde sig en del spanska, men arbetskamraterna kallade honom "pojken med pratögonen" på grund av hans förmåga att kommunicera trots att han inte behärskade språket. Efter Mexico City återvände han till USA för att fortsätta västerut till Kalifornien, där han hälsade på faderns kusin Lennart Palme. Sedan måste han på något sätt ha sicksackat mot östkusten via San Francisco, Salt Lake City, Detroit, Chicago och Buffalo. Förmodligen avslutade han med att än en gång passera familjen Bulger i Michigan innan han definitivt vände hemåt mot Sverige.

Han hade fortfarande lika ont om pengar och åkte ofta buss på natten för att spara in hotellkostnader. Bill Bulgers mor – som tagit Olof till sitt hjärta – bekymrade sig mycket för hur han skulle klara sig på egen hand i USA. Men det var en mer oskyldig tid på de amerikanska vägarna. Privatbilismen befann sig visserligen i en enorm expansion. År 1945 hade antalet sålda nybilar varit omkring 70 000, året därpå var siffran uppe i över två miljoner. Men infrastrukturen var ännu inte helt bilanpassad. Många amerikaner var fortfarande beroende av buss och tåg för gemensamma transporter. Landet var fullt av människor som var tvungna att ta sig fram på samma sätt som Palme. Fyrtiotalet var också en tid då brottsligheten var rekordlåg i USA, både i förhållande till förkrigstiden och till det kommande sextiotalet. Minnena av depressionens vandringar i jakt på arbete och bättre levnadsvillkor var ännu levande, och det var ofta självklart att ta upp en liftare, bjuda på ett mål mat eller kanske till och med ett tillfälligt påhugg. Liftaren hade vissa förpliktelser, skrev Palme senare i ett kåseri i *Svenska Dagbladet*: att hålla med cigaretter och framför allt vara sällskaplig. Vilket inte alltid var så enkelt, eftersom en "juris studerande från Stockholm och en svart lastbilschaufför från Pulaski inte har så förskräckligt mycket gemensamt".

Samtidigt som Olof kuskade runt på de amerikanska vägarna, bodde på KFUM-härbärgen och åt sladdriga ostburgare på oansenliga drugstores befann sig en ung fransk-kanadensare och blivande kultförfattare vid namn Jack Kerouac också på luffen i USA. Hans resor fram och tillbaka över kontinenten mellan 1947 och 1949 resulterade i beatklassikern *On the Road*. Där skildrades entusiastiskt ett pulserande USA fyllt av märkliga, livshungriga människor som sökte efter något stort och obestämt bortom den gryende konsumismen och materialismen. Sal Paradise – Kerouacs alter ego i boken – måste delvis ha tagit sig fram längs samma vägar som Olof Palme och det är inte omöjligt men naturligtvis osannolikt att deras banor korsades. Om än inte lika stilistiskt driven finns mycket av Kerouacs existentialistiska patos, expansiva optimism och vägens rytm i Olof Palmes skildring av sina upplevelser längs vägen i fyrtiotalets USA. Olof var sparsam med reseminnen från USA, men i ett samtida brev beskrev han hur han längs vägen hjälpte en magsjuk colombiansk flicka på väg för att studera engelska i New York:

> Hon hade inga pengar och kunde inte språket. Så när vi kom fram till San Antonio stoppade jag ner henne i ett badkar, gick ut och växlade hennes få pesos, köpte biljett åt henne, polletterade hennes bagage, plockade upp henne ur badkaret och satte henne på bussen. Lånade henne tio dollar och sa till föraren var hon skulle gå av för att byta buss. Om den bruden sen inte dök upp i New York, så är det inte mitt fel.

Ändå var Olofs resa mer av ett existentiellt äventyr än Kerouacs. *På drift* – bokens svenska titel – handlar i själva verket mycket om vänskap och gemenskap, inte minst huvudpersonens fascination för den mytomspunne vagabonden Neal Cassady. Olof Palme däremot var verkligen ensam "on the road", en svensk tjugoåring som kastat sig fritt ut i den nya världen. Resan sommaren 1948 är det första tecknet på att Olof Palme var en ovanlig person. "Kringflackandet", skrev han långt senare, blev "avgörande för mitt sätt att uppleva händelser."

*

Lika viktig för hans nyorientering var Kenyon College som intellektuell miljö. Han fick högsta betyg i alla ämnen, "A" enligt det amerikanska systemet. Han hade också två huvudämnen, *majors*: statskunskap och ekonomi, vilket heller inte var vanligt. Han tog dock inte den fyraåriga amerikanska collegeexamen *Bachelor of Arts* på rekordfart under ett år, som det ibland hävdas. Vid den här tiden brukade normalt en svensk studentexamen räknas som en motsvarighet till de två första åren på college. Det innebar att en svensk student med avklarad gymnasieutbildning normalt började som tredjeårselev, junior med amerikansk terminologi. Olof Palme hade också nogsamt sett till att hans studentbetyg från Sigtuna översatts till engelska, men Kenyon tycks inte ha fäst någon närmare vikt vid den svenska internatskolan. I stället räknade man officersutbildningen och hans två terminer av juridiska studier på Stockholms högskola till godo som tre collegeår och lät honom gå in som senior, det sista och avslutande året.

Palmes studieprogram omfattade fem ämnen per termin, alla med fyra undervisningstimmar i veckan. Hans huvudämnen var amerikansk historia, ekonomi, statskunskap samt engelska. Att han läste amerikansk historia var helt i enlighet med hans ansökan till American Scandinavian Foundation. Däremot hade planerna på att läsa amerikansk litteraturhistoria fallit bort. Det är möjligt att Kenyon avrådde honom från en kurs som krävde avancerade kunskaper i engelska och i stället styrde in honom på mer grundläggande språkträning. Studierna i amerikansk historia och landets statsskick blev desto mer betydelsefulla. På seminarierna ägnade han sig åt de klassiska frågorna i amerikansk politik: konstitutionens betydelse, kampen mellan Jeffersons republikaner och Hamiltons federalister, *jacksonian democracy*, det amerikanska partiväsendets framväxt. Palmes studieår sammanföll med valåret 1948 som ansågs bli ett ödesval när det gällde framtiden för demokraterna och New Deal-politiken. Olof följde under våren den amerikanska politiken med livligt intresse och åkte efter avslutningen till det republikanska konventet i Philadelphia. Väl hemma i Sverige på hösten ansåg han sig med tjugoettåringens övermod vara en kvalificerad bedömare av amerikansk politik efter såväl avancerade studier som den långa sommarresan på de amerikanska vägarna. Fortfarande med ett öga på journalistiken förutspådde och kommenterade han utgången av det amerikanska presidentvalet i november.

Han fick snabbt erfara vådan av att utropa sig själv till expertkommentator. Som nästan alla andra förståsigpåare såväl i USA som utomlands tog Palme republikanen Deweys seger över demokraten Truman som given. Han hade imponerats av den kallsinnige Dewey i Philadelphia, skrev han med ett ironiskt anslag strax före valet i början av november i socialdemokratiska *Aftontidningen*: "Hela mannens uppträdande är oerhört skickligt avvägt, han säger just så mycket som måste sägas, men inte mer, han trycker just så många händer som det är taktiskt nödvändigt att trycka, men inte fler, alla hans göranden och låtanden äro perfekt organiserade och dirigerade av en stab av smarta partitaktiker och reklammän." Truman däremot var "hedervärd, sympatisk, mänsklig" men saknade statsmannaförmåga. Här upprepade Palme den allmänna uppfattningen i USA vid den här tiden. Palme förutsåg också konsekvenserna av en republikansk seger. Även om Dewey tillhörde partiets mer liberala falang skulle de utrikespolitiska konsekvenserna bli att Marshallplanen stramades åt som en eftergift åt de kvarvarande isolationistiska krafterna. Inrikespolitiskt skulle New Deal bromsas. "De storfinansiella råttorna skulle dansa på bordet", nya kontrollåtgärder mot arbetarrörelsen skulle införas, socialvården skulle beskäras och de högre inkomstgrupperna skulle få kraftiga skattesänkningar.

Olof Palme förberedde ytterligare en artikel på samma tema som skulle publiceras dagen efter valet. Inledningen löd: "Den 2 november satte 50 miljoner väljare punkt för en 16-årig era i Amerikas politiska historia... Det demokratiska partiet... besegrades av den pånyttfödda republikanska valmaskinen." Artikeln publicerades aldrig. Truman hade gjort en mirakulös upphämtning som gått opinionsinstituten förbi genom en intensiv valkampanj där han rest landet runt och varnat det amerikanska folket för vad som skulle hända om republikanerna vann. Han hade inte hållit igen på klasskampsretoriken. Republikanerna var "reaktionärer från Wall

Street", "blodsugare" som "skulle skumma grädden av landets naturtillgångar för att tillfredsställa sin girighet". När Palme två veckor senare tog till orda om det amerikanska valet i ett föredrag på Utrikespolitiska Institutet förklarade han med skamlös ironi att Harry Truman segrat "tvärt emot marknadsinstitutens, politiska experters och segersäkra republikaners förutsägelser", utan att med ett ord nämna sin egen felaktiga prognos. Men även om man kan göra sig lustig över en ung mans tvärsäkerhet, visar Olof Palmes artiklar att han trots allt hade en god förståelse av amerikansk politik. Dessutom säger de en del om honom själv vid den här tiden.

Han framträder visserligen i rollen som kylig politolog som dissekerar det politiska djuret. Men ett par saker är uppenbara. För det första ligger hans sympatier hos demokraterna, även om han anser att Truman saknar statsmannaegenskaper. När han avhandlar de andra, mer marginella presidentkandidaterna, avfärdar han såväl den mer radikale demokraten Henry Wallace som socialisternas Norman Thomas. Han ogillar tydligt den upprullning av New Deal som hotar vid en republikansk seger; därvidlag framstår han som en typisk produkt av en liberal amerikansk collegemiljö. För det andra fäster han stor vikt vid utrikespolitiken. Han vill inte se en återgång till trettiotalets isolationism utan anser att USA ska fortsätta med Marshallhjälpen och inte minst ha en fast hållning gentemot Sovjetunionen. Inte heller detta avviker från gängse amerikanska liberala värderingar. Trots beskyllningarna från högern fanns det liten sympati för kommunismen inom större delen av den amerikanska vänstern. De inhemska stalinisterna betraktades som ett ryskt redskap som skadade möjligheterna att bedriva en progressiv välfärdspolitik i USA.

Slutligen framskymtar den framtida politikern Olof Palme bakom den akademiske analytikern. Även om han riktar skarp kritik mot den amerikanska politikens förkärlek för att ställa personligheter mot varandra i stället för tydliga idéer, fascineras han av just frågan om hur en politiker framträder och använder sig av sin personlighet för att nå sina mål. I sin korrigerade valanalys tillskriver han inte minst Trumans energiska slutspurt en stor del av framgången:

Han har i sitt specialbyggda tåg i sex veckors tid genomkorsat landet och talat inför sammanlagt 4 miljoner människor. I kontrast mot Deweys försiktiga och intetsägande kampanj, har Harry Truman burit sitt budskap direkt till folket och gjort flammande anklagelser mot den republikanska kongressen. Hans omedelbarhet, sociala patos och enkla och folkliga personlighet har av allt att döma vunnit honom många anhängare bland normalt indifferenta folkgrupper.

Trumans heroiska satsning tilltalade den unge svensken som kom från en familj som alltid hyllat vilja och handlingskraft. Det amerikanska valet 1948 lärde också Olof Palme något om språket som politiskt verktyg. Det var härifrån han hämtade de avgörande impulserna till sin tuffa debattstil. I jämförelse med svensk politik var amerikanska valrörelser polemiska, aggressiva och retoriska. Senare i livet talade Olof Palme om en senator som besökt Kenyon och gjort stort intryck genom sin syn på hur retoriken skulle användas som politiskt medel. Det var sannolikt Ohiopolitikern Stephen M. Young, som en gång varit elev på colleget, en eldig, kompromisslös liberal som sällan sparade på krutet när det gällde att nedkämpa motståndaren verbalt. Young blev en av Nixonregimens argaste kritiker på sextiotalet, liksom en av de ledande politiker som reste sig till Palmes försvar när den svenske statsministerns återbesök på Kenyon 1970 ifrågasattes. Om han såg Palme som en efterföljare, såväl i valet av college som i politisk stil, så var det med viss rätt.

*

Palmes andra huvudämne blev ekonomi, ett betydelsefullt val för hans fortsatta utveckling. Som lärare fick han en fritänkande och med amerikanska mått tämligen radikal person. Paul M. Titus, en bestämd man med fyrkantig haka och stora glasögon, kom från ett hem utan tidigare erfarenheter av högre utbildning i Mellanvästern. Både hans far och farbror hade varit lokförare och som den förste i familjen fick han gå på college. Han läste vid Oberlin, ett mer välkänt *liberal arts college* i Ohio än Kenyon, och gick därifrån vidare till det exklusiva universitetet Princeton, där han doktorerade i ekonomi.

År 1933, när depressionen var som djupast, anställdes han vid Kenyon och hans synsätt präglades livet igenom av hans enkla uppväxt och erfarenheterna av trettiotalskrisen. Där fanns spår av den radikala populism som präglat den amerikanska prärien under nittonhundratalets första decennier och som förordade billiga pengar i stället för guldmyntfot och närde en stark misstänksamhet mot storföretag och banker. Han var medlem av det demokratiska partiet och satt i den lokala skolstyrelsen. Senare, i början av sextiotalet, arbetade han som ekonomisk rådgivare till den jordanska regeringen och medverkade i olika utredningar om offentliga finanser. Han verkade på Kenyon i 39 år som populär och uppskattad lärare.

Tonvikten i hans undervisning låg på att ge studenterna en allsidig och kritisk utbildning i ekonomi som inte var ideologiskt förutbestämd. Grundkursen i ekonomisk teori startade med att Platons kommunism ställdes mot Aristoteles försvar av privat ägande och, som Titus själv påpekade, "Aristoteles auktoritet betraktas inte som automatiskt given". Längre fram i kursen granskades både Adam Smith och Karl Marx, båda utifrån samma ideal av förutsättningslös fri prövning. Det är väl vad man kan förvänta sig av en universitetskurs i ekonomi, men jämställandet av Marx och Smith orsakade en del problem för Titus under de värsta åren av McCarthyism i början av femtiotalet. Hösten 1952 ansåg sig lärarna i ekonomi vid Kenyon tvungna att offentligt försvara sig mot anklagelserna om att vara alltför radikala. Man är inte en kommunistisk medlöpare, förklarade Titus, bara för att man uppmanar studenterna att fundera på hur ryssarna ser på en viss fråga eller påpekar att Marx hade några värdefulla idéer. Titus råkade aldrig illa ut på allvar, den liberala traditionen på Kenyon var stark, men liksom många vänsterinriktade akademiker blev han hårt pressad under denna olyckliga period i amerikansk historia.

Den mer paranoida antikommunismen låg dock i framtiden under det år han var Olof Palmes lärare. Från Titus undervisning inhämtade den framtida socialdemokratiske statsministern två saker. Det första var ett kritiskt tänkande runt ekonomiska frågor. Före USA-året finns inga tecken på att Olof Palme hade annat än en konventionell, borgerlig syn på samhällsekonomi: mindre stat, större näringsfrihet var hans syn på saken. Det är knappast troligt att Titus gjorde den unge svenske studenten till socialist. Senare i livet gjorde Palme en vag hänvisning till att han varit medlem i en socialistisk förening vid Kenyon, men det finns inga belägg för det. Visserligen bildades en sådan under hans tid på skolan, men ingen av dess fem medlemmar hette Olof Palme, enligt skoltidningen. Mer sannolikt är dock att han deltog i det seminarium dit Titus inbjudit en representant för det lilla amerikanska Socialistpartiet. Enligt referatet i skoltidningen blev det en skoningslös affär. Titus elever, som var väldrillade både i marxistisk teori och i fackföreningskunskap, gjorde processen kort med den unge socialisten, som inte ens kände till begreppet "closed shop" (en arbetsplats där fackföreningsmedlemskap är obligatoriskt för anställningen).

I Titus seminarium blev Palme också intresserad av den intellektuella debatten mellan socialister och anhängarna av en fri marknad, och han skrev en längre uppsats om den österrikiske nationalekonomen Friedrich Hayeks kritik av socialismen, *Vägen till träldom*. Uppsatsen, som tyvärr inte finns bevarad på Kenyon, har fått närmast mytologisk status som ett bevis för att Palme redan 1948 blivit socialdemokrat. Helt säkert är den kritisk, något annat hade knappast varit tänkbart utifrån den sokratiska undervisningsmetod som Titus förespråkade. Marginalanteckningarna i Palmes exemplar av Hayeks bok pekar också i denna riktning. Med en blyertsanteckning tillfogade han en ironisk kommentar till bokens titel så att den kom att lyda *Vägen till träldom* "...och valet mellan två extrema positioner?"

Av hans understrykningar framgår att han sköt in sig på Hayeks uppskruvade retorik där socialdemokratisk välfärdspolitik jämställdes med nazism och kommunism. Däremot tycks han ha bejakat en annan av Hayeks centrala teser (med tre utropstecken och ett obs!!), nämligen att det som verkligen hotade en modern demokrati var sjunkande levnadsstandard och ekonomisk stagnation. I sig var detta inte något originellt ställningstagande, det var snarare den rådande normen under femtio- och sextiotalen. Men Olof Palme tog till sig denna tanke tidigt och han drev den med en ovanlig intellektuell pregnans, vilket vi kommer att se längre fram. Kenyon väckte hans intresse för de ekonomiska doktrinernas betydelse och gjorde honom mer vidsynt och öppen, vilket måste betecknas som ett gott betyg åt Titus undervisningsmetoder.

Det andra, och viktigare, som Olof Palme tog med sig från seminarierna i ekonomi var ett intresse för arbetsmarknadspolitik, det som i USA ibland kallas *industrial relations*. Det var Titus favoritområde som forskare, och det avspeglade sig även i andra aktiviteter på Kenyon. Colleget gästades ofta av fackföreningsledare och höll även åren 1949–50 konferenser med Paul Titus som ordförande avsedda att förbättra dialogen mellan fackföreningar och arbetsgivare. Enligt Hank Abraham tillbringade Palme flera helger på en kullagerfabrik i närheten av Kenyon, något han tillskrev vännens bisarra fritidsintressen. Mer sannolikt handlade det om skoluppgifter till Titus klass i ekonomi. Olof Palme skrev också sin examensuppsats om det amerikanska bilarbetareförbundet United Auto Workers. Under sin sommarresa över den amerikanska kontinenten intervjuade han även UAW:s legendariske ordförande Walter Reuther på plats vid General Motors huvudkontor i Detroit. Reuther hade just utsatts för ett attentat och fått en kula i axeln, men enligt Palme var han helt oberörd: "Han satt med ett enormt bandage om armen och pressade en liten gummiboll. Men han viftade undan våldet och förföljelsen. Livet måste gå vidare. Det var framtiden som intresserade honom."

Denne visionäre arbetarledare hade startat som verktygsmakare i Detroits bilindustri och under en kort tid i ungdomen arbetat i Sovjetunionen. Under trettiotalets hårda strejker hade han misshandlats av Fords antifackliga hejdukar. Han var inte en cigarrtuggande fackföreningsboss av den gängse typen utan en stram, ambitiös och intellektuell ledare. Under kriget hade han övergett sin ungdoms socialism för en mer socialdemokratisk strategi: de amerikanska fackföreningarna måste ta ledningen när det gällde att skapa en modern, progressiv välfärdsstat. Vad Reuther såg framför sig var en utvidgning av Roosevelts New Deal mot universella socialförsäkringar. Men han hade tiden emot sig. Fyrtiotalets slutande år blev några av de mest konfliktfyllda i den amerikanska arbetsmarknadens historia. Resultatet blev att fackföreningsrörelsen tappade i politisk styrka, även om man var relativt framgångsrik med att driva igenom avtalsgrundade sjukförsäkringar och andra förmåner inom en rad enskilda branscher, inte minst bilindustrin.

Den viljestarke och intellektuelle Reuther var en man i Palmes smak. Som son och sonson till två försäkringsdirektörer hade den unge svensken heller knappast några svårigheter med att förstå Reuthers syn på allmänna socialföräkringar. Men det fanns en annan dimension som sannolikt påverkade honom än mer. Ur bilarbetarbossens perspektiv var Sverige ett föregångsland med sin välorganiserade fackföreningsrörelse och inte minst den typ av fackligt-politiskt samarbete som han själv strävade efter i USA.

Innan Palme kom till USA hade han inte visat något större intresse för svensk arbetarrörelse, men i Paul Titus undervisning och i mötet med amerikansk fackföreningsrörelse blev han högst medveten om att Sverige omtalades med beundran och respekt. Den militära utbildning han fått i Sverige och hans grad som fänrik i den svenska armé som suttit ut andra världskriget var inte mycket att komma med i umgänget med krigsveteraner från Stilla havet och Normandie. Den svenska neutraliteten, hur gynnsam den än varit för landet, var ofta en belastning för svenskar som reste ut i världen vid denna tid. Sannolikt var det än mer kännbart för Olof Palme, en ung man från en familj med ett utpräglat nationellt sinnelag och starka militära traditioner. Att upptäcka att Sverige var bekant och beundrat för sin välfärdsmodell och sin fackföreningsrörelse blev en positiv upptäckt. Det var inte en ovanlig reaktion. Många borgerligt sinnade svenskar upptäcker att de har mycket av svensk socialdemokrat i sig när de möter andra kulturer. I USA blev Palme medveten om att han var svensk i en vidare bemärkelse än vad hans avgränsade överklassuppfostran dittills gett honom någon föreställning om.

Det betyder inte att hans nyvaknade intresse för sociala frågor och arbetarrörelsen i USA var ett utslag av nationellt självhävdelsebegär. I själva verket handlade det om en djupare konfrontation med den egna bakgrunden. I Sverige, trots socialdemokratins starka dominans, hade Olof Palme paradoxalt nog levt mer skyddad från jämlikhetens och modernitetens krav än under sin USA-vistelse. I Amerika stöttes han mer direkt, utan det skyddande hölje som familjen och de traditionella överklassinstitutionerna utgjorde, mot en demokratisk vardagskultur där alla människor antogs vara lika i värde om än inte i förmåga och ambition. På Kenyon mötte han unga arbetare och bönder som gått ut i kriget och nu tog chansen att skaffa sig en utbildning, på sina resor träffade han förhoppningsfulla amerikaner av alla de slag som ville skapa sig ett bättre liv. Man kan kalla den amerikanska drömmen för mytisk, men poängen är att den är demokratisk: alla kan delta. Det gällde också en ung svensk från en högborgerlig miljö.

Likt den unge officeren Sven Palme, som på artonhundrasjuttiotalet fångats av den franska revolutionens löfte om frihet, jämlikhet och broderskap, greps sonsonen i sin tur av den amerikanska revolutionens paroll om liv, frihet och rätten att söka lyckan. Effekten var dubbelverkande. På det personliga planet upplevde den unge Olof hur hans egna möjligheter expanderade. Han var inte längre bunden av familjens traditioner utan kunde tänka sig en framtid oberoende av sin bakgrund. Han kunde kanske till och med stanna i USA, en tanke han åtminstone lekte med vid denna tid. Enligt brodern Claës ville Olof gå vidare till forskarstudier på något av de större amerikanska universiteten, men en vädjan från Müsi fick honom att bestämma sig för att återvända till Sverige.

Men det fanns också en mer politisk sida av saken. Hans egen frigörelse från det europeiska klassamhällets sega strukturer fick honom också att inse att många amerikaner inte hade möjligheten att utnyttja den frihet och de möjligheter som gavs. Insikten om hans egen existentiella frihet gjorde honom socialt medveten på ett nytt sätt. Det kan verka som att gå över ån efter vatten att åka till USA för att bli varse klassamhällets strukturer. Men vi blir ofta mer mottagliga för nya perspektiv när vi rycks upp ur vår hemvanda miljö. Senare i livet hänvisade han ofta till den fattigdom och sociala misär, inte minst bland de svarta i den amerikanska södern, som han upplevde under sina resa sommaren 1948. Framför allt reagerade han mot vita amerikaners nedlåtenhet och paternalism mot de svarta, något som kränkte hans nyvaknade entusiasm för den amerikanska jämlikheten och friheten. USA väckte stolthet över den svenska modellen, men slipade också bort hans provinsialism och fick honom att se det universella i det mänskliga tillståndet.

På grund av hans bakgrund och det faktum att han kom in i politiken uppifrån genom att 1953 handplockas som assistent till den dåvarande socialdemokratiske statsministern Tage Erlander har det alltid torgförts misstankar om att Olof Palme anslöt sig till arbetarrörelsen av opportunistiska skäl. Ur ett visst perspektiv är frågeställningen mest sorgligt provinsiell och betecknande för en politisk kultur där alla ställningstaganden betraktas som ett utflöde av materiella intressen. Men frågan om hur Olof Palmes världsbild och grundläggande värderingar utvecklades under hans ungdomsår är naturligtvis central, inte minst om man tror på idépolitik. Därför kunde han inte bara vifta undan den, utan lämnade ett antal skiftande och inte särskilt uttömmande beskrivningar av sin väg till socialdemokratin. Han frestades ibland att blåsa upp en mer trivial upplevelse i barn- eller ungdomen till en emblematisk markör i utvecklingen av sin politiska medvetenhet.

Till hans försvar kan sägas att en utförlig redogörelse krävde ett tålamod som de intervjuare som ställde honom mot väggen sällan var beredda att offra på frågan. Han var dessutom politiker och ville gärna hitta tydliga och enkla bilder. Ibland tog han upp någon barndomsupplevelse av orättvisa, andra gånger hänvisade han till en debatt där han tagit starkt intryck av den socialdemokratiske finansministern Ernst Wigforss – eller överdrev en händelse, som socialistmötet i Kenyon.

Men i mer eftertänksamma sammanhang – där han inte kände sig pressad att ge ett enkelt svar – förklarade han som det var: att hans politiska ställningstagande långsamt vuxit fram i slutet av fyrtiotalet och början av femtiotalet. Det fanns inget Damaskus, förklarade Palme, han misstrodde också den typen av plötsliga frälsningsupplevelser. Han lade stor tonvikt vid sin tid i USA; uppsatser han skrivit, diskussioner han deltagit i och missförhållanden han upplevt under sina resor över kontinenten. Något halvår senare hemma i Sverige skrev han också en artikel i *Afton-*

tidningen om en ny bok av den brittiske Labourteoretikern Harold Laski som handlade om *Kommunistiska manifestet*. I artikeln uttrycker Palme en stark uppskattning av marxismens grundläggande idéer som hade varit otänkbar något år tidigare och som visar vilket starkt intryck undervisningen på Kenyon gjort. Men han drar inga omedelbara inrikespolitiska slutsatser, utan uppehåller sig främst vid Laskis kritik av leninismen och sovjetkommunismen för att de förvanskat Marx och Engels ursprungliga idéer. Det var knappast ett starkt ställningstagande för svensk socialdemokrati men en tydlig fingervisning om var Olof Palme 1948 befann sig på den politiska kartan: en intellektuell på gränsen mellan liberalism och socialdemokrati som var starkt kritisk mot sovjetkommunismen. Det kanske mest intressanta med artikeln är rubriken "Laski med manifestet", en anspelning på Lars Ahlins fyrtiotalsroman *Tåbb med manifestet*. Litteraturen var aldrig långt borta i den unge Olof Palmes politiska utvecklingsprocess.

*

I maj 1948, ungefär samtidigt som Olof Palme fick sin *Bachelor of Arts*-examen vid Kenyon College, gjorde en tjugofemårig judisk man från Brooklyn litterär sensation med sin debutroman om en grupp amerikanska soldater på en ö i Stilla havet under andra världskriget. *De nakna och de döda* gick direkt upp på bestsellerlistorna i USA och författaren Norman Mailer hyllades som en värdig arvtagare till Hemingway, Dos Passos och Steinbeck.

Trots avståndet i kultur och klassbakgrund fanns det stora likheter mellan Olof Palme och Norman Mailer. Båda kom från starka, täta familjer, båda hade tidigt utnämnts till underbarn, båda var självsäkra retoriker och orädda utmanare av konvenansen och båda skulle ägna sitt liv åt att distansera sig från stereotypa föreställningar om deras bakgrund. I Mailers fall handlade det om att kämpa mot bilden av att vara "en väluppfostrad judisk pojke" från Brooklyn, för Olofs del bestod det i att värja sig mot föreställningen att han var en arrogant goddagspilt från överklassen. Men samstämmigheten gick djupare än så. Även om deras karriärer tog sig olika banor fanns det en överensstämmelse i deras sätt att se på världen i slutet av fyrtiotalet. Till en del handlade det om påverkan; Olof Palme läste *De nakna och de döda* sommaren eller hösten 1948 och tog starkt intryck. Men den mottaglighet han visade för Mailers roman pekar också på en påtaglig affinitet mellan dem.

Den 21 februari 1949 publicerade *Svenska Dagbladet* en understreckare av sin unge frilansande medarbetare Olof Palme. Utgångspunkten var *De nakna och de döda*, och det var sannolikt första gången innehållet i Mailers roman diskuterades i svensk press. Palme tog fasta på bokens gestaltning av krigets avhumaniserande effekt. De enskilda soldaterna är oförmögna att stå emot dödandets brutalitet och den militära kommandoideologin; det uppstår inget underbart kamratskap, ingen varm gemenskap utan endast en bitter, småaktig kamp för att överleva. Men också befälets föreställningar om att styra krigföringen efter en högre plan avslöjar sig som ihåliga vanföreställningar. De har kämpat mot en papperstiger. Den fruktade japanska styrkan visar sig i själva verket bestå av en liten grupp utmärglade och sjuka soldater, oförmögna att utgöra något allvarligt hot. Segern kommer inte heller som en följd av den befälhavande amerikanske generalens briljanta strategi, utan uppstår slumpmässigt genom att en inkompetent och berusad officer av misstag leder sina soldater genom fiendelinjerna.

Enligt Olof Palme bestod USA:s kraft och styrka i dess förmåga att skaka av sig dessa fruktansvärda upplevelser av krig, att återgå till drugstoren på hörnet, jazzorkestrarna, det gamla jobbet. Hur sann Mailers roman än var hade efterkrigsgenerationen skakat av sig dess desillusionerade synsätt, menade Palme. Han hade rest landet runt och talat med folk ur alla samhällsskikt och kunde vittna om att den amerikanska nationen besatt ett gott läkkött. Understreckaren var en klar och tydlig flagga i den svenska offentligheten och på den stod det: "Jag har sett framtiden och den finns i USA." Den amerikanska krigsgenerationen var visserligen naiv och saknade "mycket av européns intellektuella skärpa, av hans strävande och förmåga att analysera problem och se dem i sitt rätta sammanhang".

Men den amerikanska ungdomen var också livsbejakande och vital. Den grävde inte ner sig i det förflutna utan glömde bort och gick vidare. Inte minst tog Palme fasta på den materiella sidan av saken. I USA var produktionsapparaten intakt, affärsmännen var "stinna av profitabla krigskontrakt" och för kvinnorna hade sällan "krigets realiteter nått över knävärmarstadiet". Det var raljant, men Palme ville ta de gängse fördomarna om den amerikanska vulgariteten och materialismen och ställa dem på huvudet. I detta låg ett kraftfullt avståndstagande från den konservativa idealism han matats med inte minst på Sigtunaskolan. Begäret, viljan att leva det goda livet, föreställningen att man kunde påverka samhället var det som förde samhället framåt, inte upphöjd pessimism och dyster civilisationskritik. Det var en hållning som skulle föra honom långt men också göra honom sårbar när en ny vänster uppträdde i slutet av sextiotalet och gjorde uppror mot det socialdemokratiska betongsamhället och kapitalistisk alienation.

Palme använde framför allt *De nakna och de döda* för att argumentera för USA:s makalösa förmåga att övervinna de traumatiska krigsupplevelserna. Men Norman Mailers debutroman var inte en uppdaterad version av *På västfronten intet nytt*. Trots den skitiga realismen, våldet och det obscena språket – som utnyttjades flitigt i förlagets massiva reklamkampanj – var den unge författarens ambitioner snarare att skriva en amerikansk *Krig och fred*; en existentiell idéroman som brottas med frågan om hur en enskild människa kan upprätthålla grundläggande moraliska normer i en darwinistisk värld där det råder ett allas krig mot alla. Den sidan väljer Olof Palme bort. Han nämner de meniga frontsoldaterna och den fascistiske generalen Cummings som leder hela operationen men förbigår helt den avgörande gestalt som står emellan dessa båda kraftfält: löjtnant Hearn, Cummings adjutant.

Den tjugoåttaårige Hearn kommer från ett välbärgat hem i den amerikanska Mellanvästern, han har gått på ett utmärkt college och betecknas med amerikanska mått som "aristokratisk" till sin karaktär. Han är en intelligenssnobb, en god idrottsman, föraktar dumhet och vulgaritet och hamnar i konflikt med de andra officerarna när de spyr ut sina bornerade dumheter om judar, niggrer och fackföreningsledare. Han vill gärna gälla som radikal, men han har samtidigt svårt för den välmenande vänsterns idealitet och naivitet. Som en kritiker har uttryckt det: Hearn "är inte en liberal, utan en person som vill vara liberal". Generalen har tagit honom under sina vingars beskydd, dels därför att han anar en nietzscheansk frände bakom löjtnantens vankelmodiga strävan att upprätthålla sin humanistiska barnatro, dels därför att han i sin fåfänga behöver en intellektuellt jämbördig som inser vilken genial ledare han är. Precis som jag själv, säger generalen till Hearn, är du egentligen "reaktionär":

> Du har befriat dig från ditt arv, och sen har du befriat dig från allt du lärt dig sen dess, och det har inte krossat dig. Det var det som först imponerade på mig. En ung man som gått ut i livet och inte gått under, inte sjukanmält sig. Inser du att det är en prestation?

Hearn å sin sida är både smickrad och attraherad av Cummings. Han inser att generalen är "ett monster", maktgalen, narcissistisk, hänsynslös. Men han ser också en kraft och ett intellekt som höjer sig över mängden. Han tror på sin chefs ledarförmåga, på dennes förakt för sin egen bekvämlighet och på hans strategiska briljans. Han vill tro att det finns någon som har kontroll, som kan skåda in i världens hemliga maskineri, även om denne person är ond. Men till slut blir denna fascistiska maktfilosofi för mycket för honom och han gör ett barnsligt uppror genom att slänga en cigarettfimp på marken i generalens tält. Cummings utnyttjar hela sin befälsmakt för att krossa honom för detta övertramp. Hearn begär förflyttning och hamnar på fronttjänstgöring, där han blir skjuten.

Många har störts av det mörka slutet i *De nakna och de döda*. Radikala kritiker anser att det är oklart och otillfredsställande. Alla misslyckas på sitt sätt: Hearn blir skjuten, Cummings strategiska briljans visar sig vara en gammal mans förvirrade fantasier och de livskraftigaste av de meniga soldaterna går under. Allt är slumpartat, det finns ingen ordning i världen. Men det är just det som är Norman Mailers poäng: allt är godtyckligt, det finns ingen Gud, ingen rättvisa – men vi måste ändå kämpa för vår värdighet och humanitet som människor. Att Hearns uppror mot Cummings misslyckas är inte ett mått på dess moraliska värde. Tvärtom, det viktiga är att den unge löjtnanten räddar sin egen själ genom att avvisa Cummings fascistiska människosyn. Även om denne har makten att straffa honom, få honom dödad, kan generalen lika litet som någon annan styra över de verkliga tillfälligheter som avgör utvecklingen.

Att Olof Palme, liksom de flesta läsare, såg Hearn som författarens liberala alter ego i boken är givet. Men i Olofs fall gick det förmodligen längre än så. Likheterna mellan den unge svensken vid Kenyon och löjtnant Hearn är slående. Den intellektuella begåvningen, självförtroendet, idrottsframgångarna, den välsituerade bakgrunden, den ifrågasättande och lätt subversiva hållningen till givna sanningar och auktoriteter, känslan av frigörelse eller frikoppling från familjens traditioner – allt detta förenar dem. Medvetet eller omedvetet torde Olof Palme ha känt igen sig i Hearns moraliska dilemma. Båda kom från en bakgrund som gav tillträde till samhällseliten, båda hade dessutom förutsättningar för att göra framgångsrika karriärer, att nå samhällets absoluta topp. Palme hade inte varit i krig och frestats av en överordnad med övermänniskofantasier, men såväl hans egna förutsättningar som de institutioner han vistats i hade lagt en god grund för en starkt elitistisk samhällssyn. Även om Palme inte nämner Hearn i sin artikel om Mailers roman – vilket i sig kanske är ett bevis så gott som något – ligger hans slutsatser helt i linje med den amerikanske löjtnantens.

Han väljer demokratin, det vanliga folket, de enkla amerikanerna till skillnad från de sofistikerade européerna. Inte för att de är välutbildade eller omdömesgilla utan just för att han tror på deras livskraft och deras rätt att skapa sin egen framtid. Där Hearn tar ställning mot sin fascistiske general tar Olof Palme avstånd från det Tyskland som drabbats av moralisk kollaps till följd av den nazistiska ideologin. Men det är ett existentiellt val som inte grundar sig på några metafysiska övertygelser om gudomlig rättvisa eller lagar som styr historien. Hearn och Palme väljer friheten, och med friheten följer godtycket, slumpen och bristen på absoluta garantier. I detta finns också en kuslig överensstämmelse mellan fiktion och verklighet. Hearn dör i en fälla gillrad av en av de "vanliga" amerikanska soldater han tagit ställning för i konflikten med Cummings: en primitiv, våldsam och hatfylld människa som avskyr den aristokratiske löjtnanten därför att han tycks ge de andra soldaterna ett ögonblicks hopp om att det finns några andra moraliska värden än valet mellan att döda eller dödas.

6. Student as such

> *Politiska handlingar och motiv kan reduceras till den särskilda skillnaden mellan vän och fiende.*
> CARL SCHMITT

> *I just have the feeling that we have to do something.*
> OLOF PALME

I SLUTET AV SEPTEMBER 1948 var Palme tillbaka i ett kallt och regnigt Stockholm. Träden i Humlegården var ännu bladrika, men ett första frostnyp hade färgat topparna rödgula. Han hade anlänt till Sverige tisdagen den 21 september, samma dag som den mördade greve Folke Bernadottes kista landade på svensk mark efter en luftburen ärefärd genom Europa. Bernadotte, som varit marskalk på Gunnars och Müsis bröllop, hade sprängts i luften av en judisk terroristgrupp under ett FN-uppdrag i Mellanöstern. Hans medlingsuppdrag hade misslyckats och i den rapport han lämnade till FN beskrev han villkoren för att fred skulle kunna uppnås: den judiska statens rätt att existera måste allmänt accepteras, flyktingar ha rätt att återvända, Jerusalemfrågan lösas och "gnisselfria förbindelser mellan araber och judar [...] en gång för alla ordnas".

Ur ett strikt svenskt perspektiv var Bernadotte en läglig hjälte som förpassade landets mer halvhjärtade insats under andra världskriget i bakgrunden. På sikt förebådade han Dag Hammarskjölds utnämning till generalsekreterare i Förenta Nationerna – och i förlängningen även Olof Palmes framtida internationella insats. *Svenska Dagbladet*, husorganet på Östermalmsgatan, skrev utförligt om mottagandet av grevens kista på Bromma flygplats och planeringen inför den stora begravningen i Gustav Vasakyrkan vid Odenplan. Lite längre ner på tidningens förstasida fanns en annan nyhet som skulle få en djup inverkan på Olofs liv de närmaste tre åren, även om han för ögonblicket knappast ägnade den mer än ett förstrött intresse. Två dagar tidigare hade Sveriges förenade studentkårer, SFS, utträtt ur den internationella studentunionen på ett möte i Paris. På plats i studentstaden Cité universitaire intervjuade tidningens korrespondent de svenska delegaterna Willem Peppler och Göran Waldau, två unga män som Palme skulle komma att arbeta intimt tillsammans med inom ett drygt halvår.

Men ännu hade inte Palme landat mentalt i Sverige. Den största kulturchocken för utbytesstudenter inträffar oftast inte vid mötet med den främmande kulturen utan vid hemkomsten. Fylld av upplevelser och nya perspektiv drabbas återvändaren av en känsla av leda vid upptäckten att hemlandet är ungefär likadant som vid avresan. Stockholm var visserligen ingen småstad. Själva innerstan var mer tätbefolkad än i dag och antalet biografer per capita sägs ha varit det högsta i världen. Neutraliteten under kriget hade också gett Stockholm en mer kosmopolitisk karaktär. I en värld av krig och död hade den svenska huvudstaden varit märkvärdigt levande med restauranger, kaféer och nattklubbar fyllda av flyktingar, diplomater och hemliga agenter. Men nu var kriget över och Stockholm höll åter på att falla i provinsiell sömn. En del flyktingar hade blivit kvar, men i jämförelse med den etniska blandning som Palme upplevt under sin USA-resa var staden påfallande homogen.

Trots tjugo år av socialdemokratiskt styre och femtio år av folkrörelser var klassbarriärerna ännu höga, konstaterade den berömde amerikanske journalisten William L. Shirer när han besökte Stockholm i början av femtiotalet. Den svenska formalismen i umgängeslivet härskade fortfarande oinskränkt, inte minst i form av titelsjuka och särpräglade svenska tilltalsregler som krävde att man använde tredje person vid icke-intima samtal. Palme var tillbaka i ett land där medborgarna var, som Alva och Gunnar Myrdal noterat efter sin inspirerande USA-vistelse under kriget, "mindre öppna, mindre generösa i sina mänskliga kontakter, mer indragna i [sina] skal, mer personligt avundsjuka".

Efter friheten på de amerikanska vägarna var han återbördad till sitt gamla pojkrum på Östermalmsgatan hos Müsi. Carin bodde också i föräldrahemmet, och Olof umgicks mycket med sin storasyster under den här tiden. Hans äldre bror Claës, som var något över trettio och färdig advokat, hade inte heller flyttat hemifrån, även om han under hösten befann sig i London, där han gjorde praktik på en juristfirma specialiserad på sjörätt. Han återvände till Sverige lagom för att fira jul. Men även om det innebar en kär familjeåtersamling infann sig också en känsla av avstannad utveckling hos Olof. Han var trött och håglös, den hårda studietakten vid Kenyon och resandet hade tagit på krafterna.

Han var också tillbaka som juridikstudent vid Stockholms högskola. Efter de livfulla seminarierna i statskunskap vid Kenyon tragglade han nu svensk finansrätt och ägnade sig åt arvsbeskattning och rättspraxis om skattefria subjekt. Han rörde sig åter mellan hemmet och den stats- och rättsvetenskapliga fakulteten vid Norrtullsgatan 2 bakom Stadsbiblioteket. Där huserade professorerna och docenterna i straffrätt, civilrätt, förvaltningsrätt och alla de andra områden som han måste behärska för att ta sin juristexamen. Enligt det klassiska ideal som ännu dominerade högre studier i Sverige hade studenterna stor frihet i sina studier. Som student var man hänvisad "till enslig bokläsande utan andra instruktioner än dem som studiehandboken kan ge".

Stockholms högskola var dessutom svårt underfinansierad med betydligt fler studenter per lärare än i Uppsala och Lund. Resultatet blev en begränsad kontakt med lärarna. Man gick på föreläsningar i den mån man ansåg det nödvändigt, läste sin litteratur och tenterade sedan av kursen. "Framgång på tentamina anses inte ha något att göra med professorns lärarskicklighet", konstaterade en amerikansk gäststudent något förvånat. Andan i själva juridikstudierna skiljde sig också från Kenyon, där studenterna borrat i eviga och stora frågor om frihet, jämlikhet och demokrati med sokratiska metoder. Svensk rättsfilosofi präglades av ett starkt avståndstagande från allt som hade med naturrätt och metafysiska frågor att göra. Lagen handlade inte om rättvisa utan om vad som var bäst ur ett samhälleligt nyttoperspektiv.

Socialt sett var det också en helt annan miljö än de traditionstyngda institutioner som han tillbringat större delen av sin uppväxt på. "Här fanns ju ingen sammanhållning bland studenterna, inga nationer, inga slottsbaler, ingen stämning och romantik", konstaterade den besvikna huvudpersonen i en av Maria Langs populära femtiotalsdeckare som utspelade sig vid Stockholms högskola. Från sitt grundande 1884 hade huvudstadens lärosäte självmedvetet format sin identitet i motsatsställning till de gamla universiteten Lund och Uppsala. Den nya högskolan gjorde en dygd av att befinna sig i maktens centrum. Man betraktade Lund och Uppsala som dammiga och nedtryckta av sina historiska arv. Stockholmsstudenterna var, enligt Ivar Harrie, "illusionslösa, fräna och osentimentala". Idealet var integrering i samhället, inte medeltida klosterliv. Över hälften av studenterna arbetade vid sidan om studierna och många hade sitt umgängesliv utanför högskolan.

Men att ha en studentkår som hade ena benet i förvärvslivet var inte bara en tillgång. Det var svårt att få kontakt, det fanns få självklara mötesplatser och studenterna drunknade i storstadslivet. Området kring Odenplan utgjorde visserligen något av studentkvarter med konditorier, bokhandlar och krogar, men utöver kårhuset vid Holländargatan fanns det inga självklara samlingsplatser. En av Olofs amerikanska vänner i Stockholm, statsvetaren John Bahr, hade förväntat sig stora studenthem fyllda av "rysk 'fri' kärlek" men fann ensamma "Stockolmsstudenter som levde extremt individualistiskt, sannolikt för individualistiskt, i innestängda enrummare".

Bostadsbristen var en anledning till problemen. Stockholm led av akut växtvärk decennierna efter andra världskriget. Barnkullarna var stora och befolkningen ung, omkring 40 procent av stockholmarna var under trettio år. Stockholmarna ville ha badrum, ljus och luft i sina hem. Det fanns knappt några studentbostäder. Nästan hälften av studenterna var inneboende, utspridda över hela staden och underställda stränga inackorderingstanters puritanska regim med rökförbud och drastiska inskränkningar i rätten att motta besök. Resultatet blev, som *Stockholms-Tidningen* uttryckte det, ett obiologiskt studentliv. På kvällen, när biografer och krogar stängt, återstod bara portarnas kärlek, "en hemlös, blottställd storstadskärlek, avbruten av trappljusets kalla sken och de förbipasserandes ogillande blickar". Omkring en tredjedel av studenterna vid högskolan bodde, liksom Palme, kvar i sina föräldrahem. Kombinationen av traditionell europeisk lärofrihet, allmän svensk ogemytlighet och brusande storstadsmiljö gjorde högskolan till mer av föreläsningsanstalt än traditionell universitetsmiljö. "Här går vi och läser och läser och det blir inget av oss", förklarade Palme misströstande för Sigtunavännen Hans Wattrang, som också studerade vid Stockholms högskola.

*

Den opersonliga atmosfären vid Stockholms högskola var inte gynnsam för Palme. Alla människor behöver sammanhang, men han var på ett paradoxalt sätt ytterst beroende av täta gemenskaper med fasta strukturer för att hans individuella begåvning skulle blomma, från barndomens familjeliv till den socialdemokratiska arbetarrörelsen. Det som räddade honom från tristessen var den artikel om sina amerikanska erfarenheter som han skrev för *Svenska Dagbladet* i februari 1949. Utan att han visste om det blev den en ansökan ställd till SFS, Sveriges förenade studentkårer. Vid sitt senaste möte – bara några dagar innan Olofs artikel publicerades – hade SFS förbundsstyrelse brottats med ett knivigt rekryteringsproblem: man saknade en sekreterare i sitt internationella utskott.

SFS var en nationell samarbetsorganisation för studentkårerna vid det dussintal universitet och högskolor som fanns i Sverige vid denna tid. Den hade uppstått efter första världskriget med den explicita avsikten att stärka de svenska studenternas kontakter utomlands, framför allt genom utbytesverksamhet, resor och stöd till studenter i fattiga länder. Såväl engagemanget bland studenterna som SFS politiska inflytande var tämligen marginellt under de första decennierna. Efter andra världskriget ändrades bilden. En av lärdomarna av fascismen var vikten av att skapa en stark och demokratisk studentrörelse. Men det fanns en historisk barlast. I slutet av trettiotalet hade en högljudd och reaktionär studentopinion, framför allt vid Uppsala universitet, krävt att

Sverige skulle stänga sina gränser för judiska flyktingar från Nazityskland. Skammen – om inte skulden – gjorde att SFS knappast kunde odla sin provinsiella kål längre utan var tvunget att ta den våg av ungdomsinternationalism som svallade i krigets kölvatten på högsta allvar. Hos många av de svenska studentledarna var engagemanget genuint, men det fanns en betydande minoritet som gärna ville minimera de komplicerade och tidskrävande internationella kontakterna.

De senare hade visst fog för sina klagomål. Perioden mellan 1947 och 1951 var det kalla krigets mest instabila period och dess konflikter spillde över på den internationella studentrörelsen. Ledningen var inte bara oenig om hur man skulle förhålla sig utan också utarbetad. När Bo Kärre, ordförande i SFS, läste Palmes artikel insåg han genast att här fanns en möjlig lösning på problemet. "Den grabben måste vi ta kontakt med", förklarade han för sin hustru Marianne, som var journalist på *Dagens Nyheter* men hade varit aktiv inom SFS under fyrtiotalet. De ingick i en krets av internationellt orienterade Stockholmsstudenter som arbetat med flyktingfrågor, bistånd och utbytesprogram efter kriget. Kärre kontaktade sina kolleger Bertil Östergren, SFS ombudsman, och Willem Peppler, som var den hårt prövade ordföranden i internationella utskottet. Tillsammans kom de överens om att intervjua den unge juridikstudenten. Peppler besökte Olof på Östermalmsgatan och bjöds på te av Müsi. Mötet utföll till ömsesidig belåtenhet. Några veckor senare kunde Peppler skriva till sina internationella kontakter och introducera Palme som ny sekreterare och på ett styrelsemöte i maj formaliserades utnämningen.

Än en gång blev Palme den yngste i sällskapet, just tjugotvå år fyllda. Hans tre mentorer var alla i mitten av tjugoåren och höll precis på att avsluta sina examina. Sinsemellan var de ganska olika. Kärre, en smal, skarpskuren stockholmare, var allmänt respekterad för sin älskvärdhet och humanistiska idealism. Han skulle senare arbeta med biståndsfrågor på Sida och bli direktör för det svenska studenthemmet i Paris. Juristen Peppler hade en svensk mor och en tysk far, en välkänd advokat i Hamburg. Under trettiotalet hade han lämnat Tyskland för att slippa enrolleras i Hitlerjugend. Han var starkt engagerad i de internationella frågorna och skulle efter SFS-tiden syssla med utbildningsfrågor i Genève. Bertil Östergen var, trots att han stammade från ett skånskt folkskollärarhem, kanske den som ytligt sett var mest lik Olof Palme: en viljestark reservofficer med litterära intressen som senare skulle bli chef för akademikerorganisationen Saco och ledarskribent på *Svenska Dagbladet*. Han hade medelålderns tyngd redan i tjugoårsåldern och var jämte Palme den mest drivna politiska organisatören i SFS som det tidiga femtiotalet frambringade. Men han var också en kolerisk person som ofta hamnade i konflikt med sina medarbetare. Efter hand utvecklade han en stark motvilja mot Palme.

Men våren 1949 var trojkan på jakt efter en kunnig, engagerad och internationellt orienterad person som kunde assistera utskottets ordförande – och eventuellt ta över denna post. De fick allt detta och mer därtill. Olof Palme skulle inte bara göra SFS till en ledande aktör på den internationella scenen utan också bli ordförande för hela organisationen. Det var förvånande, kanske inte minst för honom själv. SFS-ledarna hade för det mesta gått den långa vägen genom engagemang i nationsliv och kårföreningar av olika slag. De var sällan partipolitiskt aktiva, men de hade varit tvungna att på olika sätt erövra sina kamraters förtroende. Hur detta kunde gå till beskrev en satirisk artikel i Stockholmsstudenternas tidning *Gaudeamus* strax efter det att Olof Palme rekryterats. När man kom in på kårhuskaféet på Holländargatan skulle man "le inställsamt och hälsa på så många som möjligt", gärna tala högt om att avskaffa terminsavgifterna och "öppna dörren för någon studentska" samtidigt som man komplimenterade en annan "för hennes klänning eller frisyr".

Den enda förtroendepost Palme innehaft tidigare var som sekreterare i Sigtunaskolans kulturförening. Han var inte en partigängare, han hade aldrig frivilligt anslutit sig till några grupper, kollektiv eller kotterier utan snarare aggressivt värnat om sin självständighet och frihet. Däremot hade han lärt sig att hävda sin individualitet inom slutna miljöer och visste mycket om hur människor fungerar i grupp. Tiden i USA hade dessutom finslipat hans sociala kompetens och tränat honom i konsten att vara öppen utan att för den skull släppa omgivningen alltför nära in på livet. Han hade fortfarande svårt att dölja sin leda inför långsamma och formalistiska människor. Men de flesta av hans nya vänner uppfattade honom som en ambitiös men lättsam och chosefri ung man. Detta – i kombination med hans nyväckta amerikanska Rooseveltliberalism och breda språkkunskaper – gjorde att han var som klippt och skuren för att ta itu med de internationella problem som SFS stod inför.

*

Vid slutet av fyrtiotalet var den internationella studentrörelsen en betydelsefull bricka i den accelererande konflikten mellan öst och väst. Högre utbildning skulle skapa en ny generation av utbildade medborgare rustade för att bygga en ny och bättre värld. Inte minst såg studenterna sig själva som representanter för en ny era av fred och förnuft som skulle förhindra att världen åter föll ner i barbari. De manifesterade sin internationalism genom frivilliga arbetsinsatser runtom den krigsdrabbade kontinenten, bland annat genom att resa till Jugoslavien för att bygga en järnväg genom de bosniska bergen. Människovärdet, skrev den unge svenske författaren Stig Claesson entusiastiskt, skulle inte bara krävas tillbaka, "det skulle erövras med spade och spett". Men det fanns också tid för intensivt umgänge bland de 4 300 utländska volontärerna. "Trots att de arbetade hårt", skrev en engelsk flicka till *The Times* i London, "såg skandinaverna ut som om de var på badsemester med sina solbrända, gyllenbruna kroppar och sina söta blonda flickor i exotiska badkläder." Man drack, dansade och diskuterade framtiden nätterna igenom.

Till en början tycktes det också som om den internationella studentrörelsen skulle kunna bli en enande fredskraft, ett slags juniorversion av Förenta Nationerna. I november 1945 möttes 600 studentdelegater från 52 länder i Prag, som bara några månader tidigare befriats från den nazistiska ockupationsmakten. Platsen var symbolmättad. Tjeckoslovakiens delning 1938 var i mångas ögon andra världskrigets verkliga startpunkt – eller borde ha varit det åtminstone. Studentkonferensen var det första större internationella mötet i Prag på tio år, ett tecken på att den tusen år gamla centraleuropeiska metropolen vid Moldau än en gång börjat skaka av sig krigsdammet. Såväl de ryska som de allierade soldaterna höll på att lämna Tjeckoslovakien. Gator och torg var rikt dekorerade till studenternas ära, som välkomnades av 200 000 jublande människor på Vaclavplatsen. De drivande krafterna bakom konferensen var de brittiska och tjeckiska studentorganisationerna.

Mötet banade väg för en ny konferens i den tjeckiska huvudstaden påföljande år. I augusti 1946 konstituerades en ny internationell studentorganisation, IUS (International Union of Students). Den skulle verka för fred, stödja demokrati och bekämpa fascism och kolonialism. Honnörsorden duggade tätt, men de hade reell innebörd för människor som drabbats av krig, förföljelse och förtryck. Det var de unga som hade dött i kriget, förklarade den franska ungdomsledaren Guy de Boysson, och nu "krävde de sin plats i morgondagens värld". Samtidigt dolde retoriken också de underliggande problemen: det fanns ingen konsensus bland medlemmarna om hur IUS skulle avgränsas gentemot politiken. Många västländer hävdade att organisationen måste vara strikt apolitisk och förordade att den styrande principen skulle vara *student-as-such*. Man skulle enbart befatta sig med frågor som rörde själva studentlivet: utbildning, utbyte, resor, stipendier, fritidsfrågor.

Sovjetunionen och andra kommunistländer menade att det inte gick att avskilja studenternas liv från det omkringliggande samhället (vilket underförstått innebar att de borde ansluta sig till det kommunistiska lägret). Drivna till sin spets var båda positionerna absurda. Om student-as-such å ena sidan definierades alltför snävt skulle IUS bli en tandlös välgörenhetsorganisation. För svarta studenter i Sydafrika var apartheid i högsta grad ett utbildningsproblem, liksom nationell självständighet var av avgörande betydelse för studenter i kolonialt styrda länder. Om det definierades alltför vitt, å andra sidan, var det inte någon mening med en separat studentorganisation. Det krävdes en villighet att kompromissa och kohandla från båda sidor.

Det kanske kunde ha fungerat om det hade funnits en balans mellan öst och väst från starten. Men östblocket tog effektivt kontroll redan i Prag 1946. Den kommunistiska rörelsen hade lång erfarenhet av att arbeta bakom kulisserna i olika typer av organisationer, så kallad enhetsfrontspolitik. Bolsjevismens själva grundidé var att samla massorna i breda men diffusa organisationer som kunde manipuleras av en hängiven klick av partimedlemmar. Med disciplin och organisatorisk skicklighet besattes många av de ledande posterna inom IUS av antingen öppet kommunistiska representanter eller så kallade ubåtar, partimedlemmar som dolde sin ideologiska hemvist för att kunna verka mer effektivt. De var oftast modiga och handlingskraftiga personer som med vapen i hand hade bekämpat nazismen och de åtnjöt stort förtroende inom studentrörelsen. De var också besjälade av den absoluta övertygelsens betvingande kraft. "Kommunisterna tycktes ha alla svaren", mindes en engelsk studentledare, "och jag blev alltmer övertygad om att min konservativa socialism med svårighet kunde betecknas som socialism över huvud taget."

Kommunisternas trumfkort var det som då kallades "den koloniala frågan". Andra världskriget hade definitivt krossat allt det som återstod av de europeiska kolonialmakternas legitimitet, inte minst i Sydostasien. Även om japanerna hade farit brutalt fram med de infödda befolkningarna hade de samtidigt demonstrerat att den västerländska överhögheten var en papperstiger. Medan fransmän, britter och holländare trängdes vid kajerna för att evakueras undan de segerrika kejserliga arméerna hade deras forna undersåtar prisgivits åt fienden. Kraven på frigörelse ekade över hela Sydostasien efter kriget och de forna kolonialherrarna fann det svårt att återställa sin auktoritet. Självständighetsrörelserna var över lag mer nationalistiska och socialistiska än kommunistiska, men Sovjetunionen uppbar stor prestige såsom en antikolonial stormakt. "Om kommunismen är något dåligt, så är kolonialismen något oändligt mycket värre", var den indiske premiärministern Nehrus koncisa sammanfattning. Därför var det också naturligt för många studentledare från tredje världen att se ledningen inom IUS som en pålitlig bundsförvant. Det skapade problem för de västliga studentförbundens försök att driva opposition. "Kolonialismen var vår akilleshäl", mindes en brittisk studentledare; "våra argument lät föga övertygande för att inte säga patetiska".

De västliga studentledarna var inte omedvetna om kommunisternas ambitioner, en del sympatiserade med dem, andra hoppades att IUS skulle bli ett redskap för förståelse och samarbete mellan öst och väst. De bars av en hedervärd känsla av att de som studenter och ungdomar hade ett särskilt ansvar för att förhindra ett nytt krig. "Vi får inte misslyckas", vädjade en amerikansk studentdelegat vid IUS grundande. Det är en historiens ironi att flera av aktörerna på både väst- och östsidan inom studentrörelsen skulle återfinnas på sextiotalets barrikader. Den tjeckiske IUS-politruken Jiri Pelikan – som bland annat försökte topprida Olof Palme – blev Alexander Dubčeks närmaste man under Pragvåren 1968. Den svavelosande amerikanske antikommunisten Al Lowenstein framträdde senare som medborgarrättskämpe och oförtröttlig kritiker av Vietnamkriget. I deras utveckling skymtar för ett ögonblick en annan möjlig väg än det kalla krigets. Men efter de första årens antifascistiska gemenskap och fredsengagemang övergick IUS till att slaviskt hylla sovjetisk utrikespolitik och stämplade alla som hade invändningar som krigshetsare och fascister.

Ändå bet sig de flesta västliga studentorganisationer kvar. Om de bröt med IUS riskerade de att tappa kontakten med studentrörelserna i tredje världen, framför allt i Sydostasien. Dessutom skulle det vardagliga samarbetet i praktiska studentfrågor försvåras. Men de insåg framför allt att de skulle framstå som splittrare av den internationella studentrörelsen om de lämnade IUS med svansen mellan benen. Idén om en global studentsolidaritet var stark efter två världskrig. "Jag fann det till en början svårt att tro", förklarade den brittiske studentledaren Stanley Jenkins, en walesisk ingenjörsstudent som i det närmaste var apolitisk, "att de sovjetiska ledarna var så onda som en del hävdade."

*

Trots betänkligheter om den politiska inriktningen var det självklart för SFS att ansluta sig till den nybildade studentinternationalen. Frågan drevs av förbundets dåvarande internationelle sekreterare, den framtida arbetsgivarordföranden Curt-Steffan Giesecke. På eget bevåg hade han och Bo Kärre undertecknat den nya studentinternationalen när de var i Prag 1946, ett beslut som fick ratificeras i efterhand av de svenska studentkårerna. Svenskarna var märkta av sina negativa erfarenheter av den studentinternational som bildats efter första världskriget och snabbt förvandlats till ett storpolitiskt forum där delegaterna styrdes av utrikesministerierna i sina hemländer. Framför allt var svenskarna inriktade på det praktiska samarbetet och ogillade alla tendenser till politisering. Tillämpad med förnuft var den fackliga hållningen klok, men tyvärr fanns det strutsliknande tendenser inom SFS att betrakta alla frågor som inte omedelbart angick de egna medlemmarna som "politiska".

Pragmatismen krossades av kuppen i Prag i februari 1948. Att kommunisterna tog makten i det demokratiska men Sovjetvänliga Tjeckoslovakien utlöste en stark reaktion i väst. Palmes blivande vän Harry Schein, en framgångsrik affärsman med socialistiska sympatier som vuxit upp i Österrike, var på plats under kuppveckan och såg genast parallellerna med det nazistiska maktövertagandet. Trots att han försökte hitta försonande drag i den kommunistiska politiken överväldigades han av skrällande högtalare, militärmarscher, atmosfären av hatfylld surmulenhet och "det osynliga men ständigt närvarande överhetsvåldet". Även om Sovjetunionen inte var direkt inblandat tolkades det som ett avgörande bevis för Stalins utrikespolitiska aggressivitet.

I sig hade det kommunistiska maktövertagandet inget att göra med IUS. Men organisationens sekretariat som låg i Prag vägrade ta avstånd från kommunistregimens upplösning av studentkåren i Prag och dess polisaktion mot studenter och lärare som demonstrerat på Vaclavplatsen. "Det är inte vår sak", förklarade den engelske läkarstudenten Tom Madden i IUS styrelse, "att skydda studenter som företar odemokratiska aktioner bara därför att de är vilseledda." Men protesterna från studenterna i de demokratiska länderna blev starka och krav restes på omedelbart utträde ur IUS. Indignationen var stor även i Sverige, där frågan debatterades på SFS studentriksdag i Uppsala i mitten av mars. Att svenskarna hotade att lämna organisationen oroade ledningen i Prag. Därför skickade man Madden från Prag till ett vårsoligt Uppsala för att lugna de svenska sinnena. Den engelske kommunisten, som försenats därför att han missat färjan i Gdynia, var en lugn, lite satt ung man med ett elegant sätt. Under konstant cigarettrökande framhöll han med vemod i stämman hur tråkigt det skulle kännas om Sverige lämnade IUS. Men på Norrlands nation, där studentriksdagen ägde rum, möttes han av hånskratt, kraftiga fördömanden och krav på tidsbegränsning. De starka känslorna påverkades inte minst av att ett hundratal svenska författare precis publicerat ett gemensamt upprop mot kommunisternas maktövertagande i Tjeckoslovakien.

SFS lågmälde ordförande Bo Kärre skämdes över behandlingen av Madden i Uppsala. Delegaterna hade ägnat sig åt "känslomässiga utbrott mot kommunismen i allmänhet i stället för att hålla sig till sakfrågan", skrev han i en debattartikel i Stockholmsstudenternas tidning *Gaudeamus*. Konflikten var besvärlig för SFS-ledningen. Visserligen var man upprörd över sekretariatets agerande i Prag, men man insåg också att det ännu inte fanns något alternativ till IUS som internationell studentorganisation. Willem Peppler, som rekryterade Palme, beklagade sig inför en amerikansk kollega över att studenterna i Sverige enbart var intresserade av utträde och inte ville diskutera en konstruktiv politik gentemot IUS. Det som löste dilemmat var typiskt nog en konstitutionell formalitet: uppsägningstiden för medlemskapet var ett år. SFS varslade om utträde, men tillfogade också att man skulle omvärdera sitt beslut om IUS gjorde en ordentlig utredning och kunde förklara vad som hänt i Prag på ett tillfredsställande sätt.

För att ge uttryck åt de starka känslorna bland de svenska studenterna beslöt man dock att avbryta allt praktiskt samarbete med IUS med omedelbar verkan. Det var en psykologiskt begriplig åtgärd. Men den hade ett högt pris, eftersom svenskarna avhände sig möjligheten att samordna sig med andra kritiska krafter inom IUS. Övriga västliga studentförbund gick inte så långt som att avsäga sig alla former av samröre med IUS, och de betraktade också det svenska agerandet som illojalt. Dessutom minskade SFS trovärdighet av att organisationen tidigare intagit en extremt studentfacklig hållning. Vi häpnar, skrev IUS ordförande Joseph Grohman försmädligt i april 1948 i ett brev till svenskarna, över att SFS som tidigare vägrat delta i aktioner till stöd för studenter i Spanien, Grekland och kolonialt förtryckta länder nu engagerat sig politiskt i tjeckoslovakisk inrikespolitik. Trots Pepplers intensiva ansträngningar att samordna oppositionen lämnade SFS och en del andra västorganisationer IUS utan gemensamma alternativa planer. Den mest betydelsefulla studentrörelsen i väst, brittiska National Union of Students (NUS), kvarstod dessutom. SFS hade hamnat offside.

*

Det var i detta läge som Olof Palme kom in i bilden. Han tillträdde sin tjänst den 15 mars 1949, samtidigt som SFS ledning som bäst höll på att bringa klarhet i efterdyningarna av Pragkuppen. En högerfalang inom styrelsen – med stöd framför allt i Lund och Göteborg – ville i stort sett lägga ner den internationella verksamheten. En mer uppsvensk grupp med förankring i Stockholm och Uppsala ville att SFS skulle föra en mer aktiv politik, utan att för den skull vara mer förtjust i IUS. Dit hörde Palmes mentorer Kärre och Peppler. Den senare hade sin strategi klar. Han ville inte ha ett "västblock" utan en världsomspännande organisation som omfattade även studenter i kolonialländer. Men det skulle också innebära "väldigt mycket arbete". Det var därför han rekryterade Olof Palme.

Kring påsk, bara några veckor efter mötet med Peppler, åkte den nye internationelle sekreteraren tillsammans med vännerna Hans Wattrang och John Bahr till Tjeckoslovakien. För Palmes del var det en kombinerad nöjes- och arbetsresa. Han måste sätta sig in i de interna motsättningarna mellan SFS och IUS. Första anhalten var Warszawa, där han efter att ha träffat de polska studentaktivisterna drog slutsatsen att allt var "en fruktansvärd röra". Men Prag var det egentliga målet där Palme ägnade en vecka åt att intervjua tjeckiska studenter medan Wattrang och Bahr ägnade sig åt mer sedvanliga turistaktiviteter. De bytte till och med till ett enklare hotell för att komma i kontakt med folklivet, medan Olof blev kvar på ett relativt sett mer luxuöst etablissemang för att kunna utföra sitt arbete i lugn och ro. Trots kommunismen levde Habsburgmonarkins prakt kvar på många hotell i Prag med kristallkronor, gigantiska matsalar i barockstil och feodal betjäning.

Påskvistelsen i Prag blev hans första personliga erfarenhet av den regim som han senare skulle fördöma som ledd av "diktaturens kreatur". Föga förvånande, med tanke på att han främst hade kontakt med studenter, var det den stalinistiska likriktningen inom undervisningssystemet som gjorde starkast intryck på honom. Det var bättre att arbeta i fabrik, förklarade en student han träffade, då fick man åtminstone läsa vad man ville när arbetsdagen var slut. På universitetet "måste man läsa Marx fjorton timmar om dagen". När Palme några månader senare sammanfattade sina upplevelser i Prag i en understreckare i *Svenska Dagbladet*, ställde han framför allt det psykologiska klimatet i Tjeckoslovakien i fokus. Det värsta var att se håglösheten och tröttheten i människors ögon, "hur det personliga rädslomomentet blivit den huvudsakliga faktorn i människors tanke- och känsloinriktning".

Med tanke på sin bakgrund hade Palme utvecklat ett förvånansvärt klarsynt förhållande till kommunismen. Under Kenyontiden hade han börjat närma sig en politisk världsbild som låg någonstans mellan den socialliberala och den socialdemokratiska. Kommunismen måste bekämpas på dess egen planhalva, genom att verka för social rättvisa, avkolonisering, politiska reformer och välfärdsinsatser som drog undan grundvalen för dess agitation. Hans ståndpunkt var inte olik de amerikanska New Deal-liberalers som försökte kämpa ner kommunismens inflytande inom den amerikanska arbetarrörelsen men samtidigt fick värja sig mot en paranoid kommunisthets som strävade efter att misstänkliggöra hela vänstern. Eller för den delen den svenska socialdemokrati som han ännu inte hade så mycket kontakt med.

Våren 1948, när han ännu var student vid Kenyon, hade han skrivit en artikel i *The Advocate*, en av collegets studenttidningar, med anledning av kuppen i Prag. Rubriken – som sannolikt satts av redaktionen – var "Czechoslovakia gone – what about Sweden?" Den alarmistiska överskriften till trots argumenterade Palme för att man måste skilja mellan kommunismens ideologiska ambitioner och Sovjetunionens säkerhetspolitiska intressen. Det förra var ett hot som kunde bli stort vid massarbetslöshet och ekonomisk kris och måste bekämpas med politiska medel – dock inte genom förbud mot kommunistiska partier. I Sverige var dessutom kommunisterna på tillbakagång och utgjorde ett marginellt inrikespolitiskt problem, enligt Palme.

När det gällde Sovjetunionens militärpolitiska avsikter mot Sverige måste dessa bedömas utifrån landets agerande i dagsläget. Om den svenske statsministern Tage Erlanders uppgifter om att Sverige inte var utsatt för några sovjetiska påtryckningar var riktiga, argumenterade Palme, fanns det inga skäl att avvika från den traditionella neutraliteten. I avslutningen citerar han ett socialdemokratiskt regeringsuttalande från 1946 med innebörden att Sverige inte kunde medverka i stormaktsallianser. Sverige, förtydligade Palme, är villigt att medverka i Marshallplanen så länge den enbart riktar sig mot "hunger, fattigdom, hopplöshet och kaos, men undviker alla politiska åtaganden". Här ställde han sig jämsides med den svenska socialdemokratin som betraktade Marshallhjälpen som ett slags internationell välfärdspolitik.

Det var också med denna inställning han närmade sig de internationella konflikterna inom studentrörelsen när han tillträdde sitt SFS-uppdrag våren 1949. Han var proamerikansk i sina grundläggande värderingar och umgicks med lätthet med amerikanska diplomater och studentaktivister. Det var en begriplig hållning, inte bara i allmänna ideologiska termer utan också därför att USA pumpade in närmare 200 miljarder dollar i dagens penningvärde för att återuppbygga ett krigstrött och ekonomiskt urholkat Europa. Men han var lika bestämd på att de europeiska studenterna inte skulle bli ett verktyg för USA:s utrikespolitik. Livet igenom hade Olof Palme en stark känsla för Sveriges (och andra små nationers) intressen. Det var, som vi kommer att se, inte alldeles lätt att balansera idealism och realpolitik. Som han själv skrev i sin artikel i *The Advocate*: "det återstår att se om strikt neutralitet och en tro på en förenad värld, kommer att fungera i vår tid". Men Olof Palme var en ovanligt sammansatt blandning av romantisk handlingsmänniska och iskallt beräknande taktiker, ett möte mellan hans finlandssvenska farmor Hannas temperament och Sven Palmes metodiska kylighet. När dessa egenskaper drog åt samma håll var han en briljant politiker som lyckades kombinera moralisk passion med pragmatiska resultat. När de hamnade i konflikt blev han motsägelsefull och inkonsekvent. Retoriken ekade tom och de politiska kalkylerna kunde få en anstrykning av manipulation eller i värsta fall cynism.

När det gällde den unga tjeckiskan Jelena Rennerova som han träffade i Prag påsken 1949 visade Olof utan tvekan rätt balans mellan känsla och förnuft. Han hade fått kontakt med henne genom en svensk medicinstudent under sina efterforskningar om den tjeckiska studentrörelsen. Hon visade honom stadens sevärdheter samtidigt som hon berättade om läget bland studenterna på Karlsuniversitetet. Hon var väl insatt. Hennes bror hade varit ledande inom den demokratiska studentrörelsen före kuppen och befann sig nu i exil i Paris. Olof blev starkt gripen av de tjeckiska studenternas situation och erbjöd sig att "hjälpa om så behövdes". Jelena å sin sida blev imponerad av den unge svenskens "uppfattnings- och inlevelseförmåga". Han var hemma hos henne flera gånger i den lägenhet hon delade med sin mor i ett charmigt gammalt hus på Valdstejnska uce, mitt emot ett kloster där det ännu bodde nunnor och munkar. När han reste tog Palme med sig brev till vänner som befann sig i exil, men vid den här tidpunkten var det inte tal om att få ut Jelena ur Tjeckoslovakien. En tid efter Palmes besök började dock säkerhetspolisen intressera sig för Jelena på grund av broderns antikommunistiska aktiviteter i Frankrike. Hon övertalades av sin ängsliga mor att skriva till den sympatiske svensken och fråga om han kunde medverka till ett skenäktenskap.

Den 21 december vigdes Olof och Jelena via korrespondens av Prags borgmästare (för sin del befann sig brudgummen i London där han bekämpade den tjeckiska regimen på ett helt annat sätt). Giftermålet skedde i sista ögonblicket, tio dagar senare blev det förbjudet för tjeckiskor som var gifta med utländska medborgare att lämna landet. I februari 1950 kunde Jelena åka till Paris för att återförenas med sin bror och fortsätta medicinstudierna. Där fick hon höra att studievillkoren för utländska medicinare var bättre i Sverige. Hon skrev till Olof som förmedlade kontakter med svenska läkarstudenter som kunde hjälpa henne. Jelena kom till Uppsala i augusti där hon utbildade sig till läkare. Några år senare – 1956 – grep Olof Palme åter in och övertygade de tjeckiska myndigheterna om att ge Jelenas mor utresetillstånd för att besöka dottern. Jelena blev kvar i Sverige och betraktar Olof Palme och hans familj inte bara som ett stort stöd utan som "hela min familjs bästa vänner".

Att hjälpa Jelena Rennerova var inte någon otypisk handling för Olof Palme. Vi har redan sett hur han föregående år vårdat en ung sjuk flicka på gränsen mellan USA och Mexico. Hans vänner från Kenyontiden berättar om liknande om än mer begränsade ridderliga handlingar riktade mot damer som hamnat i dilemma. Ytterst gick denna romantiska impuls tillbaka på den ofta berättade familjehistorien om hur hans far Gunnar tog hand om den strandsatta lettiska flyktingen Elisabeth von Knieriem under första världskriget. Parallellerna mellan Müsi och Jelena är uppenbara: en ung kvinnlig medicinstudent från Östeuropa som ansätts av en despotisk regim och räddas av en handlingskraftig ung svensk.

*

Strax före julen 1949 kastades Palme in i den verkliga hetluften. Den brittiska studentföreningen NUS hade kallat de västliga studentorganisationerna till en diskussion om hur man bäst skulle samordna oppositionen inom IUS. Fredagen den 16 december landade Palme på Londonflygplatsen Croydon. Han reste i sällskap med Göran Waldau, tillfällig ordförande i SFS internationella utskott och likt Palme juridikstudent. Trots att en klar vintersol lyste under större delen av dagen var den storstad som mötte de två unga männen grå och dyster. Trettio procent av London hade bombats under kriget, 80 000 byggnader hade totalförstörts och ytterligare 700 000 var allvarligt skadade. Den brittiska regeringen drev en sträng sparsamhetspolitik under efterkrigsåren med hårda ransoneringar och krav på återhållsamhet när det gällde nöjen och konsumtion.

I juni 1949 hade George Orwells dystopi *1984* publicerats. Londonborna hade inte svårt att känna igen sig i de kålsoppedoftande trappuppgångarna och de slitna tegelfasaderna i hans vision av ett framtida totalitärt London. Vilket naturligtvis bara underströk att Orwells roman var en samtidskommentar. Hans ande svävade också över den brittiska studentkonferensen, som framför allt befolkades av unga vänsteridealister som brottades med frågan om hur de skulle förhålla sig till kommunismen. De flesta delade inte Orwells pessimistiska syn, men Olof Palme var lika uppgiven när det gällde möjligheten till samförstånd som den tbc-sjuke engelske socialisten.

Palme och Waldau inkvarterades på Royal Hotel i Bloomsbury, Londons klassiska universitets- och bohemkvarter. På måndagen inleddes själva förhandlingarna i Londonuniversitetets pampigaste byggnad, art déco-palatset Senate House, som enligt folkmun hade varit Hitlers planerade säte för en framtida naziregering i ett ockuperat Storbritannien. Där anslöt de andra svenska delegaterna Bo Kärre och Hans Håkansson. Det var Uppsalafysikern Håkansson som hade lagt upp strategin för den svenska delegationen. Men det blev Olof Palme som intog scenen i London. Med sin goda engelska och retoriska förmåga blev han den ledande kritikern av den engelska positionen, framför allt i en maratondebatt som höll på att knäcka många av de redan trötta delegaterna.

Situationen var komplicerad. Att kommunisterna hade övertaget inom IUS och dessutom spelade fult rådde det inga tvivel om bland de församlade studentrepresentanterna i London. Men sedan gick åsikterna isär. En del var beredda att diskutera någon form av samarbete utanför IUS, medan engelsmän, skottar och sydafrikaner ville kämpa vidare inom den befintliga studentinternationalen. En ny västlig studentorganisation skulle bli isolerad och tappa kontakten inte minst med studentrörelserna från de koloniala länderna, menade britterna. "IUS är den sista möjliga länken mellan studenter från alla världens länder", appellerade de till konferensen och varnade för att en splittring enbart skulle bidra till att öka risken för konflikt i världen. Britterna var lika bestämda i sin taktik som svenskarna. De ville övertyga SFS och andra kritiska västorganisationer att återinträda i IUS för att driva igenom reformer.

Palme drev däremot SFS linje att man skulle lämna den existerande studentinternationalen bakom sig och skapa en ny organisation. Ironiskt nog stod egentligen SFS och NUS inte så långt ifrån varandra, utom på en avgörande punkt: förhållandet till IUS. Svenskarna ville likt britterna framför allt få med studenterna i tredje världen. Palme, Kärre, Waldau och Håkansson stod också tämligen nära sina värdar i sin tolkning av student-as-such-principen. Det gällde att undvika "partipolitik", förklarade Palme, men självklart måste en studentorganisation vara solidarisk med studenter som diskriminerades för sin hudfärg eller berövats rätten att tala fritt. De övriga västländerna som Sverige fronderade med i London hade snävare dagordningar och var inte särskilt engagerade i den koloniala frågan. Framöver skulle konflikten mellan "det atlantiska blocket" (Sverige, Norge, Canada, USA, Storbritannien) och "centraleuropéerna" (Schweiz, Tyskland, Österrike, Belgien, Italien) bli desto tydligare. Men i London stod NUS och SFS som huvudantagonister. Det var sannolikt första och sista gången som en svensk organisation uppfattades som västvärldens mest hårdfört antikommunistiska.

Dagen före julafton 1949 lämnade Olof sitt hotell på Woburn Place som en gift man. Två dagar tidigare hade han per distans ingått äktenskap med Jelena Rennerova i Prag. Hon var på väg ut ur Tjeckoslovakien, men britterna hade han inte lyckats få loss. Ändå hade hans fasta linje, klara argumentation och intensiva engagemang lämnat ett starkt avtryck. Han var nu en av de centrala aktörerna på den internationella studentscenen och hade inlemmats i ett kontaktnät som skulle vara honom till stor hjälp de närmsta åren. Det gällde inte minst NUS, som leddes av Stanley Jenkins, en man vars bedrägligt runda barnansikte dolde en omutlig integritet.

Jenkins, som var sju år äldre än Palme, var det nionde och sista barnet från en ekonomiskt ansträngd medelklassfamilj i den lilla walesiska staden Brecon i närheten av Black Mountains. Fadern, en byggmästare som gärna besökte stadens alla pubar på väg hem från jobbet, hade dött när Stanley var fjorton år gammal. Sonen kunde bara minnas att fadern talat med honom en gång under uppväxten och då för att fråga: "Nå, vem av dem är du?" Stanleys skolgång blev begränsad. Men klasskillnaderna till trots fanns det en rad likheter mellan Palme och Jenkins. De hade båda varit sjukliga under sin uppväxt; Jenkins drabbades av tuberkulos vid åtta års ålder. Likt Palme hade han utvecklats till en flitig läsare under sin konvalescens. Och trots vacklande hälsa var han precis som sin svenske kollega en passionerad idrottsman som bland annat tävlat för Wales ungdomslag i bordtennis.

Om inte andra världskriget kommit emellan skulle Jenkins sannolikt ha framlevt sitt liv i Brecon som kanslist i kommunalhuset eller underordnad banktjänsteman. Men han blev inkallad, uttogs till officersutbildning och kunde lämna armén med majors grad efter framgångsrik tjänstgöring i Indien, Burma och Malaysia. Krigstjänstgöringen gav honom rätt till ett studiestipendium och hösten 1946 började han vid Cardiff Technical College. Jenkins var ointresserad av politik och hade inga starka ideologiska eller religiösa övertygelser. Men han var en skicklig talare och god organisatör, och skulle tillsammans med Palme bli den drivande kraften bakom västorganisationernas utträde ur IUS. Under det kommande året skulle de samordna de brittiska och svenska studenternas taktik gentemot IUS under långa samtal i dammiga tågkorridorer på väg genom Östeuropa.

Vid sin sida hade Jenkins Bonney Rust, en något äldre student från London som arbetat som gasreparatör i tio år och var aktiv inom Labourpartiets vänsterflygel, samt den idealistiske filosofen Ralph Blumenau, som likt Peppler en gång flytt från Hitlertyskland. På andra sidan Atlanten hade Palme god kontakt med ledningen för National Student Association of America som kom från den liberala sidan av det amerikanska politiska spektrumet och dominerades av representanter för de ledande minoriteterna i USA: katoliker, judar och svarta. Förutom de rena studentorganisationerna fanns dessutom en uppsjö av internationella hjälporganisationer inriktade på studenter, främst International Student Service i Genève, som hade sina rötter i den kristna studentrörelsen. Palme hade mycket vänskapliga relationer med dess sekretariat, bland annat med Ted Harris, en svart student från Pennsylvania som varit ledande i den amerikanska studentrörelsen under andra världskriget. Inom denna grupp fanns olika åsikter om hur man skulle förhålla sig till den kommunistiska dominansen inom IUS (en del skulle bli agenter för CIA), men så gott som alla stod till vänster om den politiska mitten. De var internationalister i Palmes smak, inte minst i jämförelse med det i hans tycke provinsiella motståndet inom SFS styrelse.

*

I februari 1950 avancerade Palme från sekreterare till ordförande för SFS internationella utskott. Nu var han också mogen att framträda på hemmaplan som talesman för SFS hållning. Ett osökt tillfälle erbjöd sig när poeten Karl Vennberg gick till storms mot Palmes mentor Bo Kärre i tidskriften *Clarté*. Kärre hade i en kort intervju i *Dagens Nyheter* redogjort för SFS kritik av IUS. Det föranledde Vennberg att anklaga honom för "att ha ställt sig på folkhatets linje". Vennberg tillhörde den grupp vänsterintellektuella som pläderade för en "tredje ståndpunkt" och riktade stark kritik mot alla tendenser i Sverige att sluta upp på USA:s sida i konflikten med Sovjetunionen. I sin artikel anklagade han de svenska studenterna för att ha dragit ut i ett antikommunistiskt korståg under ledning av president Truman, Herbert Tingsten, filosofen Ingemar Hedenius och apartheidregimen i Sydafrika.

Vennbergs angrepp drog in SFS i den kallakrigsdebatt som tagit fart efter det kommunistiska maktövertagandet i Tjeckoslovakien. Konfliktlinjen gick mellan dem som förordade ett kraftfullt och aktivt stöd till västsidan och en heterogen samling författare och intellektuella som av skiftande skäl hävdade rätten att förhålla sig neutrala. Det var ingen specifikt svensk debatt, i slutet av fyrtiotalet kände ett antal kulturarbetare i Västeuropa obehag inför vad de uppfattade som amerikansk hegemoni utan att för den skull hysa särskilt starka sympatier för Sovjetunionen. Ur ett amerikanskt perspektiv framstod denna motvilja mot att stödja USA som höjden av snorkig europeisk otacksamhet: "Vi är förundrade över att välbeställda, välutbildade icke-kommunister i Frankrike eller Sverige... söker efter en tredje väg", förklarade en amerikansk statstjänsteman. De svenska opinionsbildare som entydigt tagit ställning för västvärlden mot Sovjetunionen var mer än förundrade, de var förbannade och riktade hårda angrepp mot vad de kallade "halvkommunister". *Vecko-Journalens* chefredaktör, den ironiske Stig Ahlgren, undrade försynt om det inte måste vara bättre att vara halvkommunist än helkommunist, om det senare nu representerade ondskan förkroppsligad på jorden.

Tongångarna från de starkt dominerande borgerliga (och även

socialdemokratiska) dagstidningarna var hätska i sitt fördömande av tredje ståndpunkten, och debatten liknade i mycket "en polisaktion riktad mot oliktänkande", som historikern Alf W. Johansson har uttryckt det. Men försvararna av tredje ståndpunkten led också av ett trovärdighetsproblem. Även om de hävdade rätten att inte välja sida så riktade sig det mesta av deras kritik tämligen ensidigt mot USA. Deras ställningstagande var mest reaktivt, en känslomässig protest mot ett alltmer likriktat debattklimat snarare än en självständig analys av det verkliga internationella läget.

Situationen med Vennberg och SFS var dubbelt ironiskt, dels därför att den ytterst balanserade Kärre var så långt från en kall krigare man kunde tänka sig, dels därför att Palme nu befann sig i polemik med den svenska poet han beundrade mest. Men Palme hade chansen att både träda in i debatten och dessutom försvara vännen Kärre som orättvist blivit uthängd som imperialistlakej. Vennberg måste ha blivit perplex av att gendrivas av en ung okänd student som kunde hans dikter på sina fem fingrar men utan pardon demonterade hans politiska resonemang. Visserligen hade Palme lånat en del av argumentationen från Stig Ahlgren, som nyss gjort en kritisk men nyanserad analys av Vennbergs position.

Likt Ahlgren betonade Palme att han respekterade Vennbergs grundinställning som präglades av "omutlig ärlighet och renhet i uppsåtet". Men han var skoningslös mot Vennbergs försök att applicera sina poetiska ideal på den politiska verkligheten. Att förneka en ärelös verklighet och förorda utopisk flykt i lyriken var en sak, menade Palme. Problemet var att när Vennberg ändå steg ut i denna verklighet kastade han sina egna principer överbord genom att slå upp "sin ensliga barrikad med huvudsaklig front västerut". Palme förnekade inte den principiella möjligheten av en tredje ståndpunkt mellan öst och väst. Hans poäng var att Vennberg i sitt provinsiella känslosvall misslyckats med att inta en sådan. Denne styrdes helt och hållet av sina aversioner och antipatier mot lokala personer och företeelser han ogillade, inte minst de tydligt profilerade antikommunisterna Herbert Tingsten och dennes medarbetare på *Dagens Nyheter*, filosofiprofessorn Ingemar Hedenius.

Palme framhöll att SFS utträde ur IUS inte handlade om "demokratiska renlighetskrav", ideologiska ställningstaganden eller att gå i Tingstens ledband utan om att IUS inte längre uppfyllde de minimikrav som SFS ställde på internationellt studentsamarbete: förbättring av studenternas sociala förhållanden och utbildningsmöjligheter samt värnande av deras grundläggande rätt till akademisk frihet. Det var uppenbart att det inte längre gick att kompromissa. En genuint fri studentinternational måste kunna ta ställning mot förtrycket var det än förekom: de omänskliga villkoren för studenterna i Östeuropa, rasförföljelserna vid universiteten i Sydafrika och i Amerikas sydstater eller det omotiverade stängandet av universitetet i Calcutta. Det var en fråga om ansvarskänsla, påpekade Palme syrligt gentemot Vennberg, och citerade Gandhi: "... om vi inte erkänner vårt fulla ansvar för den värld vi lever i, har vi ingen rätt att leva i den". Palme vände Vennbergs eget vapen mot honom själv och visade att existentialismen inte var en uppgivenhetsfilosofi, utan som Sartre senare skulle uttrycka det "en humanism". Palme var tydligt medveten om konflikten mellan litteratur och politik – och betonade att han själv valt handlingen, makten och möjligheten att påverka framför poesins subjektiva frihet.

*

Nästa konfrontation mellan demokrater och kommunister inom studentrörelsen ägde rum på IUS stora kongress i Prag i augusti 1950. I början av sommaren hade Koreakriget brutit ut och runtom i världen samlade fredsaktivister in namnunderskrifter till Stockholmsappellen, ett upprop riktat mot USA som världens ledande kärnvapenmakt. Redan en vecka innan kongressen öppnade var den tjeckoslovakiska huvudstaden täckt av flaggor, banderoller och porträtt av Stalin och den tjeckiske kommunistledaren Gottwald. Kongressen var lokaliserad till den park som byggts till världsutställningen i Prag 1891 med en kopia av Eiffeltornet och en gigantisk utställningshall där själva förhandlingarna ägde rum. Parallellt med kongressen anordnades ett imponerande antal sport- och kulturevenemang för de över 1 100 delegaterna. Deltagarna förärades gåvor från den tjeckiska arbetarklassen: nordkoreanerna fick en ambulans, kineserna en cykel, albanerna en radio och den svenska Clartédelegationen fick motta en gipsbyst av Lenin.

Redan öppningsanförandet av IUS tjeckiske ordförande Joscha (Joseph) Grohman visade att kommunisterna inte hade några avsikter att gulla med oppositionen. Han angrep Marshallplanen, de jugoslaviska "fascisterna" (Tito hade satt sig upp mot Stalin) och den brittiske studentledaren Jenkins, som fortfarande satt i IUS ledning. När Grohman sedan nämnde det nyss utbrutna Koreakriget i sitt dagslånga anförande brast kongresshallen ut i ett vilt jubel. De nordkoreanska delegaterna bars runt hallen av entusiastiska kommunister som samtidigt ropade "Ut ur Korea" och "Ned med imperialismen". Västdelegaterna, och inte minst de "angloamerikanska imperialisterna", upplevde stämningen som fysiskt hotfull.

Men nu var ögonblicket inne för britterna att bevisa att deras strategi att fortsätta kampen inom IUS var riktig. NUS hade skickat en arton man stark delegation under ledning av Stanley Jenkins. Denne kände sig sannolikt som den lätta brigadens anförare i Tennysons dikt: han hade lett sina kamrater "mot hungrande dödens hot, ned uti avgrundsgap". Men walesaren var om något en modig man, på gränsen till "masochistisk" som Palme uttryckte det, halvt beundrande, halvt irriterad. När Jenkins äntligen fick ordet kongressens andra dag som första icke-kommunistiska talare gick han till frontalangrepp. Allt tal om fred var hyckleri, hävdade han. IUS var inte alls emot krig, påpekade han, utan stödde tvärtom alla krigshandlingar som hade kommunistiska målsättningar: "Om Östtyskland angriper Västtyskland i morgon, precis som Nordkorea angrep Sydkorea i går, kan vi vara säkra på att... IUS skulle stödja detta krig." Han avbröts upprepade gånger av buanden och busvisslingar och när han slutat utbröt en kanonad av kritik.

Jenkins fick stöd av andra västdelegater, inte minst av dansken Stig Andersen. Men även dennes betydligt mildare inlägg – där han förklarade att de danska studenterna inte kunde stödja Stockholmsappellen – ledde till att han anklagades för fascism och hotades med en flaska av en italiensk student. Jenkins heroiska insats var verkningslös gentemot det järngrepp som kommunisterna hade om IUS, men den hade en viktig effekt. Den brittiska delegationen hade övertygats om att de måste lämna IUS.

För SFS svenske observatör Olof Palme var detta en väntad och positiv utveckling. Det principiella nyskapandet "kommer att ske i kulisserna", hade han förutspått i maj hemma i Stockholm när han pläderat för att SFS måste vara på plats i Prag. Ändå var Palme frustrerad över att stå vid sidlinjen och betrakta Jenkins heroiska kamp med de stalinistiska koryféerna. Den unge svensken var fylld av den kraft som en ung människa kan känna när hon vet att hon hamnat i sitt rätta element och att hennes insats kan ha en avgörande betydelse. Som observatör kunde Palme inte delta i själva kongressen, men han kämpade ändå ihärdigt för att få komma på talarlistan med ett uttalande från SFS.

Det var inte orimligt. Men när han mot slutet av kongressen grep in i den västliga delegationens arbete med att skriva ett avslutande gemensamt uttalande gick han långt utanför sitt mandat. Vilket han också erkände i den rapport han skrev till SFS styrelse. Den hade – kanske med insikt om Palmes rastlösa läggning – nogsamt förelagt honom instruktionen att inte lägga sig i frågor som kunde påverka IUS stadga eller verksamhet. Men Palme hade inte bara riktat skarp kritik mot det första västutkastet, utan också accepterat uppgiften att arbeta om det tillsammans med en australiensisk delegat. Efter kongressen, när han i september ställde samman sin rapport i herrgårdslugnet på Ånga, motiverade han sitt övertramp med den utförlighet som röjer ett dåligt samvete: 1) IUS var i alla fall odemokratiskt; 2) inlägget kom efter alla avgörande beslut; 3) det var ändå en tack och farväl- föreställning; 4) det var nödvändigt att visa enhet inom oppositionen och 5) eftersom han hade varit tvungen att skriva om det gemensamma uttalandet för att ge det pregnans var det lika bra att han också skrev under det. Det sista skälet var förmodligen det tyngst vägande. Palmes starka handlingsimpuls segrade över respekten för formaliteter.

Att han så snabbt hade erövrat en ledande ställning bland väststudenterna var ett bevis för hans politiska ledarskapsförmåga. Jämte Jenkins var Palme den drivande kraften bakom brytningen

Olof Palmes journalistlegitimation 1948. En lovande ung man med askblond kalufs, intensiva blå ögon, profilerad näsa och nästan kvinnligt sensuella läppar. Än så länge följer han en utstakad bana: reservofficer i kavalleriet, juridikstudent och ung frilansare på högertidningen *Svenska Dagbladet*.

En framstående Kalmarfamilj i mitten av 1860-talet. Pojken i skärmmössa är Olofs farfar Sven. Han var ett av tio barn till ämbetsmannen och affärsmannen Christian Adolph Palme, mannen i stormhatt. Längst till höger står Svens halvbror Axel som gick ut som frivillig i dansk-tyska kriget.

Bröderna Palme blev dominerande gestalter inom den stockholmska eliten. Henrik (t.v.) grundade den framgångsrika Investeringsbanken. Sven (nedan) avancerade till direktör för livförsäkringsbolaget Thule och gjorde politisk karriär inom den liberala rörelsen. Bredvid honom sitter hans finlandssvenska hustru Hanna, född von Born.

Gunnar och Müsi (Elisabeth) Palme namngav sin yngste son efter Gunnars äldre bror Olof som stupat i Tammerfors som frivillig på den vita sidan i finska inbördeskriget. Syskonen Carin (Catharina) och Claës deltog också i dopet, som ägde rum i kapellet på godset Ånga våren 1927.

På Skangal, morföräldrarnas familjegods i Lettland, fanns varken elektricitet eller rinnande vatten och tjänstefolket kysste på hand. Bilden är tagen vid Olofs första besök 1929, då han var drygt två år gammal. "Jag finner honom hänförande ... han är redan mycket slagfärdig", förklarade hans mormor Elisabeth von Knieriem, här med sin make Woldemar precis bakom Olof.

Den första tiden i Beskowska skolan vid Humlegården blev tung för Olof (längst till höger). Bara några månader efter skolstarten våren 1934 dog både hans far Gunnar och farfar Sven. Han var också yngre än de flesta av sina klasskamrater och hade svårt att hävda sig. "Man gick dit för att det skulle vara så", sade han senare i livet.

Olof var tio år gammal när han anvisades säng, bord och skåp på internatskolan Sigtuna humanistiska läroverk. "Jag trivdes bra till en början, vantrivdes i mitten och trivdes bra på slutet", var hans sammanfattning. Skolans anda var kristligt allvarsam och nationell, men också präglad av en viss social idealism. Ovan ett julspel från 1938 där Olof står längst till vänster.

Idrott, krig och politik. På Hanna Palmes 80-årsdag 1941 avfotograferades alla barnbarn utövande sin favorithobby och Olof valde att posera med en tennisracket. Till höger ovan studentledaren Palme i Prag 1948, där han ingick ett skenäktenskap med Jelena Rennerova för att få ut henne ur det kommuniststyrda Tjeckoslovakien. Nedan militär genomgång med reservofficeren Palme, odisciplinerad men taktiskt begåvad.

Tiden på Kenyon College 1947–1948 beskrev Palme senare som en av de bästa i sitt liv. Han tog starka intryck av den amerikanska efterkrigsoptimismen och de liberala strömningarna. Han var en "regular guy" enligt kamraterna och blev också snabb vänsterytter i collegets nystartade fotbollslag, med nummer 32 på tröjan.

I slutet av fyrtiotalet blev Palme en centralgestalt i kampen mot kommuniststyret inom den internationella studentrörelsen. Genombrottet kom på en konferens i London 1949 där den svenska delegationen utmärkte sig genom en ovanlig kompromisslöshet. Mellan de internationella konferenserna vilade han upp i herrgårdsmiljön hos farmor Hanna på Ånga. Hon ansåg att han var den "mest begåvade" av barnbarnen.

En av Palmes första resor som sekreterare till Tage Erlander gick till Storbritannien 1954 med möten med Winston Churchill och Labourledaren Clement Attlee. Till en början agerade den unge språkkunnige assistenten mest tolk, men snart blev han den socialdemokratiske statsministerns betrodde rådgivare.

Olof Palme och diplomaten Vilgot Hammarling var på plats när statsminister Tage Erlander drog upp den första av många gäddor på Harpsund en varm septemberdag 1953. Det sörmländska godset, som några månader tidigare donerats till den socialdemokratiska regeringen, var nu komplett med en äkta sörmländsk herrgårdspojke. "Mycket intelligent förvisso, men har han den moraliska motståndskraft som behövs hos en politiker?" undrade Erlander i sin dagbok.

Det nygifta paret Palme på järnvägsstationen i Milano sommaren 1956. Efter en fyra år lång förlovning gifte sig Olof med den 25-åriga Lisbet Beck-Friis, som läst psykologi vid Stockholms högskola och arbetat på ungdomsvårdsskolan Skå utanför Stockholm. Under bröllopsresan passade Palme också på att förbereda sig för höstens riksdagsval.

I mitten av femtiotalet var det få som insåg sprängkraften i debatten om den allmänna tjänstepensionen (ATP). Men under den långa striden som ledde både till nyval och folkomröstning utvecklade Palme och Erlander de idéer om det "starka samhället" som skulle bli vägledande för socialdemokratin under sextiotalet.

Regeringen 1957: Statsminister Tage Erlander, Herman Kling (justitie), Gunnar Lange (handel), Ulla Lindström (bistånd), Gunnar Sträng (finans), Sigurd Lindholm (civil), Torsten Nilsson (utrikes), Sven Andersson (försvar), Gösta Skoglund (kommunikation), Ragnar Edenman (ecklesiastik).

Femtiotalets socialdemokratiska regeringar dominerades av skickliga och självsäkra politiker sprungna ur arbetarklassen. De hade skolats inom socialdemokratin och skaffat sig kunskaper genom självstudier och vistelser vid folkhögskolor. Det enda kvinnliga statsrådet var Ulla Lindström, som på flera sätt förebådade Olof Palme. Men i pressen beskrevs hon som "en blond amason" och "regeringens pinuppa".

Olof Palme avlägger statsrådseden inför Gustav VI Adolf den 18 november 1963. En vecka senare fick han följa med Tage Erlander för att närvara vid John F. Kennedys begravning i Washington. "Varför hr Palme?" undrade en kritisk tidning.

med IUS. Vid kongressen i Prag hade han utvidgat sitt kontaktnät bland väststudenterna, som än mer svetsats samman av indiskret polisövervakning och genomsökta studentrum. På lediga stunder spelade han bordtennis med amerikaner och engelsmän. Fortfarande fanns det något lillgammalt över hans sätt att kasta sig in i studentpolitikens komplicerade intriger och förnumstiga taktiserande. Samtidigt som han ännu bodde kvar hemma hos sin mor på Östermalm for han Europa runt som "en provryttare krängande internationellt samarbete", som han själv uttryckte det. Men han hade också visat sig vara en märkvärdig politisk naturbegåvning. Hans kraftfulla agerande i Prag ledde till att Sverige på ett självklart sätt tog ledningen i arbetet med att hitta en alternativ lösning till IUS. Innan den västliga fraktionen lämnade Prag hade man enats om att ordna en gemensam konferens i december i Stockholm med de nordiska studentförbunden som arrangörer.

*

Omedelbart efter Palmes hemkomst från Prag uppstod en häftig svensk efterdebatt mellan Clarté och SFS om vad som hänt på IUS-kongressen. Palme var genuint omskakad av sina förstahandsupplevelser av kommunistisk fanatism och massmanipulation. Visserligen hade han förutspått hur Jenkins skulle bemötas, men att se en nordkoreansk överste vifta med en bazooka i talarstolen hade han knappast räknat med. I *Gaudeamus* använde han sig av hela sitt retoriska register för att framhäva hur hotfull stämningen hade varit på kongressen. Hans stil var ännu för ungdomligt överlastad och fylld av självmedvetna språkliga piruetter för att vara hundraprocentigt effektiv, men glöden i språket och kraften i argumenten brast inte. Amerikanska ambassaden i Stockholm översatte artikeln till engelska och den sändes senare på propagandaradion *Voice of America*.

Mindre lyckad var en intervju i *Svenska Dagbladet* där han målande beskrev hur de oppositionella delegaterna vid ett tillfälle omringats av "...700 delvis färgade studenter, vars extatiska hat var så stort, att många av dem tuggade fradga". Ledaren för Clartédelegationen i Prag, Hans Göran Franck, var inte sen med att anklaga Palme för att spekulera i rashat. Det var orättvist. Palme drev Sydafrikafrågan hårt inom SFS. Men anklagelsen om rasism gjorde honom kanske än mer aktivistisk. På efterföljande styrelsemöte i SFS argumenterade han för ekonomiskt bistånd till svarta studenter som av apartheidregimen fråntagits sina stipendier vid läkarhögskolan i Witwatersrand. Det var inte sista gången hans förtjusning i drastiska formuleringar och litterär gestaltning skulle skapa blottor som motståndarna kunde utnyttja.

Ändå handlade han inte bara i affekt. Den mer kyligt kalkylerande sidan av honom insåg att SFS nått en avgörande vändpunkt som krävde att det drogs tydliga streck i sanden. Nu stängde han oåterkalleligt vägen bakåt genom sin oförsonliga polemik mot inte bara IUS utan även alla som ville fortsätta kompromisspolitiken. SFS hade äntligen fått initiativet och det gällde att de svenska studenterna förstod vad som stod på spel. Mer problematiskt är det intima samarbete som Palme och SFS utvecklade med amerikanska ambassaden i Stockholm under hösten 1950.

Att de svenska studentledarna hade kontakter med amerikanska myndigheter är visserligen inte konstigt, speciellt med tanke på hur mycket av internationell samverkan kring högre utbildning i Europa alldeles efter kriget som var finansierad med amerikanska pengar. Olof Palme, Bertil Östergren och de andra SFS:arna hade goda skäl att vårda sina relationer med den amerikanske kulturattachén Robert Donhauser. Palme hade dessutom bett en amerikansk studentaktivist som han blivit bekant med på IUS-kongressen att sondera möjligheten att få stöd från amerikanska organisationer och myndigheter när det gällde bildandet av en ny studentorganisation. Han kontaktade också Paul Hoffman, en tungviktare inom Marshallhjälpen som hade goda förbindelser med forskningsstiftelsen Ford Foundation, och som i likhet med Palme gått på Kenyon College. Deras möte på en mottagning i Stockholms stadshus fångades på bild av den amerikanska tidskriften *Life*. Hösten 1950 var Olof Palme beredd att vända på de flesta stenar för att nå ett genombrott när det gällde att upprätta ett fungerande internationellt studentsamarbete. Politik var att vilja.

Men det finns inga gratisluncher. Efter Pragkongressen intervjuades Palme av en annan ambassadtjänsteman, Robert F. Woodward. Enligt hans rapport till Washington berättade Palme inte bara att han avsåg att skapa en icke-kommunistisk studentinternational, vilket var naturligt nog. Woodward bad också Palme namnge de svenska clartéister som varit närvarande i Prag. Även om han inte hade några betänkligheter när det gällde att söka ekonomiskt stöd från amerikanskt håll var detta en obekväm situation för den unge studentledaren. Från sin USA-tid var han väl medveten om kommunistjägarnas metoder. Detta var visserligen före senator McCarthys storhetstid, men redan våren 1948 hade Olof från Kenyon kunnat följa rapporteringen om de Hollywoodstjärnor som utsatts för hård granskning för att avslöja eventuella kommunistböjelser. Palme ville inte stöta sig med Woodward men inte heller agera angivare. Lösningen blev att han nämnde Franck och två andra framträdande clartéister som Woodward med stor sannolikhet kunde ha letat fram namnen på själv, men menade att de övriga var betydelselösa nollor vars namn han inte kunde minnas. Det var en ren lögn. I själva verket hade han gett SFS styrelse en utförlig kartläggning av Clartédelegationen, där alla delegaterna fanns namngivna, men det kunde inte den amerikanske diplomaten veta. Hösten 1948 trodde Palme att han skulle klara av att hålla rågången klar mellan att samarbeta med amerikanska myndigheter och att förvandlas till en schackpjäs i det kalla kriget. Först långt senare, i mitten av sextiotalet, skulle han inse att det var CIA som dragit det längsta strået.

*

CIA:s inblandning var också obekant för de andra svenska SFS-ledarna när de entusiastiskt tog itu med att planera den konferens som skulle äga rum i Stockholms kårhus strax efter lucia. SFS högkvarter i ett dragigt före detta stall på Drottninggatan – allmänt benämnt "Rucklet" – fylldes av en intensiv verksamhet. Ofta hamnade SFS:arna också hemma i familjen Palmes lägenhet där det fanns utrymme för mer avspänt umgänge. Olof tog också med sig vännerna till Ånga ibland, där han lätt road förevisade sina färgstarka släktingar. Men det var arbetet som dominerade. Samtidigt som Olof Palme bedrev en intensiv korrespondens med de västliga studentföreträdarna ägnade han sig åt de praktiska förberedelserna för konferensen: visum, researrangemang, ordna ekonomiskt stöd, boka hotell och planera en stor avslutningsfest. Om kollegerna gruffade över att han sällan kokade kaffe eller deltog i praktiska göromål så visste de att det åtminstone inte berodde på att han var arbetsskygg. Det tycktes nu som det gångna årets intensiva arbete äntligen skulle bära frukt och någon ny form av samarbetsorganisation för världens studenter skulle upprättas utanför IUS.

Orosmomentet var dock fortfarande britterna. Skulle Jenkins, Rust och de övriga av Palmes vänner lyckas få med sig NUS på ett uttåg ur IUS? Frågan skulle behandlas på en konferens i Liverpool i mitten av november. Palme kunde naturligtvis inte hålla sig borta. Resan började olycksbådande, han höll på att inte släppas in i Storbritannien. Till slut kom han fram till ett stormpinat Liverpool. Brittiska UD lyckades däremot avvisa de fyra tungviktare som IUS skickat för att tala britterna till rätta, däribland den hårdföre tjecken Grohman och italienaren Giovanni Berlinguer, bror till den framtida italienske kommunistledaren. De brittiska myndigheternas agerande blev en björntjänst för Jenkins. Studenterna gillade av begripliga skäl inte att Foreign Office försökte styra kongressen.

Jenkins inledde visserligen med ett starkt tal i Liverpooluniversitetets kårhus där han förordade en definitiv brytning med IUS och bekräftade därmed Olof Palmes analys från Londonkonferensen. Föga överraskande beskrev denne Jenkins inlägg som "suveränt". Men när det kom till votering visade det sig att majoriteten gick emot sin egen styrelse. Bakom låg inte några starka kommunistsympatier bland de engelska och walesiska studenterna. Konferensen hade godkänt Jenkins agerande i Prag. Men för många var det svårt att överge idén om en enad världsomspännande studentrörelse och kasta sig ut i det kalla krigets nariga vindar. Klyftan var alltför stor mellan de mer erfarna ledarna som i åratal försökt kompromissa med IUS ledning utan resultat och de yngre delegaterna vars aktivism nyss hade väckts av drömmarna om studenterna som en internationell kraft för freden.

Här fanns, som Palme skrev i sin rapport, "mängder av mycket unga, mycket naiva och mycket ovetande studenter". Men än en gång uppvisade Jenkins sin omutliga integritet. Han och större delen av ledningen avgick omedelbart efter voteringen: "Ni har nu slagit in på en väg som jag inte kan beträda", deklarerade han. Det brittiska studentförbundet tycktes stå inför sin omedelbara upplösning. Efter två timmars total förvirring uppnåddes en kompromiss. Jenkins och den övriga ledningen kvarstod som interimsstyrelse medan en nationell omröstning för eller mot IUS anordnades i hela den brittiska studentkåren.

Palme var inte glad. Han hade hoppats att britter och svenskar gemensamt skulle ta ledningen i Stockholm. Men han visste också att om Jenkins inte hade ett klart mandat från sina medlemmar skulle hans hederskänsla hindra honom från att agera aktivt för en ny organisation. Palme var ytterst pessimistisk, liksom den amerikanska ambassaden i Stockholm som noga följde utvecklingen. Svenskarnas strategi blev att i möjligaste mån undvika all högtflygande politisk diskussion och fokusera på praktiskt samarbete, inte minst stöd till studenter i tredje världen.

Kring lucia 1950 började de 68 delegaterna från 21 nationella europeiska och nordamerikanska studentförbund anlända till ett dimmigt och snögloppigt Stockholm. De inkvarterades på hotell Regina och Frälsningsarméns hotell på Drottninggatan, stadens främsta affärsgata fylld med julhandlande kontorister från City. De svenska dagstidningarna beskrev hur de två hotellen fylldes av intensivt rökande och ivrigt diskuterande utlänningar. *Dagens Nyheter* ägnade en ledare åt konferensen som beskrevs som "en glödande manifestation av de västerländska studenternas känsla av samhörighet kring demokratins värden" – vilket inte precis var den inramning som Palme och SFS strävade efter.

Själva förhandlingarna började söndagen den 17 december med att Bertil Östergren drog upp riktlinjerna. Som ordförande var han SFS officiella representant, men i den svenska delegationen ingick även Olof Palme och Jarl Tranaeus som experter. Palme var också den drivande kraften på den svenska sidan, även om han låg tämligen lågt i debatten. IUS gjorde sig obehagligt påmind från yttervärlden. Svenska Clarté protesterade mot mötet och Giovanni Berlinguer från exekutivkommittén kom själv sättande till

Stockholm för att lägga saker till rätta. "Det är aldrig för sent att bättra sig", sade han något kryptiskt vid en presskonferens. Problemet inne i kårhuset var dock i första hand britterna, vars mandat tvingade dem att dels kräva ökat samarbete med IUS, dels försöka påverka de övriga studentförbunden att återinträda. Men Jenkins, som nu var överens med Olof Palme i grundfrågan, skötte sitt uppdrag smidigt. Frågan om samarbete med IUS bordlades och förslaget om gemensamt återinträde röstades ner, ett nederlag som britterna accepterade utan vidare protester. Jenkins och Palme hade sannolikt planerat hanteringen gemensamt, och den senare drog en lättnadens suck: "Det politiska monstret har nu gjort en fredlig sorti", konstaterade han.

Men det var förhastat. Bara några timmar senare kom besten tillbaka igen från andra hållet i form av den unge amerikanske delegaten Al Lowenstein, som riktade ett långt och furiöst angrepp mot kommunismen och sovjetisk utrikespolitik i allmänhet och IUS i synnerhet. Utan tvekan var han påverkad av det spända internationella läget. I november hade Kina gått in i Korea. Dagen före själva konferensen hade president Truman utlyst nationell alarmberedskap i USA. Lowensteins kallakrigsinlägg var precis vad svenskarna velat undvika. Det nya lösliga studentsamarbete som höll på att växa fram fick inte uppfattas som ett antikommunistiskt korståg. Amerikanen fick genast mothugg från de övriga delegaterna, och en förvirrad diskussion utbröt om huruvida man kunde stryka Lowensteins uttalande från det officiella protokollet. Det var en idiotisk idé, som drevs inte minst av svenskarna, men den hade sin grund i en stark rädsla för vad IUS propagandaavdelning kunde göra med Lowensteins oöverlagda utbrott. Ändå blev detta konferensens verkliga vändpunkt.

De flesta tog ställning mot den unge amerikanen, som inte heller hade stöd av sina landsmän. Därmed hade man både avfärdat ett återinträde i IUS och avvisat amerikansk kallakrigspropaganda. Delegaterna kände sig nu tillräckligt styrkta i sin "tredje ståndpunkt" för att ge sig in i de praktiska diskussionerna. De var inte lättstyrda, de stalinistiska erfarenheterna från IUS hade skapat en rädsla bland delegaterna för klickbildning och korridorpolitik. Kraven på genomskinlighet och fair play var starka. Men svenskarna manövrerade skickligt och i kombination med Jenkins starka auktoritet lyckades man nå fram till en organisatorisk lösning som inte uppenbart innebar att en ny rivaliserande studentinternational skapades.

Palme gjorde ett av konferensens mest passionerade inlägg mot slutet när han manade delegaterna att ta förtrycket av de koloniala studenterna på allvar. Poängen är inte, förklarade han, att deras klagomål stödjer den sovjetiska imperialism som Lowenstein hade angripit dagen innan, utan att de grundläggande fakta om "fruktan, misär, svält och död" som de lägger fram är korrekta och kräver handling från vår sida. Resultatet blev en återkommande studentkonferens (ISC) som skulle besluta om gemensamma projekt vars genomförande sedan delegerades till olika nationella förbund: resor, utbyte, sociala frågor, fritid och så vidare. Det var visserligen en komplicerad och lite luddig lösning, men det framstod ändå som ett stort steg framåt i jämförelse med de gångna årens ändlösa harvande om IUS. På den avslutande middagen med snapsvisor och julbord tre dagar före julafton hade de västliga studentledarna skäl att känna sig nöjda med resultatet.

De visste naturligtvis att de hade skapat en halvmesyr. Ett fungerande internationellt samarbete krävde något slags ledning. En sådan skulle också skapas 1952: COSEC, en tidstypisk akronym för ett "co-ordinating secretariat", skulle binda samman verksamheten mellan de internationella studentkonferenserna. Dess högkvarter förlades till Leyden i Holland och dess förste ordförande blev svensken Jarl Tranaeus, sedan Olof Palme tackat nej, trots att det amerikanska utrikesdepartementet betraktat honom som det bästa alternativet. Som en kompromiss för att undvika att ta öppen ställning i den ideologiska kampen mellan öst och väst var COSEC:s diffusa form en rimlig lösning. Den blev relativt framgångsrik och omfattade bortåt 50 nationella studentförbund vid mitten av femtiotalet, omkring hälften från koloniserade länder. Programmet blev omfattande med utbyten, stipendier och olika former av socialt stöd.

Men COSEC kom också bli ett verktyg för amerikansk utrikespolitik när det gällde att kartlägga radikala studentrörelser och stödja krafter som bedömdes som moderata och västvänliga. Från så gott som första början finansierades verksamheten av CIA och styrdes av amerikanska studenter som arbetade för den amerikanska underrättelsetjänsten. CIA-kopplingen rullades upp i ett berömt avslöjande reportage i den radikala amerikanska tidskriften *Rampart* 1966 och har sedan dess kastat en kylig skugga över hela det västliga studentsamarbetet.

Var Palme medveten om "vem som stod för fiolerna" – för att låna titeln på en av många böcker som skrivits i ämnet? Sannolikt visste han inte om hur aktiv CIA:s inblandning var. Det fabricerades till och med falska protokoll för att föra honom och andra västeuropeiska studentledare bakom ljuset. Men Palme visste också att COSEC var beroende av ekonomiskt stöd från USA. Det var inte särskilt kontroversiellt i hans ögon, åtminstone inte så länge det inte gjordes några försök att styra studentrörelsen utifrån. I efterhand kan det tyckas naivt, men det finns värre anklagelser man kan rikta mot människor några år över tjugo än godtrogenhet. Han var dessutom i gott sällskap. Ett stort antal framstående europeiska intellektuella – Bertrand Russell, Raymond Aron, André Malraux, Ignazio Silone, Arthur Koestler – fick pengar från den amerikanska spionorganisationen. I Sverige deltog bland annat unga författare som Anders Ehnmark, Göran Palm, Vilgot Sjöman och Tomas Tranströmer på en CIA-sponsrad konferens på hotell Malmen i Stockholm 1957. CIA insåg – till skillnad från McCarthys kommunistjägare – att om man skulle bekämpa den sovjetiska ideologin effektivt gällde det framför allt att stödja icke-kommunistiska vänsterintellektuella. Om Arthur Koestler har rätt när han påstår att rädslan för att hamna i dåligt sällskap inte är ett tecken på politisk moral utan visar brist på självförtroende, så kan man konstatera att Olof Palme var väl utrustad i det senare avseendet.

*

Under dessa första läroår som ansvarig för SFS internationella utskott uppvisade Palme de grundläggande politiska karaktärsdrag som skulle komma att bestämma resten av hans offentliga liv – på gott och ont.

Först och främst: hans inställning till politik var mer existentiellt än ideologiskt grundad. Det innebär inte att han inte hade centrala värden och idéer som han trodde på. Men de var inte särskilt originella eller särpräglade (utom i ett avseende som tas upp längre fram). Han var – eller blev åtminstone i USA – en övertygad demokrat, trodde på jämlikhet och individens frihet, stod stadigt förankrad i de västerländska upplysningsidealen, ansåg att ekonomisk tillväxt och en rättvis fördelningspolitik var eftersträvansvärda mål och ogillade såväl laissez-faire-liberalism som totalitära system. Men inget av dessa mål eller värderingar, som placerar honom i västvärldens socialliberala huvudfåra, var han beredd att upphöja till en allt överskuggande ideologisk princip. Han var i sin allmänna hållning en typisk pragmatiker som insåg att verkligheten består av kompromisser och avvägningar mellan olika eftersträvansvärda mål. I den meningen var han varken en kall krigare under femtiotalet eller, för den delen, en orubblig antiimperialistisk socialist under sjuttiotalet. Tvärtom hade han den klassiska socialdemokratiska förmågan att hitta smidiga förhandlingslösningar, ingå allianser och göra nödvändiga eftergifter; egenskaper som han uppvisade upprepade gånger i arbetet för att skapa en ny internationell studentorganisation.

Däremot – och i det avseendet var han mer ovanlig – bar han på en mycket stark övertygelse om att den enskilde individen har en stark plikt att agera för vad hon uppfattar som rätt och sant i ett givet ögonblick: IUS kunde aldrig bli en fungerande studentinternational, USA kunde inte bomba Vietnam till demokrati. Det var inte en läsfrukt hämtad från efterkrigstidens franska filosofi, utan snarare en personlig hållning eller kanske till och med ett psykologiskt karaktärsdrag som existentialismen gav en form. Han var, som Harry Schein senare beskrev det, "en taktiker som är en nära nog besatt moralist". Palme var inte beredd att kasta sig in i det kalla kriget på USA:s sida utifrån ett allmänt ogillande av kommunismen, men när han väl ställdes inför uppgiften att lösa SFS internationella problem upplevde han sig som förpliktigad att hårt och konsekvent driva den linje som gemensamt beslutats om. I detta var han något av en konstnärsnatur. Han fokuserade på det enskilda verket på staffliet och lade ner all sin kraft i det.

För det andra var förmågan att fokusera inte bara intuitiv, utan också en självmedveten hållning. Han hade den med sig hemifrån i familjen Palmes starka tro på viljans kraft, och han skulle själv lyfta fram slagordet "politik är att vilja" som devis. I viss mån fanns det kall beräkning bakom, en insikt om att det var just genom den intensiva viljeansträngningen man vann framgång. Därför var det i vissa lägen nödvändigt att fokusera på en huvudmotståndare, en person, grupp eller företeelse som inte bara stod i vägen utan också kunde utgöra en projektionsyta för att mobilisera den egna viljekraften: kommunistiska makthavare, borgerliga svenska politiker, Nixonadministrationen. Likt den konservative tyske rättsfilosofen Carl Schmitt såg han relationen mellan vän och fiende som central i politiken. Det innebar inte att han uppfattade konflikten som oförsonlig eller hatfylld, tvärtom hade han ofta en distanserad, lätt ironisk syn på sin motståndare, åtminstone så länge han förstod hur de tänkte. Det var ett mer eller mindre professionellt förhållningssätt, som bröt av mot den vänlighet och ödmjukhet som kännetecknade honom i privatlivet. Det fanns inget oresonligt eller fanatiskt i hans antagonism mot IUS stalinistiska pampar, han såg dem inte som onda människor, men väl som hinder som måste avlägsnas eller oskadliggöras för att skapa en verklig studentinternational. Fördelen med denna kyliga form av antagonism var uppenbar i kampen med IUS.

Till skillnad från den hedervärde men något don quijotiske engelsmannen Jenkins slösade han inte sin tid med att stånga pannan blodig för att försöka nå kompromisser med människor som inte hade några som helst avsikter att göra eftergifter. Av de två ledande västliga studentpolitikerna Jenkins och Palme var det den senare som skulle gå vidare till en framgångsrik karriär medan engelsmannen brände slut på sig själv i sin brist på känsla för det politiska spelet. "Jag började inse att man måste vara 'flexibel' i principiella frågor om man skulle lyckas inom politiken, och det skavde mot min viktorianska uppfostran", konstaterade Jenkins. Han blev ironiskt nog diplomat, ett yrke där man alltid "måste komma ihåg en kvinnas födelsedag men aldrig hennes ålder", som Robert Frost har uttryckt det.

För det tredje fanns det, som ett undantag till ovanstående resonemang, en punkt där Palme hade en djupare insikt och starkare personlig övertygelse än de flesta av tidens genomsnittliga vänsterliberaler och socialdemokrater: hans brinnande internationella engagemang. Visserligen var en längtan ut i världen något av en självklarhet bland tidens unga studenter efter andra världskriget. "Sällan har så många akademiker på en gång rest ut för att bo på så många dåliga hotell och träffa så många 'intressanta' och vinddrivna existenser", skrev den unge radikale författaren Jan Myrdal maliciöst i början av femtiotalet. Men hos Olof Palme gick driften djupare och hade flera bottnar. I grunden fanns familjens kosmopolitiska traditioner och språkfärdigheter; han hade sedan barndomen uppfostrats att tänka utanför den snäva nationella ramen. Men han bar också med sig en stark insikt om nationalismens betydelse, främst inspirerad av familjens starka solidaritet med Finland i kampen med Ryssland. Han hade ett småstatsperspektiv på världen som gjorde att han kunde omfatta såväl svensk neutralism som sympati för de koloniserade länder som likt en gång Finland brottades med mäktiga imperier. Slutligen hade hans tid i USA tempererat hans idealism med en dos realpolitisk insikt om hur världen tedde sig inifrån den ledande globala makten.

7. Det gamla riket

> *Människorna drivs framåt av ambitioner som
> inte alltid bottnar i en klar uppfattning av de
> egna förutsättningarna. De har tvärtom bara en
> förhärskande känsla av att "det gäller att komma sig upp".*
> ARBETARRÖRELSENS KULTURBETÄNKANDE 1952

> *Nationalism, det är framför allt en återgång till värdighet.*
> OLOF PALME

PARIS VAR EUROPAS HUVUDSTAD I början av femtiotalet. Från Café de Flore i hörnet av Boulevard St. Germain och Rue St. Benoit styrde Jean-Paul Sartre efterkrigstidens intellektuella debatt. I den skogiga förorten Rocquencourt dirigerades kampen mot Sovjetunionen från Natos högkvarter under mottot *Vigilia Pretium Libertatis*, frihetens pris är vaksamhet. På barer och kaféer trängdes människor från hela världen: amerikanska soldater som inte ville åka hem till "den luftkonditionerade mardrömmen", östeuropéer på flykt undan kommunismen, undersåtar från kolonierna som sökt sig till imperiets hjärta, unga skandinaver som ville ha mer av livet än vad tristessen på deras nordliga halvö kunde erbjuda. Paris återuppståndna nöjesliv, dess legendariska *joie de vivre*, var en magnet för en ny generation som vuxit upp i krigets skugga. "Att se dessa skaror av människor vandra i en evig ström längs Champs Elysées, det var att se världen", skrev författaren Birgitta Stenberg i en skildring av sin utlevande bohemtid i Paris tillsammans med den mytomspunne svenske poeten Paul Andersson.

Senhösten 1951 bodde också Olof Palme i Paris. Men det var inte bohemlivet som lockat. Vid 24 års ålder hade han rest för mycket för att bli upphetsad av breda trottoarer och ovanliga spritsorter. Dessutom låg inte dålighetsliv för den målinriktade Palme, även om han kunde vara nog så okonventionell ibland. Han var där för att bättra på sin franska, sponsrad av ett månadslångt stipendium från svenska UD. Trots – eller kanske på grund av – barndomens förhatliga guvernant var han inte lika bra i detta språk som i engelska och tyska. Ändå var Parisvistelsen något av en semester. Han var nu – nästan – helt bortkopplad från såväl de senaste tre årens intensiva studentfackliga arbete som studierna i juridik. Han hade skaffat sig en andningspaus som gav utrymme för att fundera på framtiden. Men Palme hade en förunderlig förmåga att hamna i händelsernas centrum vad han än företog sig.

Ett tag bodde han i en stor våning vid Luxembourgträdgården hos en fransk amiral som var bekant med Olofs kusin, historikern Sven Ulric Palme. Amiralen, som ingått i de Gaulles fria franska styrkor, arbetade på Natohögkvarteret i Rocquencourt. Det transatlantiska samarbetet gnisslade betänkligt och i hans våning träffades högst okontanta franska och amerikanska militärer. "Man förstår att det inte kan vara snutet ur näven att leda en Atlantarmé", skrev Palme sarkastiskt till en bekant efter en prövande lunch. I Frankrike fanns också vännen Bo Kärre, numera tjänsteman vid det nybildade Europarådet i Strasbourg. Tillsammans med honom och hans hustru Marianne upplevde Palme stadens nattliv.

Av en slump hade han dessutom hamnat mitt i det litterära Paris. Alldeles intill amiralens bostad på Rue Grancière låg redaktionen för den ansedda tidskriften *Paris Review*, som drevs av unga amerikanska författare som William Styron och George Plimpton. De brukade hålla sina möten på Café de Tournon vid ingången till trädgården, som även var platsen för en diskret droghandel. För Palme var heller aldrig politiken långt borta. Han fick en obehaglig påminnelse om den fortsatta utvecklingen i det kommunistiska Tjeckoslovakien. Under en Unescokonferens där han deltog som SFS-representant kom beskedet om att Rudolf Slánský arresterats i Prag, vilket blev inledningen till en omfattande utrensningsprocess. När Palme berättade nyheten för den tjeckoslovakiske ordföranden för IUS, som också var på mötet, blev denne alldeles likblek.

Palme hade dock mycket att fundera på för egen del. Han var visserligen inte färdig med SFS. Kommande vår skulle han ta över som ordförande för Sveriges studenter, ett krävande heltidsuppdrag. Men under 1951 hade han städat upp sitt *curriculum vitae*. Även om han rörde sig ledigt på ambassader och umgicks med ryska och amerikanska agenter var han också en ung student med en ofärdig juris kandidatexamen som ännu bodde hemma hos mamma. Han var inne på sitt femte år vid Stockholms högskola, vilket i sig inte var anmärkningsvärt med tanke på att utbildningen var beräknad att ta fyra och ett halvt år. Mellan de internationella uppdragen hade han saxat in sina tentamina och även ibland avstått från resandet för att sköta studierna. Att inte fullborda sin examen – vilket blev vanligt bland senare tiders studentpolitiska påläggskalvar – var inte ett alternativ i början av femtiotalet, och allra minst för den prestationsinriktade Palme.

Dessutom fanns fadern Gunnars önskningar om sönernas utbildning i bakgrunden. I oktober 1951 hade Olof klarat av sin sista delkurs och betalat den obligatoriska examensavgiften på femton kronor. Den 15 december, då han befann sig i Paris, blev han juris kandidat vid Stockholms högskola. Vitsorden var mycket goda, han hade bland annat "med beröm godkänd" i såväl civilrätt som förvaltningsrätt. Många av hans studiekamrater fick nöja sig med slätstrukna "godkänt" i alla ämnen, till exempel den framtida finansfursten Peter Wallenberg. Palme återvände från Frankrike till det titelsjuka Sverige som "notarie", vilket var en diffus artighetstitel för yngre jurister som inte tjänstgjorde vid domstol.

Han hade även fullgjort andra förpliktelser under det gångna året. Som reservofficer var han tvungen att göra tjänst någon månad om året. Det åtagandet var han inte ensam om, på femtiotalet var många studenter och tjänstemän extrabefäl i den svenska försvarsmakten. Under sin värnpliktstjänstgöring hade de lockats att bli reservofficerare; villkoren var förmånliga, inte minst när det gällde pensionen, och många kände också en stark beredskapsplikt inspirerad av krigsåren. Åtagandet visade sig ofta besvärligt att fullfölja när de väl påbörjat studier eller en civil karriär. Men försvaret var en högprioriterad angelägenhet och såväl militära myndigheter som arbetsgivare och förvaltningar försökte hitta smidiga lösningar. Det är tveksamt om det fanns något västland som hade en lika genomgripande militär närvaro i det civila samhället i början av femtiotalet.

Dåtidens Sverige *hade* inte utan *var* ett militärt-industriellt förvaltningskomplex, som historikern Tomas Roth träffande har uttryckt det. Med Europas tredje starkaste flygvapen, en värnpliktsarmé som kunde mobilisera en miljon soldater, en mängd frivilliga försvarsorganisationer som omfattade stora delar av den vuxna befolkningen och en avancerad försvarsindustri var Sverige ett av världens mest militärt välrustade länder – åtminstone på papperet. Med tanke på Sveriges långa fredliga historia är det svårt att bedöma hur stark stridsmoralen var. Men den politiska enigheten om att Sverige skulle ha ett starkt försvar var nästan total. Svenskarna visste att de hade klarat sig undan andra världskriget genom en kombination av tur och anpasslighet.

Slutsatsen av andra världskrigets erfarenheter blev inte att Sverige skulle överge sin neutralitet och ansluta sig till västalliansen, även om denna ståndpunkt omfattades av omkring en fjärdedel av befolkningen. Majoriteten av medborgarna stod trots dess oklara tillämpning bakom neutralitetspolitiken, kanske föga förvånande med tanke på att Sverige med dess hjälp klarat sig undan kriget. Trots det hemliga försvarssamarbete med västmakterna under det kalla kriget som avslöjats i efterhand var heller inte neutraliteten en chimär. Även om man räknade med lite hjälp från sina vänner fanns en högst reell strävan att Sverige skulle stå militärt starkt på egen hand för att hävda sin neutralitet. Eftergifter åt det ena eller andra hållet skulle åtminstone vara ett politiskt val. Den omfattande upprustningen innebar att militärt tänkande och strategiska hotbilder var djupt förankrade hos stora delar av svenska folket i långt större omfattning än de varit både förr eller senare.

I början av hösten 1951 gjorde Palme sin repetitionstjänst på underrättelsebyrån vid Försvarsstaben som huserade i "Grå huset" på Östermalmsgatan, en tio minuters promenad från det palmeska hemmet. Där kunde han i en och en halv månad förena sina olika intressen genom att skriva en trebetygsuppsats i statskunskap om kommunismen i Västtyskland som sedan hemligstämplades. Han blev också krigsplacerad vid underrättelsebyrån, där han återknöt kontakten med Skövdebekantskaperna Lennart Hagman och Birger Elmér. Vid denna tid träffade han också den socialdemokratiske statsministern Tage Erlander första gången. Dock inte i tjänsten, utan av en händelse på ett tåg på väg från Uppsala till Stockholm. Väl framme i Stockholm bjöd statsministern den unge studentpolitikern på pyttipanna i Rosenbads restaurang, ett stamlokus för journalister och politiker som låg nära Centralen och hade nedsuttna skinnsoffor, falska gyllenläderstapeter och strutlampor över borden.

Att detta första möte med Erlander väckte någon särskild håg till Kanslihuset hos Palme är osannolikt. Men i tiden sammanfaller det med hans anslutning till arbetarrörelsen. Under hösten 1951 hade han gått med i den socialdemokratiska studentföreningen vid Stockholms högskola. Han var inte särskilt aktiv, men han sällade sig därmed till den lilla skara på sju procent av alla studenter som sympatiserade med SAP. Det var knappast ett opportunt beslut, snarare ett naturligt led i den politiska omorientering som börjat vid Kenyon College fem år tidigare. Partibok var ingen uppenbar fördel inom den studentfackliga rörelsen. Dessutom var det en utbredd uppfattning i början av femtiotalet att socialdemokratin hade förlorat sin ursprungliga vitalitet och att det endast var en tidsfråga innan det blev regeringsskifte. Arbetarpartiet hade suttit vid makten sedan 1933 men i det senaste andrakammarvalet 1948 hade det liberala Folkpartiet gått kraftigt framåt under sin populäre ledare Bertil Ohlin och tycktes på allvar utmana den socialdemokratiska hegemonin.

Den unge svensken som bodde på Rue Grancière senhösten 1951 var löftesrikt sammansatt: nybliven socialdemokrat, reservfänrik vid underrättelsetjänsten, färdig jurist, framgångsrik studentpolitiker och entusiastisk polyglott. Men vart var han på väg? Att döma av hans aktiviteter under Paristiden tänkte han sig framför allt en karriär inom svensk statsförvaltning med internationell inriktning, antingen inom Utrikesdepartementet eller inom Försvarsdepartementet. Han gjorde ivriga framstötar hos militärattachén vid den svenska ambassaden i Paris för att få en praktikplats med en eventuell karriär inom det svenska försvaret i åtanke.

Det fanns dock ett problem. Han hade inte uteslutit möjligheten av en diplomatisk karriär och enligt det svenska regelverket kunde man inte parallellt söka sig till försvaret och utrikesförvaltningen. Palme skrev till arméns personalavdelning för att utverka ett undantag, men den svenska byråkratin var obeveklig. Som vanligt mobiliserade han all sin viljekraft när det gällde ett uppställt mål – med påfallande irritation som resultat av misslyckandet. "Jag har blivit allvarligt fly förbannad och har gett mig djävulen på att komma in på denna ambassad om det också bara ska vara för att vässa pennor och sopa trappan", skrev han till Hagman på Försvarsstaben när han bad denne om hjälp. Hans starka intresse för en militär eller diplomatisk karriär i svenska statens tjänst vid denna tid kan tyckas stå i motsättning till den senare bilden av den moraliske internationalisten och nedrustningspolitikern. Men i själva verket var de bara två olika sidor av det ovanliga mynt som var Olof Palme.

*

Den 1 mars 1952 tillträdde Palme som ordförande för SFS. Han kände säkert ingen tvekan inför uppdraget. Han var en ambitiös ung man och uppdraget var en bekräftelse på allt det arbete han lagt ner för SFS räkning. Men det hade också varit svårt för honom att tacka nej. I en studentrörelse var det mer eller mindre oundvikligt att posterna roterade inom den mer erfarna kader som fanns tillgänglig. Bo Kärre och Bertil Östergren, som hade rekryterat honom tre år tidigare, hade båda blivit ordförande efter karriärer som var snarlika Palmes. Nu var det hans tur. De internationella framgångarna, hans bevisade arbetskapacitet och smittande entusiasm gjorde honom given. Det var också en typ av ledarskap som passade honom. Hans organisationslojalitet var stark och han fungerade bäst när han kunde hävda sin individualitet inom ett väl fungerande lagspel.

Med sitt fackliga perspektiv var SFS egentligen inte den givna plantskolan för en framtida politiker. Studentpolitik skulle vara partipolitiskt neutral på femtiotalet, profilerade kårpartier slog inte igenom förrän mot slutet av sextiotalet. En överväldigande majoritet av SFS-topparna gick vidare till statsförvaltning, domstolar, universitet och akademiska intresseorganisationer som SACO och TCO. Naturligtvis hade de sina sympatier. SFS attraherade unga män som befann sig någonstans i gränstrakterna mellan socialdemokrati och liberalism, som till exempel Lennart Bodström, som skulle bli utrikesminister i en framtida Palmeregering, eller Olof Ruin, en inflytelserik statsvetare av finländskt ursprung som attraherades av socialdemokratin därför att den "förkroppsligade det moderna och samtida" i hans nya hemland.

Även om de kunde kivas sinsemellan som folkpartister eller socialdemokrater (och i undantagsfall högerpartister) delade de en gemensam optimistisk världsbild baserad på framstegstro, förnuft och en ökad demokratisering av det svenska samhället. De var folkhemmets blivande tjänstemannaelit, som genom sitt studentfackliga arbete skaffat sig god förståelse av den svenska statsapparaten. Till skillnad från både mellankrigstidens konservativa studenter och den upproriska sextioåttagenerationen bejakade de socialdemokratin som en moderniserande kraft. De såg sig som trägna arbetare i modernitetens vingård, som med förnuft och socialt reformarbete höll på att städa undan resterna av det gamla, konservativa förkrigssamhället. Olof Palme framstod som ett av de mest klart skinande ljusen i denna framtidsklass av ämbetsmän, fackliga ledare och professorer. Få visste att SFS ordförande anslutit sig till den socialdemokratiska studentföreningen vid Stockholms högskola. I början av femtiotalet var det inte svårt att föreställa sig den unge studentledaren som en framgångsrik diplomat, FN-tjänsteman eller verkschef med allmänt vag socialdemokratisk framtoning. Få kunde ana att han skulle göra en meteorlik politisk karriär med utbildningspolitik som sin främsta plattform.

Ordförandeskapet var Olof Palmes första verkliga förtroendeuppdrag inom landets gränser. Även om SFS inte var någon folkrörelse sprungen ur svenska folkets djupa led förde det honom i kontakt med svenskt samhällsliv på ett helt nytt sätt. Vid sitt tillträde var han ännu en ganska ofolklig medborgare i det svenska folkhemmet. Han saknade djupare erfarenhet av vardagligt liv i Sverige, inte minst när det gällde näringsliv och folkrörelser. Det var mer än en klassfråga. Stora delar av den borgerliga eliten i Sverige hade trots allt rötter av varierande längd ner i den svenska myllan tack vare lokal förankring eller i kraft av någon näringsverksamhet som skapade kontakter med bredare samhällslager. Omkring sig i SFS styrelse hade Olof Palme en solid medelklass bestående av söner till folkskollärare, präster, kontorister, ingenjörer och grosshandlare. Hans enda mer konkreta erfarenhet av svenskt arbetsliv var på Ånga, vars sörmländska herrgårdsmiljö visserligen speglade den mer feodala aspekten av svensk agrarhistoria, men knappast var representativ för svensk landsbygdskultur i allmänhet. Även om SFS var en borgerlig elitorganisation framstår valet av Palme till ordförande som något chansartat: skulle han verkligen klara av att manövrera i den svenska efterkrigsmiljön lika väl som han gjort i den internationella?

Men Olof Palme stammade från en familj som varit drivande i skapandet av det moderna Sverige. När han återvände från sina utlandsresor påmindes han dagligen om familjens verksamhetsiver i slutet av artonhundratalet när han rörde sig i Stockholm. Thules kontor på Kungsträdgårdsgatan, MEA vid Norrmalmstorg, Inteckningsbanken på Fredsgatan, Djursholm, Villastaden, Dramaten vid Nybroplan, Saluhallen på Östermalm, Riksdagshuset på Helgeandsholmen – överallt hade släkten Palme satt avtryck. Han kunde också se hur en ny huvudstad höll på att växa fram. Tunnelbanan började förgrena sig ut från Stockholms centrum mot avlägsna förorter som Tallkrogen, Stureby och Vällingby. I september 1953 skulle grävskopor rulla mot Stockholms innerstad för att röja väg för bygget av de fem höghus vid Hötorget som radikalt skulle förändra Stockholms stadsbild. På nationell nivå fortsatte den välfärdsutbyggnad som Sven Palme och andra socialreformatorer ivrat för i början av nittonhundratalet. År 1946 hade ett principbeslut om en obligatorisk socialförsäkring tagits. Året därpå fick alla barn rätt till ett generellt bidrag på 260 kronor om året och 1950 enades alla partier om att en gemensam nioårig grundskola skulle ersätta de existerande skolformerna. Olof Palme skulle inte bara bejaka denna moderniseringsprocess utan komma att driva den betydligt längre än vad de flesta kunde föreställa sig i början av femtiotalet.

*

I backspegeln kan Palmes framtidstro verka självklar. Femtiotalets första år var startpunkten på en ovanligt lång period av tillväxt i världskapitalismens historia. Den skulle vara fram till sjuttiotalet. Rekordåren säger man i Sverige, *les trente glorieuses*, de trettio underbara åren, heter det på franska medan engelsmän och amerikaner talar om en Guldålder. Men dåtidens människor i Europa och USA var ännu ovetande om att de var på väg in i en exceptionell historisk fas av välstånd, stabilitet och tillväxt. För dem handlade det fortfarande mest om att gå vidare efter den katastrof som världskriget utgjort. Ännu i början av femtiotalet var många varor ransonerade i Europa; i Sverige släpptes kaffe fritt först 1951 och i Storbritannien var vissa livsmedel ransonerade så sent som 1954. I det Europa som Olof Palme genomkorsade som studentledare mellan 1949 och 1953 levde medborgarna fortfarande i krigets skugga: förstörd infrastruktur, plågsamma krigsminnen och sorg efter familjemedlemmar och vänner som dött. Det är för lite av allting, skrev en amerikansk journalist, överallt fattades mjöl för att baka bröd, papper för att trycka dagstidningar, utsäde för att odla, hus att bo i, läder till skor, ylle till tröjor, gas till matlagning, bomull till blöjor, socker till sylt, fett till fritering, mjölk åt spädbarn, tvål att tvätta sig med.

I jämförelse med det krigsdrabbade Europa var Sverige en idyll i övergången mellan fyrtio- och femtiotal. I Sverige stod husen kvar, tågen gick och de frikallade soldaterna skrek inte på nätterna i ångestfyllda mardrömmar. "Resa i ett oförstört land" var rubriken på ett entusiastiskt reportage i Hamburgtidningen *Sonntagsblatt* 1950 som prisade de dignande smörgåsborden, Stockholms skönhet, det välordnade levernet och den sociala stabiliteten. "Affärerna är fantastiska, allt den brittiska husmodern har drömt om i sex år finns i överflöd", berättade succéförfattaren Richard Llewellyn entusiastiskt för den brittiska allmänheten utan minsta underton av bitterhet. Kanske var upplevelsen av krig så fasansfull att den svenska välmågan snarare ingav framtidshopp än verkade provocerande. "Det är som England före kriget", menade *Daily Mail*, "fast bättre", medan *Sonntagsblatts* korrespondent kände sig tillbakakastad till "barndomsdagarna före första världskriget". Sveriges närmre grannar, framför allt Norge, som fått betala en del av priset för att Sverige hållit sig utanför kriget, var dock mindre hänförda. Svenskar som turistade i Norge åren efter kriget kunde få hakkors ristade på sina bilar och ansättas av hårda anklagelser för att vara krigsprofitörer.

Men svenskarna var inte opåverkade av kriget. Också den som överlevt en katastrof har blivit varse livets obeständighet. Flyktingar, svarta krigsrubriker, ransonering, flyglarm, mörkläggning, rykten, transitering av tyska soldater, ockupationen av Norge och Danmark, finska vinterkriget – hotet om krig kändes även för de neutrala svenskarna. "Min barndom liksom mina jämnårigas fylldes av berättelser från krigets erfarenheter av umbäranden, vånda, skräck och hopp", minns historikern Håkan Arvidsson, född 1943 och uppvuxen i det kristligt fredliga Jönköping. Tillfredsställelsen över att ha klarat sig undan kriget blandades med skamkänslor över eftergiftspolitiken mot Nazityskland. Omedelbart efter kriget gjordes en viss självrannsakan i en kommission ledd av den före detta socialdemokratiske stats- och utrikesministern Rickard Sandler. Även om de vitböcker som gavs ut i princip försvarade den förda politiken, fanns det också självkritik för att eftergifterna gått för långt, inte minst när de drabbat de nordiska grannarna. I slutet av fyrtiotalet fanns också en förhoppning om att de skandinaviska länderna skulle kunna återupprätta den gemenskap som krossats av andra världskriget genom att ingå ett gemensamt försvarsförbund.

Men någon ordentlig uppgörelse med nazistsympatisörer och eftergivna tjänstemän och politiker kom inte till stånd. Bedömningsnämnden, som inrättades 1946 för att granska tjänstemän som brustit i lojalitet, fick aldrig pröva någon ledande nazist och lades snart ner. Några framstående kulturpersonligheter som vurmat för Hitler – framför allt akademiledamoten och litteraturhistorikern Fredrik Böök – stigmatiserades i den offentliga debatten. Mindre publika figurer kunde ostört sopa igen spåren efter sig och fortsätta sina karriärer som om ingenting hänt. Krigsårens krav på nationell konsensus levde vidare. Många ville se en fortsättning på den breda samlingsregering som styrt Sverige mellan

1939 och 1945. Något nordiskt försvarsförbund blev heller inte av. Danmark och Norge sökte sig av förklarliga skäl till Atlantpakten, medan Sverige valde att vingla vidare på neutralitetspolitikens smala stig.

Fyrtiotalets allvarsamma mentala klimat dröjde också kvar en bra bit in på femtiotalet. Den mer svartsynta fyrtiotalslitteraturen hade ännu inte ersatts av någon ny tydlig litterär strömning. Nationalsången spelades varje dag i radion och "hemmavid fanns ännu kaffekvarnar, gudfruktighet och hederlighet", menade den socialistiske författaren Hans Granlid. Mycket av den framstegsoptimism, lekfullhet och nöjeslystnad som vi i dag associerar med begreppet "femtiotalet" härrör i själva verket från årtiondets andra hälft. Knappt hade fascismen och nazismen besegrats förrän världen tvingades organisera sig efter motsättningen mellan kommunism och kapitalism, eller mellan diktatur eller demokrati, vilket man nu föredrar.

Till skillnad från tjugotalet, då illusionen om att det världskrig man just utkämpat var så fruktansvärt att det aldrig kunde upprepas åtminstone hade fått leva i något decennium, blev tredje världskriget snabbt en högst tänkbar realitet. I september 1949, fyra år efter Nagasaki och Hiroshima, hade Sovjetunionen provsprängt sin första atombomb och terrorbalansen var ett nytt politiskt faktum. Hur stor risken för ett kärnvapenkrig verkligen var är svårt att bedöma, men president Trumans beslut att avskeda sin militante general Douglas MacArthur 1951 för att denne ville gå in i Kina visade vilken skör tråd världsfreden hängde på. För svensk del inträffade den mest dramatiska incidenten i juni 1952. Då sköt sovjetiskt stridsflyg först ner ett svenskt spaningsplan över Östersjön och sedan tre dagar senare ytterligare ett svenskt militärplan som sökte efter det försvunna planet.

Catalinaaffären – som den kallades efter typnamnet på det andra planet – skapade ett dilemma för regeringen. Sverige skickade ett antal arga diplomatiska noter till den sovjetiska regeringen utan resultat. Folkpartiet och Högern ville att Sverige skulle ta frågan till FN:s generalförsamling. Socialdemokraterna vägrade. Även om ryssarnas påståenden om att Sverige kränkt sovjetiskt luftrum senare visade sig vara lögnaktiga hade det ursprungliga planet onekligen spionerat på Sovjetunionen. Eftersom Sverige dessutom i hemlighet bytte underrättelseuppgifter med västmakterna kunde en upptrappad internationell konflikt leda till att Sveriges neutralitet sattes ifråga. Den borgerliga oppositionen var mindre bekymrad över att det skulle bli känt att Sveriges neutralitet vägde över mot väst. Men till slut böjde de sig för den socialdemokratiska hållningen. Att Sverige hade varit i ett *shooting war* med Sovjetunionen stärkte dock bilden av svensk försvarsberedskap utomlands. Engelska och amerikanska tidningar skrev entusiastiskt om det lilla tuffa neutrala landet i norr som vågade utmana Stalin.

"Som jag minns det", skriver författaren Göran Hägg, född 1947, "var människor i min barndom och fram under femtiotalet räddare för inre och yttre hot än de varit för miljölarm, politisk terrorism och internationella kriser därefter." Den nostalgiska bilden av folkhemsidyll döljer tidens grundläggande paradox: optimism och hotet om total undergång levde sida vid sida. Aldrig tidigare hade människan haft förmågan att utlösa ett krig som skulle utplåna allt liv på jorden, men aldrig tidigare hade heller så många människor i västvärlden varit övertygade om att de hade möjligheten att skapa sig ett gott liv och uppnå en viss grad av självförverkligande. Döden var kollektiv men livet individualistiskt. Sverige låg långt framme både när det gällde gemensam oro och individuella möjligheter.

Å ena sidan fanns onekligen en känsla av att Sverige ledde vägen in i det nya efterkrigssamhället. Det internationellt hyllade välfärdsprojekt som startat på trettiotalet rullade nu vidare efter det störande intermezzo som ägt rum mellan 1939 och 1945. Framgångarna berodde inte bara på, som det ibland hävdats, att Sverige hade en intakt produktionsapparat efter kriget. Det svenska välståndet hade byggts upp successivt sedan sekelskiftet. Kombinationen av innovativa industrier, vattenkraft och neutralitet under första världskriget hade kastat fram Sverige till en världsledande position redan på tjugotalet. Utifrån denna gynnsamma position klarade den svenska ekonomin av trettiotalskrisen relativt väl och kunde uppvisa den högsta tillväxttakten i världen. Efter kriget blev nittonhundratalets ackumulerade svenska välstånd synligt inte bara i konjunkturrapporter utan även i vardagslivet. Kylskåp, bilar, diskmaskiner och andra kapitalkrävande varor låg visserligen ännu utom räckhåll för stora delar av befolkningen. Men de började bli möjliga att drömma om: den svarta Volvo PV444 med vita däck som idéhistorikern Ronny Ambjörnssons far köpte i slutet av femtiotalet hade "funnits långt dessförinnan, till en början i form av fantasier och förstulna blickar på passerande bilar". Stringhyllor och fladdermusfåtöljer symboliserade modern svensk design, även om de flesta hem ännu var möblerade med pinnstolar och slitna biedermeierfåtöljer.

Den politiska stabiliteten var också imponerande. Efter segrarna i riksdagsvalen 1948 och 1952 var Socialdemokraterna på väg mot sitt tredje decennium av kontinuerlig regeringsmakt. Den brittiske Labourledaren Clement Attlee såg Skandinavien som "en socialistisk utopi" och en förebild för brittisk efterkrigsplanering. Rösta på mig, uppmanade den elsassiske socialdemokraten Emile Eberhard väljarna i Mulhouse 1947, och ni stödjer den svenska medelvägen, "ett exempel för resten av världen". I USA var inflytelserika *New York Times* en hängiven Sverigevän som inte bara uttryckte förståelse för landets geopolitiska läge under kriget utan även prisade den skandinaviska socialdemokratin: "Det finns inget starkare skydd mot kommunismen i Europa än denna typ av socialism." Den roll som föregångsland som etablerats redan under trettiotalet via böcker som Marquis Childs *Sweden – The Middle Way* vidmakthölls nu av socialliberaler och socialdemokrater runtom i västvärlden.

Å andra sidan präglades det svenska femtiotalets första år också av politisk håglöshet och rädsla för framtiden. Av den politiska debatten kan man få intrycket att tillväxten var mer av ett problem än en välsignelse eftersom den kunde driva inflation och skapa handelsunderskott. Eftersom de flesta viktiga beslut om välfärdsreformer dessutom skedde i politiskt samförstånd kom de politiska konflikterna att antingen handla om ekonomiska teknikaliteter eller om skandaler och personkonflikter. Socialdemokraterna hade förlorat sitt patos, menade författaren Stig Dagerman: "De gick på möten någon kväll i stället för att gå på bio. De prenumererade på en annan tidning än grannen. På Svenska Flaggans dag köpte ingen flagga. Däremot köpte de en röd majblomma första maj. Detta kallade de att tro."

Kulturscenen var programmatiskt opolitisk. Som den unge Göran Palm, senare en av sextiotalets mest radikala samhällskritiker, uttryckte det 1955: "Författare är inte skapta att lyda order eller gå i demonstrationståg, de bevakar ängsligt sin frihet att välja sig problem och gå sin egen väg." Hotbilder vägde tyngre än framtidsdrömmar, och efter Pragkuppen var rädslan för kommunismen ett viktigt kitt för den kollektiva samhörighetskänslan, om än inte den enda och heller inte lika paranoid som den amerikanska McCarthyismen. Men i pressen avslöjades med jämna mellanrum kommunistiska spioner och homosexuella ligor som hotade landets säkerhet och medborgarnas rättstrygghet. Den ideologiska beredskapen varade fram till 1955–1956, menade författaren Göran O. Eriksson när han i början av sextiotalet såg tillbaka på femtiotalet; då upphörde efterkrigstiden "och freden tog vid".

De utländska observatörerna var heller inte lika imponerade av det andliga klimatet som av de välfyllda butikshyllorna. Svenskarna var "ett trött och cyniskt folk", förklarade den brittiske författaren Evelyn Waugh i slutet av fyrtiotalet, vilket föranledde sårade ramaskrin på de svenska ledarsidorna, som var påtagligt anglofila. Även om Waughs kommentar var förströdd är den representativ för tidens negativa bild av den svenska välfärdsstaten. Till och med *Sonntagsblatt* – som i övrigt bara hade lovord för svenskarnas "bürgerliches Leben" – kände sig tvunget att "blasfemiskt" fråga om det ålderdomliga samhällslugnet verkligen "bara var en god sak". Amerikanska tidskriften *Time* var mer rakt på sak i en stor artikel 1951. Skribenten utgick från ett besök på krogen *Den gyldene freden* i Gamla stan som en metafor för priset svenskarna betalade för sin "välvilliga despo-socialism": att sitta hopkurade i mörka källarvalv med trist husmanskost utan kontakt med resten av världen. Stockholm var en stad utan "tragik" och livet i Sverige var reglerat på ett sätt som en amerikan hade svårt att förstå; "inte för att de här människorna inte är fria, men de har en alltför städad och inlindad frihet".

*

Liknande kritik mot det socialdemokratiska folkhemmet kom också från en del inhemska intellektuella i början av femtiotalet. En av de mest inflytelserika var författaren Vilhelm Moberg, vars epos *Utvandrarna* om den svenska Amerikaemigrationen på artonhundratalet gjorde stor succé. Moberg, "en kärnfrisk hemmanspojk", var född 1898 på en småländsk bondgård och hade mödosamt utbildat sig till författare och journalist på egen hand. Likt Palme var han en entusiastisk och tidig läsare. Som tioåring tog han sig igenom Bibeln från pärm till pärm. Men utbudet i bondehemmet var mer begränsat än på Östermalmsgatan och omgivningen såg med oblida ögon på en stark ung man som tillbringade för mycket tid på rygg med en bok i handen. Han slet hund som dåligt betald volontär på ett antal landsortstidningar i Småland där han tränade sin uttrycksförmåga i de flesta förekommande journalistiska former, från dagsvers och kåserier till kriminalreportage och ledare. Genombrottet skedde med romanen *Raskens* samma år som Olof Palme föddes, 1927.

Bredvid författandet var Moberg också en flitig journalist med smak för polemik. Under kriget hade han tillhört den grupp intellektuella som hårt kritiserade den svenska regeringen för eftergiftspolitiken mot Nazityskland. Mobergs samhällssyn var en blandning av överhetsmisstro och klassisk liberalism. Han hyllade den självägande, självförsörjande odalmannen som plågades svårt av parasitära adelsmän, biskopar och statliga ämbetsmän. I *Utvandrarna* kom detta ideal till uttryck i Karl-Oskar Nilssons sturiga gestalt, vars kamp med den småländska myllan och det svenska ståndssamhället ledde till att han förde sin familj till friheten i Nordamerika. Som samhällsdebattör irriterades Moberg av den svenska samförståndsandan och undfallenheten inför överheten och manade medborgarna till ständig vaksamhet mot korrupta ämbetsmän och ryggradslösa politiker. Under femtiotalet bodde han delvis i USA, varifrån han också hämtade goda exempel på hur självständiga medborgare och en frispråkig press vågade granska missförhållanden och kritisera makthavare.

Moberg var ingen motståndare till välfärdspolitiken i sig. Som ung hade han varit medlem i den socialdemokratiska ungdomsrörelsen. Men att arbetarrörelsen tagit makten hade i hans ögon inte gjort staten till mindre av ett verktyg för överheten. Socialdemokraterna, skrev han, "har lagt en solid grund till ett statskapitalistiskt samhälle, där portarna bakvägen så sakta håller på att öppnas till den auktoritära staten, där individen utplånas av kollektivet och förvandlas till ett objekt för statsnyttan". Det främsta bränslet för sitt angrepp mot folkhemmets samförståndsanda hittade han i en serie rättsskandaler som inträffade i början av femtiotalet. Turerna i den så kallade rättsrötan är svåröverskådliga, men de huvudsakliga ingredienserna var Gustav V:s homosexualitet, utpressning, polisövergrepp och politisk styrning av åklagare och myndigheter. Affärerna blev en svår huvudvärk för den socialdemokratiska regeringen som tvingades tillsätta en undersökningskommission av framstående intellektuella och betrodda medborgare. Statsministern Tage Erlander tog illa vid sig av vad han uppfattade som en medial hetsjakt, men hade respekt för Moberg, som han ansåg vara en "hederlig smålandsräv" driven av ett äkta rättspatos.

Vad som står utom tvivel är att den svenska polisen under andra världskriget hade blivit mycket självsvåldig i sitt agerande och vant sig vid att operera i okonstitutionellt samråd med högre ämbetsmän, politiker och hovet. Bland de värsta inslagen var inspärrandet av misstänkta utpressare på sinnessjukhus, något som onekligen för tankarna till Sovjetunionen. Men mycket av kringdebatten var hysterisk, inte minst de homofoba inslagen som i någon mån liknar den amerikanska kommunistpaniken. För sin del ville Moberg, även om hans syn på homosexualitet var gammaltestamentlig, framför allt ingjuta civilkurage i de folkhemska medborgarna: att kräva sin rätt, att inte stå med mössan i hand inför den nya socialdemokratiska överheten och att våga bryta den samförståndsanda som gjorde kollektivets väl överordnat individens frihet: "Vi saknar den folkopinion... som består av människor, som är innerst i sina hjärtan upprörda över begångna rättsövergrepp mot den enskilda individen." Moberg hade ett särskilt ont öga till den rättspositivism som härskade vid den juridiska fakultet där Olof Palme studerade. I den dystopiska satiren *Det gamla riket* från 1953 låter han en professor vid universitetet i Flamonia, huvudstad i Idyllien, förklara att människan inte har några givna, naturliga rättigheter: "I den demokratiska rättsstaten var medborgarens bästa identiskt med det allmänna bästa."

Moberg fick – åtminstone inledningsvis – tungt stöd i sin kamp mot rättsrötan från Sveriges viktigaste opinionsbildare under femtiotalet, *Dagens Nyheters* chefredaktör Herbert Tingsten. För eftervärlden har denne något oegentligt kommit att framstå som en konservativ högerman på grund av sin starka antikommunism. I själva verket var han en klassisk kulturradikal som rörde sig i gränslandet mellan socialdemokrati och socialliberalism. Med esprit och passionerad glöd bekämpade han inte bara kommunism utan även monarkin, religionen, konservatism, rasism och över huvud taget alla grumliga ideologier som inte passerade genom upplysningsfilosofins nålsöga.

Född 1896 hade han gjort en briljant karriär som statsvetare och blivit professor vid Stockholms högskola 1935. Ursprungligen liberal hade han anslutit sig till socialdemokratin på tjugotalet för att återbördas till Folkpartiet under kriget. Hans tillträde som chefredaktör för *Dagens Nyheter* innebar en uppgörelse inte bara med tidningens svajiga linje utan med de övergripande tendenser till anpassning som funnits i hela den svenska offentligheten under kriget. Tingsten hade tidigt varnat för fascismen och nazismen, och var en orädd försvarare av demokratin och liberala principer. Han samlade en skara lysande medarbetare omkring sig som bidrog till att göra *Dagens Nyheter* till den svenska pressens publicistiska flaggskepp. Men han blev inte tidningsman för att utkämpa gårdagens strider. Med ledarsidan som plattform kastade han sig in i den ena debatten efter den andra: för en svensk Natoanslutning, mot Svenska kyrkan, för införandet av republik och avskaffandet av ordensväsendet.

Hans motståndare betraktade honom som "en baby i ett badkar, en som skvätte åt alla håll och blötte ner omgivningen". Men ingen kunde förneka hans lärdom, stilistiska talang och förmåga att hitta de svaga punkterna i den andra sidans argumentation. Med sin basker, fluga och pipiga röst blev han en ikonografisk figur i svensk offentlighet som lämnade få oberörda. Men hans dominerande ställning berodde inte bara på hans personlighet. På ett paradoxalt sätt gick han på en gång med och mot strömmen i femtiotalets Sverige. Hans allmänna liberala värderingar låg helt i samklang med tidsandan. Sverige blev alltmer sekulariserat och modernt; kommunismen var ett marginellt fenomen och de upplysningsideal som han utgick från var det få intellektuella som ville utmana. Men samtidigt drev Tingsten sina konkreta krav bortom den svenska kompromissmentalitetens gränser. Var man mot kommunismen måste Sverige ansluta sig till västalliansen, trodde man inte på Gud måste religionen bekämpas, var man inte monarkist borde man verka för en republik.

Denna kompromisslöshet riktade han också mot sitt forna parti, Socialdemokraterna. Tingsten erkände ofta villigt att den svenska arbetarrörelsen i praktiken hade lagt sina socialistiska ambitioner på hyllan. Men det räckte inte. Om man går på tåget till Rom är det ointressant om man stiger av i Södertälje, förklarade han i en debatt med den socialdemokratiske finansministern Ernst Wigforss på fyrtiotalet. Det var färdriktningen, programmet, idéerna som räknades. Trots att han – liksom större delen av svenska folket – stödde det socialdemokratiska välfärdsbygget drev han en skoningslös kritik mot socialdemokratin för att driva ut allt socialistiskt och illiberalt tankegods. Han var i själva verket tämligen ointresserad av politiska sakfrågor, något som irriterade en del av hans kolleger på tidningen. Ur Tingstens perspektiv var idékampen det viktiga: så länge falska och farliga idéer har legitimitet kan de komma tillbaka, även om de inte tillämpas i praktiken.

Något angrepp mot socialdemokratin från vänster som låg i paritet med Tingstens och Mobergs fanns inte under femtiotalet. Det svenska kommunistpartiet hade nått en historisk höjdpunkt 1944 med tolv procent av rösterna, men efter Pragkuppen halverades stödet. Under femtiotalet var de organiserade kommunisterna en marginell grupp utan större inflytande. År 1953 debuterade dock en radikal ung författare som skulle förbli tämligen okänd under femtiotalet men spela en desto större roll som opinionsbildare på sextiotalet. Hans namn var Jan Myrdal och han var född 1927, samma år som Olof Palme, och hade likt denne vuxit upp i borgerlig om än mer funktionalistisk komfort i Stockholm. Hans föräldrar, Gunnar och Alva Myrdal, hörde till skillnad från Palmes till den nya socialdemokratiska eliten. Myrdal upplevde sin barndom, sannolikt en av de mest genomdebatterade i svensk litteraturhistoria, som en hisnande klyfta mellan välvilliga uppfostringsideal och kallhamrad föräldraegoism. Men som barn drabbades Jan Myrdal också av den hätska fientligheten mot föräldrarna i den borgerliga villaförorten Bromma dit familjen flyttat. Av detta drog han slutsatsen att fascismen och fascistiskt tänkande låg alldeles under ytan hos den städade svenska borgerligheten.

De flesta unga författarna i hans generation brottades med konformiteten i folkhemmet. Att resa ut i Europa var en nödvändig *rite de passage*. Den unge Stockholmsförfattaren Pär Rådström skrev 1952 självironiskt att han hade varit "till sjöss" och sett "världens största asfaltsjö, pratat med negrer och varit full". Men de unga debutanterna var sällan radikala systemkritiker, utan snarare ironiska betraktare eller existentiella ifrågasättare som förundrades över det nya moderna liv som började ta form i de nybyggda bostadsområden där invånarna försmått pilsner och falukorv för vino tinto och pommes frites. Myrdal förebådar den kritik av det folkhemska samförståndet som skulle växa till stormstyrka på sextiotalet – och som skulle ge Olof Palme en kraftig medvind men också tvinga honom att hålla hårt i hatten. Myrdal hade entusiastiskt deltagit i det jugoslaviska järnvägsbygget i den internationella ungdomsrörelsens regi och anslöt sig till Stockholmsappellens kritik av USA:s kärnvapenmakt. Han försökte förgäves anpassa sig till folkhemmets skötsamhetsideal, hävdade han: "leva som andra, köpa möbler på avbetalning, gå på enkla krogar och glömma att verkligheten existerade".

Myrdals kritik av folkhemmet grundades på en blandning av marxistisk ödestro och avsmak för den kompromisspolitik som präglade den liberalkapitalistiska ordningen. Just de unga studenter i Palmes generation som var aktiva i SFS och sedan gjorde karriär i den expanderande välfärdsstaten gisslade han som opportunister, hycklare och självbedragare. Han beskrev klimatet på femtiotalet som en "kulturens stugdoft av ovädrade sängkläder och nogsamt igenklistrade fönster". Kanske var det för att han vuxit upp i ett socialdemokratiskt hem som han var så skicklig på att fånga upp den självgodhet och det egenintresse som kunde dölja sig bakom den luddiga välviljan i den socialdemokratiska retoriken. Efter misslyckade försök att få ut en diktsamling drog han slutsatsen att det bästa han kunde göra för arbetarrörelsen och landet var "att tiga och försvinna så långt bort som möjligt". Tigandet blev det inte så mycket med, men han gav sig ut på långa resor i världen. Jan Myrdal ville ha konfrontation, autenticitet och nakna maktrelationer – vilket han senare skulle tycka sig finna i tredje världen. Västerlandets konformistiska samhälle var blodigt, brutalt, men utan ära, skrev han efter att ha varit i Afghanistan: "barbariet är... förhoppningsfullt, framtidsbådande".

Folkhemskritiken kom också i en mildare tappning. I slutet av fyrtiotalet uppstod en trevande debatt om hur framtidens svenska kulturpolitik skulle utformas. Det var inte en helt ny diskussion. Rädsla för amerikanisering, moralisk förflackning och halvbildad ytlighet hade hörts i den svenska offentligheten sedan sekelskiftet. Men efter andra världskriget hade västanvinden vuxit till orkanstyrka. I september 1948, nästan exakt samtidigt som Olof Palme återvände från USA, utkom det första numret av efterkrigstidens största populärkulturella succé i Sverige, serietidningen *Kalle Anka & Co*. Att producera lättsam underhållning var dock ingen exklusiv amerikansk förmåga. Från 1949 och in på femtiotalet drog de helsvenska filmerna om den småländske torparen Åsa-Nisse och hans kamrat Klabbarparn fulla hus på landets biografer. Åsa-Nisse var en bondkomisk karikatyr på Mobergs episke odalman i *Utvandrarna* som väckte landsbygdsbefolkningens förtjusning och den urbana medelklassens avsmak.

Det verkade, ansåg en del folkrörelseidealister, som om arbetarrörelsen segrat i klasskampen men förlorat kulturstriden. Det materiella välståndet ökade och SAP satt tämligen säkert i Kanslihuset, men makten över sinnena låg i Hollywood och på veckotidningsredaktionerna. Tvärtemot den ursprungliga marxistiska analysen tycktes inte arbetarnas kulturlängtan öka när deras materiella behov var tillgodosedda; ekonomiskt välstånd födde i stället lust efter mer materiellt välstånd och mer kommersiell nöjeskultur.

En av dem som försökte diskutera detta dilemma var Tage Lindbom, chef för Arbetarrörelsens arkiv i Stockholm. Lindbom var son till en bokförläggare och hade 1938 doktorerat i historia på en avhandling om den svenska fackföreningsrörelsens historia. Han var djupt imponerad av den andliga kraft som han fann inom den svenska arbetarrörelsen: den varma gemenskapen, de högstämda idealen, det hårda arbetet och de idoga självstudierna. Men han oroades också över vad som skulle hända med idealismen i det materiella överflödssamhälle som höll på att växa fram efter kriget. Senare skulle han utvecklas i en mycket antimodernistisk riktning. Han blev kritisk till socialismen och avslutade sina dagar som en *grand old man* i nittonhundratalets nykonservativa svenska kretsar. Men kring 1950 var Lindbom ännu hoppfull. Han insåg det meningslösa i svavelosande fördömanden av Hollywoodfilm och glättade veckotidningar och förordade i stället en förnyelse av den svenska folkrörelsekulturen.

En del av hans förslag passade in i den socialdemokratiska kulturpolitiken, till exempel Skådebanan som strävade efter att göra teatern mer tillgänglig för arbetarklassen. Men hans grundtanke – att den svenska arbetarrörelsen nu hade nått sina materiella mål och borde koncentrera sig på de kulturella – bemöttes på sin höjd med en ointresserad axelryckning. Statsministern Tage Erlander hade föga förståelse för den besvikelse som låg bakom Lindboms dröm om en kulturell upprustning och betackade sig för att "börja centraldirigera medborgarnas själsliv". Socialdemokratin skulle fortsätta att dominera svensk politik i kraft av sin förmåga att leverera tillväxt och fördela den på ett sätt som uppfattades som rättvist. Andlighet och bildningsideal skulle spela en mycket liten roll i denna maktutövning.

Olof Palme visste inte mer om framtiden än någon annan. Men hans bakgrund, temperament och internationella erfarenheter gjorde att han instinktivt förstod dynamiken i efterkrigsutvecklingen. Till en del berodde det på att han saknade vissa typer av erfarenheter och kunskaper. Han hade ingen känsla för den självägande svenska bondeklass som Moberg kom ifrån. Dess egensinniga självständighetskänsla och sturiga förhållande till överheten var helt främmande för hans familjetraditioner. Redan som ung volontär hade Palme sågat ett av Mobergs folklustspel i *Svenska Dagbladet*. Det var en föraning om avståndet mellan Palmes och Mobergs världsbilder. Som ung riksdagsman 1960 förklarade Palme att Mobergs angrepp på den socialdemokratiska kollektivismen bara fick honom att gäspa: "Framtidens problem är att skapa frihet icke från kollektivet utan i kollektivet och genom kollektivet." På sjuttiotalet skulle hans bristande känsla för den svenska odaltraditionen leda till allvarlig underskattning av Centerpartiets ledare, den ångermanländske bonden Thorbjörn Fälldin. Och just de frågor om den svenska rättsstaten som Moberg ställde skulle återkomma i form av en växande kritik mot den socialdemokratiska maktutövningen, inte minst när det gällde IB-affären.

I det stora hela delade Palme däremot Herbert Tingstens kulturradikalism och liberala modernitetstro. Till skillnad från *Dagens Nyheters* chefredaktör var han dock mer intresserad av att åstadkomma politisk förändring i verkligheten än att överbevisa motståndarna i välskrivna ledarartiklar. Han skulle förvisso bli en idépolitiker, men med viss betoning på det andra ledet i sammansättningen. Ur hans perspektiv var socialdemokratins teoretiska traditioner inte ett problem, utan en verktygslåda för den händige. Myrdals marxistiska kritik av folkhemmet hade Palme heller inte svårt att förstå rent intellektuellt, även om han hade en annan politisk uppfattning. Men i motsats till Myrdal hade han inte bara vuxit upp i ett borgerligt hem utan hade också en trygg identifikation med sin bakgrund.

Mest gemensamt hade Olof Palme med Lindbom, som från borgerligt ursprung sökt sig mot socialdemokratin. Men Lindboms entusiasm för den svenska arbetarrörelsen hade en slagsida åt konservatismen. Han hade tilltalats av den tidiga socialdemokratiska ungdomens högstämda bildningsidealism och stod främmande för den materialism, amerikanism och individualism som kommit att dominera efter kriget. Den unge Olof Palmes växande intresse för arbetarrörelsen var annorlunda beskaffat. Han hade inga erfarenheter av socialdemokratins pionjärtid och dess ungdomsdrömmar. Han attraherades av just de egenskaper som alienerade Lindbom i början av femtiotalet: viljan att gå vidare, tron på individens möjligheter i ett utbyggt välfärdssamhälle, jakten på modernitet och vetenskapliga framsteg.

Palmes världsbild, om än sprungen ur andra källor, låg också mer i linje med den som omfattades av de flesta vanliga svenska arbetare och tjänstemän. En överväldigande majoritet av folkhemmets invånare upplevde sig varken som ofria eller underkastade någon subtil form av despotism. Om de bekymrade sig för den växande svenska statsmakten handlade det snarare om dess otillräcklighet när det gällde att skydda medborgarna från en orolig omvärld. Den svenska sociologin, som ännu befann sig i sin linda, sjösatte i slutet av fyrtiotalet ett omfattande projekt för att studera tillståndet i två svenska industrisamhällen, Katrineholm och Huskvarna. Studien *Människan i industrisamhället* visade att även om klassamhället knappast var utplånat så uppfattade en överväldigande del av både arbetare och tjänstemän Sverige som ett land där "den duktige kan komma fram".

Undersökningen gav en bild av ett stabilt Medel-Sverige med stark uppslutning bakom de förhärskande familjevärdena på femtiotalet. En förkrossande majoritet av både män och kvinnor ansåg att kvinnans plats "uteslutande bör vara i hemmet så länge barnen är små eller går i skolan", och att kroppsaga ibland kunde få förekomma i barnuppfostran. Men svenskarna var inga familjefundamentalister; attityden till skilsmässor var tolerant och man var för barnbegränsning. Överlag, konstaterade sociologerna, var invånarna i Huskvarna och Katrineholm nöjda med livet och upplevde varken någon större alienation eller maktlöshet. I det perspektivet fanns det ett mystifierande resultat: en majoritet av de tillfrågade ansåg att människor varit lyckligare förr i världen. Den positiva synen på den gamla, onda tiden var sannolikt ett uttryck för att den svenska samhällsomvandlingen skett utan radikala brott och traumatiska konvulsioner. Människor kunde identifiera sig med sina föregångare i det förflutna och behövde inte ta radikalt avstånd från tidigare generationer.

Under sin USA-tid hade Palme insett vilken betydelse ekonomisk tillväxt och materiella framsteg hade för de sociala relationerna i ett samhälle. Frihet och framsteg uppstod om individen hade möjligheter att bryta upp, lämna det gamla bakom sig och förbättra sina villkor. Det amerikanska samhället fördes framåt av attityden att "the world is ours for the taking", hade han skrivit i sin artikel i *Svenska Dagbladet* vintern 1949. Även om invånarna i Huskvarna eller Katrineholm knappast skulle ha vågat påstå att världen låg för deras fötter på amerikanskt manér, var det en liknande expansiv optimism som låg bakom deras entusiasm för de nya och mer jämlika möjligheter som femtiotalets Sverige erbjöd.

De bekymrade sig föga för den kulturförflackning, rättsröta eller dolda folkhemfascism som Lindbom, Moberg och Myrdal varnade för. Liksom Olof Palme hade de ett avspänt – för att inte säga ytligt – förhållande till sitt eget ursprung. Det gällde att fokusera på kommande möjligheter snarare än historiska förluster. Lösningen var att röra sig framåt, att göra resandet genom tillvaron till ett existentiellt förhållningssätt. Och om staten kunde göra färden mer bekväm och trygg hade de inga problem med dess expanderande makt.

*

Sedan trettiotalet hade SFS tillsammans med Svenska Turistföreningen ordnat vinterresor till Lappland. Att semestra i de svenska fjällen var ännu en tämligen exklusiv upplevelse för sörlänningar. Resvägen var lång, inkvarteringen primitiv och en läkare fanns alltid med på turerna. I jämförelse med Alpernas utvecklade turistindustri handlade en svensk fjällsemester om härdande friluftsliv, dragiga stuggolv och doften av vått ylle som torkade på kaminen. Allsång och brasföreläsningar om det hårda livet i lappmarkerna hörde också till. Som nyvald ordförande lockades Palme av Halvar Sehlin, ansvarig för vinterresorna, att delta. Vid påsk 1952 åkte Stockholmsstudenterna med extratåg på Statens järnvägar till Vilhelmina. Efter postbuss till byn Saxnäs fick Palmes grupp fortsätta tre mil på skidor över en sjö till Klimpfjäll, en samling fjällgårdar på en södersluttning. Därifrån anordnades dagsutflykter på Marsfjället, men man åkte även slalom "i den bredspåriga stämsvängsmodellen". Det fanns dock inga skidliftar, åkarna fick gå uppför backarna.

I en av stugorna fanns en grupp kvinnliga studenter, däribland den tjugoettåriga Lisbet Beck-Friis, en söt brunett med runt ansikte och vackra ögon. Hon läste psykologi vid Stockholms universitet, hade arbetat på en ungdomsvårdsskola och sympatiserade med Socialdemokraterna, sin adliga bakgrund till trots. Hon rörde sig delvis i samma kretsar i Stockholm som Olof och de hade träffats tidigare. Men mötet i fjällen blev inledningen till ett närmare förhållande trots – eller kanske tack vare – att Palme spillde kaffe på henne. Olof Palme var blyg och dansade dåligt, men var också målinriktad och kunde konsten att underhålla. Under åren hade han uppvaktat ett antal unga kvinnor, även om han inte haft något mer allvarligt förhållande. Och som framgår av hans impulsiva hjälpaktioner i USA och Tjeckoslovakien hade han en romantisk-chevaleresk hållning gentemot kvinnor, trots att han kunde vara disträ när det gällde konventionell etikett.

Lisbet å sin sida var en allvarlig ung kvinna med starka yrkesambitioner och ville ha en framtida make som skulle vara delaktig när det gällde barn och hemarbete. Där skulle framtiden spela henne ett spratt, men det är ingen tvekan om att det sociala patoset och de starka ambitionerna var en viktig del i den ömsesidiga attraktionen mellan de två unga studenterna vårvintern 1952 i fjällstugan i Klimpfjäll. Lisbet såg omedelbart att Olof var annorlunda än de flesta andra unga män i omgivningen. Hennes uppväxt hade varit mer normalborgerlig än aristokratiskt spektakulär. Hon hade gått i Nya Elementar i centrala Stockholm. Fadern, Christian Beck-Friis, var en framgångsrik elingenjör. Han hade varit inackorderad i det hus på Drottninggatan där August Strindberg tillbringade sina sista dagar. Som ung hade Beck-Friis ibland kunnat se diktarens vilda ögon kika ut genom brevinkastet, utan tvekan en oroande upplevelse. Modern, född Bolling, kom från en disponentfamilj. Blandningen av adligt och borgerligt i familjebakgrunden utgjorde en beröringspunkt mellan Olof och Lisbet. Det är knappast märkligare än att människor som har vuxit upp på landsbygden eller i en bruksort kan ha lättare att förstå varandra. Men i Olofs fall säger det återigen något om den kontinuitet som döljer sig bakom hans synbara brott med familjetradition. Likt sin far och farfar hade han fallit för en vacker ung kvinna med adlig bakgrund – fast med den betydelsefulla skillnaden att hon politiskt sett stod till vänster.

Att det också skulle bli giftermål var en självklarhet. Femtiotalet var höjdpunkten för äktenskapet som institution i den västerländska kulturen. Varken förr eller senare har den gifta andelen av befolkningen varit så stor i Sverige. Såväl socialpolitik som ett växande välstånd gjorde familjebildning till var mans och kvinnas självklara rätt. Skilsmässor var ännu undantag och de flesta kvinnor stod utanför arbetsmarknaden – detta var också den historiska höjdpunkten för hemmafrufamiljen. Dessutom gifte man sig tidigare, ofta i början i stället för i slutet av tjugoårsåldern som varit vanligt i det europeiska bondesamhället. Det ungdomliga, demokratiska äktenskapet gick hand i hand med en utbredd uppfattning om att svenskarna nu skakat av sig den gamla unkna viktorianska sexualmoralen.

Men även om det offentliga samtalet om kärleksrelationer och sexualitet löpte mer obehindrat än före kriget, var det en frigörelse som förutsatte att äktenskapet var sexualitetens naturliga mål om än inte dess absoluta villkor. Författaren Olle Hedberg levde gott på en strid ström av bästsäljare som skildrade tidens förvirring kring hjärtats och lustens angelägenheter i traditionell borgerlig svensk småstadsmiljö. Man flörtade, diskuterade Freud och låtsades cynism och världsvana, men under ytan fanns puritanismen, de traditionella könsrollerna och den högst reella risken att bli med barn. Hedberg, som var född vid sekelskiftet, är inget sanningsvittne om livet bland femtiotalets unga studenter. Men hans romaner fångade ändå tidens förvirrande blandning av traditionella äktenskapsideal och föreställningar om frigörelse och modernitet. Lösningen blev för många att gifta sig ung. Inte minst kom studentäktenskap på modet under femtiotalet. Tidningarna svämmade över av reportage med lyckliga tjugoåriga studentskor som vaggade barn med ena handen och bläddrade i kursböckerna på köksbordet med den andra. Att det var just studentskorna som skötte barnen trots att båda parter studerade togs mer eller mindre för givet. Det var en del av femtiotalets könsordning, som inte minst kodifierades av tidens modeideal för kvinnor med korsettpansar under och volanger utanpå.

Det hade blivit självklart att kvinnor hade tillträde till högre utbildning, men det var också lika självklart att hon hade det primära ansvaret för hem och barn. Kvinnofrågan ansågs löst i och med att kvinnor formellt fått tillträde till de flesta traditionella manliga domäner. Att femtiotalets livligaste könsdebatt handlade om kvinnors rätt att bli präster i svenska statskyrkan säger något om klimatet. I praktiken räknade man inte med att kvinnor skulle tränga in på männens områden i någon större utsträckning. I diskussionerna om "begåvningsreserven" för högre utbildning var det framför allt den manliga arbetarungdomen som stod i fokus. Pojkars intressen var mer "praktiska, tekniska och friluftsbetonade", flickors var "husliga, estetiska, verbala, sociala och kontorsbetonade", enligt de ledande forskarna.

"Mina bröder och jag gick igenom samma skolor och studier och vi förväntades skaffa oss ett yrke", minns en kvinna som växte upp i ett akademiskt hem i Karlstad på femtiotalet. Men skillnaden var att det budskap som förmedlades till hennes bröder var det ovillkorliga att göra karriär och med detta som plattform skapa ett familjeliv, medan det för henne gällde "att finna en bra man men för säkerhets skull skaffa ett yrke". Vid universiteten talade man om "förlovningskurser". I en skämtteckning i Uppsalastudenternas *Ergo* 1954 säger en kvinnlig student till en väninna: "Jag började läsa juridik men han var förlovad, så nu är det engelska." Kvinnosakskvinnor hörde hemma i en tidigare epok då det verkligen funnits orättvisor, men att i femtiotalets Sverige prata om ojämlikhet mellan män och kvinnor var överspänt och tydde på psykologiska problem. "Kvinnor skall vara jämställda och något lite urringade", var kåsören Red Tops sammanfattning i *Dagens Nyheter*.

Mot bakgrund av denna femtiotalskonservatism var Lisbet Beck-Friis ovanligt radikal och medveten. Till en del berodde detta på att hon förlorat sin far några år innan hon träffade Olof. Christian Beck-Friis hade stått henne nära och hon hade tagit intryck av faderns maningar att skaffa sig kunskaper och tränga till botten med svåra frågor. Ursprungligen ville Lisbet utbilda sig till sjuksköterska, men efter faderns död blev hon intresserad av filosofi och psykologi. Intresset för psykologi förde henne i sin tur till en av tidens mest radikala miljöer, barnhemmet Skå-Edeby på Mälaröarna väster om Stockholm, där hon praktiserade 1952.

Barnbyn Skå, som startat 1947 kring en gammal gul herrgårdsbyggnad från sjuttonhundratalet intill Mälaren, var en samlingsplats för tidens progressiva idéer om barnuppfostran. Med inspiration i frihetliga uppfostringsexperiment som den engelska skolan Summerhill tog man avstånd från den "svarta pedagogiken", tvång, straff och skuldbeläggning. Målsättningen var, menade den karismatiske barnpsykiatrikern "Skå-Gustav" Jonsson, att behandla hela familjen snarare än det enskilda problembarnet, att skapa en trygg och hemliknande terapeutisk miljö. Jonsson var känd för begreppet "det sociala arvet", en teori som hävdade att kriminalitet och social missanpassning berodde på underliggande problem som fördes över mellan generationerna. Ifrågasättandet av traditionella uppfostringsmetoder och auktoriteter väckte bestörtning i mer konservativa kretsar. I Stockholm i januari 1948 samlades 700 personer, varav många var folkskollärare, till ett protestmöte som förklarade att "full frihet i uppfostran är av ondo". Men Skå-Edeby hade tidens vind i ryggen. Liberala och socialdemokratiska tidningar skrev spaltmeter av entusiastiska artiklar. Kring barnhemmet fylkades gräddan av tidens vänsterintellektuella inom socialt arbete: sociologen Joachim Israel och hans hustru Miriam som var känd barnpsykolog, den norske psykoanalytikern Nic Waal, den radikale socialläkaren Gunnar Inghe. Även författare och poeter som Jan Myrdal, Artur Lundkvist, Peter Weiss och Gunnar Ekelöf gjorde studiebesök i den frigjorda miljön. För Lisbet blev Skå och dess antiauktoritära syn på barn en omvälvande upplevelse som skulle komma att prägla henne för livet. Som barnpsykolog i Stockholms socialförvaltning skulle hon under 1960-talet kämpa hårt för att stadens växande daghemsverksamhet skulle präglas av Skå-Edebys positiva människosyn.

*

Den studentresa till fjällen som fört Olof och Lisbet samman var ännu en exklusiv form av semester för de fyra procent av svenska ungdomar som gick vidare till högre utbildning. Men likt arbetarna och tjänstemännen i Katrineholm och Huskvarna ansåg SFS nye ordförande att Sverige skulle vara ett samhälle där "den duktige kom fram". Redan före USA-tiden hade Palme uttryckt ett starkt engagemang för utvidgade utbildningsmöjligheter i sitt militära psykologitest. Men vilka var "de duktiga" och hur skulle de ta sig framåt mer exakt?

Före andra världskriget hade det varit accepterat att högre utbildning var ett klassprivilegium. Det fanns en betydande frustration över detta inom arbetarklassen, inte minst bland dem som ansågs ha läshuvud. "Om det varit någon ordning, skulle han sänts till läroverket och handlarns pojk skulle satts till något praktiskt jobb", konstaterar den begåvade men fattige huvudpersonen bittert i den socialdemokratiske ideologen Rickard Lindströms halvt självbiografiska roman *Klyftan* från 1935. Men denna orättvisa hade Socialdemokraterna inte angripit med större kraft. Till en del var det en prioriteringsfråga; i första hand gällde att skapa en gemensam bottenskola för alla. Men det fanns också en annan sorts motstånd som kom till uttryck i tanken att "arbetarklassen skulle slå vakt om sina begåvningar".

Bakom denna paroll låg en numera förlorad vision som snarare byggde på fredlig samexistens mellan olika samhällsklasser än liberala jämlikhetsideal. Arbetarrörelsen hade organiserat sig, erövrat den politiska makten och var i full färd med att stöpa om samhället utan vare sig student- eller universitetsexamina. Det var inte helt orimligt att tro att man i framtiden också kunde sköta sin kompetensutveckling och släcka sin kunskapstörst genom frivilligt bildningsarbete i egen regi. Om de begåvade arbetarna gick vidare till högre studier skulle de ju också förborgerligas i sina värderingar och därmed förloras för socialdemokratin. Bättre då att bygga ut den egna utbildningsverksamheten och låta överklassens barn leka i Lund och Uppsala.

Som så många andra föreställningar krossades idén om ett parallellt utbildningssystem inom arbetarrörelsen av andra världskriget. Till en del av ekonomiska skäl: trettiotalets akademikerarbetslöshet hade ersatts av en stark efterfrågan på arbetskraft med högre utbildning. "Begåvningsreserven", ett uttryck som skapats av den socialdemokratiske utbildningsministern Ragnar Edenman, kunde inte längre utgöra arbetarrörelsens exklusiva råmaterial utan behövdes i hela nationens tjänst. Men omsvängningen var också ideologisk. Det nya efterkrigssamhället måste bygga på universella, liberala principer som gjorde alla medborgare så jämlika som möjligt, inte minst i sin lojalitet med den demokratiska staten. FN:s deklaration om de mänskliga rättigheterna som antogs den 10 december 1948 förklarade att "yrkesundervisning och teknisk undervisning ska vara allmänt tillgänglig och den högre undervisningen stå öppen i lika mån för alla på grundval av deras duglighet". I valrörelsen 1948 föreställde en av Socialdemokraternas starkaste affischer också en sorgsen arbetaryngling som tittar på några nybakade studenter med budskapet: "Begåvad men fattig. Ge honom en lika chans." Friheten att välja sin bana i livet i enlighet med intresse och förutsättningar var en av de avgörande skillnaderna mellan diktatur och demokrati, hette det i en utredning om ökat tillträde till högre studier som gjordes i början av femtiotalet.

Uppslutningen kring den nya synen på högre utbildning som en individuell rättighet var bred, inte minst bland studenterna själva. Tidigare hade man främst betraktat sig som en sluten kår av blivande ämbetsmän och professionella yrkesutövare. I antifascismens och demokratins tecken övergick man efter 1945 till att se sig som en öppen och expanderande elit, vars inflytande skulle öka genom att allt fler ungdomar fick möjlighet att läsa vidare. Det framstod som alltmer orimligt att högre utbildning skulle fortsätta vara ett klassprivilegium. År 1945 kom hälften av studenterna från socialgrupp I, drygt 40 procent från socialgrupp II och endast 7,4 procent från socialgrupp III, som omfattade 57 procent av befolkningen. "Även om antalet begåvade av olika skäl kan tänkas vara procentuellt lägre inom socialgrupp III än inom socialgrupp II och särskilt inom socialgrupp I kan detta förhållande inte motivera en disproportion av detta slag", hette det tidstypiskt i *1948 års studiesociala utredning*. "Flera arbetarsöner till högskolorna", förklarade statsminister Tage Erlander 1948, men lämnade frågan om vart arbetardöttrarna skulle ta vägen öppen.

SFS taktik blev att samarbeta med den socialdemokratiska staten för att reformera den svenska högskolan. SFS krävde bättre undervisning, breddad social rekrytering, fler studentbostäder och bättre ekonomiska och sociala villkor för studenterna. Mot gamla tiders överliggare, växelelände och ogina inackorderingstanter ställdes visionen om en modern student som oavsett social bakgrund bedrev ändamålsenliga studier och bodde i luftiga, ljusa studentrum med moderna bekvämligheter.

Precis som när det gällde de internationella frågorna var grundlinjen alltså redan utmejslad när Olof Palme valdes till ordförande i mars 1952. Vid femtiotalets början förespråkade han, liksom många andra, inte studielån utan studielön, det vill säga någon form av statliga stipendier som täckte studenternas levnadsomkostnader under studietiden. Omkring hälften av studenterna levde på lån, antingen från banker eller från privatpersoner. Skuldbördan hade länge varit ett erkänt problem, som till och med besjungits av skalder:

Oss kan man kalla samvetslöst bestulna
Fortuna var oss inte nämnvärt huld
Hur amortera medan bladen gulna
din studieskuld?

hade den framtida ledamoten av Svenska Akademien Johannes Edfelt klagat 1943. Palmes utgångspunkt, som han förklarade i den socialdemokratiska idétidskriften *Tiden* 1953, var att motverka social snedrekrytering. Studenter som kom från hem utan studietraditioner var obenägna att dra på sig stora lån för att bekosta en utbildning vars framtidsutsikter tycktes osäkra. Det var en tanke som hörde hemma på den vänstra sidan av det politiska spektrumet. Kommunister och socialdemokrater förordade studielön, folkpartister vill ha ett generellt stipendiesystem, medan Högern och Bondeförbundet pläderade för gynnsamma statliga lån. Inom SFS hade Palme också fört en radikal hållning i andra frågor. Under hans tid som ordförande stod frågan om anslutning av nya studentkårer till SFS på dagordningen, bland annat vid Socialinstitutet i Stockholm och andra nya, högre utbildningsinrättningar som hade en oklar status i förhållande till de etablerade högskolorna och universiteten. Motståndarna menade att dessa studenter inte var tillräckligt akademiska för att ha rätt att ingå i SFS. Men Palme drev på hårt och framgångsrikt.

Det var kanske inte lika spännande att sitta i möten på Ecklesiastikdepartementet i Stockholm eller debattera organisationsfrågor som att fara runt på internationella kongresser. Men som vanligt lade Palme ner all sin kraft i den uppgift han stod inför. Han var expansiv när det gällde ekonomin på ett sätt som förebådade statens tillväxt på sextiotalet. SFS budget fördubblades under hans år som ordförande, från 64 000 till 119 000 kronor. Många inom förbundsstyrelsen var bekymrade över växande underskott. Men det viktiga var att öka intäkterna, inte att skära ner i verksamheten, menade Palme. Allt fler började inse att SFS inte kunde fungera som en effektiv lobbyorganisation om inte avgiften höjdes. Är det "rim och reson", frågade Uppsalastudenternas tidning *Ergo*, att en för studenterna viktig verksamhet "vilade på ett så svagt ekonomiskt fundament som terminsavgifter på en krona och sjuttiofem öre"?

I april 1952 flyttade SFS också från det trånga "Rucklet" på Holländargatan till nya, moderna lokaler i de nybyggda studentbostäderna på Körsbärsvägen i norra Stockholm. Någon ersättning fick dock inte ordföranden, trots att det var ett heltidsuppdrag, endast ett representationsanslag på tusen kronor. Däremot fick han nu ett eget rum med ett skrivbord som han inte behövde dela med andra.

Det behövdes. Från Körsbärsvägen ledde Palme nu SFS tämligen omfattande serviceverksamhet för studenter med utbytesprogram, resor och kurslitteraturfrågor. Ordföranden fick ägna betydande tid åt affärskontakter, bland annat i form av luncher med bokhandlare på hotell Anglais intill Humlegården. Det var en inte alltid välskött verksamhet. SFS samarbetade med ett bussbolag i Lund med trassliga affärer, vilket ledde till Palmes första mediala elddop i november 1952. Konfronterad av en journalist på *Dagens Nyheter* hade han viftat bort SFS intressen i företaget (som ironiskt nog drevs av en teologistudent) som minimala. Kommentaren framstod för många som vilseledande när Studentbuss dåliga affärer rullades upp. SFS hade förlorat 15 000 kronor, ett ansenligt belopp vid denna tid. Men reportern försvarade Palme i en efterföljande artikel och intygade att SFS ordförande aldrig hade förnekat kreditens omfattning utan syftat på att man enbart var fordringsägare och inte hade något ägarintresse. Palme räddades av ett medieklimat som ännu var påfallande vänligt.

*

Palmes tid i SFS fick en *grande finale* i maj 1953. Då var det åter dags för studentriksdag, det hade gått fem år sedan de stormiga förhandlingarna i Uppsala där den kommunistiska kuppen i Tjeckoslovakien debatterats. Nu var mötet förlagt till ett värmedåsigt Lund där termometern visade på 30 grader i skuggan. Invigningen skedde i universitetsaulan med tal av ecklesiastikministern och universitetskanslern. Statsministern hade också varit på väg, men fått förhinder. På plats fanns 250 studentdelegater och minst lika många inbjudna observatörer. Bland dem fanns representanter från andra länders studentorganisationer, men framför allt fylkades det svenska etablissemanget kring studenterna: rektorer, professorer, politiker, fackföreningsfunktionärer, folkrörelserepresentanter, förvaltningstjänstemän, näringslivsfolk.

Med sitt inledningsanförande gav Palme konferensen en principiell inramning av ett slag som få andra kunde ha gjort. Han tog sin utgångspunkt i det berömda "Bollhusmötet" 1939 då studentkåren i Uppsala hade antagit en resolution som krävde att judiska läkare som var på flykt från den tyska naziregimen inte skulle släppas in i Sverige. Den uppenbara poängen – som drevs hem med all önskvärd tydlighet – var vikten av internationell studentsolidaritet. Det kan tyckas defensivt med tanke på SFS insatser på den internationella arenan under de gångna åren. Men det stora flertalet studenter var inte särskilt engagerade i IUS eller frågan om stöd till tredje världen. Genom att påminna om mellankrigstidens reaktionära tendenser bland svenska studenter desavouerade Palme den höger inom SFS som motsatte sig både internationella åtaganden och en alltför långt gången demokratisering av den högre utbildningen. Kontrasten med trettiotalet påminde åhörarna om ett ärelöst förflutet som underströk SFS nya roll som bärare av modernitet, utveckling och frihet.

Styrkan i Palmes tal i Lund 1953 var att han också indirekt rörde vid något djupare i åhörarnas medvetande. Frågan om internationell studentsolidaritet handlade även om den skuld som många svenskar kände för landets restriktiva flyktingpolitik och ideologiska anpassning under kriget. De första efterkrigsårens ambitiösa försök att granska den svenska flyktingpolitiken hade runnit ut i sanden, samtidigt som de studenter som drivit den flyktingfientliga studentpolitiken gått vidare till framgångsrika karriärer. Det Palme skisserade var ett alternativ till plågsam självprövning och ändlös skulddebatt: att återupprätta Sveriges moraliska heder genom ett humanitärt bistånd, stöd till demokratirörelser och aktiv flyktinghjälp. Undertexten i hans tal var att Sverige skulle sona sin skuld genom handling. I Lund 1953 drog han upp riktlinjerna för den roll som "världssamvete" som Sverige skulle komma att ta på sig under sextio- och sjuttiotalen. Det var en inställning som passade Olof Palmes temperament, liksom stora delar av svenska folket, som ville blicka framåt snarare än bakåt och entusiastiskt bejakade femtiotalets modernitetsiver.

Efter maratondebatter och utdragna nattplena segrade den falang som förespråkade studielön och framför allt hade stöd i Uppsala och Stockholm över de lundensiska studenterna som ville se ett utvidgat lånesystem. Det innebar, skrev *Stockholms-Tidningen*, en revolution i svenskt samhällsliv: "All studielämpad ungdom kommer utan ekonomiska och geografiska hinder få samma chans till högre utbildning." Även om lånesystemet senare skulle vinna över studielönemodellen, blev studentriksdagen en seger för Olof Palme. Själv ansåg han att inledningsanförandet var ett av hans bästa tal någonsin. När han avgick hyllades han främst för att han "under fyra års verksamhet fört fram SFS till en ledande ställning i det internationella arbetet" men också för att ha skapat enighet om de inre målsättningarna.

*

Den 2 juni, bara någon vecka efter studentriksdagen i Lund, lämnade Olof Palme för sista gången Stockholms Central för att bege sig ut i världen som ambulerande studentpolitiker. På uppdrag av den västliga studentinternationalens sekretariat, COSEC, skulle han under tre månader turnera i Asien för att etablera kontakt med lokala studentorganisationer. Första anhalten var organisationens kontor i Leyden i Holland, där han inhämtade instruktioner och kontaktuppgifter. Några dagar senare flög han till Bombay från Orlyflygplatsen i Paris, en resa som tog över två dagar med mellanlandningar på Cypern och i Bahrein. Han anlände till den indiska miljonstaden, vars centrum var modellerat efter London, på Svenska flaggans dag den 6 juni några veckor in i monsunperioden.

En svettig tågresa förde honom till Mysore, över hundra mil längre söderut, där han skulle delta i ett seminarium om utveckling och bistånd organiserat av den Canadadominerade studenthjälpsorganisationen World University Service, WUS. Själva konferensen fann han ytterst prövande. WUS i Indien var, ansåg han, en korrupt och ineffektiv organisation; senare skulle det framkomma att den var indirekt finansierad av CIA. Palme beklagade sin nöd i brev hem. Han levde "ett satans lyxliv i Maharaja College med passopper bakom varje hörn", och tvingades lyssna på reaktionära indiska professorer, "munkar i apelsinfärgade skynken och katoliker som agiterade mot födelsekontroll". Vid ett tillfälle rymde han från konferensen för att bo i en skogsby tillsammans med en amerikansk antropolog. Men han härdade ut i den fuktiga värmen i Mysore, som fram till 1947 hade varit huvudstad i kungadömet med samma namn, i en dryg månad. Ett antal andra delegater från väst kroknade däremot, och i sin slutrapport skrev Palme att COSEC i framtiden måste se till att välja personer med goda fysiska förutsättningar för att klara klimatet i Asien.

I början av juli kunde han äntligen ge sig ut "on the road" igen. Under de följande två månaderna for han fram och tillbaka i Sydostasien med sedvanlig intensitet. Han korsade den indiska subkontinenten och besökte Calcutta, Bangalore, Madras, Benares och New Delhi. Han gjorde kortare nedslag i Burma, på Ceylon, i Thailand och Singapore på ett par dagar samt tillbringade två veckor i Indonesien. Han bodde på studenthärbärgen men bjöds även på universitetsmottagningar och ambassadmiddagar. Han hade drabbats av malaria i Mysore och fick ett återfall när han anlände till Burma, vilket bromsade upp honom något: "22 juli: sjuk" står det lakoniskt i hans reserapport. Men redan nästa dag var han på Rangoons universitet där han träffade ett tiotal burmesiska studentledare. Han knöt hundratals kontakter under resan med studenter, lärare och politiker i hela Sydostasien och skaffade sig ett säkert grepp om den postkoloniala situation som rådde i området i början av femtiotalet.

Den nästan hundrasidiga rapport som Olof Palme lämnade till COSEC från sin Asienresa var inte särskilt optimistisk när det gällde utsikterna att få till stånd ett samarbete med lokala ickekommunistiska studentorganisationer. De kommunistiska sympatierna var starka bland studenter och intellektuella. Det koloniala arvet hade lämnat en begriplig misstänksamhet mot väst. Därför var det kontraproduktivt att ge sig ut på antikommunistiska korståg med högstämd retorik om västerländska värden. Såväl i de nyligen självständiga länderna som de kvarvarande kolonierna fanns en stor känslighet för allt som uppfattades som västerländsk paternalism. Inte minst blev Olof Palme förfärad över utbildningssystemet i de länder som styrdes eller hade styrts av britterna. Lärarna undervisade som om studenterna gått i engelska skolor och föreläste för förvirrade studenter om Labourpartiets historia, framtiden för förstatligade industrier och Bloomsburygruppens inflytande på engelsk litteratur. Resultatet blev en bisarr hatkärlek där svavelosande utbrott mot Storbritannien framfördes på perfekt Oxfordengelska. Palmes rapport är skriven med en ton av samförstånd med de amerikanska studentledare som ledde COSEC (och som Palme ovetandes finansierade hans resa med CIA-pengar): en kvardröjande liberal antikolonialism från Roosevelts tid står mot de gamla, cyniska föreställningarna om "den vite mannens börda". Men bakom hans amerikanska studentjargong – "jag förmodar att de [malaysiska studenterna] åtminstone ägnar sig åt petting" – finns ett svenskt småstatsperspektiv på världen, ett slags omedelbar solidaritet med svagare nationer som är utsatta för stormakternas arrogans.

Det land som Palme ställde sitt hopp till var Indonesien, där han fann en vital och konstruktiv studentrörelse. Till skillnad från de alienerade indiska studenterna – som gärna hemföll åt till intet förpliktigande andlighet och långa samtal på kaféer – var den indonesiska ungdomen aktivt engagerad i ett nationellt uppbyggnadsprojekt. Utvecklingen i den forna holländska kolonin hade löpt annorlunda än i de franska och brittiska besittningarna efter kriget. Holländarna hade, tämligen naivt, trott att allt skulle kunna återgå till det gamla sedan den japanska ockupationen hävts. Men redan två dagar efter det att Japan kapitulerat i augusti 1945 proklamerade den nationalistiske ledaren Sukarno Indonesiens självständighet. Efter såväl väpnad strid som diplomatiska förhandlingar tvingades Holland 1949 acceptera att de definitivt förlorat sin sydindiska koloni. Många holländare blev visserligen kvar, men de hade inte samma mentala grepp över sina forna undersåtar som britterna. Indonesernas självförtroende tilltalade Palme efter upplevelserna i Indien och Burma. Att studenterna hade bildat en egen militär enhet i befrielsekriget var en viktig förklaring till deras starka ställning, menade han:

> Minnet från denna tid lever både bland studenterna, vilket bidrar till en allmän vaksamhet och en självsäker hållning, och bland allmänheten, som tycks betrakta studenterna med åtskillig stolthet och ha stora förväntningar på dem. Detta motsvaras hos studenterna av en känsla av ansvar.

Skillnaden i Palmes hållning till de indonesiska och de indiska studenterna avslöjar ett underliggande drag i hans internationella solidaritet. Han attraherades av handlingskraftiga självständighetsrörelser men hade svårt för vad han uppfattade som kaféintellektuella som blivit narcissistiskt besatta av sin egen position som offer för det koloniala förtrycket. "Nationalismen", förklarade han senare i sitt liv, "är mer än den enkla entusiasmen för den ena eller den andra nationen, ty den har sina rötter i det gamla begreppet om jämlikhet mellan alla människor – utan åtskillnad till färg, ras eller kast." Nationalism handlade om värdighet, menade han – och det var den värdigheten han attraherades av bland de indonesiska studenterna. Hans avsky för koloniala attityder och paternalism försatte honom också i en till synes paradoxal position.

Han hade svårt för förtryckta människor som bejakade sin egen underordning, till exempel anglofila indiska studenter. Han insåg själv dilemmat när han betecknade sitt eget förslag om hur COSEC skulle bekämpa den kommunistiska studentrörelsen i Sydostasien som "imperialistiskt". Palmes slutsats var nämligen att det inte var någon poäng att försöka föra in de internationella frågorna i de asiatiska studentorganisationerna, utan att enbart ge "tekniskt stöd" till deras eget arbete för bättre villkor och rättigheter. Men även om detta kunde uppfattas som västerländsk nedlåtenhet var det också sunt förnuft av det slag som den franske socialistledaren Jean Jaurès gett uttryck för i början av nittonhundratalet: lite internationalism leder bort från fosterlandet, mycket internationalism leder tillbaka igen. Dessutom var det en hållning som passade väl ihop med familjen Palmes traditioner: praktisk handlingskraft, ett starkt nationellt försvar och stöd till små nationer som befann sig i konflikt med imperialistiska stormakter.

*

Den 24 juli 1953, när Palme just hade rest sig från sin malaria och befann sig på universitetet i Rangoon, kom det officiella beskedet att han utnämnts till kanslisekreterare vid försvarsstaben. Han hade mer eller mindre aktivt brottats med frågan om sitt framtida karriärval sedan Parisvistelsen. Månaderna före studentriksdagen hade hans ansökan till den militära underrättelsetjänsten processats. Hans bekant Hagman, som sökte samma tjänst, hade överklagat men till slut hade Palmes omfattande utlandsmeriter gett ett positivt utslag. Hans val av det militära yrkesfältet – om än på Försvarsstaben med internationell inriktning – har ofta betraktats som märkligt och inkongruent med hans senare bana som världssamvete och nedrustningspolitiker.

Men i själva verket var det inte oförenlig med den världsbild som skulle komma att prägla hela hans politiska gärning. Hans internationalism var från början till slut högst realpolitisk – vilket inte betydde att han inte vägde in den makt som fanns i moral och retorik. Både som svensk ung man uppvuxen under krigsåren och som internationell studentpolitiker under det kalla kriget hade han präglats av en stark medvetenhet om stormakternas förmåga att diktera villkoren på den internationella arenan. Redan i sin artikel om Pragkuppen skriven i USA 1948 hade Palme ställt sig bakom den socialdemokratiska neutralitetspolitiken. Vi motsätter oss att tvingas in i internationell blockpolitik, och därför måste vi ha ett starkt försvar, hade han förklarat för sina amerikanska läsare.

Men om Palme gick helt i takt med tiden när det gällde försvaret och neutraliteten, var han helt unik i ett annat avseende. Få svenskar hade vid denna tid en lika god förståelse av den nationella frågans betydelse på ett globalt plan. Kanske var det mer intuitivt än medvetet, men för Olof Palme fanns det en koppling mellan Sveriges neutralitet och de självständighetsrörelser han kommit i kontakt med under sin tid som studentpolitiker. Han var i en viss mening nationalist: det var inom ramen för den självständiga nationalstaten som demokrati, jämlikhet och social rättvisa kunde erövras. Det gällde Indonesien likaväl som Sverige. I detta fanns latenta drag av den storsvenskhet som hans farfar hade omfattat: om Sverige var militärt starkt och kunde hävda sin neutralitet kunde också hans egen nation spela en större roll i en värld där svaga länder i tredje världen pressades av det kalla krigets supermakter. Men där fanns också en internationell solidaritet.

Med Sverige som bas kunde han göra en effektiv insats för de unga, fattiga nationerna. Det är naturligtvis tveksamt om han såg sambandet fullt så tydligt 1953. Men det är svårt att förstå hans tvära lappkast från Jakarta och Calcutta till Försvarsstaben på Östermalmsgatan på något annat sätt – om han inte var den multipolära personlighet som en del av hans biografer har hävdat. Livet igenom rymdes inom Palme dels insikten om det nationellas betydelse, dels längtan efter att påverka den internationella politiken.

Något som ytterligare talar för denna tolkning är att han faktiskt hade möjlighet att fortsätta sin internationella karriär i stället för att träda i den svenska statens tjänst. För amerikanska UD med Dean Acheson i spetsen hade Olof Palme varit den ideala ordföranden i COSEC. Under 1952 hade man gjort flera intensiva övertalningsförsök, men Palme hade varit ytterst bestämd på att han skulle gå till svenska UD eller Försvarsdepartementet. Motiven bakom detta var sannolikt sammansatta. En del var säkert karriärmässig. Han hade skaffat sig tillräckligt med internationell erfarenhet och anade kanske att det fanns något grumligt i den kalk som amerikanerna höll fram åt honom. En annan del var rent personlig. Han hade en fästmö i Stockholm som han ville vara nära. Men troligen förstod han också att vägen ut i världen inte nödvändigtvis gick bort från Sverige.

8. Trollkarlens lärling

> *För yngre eller invandrade svenskar är det i dag antagligen omöjligt att förstå det totala främlingskap som i min barndom rådde mellan socialdemokrater och borgerliga väljare.*
>
> GÖRAN HÄGG

> *Jag träffade på en lång, avig, uttröttad man som lutade sig fram över sitt skrivbord i ett tomt kontor. Jag frågade efter statsministern. Han reste sig, skakade hand och sade "Det är jag".*
>
> WILFRID FLEISHER

DET SÖRMLÄNDSKA GODSET Harpsund var en oväntad gåva från affärsmannen C.A. Wicander till den svenska regeringen. "Kork-Wicander" var sonson till en lanthandlare som under artonhundratalet utvecklat en liten verkstad för korktillverkning på Södermalm i Stockholm till ett världsomspännande affärsimperium. Wicander avled i Lissabon i december 1952 och när hans testamente blev offentligt visade det sig att "corps-de-logiet vid Harpsund med norra, östra, västra flygelbyggnader och tvenne paviljonger vid sjön jämte fatbur med tillhörande park" skulle tillfalla Sveriges statsminister. Till gården hörde 1 600 hektar skog och jordbruksmark samt mängder av konst, porslin och andra föremål som Wicander samlat under åren.

Förebilden var det engelska slottet Chequers i Buckinghamshire som skänkts till den brittiska regeringen efter första världskriget. Donationen orsakade både offentlig debatt och huvudbry i den socialdemokratiska regeringen. Kvällstidningarna var positiva. *Expressen* ansåg att gåvan var "ett tilltalande arrangemang". Den kulturradikala morgontidningen *Dagens Nyheter* menade att regeringen borde tacka nej: "Låt kungligheter, diplomater och några snobbiga rika kultivera den högre sällskapliga förnämiteten." Finansministern Per Edvin Sköld uppskattade tillskottet till statskassan, men försökte manipulera villkoren så att Harpsund skulle bli hela regeringens snarare än statsministerns exklusiva tillgång. Gunnar Sträng, som då var socialminister, ville däremot inte ha några "nådegåvor från storfinansen".

Statsministern var kluven. Tämligen asketisk till sin läggning tyckte Tage Erlander att tanken på tjänstefolk och dyrbara teserviser var obehaglig, och han oroade sig för de kostnader som tillvaron på Harpsund kunde medföra för en "medellös statsminister". Samtidigt insåg han fördelarna med att få bättre representationsmöjligheter. Det svenska statsministerämbetet, som skapats först 1876, saknade ett eget kansli. Statsministern betraktades enligt författningstraditionen mer som en samordnare än en exekutiv ledare. Den amerikanske pressattachén i Stockholm Wilfrid Fleisher förundrades över torftigheten kring den svenske regeringschefen när han skulle intervjua Erlander hösten 1953. Han fick leta sig fram i Kanslihuset vid Mynttorget i Gamla stan tills han till slut ramlade över en ensam, trött man i ett ödsligt kontor. Själv hade Erlander blivit närmast chockad när han flyttade in i sin företrädares arbetsrum hösten 1946. Som ecklesiastikminister hade han haft en hel stab till sitt förfogande, i det nya ämbetsrummet fanns enbart den gamla skrivmaskin på vilken Per Albin Hansson själv skrivit sina brev.

Den hårt pressade statsministern anade att Harpsund skulle kunna stärka hans ställning. Dessutom var hans hustru Aina positiv. Av förklarliga skäl tyckte hon att det var svårt att ta emot gäster i den blygsamma hyreslägenhet på tre rum i förorten Alvik där statsministerparet bodde med två söner. I maj beslöt en enig riksdag att acceptera Kork-Wicanders gåva. I augusti invigde familjen Erlander Harpsund med Tages brittiske vän och partikamrat Herbert Morrison som gäst i den sörmländska herrgårdsmiljön. Några veckor senare, när Olof Palme signerade gästboken på Harpsund, kompletterades herrgården med nästa skänk från den svenska överklassen till den ansatte socialdemokratiske statsministern.

Erlander hade letat efter en kompetent assistent i flera år. Palmes namn hade kommit upp från flera olika håll, men var långt ifrån det enda förslaget. De hade träffats på tåget mellan Stockholm och Uppsala två år tidigare och den unge studentpolitikern hade då gett ett gynnsamt intryck. Sommaren 1953 beslöt Erlander sig för att intervjua Palme. Men denne var på resa i Asien och det dröjde fram till hösten innan Erlander kunde få kontakt och bjuda ut honom till Harpsund. Erlander ringde otåligt till Försvarsstaben för att fråga när förste byråsekreterare Palme skulle infinna sig. Den 20 september – bara en dag efter att han officiellt börjat på Försvarsstaben – tog Palme tåget till Flen tillsammans med Erlanders nittonårige son Sven och en diplomat vid namn Vilgot Hammarling som var stationerad i London. Där träffade sällskapet statsministern, som kom resande från Varberg på västkusten där han hållit ett tal och sett till sin svärmor. Det var brittsommarvarmt och efter en lyckad fisketur som resulterade i en liten gädda blev det mat och dryck, "det senare mer än jag mår alldeles bra av", konstaterade Erlander ruelsefullt i dagboken. På kvällen åkte Sven Erlander och Palme tillbaka till Stockholm.

Erlander var mer tveksam efter sitt andra möte med Palme. I dagboken skrev han: "Mycket intelligent förvisso, men har han den moraliska motståndskraft som behövs hos en politiker?" Att vara politiker var nämligen "det mest moraliska yrket i världen". Erlander var trots sin akademiska skepticism präglad av en väckelsekristen barndom och synade den unge mannen ur högborgerlig miljö med viss stränghet. "Hans respektlöshet hade aldrig riktigt kunnat omfatta religionen och på den tid då någon ännu uppvaktade statsministern om sedlighet, pornografi och ungdomens förfall kunde han uppvisa en känslighet... som var svår att begripa för ledande socialdemokrater med annan bakgrund", konstaterade en journalist som stod Erlander nära. Statsministern misstänkte knappast Palme för dåligt leverne, men anade sannolikt att denne såg moral i termer av resultat snarare än som ett givet regelverk som inpräntats i ett gudfruktigt hem.

Men den hårda granskningen berodde också på att Erlander omedelbart identifierade Palme som ett politikerämne. Även om det var ett villkor att hans sekreterare skulle vara socialdemokrat var det inte givet att det var vägen in i en politisk karriär. Erlanders tidigare sekreterare hade återgått till ämbetsmannabanan. Och en annan ung socialdemokrat som under det första året arbetade parallellt med Palme hos statsministern blev senare professor i statsvetenskap. Erlanders förväntningar på Palme var högt ställda från början. Men efter den första hårda besiktningen skulle Erlander och Palme bli ett sammansvetsat team där det är svårt att identifiera var den ene slutade och den andre började. Det var ett ovanligt samarbete. Den kanske närmaste historiska parallellen är det samtida politiska partnerskapet i supermakten på andra sidan Atlanten mellan senatorn John F. Kennedy och hans yngre bror Robert – även om det är svårt att se den minsta likhet mellan den försiktige Erlander och den karismatiske Kennedy för övrigt.

*

I september 1953 hade Erlander varit statsminister i sju år. Tämligen otippat hade den socialdemokratiska partistyrelsen utsett denne okände värmlänning som efterträdare till landsfadern Per Albin Hansson, som lotsat Sverige genom andra världskriget utan manspillan men fått en hjärtattack på en spårvagnshållplats i oktober 1946. I jämförelse med den folklige och myndige Hansson framstod Erlander som ett svagt kort: en akademiker med knarrig röst utan framstående egenskaper eller erfarenheter. "Jag är rädd, har alltid varit rädd och att jag nu accepterar beror sannerligen inte på framåtanda och maktvilja utan på rädsla för gruppen", skrev Erlander i sin dagbok efter valet i partistyrelsen.

Inför 1948 års andrakammarval vädrade de borgerliga partierna morgonluft. Valrörelsen blev också frän med såväl hårda personangrepp som upphettad klasskampsretorik från båda sidor. I *Dagens Nyheter* dundrade tidningens chefredaktör Herbert Tingsten mot det socialistiska vanstyret: "Medborgarna blir nummer i byråkratins rulla. Efter hand försvinner i detta samhälle också den medborgerliga friheten, ty kritik blir opposition och försvårar de härskandes arbete genom att oroa undersåtarna." De socialdemokratiska statsråden utsattes för hårda angrepp, i synnerhet Erlander, som nagelfors för sin brist på erfarenhet och för sin allmänna blekhet. Det nystartade Gallupinstitutet förutspådde en stor seger för det socialliberala Folkpartiet. Men när krutröken lagt sig stod Erlander kvar som segrare.

Erlander blev en av de längst sittande regeringscheferna i en demokratisk stat, sammanlagt 23 år, från 1946 till 1969. Sverige var visserligen under denna period ett lättstyrt, stabilt, konsensusinriktat land som undgått kriget och hade den högsta per capitainkomsten i Europa näst efter Schweiz. Kork-Wicanders herrgård blev en symbol för samförståndsandan; på Harpsund umgicks regeringen med "Dodde" – bekantskapskretsens familjära smeknamn på finansfursten Marcus Wallenberg – och andra svenska storföretagare. "Över huvud taget är det svårt att upptäcka de ideologiska motsättningarna i den första efterkrigstidens politiska strider", konstaterade Erlander senare.

Men det kan vara svårare att hålla sig kvar vid makten under gynnsamma förhållanden än under krig och konflikt. Tillväxt och stabilitet skapar förväntningar, medborgarna blir otåliga och frestelsen att experimentera och förnya växer. I början av femtiotalet föll vänsterregeringar runtom i västvärlden: kristdemokraten Adenauer kom till makten i Tyskland, republikanen Eisenhower blev president i USA och Winston Churchill var tillbaka på Downing Street. Endast i Skandinavien höll socialdemokratin ställningarna. "Den stora högkonjunkturen på femtiotalet", med den brittiske historikern Eric Hobsbawms ord, "administrerades nästan överallt av moderat konservativa regeringar". Många trodde också att det var oundvikligt att den svenska socialdemokratins trollspö till slut skulle komma att brytas.

Men Erlander lyckades på ett närmast mirakulöst sätt vinna val efter val. Han representerade ett nytt samhällsskikts inträde på den politiska arenan: den lägre medelklass som uppstått i folkrörelsernas hägn kring sekelskiftet. Farfadern hade varit smed, fadern hade drabbats av väckelserörelsen i sin ungdom och blivit folkskollärare. Erlander växte upp i klockarbostaden i det värmländska samhället Ransäter, i ett arketypiskt rött svenskt trähus i tre våningar. Runtomkring stod björkar bakom vilka man kunde skymta en kyrka från sextonhundratalet och en muromgärdad gravplats. Hemmiljön var på en gång politiskt radikal-liberal och präglad av pietismens stillsamma men ändå krävande moralism. Förhoppningarna på Tage var stora, inte minst efter att hans äldre bror dött vid arton års ålder. "Var försiktiga med Tage, han ska kostas på", lär modern ha förmanat några pojkar som höll på att misshandla den blivande statsministern.

Blandningen av stränghet och tolerans, så vanlig inom den svenska folkrörelsekulturen, var som gjord för att dana studieflit, politiska ambitioner och social ansvarskänsla. Ingen av dessa egenskaper gick den unge Erlander förbi. Han fullbordade faderns klassresa genom att ta studenten vid läroverket i Karlstad och läsa vidare vid universitetet i Lund. År 1932 blev han invald i riksdagen, mitt under depressionen och året innan Socialdemokraterna och Bondeförbundet ingick sin historiska kompromiss för att ta Sverige ur krisen. Strax före kriget utnämndes Erlander till statssekreterare i Socialdepartementet där han blev ansvarig för 1941 års befolkningsutredning. Den byggde vidare på makarna Myrdals *Kris i befolkningsfrågan* från 1934 och lade grunden för en stor del av efterkrigstidens socialpolitik. Den "långe, gänglige, en smula kutryggige unge riksdagsmannen med det bleka, förlästa ansiktet" demonstrerade såväl en enorm arbetskapacitet som stor idérikedom på detta socialdemokratins mest centrala område.

Han togs in i regeringen som konsultativt statsråd 1944, upphöjdes till ecklesiastikminister 1945 och året därefter valdes han till partiledare och statsminister. Den snabba karriären kan bara delvis förklaras av hans stora arbetskapacitet och kreativitet. Att partistyrelsen så snabbt kunde enas bakom hans namn berodde också på hans prestigelösa personlighet. Även om han kunde vara lite socialt tafatt skapade han ett effektivt arbetsklimat. Dessa egenskaper, som inte omedelbart var synliga i offentligheten, har fått en särskild belysning genom de omfattande och detaljerade dagböcker från hans tid i regeringen som började publiceras efter hans död.

Där framstår den till det yttre prosaiske Erlander som en politikens Marcel Proust: översensibel, hypokondrisk och ständigt självreflekterande. Men jäms med ångesten och de kverulantiska utfallen framträder ett inlevelsefullt intellekt som metodiskt bearbetar både sina egna och omgivningens svagheter för att kunna tolka situationer korrekt och fatta rätt beslut. "Det är alltid svårt att räkna ut vad människor innerst inne menar", som han själv uttryckte det. Grundhållningen är pessimistisk. "Vi som satt i hans vackra tjänsterum kunde se hur han bara genom att gå runt den blåa, mjuka mattan beskrev sitt eget sinnestillstånd", minns en av hans medarbetare: "långsamt, knäande, hopkrupen förklarade han att allt gått åt helvete sedan kompletteringspropositionen visat på en lätt nedgång". Erlander räknade alltid "med sämsta möjliga utfall", som Olof Palme senare beskrev det.

Men depressionen kunde också förbytas i eufori. Mitt i svartsynen rätade han upp sig, hivade byxlinningen ännu närmare armhålorna och förklarade: "Nu ska di få se på själva jävulen." När det gäller de egna medarbetarna läser han osentimentalt av deras brister: "obeslutsamhet, räddhåga och prestigehunger", ansåg han, var svåra handikapp som man måste vara på sin vakt mot – inte minst därför att han ansåg att han själv led av dessa svagheter. Hos motståndarna letar han både efter beröringspunkter för samarbete och efter motsättningar som kan ge energi åt debatten. Han hade lätt för att umgås med den underfundige bondeledaren Gunnar Hedlund, en småbrukarson från Norrland som läst in gymnasiet som privatist och doktorerat i juridik vid Stockholms högskola. Hedlund var en svag ideolog men en briljant taktiker vars uppgörelse med Socialdemokraterna 1951 placerade Bondeförbundet i regeringen. Erlander hade också ett gott öga till den ovanligt folklige Högerledaren Jarl Hjalmarson, en lättsam, kortväxt man med utstående öron som startat sin offentliga karriär som trollkarl i Uppsalas studentvärld. "Jarlen", som han kallades, var väl sedd i LO-kretsar där han betraktades som en hederlig förhandlare, men Erlander fann honom en aning naiv.

Däremot hade han svårt för Bertil Ohlin, som hade utsetts till Folkpartiledare 1944 och skulle komma att driva opposition fram till 1967. När Erlander var på gott humör frossade han på morgonsittningarna i färgstarka, karikerade beskrivningar av sina motståndare, framför allt älsklingsgestalten Ohlin. "Han är galen, fullkomligt galen", kunde statsministern glatt utbrista i denna intima krets där han inte riskerade att bli citerad. Utfallen i dagboken är mer gallfyllda. Folkpartiledaren gisslas nästan maniskt för sin arrogans, självgodhet och inbilskhet. "Jag kan ju inte glömma hur Ohlin behandlade mig under min första statsministertid", förklarade Erlander för en ung folkpartistisk riksdagsman 1953: "Att Tingsten och de andra idioterna skildrade mig som en nolla, det kunde jag acceptera, men att Ohlin som är en begåvad person kunde uppträda så nedsättande och föraktfullt, det har jag svårt att förlåta." För sin del hade Ohlin nästan lika svårt för Erlander, vars debattstil han ofta fann demagogisk och intellektuellt ohederlig. Folkpartiledaren ansågs vara än mer grå och humorfri än Erlander. "Någon stor folklig orator var pappa aldrig", erkände till och med Ohlins dotter, politikern Anne Wibble. Men han var allmänt respekterad för sin känsla för *fair play*.

Sett utifrån var Erlander och Ohlin i själva verket intill förväxling lika. Båda var akademiker från Lund, hade börjat sin politiska bana som liberaler, var otvetydiga antikommunister och förespråkade keynesiansk stabiliseringspolitik och långtgående sociala reformer. I de flesta andra länder skulle de ha varit med i samma parti eller åtminstone bedrivit ett nära samarbete. "Det är för mig en paradox att ni är motståndare", skrev den danske socialdemokratiske ledaren Jens Otto Krag i ett brev till Ohlin. Till en del handlade det om ovanligt dålig personkemi. Erlander och Ohlin var tillräckligt lika för att se varandras svagheter och styrkor men också tillräckligt olika för att irriteras av dem. Ohlin var en internationellt framgångsrik vetenskapsman men en sämre politiker. Erlander hade däremot övergett sin ungdoms professorsambitioner och utvecklats till en ovanligt skicklig taktiker och debattör.

Det som drev konflikten mellan Erlander och Ohlin var dock inte den dåliga psykologiska passformen utan den maktpolitiska rivaliteten mellan Folkpartiet och Socialdemokraterna. Sedan trettiotalets börjat hade arbetarpartiet rört sig mot den politiska mitten, avsagt sig socialiseringsambitionerna och blivit mer av ett "folkparti". Samtidigt hade Bertil Ohlin, som under depressionen utvecklat makroekonomiska teorier om behovet av statlig intervention i ekonomin som var snarlika Keynes (somliga hävdar att han föregick den engelske ekonomen), fört Folkpartiet vänsterut. Likt Socialdemokraterna förespråkade Ohlin aktiv sysselsättningspolitik och ett omfattande socialt reformarbete. För både Erlander och Ohlin blev det därför nödvändigt att framhäva skiljelinjerna i politiken. För sin del fann Erlander tanken att den svenska samförståndspolitiken skulle leda till en utsuddning av partigränserna "skrämmande". I dagboken erkände han dock att den skulle vara riktig om socialdemokratin inte "aktualiserade socialiseringsspörsmålen". Så mycket socialisering blev det inte och det är i det perspektivet man får läsa Erlanders utfall mot Ohlin. Han identifierade sin huvudmotståndare och strävade instinktivt efter att vidmakthålla konflikten för att inte falla ner i ett politikens svarta hål.

Sommaren 1954 ägnade bildtidningen *Se* – modellerad efter amerikanska *Life* och *Look* – ett långt bildreportage åt "Våran Tage". Rubriken var halvt ironisk, halvt allvarlig. När Erlander blev statsminister hade tidskriften haft ett reportage med rubriken "Vem f-n är Tage?" Meningarna var delade bland de tillfrågade om Socialdemokraterna hade lyckats göra statsministern till "Tage" med svenska folket. Men det var ingen tvekan om att den "färglöse" Erlander vuxit med uppgiften och erövrat en tydlig pondus: "Många säger att han är vänlig, fylld av en glittrande ironisk intelligens och glänsande humor." Humor och ärlighet var kanske inte tillräckliga egenskaper för att kompensera för hans akademiska framtoning och förkärlek för att "leverera giftpilar" i debatten, men han hade visat sig vara en slitstark statsminister. Journalisterna upptäckte att det var mer tacksamt att skriva om gäddfisket i Harpsundsekan och vad Erlander åt till frukost. Metamorfosen fullbordades när han i början av sextiotalet vann svenskarnas hjärtan genom att berätta en rolig historia på värmländska i det omåttligt populära teveprogrammet "Hylands hörna". Då blev han den trygge landsfadern, inte minst i kontrast mot den intellektuelle och replikgiftige – Olof Palme.

*

Det första året var jobbet hos Erlander en deltidssyssla. Palme, malariablek efter sin resa i Sydostasien, åkte vespa till sina respektive arbetsplatser, Försvarsstaben på Östermalm och Kanslihuset alldeles intill Riksdagshuset på Helgeandsholmen. Den

unge tjänstemannen i skrynklig trenchcoat och slarvigt knutna skor bodde ännu kvar med Müsi och Carin på Östermalmsgatan. Claës hade vid 33 års ålder precis lämnat föräldrahemmet. Under sommaren, då hans yngre bror reste i Sydostasien, hade han gift sig och bodde nu på Valhallavägen, några stenkast bort. När Olof var ledig – vilket inte hände särskilt ofta – träffade han Lisbet och hade en sporadisk kontakt med gamla vänner från SFS-tiden. Hans första större uppdrag för Erlander blev knappast särskilt upphetsande: att föra protokoll vid en konferens om jordbrukspolitik på Harpsund hösten 1953. Men grispremier och spannmålssubventioner var inte oviktiga frågor för en regering som byggde på en allians mellan arbetare och bönder.

Det avgörande för Palme var dock att han nu befann sig, 26 år gammal och utan att ha gjort tillstymmelse till politisk karriär, i den svenska statsmaktens absoluta centrum. Erlander insåg snart, precis som Bo Kärre och SFS-ledningen gjort vintern 1949, vilket fynd den unge mannen var. Och från Palmes sida fanns knappast någon tveksamhet. Arbetet i SFS hade gett honom smak på praktisk politik och visat att han var en skicklig lagspelare som kunde anpassa sig till nya situationer och förändrade uppdrag. Valet mellan att klättra pinnhål för pinnhål i den statliga förvaltningen och att bli medhjälpare till landets statsminister var lätt. Han gillade, som han uttryckte det med den inte helt tonsäkra söderkisstil han lagt sig till med, "grejer där man kan göra prylar".

Palme gick upp helt i sitt nya arbete. Under SFS-tiden hade han ofta varit uppslukad av sina uppdrag, men från och med sommaren 1953 lade han i sin högsta växel och skulle egentligen aldrig komma att bromsa in. Fritidsintressen och sociala relationer kom i andra hand. "Jag vill resa med lätt bagage", förklarade han för Lisbet. I packningen ingick hustru och barn; familjen skulle bli oerhört viktig för Palme. Men äktenskapet fick anstå under de första hektiska åren i Kanslihuset. Olofs och Lisbets förlovning blev lång, och betydligt längre än vad den senare önskade. Claës Palme hade gift sig mindre än ett år efter han träffat sin blivande hustru, men för Olof och Lisbet tog det fyra år att komma till prästen. Ett av Lisbets villkor för äktenskap var att Olof lovade att ta semester varje år.

Från och med sommaren 1954 övergick Palme till heltid hos Erlander. En anledning till att Erlander behövde Palme nära sig var en serie intensiva överläggningar med socialdemokratiska ledare runtom i Europa. Främst på dagordningen stod Tysklandsfrågan, det vill säga om de europeiska socialdemokraterna skulle stödja att Västtyskland skaffade sig en armé och gick med i Nato. Men också förhållandet till USA ventilerades. I början av maj hade den franska fästningen Điên Biên Phu i norra Vietnam kapitulerat till de nationalistiska Vietminhstyrkorna efter två månaders belägring och det fanns en oro bland de europeiska socialdemokraterna för att USA skulle överta fransmännens koloniala engagemang. Det första mötet ägde rum på gästgivargården i Röstånga i Skåne, dit Erlander inbjudit den tyske socialdemokratiske partiordföranden Erich Ollenhauer, hans danske kollega Hans Hedtoft samt den brittiske Labourledaren Clement Attlee.

Erlander och Palme var bekymrade över att Ollenhauer var så uppskrämd "av amerikanernas politiska dumhet" att han närmast hysteriskt siade om att tredje världskriget var nära förestående. Attlee var däremot "klar intill skarpsinne". I mitten av juli flög Erlander och Palme till Berlin för att delta i de tyska socialdemokraternas kongress. Erlander höll ett hälsningsanförande, träffade förbundskansler Adenauer och fortsatte överläggningarna med sina kolleger. I slutet av september kom duon till ett soligt London, där de vid sidan om förhandlingarna besökte Winston Churchill på Chequers och träffade tunga Labourpolitiker som Auerin Bevan, walesaren som byggde upp det brittiska sjukvårdssystemet, National Health Service. Erlander tog också med sin sekreterare till Towern, "där tornet där kungabarnen kvävdes med kudden tilldrog sig hans särskilda intresse".

Även om Palme inte varit just på Towern tidigare var SFS före detta internationelle sekreterare långt mer hemtam i Europas huvudstäder än sin dubbelt så gamle reskamrat. Erlander var intresserad av internationella frågor, men såg världspolitiken "så gott som uteslutande i relation till svenska intressen", enligt en av de diplomater som jobbade nära honom. Han grep in när han ansåg att det krävdes, men lämnade i övrigt stort svängrum åt Utrikesdepartementet. Han hämmades dessutom av att han tillhörde den generation svenska läroverkselever som fått en grundlig drillning i att läsa och i viss mån skriva utländska språk men aldrig egentligen talat dem. Erlander fann sin oförmåga att göra sig förstådd på tyska och engelska direkt plågsam. När hans regeringskolleger bekymrade sig för att statsministern skulle sätta foten i munnen under sitt statsbesök i USA våren 1953 lugnade de sig med att amerikanerna knappast skulle begripa Erlanders besynnerliga engelska.

I Palme fick han en medarbetare som var väl insatt i de internationella frågorna och dessutom kunde uppfatta alla språkliga nyanser i diskussionerna och bistå med exakta översättningar och formuleringar. Av Erlanders dagboksanteckningar från dessa möten framgår också att Palme var mer än en tolk och sekreterare. Superlativen flödar, den unge assistenten var "utmärkt" och "utomordentligt skicklig". Men assistenten har också synpunkter på de internationella ledarna, inte minst Ollenhauer som han är starkt kritisk mot. Han recenserar även sin chefs insatser. "Jag gick förstås inte så långt som Palme velat", suckar Erlander i dagboken. Palme hade snabbt blivit en betrodd rådgivare med vilken Erlander kunde diskutera politikens komplexiteter. Palmes inträde i Kanslihuset skedde tämligen obemärkt. Men efter hand skulle omgivningen upptäcka att den unge medhjälparen sällan var långt borta från statsministern – och om han var det så skulle Erlander snart börja fråga efter honom. Palme fick ett arbetsrum alldeles intill Erlander i de dystra lokaler från vilka Sverige styrdes på femtiotalet. Nominellt låg Kanslihuset vid ett "torg", men i själva verket var det bara en död yta mellan det vilhelminskt pampiga Riksdagshuset och Stockholms kungliga slott från sjuttonhundratalet där den nyss tillträdde men åldrade monarken Gustav VI Adolf residerade. Det brunmurriga Kanslihuset, som en gång varit kungligt mynthus, gjorde inget större väsen av sig. På ena sidan strök bilar tätt förbi husfasaden, den andra vette mot en mörk kanal. Här fanns en konstitutionell symbolik: riksdag och kungamakt var institutioner med djup förankring i svensk historia medan den parlamentariska regeringsmakten bara hade några decennier på nacken.

Men den yttre anspråkslösheten kompenserades av funktionell bekvämlighet. På ett par minuter kunde statsråden promenera antingen till riksdagen eller till slottet, där regeringen samlades en gång i veckan för ett officiellt möte vid kungens rådsbord. Regeringsmaskineriet var inte större än att de flesta statsråd och tillhörande departement ännu rymdes i lokalerna vid Mynttorget. I en separat matsal samlades statstråden varje dag till en gemensam lunch klockan ett, oftast med gedigen svensk husmanskost. Intimiteten innebar inte nödvändigtvis en gemytlig stämning men det var en överskådlig värld för en ung man utan tidigare erfarenheter av svensk politik.

Till en början, när Palme fortfarande var anställd på Försvarsstaben, arbetade han mest på kvällar och nätter, rökande sina Kent-cigaretter. Ibland sov han på en smal soffa under en filt som en vänlig vaktmästare skaffat åt honom. Den spenslige unge mannen med den ostyriga kalufsen kunde skapa förargelse, men hade också förmågan att väcka faders- och moderskänslor hos omgivningen. Hans riktiga mor var för sin del orolig för att han arbetade för hårt och kunde ringa till Erlanders sekreterare för att höra hur det var med sonen. Han skrev tal, förde anteckningar, förberedde valmanifest, utvärderade Erlanders debattinsatser, levererade förslag och fungerade allmänt som bollplank för den ständigt grubblande statsministern.

Redan i september 1954 satt han bredvid Erlander i en direktsänd radiodebatt och skickade lappar. Ibland kunde den morgonpigge Erlander komma till sitt tjänsterum på morgonen och finna ett utkast till ett tal som Palme lämnat efter sig när han till slut gått hem på morgontimmarna. "Jag ska tala med Palme om det här..." blev en replik man kunde höra allt oftare från statsministern. Palme å sin sida hade börjat ta efter Erlanders sätt att tala. När Bo Kärre, på besök från Frankrike, åt lunch med Palme på den klassiska krogen Cattelin intill Kanslihuset i Gamla stan irriterades han av den tuffa debattstil som vännen lagt sig till med. Kamraterna från SFS-tiden visste att Olof kunde vara viljestark och kompromisslös, men de kände inte igen det försmädligt aggressiva tonfallet som de tyckte att han lånat av Erlander.

Delar av familjen var också besvikna över Olofs karriärval. Hanna Palme, nu över nittio år gammal, var mycket förtjust i

Olof, som hon ansåg vara det "mest begåvade" av hennes arton barnbarn. Men nu hade han blivit en sorg för henne: "vi sörja över att han ställt sina stora gåvor i deras tjänst som håller på att förstöra vårt land". Men de flesta inom familjen var ändå stolta över hans framgångar, även om de ogillade den socialdemokratiska regeringen. Jag tycker mycket om min bror, skrev Claës i ett brev när Olof kommit in i regeringen, men jag hoppas "att vi äntligen blir av med vårt 33-åriga sossevälde". Müsi och Carin tycks däremot ha varit mer stödjande, även om Olof innerst inne misstänkte att modern blivit "lite ledsen" för att han gått till Socialdemokraterna. Enligt den konservative journalisten Gustaf von Platen som umgicks med familjen Palme talade man om Olofs vänsterengagemang "med ett lätt urskuldande tonfall, som om han spelat elgitarr i ett rockband". För egen del hade Olof inget behov av att bryta med familjen och släkten utan betonade snarare kontinuiteten när frågan kom upp i intervjuer.

Även politiska journalister hade börjat lägga märke till den unge notariens framfart i Kanslihuset. Våren 1956 kom den första giftiga artikeln, ironiskt nog i *Aftonbladet*, där hans farfar verkat som ledarskribent. Tidningen ägdes av Torsten Kreuger, den store finansmannens bror, och stod Folkpartiet nära men skulle senare samma år säljas till arbetarrörelsen. Enligt *Aftonbladet* hade Palme en viss "demagogisk charm" som debattör: "Hans tal är som spunnet socker, bestänkt med blåsyra – i munnen blir det inte stort mer än giftsmaken kvar av det." Det skulle bli värre. Ett år senare porträtterades Palme i Högerpartiets ideologiska organ, *Svensk Tidskrift*, av journalisten Gunnar Unger som "en liten man med grått ansikte, askblont hår och stickande, ljusgrå ögon... bland skaran av mer eller mindre krasst opportunistiska politruker i Kanslihuset är han kanske den mest deklasserade". Även om Unger var känd för sin vassa penna var det ett ovanligt hätskt angrepp på en ännu mycket ung man. Det var "klassförräderiet" som retade Unger, som annars kunde skriva välvilligt om socialdemokrater med arbetarbakgrund. Palme tog mycket illa vid sig av angreppet och for ilsket ut mot vännen Ingvar Carlsson när denne menade att det inte var något att bry sig om.

Att Palme började uppmärksammas vid denna tid berodde

främst på den roll han spelat vid Erlanders statsbesök i Moskva i april 1956. Statsministern hade drabbats av en svår förkylning och beordrades av inte mindre än två sovjetiska läkare att inta horisontellt läge. Till mångas förvåning fick hans tjugonioårige sekreterare företräda Sverige i förhandlingarna med Chrusjtjov, även om det bara handlade om kulturfrågor. Epitet som "Erlanders skugga", "Mäster Olof" och "grå eminens" började dyka upp. Ett nytt sorts djur tycktes ha trängt in i den svenska politiska faunan, till synes en underordnad tjänsteman men i verkligheten en mäktig *consiglieri* åt regeringschefen. Den borgerliga oppositionen började ana oråd och utländska protokollchefer hamnade i grubblerier om hur man skulle bordsplacera Palme när den svenske statsministern kom på besök.

Det har spekulerats i om den snabba karriären hos Erlander hade en koppling till Palmes ursprungliga tjänst på Försvarsstabens utrikesavdelning: fungerade han också som kontaktman mellan regeringen och det svenska kontraspionaget? Hans officiella arbetsuppgifter på Försvarsstaben framstår inte som särskilt märkvärdiga. I mycket handlade det om att bevaka internationell säkerhetspolitik via öppna källor som *New York Times* och *Le Monde*, specialtidskrifter och UD-rapporter. Men det som gett näring åt konspirationsteorierna var kontakterna med Birger Elmér som Palme hade träffat hos Lennart Hagman i Skövde 1947.

Den begåvade Elmér hade många strängar på sin lyra. Han var född 1919 i ett kristet arbetarhem i Jönköping och betecknade sig själv som socialdemokrat. Liksom Lisbet Palme hade han läst psykologi och hade tänkt fortsätta som forskare. Men sedan han blivit tillfälligt invalidiserad av polio i början av femtiotalet ville han ha ett mer praktiskt arbete. Hösten 1951, samtidigt som Palme gjorde sin reservofficerstjänstgöring vid Försvarsstaben, anställdes Elmér som chef för "utrikesavdelningens psykologiska detalj". Palme fortsatte att ha kontakt med Elmér och lämnade upplysningar om den internationella studentpolitiken. I slutet av femtiotalet övergick Elmér till att övervaka kommunistiska säkerhetsrisker i försvarsindustrin. Eftersom det redan fanns ett nätverk inom det socialdemokratiska partiet som sysslade med att övervaka kommunister på svenska arbetsplatser tedde det sig naturligt att rekrytera personal därifrån. Den nya byrån, kallad Grupp B/IB, växte och slogs 1965 ihop med den hemliga militära underrättelsebyrån T-kontoret. Med Olof Palmes stöd petades också den tidigare chefen för T-kontoret, den konservative Thede Palm, och ersattes med socialdemokraten Elmér.

När sammanblandningen av det socialdemokratiska partiets intresse av att trycka tillbaka kommunisterna som politiska konkurrenter och statens behov av att skydda landet mot externa säkerhetsrisker avslöjades 1973 skulle det bli mycket besvärande för arbetarrörelsen i allmänhet och Palme i synnerhet. Men i mitten av femtiotalet var Palme en entusiastisk amatörkunskapare, även om det är oklart hur djupt inblandad han egentligen var. Det finns många spekulationer och få belägg – det ligger i sakens natur att spioner sopar igen spåren efter sig, hävdar de misstänksamma. Vad som är uppenbart är att Palme hade ett starkt intresse för spioneri och hade kontakter med Elmér, som även umgicks hemma hos familjen Palme. Han tycks också ha varit tämligen väl informerad om *stay-behind*, den hemliga svenska motståndsrörelse som skulle träda i aktion vid en sovjetisk ockupation. Däremot är det ytterst tveksamt om hans agentkontakter spelade den roll för hans snabba karriär hos Erlander som det ibland antyds. Under femtiotalet genomsyrades hela den svenska förvaltningen av en stark försvarspolitisk medvetenhet och Erlander behövde knappast gå omvägen via sin unge extrasekreterare för att få kontakt med underrättelsetjänsten. Palmes meriter står på egna ben. Han var helt enkelt skräddarsydd för statministerns behov.

Han var ung, respektlös, självironisk men samtidigt – som vi sett både i förhållande till familjen och i hans studentfackliga arbete – oerhört lojal. Han hade ingen erfarenhet av den intrikata socialdemokratiska partikultur som Erlander var tvungen att navigera i, men det var snarare en tillgång ur statsministerns perspektiv. Denne var omgiven av partikamrater som ständigt påminde honom om vad rörelsen förväntade sig och inte förväntade sig av sin ledare. Likt Erlander var Palme analytisk till sin läggning, hade enorm arbetskapacitet och delade en fascination för det politiska spelet, *the joy of politics*. Båda männen älskade debatterna, ordväxlingarna och de taktiska finterna. När folkpartisten Gunnar Helén använde ett fult knep i en tevedebatt väntade han sig efteråt att bli utskälld av Erlander och hans sekundant Olof Palme. Men i stället var de ytterst vänliga och berömde hans skicklighet. Från den stunden visste Helén "att det fanns 'political men' i min omgivning som jag inte kunde matcha helt".

Kanske berodde Erlanders framgångar just på att han aldrig slappnade av. Men priset för detta ständiga grubbel var en känsla av ensamhet och intellektuell isolering. Det var svårt för Erlander att diskutera sin gnagande oro om socialdemokratins framtid med regeringskollegerna som kom ur arbetarklassen. De var fyllda av det rättmätiga självförtroende som gärna uppstår när man gjort karriär från ett enkelt arbetarhem till kungens råd. Djupt inne i sina fackområden hade de föga lust att ge sig in i Erlanders komplicerade och ibland depressiva tankevärld. Erlander å sin sida höll distansen till sina statsråd. Han var ju ingen arbetarpojke, menade den socialdemokratiske partisekreteraren Sven Aspling, och kände sig därför i underläge. Vad Erlander behövde var en förtrogen, en person vars intellekt han respekterade och som vågade säga emot men samtidigt var helt lojal med statsministern.

Förhållandet mellan Erlander och Olof Palme har beskrivits i termer av far och son. Det är bara till hälften sant. Att Erlanders känslor var faderskliknande är det ingen tvekan om. Erlander hade två egna pojkar, Sven och Bo, som var nitton respektive sexton år gamla när Palme kom in i bilden. Att döma av dagboken var Tage en kärleksfull om än ganska frånvarande far. Han är väl medveten om oidipusproblematiken och försöker lägga band på sina förväntningar på sönerna. Båda sönerna höll sig också klokt nog borta från den politiska banan. Bo blev kansliråd i Industridepartementet och Sven professor i optimeringslära och rektor för Linköpings universitet.

Olof Palme var ett mer okomplicerat objekt för Erlanders faderskänslor. Han ville ha Palme i närheten, han tog illa vid sig när denne blev angripen och gjorde sitt yttersta för att gynna hans politiska karriär. Palme räknades mer eller mindre in i hans egen familj. "Synd att jag inte har Aina och pojkarna här. Och Palme också för den delen. Något sådant här får vi väl aldrig se tillsammans", skrev han när han besökte Los Angeles under sitt besök i

Amerika 1954. Det hela kunde naturligtvis ha utvecklats till ett intrikat psykodrama om Palme i sin tur hade sett Erlander som en ersättare för sin döde far Gunnar. Men Palme var självtillräcklig och behövde varken tröst eller auktoritet från den äldre mannen. "Han var alltför självständig för att ge sig in i dylika förhållanden", menade Sven Aspling, som arbetade nära båda männen. Palme respekterade och lärde sig otvivelaktigt mycket av Erlander, men han uppvisade aldrig något av de problem som är förknippade med frigörelse från en fadersgestalt under sin fortsatta politiska karriär.

Erlanders ofta uttryckta förtjusning över sin unge medarbetare har också skapat en skev bild av förhållandet. Palmes entusiasm, intellektuella rörlighet och lojalitet var utan tvekan av avgörande betydelse för att Erlander orkade härda ut som statsminister. Men Palme kom inte till Kanslihuset med en färdig plan för förnyelse av svensk socialdemokrati. När han började var han en fullständig novis när det gällde statsministerns centrala kompetensområde: att styra landet och det mäktiga socialdemokratiska partiet. Palmes konkreta erfarenheter av politik var begränsade till två områden: internationella frågor och svensk utbildningspolitik. Åren mellan 1953 och 1958, då Palme blev riksdagsman och inledde sin egen politiska karriär, var en lärlingstid. Palme övade sig i socialdemokratins amfibiska konst att röra sig mellan konfrontation och samarbete. Ena dagen kunde han uppmana Erlander att gå hårdare åt Ohlin för att nästa entusiastiskt plädera för närmare samarbete med näringslivet. Men bakom lusten att använda hela det politiska pianots register fanns också en underliggande riktning: bort från femtiotalets fixering vid social trygghet och klasspolitik, mot förändring, modernitet och jämlika livsmöjligheter för alla medborgare.

Som vanligt råkade han befinna sig på rätt plats vid rätt tidpunkt. På samma sätt som han kom in i SFS under en ovanligt dramatisk epok i den internationella studentrörelsens utveckling klev Palme in i den svenska inrikespolitiken vid ett avgörande ögonblick. Efterkrigstidens största konflikt var under uppsegling: kampen om införandet av en allmän obligatorisk tjänstepension för alla löntagare, förkortat ATP. Att denna tekniskt komplicerade fråga skulle bli så central i svensk politik kan te sig märkligt: lyckligt det land där den främsta motsättningen mellan medborgarna handlar om pensionsförvaltning.

Men tjänstepensionsreformen var också en av de mest ambitiösa välfärdsreformerna vid denna tid i en västerländsk välfärdsstat. Till skillnad från sina danska och brittiska partivänner lade de svenska socialdemokraterna fram ett statligt pensionsförslag som omfattade både arbetare och tjänstemän. Detta radikala förslag ledde till två regeringskriser, en upphetsad folkomröstning, ett extra utlyst nyval, och till slut en grandios triumf för Erlander och det socialdemokratiska partiet 1958. Det är svårt att tänka sig en period i modern svensk politisk historia som skulle ha varit mer lärorik för en ung trainee som just fått tillträde till regeringens innersta krets.

*

Den ovanligt heta sommaren 1955 skulle dock de flesta svenskar ha blivit förvånade om de fått veta att tjänstepensionen var den fråga som skulle spränga den politiska samförståndsandan. Årets debattämnen var Vilhelm Mobergs utfall mot kungahuset, om svenskarna skulle köra till höger, till vänster eller möjligtvis mitt i vägen (som humortidningen *Grönköpings Veckoblad* föreslagit) samt den djupt folkligt angelägna frågan om spritransoneringens avskaffande.

Sedan 1917 hade svenskarnas inköp av starksprit varit statligt reglerade. Den som var myndig, skötsam och hade arbete fick en så kallad motbok, ett litet bankboksliknande häfte med rekvisitionsblanketter och plats för stämplar, där det månatliga uttaget av starksprit registrerades. Grundransonen var 16 liter i kvartalet, men femtioårsmiddagar och andra särskilda omständigheter kunde medföra extra tilldelning enligt riksnormer utfärdade av Kontrollstyrelsen i Stockholm. Vin, som vid den här tiden inte var någon populär dryck i Sverige, kunde däremot inhandlas i större mängder, även om dessa inköp också registrerades.

Vid början av femtiotalet hade det blivit genant att medborgarna i ett land som ansåg sig vara en upplyst och modern förebild för resten av världen frivilligt hade ställt sig under statens förmyndarskap när det gällde rätten att konsumera sprit. Skulle svenskarna inte kunna ha samma rätt som britterna att ta sig ett glas whisky eller som tyskarna njuta en sejdel starköl – som av någon underlig anledning inte ens såldes på Systembolaget utan måste införskaffas på apotek med läkarrecept? I andra vågskålen låg en kollektiv insikt om att invånarna i Ultima Thule hade en olycklig dragning till överkonsumtion av destillerad säd och potatis om tillfälle erbjöds. Brattsystemet – uppkallat efter motbokens skapare, läkaren Ivar Bratt – hade räddat många svenskar från att gå under i alkoholism. Beslutet att avskaffa motboken togs under stor vånda, men med stor majoritet i båda kamrarna. Det bärande argumentet var att motboken tog ifrån medborgaren hans värdefullaste ägodel: det personliga ansvaret. Ironiskt nog drevs det också av den svenska nykterhetsrörelsen, vars grundläggande affärsidé – frivillig avhållsamhet – förstörts av Brattsystemet.

Pensionsfrågan signalerade också ett uppbrott från trettiotalets folkhem, även om det inte var uppenbart från början. Inom arbetarklassen fanns ett växande missnöje med vad som uppfattades som en kvardröjande orättvisa. Medan många arbetare enbart hade en tämligen blygsam folkpension på ålderns höst omfattades de flesta tjänstemän av någon form av tilläggspension. De som var i statlig och kommunal tjänst hade sedan länge lagstadgad rätt till en extrapension och de privatanställda tjänstemännen hade ofta kollektiva pensionsförsäkringar som betalades av arbetsgivaren. Så gott som alla var överens om att något måste göras och ingen tvivlade på att man i god svensk tradition skulle hitta en kompromisslösning.

Det fanns tre huvudalternativ. Ett var att höja grundpensionen rejält, vilket skulle ge arbetarna en drägligare ålderdom, men inte minska avståndet till tjänstemännen. En annan var att på olika sätt uppmuntra arbetsgivare och fackföreningar att frivilligt sluta avtal om tilläggspension för både arbetare och tjänstemän. Och slutligen kunde stats- och kommuntjänstemännens lagstadgade rätt till tilläggspension vidgas till att omfatta alla löntagare, det vill säga en obligatorisk allmän tilläggspension. Inget parti hade bundit upp sig för någon bestämd lösning. Reformen var kostsam och den politiska matematiken var alltför komplicerad för lättvindiga utspel.

Den 21 juni 1955 samlades ett tjugotal socialdemokratiska fackliga och politiska tungviktare på Harpsund för att diskutera en rad aktuella frågor, bland annat tjänstepensionen. Vid statsministerns sida fanns Olof Palme, som förde anteckningar och gav råd till statsministern. Diskussionen blev förvirrad. Den som bröt dödläget var något förvånande Erlanders handelsminister, som hette John Ericsson men allmänt kallades Kinna efter det västgötska samhälle han kom ifrån. Denne pragmatiskt lagde textilarbetare menade att det var nödvändigt att skapa likställdhet mellan arbetare och tjänstemän. Även om ATP kunde bli en politisk belastning var det en ideologisk plikt att ta strid för ett rättvist krav, förklarade den eljest inte så militante handelsministern. När Erlander och Palme senare under konferensen tog en promenad i parken på Harpsund visade det sig att de var helt överens om att Kinnas linje var den riktiga: Socialdemokraterna skulle satsa på en radikal lösning av tjänstepensionsfrågan. Men Erlander trodde samtidigt att ett kraftfullt initiativ från regeringen sannolikt skulle kunna rycka med sig de borgerliga partierna. "De skulle i varje fall", menade han, "få svårt att motsätta sig kravet att arbetarna skulle jämställas med tjänstemännen." Det är uppenbart att han vid den här tiden inte ansåg ATP vara någon avgörande fråga. I dagboken finns bara en förströdd anteckning om konferensen, medan den skildras utförligt i hans memoarer från sjuttiotalet.

Att Palme var direkt inblandad i Erlanders beslut att gå på den radikala linjen visar hur snabbt han erövrat statsministerns förtroende. Men promenaden i parken är samtidigt missvisande när det gäller Palmes engagemang i ATP-frågan. Ur hans ungdomliga perspektiv var tjänstepensionsfrågan en restpost från det förflutna som visserligen måste åtgärdas men knappast var särskilt ideologiskt intressant. Det var inte socialpolitiken som hade dragit honom till socialdemokraterna, utan hans tro på jämlikhet och modernitet. Målet var, som han uttryckte det senare, "att röja undan hinder för människors fria utveckling, ge dem en chans att utveckla sin personlighet".

I botten fanns hans upplevelser av dynamiken i det amerikanska samhället i slutet av fyrtiotalet: optimismen, framåtandan, tron på teknikens landvinningar. Men i Sverige hade "trygghet" varit det centrala politiska konceptet sedan trettiotalet. Folkhemsidealet – som ursprungligen lanserats av Högern men tagits över av socialdemokratin – byggde på en statisk samhällssyn. Olof Palmes egen musiksmak var visserligen formad av fyrtiotalets jazz, men det är ingen tillfällighet att han tog sina första stapplande steg i svensk politik sommaren 1955 samtidigt som den amerikanske rockpionjären Bill Haley uppmanade svenska ungdomar att "Rock Around the Clock" i den rebelliska filmen *Vänd dem inte ryggen*.

I Per Albins "goda hem" rådde "likhet, omtanke, samarbete, hjälpsamhet" mellan tydligt definierade samhällsklasser, men det fanns inga anvisningar om hur en upprorisk individ skulle frigöra sig från familjegemenskapen. Om en av sekelskiftets högermän vaknat till liv i mitten av femtiotalet skulle han haft svårt att tro att landet styrts i två decennier av socialistiska arbetare. Här fanns alla de dygder som värdesattes av det konservativa sinnelaget: social stabilitet, fasta normer, starka familjevärderingar, fri företagsamhet, tydliga klassgränser, samverkan mellan handens och hjärnans arbetare och väl definierade könsroller. Det var denna konservatism Palme ville bryta upp ifrån. Han insåg naturligtvis att trygghet vid arbetslöshet, sjukdom och ålderdom var centralt för arbetarklassen. Men i hans ögon var den striden vunnen. Framtiden handlade om att vidga människors livschanser: att riva ner gamla sociala hierarkier, demokratisera utbildningssystemet och med statens hjälp ge medborgarna mer makt över sina liv.

Redan i januari 1954, bara några månader efter det att han varit på Harpsund första gången, publicerade han och vännen Assar Lindbäck en programmatisk artikel i den socialdemokratiska studenttidskriften *Libertas*. Lindbäck, som senare skulle bli en internationellt framstående nationalekonom och ändra stavningen av sitt namn till Lindbeck, hade tagit sin examen vid Uppsala universitet 1953 och omedelbart fått anställning i Finansdepartementet. Om möjligt var han än mer av ett underbarn än Palme – och ännu mer självmedveten och tyckmycken än denne. Han hade musikalisk talang och var en aspirerande konstnär, men hade valt att ägna sig åt välfärdsstatens ekonomi, delvis präglad av sin uppväxt. Hans far hade varit socialvårdskonsulent i Umeå under trettiotalsdepressionen och förmedlat en stark känsla av fattigdomens problem till sonen. När de skrev artikeln i *Libertas* arbetade han vid Finansdepartementet. Han gick i par med Palme några år och båda flyttade i slutet av femtiotalet till den nybyggda förorten Vällingby.

Hur begåvade de unga männen än var, var deras första artikel tämligen ungdomligt uppblåst. Den röjde dock en frustrerad radikalism som signalerade Palmes vantrivsel med socialdemokratins konsensuspolitik. Palme och Lindbäck gick till storms mot "den stora samhällsbevarande delen av partiet som gjort den totala idélösheten ... till sin politiska ideologi". Framför allt riktade de sig mot en passiv "ödestro" som utgick från att utvecklingen automatiskt skulle leda till ett förverkligande av en socialdemokratisk samhällsordning. För Palme var ju alla former av determinism anatema. Bortom de abstrakta resonemangen angrep de föreställningen att socialpolitiska reformer skulle omdana samhället i socialistisk riktning. Därmed skrev de in sig, åtminstone retoriskt, i en vänstertradition inom partiet som hävdade att socialdemokratin var något mer än pensioner, barnbidrag och sjukförsäkring. Men när väl dessa bredsidor avlossats tappar Lindbäck och Palme taget. De avslutar lamt med att kräva att "de principiella skiljelinjerna mellan partierna dras fram i den aktuella politiken", utan minsta ansats att tala om vilka dessa skiljelinjer kan tänkas vara.

Slutmeningarna hade vållat problem. I manuset finns ett alternativt slut som åtminstone är något mer slagkraftigt: man skulle, heter det, kunna "beröra maktförhållandena i näringslivet". Att det ströks bort pekar på ett grundläggande problem för socialdemokratiska förnyare. Socialismen var visserligen ett honnörsord inom partiet som angav dess stolta ursprung i kampen för att utplåna människans exploatering av människan. Det var en del av rörelsens historia och som sådan inte oviktig – vad vore Bibeln utan skapelseberättelsen? Men det var också ett förvirrande och diffust begrepp. Den svenska socialdemokratin hade avvisat idén om samhälleligt ägande till produktionsmedlen och accepterat marknadsekonomins grundprinciper.

Omvändelsen byggde på dyrköpta erfarenheter. Varje gång partiet gjort någon åtbörd i socialistisk riktning hade det straffats av väljarna. Trettiotalets stora framgångar hade kommit först när man skrotat de ursprungliga socialiseringstankarna efter 1928 års valnederlag och i stället lanserat folkhemspolitiken. I 1948 års valrörelse hade försöket att bygga vidare på krigstidens statliga styrning punkterats ordentligt. Även om de borgerliga partierna grovt överdrev socialiseringsambitionerna både 1928 och 1948 visade det hur sårbara Socialdemokraterna var i denna fråga. De svenska – och skandinaviska – socialdemokraterna har ofta hyllats för att man avstått från försök till förstatliganden av näringslivet och i stället prioriterat välfärdsutbyggnad, inte minst i jämförelse med franska och brittiska socialisters misslyckade ekonomiska nationaliseringar. Men det avgörande har inte varit brist på avsikter, utan förmågan till pragmatisk anpassning.

Dilemmat blev än tydligare när duon Palme–Lindbäck året därpå återvände till brottsplatsen i form av en längre och mer genomarbetad artikel i den socialdemokratiska idétidskriften *Tiden*. I denna gör de visserligen ett berömvärt försök att konkretisera sina tankegångar. De nyanserar sin kritik av socialpolitiken. Den har fortfarande en viktig roll att spela, men en "genomgående samhällsomdaning" krävde förändringar av "de institutionella förhållandena inom näringsliv, arbetsliv, utbildningsväsende". Men det program de lägger fram har udden tydligt riktad mot den generella socialpolitiken. Förslaget om att staten skulle satsa stort på utbildning och vetenskaplig forskning är visserligen otvetydigt framåtriktat och förebådar den vision av det starka samhället som inte minst skulle bli Olof Palmes varumärke på sextiotalet.

Men de föreslår även skattesänkningar och riktat stöd till svaga grupper i samhället: "invalider, partiellt arbetsföra, kroniskt sjuka, ogifta mödrar, änkor, studerande ungdom, konstnärer, bostadslösa och många andra minoriteter i samhället". På ett sätt var det också framåtriktat. Sextiotalets svenska socialpolitik skulle komma att sätta ett starkt ljus på de grupper som inte nåtts av folkhemmets trygghetssatsningar. Men pläderandet för selektiva sociala åtgärder kolliderade med den generella välfärdspolitik som gett socialdemokratin dess framgångar och som inom några år skulle leda till en stor seger för partiet i striden om ATP. Här låg

Palme och Lindbäck närmare Ohlin än Erlander. Ett av Folkpartiledarens argument mot ATP var att det fanns angelägnare jämlikhetsreformer än tjänstepensioner.

Palme missbedömde sprängkraften i ATP-frågan. Till hans försvar kan man säga att det gjorde de flesta i mitten av femtiotalet. När *Dagens Nyheter* skrev om Harpsundsmötet 1955 nämndes inte frågan förrän i sista raden: "efter lunch diskuterades långtidsproblem, bland annat skatter och tjänstepensionen". Den socialdemokratiska ledningen såg ursprungligen tjänstepensionen som en avgränsad socialpolitisk fråga som skulle lösas genom förhandlingar och kompromisser. "Erlander och många andra i regeringen [var] avvaktande före 1957 års omröstning", ansåg den militanta riksdagsledamoten Nancy Eriksson som skulle komma att bli en av de ledande i den socialdemokratiska kampanjen under folkomröstningen. Men när striden väl kom i gång visade det sig att ATP var just den fråga som banade väg för den förnyelse som Palme och Lindbäck efterlyst i sina debattartiklar. Som Erlander självkritiskt konstaterade i efterhand: "Man kan inte dra en gränslinje mellan socialpolitik och institutionell förändring av samhället."

*

På Harpsund hade Erlander kalkylerat med att åtminstone ett av de borgerliga partierna skulle vika sig i ATP-frågan. Det var ingen orimlig förhoppning. Bondeförbundet var en vänligt sinnad koalitionspartner och hade en lång tradition av att ansluta sig till arbetarrörelsens socialpolitik. Problemet var att bönder och andra småföretagare inte hade mycket att vinna på en tjänstepension som var knuten till anställningen. De skulle gynnas mer av en allmän höjning av folkpensionen. Folkpartiet, med sitt stöd bland tjänstemän, var en annan sannolik samarbetspartner. Men risken var att det liberala partiet skulle föredra frivilliga avtal framför en allmän lagstiftning. Trots principbeslutet på Harpsund i juni 1955 gick Socialdemokraterna därför försiktigt fram till en början.

Det blev i stället Folkpartiet under Bertil Ohlin som grep initiativet, inte minst i tron att pensionsfrågan kunde bli en hävstång för att lyfta Folkpartiet mot regeringsmakten. Även om beslutet i efterhand framstår som katastrofalt, var det ingen orimlig bedömning. Det är svårt att se någon annan fråga under femtiotalet som gav bättre möjligheter att bryta den socialdemokratiska dominansen. Även om Ohlin i dag närmast framstår som en socialdemokrat, representerade han en stor grupp väljare som ville ha sociala reformer, men inte till priset av en ständigt expanderande statsapparat. Han tog sin chans. Makten sliter på den som inte har den, som Margaret Thatcher har påpekat – och i Ohlins fall blev slitaget långvarigt.

Inför andrakammarvalet 1956 markerade han tydligt mot det socialdemokratiska tjänstepensionsförslaget. Frågan blev inte dominerande i valrörelsen, men resultatet tycktes ändå bekräfta att det var rätt väg att gå. Socialdemokraterna tappade fyra procent samtidigt som Folkpartiet höll ställningarna och Högern gick framåt. För första gången sedan 1936 hade de borgerliga partierna majoritet i andra kammaren. Sveriges riksdag bestod visserligen av två jämställda kammare, den indirekt valda första och den direkt valda andra kammaren, men sedan demokratins genombrott var den senare utgångspunkten för regeringsbildningar. Om regeringskoalitionen mellan Bondeförbundet och Socialdemokraterna kunde spräckas skulle arbetarpartiets två decennier av dominans i svensk politik vara till ända. I det läget verkade det som om Socialdemokraterna i ATP hade skapat det redskap som skulle förgöra dem själva.

Den sociologiska expertisen såg också ljust på borgerlighetens framtid. Tjänstemännens andel av befolkningen var hastigt stigande och andelen arbetare sjunkande. Prognoserna visade visserligen att arbetarna ännu skulle vara i knapp majoritet 1960, men tjänstemännens andel av den svenska befolkningen hade fördubblats sedan 1930, från 13 till 27 procent. Inte i något industriland utgjorde heller andelen tjänstemän en lika stor del av befolkningen; tillsammans med USA låg Sverige i toppen. Detta gav upphov till optimism bland "veckojournalsmarxisterna", som Erlander kallade dem, framför allt samhällsvetaren och chefen för det nybildade opinionsinstitutet Sifo Hans Zetterberg.

Med hjälp av statistiska analyser drev han tesen att socialdemokratin var förutbestämd att förlora makten i takt med att allt fler människor övergick till en borgerlig livsstil: fick bil, båt och började dricka vin i stället för öl till maten. Zetterberg var jämngammal med Palme och hade också han hämtat inspiration i USA. Han var verksam vid Columbiauniversitetet och väl orienterad i den senaste amerikanska sociologin. Vintern 1957 framträdde han med en omfattande artikelserie i *Vecko-Journalen*, en stilistiskt driven veckotidning för den bildade borgerligheten som kombinerade kungareportage med provokativa politiska analyser, både från höger och vänster – ett sepiabrunt porträtt av drottning Astrid på omslaget och så något kvickt av Oscar Wilde, som Tage Danielsson senare beskrev veckomagasinet. Zetterbergs artikelserie handlade om allt från ungdomsbrottslighet till sexualitet, men det som irriterade Erlander var den trosvissa föreställningen att den sociala mobiliteten skulle fälla arbetarregeringen. I decennier hade socialdemokraterna bekämpat marxistisk determinism från vänster, nu tycktes denna med en historiens ironi angripa dem från höger.

I sig var inte Zetterbergs antaganden orimliga. Hans utgångspunkt, som han backade upp med statistiska undersökningar, var att partiprogram och sakfrågor inte spelade någon större roll när folk gick till valurnorna. Avgörande var den materiella nivå man levde på samt familjens och den närmaste omgivningens värderingar. Femtiotalets Sverige var, trots allt tal om konsensus och "ideologiernas död", ett ytterst självmedvetet och framför allt välorganiserat klassamhälle. Den landsomfattande arbetarfackliga organisationen LO samlade 1,3 miljoner arbetare, tjänstemannafacket TCO hade över 300 000 medlemmar, omkring en miljon konsumenter ingick i den kooperativa rörelsen, 400 000 bildningstörstiga deltog årligen i studiecirklar, lika många troende tillhörde frikyrkorörelsen och 300 000 svenskar hade gemensamt avsvurit sig alkoholen i olika nykterhetsföreningar. Socialdemokratin dominerade, inte bara som ett politiskt parti utan som en social rörelse som bar förväntningar på alla livets områden hos tusentals män och kvinnor ur arbetarklassen. Barnen togs om hand i scoutrörelsen Unga örnar, ungdomar diskuterade politik, campade och flörtade i ungdomsrörelsen SSU, teaterintresserade satte upp skådespel i Folkets hus, studieintresserade deltog i ABF:s studiecirklar, hemmafruar handlade kooperativt i konsumbutikerna, turistlystna åkte med arbetarrörelsens resebyrå Reso, trogna veteraner jordfästes av begravningsfirman Fonus.

Men det var inte bara socialdemokratin som utnyttjade klasskänslan i den politiska kampen, även om den var mest framgångsrik. De svenska politiska partierna var i ett internationellt perspektiv utrerade klasspartier. Bondeförbundet samlade självklart bönder men också andra landsbygdsbor. Högern var ett parti för näringslivet och högre tjänstemän medan Folkpartiet var det mest otydliga med sin blandning av arbetare, lärare, intellektuella och lägre tjänstemän. Författaren Göran Hägg, som växte upp i den nybyggda Stockholmsförorten Tallkrogen på femtiotalet, minns en barndom där politiken var helt bannlyst som samtalsämne under familje- och släktsammankomster – inte på grund av ointresse utan därför att motsättningarna var så djupt rotade att de inte gick att diskutera. Skillnaden mellan att handla i de kooperativa konsumbutikerna och hos de privata handlarna markerade en kulturgräns som erinrade om förhållandet mellan protestanter och katoliker på Nordirland.

De politiska gränserna vidmakthölls också av de stela svenska tilltalsreglerna. Att dua varandra blev normen inom de flesta partier och organisationer på femtiotalet, men i mötet med främmande personer levde ännu förbudet mot andra person singularis kvar. Antingen sade man "Ni" – vilket främst var riktat nedåt på klasstegen – eller också använde man titeln med åtföljande märkliga indirekta tilltal: "Vill direktören att jag ska hämta direktörens portfölj?" Denna klassgemenskap var i själva verket en förutsättning för samförståndsandan. Trettiotalets folkhem byggde inte på ett liberalt medborgarideal utan på kompromisser mellan starka kollektiv som respekterade varandra. Spelplanen var rigid, men också tydlig. Som en företagare uttryckte det till en utländsk journalist: "Ni måste förstå att arbetsgivarna i Sverige är för starka fackföreningar... De ger oss något stabilt att förhålla oss till."

Givet denna starka klassidentifikation verkade Zetterbergs prognos övertygande. Om röstandet fortsatte att följa socialgrupp samtidigt som medelklassen växte på arbetarklassens bekostnad var ett maktskifte oundvikligt. Men veckojournalsmarxismen förbisåg något väsentligt. Socialdemokratins maktställning vilade inte enbart på förmågan att mobilisera arbetarklassen utifrån materiella intressen. Partiet hade en tvåhövdad förmåga att säkra stödet inom arbetarklassen och samtidigt göra inbrytningar inom – eller åtminstone passivisera delar av – medelklassen. Konsumbutiker och studiecirklar till trots var det nödvändigt för Socialdemokraterna att vädja till den nationella gemenskapen bortom klasspolitiken.

Under mellankrigstiden hade man självmedvetet förvandlat sig till en nationell rörelse: den blågula fanan fördes i förstamajdemonstrationerna, antimilitarismen ersattes av en försvarsvänlig hållning och inte minst anknöts de socialdemokratiska idealen till den svenska historien. När Alva Myrdal 1944 presenterat sina familjepolitiska idéer för en internationell publik i boken *Nation and Family* förklarade hon varför Sverige var särskilt väl lämpat för att gå i bräschen för det sociala reformarbetet: "Sverige är, tillsammans med Norge och Island och i motsats till resten av Europa, ett land där bönderna alltid har varit fria och feodalismen aldrig blev ett hot." Att Socialdemokraterna vann trovärdighet som nationellt samlande parti försvagade det antisocialistiska motståndet bland stora grupper av borgerliga väljare.

Denna vadmalsdoftande nationalism hade spelat ut sin roll efter andra världskriget. Efter nazismen och fascismen var det inte längre gångbart med alltför ivrigt flaggviftande och tal om det egna folkets robusta nationalkaraktär. Men behovet av gemenskap, rörelseriktning och samlande begrepp hade inte försvunnit. Redan i början av femtiotalet hade Tage Erlander insett att folkhemsretoriken inte längre räckte till. Socialdemokratin behövde en ny och modern samlande vision som gjorde det möjligt att vinna väljarstöd utanför partiets sociologiska kärna, framför allt inom medelklassen. Vad som krävdes, skrev han i dagboken efter att ha träffat en grupp socialdemokratiska tjänstemän, var en mer "allmänt radikal hållning utan att vädja till vissa gruppintressen". ATP skulle bli ett svar på denna förhoppning och en modell för socialdemokratins framtida politik.

Men det var inte uppenbart från början. Snarare trodde Ohlin och många andra att ATP skulle bli just den fråga som bekräftade

Zetterbergs analys av den förändrade maktbalansen mellan socialgrupperna. På Harpsund 1955 hade Erlander varit övertygad om att de borgerliga inte kunde stå emot rättvisan i kravet att arbetare skulle ha samma rättigheter som tjänstemän. Bedömningen var riktig, men Folkpartiet valde att ta strid i en annan fråga, nämligen statens inblandning. Ohlins motförslag gick ut på att staten enbart skulle göra en rekommendation till fackföreningar och arbetsgivare att frivilligt sluta tjänstepensionsavtal. Om debatten skulle komma att handla om rättvisa hade socialdemokratin ett givet övertag. Men om det i stället blev en fråga om frihet kontra tvång tycktes de borgerliga ha en stor chans att vinna. Man räknade med att en koalition av tjänstemän, småföretagare och bönder skulle motsätta sig ett statligt tjänstepensionssystem.

*

Erlander fick använda all sin taktiska smartness och fingertoppskänsla för att driva igenom ATP. Efter valet 1956 var Socialdemokraterna osäkra på hur man skulle gå fram eftersom frågan hotade att spränga regeringskoalitionen med Bondeförbundet. Vintern 1957 krävde de borgerliga partierna att tjänstepensionen skulle underställas svenska folket i en folkomröstning. Missmodiga av det till synes eviga socialdemokratiska regeringsinnehavet hade oppositionen sedan början av femtiotalet ivrat för att det folkomröstningsinstitut som fanns inskrivet i den svenska författningen skulle utvidgas. Förebilden var Schweiz, ett neutralt land som på många sätt liknade Sverige men hade högre berg och färre socialdemokrater. Men Erlander tvekade. Frågan var tekniskt komplicerad och risken var stor att den socialdemokratiska linjen skulle förlora.

En helg i mars 1957 åkte han ut till Harpsund för att fundera över en promemoria med möjliga handlingsalternativ som Palme ställt samman. Statsministern hade missmodigt stapplat i väg från Kanslihuset, men när han återvände på måndagsmorgonen hade en typisk Erlandertransformation ägt rum. Sprittande glad lade han fram en helt ny taktik som inte funnits med i Palmes dokument: ja till folkomröstning, men inte enligt de nya regler som höll på att utredas, utan enligt de gamla bestämmelserna. Det innebar att regeringen enväldigt kunde bestämma hur frågorna skulle ställas på valsedlarna. Ohlin var rasande: Erlander var "hänsynslös, omdömeslös och egenmäktig".

I stället för ett enkelt "ja" eller "nej" till ATP fick väljarna tre olika förslag: 1) lagfäst rätt till tjänstepension för löntagare (socialdemokrater och kommunister), 2) helt frivilliga försäkringar vars värde garanteras av staten (Bondeförbundet) och 3) frivilliga avtal mellan arbetsmarknadens parter (Folkpartiet och Högern). Därmed blev det inte längre en enkel fråga om tvång eller frihet. Bondeförbundet – som nyss moderniserat sitt namn till Centerpartiet – var det enda parti som stod för total frivillighet. Högern och Folkpartiet var bundna av sitt kompromissförslag om kollektivavtal, vilket ledde till att Centerpartiet gick till hårt angrepp mot sina borgerliga kolleger för att vilja tvinga på medborgarna en ofrivillig pension. Samtidigt gjorde Socialdemokraterna taktiska anpassningar och modifierade sitt förslag så att endast de femton bästa inkomståren var pensionsgrundande, en stor köttbit till tjänstemän som haft en god löneutveckling under karriären.

Folkomröstningen ägde rum den 13 oktober 1957, en dryg vecka efter att satelliten Sputnik till västvärldens fasa avslöjat att Sovjetunionen ledde kapplöpningen ut i rymden. Valrörelsen hade varit intensiv och spillde över till tidningarnas annonssidor där klädeshandlare uppmanade sina kunder att "pensionera den gamla rocken". Ett omfattande affischkrig hade rasat där de tre olika linjerna positionerade sig mot varandra. Socialdemokraterna skapade en av sina mest ikonografiska affischer genom tiderna. Under en bild av en äldre stilig vithårig arbetare stod devisen: "Gärna medalj – men först en rejäl pension." Det var en slagkraftig sammanfattning av arbetarrörelsens huvudargument: ATP handlade om rättvisa och trygghet. På ett möte i Eriksdalshallen på arbetarstadsdelen Södermalm blev en generaldirektör som företrädde den folkpartistiska linjen så häcklad att han tvingades lämna talarstolen. "Varför missunnar du oss en tjänstepension när du själv har en", ropade arbetarna till den svarslöse ämbetsmannen.

Men även Socialdemokraterna blev tvungna att gå i försvarsställning. Också här var herrekipering den bärande metaforen:

"Dom vill tvinga på oss en pensionskostym – vare sig den passar eller inte", hette det i den borgerliga propagandan. Det socialdemokratiska trumfkortet var de statliga och kommunala tjänstemän som redan omfattades av en obligatorisk tjänstepension. Som socialminister Torsten Nilsson ironiskt uttryckte det: "De offentliganställda har länge uthärdat tvånget att få en jämförelsevis god pension." Pensioner var en illa vald fråga för att avslöja socialdemokratisk maktfullkomlighet. Här lades grunden för den kommande expansionen av den offentliga sektorn i syfte att skapa större valfrihet för medborgarna.

Inget av förslagen vann absolut majoritet. Linje ett – det socialdemokratiska alternativet – blev störst med 46 procent av rösterna, vilket av de flesta betraktades om en stor framgång. Men linje tvås och tres anhängare menade att en majoritet röstat mot "tvångslinjen": 15 procent hade valt Centerpartiets totala frivilliglinje medan 35 procent hade stött kollektivavtalsmodellen. Men det var uppenbart att de borgerliga partierna skjutit sig själva i foten genom sin oförmåga att gå fram i gemensam front. Herbert Tingsten hade något modstulet stött Folkpartiet genom ATP-striden. Men efter folkomröstningen gick han över till den socialdemokratiska ståndpunkten, vilket resulterade i att familjen Bonnier, som ägde *Dagens Nyheter*, avskedade honom som chefredaktör.

Våren 1958 avgick också regeringen sedan det socialdemokratiska förlaget röstats ner av den borgerliga majoriteten. Nyvalet i början på juni blev en seger för Socialdemokraterna och ett förkrossande nederlag för Folkpartiet, som tappade 20 av sina 58 mandat. Tillsammans med kommunisterna hade Socialdemokraterna ett övertag på ett mandat i andra kammaren. Men eftersom talmannen saknade rösträtt var det dött lopp mellan motståndare och anhängare till ATP. Båda sidor förfogade över 115 mandat vilket innebar att ett avgörande sannolikt måste fällas med lottens hjälp.

Upplösningen blev dramatisk. En folkpartistisk riksdagsledamot, den göteborgske varvsarbetaren Ture Königson, förklarade sig beredd att lägga ned sin röst eftersom han ansåg att pensionsfrågan måste få en lösning även om han personligen föredrog Folkpartiets förslag. Frågan var om han skulle kunna stå emot trycket från partikamraterna. Den 13 maj inleddes debatten i riksdagen och utgången var ännu oviss. Efter ungefär tre timmar läste Ohlin upp ett uttalande från Folkpartiets riksdagsgrupp som fördömde Königson. Kammaren blev stum. Alla insåg att detta betydde att det socialdemokratiska förslaget skulle gå igenom. Följande dag, den 14 maj klockan 20.22, avgjordes den nästan tre år långa kampen.

Den kanske mest träffande kommentaren fälldes av folkpartisten Sven Wedén, som skulle efterträda Ohlin som partiledare 1967: "Varje land har den grad av socialism det förtjänar." Efter omröstningen var Königsons bana inom Folkpartiet slut. Erlander hyllades för sin hantering av ATP-striden. *Svenska Dagbladets* karikatyrtecknare Tecknar-Anders avbildade statsministern i full karriär på sin triumfvagn med Olof Palme baktill viskandes: "Herre, kom ihåg att du är odödlig!" Det var kanske mer insiktsfullt än vad upphovsmannen insåg, om man betänker den misantropiska läggning hos Erlander som senare skulle avslöjas i dagböckerna. Men en triumf var det likväl. I förhållande till Bertil Ohlin hade Erlander visat en överlägsen, kanske aningen för cynisk förmåga att läsa det politiska spelet.

I det sammanhanget framstår Olof Palme mer som en alert elev än jämbördig partner. Han fick leverera förslag på alternativa strategier och agera kontaktman med oppositionen vid förhandlingar. I den promemoria som han gett partistyrelsen i mars 1957 och som Erlander missmodigt tagit med sig ut till Harpsund, hade han föreslagit en rad möjliga kompromisser i ATP-frågan. Men det speglade mer Erlanders sokratiska arbetsmetoder än något särskilt engagemang för att kohandla med de borgerliga från Palmes sida. Statsministern tyckte om att hålla alla dörrar öppna så länge som möjligt. Typiskt nog hade Erlander lyckats vaska fram en helt egen strategi ur Palmes funderingar, som också visade sig avgörande för den slutliga socialdemokratiska segern. För statsministerns assistent var det en lektion i förmågan till lateralt tänkande, något han själv skulle komma att tillämpa redan i början av sextiotalet då han fick ansvar för att reformera studiestödssystemet, en nästan lika komplicerad fråga som ATP.

Men det som verkligen avgjorde tjänstepensionsfrågan var inte taktiska finesser, utan socialdemokratins intuitiva insikt om att en stor del av svenska folket i det långa loppet skulle attraheras av en statlig lösning som omfattade alla löntagare. I denna hållning fanns en stark traditionell tilltro till staten som garant för rättvisa, en fortsättning på tidigare socialpolitiska reformer. Men ett framåtriktat element tillfördes också: ett tydligt bejakande av en modern, föränderlig marknadsekonomi. ATP var inte jämlikt på det gamla sättet, vilket en del socialdemokrater fann besvärande, trots dess politiska framgång. Nu var "arbetslinjen" definitivt knäsatt. Med en garanterad statlig ATP skulle löntagarna bli rörligare på arbetsmarknaden och mer villiga att byta arbete, bostadsort och bransch, argumenterade Socialdemokraterna. Strukturrationaliseringar och omflyttningar av arbetskraften skulle underlättas. Det flyttade välfärdsprojektet bortom traditionell socialpolitisk omfördelning. Till skillnad från National Health Service i Storbritannien, som var Labourpartierts stolthet, väckte ATP frågor om rättvisa på arbetsmarknaden. Allt detta pekade mot att svenskarna var villiga att acceptera en ännu mer expansiv stat om det ökade deras individuella möjligheter i ett konkurrensinriktat, marknadsekonomiskt samhälle. I det långa loppet skulle Folkpartiledaren visserligen få rätt. ATP blev för kostsamt och skrotades på nittiotalet. Men i det långa loppet, som Ohlins kollega John Maynard Keynes brukade påpeka, är vi också alla döda.

Även om Palme mest varit en bifigur vid Erlanders sida i ATP-striden innebar den också hans genombrott som riksdagspolitiker. Tage Erlander ansåg att Palme var alldeles för begåvad för en fortsatt karriär som tjänsteman. Försommaren 1957 hade statsministern skrivit ett brev till en lokal partikamrat i Jönköping och föreslagit att Palme skulle placeras på ett vakant riksdagsmandat. Till skillnad från andra kammaren fanns det inget krav på att ledamöterna i första kammaren skulle bo i den valkrets de företrädde. Det gjorde det möjligt för de politiska partiernas ledningar att placera ut nyckelpersoner eller lovande förmågor som bodde i Stockholm på mandat i andra delar av landet. Det var inte alltid populärt, men att hålla sig väl med partiledningen hade också fördelar. Sättet på vilket Palme kom till det svenska parlamentet låg också helt i linje med hans tidigare karriärsteg. Först hade han rekryterats rakt in i SFS ledning, sedan hade han blivit handplockad som Erlanders sekreterare och nu var han ledamot av den svenska riksdagens första kammare – utan att i öppen tävlan mot en konkurrent ha erövrat medlemmarnas eller väljarnas förtroende.

Den 24 april 1958 höll han sitt jungfrutal i riksdagen. Temat var pensioner, men Palmes tolkning av ATP-frågan var också en programförklaring för en stor del av hans kommande politiska liv. Det var obegripligt, förklarade han, "att man kan vara optimist när det gäller kraftverk och skolor, storflygfält och vägar, bilar, teveapparater och frysboxar, men plötsligt kasta om och måla framtiden i dystra färger när det gäller att lösa en stor trygghets- och rättvisefråga". Han gick igenom område efter område, från energiförsörjning till utbildningspolitik, och visade på hur riksdagens beslut byggde på en tilltro till framtida tillväxt. Var man lade sina förhoppningar på framtiden var naturligtvis en subjektiv värdering. Men för egen del, förklarade Palme, hade han sin uppfattning klar: En klassutjämning hade redan skett "i människors intressen och deras framtidsinriktning", nu var det politikens uppgift "att ta konsekvensen av den klassutjämningen på socialförsäkringens område". Som riksdagens yngste ledamot avslutade han sitt tal med att påpeka att han representerade ungdomens "sinne för solidaritet och rättvisa".

9. Modernitetens vita hetta

Ordets obehagliga bismak ska inte få oss att glömma att det var Perikles – inte Kleon – som var den första att bära namnet demagog.

MAX WEBER

Det starkaste intrycket från perioden är emellertid den utsträckning i vilken det ekonomiska uppsvinget tycktes drivas på av den teknologiska revolutionen.

ERIC HOBSBAWM

SOM PALME PÅPEKADE I SITT jungfrutal: de borgerliga partiernas pessimism när det gällde pensionssystemet och andra sociala reformer stack av mot den allmänna framtidstro som präglade hela västvärlden i slutet av femtiotalet. Människor började bli övertygade om att saker verkligen hade förändrats till det bättre på ett beständigt sätt. "Ni har aldrig haft det så bra", var den konservative premiärministern Harold McMillans framgångsrika slogan i det brittiska valet 1959. Den stadiga ökningen av bruttonationalprodukten och det växande handelsutbytet sedan andra världskrigets slut framstod nu som norm snarare än en lycklig tillfällighet.

Men lika viktig för framtidstron var de vetenskapliga landvinningarna. Femtiotalet hade inneburit en formlig teknisk explosion, inte bara av nya upptäckter i sig, utan också av industriell tillämpning av innovationer som gjorts på trettiotalet eller under kriget: televisionen, kassettband, radarn, jetmotorn, transistorn, datorn, lasern. Den främsta symbolen för vetenskapens makt, på gott och ont, var förmågan att utvinna energi genom att klyva atomer. Men atombomben var ett avlägset om än fruktansvärt hot i jämförelse med den nya teknik som höll på att tränga in i vardagslivet.

Såväl vanliga infektioner som livshotande sjukdomar kunde i allt större omfattning botas med antibiotika och andra läkemedel. År 1957 började den allmänna vaccinationen mot polio, en virussjukdom som under den senaste epidemin i början av femtiotalet hade drabbat 5 000 svenskar. Flygplan och flygplatser blev alltmer en del av svenska folkets vardagsupplevelser. År 1955 hade de första charterturisterna landat på Kanarieöarna, i början av sextiotalet åkte 65 000 svenskar på chartersemester årligen. Antalet bilar på vägarna ökade konstant, 1957 fanns det en miljon bilar i Sverige, vilket gjorde Sverige till det biltätaste landet i Europa per capita. Förutom USA hade inget land i världen fler telefoner per medborgare och det elektrifierade svenska järnvägsnätet var det längsta i världen i absoluta tal. Hösten 1956 hade Sveriges Television börjat med reguljära sändningar och ett år senare fanns det 30 000 teveapparater i landet. Från dagens perspektiv var naturligtvis välfärden ofullgången. En tredjedel av svenskarna bodde ännu "i ett rum och kök eller motsvarande". 26 procent av hushållen saknade centralvärme, 36 procent kylskåp och tio procent vattenledning. Men balansen hade tippat. Modernitet och hög standard var inte längre undantag utan regel.

Svenskarna hade blivit ett folk av snabbköpshandlande, frysboxförsedda, termostatuppvärmda, bilåkande medborgare. När den unge brittiske historikern Perry Anderson, nyss utexaminerad från Oxford, besökte Sverige 1961 blev han djupt tagen av det högteknologiska vardagslivet. Telefonerna var "beiga och formade som slokande tulpaner, tillverkade i ett fjäderlätt plaststycke". Dagstidningarna var trettio sidor tjocka och det fanns privata flygfält bara för att distribuera dem. I förorterna lyste automater "med geometriska matvaror från kyckling till gurkor" och på järnvägskaféerna fanns myntradioapparater vid varje bord. Anderson skrev två långa artiklar om Sverige för den nystartade brittiska tidskriften *New Left Review*.

Överlag var han mycket positiv, men varnade för att det fanns ett starkt teknokratiskt drag i svensk socialdemokrati. Bland annat intervjuade han "den unge senatorn Olaf (sic) Palme" som förklarade att social välfärd inte bara ska "förhindra fattigdom utan ska också garantera en god levnadsstandard".* Anderson upplevde honom som en ovanlig politiker: rakt på sak, utan falsk inställsamhet och mycket intelligent. Men i hans ögon var Palmes ideologi en aning krass. Socialism var i den nya brittiska vänsterns ögon något mer än rationell planering och ökad tillväxt. Med inspiration i Marx ungdomliga, mer humanistiska texter, var man framför allt kritisk mot det främlingskap och den maktlöshet som det moderna industrisamhället skapade. Vilket inte hindrade Anderson från att beundra Palmes slips – en modernistisk rektangulär modell i råsiden – och köpa med sig ett antal likartade hem till England.

En del svenskar delade Andersons farhågor. Inte minst författare och konstnärer kände obehag inför de vita rockarnas makt. Maskinåldern har utvecklat sin egen perversitet, menade poeten Werner Aspenström i en debattserie med vinjetten "Den nya tekniken" i *Stockholms-Tidningen* våren 1956. Orsaken till diskussionen var de växande farhågorna om att automationen skulle göra mänskligheten arbetslös. Aspenström var framför allt bekymrad för de kulturella effekterna av teknikutvecklingen och kritiserade arbetarrörelsens tillväxtideologi. Socialismen hade varit förnuftig under knapphetstiderna, men nu hade materialismen gått i spinn. Det fanns andra värden än konstant ökad levnadsstandard, menade han: "Går det hela ut på att rågkakans jämlikhet ska ersättas av glasstårtans jämlikhet och glasstårtans jämlikhet av de syltade näktergalstungornas jämlikhet?" Aspenströms civilisationskritik var dock en minoritetsposition. De flesta av deltagarna i *Stockholms-Tidningens* debatt var teknikoptimister, inte minst Olofs kusin, historieprofessorn Sven Ulric Palme, som menade att alla familjer snart skulle bo i femrummare och att minst 50 procent av alla ungdomar måste utbildas till ingenjörer. Hans enda bekymmer var att omvandlingen inte gick fort nog. Slutet av femtiotalet, på bekvämt avstånd från både andra världskrigets katastrofer och sjuttiotalets civilisationskritik, var sannolikt en av de mest teknikvänliga under 1900-talet.

---

* Förstakammarledamöterna kallades ibland senatorer i svensk press och Palme måste ha använt denna beteckning i samtalet med Anderson.

Palme var också teknikoptimist, även om han var en betydligt mer subtil tänkare än sin yvige släkting till historieprofessor. Livet igenom skulle han i tal och artiklar återkomma till "den tekniska utvecklingens hisnande tempo". Aldrig tidigare hade människans kontroll över sin yttre omgivning varit så stor som nu, menade han: "inte på århundraden har väl hennes ställning varit så stark i förhållande till den materia, med vilken hon jobbar". Både Erlander och Palme såg det som regeringens uppgift att stötta näringslivet när det gällde forskning och utveckling. Samtidigt som statsministern kunde klaga över att "Wallenberg, Johnson och deras anhang" fortfarande hade makten, var han djupt imponerad av den ökande produktiviteten och de svenska företagarnas innovationsförmåga. Få saker gjorde Erlander, som en gång tänkt sig att bli professor i fysik, så lycklig som att besöka en fabrik med ny teknik, som till exempel bröderna Rausings förpackningsindustri Tetrapak i Lund som startades 1951 och skulle växa ut till en världsomspännande koncern med tillverkning på fem kontinenter. Hans unge sekreterare var lika entusiastisk och bistod ivrigt med uppslag och råd om hur samarbetet med industrin skulle förbättras, inte minst genom den så kallade Rigolettokonferensen i Stockholm 1955 där femhundra politiker, företagare och forskare diskuterade framtidens tekniska möjligheter.

Men för Palme var tekniken inte en lösning på samhällsproblemen utan en förutsättning för det existentiella ansvar han ville mana fram. Moderniteten var ofrånkomlig, frågan var hur samhället skulle hantera den. Även om han kunde göra reverenser till Marx då och då utgick hans samhällssyn från att tekniska förändringar och vetenskapliga upptäckter var historiens motor, inte klasskampen. Det fanns inga lagar som reglerade människors beteenden, bara individens moraliska val inför den framrusande utvecklingen. Hans synsätt präglades av en teknokratisk existentialism, en märklig blandning av ingenjör Planertz och Albert Camus. Å ena sidan ivrade han för rationalitet, planering och centralism, å andra sidan sjöng han den individualistiska modernismens höga visa. I riksdagen 1958 markerade Palme tydligt att han inte ville gömma sig bakom de vetenskapliga och ekonomiska framstegen, utan att det handlade om ett subjektivt val: "Det är ytterst på värderingarnas område, i fråga om vad som är mest viktigt och värdefullt i vårt och framtidens samhälle som klingorna korsas." Palmes politiska originalitet bestod i att han bejakade konsumtionssamhället och den nya tekniken utifrån ett existentiellt perspektiv. Han var, som Norman Mailer senare skulle beskriva John F. Kennedy, *superman in the supermarket*, övermänniskan i snabbköpet.

Man kan kalla hans tro på vetenskap och teknik för naiv. Ett drygt decennium senare skulle ett populärt humorprogram i teve, "Mosebacke Monarki", låta en ung politiker som påminde om Olof Palme inför en jublande folkmassa utropa: "Vi flyter mot framtiden på gummimadrasser!" Men för Palme gällde det att välja sina strider. Civilisationskritik ledde i hans ögon till ett passivt och sterilt förhållningssätt: "Jag har föga förståelse för den som generellt fördömer tekniken för att söka återskapa ett Idyllien som aldrig funnits." Vetenskapens kraft var en av de fasta punkterna i hans världsbild, ett axiom som gjorde det möjligt för honom att föra fram sin övertygelse att medborgarna var skyldiga att förverkliga de grundläggande idealen från 1789 års revolution: frihet, jämlikhet och broderskap. Det blev ofta den röda tråden för hans krav på moraliskt ställningstagande och handling. Det var knappast djupsinnigare än den marxistiska klasskampsteorin eller den klassiska liberalismens entusiasm för en atomistisk individ – men inte heller ytligare. Hans tro på "teknologins vita hetta" – för att låna ett uttryck av sextiotalets Labourledare Harold Wilson – skulle visa sig lika otillräcklig inför en komplex verklighet som de andra ideologierna. Men den utgjorde en tydlig utgångspunkt av det slag som politiker behöver för att hålla kursen, bygga argument och utforma sitt budskap.

*

När Perry Anderson träffade Palme var denne inte bara senator utan också en stadgad familjeman sedan ett par år tillbaka. Sommaren 1956 hade Olof gift sig med Lisbet Beck-Friis. Vigseln hade ägt rum nästan på dagen fyrtio år efter Gunnar Palmes giftermål med Elisabeth von Knieriem i Allhelgonakyrkan i Nyköping mitt under första världskriget.

I jämförelse med föräldrarnas storslagna fest på Ånga blev Olofs bröllop en diskret affär. Först åkte paret till Köpenhamn, där de vigdes i stadens svenska kyrka. Endast den närmaste familjen var närvarande. Därefter bar det i väg på bröllopsresa till Italien i sällskap med ett annat nygift par i en liten folkvagn. Innan de åkte hade Müsi erinrat de nygifta om Gunnars ord om att livet inte endast bestod av "brinnande längtan efter handling" utan även "kärlek och ro, ömhet och stillhet". Hon visste var hon hade sin rastlöse son. I vanlig ordning kunde Palme inte släppa arbetet helt under Italienresan, utan förberedde sig för höstens kommande valrörelse. Men även om han som politiker ivrade för modernitet och förändring hade han också ärvt den palmeska familjekänslan.

Väl hemma från Italien flyttade Olof och Lisbet, som nu var färdigutbildad psykolog, till en tvårumslägenhet på Rörstrandsgatan 35 i Vasastaden, en lite socialt obestämd stadsdel som luktade "stöldgods och gamla kläder" enligt den inte helt opartiske söderförfattaren Svante Foerster. Rörstrandsgatan var en charmig, småborgerlig gata med en lätt parisisk ton, som i ena änden ståtade med den svenska frikyrkorörelsens högborg, Filadelfiakyrkan. I jämförelse med Östermalmsgatan var miljön medelklassig. Olof och Lisbets grannar var hantverkare, tjänstemän och studenter. Några portar bort hade Lenin övernattat när han 1917 passerade Stockholm på väg till Ryssland för att göra revolution. På sitt vanliga burdusa sätt hade Lenin förolämpat de svenska bolsjeviksympatisörerna genom att påpeka att de var en samling naiva idioter och att de svenska socialdemokraterna visserligen var revisionister men mycket klokare politiker.

I mitten av femtiotalet fanns inga revolutionärer i grannskapet, om man inte räknar Palmes partikamrat Hjalmar Mehr. Han tillhörde den socialdemokratiska vänstern och hade gått i lära hos den legendariske Zäta Höglund, en gång brinnande bolsjevik men på äldre dagar framgångsrik kommunalpolitiker i Stockholm. Enligt *Svenska Dagbladet* var Mehr en revolutionär typ som "skulle ha prytt sin plats i Kurt Eisners galna bajerska sovjetrepublik", vilket inte hindrade den konservativa tidningen från att tycka att han var "alldeles för trevlig" för att man skulle kunna bli arg på honom. Som finansborgarråd i Stockholm var Mehr en de drivande krafterna bakom den omfattande ombyggnaden av Stockholms innerstad. I efterhand har det framställts som om Mehr ensam var ansvarig för – skyldig till, anser en del – att ha utplånat den gamla stadskärnan. Men trycket från medborgarna var stort. Stockholmarna ville ha moderna affärer, bättre kommunikationer och framför allt större och mer bekväma lägenheter.

Det gällde inte minst paret Palme. Så länge de bara var två personer var den ålderdomliga lägenheten på Rörstrandsgatan tillräcklig. Den låg någorlunda centralt, inte minst för Olof som rörde sig mycket kring Riksdagshuset och Kanslihuset. Både han och Lisbet var infödda stockholmare och hade vänner och familj på nära håll. Olof befann sig visserligen ofta på resande fot tillsammans med Erlander, på väg till eller från socialdemokratiska arbetarkommuner, kvinnoföreningar och ungdomsklubbar runtom i landet. När Palmes första son Joakim föddes i maj 1958, strax före extravalet efter ATP-omröstningen, blev det nödvändigt att skaffa en större lägenhet. Vintern 1959 flyttade den unga barnfamiljen till ett radhus med en liten gräsmatta på Tornedalsgatan i Stockholms västra utkant, en halvtimmes resa med bil eller tunnelbana från centrala staden.

Sammanbyggda småhus var en relativt ny boendeform som ännu betraktades med viss skepsis av svenskarna. Radhuset bröt invanda klassmönster. Det var varken borgerligt vräkigt som den traditionella stadsvillan eller proletärt hemsnickrat som de små egnahemshus som kantade Stockholms ytterområden. Radhuset var jämlikt och modernt, "ett verkligt hem, bebott endast av ägaren, fullt modernt med centralvärme, gas, vatten, avlopp, elektriskt ljus, bad, vilket ägaren kunna införskaffa utan någon större kapitalinsats". Området som Olof och Lisbet flyttade till betraktades som ett lysande exempel på modernistisk arkitektur. Mycket omsorg hade lagts ner på att skapa ljusa, praktiska och bekväma hus som smälte in med den omkringliggande topografin. Den bakomliggande tanken, typisk för tidens entusiasm för socialpolitisk heminredning, var att locka konstnärer från Stockholms bohemkvarter i den gamla förfallna stadsdelen Klara till det nya förortsområdet. Så många konstnärer blev det inte, men flera av arkitekterna flyttade själva in i området.

Tornedalsgatan var en del av det nybyggda mönstersamhället Vällingby. Det hade invigts i november 1954 med fyrverkerier, sjuttiofemtusen besökare och utdelning av presenter till barnen i de nyöppnade butikerna. Under de efterföljande åren vallfärdade politiker, stadsarkitekter och planerare från hela världen till den nya stadsdelen för att imponeras – och i undantagsfall förfäras – av den djärva svenska moderniteten. "Det verkar nästan som om ni har högre levnadsstandard än vi", utbrast en förvånad amerikansk student. Vällingby var inte avsett som en sovstad utan ett "ABC-samhälle" som förenade arbete och boende kring ett gemensamt centrum.

Den bakomliggande idén var märkligt medeltida. Stadsdelen var tänkt som ett isolat som svarade mot alla mänskliga behov. I ett centrum omgivet av en blandning av flerfamiljshus och radhus fanns varuhus, matvaruaffärer, skönhetssalong, biograf, bibliotek, sjukstuga, skola. Efter hand byggdes också en kyrka för att tillgodose eventuella andliga behov, en funktionalistisk låda i hårdbränt mörkt tegel. De estetiska kraven på de boende i flerfamiljshusen var strikta. Ville man ha en markis på balkongen fick den inte vara mönstrad. Men centralstyrningen åtföljdes av en hög nivå av samhällsservice. Under de första åren kom det kommunala bostadsföretaget och hämtade smutstvätten för att återlämna den tvättad och prydligt manglad. Den konstnärliga utsmyckningen var rik, men allt var modernistiskt och abstrakt. Till och med ungdomsgården pryddes av en kubistisk målning. "Man kände sig som en progressiv samhällsbyggare...", mindes en av de inflyttade pionjärerna.

Men drömmen om en tät gemenskap krockade med verkligheten. På mornarna lämnade fäderna Vällingby. En del gick tidigt på morgonen mot tunnelbanan "med skinnpaj och portfölj där matlådan var nedstoppad" på väg till mekaniska verkstäder i Spånga och Blackeberg. Andra hann i likhet med Olof Palme läsa morgontidningen och äta en marmeladsmörgås innan de tog på sig flanellkostymen, knöt slipsen och satte sig i bilen för att åka till sina kontor i Stockholms innerstad. Kvar blev barnen, hemmafruar och kvinnor som hade deltidsjobb på närmare håll. I slutet av femtiotalet arbetade de flesta gifta kvinnor som inte hade barn, men bara drygt hälften av alla mödrar med ett barn deltog i förvärvslivet och när det andra barnet kom sjönk siffran till 28 procent. Lisbet hade fått arbete på den barnpsykiatriska mottagningen i Vällingby centrum, på cykelavstånd från hemmet under de första småbarnsåren. Familjen Palme var en ganska tidstypisk akademisk familj i det att mannen satsade fullt ut på yrkeslivet medan hustrun fick balansera sin egen karriär mot familjebehoven.

Trots att ABC-staden var avsedd att motverka det främlingskap som storstaden ansågs skapa, blev de nya förorterna ännu ödsligare och kyligare. De kollektiva utrymmena utnyttjades inte. Man skaffade egen tvättmaskin och på kvällarna förskansade sig familjerna i sina moderna lägenheter vid de nyinköpta teveapparaterna. "Mina föräldrar kände inte Tommys, Johnnys, Leffes, Rågges, Bittes, Tobbes, Irenes, Pers föräldrar", minns konsthistorikern Thomas Millroth. Början till sextiotalets ungdomsuppror började ta form. Vällingbybarnen som samlades på kvällarna i den modernistiska arkitekturens ödsliga prång lovade varandra att "aldrig bli som våra föräldrar, sitta framför teven, aldrig umgås".

Kritiska röster började också höjas. Vällingby var "den vita slummen", hävdade författaren Per Anders Fogelström i *Expressen*. Det var överdrivet, men den uteblivna gemenskapen i ABC-förorterna visade på en svaghet i Palmes och andra socialdemokratiska modernisters tro på att det starka samhället skulle väcka en ny solidaritet och samhörighet mellan medborgarna. Att bygga ut välfärdsstaten tycktes snarare minska än öka den mellanmänskliga kontakten i Sverige. Författaren Pär Rådström skildrade med mild ironi ödsligheten i de nya ABC-förorterna som i Vällingbys efterföljd byggdes i Stockholms utkanter under de följande åren:

> Den 22 oktober 1958 invigdes den nya stadsdelen Södermossen. Den var belägen på den plats där förut den s.k. södermossen legat, ett område som av flera skäl fått förbli obebott sedan stenåldern. Nu låg där tio punkthus om tio våningar, ett om tolv, samt en piazza, ett community-center, en biograf som kunde göras om till kyrka eller omvänt, en beauty-shop, två snabbköp, varav ett "privat" och ett Konsum. Dessutom fanns där en

spansk bod som öppnats av en medelålders dam, som gått på Konstfack i början av 40-talet.

Men trots – eller kanske tack vare – att verkligheten upphävde den planerade utopin blev stadsdelen älskad av många. De ljusa lägenheterna, de skinande, nya badrummen och köken med kylskåp från Electrolux innebar en livskvalitet i vardagen som invånarna dittills bara drömt om. Var man driftig kunde man också beställa billiga och funktionella möbler på postorder från ett varuhus i det småländska samhället Älmhult med det underliga namnet IKEA. Vällingby centrum blev en kommersiell succé som drog kunder från hela Stockholmsområdet.

Även om en del av tankarna bakom hörde till de mer människofientliga inom modernismen – Vällingby var ritat för att kunna uppskattas från luften – gick det ett starkt humanistiskt stråk genom planeringen. Huskropparna var modesta, inte minst i jämförelse med de betongkolosser som skulle byggas i miljonprogramsområdena under sextiotalet. Det fanns mycket vatten och natur. Området genomkorsades av promenadvägar och cykelbanor. I skogsdungarna kunde man se riksdagsman Palme "springa terräng" – man joggade ännu inte – i en tidstypisk åtsittande blå bomullsoverall och vit mössa. Den avsiktliga bristen på urbanitet tilltalade ett agrart folk som ännu betraktade städer som ett suspekt påfund.

Hur ideologiskt medvetet den unga familjens Palmes beslut att flytta till Vällingby var är svårt att avgöra. I sig var det inget konstigt med att en ung, växande akademikerfamilj flyttade till ett attraktivt förortsområde i bostadskrisens tidevarv. Men Olofs syskon och kusiner höll sig med något enstaka undantag trots allt kvar på Östermalm, Lidingö och alltmer svårunderhållna herrgårdar runt Stockholm. Vällingby var en naturlig samlingsplats för uppåtsträvande klassresenärer, men ett mindre självklart val för människor med en högborgerlig bakgrund. Men för de unga socialdemokraterna Olof och Lisbet representerade Vällingby modernitet och klasslöshet, en neutral miljö där också de kunde skaka av sig av stereotypa föreställningar om sin familjebakgrund. Dessutom fanns det ett modernistiskt stråk inom släkten Palme, trots dess politiska konservatism, från Henrik som byggde Djursholm på artonhundranittiotalet till Gunnar som i början av trettiotalet uppfört en modernistisk sommarstuga på Ånga. Radhuset i Vällingby representerade visserligen en klassresa nedåt från Villa Kallio där Palmes farföräldrar hållit litterära salonger på artonhundranittiotalet. Men det öppna och upplysta Vällingby, *la ville lumière,* var en inramning som passade den unge socialdemokraten Palme lika bra som Djursholm en gång den progressive rösträttskämpen Sven Palme.

*

År 1958 gavs romanen *På stranden* av den engelske författaren Nevil Shute ut i Sverige och året därpå gick en filmatisering med Gregory Peck och Fred Astaire i huvudrollerna upp på biograferna. Boken var en apokalyptisk framtidsskildring: tredje världskriget bryter ut 1963 och förstör allt liv på norra halvklotet. Huvudpersonerna befinner sig i Australien, som snart kommer att drabbas av det radioaktiva nedfallet. Efter att ha mottagit ett telegrafiskt morsemeddelande från USA skickas en expedition för att undersöka om det finns liv kvar på den amerikanska kontinenten. Men när man hittar källan till signalen i Seattle på USA:s västkust visar det sig att den skapats av att fönsterdrag som får en rullgardin att vippa en Coca-Colaflaska mot en telegraftangent. Filmen slutar med att huvudpersonerna begår självmord för att undvika en plågsam död till följd av den radioaktiva strålningen.

Världen hade levt med den ångestfulla vetskapen om atombombens kraft sedan Hiroshima och Nagasaki. Men det var först i slutet av femtiotalet som en verkligt omfattande proteströrelse mot kärnvapen uppstod. Opinionen hade vuxit långsamt, främst genom att flera av de ledande vetenskapsmän som utvecklat kärntekniken, som Robert Oppenheimer och Albert Einstein, tagit avstånd från kärnvapen. Vapenarsenalerna växte och framför allt var allt fler länder på väg att skaffa sig kärnvapen. Under femtiotalet var det bara USA, Sovjetunionen och Storbritannien som var nukleära makter, men en rad länder var i full gång med att utveckla kärnvapenprogram, inte minst de Gaulles Frankrike. I en satirisk sång om kärnvapenspridning, *Who's next?*, beskrev den svartsynte amerikanske underhållaren Tom Lehrer hur land efter land skaffade sig atomvapen, till slut även den amerikanska delstaten Alabama. Det var också detta spridningsscenario som låg bakom Shutes roman: tredje världskriget bryter ut efter att Egypten atombombat London i falska ryska militärplan, vilket leder till omedelbar vedergällning från angloamerikansk sida.

Vintern 1958 bildades den brittiska *Campaign for Nuclear Disarmament* som vid sin höjdpunkt skulle mobilisera 150 000 människor i en marsch mot det militära centret för kärnvapen i Aldermaston. Några månader senare trädde Aktionsgruppen mot en svensk atombomb (AMSA) fram, med bland andra författarna Per Anders Fogelström, Barbro Alving och Sara Lidman i spetsen. Det blev upptakten till en intensiv debatt som skulle rasa fram till 1961, då Socialdemokraterna sade nej till ett svenskt atomvapen, även om det formella beslutet inte skulle komma förrän 1968. "Inget i världen är viktigare än Bomben", skrev Stig Ahlgren ironiskt i *Vecko-Journalen*. Tidningarnas klippkuvert sprack "av material om Bomben" trots att "ingen mänsklig hjärna behärskar Bomben i alla dessa aspekter".

Tanken att Sverige skulle ha ett kärnvapenprogram ter sig i dag så bisarr att det nästan är omöjligt att göra rättvisa åt den opinion på femtiotalet som såg en svensk atombomb som en försvarspolitisk nödvändighet. Men rötterna till den svenska kärnvapendebatten finns i den förnedrande position Sverige hade hamnat i under andra världskriget. Sedan 1938 – då det visat sig i München vad stormaktsgarantier var värda – hade det rått stor enighet bland svenska politiker om att Sverige måste ha ett starkt eget försvar. Men neutralitetsvakten krävde inte bara en stor armé och ett omfattande flygvapen utan också tillgång till de mest avancerade vapensystemen. I detta perspektiv framstod atombomben som nödvändig för att kunna upprätthålla trovärdigheten i den svenska alliansfriheten.

De som förespråkade en svensk atombomb pekade på att också Schweiz övervägde att starta ett kärnvapenprogram. Neutralitet och atombomber syntes höra ihop under det kalla kriget. Den bakomliggande logiken byggde på att man utgick från att kärnvapen gick att använda på ett begränsat sätt, en tes som framför allt drevs av en ung tysk-amerikansk Harvardprofessor vid namn Henry Kissinger. Denne skulle ganska snart överge tesen om taktiska kärnvapen, men den är avgörande för att man ska kunna förstå hur de svenska atombombsanhängarna kunde argumentera för en "defensiv" atombomb. Inom regeringen hade diskussionen börjat 1954 då överbefälhavaren lämnade ett förslag till regeringen om att det svenska försvaret måste få nukleär beväpning. Utrikesminister Östen Undén fann omedelbart hela idén vansinnig. Ett svenskt atomvapen skulle öka krigsrisken, inte minska den.

Den sjuttioårige folkrättsexperten Undén var med sina buskiga ögonbryn och flödande hårsvall en respekterad ålderman i den svenska regeringen. Han hade blivit rekordung professor vid trettioett års ålder, ingått i den första liberal-socialdemokratiska regeringen 1917 och varit utrikesminister en första gång redan 1924–1926. Som internationell jurist hade han bilagt en rad tvister, bland annat en gränskonflikt mellan Grekland och Bulgarien som lett till att de tacksamma bulgarerna döpt en bergstopp efter honom. Efter andra världskriget hade han kallats in för att ersätta den av eftergiftspolitiken komprometterade Christian Günther som utrikesminister. Den strame, humorfrie men principielle Undén ansågs särskilt lämpad att återställa ämbetets värdighet efter den samvetslöse kabinettspolitikern Günther. Men Undén skulle i sin tur anklagas för eftergivenhet mot Sovjetunionen.

År 1946 fick han ta ansvar för den så kallade baltutlämningen, då Sverige repatrierade 167 baltiska soldater som varit i tysk tjänst till ett osäkert öde i Sovjetunionen. Undén hade inte deltagit i själva regeringsbeslutet, men han försvarade det lojalt. Kritiken mot honom växte: han var alltför eftergiven mot Sovjetunionen och alltför brysk mot västmakterna. Undén har agerat så, skrev den vasse konservative journalisten Gunnar Unger 1952, "att vi förvärvat samtliga vänligt sinnade stormakters välgrundade misstro, vilket... måste sägas komma nära idealet för svensk neutralitetspolitik". Sveriges passiva hållning när det gällde Raoul Wallenberg bar också i hög grad Undéns signum. I slutet av femtiotalet blev dock den strikte neutralisten Undén alltmer engagerad i FN och för de mindre nationernas rätt mot stormakterna.

När det gällde atomvapnen hade Undén många av sina egna mot sig. Till sin förskräckelse fann han att somliga av hans kolleger inte helt tycktes vara "motståndare till sådant vanvett". De han åsyftade var bland andra Erlander, samt även – fast Undén knappast räknade in honom – statsministerns unge sekreterare Olof Palme. Exakt vad Palme tyckte vid den här tiden finns visserligen inte belagt. Men eftersom han senare skulle motarbeta kravet på ett nej till svenska atomvapen är det rimligt att anta att han och Erlander hade ungefär samma utgångspunkter. På ett plan var deras kärnvapenvänliga hållning del av en allmänt entusiastisk syn på vetenskap och forskning. Samtidigt som debatten om atomvapen pågick höll Sverige på att utveckla den fredliga användningen av kärnkraft. Sommaren 1954 hade den första svenska atomreaktorn startat fyra våningar under jord vid Tekniska högskolan i Stockholm, inte långt från familjen Palmes våning på Östermalmsgatan. Kärnkraften sågs som en nödvändighet; elförbrukningen sköt i höjden och vattenkraften räckte inte längre till. Men mer avgörande var oron för att Sverige skulle kunna hamna i ett försvarspolitiskt utsatt läge utan atomvapen. Det var den gängse ståndpunkten bland socialdemokratiska kärnvapenanhängare, och det finns ingen anledning att tro att Palme inte delade denna uppfattning. Han var, som de flesta socialdemokrater på femtiotalet, en bestämd anhängare av ett starkt försvar för att värna neutraliteten.

Men det argument som Olof Palme skulle föra fram för en svensk atombomb när motsättningarna väl briserade inom arbetarrörelsen i slutet av femtiotalet var mer originellt. Det utgick från världsläget och inte den svenska försvarspolitiken. Hotet om att småstater som Schweiz och Sverige skaffade sig kärnvapen, menade han, skulle användas för att driva på stormakternas avrustningsförhandlingar. Denna internationalistiska hållning var inte så vanlig bland atombombsförespråkarna som framför allt såg frågan ur ett nationellt perspektiv. Men det förekom i debatten så sent som 1965, då den radikale poeten Lars Forssell i en artikel i *Dagens Nyheter* undrade varför Sverige "inte, mot bakgrunden av våra potentiella möjligheter att tillverka atomvapen, använt utpressning och fordrat att vi avstod bara om Amerika och Ryssland skrotade ner?" Hur realistisk taktiken var kan ifrågasättas, men varken Sovjetunionen eller USA var tilltalade av tanken på en svensk atombomb. Det appellerade också till en aktivistisk svensk hållning på typiskt Palmemanér. Sverige skulle driva på nedrustningen inte genom att föregå med gott exempel utan genom att utnyttja sin ställning som ett av världens mest vetenskapligt och ekonomiskt avancerade länder. Neutralitet var inte konflikträdsla utan ett uttryck för både styrka och fredsvilja.

Kärnvapenfrågan delade socialdemokratin. Våren 1956 tog kvinnoförbundet enhälligt ställning mot ett svenskt kärnvapenförsvar. En livlig debatt pågick också inom den socialdemokratiska ungdomsrörelsen SSU. När förbundet samlades till kongress i Stockholms konserthus i augusti 1958 fanns en stark opinion som ville att SSU skulle följa kvinnoförbundets exempel. På kongressen fanns också Olof Palme, som sedan 1955 varit studieledare inom det socialdemokratiska ungdomsförbundet. Han hade ramlat in i ungdomsrörelsen av en slump efter att han 1955 blivit bekant med förbundets ordförande Bertil Löfberg på en buss på väg från SSU:s kursgård Bommersvik. Fast egentligen var det oundvikligt att Palme skulle hitta fram till de socialdemokratiska ungdomarna. I SSU kom han i kontakt med unga män och kvinnor ur arbetarklassen som var mer nyfikna, studieintresserade och diskussionslystna än de äldre partikamraterna. Han blev en uppskattad studieledare och föreläsare, som gav idéhistoriskt djup och förde samman teori och praktik på ett entusiasmerande sätt. Palme var, förklarade ledningen för SSU:s Örebrodistrikt när han blev angripen för karriärism i den borgerliga pressen, "en grabb som många andra i vår rörelse men med kanske större kunskaper än de flesta av oss".

SSU hade grundats 1917 när det tidigare ungdomsförbundet bröt med partiet och blev kommunistiskt. Under tjugotalet hade SSU producerat två av svensk socialdemokratis mest framstående intellektuella, Nils Karleby och Rickard Lindström. Karleby, som dog i unga år av tuberkulos, var en lika hängiven socialdemokrat som bestämd motståndare till bolsjevismen. Boken *Socialismen inför verkligheten*, utgiven strax efter hans död 1926, blev hans testamente, en uppgörelse med marxistisk determinism och ett försvar för pragmatisk reformism. Lindström, en sågverksarbetare från

Dalarna, var inte lika teoretiskt djuplodande som sin vän, men en desto skickligare debattör och polemiker. Han var starkt påverkad av den österrikiske marxisten Otto Bauers teorier om nationens betydelse för arbetarrörelsen och argumenterade med stor konsekvens för att socialdemokratin var en nationell rörelse.

På många sätt förebådade Lindström den folkhemsideologi som partiledaren Per Albin Hansson utvecklade under trettiotalet. Inte minst drev Lindström en från kampanj mot försvarsfientligheten och antimilitarismen inom SSU. Att vara mot fosterlandets försvar när arbetarklassen saknade rösträtt hade varit rimligt, menade han, men efter demokratins seger var det självklart att arbetarrörelsen skulle vara beredd att värna Sverige mot yttre fiender. Under tjugotalet stretade han i motvind, men i takt med att de internationella spänningarna ökade efter Hitlers maktövertagande 1933 blev SSU en förespråkare av upprustning och ett starkt försvar. Försvarsentusiasmen hade visserligen mattats betydligt under femtiotalet, inte minst under inflytande av radikalpacifismen. Men den utgjorde fortfarande en stark tradition inom ungdomsförbundet när kärnvapenfrågan flammade upp.

Inför ett podium med röda fanor och SSU:s emblem mot en bakgrund av blått och gult skulle ungdomsrörelsen – och Olof Palme – nu bekänna färg. Förbundsledningen gjorde sitt yttersta för att hindra ett definitivt nej till en svensk atombomb. Man upprättade två principiella försvarslinjer. Den ena var att utmåla atombombsmotståndarna som nypacifister och åberopa den socialdemokratiska ungdomens försvarsvänliga tradition. Bertil Löfberg gick tillbaka till 1939 då SSU förklarat att "landets värn" var en sak för ungdomen: "Det var någonting fantastiskt som skett... en ungdomsorganisation som tidigare skakats av hårda strider om försvaret intog här en klart positiv inställning till det nationella försvaret".

Andra ledamöter av förbundsstyrelsen fyllde på med citat av Churchill, jämförelser med andra världskriget och allmänna pläderingar för att små stater måste vara beredda att försvara sin frihet. Men många av motståndarna till atomvapen var inte pacifister. De var för ett konventionellt försvar men menade att den internationella kampen mot kärnvapen krävde att Sverige skulle avstå från atombomben. Vi kan inte uppskjuta beslutet att ta avstånd från kärnvapen, menade en delegat från Stockholm, utan måste "göra vad vi kan för att förhindra uppkomsten av en atomväpnad värld och i stället leda in utvecklingen på en fredligare väg". Om världens småstater skaffade sig atomvapen skulle nedrustningen försvåras.

Förbundsstyrelsen andra försvarslinje var att försöka skjuta detta argument i sank. Föga förvånande var det denna tråd som Olof Palme tog upp när han gick in i slutet av debatten. Palme var populär inom ungdomsförbundet och förbundsstyrelsen hade sparat honom till den stora finalen. I efterhand har hans insats mytologiserats, som om han ensam svängde en hel kongresshall full av militanta kärnvapenmotståndare med sin gyllene tunga. Hans tal var starkt, men i stort sett byggde det på argument som redan förts fram upprepade gånger av förbundsstyrelsen. Atombombsmotståndarna menade att det var det moraliska exemplet som var de små staternas främsta maktmedel. Men, påminde Palme, i krig och kapprustning dominerar "onda hjärtan". Det är inte självklart vad som är moraliskt riktigt. En liten stat, till exempel ett Israel trängt mot havet, har "som högsta moraliska norm att över huvud få leva". Och Sverige, som var ett annat litet land, kunde genom att hota med att skaffa kärnvapen kanske tvinga stormakterna till förhandlingsbordet. Han avslutade sitt tal med en maning till delegaterna att inte se sig själva som maktlösa svenska ungdomar utan som internationella statsmän med både ansvar och maktresurser:

> Kanske någon till slut säger: Vi är ju bara ungdomsklubbister. Vi är inga statsmän... Vi kan inte ta sådana hänsyn, ett sådant ansvar. Det är fel. Visst är vi statsmän, vare sig vi kommer från Bräkne-Hoby eller Lycksele eller förbundsstyrelsen! Vi är statsmän därför att vi har slutit oss till en rörelse som skall påverka människorna för våra idéer, som skall förändra samhället på grundval av våra idéer och förändra världen på grundval av våra idéer.

Det var ett retoriskt mästerstycke som utmanade kärnvapenmotståndarnas anspråk på tolkningsföreträde. Palme förde in en ny moralisk dimension: delegaternas främsta uppgift var inte att behålla sina svenska samveten välputsade utan att göra sitt yttersta för att stoppa den internationella kärnvapenspridningen. Delar av resonemanget hade han hämtat hos den tyske sociologen Max Weber, som i sin klassiska uppsats "Politik som yrke" argumenterade för att en riktig politiker aldrig enbart kan vara "regelmoralist", det vill säga agera moraliskt korrekt utan avseende på konsekvenserna. Weber menade inte att målet rättfärdigade medlen, en sådan hållning vore lika enfaldig. Hans poäng var i stället att en politiker är tvungen att leva i ett moraliskt ingenmansland. "Regelmoral och konsekvensmoral", förklarar han, "är inte absoluta motsatser utan komplement som tillsammans skapar en genuin människa – en människa som kan ha kallet att bli politiker." Det var precis detta som Palme sade till SSU:arna: tänk inte mekaniskt, var politiker, ta ert ansvar och inse att ni måste välja mellan två problematiska hållningar.

Men i ärlighetens namn var det nog inte Max Weber som vann dagen. Innan Palme satte in nådastöten hade delegaterna bombarderats av förbundsstyrelsens argumentation under större delen av dagen. Framför allt hade Bertil Löfberg gjort sitt yttersta för att framställa atombombsmotståndet som oförenligt med SSU:s tradition. Sveriges maktlöshet under andra världskriget var en resonansbotten för Palmes internationalistiska vädjan till delegaterna att inse att moral också krävde medel. Det hela liknade, i militära termer, en kniptångsmanöver. Med 177 röster mot 123 beslöt kongressen att inte ta ställning mot en svensk atombomb.

Därmed hade arbetarrörelsen köpt sig tid. "Palme måste ha utfört något otroligt igår", skrev Erlander i sin dagbok dagen efter omröstningen på SSU-kongressen, "...genom sitt anförande, som tydligen hindrade kongressen att binda sig mot atombeväpningen". Ändå vore det orättvist att beskriva Palmes agerande som ett taktiskt beställningsverk från Erlander. Frågan var även personligt laddad för statsministerns unge sekreterare. Hemma på Rörstrandsgatan hade hans hustru tagit ställning mot kärnvapen. Vid ett tillfälle hade hon hållit fram deras halvårsgamle son Joakim och förklarat för Olof vad normalfördelningskurvan för genetiska strålningsskador egentligen innebar. Mot kärnvapenkrigets ohygglighet stod dock en av Palmes djupaste övertygelser: att neutralitetspolitik inte innebar att passivt sitta vid sidlinjen utan manifesterades genom en aktiv roll på den internationella arenan. Efter hand skulle han under Lisbets inflytande komma att ändra sig när det gällde ett svenskt kärnvapen. Men på SSU-kongressen 1958 får man en föraning om den utrikespolitiska aktivism som Palme i mitten av sextiotalet skulle uppvisa när det gällde Vietnamkriget.

Hans ställningstagande 1958 sticker onekligen ut eftersom han för övrigt låg lågt när det gällde utrikes- och försvarspolitik, "i skydd" som militären skulle säga. Varför han gjorde det är svårt att veta. Till en del var det sannolikt en fråga om prioriteringar. Även om han hade en enorm arbetskapacitet var det en sisyfosuppgift att lära sig både svensk inrikespolitik och socialdemokratisk partikultur inom ett par års tid. Med sina språkkunskaper och internationella erfarenheter kunde han alltid återvända till utrikespolitiken vid ett lämpligt tillfälle.

Men frågan är också om han inte anade att han ännu inte var redo att träda fram i den utrikespolitiska debatten. Han befann sig i den något ovanliga positionen att både sympatisera med antikoloniala rörelser i tredje världen och ivra för ett starkt nationellt försvar i Sverige. Efter sin Asienresa 1953 hade han dragit slutsatsen att den socialdemokratiska antikommunism han omfattade i europeisk politik inte var relevant i länder som höll på att skaka av sig ett kolonialt förflutet. I rapporten till COSEC hade han rekommenderat att man inte skulle dra in studentorganisationerna i Sydostasien i kampen mot kommunismen utan uppmuntra dessa att utvecklas utifrån sina egna behov. Men det lämnade också frågan obesvarad om vad han kunde göra på hemmaplan. Han engagerade sig i biståndsfrågor och satt i början av sextiotalet i styrelsen för Nämnden för internationellt bistånd, föregångaren till dagens Sida. Men han var mer intresserad av aktiva politiska insatser än välgörenhet. Man kan motivera utvecklingshjälp humanitärt, menade han, men svensk u-hjälp skulle också vara en del av Sveriges strävan att skapa fred i världen.

Den interna striden inom socialdemokratin fortsatte efter SSU-kongressen. I november tillsattes en intern arbetsgrupp där Olof Palme ingick för att försöka skapa enighet. Resultatet blev ett dokument som blev färdigt ett år senare, på hösten 1959, som i praktiken desarmerade splittringen inom arbetarrörelsen. Det uppfattades som en seger för nej-sidan eftersom arbetsgruppen konstaterade att "övervägande skäl talar mot svenska atomvapen". Men tack vare att Palme i förhandling med Östen Undén fått igenom en formulering som tillät "utvidgad skyddsforskning" om kärnvapen stängdes inte dörren helt för en svensk atombomb. Men det spelade ingen större roll. Frågan hade värkt ut och socialdemokratin var på väg att enas om ett nej. Våren 1961 framkom det att en av de drivande kärnvapenanhängarna, tidigare försvars- och finansminister, hade ändrat ståndpunkt. Även Tage Erlander var nu definitivt mot ett svenskt atomvapen, även om omsvängningen skett tidigare och mer diskret. År 1961 meddelade Erlander utrikesminister Undén att även Palme bytt ståndpunkt.

*

I jämförelse med Ingemar Johansson, som sommaren 1959 blev världsmästare i boxning, eller Anita Ekberg, som året därefter badade i Fontana di Trevi i Rom i Fellinis *La Dolce Vita*, var Olof Palme ännu okänd för svensken i gemen. Men de flesta som var intresserade av politik visste vem han var. Han hade dykt upp som gubben ur lådan när statministern blev sjuk i Moskva 1956 och under folkomröstningen om ATP följande år – det första egentliga televiserade valet – hade han setts i bakgrunden skickandes lappar till Erlander.

Hans inträde i riksdagen blev ännu en signal: unge Palme var en framtidsman inom partiet. "För vad man fick höra var en ung man, den yngste i hela riksdagen med sina 31 år som sjöng ut för sin generation med klar röst och friska ord", skrev *Stockholms-Tidningen*. Den socialdemokratiska tidningen visste inte till sig av förtjusning. Palme talade som om orden kom från "djupet av hans varelse" och inte, som brukligt var, från betänkanden och partiprogram. Från borgerligt håll var inte entusiasmen lika stor, även om man erkände att Palme var en talarbegåvning. En folkpartistisk riksdagsman berömde Palmes stil, en annan hävdade att det alltid uppstår buller "när en plåtburk faller utför en trappa" – en formulering som kritikern helt fräckt lånat från Palmes tal. Redan två år tidigare hade *Aftonbladet* talat om "spunnet socker" doppat i blåsyra. Under resten av sitt liv skulle Palme dra ner socialdemokratiska applådåskor men också dra på sig bittra anklagelser för demagogi och manipulation. "Jag rycks med och jag räds", skrev hans senare opponent högerpolitikern Gösta Bohman: "Framför allt över förmågan att bortse från verkligheten och sanningen samt att vädja till känslor och undermedvetna stämningar, av både medkänsla och motvilja."

Känslan för ord var en integrerad del av Palmes personlighet. Under tonåren hade intresset för litteratur föregått hans politiska uppvaknande. Skönlitteraturen hade varit hans väg till politiken, förklarade Palme senare i livet för filmaren Vilgot Sjöman. Vid Kenyon hade han entusiastiskt studerat "speech" och på sommaren 1948 upplevt hur Truman vänt ett till synes hopplöst underläge med en serie elektrifierande tal. Han hade återvänt till Sverige besjälad av en amerikansk tro på ordens makt att åstadkomma social förändring. Under sina första år hos Erlander brukade han ofta säga att "människan inte lever av bröd allena, utan huvudsakligen på slagord", en aforism han lånat av Robert Louis Stevenson. Han skyndade sig visserligen alltid att ta avstånd från tankens underliggande cynism. Socialdemokratin drevs "naturligtvis" av idéer och inte av slagord. Men som vännen Thage G. Peterson noterade kunde han bli väl förtjust i sina egna ord: "Många gånger fann jag honom sitta och skratta och småle när han sökte efter hårdare uttryck och kraftfullare meningar."

Med sin litterära läggning var Palme frustrerad av övertron på materiell intressepolitik och oförståelsen för betydelsen av retorik och tankefigurer inom svensk politik. Senare klagade han över att femtiotalet dominerats av "kalk- och cementtal". Hans utmejslade men ändå eleganta stil – understruket av hans noggranna frasering när han höll tal – och hans förmåga att ge komplexa idéer en enkel språkdräkt skulle under några decennier lyfta svensk politik. Som alla politiker höll han naturligtvis sin beskärda del av oinspirerade dussinanföranden och i debatter kunde hans intensitet och aggressivitet motverka sitt eget syfte. Men hans större och mer genomarbetade tal står i en klass för sig. Som retorikexperten Kurt Johannesson har påpekat: ingen svensk politiker, varken före eller efter, har talat som Palme. Det säger mycket om Palmes originalitet, men också en del om svenska politiker.

Han rörde sig obehindrat mellan högt och lågt, från klassiska citat och idéhistoriska perspektiv till vardagsuttryck och till synes konstlös enkelhet. Hans texter är övermättade med dolda citat. Han lånade varhelst han fann en bra formulering. Den omtalade plåtburken som föll ner för trappan i jungfrutalet hade han hämtat från en Sigtunalärare, Sven Silén, som senare blev biskop i Västerås. Mycket var förstås läsefrukter. Än lånar han ur Max Webers sociologiska texter för att i nästa ögonblick använda sig av en formulering från Henry Millers frustande prosa. Men syftet var inte att imponera på de intellektuella. De litterära lånen flyter omärkligt in i hans argumentation och skapar en klangbotten utan att störa. Som ung hade han en tendens att överlasta sitt bildspråk, men efter hand lärde han sig att metaforerna lyste klarare om de inte trängdes med varandra.

Han hade en poets känsla för – eller kärlek till – språket och lade stor omsorg på ordval och rytm. Man hittar sällan byråkratiska vändningar eller patenterade klichéer i hans tal, men inte heller någon ansträngt litterär eller pretentiös ton. Hans stil skulle dock ha blivit steril om han inte också haft det som i retoriken kallas patos, känsla. Utan den känslomässiga övertygelsen, menade Palme, blev demokratin "grå och trist". Han grep tag i läsare och åhörare genom att föra in moraliska och existentiella frågor som den äldre generationen av politiker stått helt främmande för. Han manade fram bilden av en värld i rörelse och tvingade publiken att ta ställning till framtiden. Likt USA:s nuvarande president Barack Obama, och många andra karismatiska talare för den delen, var hans dominerande tema "förändring".

Men i den protestantiska svenska tankevärlden dominerade Matteus 5:37 som talekonstens rättesnöre: "Vad ni säger skall vara ja eller nej. Allt därutöver kommer från det onda." Slagord var propagandistiska och demagogiska, alltför vackra ord smakade manipulation och förförelse, en förmåga att få människor att göra saker som de egentligen inte ville. Gösta Bohmans obehag inför Palme berodde på att denne använde sig av "känslor" och "stämningar", fenomen som Högerledaren uppenbarligen inte ansåg höra hemma i svensk politik. Kanske med viss rätt. Sedan artonhundratalet hade den parlamentariska talekonsten i Riksdagshuset präglats av ett tungt formellt förhandlingsspråk kännetecknat "av frånvaron av retoriska figurer". Tonen var anspråkslös och framställningen byråkratisk, om än då och då upplyst av en bärande bild – som Per Albins berömda beskrivning av det goda folkhemmet som inte kände några undanskuffade styvbarn. Men oftast rörde det sig om det som retoriker kallar "bleknade metaforer", bildspråk som förvandlats till stereotypa standarduttryck.

Året efter Olof Palmes jungfrutal recenserade författaren och journalisten Jan Olof Olsson, mer känd under signaturen Jolo, den torftiga nivån i riksdagsdebatten med drypande ironi. "Den svenska riksdagen älskar liknelser av skämtsam natur", skrev han i *Dagens Nyheter* efter en riksdagsdebatt: "Först var Centerledaren Gunnar Hedlund ute och simmade i en sjö och denna sjö kom sedan inget folkvalt kvickhuvud över... mellan några partier gick ett dike, mellan andra en sjö; och Herr Hedlund hade simmat i sjön mellan fp och cp ett slag men han sade så klart att han kommit in på grumligt vatten och vände tillbaka och den fulltaliga kammaren visste inte till sig av skratt."

Men riksdagsformerna premierade heller inte stilistisk elegans. Effektivt arbete och inte talekonst hade varit ledstjärnan sedan 1865. Fungerande kompromisser var viktigare än retoriska prestationer. Konflikter löstes inte genom offentliga orddueller utan genom ett omfattande kommittéväsende där politiker och inkallade experter stötte och blötte komplicerade frågor till dess enighet uppnåtts. I riksdagens kammare var de folkvalda placerade geografiskt och inte efter franska revolutionens klassiska höger-vänsterspektrum. Tage Erlander var bänkgranne med kommunistledaren Hilding Hagberg, vilket visserligen inte gjorde dem mer överens men minskade den dramaturgiska upplevelsen av ideologisk konfrontation. Kompromissandan stärktes också av att den svenska riksdagen till skillnad från många andra parlament använde sig av kontrapropositionsprincipen. Det betydde att man först röstade ner minoritetsförslagen från ytterlighetspartierna, vilka sedan tvingades att underordna sig de två mer moderata propositioner från de större mittenpartierna som ställdes mot varandra vid slutvoteringen. Tonen i det svenska parlamentet var verserad, mer av herrklubb än ideologiskt stridsfält. Partisinnet var "en uniform som man drog på sig vid sammanträdena för att med lättnad återgå till det civila".

Svensk politik hade länge klarat sig bra med denna lågkyrkliga hållning. Starka intresseorganisationer, tydliga klassidentiteter, social stabilitet, plikttrogna ämbetsmän och tydligt ideologiskt definierade partier bäddade för pragmatiska och förutsägbara beslut. Men vid femtiotalets mitt hade den tekniska och ekonomiska utvecklingen sprungit förbi den gamla sociala ordningen. Medborgarnas intressen kunde inte längre lika prydligt sorteras efter traditionella klassmönster. De gamla lojaliteterna var satta ur spel, men det saknades nya begrepp för att beskriva hur man skulle förhålla sig till den framrusande moderniteten. Olof Palme trädde in i detta språkliga tomrum, övertygad om att medborgarna inte bara ville ha bröd utan behövde ord. Samhället var inte genomskinligt: språket var ett nödvändigt redskap om man som politiker ville åstadkomma social förändring.

*

Frånvaron av idédebatt och starka känslor inom politiken kunde också betraktas som ett hälsotecken. Det menade Herbert Tingsten, som med emfas drev tesen att demokratins framgång medfört "ideologiernas död" både under femtio- och första hälften av sextiotalet. Det fanns inte längre, menade han, någon avgörande skillnad mellan socialistiska och liberala partier i de västerländska demokratierna. Visst uppstod det konflikter, men de var av administrativ art och blåstes upp till stora stridsfrågor på grund av politikernas behov av att göra sin egen verksamhet meningsfull. Socialdemokraterna hade enormt svårt att bemöta Tingstens dödförklaring av idémotsättningarna. Å ena sidan kände de att han träffade rätt. Socialdemokratin hade nått sin starka ställning genom att kasta det mesta av sitt ideologiska bagage längs vägen. Å andra sidan var det, som Erlander skrev i sin dagbok, "en skrämmande tanke" att det inte skulle finnas några idékonflikter i politiken.

I egenskap av socialdemokratiskt framtidslöfte tog Olof Palme sig an teorin om ideologiernas död. Han mötte Tingsten i en uppmärksammad radiodebatt hösten 1961, men redan 1955 hade han mejslat ut sin grundläggande hållning i ett studiematerial till den socialdemokratiska ungdomsrörelsen SSU. Palme delade egentligen uppfattningen att den klassiska konflikten mellan socialism och liberalism hade spelat ut sin roll. Han menade visserligen att samstämmigheten berodde på att socialismen segrat snarare än att socialdemokratin övergett sina utgångspunkter. Men oavsett om det var halvtomt eller halvfullt var Palme och Tingsten eniga om att det stod ett glas på bordet. Den avgörande skillnaden mellan den sextioårige chefredaktören och den trettioårige politikern handlade om framtiden. För Tingsten, som formats av trettiotalet, var samstämmigheten ett lyckligt slut på en mörk epok, åtminstone i Sverige och andra västerländska demokratier. För den unge och otålige Palme markerade de gamla ideologiernas upplösning starten på en ny och spännande tid som skulle medföra nya konflikter och motsättningar. Enighet mellan de politiska partierna, menade Palme, förutsatte ett statiskt samhälle:

> Men samhället är statt under snabb och dynamisk utveckling. Den tekniska och ekonomiska utvecklingen och människors behov och önskningar ställer de politiska instanserna ständigt inför nya situationer och kräver nya grepp och framgångslinjer.

Både Tingsten och Palme skulle få fel. De klassiska ideologierna skulle komma tillbaka, först marxismen under sextio- och sjuttiotalen, och sedan liberalismen under åttio- och nittiotalen. Men i ett mer omedelbart perspektiv var det Palme som hade rätt. Välståndsökningen skapade nya konfliktytor. Visst var alla partier eniga om att det var bra med rörlighet på arbetsmarknaden men i praktiken tog liberalerna ställning mot reformer som gjorde det lättare för människor att byta jobb – vilket berodde på att de var ideologiskt övertygade om att statens makt måste begränsas. I efterhand fick också Palme ett halvt erkännande av Tingsten. I debattskicklighet jämförde han sin motståndare med socialdemokratins ledande ideolog på trettio- och fyrtiotalen, finansministern Ernst Wigforss, och erkände att Palme hade ett patos och en iver som gav "en smula glans även åt de taktiskt utformade partimanövrarna".

Till skillnad från den olympiskt upphöjde Tingsten, som fann svensk inrikespolitik tråkig, var Palme intresserad både av idéer och av "de taktiskt utformade partimanövrar" som krävdes för att förverkliga dem. Politik var inte ett akademiskt seminarium eller en elegant tidningsartikel utan en metod för att åstadkomma förändring. Han kombinerade, menade Sven Aspling, "aspekterna framåt och bakåt i tiden på ett för alla uppfordrande sätt. Man förstod och sa: Karln har ju rätt, karln har ju rätt." Palme var ingen systematisk teoretiker. Han har efterlämnat tusentals artiklar och tal, men inget sammanhållet verk där han drar ihop sina idéer. Hans styrka var att koppla ihop tanke och handling i en given situation, vilket trots allt måste betecknas som en politikers främsta uppgift. Det resulterade i en rad nya begrepp som var mer existentiellt än ideologiskt präglade. Framför allt lanserade statsministern och hans unge talskrivare två nyckelbegrepp som skulle få stor betydelse: de stigande förväntningarnas missnöje och det starka samhället.

*

Idén om otillfredsställda förväntningar som framtidens största problem hade presenterats första gången i ett remisstal i första kammaren i januari 1956, just som ATP-frågan började ta fart. Erlander beskrev det i efterhand som "sitt mest betydelsefulla tal". I dagboken var han mycket nöjd, men i vanlig ordning också sin egen främsta kritiker: "Synd bara att Palme inte hann få manus färdigt 24 timmar tidigare. Nu blev slutet litet för långrandigt och för litet komprimerat." I talet förklarade statsministern att det stigande välståndet innebar att medborgarnas förhoppningar på framtiden var ständigt ökande. Politikens uppgift var inte längre enbart att skydda människor mot arbetslöshet, sjukdom och fattigdom utan att i allt högre grad svara mot deras förväntningar på rymligare bostäder, egen bil, moderna kök, bättre utbildning, kort sagt ökade livsmöjligheter och större individuell frihet.

Att arbetarrörelsen argumenterade för ökad materiell standard var knappast någon nyhet. Men Erlander och Palme utgick från en föränderlig och framtidsinriktad individ som politikens objekt. I stället för att skydda mot de hot som ständigt plågat de fattiga genom historien handlade det nu om att utnyttja de möjligheter som tillväxten och de tekniska framstegen erbjöd. Det var också en tanke som hade stark folklig resonans. Alla sociologiska studier bekräftade resultaten från Katrineholmsundersökningen i början av femtiotalet: en överväldigande del av svenska folket ansåg att möjligheterna till socialt avancemang för dem själva och deras barn var mycket goda.

Medvetet eller omedvetet anslöt sig Palme och Erlander till den amerikanske psykologen Abraham Maslow. Något decennium tidigare hade denne lanserat idén om en mänsklig behovspyramid där vi först strävar efter att erhålla mat, värme och skydd och sedan arbetar oss upp mot mer anspråksfulla krav på kärlek, erkännande och självförverkligande. Maslow, som var av rysk-judisk bakgrund och hade vuxit upp i Brooklyn under första världskriget, attraherades av vänsterns pläderingar för social solidaritet men stöttes bort av dess auktoritära drag, inte minst hos ledarna. I stället började han fundera över de psykologiska betingelser som skapade altruistiska personligheter, en originell inriktning inom en disciplin som mest ägnat sig åt att förklara antisocialt beteende. Målet med samhällsplanering, betonade Maslow, måste vara att utifrån psykologiska kunskaper skapa ett samhälle där så många människor som möjligt kan förverkliga sig själva.

Hans teorier fick stort genomslag på femtiotalet, inte minst därför att de tycktes erbjuda en tredje väg i den infekterade striden mellan psykoanalys och behaviorism. Idén om "de stigande förväntningarnas missnöje" fungerade på samma överbryggande sätt i Erlanders och Palmes analys. Det fanns ingen inneboende motsättning mellan kollektiv trygghet och individuella möjligheter, det rörde sig om olika nivåer i samhällets utveckling. Om samhället på trettiotalet hade planerats utifrån standardiserade uppfattningar om människors grundläggande behov skulle dagens socialingenjörer skapa förutsättningar för ett mer personligt självförverkligande. Även om planerad frihet inte är ett helt oproblematiskt koncept var idén om de stigande förväntningarnas missnöje Erlanders och Palmes mest originella bidrag till den politiska debatten.

För att kunna möta förväntningarna måste det starka samhället gripa in. Å ena sidan skulle socialförsäkringarna anpassas till en dynamisk och föränderlig arbetsmarknad. Det fanns nämligen en paradoxal effekt av optimismen. Möjligheten att planera för framtiden, att skaffa ett eget hus, bil och utbildning för barnen, gjorde medborgarna mer beroende av samhället vid sjukdom och arbetslöshet. Det gällde, som Erlander uttryckte det, "att med socialpolitikens medel garantera en någorlunda bevarad levnadsnivå" – det vill säga knyta ersättningsnivåerna till mottagarnas inkomster så att man inte behövde gå från hus och härd vid en kris. Redan 1955 års sjukförsäkring hade brutit med fyrtiotalets idé om lika grundtrygghet för alla medborgare och knutit ersättningsnivåerna till inkomster på arbetsmarknaden. Rättvisa var inte längre lika resultat utan lika möjligheter, en insikt som Palme och Erlander utkristalliserade 1956 och som underströks av ATP-framgången.

Å andra sidan måste det starka samhället också erbjuda en samhällsservice när det gällde kultur, kommunikationer, utbildning, hälsa och fritid som gjorde det möjligt för alla medborgare att ta del av den stigande välståndsnivån. I talet från 1956 menade Erlander att medborgarna ställde nya anspråk på samhället: "Ofta måste samhällets engagemang innebära, att nya institutioner skapas för att möta medborgarnas behov. Så är fallet inom sjukvård, den förebyggande hälsovården, skolväsendet o.s.v." Det starka samhället framställdes inte bara som en socialistisk princip utan som en rationell nödvändighet framtvingad av välståndsutvecklingen.

Det var en tanke som låg i tiden. Några månader efter Erlanders tal presenterade den brittiske labourpolitikern Anthony Crosland snarlika idéer i ett ambitiöst teoretiskt verk, *The Future of Socialism*. Crosland, en före detta fallskärmsjägare och Oxfordprofessor som blivit invald som ledamot för Labour 1949, menade att problemet med kapitalismen inte var dess ekonomiska misslyckande utan dess framgång; även om Crosland höll dörren öppen för förstatliganden och kollektivt ägande menade han att det viktigaste var att stora resurser lades på välfärdsreformer, bland annat tjänstepensioner. Men precis som Palme och Lindbäck 1955 förespråkade han snarare selektiva åtgärder för att hjälpa eftersatta grupper än generell välfärdspolitik. Croslands bok blev för Palme en bekräftelse på att han var på rätt spår.

Denna känsla förstärktes två år senare, 1958, när den inflytelserike kanadensisk-amerikanske ekonomen John Kenneth Galbraith fick ett brett genomslag med den bästsäljande boken *Överflödets samhälle*. Galbraith stod utanför den europeiska socialistiska traditionen. Han hade arbetat för Roosevelt under andra världskriget och var starkt påverkad av keynesiansk ekonomisk teori. Han var kritisk mot ett alltför snävt nationalekonomiskt tänkande. En stor del av hans popularitet berodde på hans förmåga att på ett lättbegripligt sätt förklara varför historiska och sociologiska förändringar hade gjort gällande dogmer inom nationalekonomin obsoleta. Den enorma välståndsexplosionen hade ändrat spelplanen på ett fundamentalt sätt, menade han. Företagen kunde inte längre leva enbart på att tillgodose människors uppenbara behov utan var tvungna att på olika sätt skapa efterfrågan, inte minst genom reklam. I denna nya situation måste staten kliva in och dämpa den privata konsumtionen och använda de växande överskotten till att skapa allmänna nyttigheter – utbildning, sjukvård, kommunikationer – som ökade medborgarnas livskvalitet snarare än deras kvantitativa konsumtion av varor. "Ett rikt land som sköter sina affärer i enlighet med regler från ett annat och fattigare tidevarv", skrev Galbraith i *Överflödets samhälle*, "kommer [...] att försitta många lyckomöjligheter, och genom att det missförstår sin egen situation kommer det oundvikligen att välja felaktiga botemedel, när det råkar i svårigheter." I stället för att låta den stigande köpkraften skapa ekonomisk överhettning skulle staten tvångsspara åt medborgarna och betala tillbaka i form av en expanderande samhällsservice.

Palme och Erlander var knappast beroende av Galbraiths teorier i sin argumentation för det starka samhället. Men hans pondus som nationalekonom utgjorde ett välkommet stöd, särskilt som han underströk att utbyggnaden av den offentliga sektorn var nödvändig om välståndsutvecklingen skulle fortsätta. Motståndet mot en allt expansivare stat var kringränt från alla håll i slutet av femtiotalet. Ideologiskt hade Socialdemokraternas obligatoriska lösning segrat över det frivillighetsalternativ som de borgerliga partierna förespråkade. Samtidigt underminerade den stegrande tillväxten traditionella argument om nödvändigheten av sparsamhet och statsfinansiell återhållsamhet. Men det starka samhällets ideologi triumferade inte bara över borgerlig misstänksamhet mot en växande statsmakt. Den utgjorde också den definitiva dödsstöten för den traditionella självhjälpsfilosofi som präglat de svenska folkrörelserna.

Under fyrtiotalet hade det funnits en alternativ modell för svensk välfärdsutbyggnad, framför allt representerad av dåvarande socialministern Gustav Möller. I hans vision stod staten för en allmän grundtrygghet, medan fackföreningar och andra folkrörelseorganisationer solidariskt administrerade sjukkassor, arbetslöshetsunderstöd och andra former av social hjälp. Om staten tog över skulle den folkliga förankringen gå förlorad och byråkraterna ta över, menade han. Efter Socialdemokraternas seger i ATP-striden upphörde, med Anders Isakssons ord, "i praktiken all principiell diskussion om välfärdspolitikens inriktning: staten garanterade inkomsttryggheten, ömsesidigheten övergavs, *Gesellschaft* överflyglade *Gemeinschaft*". Den enskilde medborgaren ställdes nu i en direkt och oförmedlad relation till staten, fri från ansvar och förpliktelser gentemot olika former av kollektiv gemenskap i det civila samhället.

*

Trots att han kunde tala bättre än de flesta började Palme i slutet av femtiotalet garnera sitt språk med stockholmsk arbetarklasslang. Han kunde känna sig "kymig", hade "prylar" för sig och "tog det lugnt med snacket". Många i omgivningen provocerades av vad de uppfattade som en affekterad respektlöshet. I den socialdemokratiska riksdagsgruppen irriterades man av att Palme vanvördigt kallade det socialdemokratiska partiet för "partajet". Från borgerligt håll anklagade man den unge mannen från Östermalm för att vilja låta som en grovarbetare, med det givna tillägget att han naturligtvis aldrig träffat en sådan.

Men Palmes fäbless för söderslang var en del av den kulturrevolution som svepte över västvärlden i slutet av femtiotalet. Modetrender, musik och språk, allt sipprade uppåt i klasshierarkin: överklassen imiterade nu alltmer underklassen. Arbetarungdomar i jeans blev stilbildande, Oxfordtränade unga engelsmän började tala som arbetare i Londons East End och musik från Amerikas svarta getton erövrade vit medelklassungdom. Den svenske kronprinsen Carl Gustaf liksom de unga arvtagarna i finansdynastin Wallenberg skulle i sinom tid också förvåna allmänheten med sin utpräglade stockholmska. Palmes slängiga uttryckssätt signalerade inte att han ville vara proletär utan att han tillhörde denna nya tid.

Den lekfulla söderkisigheten visar hur stort hans självförtroende var vid den här tiden. Palme såg "sorglös och lyckligt oansvarig ut", konstaterade en intervjuare från tidskriften *Industria*. Med ungdomens självklarhet skakade han av sig de nedsättande kommentarerna i den borgerliga pressen. Men det var inte självklart att hans anspråk på att representera modernitet och förnyelse skulle gå hem inom arbetarrörelsen. Efter ett halvsekel fanns det många ärrade och tämligen konservativa veteraner som hade positioner att försvara. Ställningen som statsministerns handgångne man var knappast ofarlig, särskilt för en person som var helt obevandrad i den bysantinska värld som svensk arbetarrörelse stundtals kunde utgöra. I början fick han fråga sig fram om de mest elementära saker, som till exempel i vilken del av landet en viss socialdemokratisk landsortstidning publicerades.

Den unge, självsäkre före detta studentpolitikern som rörde sig i regeringens innersta krets väckte en del ressentiment. Nancy Eriksson, en av partiets få starka kvinnliga profiler, kände sig aldrig hemma med Palme. Han doftade "för mycket överklass". Hon var besviken på arbetarrörelsen för att den släppt in för många av hans sort som satte i sig "de bästa bitarna i hela förvaltningen och i många fall helt politiska poster". Det var inte helt gripet ur luften. Det politiska och byråkratiska toppskiktet i Sverige dominerades ännu 1961 av barn till storföretagare och akademiker, mindre än tio procent kom från arbetarhem. Antagligen fanns här också en genusfråga. Eriksson kom från Jönköping, den stad som Palme representerade när han kom in i riksdagens första kammare 1958. När Erlander och Aspling bad den lokala partiledningen att ta sin unge adept som kandidat hade man helt sonika petat bort en stark kvinnlig kandidat som också var ordförande i det socialdemokratiska kvinnodistriktet. Missnöjet bland de socialdemokratiska kvinnorna i Småland var begripligt stort och nådde säkert Eriksson. Kanske var det mer det faktum att Olof Palme var en ung man som passerat en mer erfaren kvinna i innerfilen än att han kom från Östermalm som fick Eriksson att reagera. Palme kunde dock lugnt negligera henne. Att diskutera med Eriksson var som "att läsa en tidning i full storm", ansåg *Aftonbladet*. Arbetarrörelsen liknade (liksom alla andra partier) i hög grad en herrklubb på femtiotalet; andelen kvinnor på ledande positioner var försvinnande liten.

I regeringen fanns bara ett kvinnligt statsråd, Ulla Lindström, med ansvar för konsument- och biståndsfrågor, verksamhetsområden som ännu ansågs vara särskilt feminina. Hon var dotter till den excentriske högerpolitikern Nils Wohlin och protegé till Gunnar Myrdal, som rekryterat henne till Handelsdepartementet på fyrtiotalet för att göra en utredning om den svenska möbelindustrin. Med sin borgerliga bakgrund och sin personlighet – hon var radikal, begåvad och viljestark – förebådade hon Olof Palmes karriär inom socialdemokratin. Inte minst drev hon en hård kamp för att öka det svenska biståndet. Men kvinnor togs ännu inte på allvar som politiker, vare sig i damtidningarna eller på ledarsidorna. "Sveriges första husmor" recenserades både för sitt utseende – hon var en "valkyria", "en blond amason", "regeringens pinuppa" – och sin klädsel: "grå orlonklänning av den där skrynkelfria sorten som kan tvättas upp i handfatet, stadiga skor... figur i lagom format, slätkammat hår som tyder på god nattsömn..."

Men även om man var av rätt kön var det inte alldeles lätt att kastas in i Erlanders komplicerade samarbete med tunga statsråd som Gunnar Sträng, Torsten Nilsson och Sven Andersson. När Palme träffade dem första gången hösten 1953 var Sträng socialminister, Nilsson försvarsminister och Andersson kommunikationsminister. Om än helt olika till temperamentet var de alla typiska produkter av den svenska arbetarrörelsen: ambitiösa, väl pålästa, resultatinriktade och bestämda motståndare till ytterlighetsideologier.

Barndomsmiljön hade varit materiellt påver, men föräldrarna – oftast modern – hade uppmuntrat läsning och studieflit. Gunnar Sträng, som var född 1906 och vars far arbetade på ett reningsverk utanför Stockholm, hade skapat ett litet bibliotek på vinden till de statarbaracker där han växte upp med böcker av London, Gorkij, Tolstoj, Sinclair samt naturligtvis "hela August Strindbergs produktion". Malmögossen Torsten Nilsson, född 1915, hade gått vidare till realskolan, men följde ändå fadern i fotspåren och blev murare. Sven Andersson, född 1910 i den göteborgska arbetarstadsdelen Majorna, fick smak på läsandet som bokhandelsbiträde innan han blev byggnadssnickare som fadern. Om det funnits ekonomiska resurser skulle de sannolikt ha gått vidare till gymnasiet. Men nu kanaliserades deras ambitioner in i arbetarrörelsens bildningsverksamhet. Torsten Nilsson skolades i marxism och tyska vid en folkhögskola i Thüringen i början av trettiotalet, Sven Andersson studerade ett år vid Nordiska folkhögskolan i Genève och Gunnar Sträng kompletterade sina folkskolekunskaper mer lokalt, vid Västerhaninge folkhögskola sydost om Stockholm.

Nilsson och Andersson var verksamma inom SSU, en tuff ideologisk skola under trettiotalet. "Muraren med kerubansiktet", Torsten Nilsson, vann lokal ryktbarhet för sin oförsonliga kamp mot nazismen på Skånes nazistanstuckna landsbygd. Hans apokryfiska nedtagning av veterinären och nazistledaren Birger Furugård i en offentlig debatt blev legendarisk inom arbetarrörelsen: "Någon har sagt: hugg händerna av Rafael och han förblir samme målare. Jag säger: hugg huvudet av Furugård och han förblir samme tänkare." Sven Andersson, som också var aktiv inom bildningsrörelsen ABF, hade vunnit sig ett namn som hårdför kommunistätare i Göteborg under depressionen. De lokala bolsjevikerna sades "avsky hans namn mer än tandvärk om natten". Strängs väg till regeringen gick via Svenska lantarbetareförbundet, där han både ledde framgångsrika strejker och kämpade ner det kommunistiska inflytandet under 1920-talet. "Jag hade läst Lenins och Brantings skrifter, och jag kom väl efter eget övervägande fram till att kommunismen inte passade... en svensk jobbare", konstaterade den tonårige Gunnar Sträng i början av tjugotalet.

När Palme kom till Kanslihuset var de självsäkra och myndiga medelålders herrar, lite tungfotade i jämförelse med den rörlige statsministern, men ytterst ansvarsfulla mot den rörelse som fostrat dem. Torsten Nilsson var kanske den mest flexible, beredd att ta de flesta uppdrag som Erlander skickade hans väg. Sträng, som påbörjade sin långa och framgångsrika sejour som finansminister 1955, var mer av en ensamvarg som ogärna såg att någon klampade in på hans revir. Sven Andersson var den mest intellektuellt rörlige av de tre, men sidoeffekten var, ansåg statsministern, en benägenhet att alltför ofta växla ståndpunkt.

Till skillnad från Erlander – och i ännu högre grad den slarvige överklasspojken Palme – var arbetarsönerna måna om sin yttre stil. Som statsråd hade Torsten Nilsson och Sven Andersson övergått till skräddarsydda kostymer. Andersson bekymrade sig också för statsministerns illasittande kläder, inte minst hans byxor som ständigt åkte ner, och övertalade honom att också överge konfektionsekipering. Sträng med sin satta kroppsbyggnad var mindre klädintresserad, men utvecklade i stället en särpräglad retorisk stil som visserligen var kraftfull men fylld av byråkratiska vändningar och bisarra utländska inlån.

Han hade en genuin språkglädje som kunde ta sig lysande uttryck med formuleringar som "andens lättmatroser" för att beskriva unga kritiker av regeringspolitiken. Men resultatet kunde också bli rena rotvälskan: man hade inte kunskapen "present", riksbanken var inte "toujours", en byggnad "fejsade" torget. Men hans säregna ordförråd – för att inte säga vokabulär – skulle bara göra honom än mer folkligt kär som finansminister under sextio- och början av sjuttiotalet. Liksom Palme fann han en oförställd glädje i att göra utflykter över de språkliga klassgränserna. Dessa två starka personligheter skulle krocka flera gånger i framtiden. Palme tyckte att Sträng var fyrkantig och onyanserad medan Sträng fann den yngre mannens försök till intrång på det statsfinansiella området ytliga och oansvariga. Trots motsättningarna trädde ändå Sträng åt sidan som statsministerkandidat 1969 för att lämna plats åt Erlanders tidigare assistent.

*

Inom arbetarrörelsen fann Palme sitt starkaste stöd hos partisekreterare Aspling, som om möjligt blev lika kär i Palme som Erlander. Statsministern var dock skeptisk mot Aspling som han ansåg vara lösmynt och velig. Men trots sin koncilianta framtoning var partisekreteraren ingen duvunge. Uppvuxen med en alkoholiserad far hade han vid 17 års ålder blivit tvungen att ta kommandot i hemmet för att skydda sin mor. Han hade gjort karriär som journalist inom arbetarpressen och blivit partisekreterare 1948, en post som krävde såväl diplomatiska talanger som hårda nypor.

Aspling träffade Palme redan våren 1953, på partiets funktionalistiska högkvarter på Sveavägen, en kvarts promenad från Kanslihuset. Vid det tillfället var SFS-ordföranden egentligen på Sveavägen för att få en lista på personer han borde söka upp på sin kommande Asienresa av partiets internationella sekreterare Kaj Björk. Som partisekreterare var det Asplings uppgift att ha en nära kontakt med statsministern, och dennes val av sekreterare var inte oväsentligt. Imponerad av den unge mannen blev han Palmes cicceron inom arbetarrörelsen. I början av sextiotalet ville han till och med göra Palme till sin efterträdare: "Att lära känna by och bygd vore en bra skola för honom som var en överklasspojke från Östermalm." Mer än funderingar blev det inte, men med Asplings hjälp fyllde Palme snabbt sina bildningsluckor när det gällde arbetarrörelsen. Inte minst insåg han vikten av god personkännedom. Efter Palmes död 1986 var det många socialdemokratiska kommunalmän och fackföreningsfunktionärer som vittnade om partiledarens kunskap om dem själva och deras bygd.

Att Palme kunde vinna dessa veteraners respekt och förtroende berodde delvis på hans förmåga att charma människor. Men svensk socialdemokrati led heller inte av akademisk beröringsskräck. Självförtroendet var gott: den svenska arbetarklassen hade på egen hand stampat fram tusentals kompetenta män och kvinnor som med sex års folkskola styrde Sverige med kraft och ansvar på alla nivåer inom samhället, från kommunala barnavårdsnämnder till Finansdepartementet. Under tjugotalet hade riksdagens kanslister roat sig med att betygsätta riksdagsmännens kompetens, och trots att de inte sympatiserade med arbetarrörelsen var de eniga om att de socialdemokratiska riksdagsmännen var överlägsna sina borgerliga motsvarigheter. Alla konservativa farhågor om att allmän rösträtt och parlamentarism skulle leda till pöbelvälde och vanstyre hade kommit på skam.

Men mitt i allt självförtroende fanns en svag punkt i den socialdemokratiska självbilden: den borgerliga dominansen inom pressen. Trots att väljarna i val efter val visade sitt förtroende för arbetarpartiets förmåga att leda landet ratade de märkligt nog de socialdemokratiska dagstidningarna. Svenskarna var tillsammans med sina grannar i Norge och Finland ett av världens mest tidningsläsande folk, inte bara i jämförelse med de kontinentaleuropeiska länderna utan även med USA och Storbritannien. I de flesta av landets städer fanns det minst två tidningar, en socialdemokratisk och en borgerlig. Stockholmarna kunde i början av femtiotalet välja mellan tolv dagligt utkommande tidningar. Bara en av dem var socialdemokratisk, den sviktande *Morgontidningen*. Situationen förbättrades tillfälligt när arbetarrörelsen i ett slag köpte *Stockholms-Tidningen* och kvällstabloiden *Aftonbladet* 1956. Men på sikt var det bara den senare som överlevde. A-pressen, som den kallades, hade ständiga ekonomiska bekymmer. Upplagorna var ofta svaga och annonsörerna – påstods det konspiratoriskt – gynnade de borgerliga tidningarna av ideologiska skäl. Folkpartiets ställning i pressen var däremot stark, inte minst genom familjen Bonnier, som ägde två av de stora drakarna i huvudstaden, kvällstidningen *Expressen* och *Dagens Nyheter*. Framför allt den senare intog en dominerande position i den offentliga debatten, liknande *The Times* i London eller *New York Times* i USA. Men det största problemet för Socialdemokraterna var det kvantitativa övertaget. År 1960 hade Folkpartiet 17 procent av rösterna och 45 procent av tidningsläsarna, medan 50 procent av valmanskåren röstade på Socialdemokraterna men bara drygt 20 procent av medborgarna läste en socialdemokratisk tidning.

Sociologiska studier visade visserligen att socialdemokrater som läste borgerliga tidningar inte tog någon ideologisk skada. Som en socialdemokratisk chefredaktör arrogant uttryckte det: de borgerliga tidningarna känner att arbetarrörelsens drivkraft "är en rättfärdighetslidelse som man inte utan obehag gör narr av". Men i Kanslihuset var det svårt att vara lika sangvinisk. Erlander var frustrerad över den borgerliga pressens dominans. "Hitler, McCarthy, samma teknik som DN:s", hette det i en av många ilskna dagboksanteckningar. Hans tankar om de socialdemokratiska tidningarna var inte höga. "Synd att vi helt saknar partipress"; arbetarrörelsen hade bara "encelliga embryon" som "snyltgästa på Bonnierpressens träd".

Till en del handlade det om maktens eviga missnöje med att bli ifrågasatt. Men oförmågan att omvandla det starka greppet om regeringsmakten till en kulturell dominans närde också Socialdemokraternas känsla av att ännu vara underdogs i ett hierarkiskt klassamhälle. Inställningen till de intellektuella var ambivalent. Stundtals beklagade man bristen på kontakt med kulturarbetarna och försökte förbättra relationerna. Torsten Nilsson ivrade för "visionsskapande kontakter med visionära intellektuella", vilket inte uppskattades av mer ekonomiskt handfasta socialdemokrater på den fackliga sidan. Tage Erlander ordnade möten på Harpsund med författare som stod nära eller var sympatiskt inställda till socialdemokratin. Men efteråt klagade han på att författarna inte tycktes förstå sig på politik. Palmes vän Harry Schein påpekade efter ett av dessa möten att författarna förmodligen åkte från Harpsund under klagomål om att politiker inte förstod sig på litteratur.

Det fanns en lång tradition av skepsis mot "intelligensare" och "estetflabbar", som intellektuella nedsättande kallats i arbetarrörelsens barndom. Även om de kunde uttrycka radikala idéer var de opålitliga och oförmögna till lojalitet med partiet. Idémässigt var den svenska arbetarrörelsen pluralistisk, men organisatoriskt var den sekteristisk. Vad man än gjorde eller tyckte skulle en socialdemokrat göra och tycka det inom rörelsen, inte utanför. Det var inte fråga om ideologi. Man kunde vara höger- eller vänstersocialdemokrat, nykterist eller suput, kristen eller ateist, försvarsvän eller pacifist, men man måste alltid underordna sig de beslut som fattades av partiet. Hederskodexen var lika sträng som på en internatskola. En medlem i partiet, oavsett nivå, ställde upp när man kallades, avgick när man förlorat förtroendet och angrep aldrig socialdemokratin offentligt hur illa man än blivit behandlad internt. "Erics moral eller kanske snarare krav var hårda: man skulle organisera sig, utbilda sig, ta ansvar, bli en del av den politiska rörelsen", skrev författaren och journalisten Olle Svenning om sin far Eric Svenning, ledande socialdemokratisk kommunalpolitiker i Malmö på femtio- och sextiotalen.

Helt naturlig var inte partidisciplinen för en ung man som hade åsikter och tankar om det mesta. Palme begick en allvarlig blunder i början av sextiotalet när han i ett samtal med en journalist från *Aftonbladet* fällde några kritiska kommentarer om – typiskt nog – Ulla Lindström, som var hans överordnade när det gällde biståndsfrågor. Han trodde naivt att han talade *off the record*, men hans föga smickrande omdömen publicerades i tidningen på ett sådant sätt att alla kunde identifiera källan; en riksdagsman "som traskar in i statsrådskretsen så där tämligen snart". Men denna händelse är egentligen ett undantag. Palme hade tidigt insett att han var tvungen att spela med korten tätt intill kroppen. När han under statsbesöket i Moskva 1956 träffade Hans Wattrang, som var där som reporter för *Expressen*, förklarade han för sin barndomsvän att deras umgänge måste bli begränsat. Statsministerns sekreterare kunde inte vara alltför förtrolig med en journalist. Många har vittnat om den grabbiga och slängiga tonen bland Palmes närmaste medarbetare. Men han blev sällan privat och undvek att blotta sig. Hans enda verkliga andningspaus från det offentliga livet var familjen, en intimsfär som han och inte minst Lisbet lärde sig att skydda. I övrigt var han socialdemokrat tjugofyra timmar om dygnet.

Med sin aristokratiska bakgrund och sitt starka självförtroende kände Palme sig inte hotad av den socialdemokratiska kollektivismen – till skillnad från människor ur medelklassen vars sociala identitet byggde på ett tydligt avstånd till den underliggande arbetarklassen. Livet igenom hade han utsatts för starka kollektiv och alltid lyckats hävda sin egen personlighet och sina egna idéer. Ideologiskt verkade han för förändring och uppbrott, men när det gällde familjen och partiet hade han en intuitiv känsla av plikt och ansvar. Det var en effektiv kombination: traditionell form, radikalt innehåll.

*

Inför valet hösten 1960 befäste socialdemokratin delvis den nya ideologiska inriktning som Palme och Erlander utvecklat de föregående åren. På SAP:s 21:a partikongress i juni antogs ett nytt program där marxistisk klasspolitik avlägsnats till förmån för ökad individuell valfrihet i det starka samhället. Partivänstern ansåg att de nya idéerna var alltför liberala och högerinriktade. Från sina utgångspunkter tyckte även Palme, som inte varit inblandad i skrivandet av partiprogrammet, att det var väl tamt. Men styrkan i det nya programmet var att det framhävde optimism och förändring, nästan med en anstrykning av den sortens humanism som Perry Anderson hade efterlyst. Erlander provocerade kongressdelegaterna genom att hävda att "lyckan gläntar på dörren" i det nya partiprogrammet. Svensk socialdemokrati sysslade av tradition med trygghet och rättvisa, att utlova lycka verkade på en gång småborgerligt och fullständigt utopiskt. Socialdemokratins huvudparoll i valrörelsen blev också en blandning av konservatism och framtidsoptimism: "Rösta inte bort tryggheten – gör goda tider bättre".

För en utomstående var det svårt att bedöma vad budskapet var. Den sovjetiska tidskriften *Världsekonomi* konstaterade uppgivet att "socialdemokratins program icke gick ut på att förinta världskapitalismen". Med tanke på det "relativa välståndet" kunde man dock förstå att "illusionen om något slags undantagsställning för Sverige" frodades, särskilt bland ungdomar. Amerikanska tidningar jublade över att socialismen "nu kommit att betraktas som gammal" inom svensk socialdemokrati, men hade klara problem med att beskriva "det nya". Men väljarna i Sverige bejakade det nya programmet. Även om valrörelsen blev aningen avslagen jämfört med de föregående årens våldsamma urladdning kring ATP vann Socialdemokraterna en komfortabel seger med 48 procent av rösterna.

För Olof Palme personligen blev däremot valrörelsen mindre lyckad. Partiet skickade fram honom som arbetarklassens nya, vita hopp. Resultatet blev katastrofalt. Han mötte Bertil Ohlin i en tevedebatt där allt gick snett. Han var alltför ivrig, aggressiv och självbelåten, en framtoning som förstärktes av att hans skarpskurna drag inte hade sminkats tillräckligt väl. I jämförelse med den äldre och professorsdistingerade Ohlin framstod han som en blandning av arrogant överklassyngling och avgrundsande uppstigen från franska revolutionens dagar. Borgerliga tidningar skulle i åratal tala om hur motbjudande, till och med äcklig, Palme varit. Men också en del socialdemokrater mumlade missnöjt över Palme. Skulle man förlora valet var det hans fel, menade en anonym partikoryfé: "Han fick ju t.o.m. Ohlin att framstå som sympatisk." Men misstaget var från början att skicka fram Palme. I fem år hade han så gott som dagligen hört Erlander tala om Ohlins tillkortakommanden som människa och politiker. Erlanders privata respektlöshet och försmädlighet överförd till en ung man föll inte svenska folket i smaken. Palme betraktade länge Ohlindebatten som sitt största politiska misslyckande. Men någon betydelse hade den inte för valutgången.

10. Kennedylooken

> *Nya verkligheter las till ännu nyare,*
> *yttre och inre; världskartan blev i färg och*
> *vi fick bilder till de vita fläckarna... Framtiden*
> *fanns och det förflutna hade en mening.*
>
> GUNILA AMBJÖRNSSON

> *Robert F. Kennedy följde två parallella spår*
> *– moraliska impulser och pragmatism.*
>
> EVAN THOMAS

MORDET PÅ JOHN F. KENNEDY den 22 november 1963 utlöste en våg av global sympati med USA. "Sorgen lade sig becksvart över allt, utom hos de mest förhärdade fascister och rasister", konstaterade den socialistiske författaren Hans Granlid när han såg de första fetsvarta löpsedelsrubrikerna på Stockholms kvällstidningar på väg hem till Sollentuna från en fest i Gamla stan. För sin del tänkte Granlid, som också var läroverkslärare, på sina elever som "skrivit så vackert i sina uppsatser om Kennedys program för frihet och rättvisa". Några dagar efter mordet gick ett tusental Stockholmsstudenter i ett fackeltåg till den amerikanska ambassadens modernistiska kontorskomplex på Djurgården och överlämnade ett kondoleansbrev med förhoppningen att USA skulle fortsätta att verka "för fred och jämlikhet mellan raser" och "inge hela världen optimism och tillförsikt inför framtiden". Nästa gång svenska ungdomar marscherade mot den amerikanska beskickningen skulle budskapet vara mindre vänligt formulerat.

I begravningsföljet på USA:s nationalkyrkogård Arlington en knapp vecka efter mordet åtföljdes den sörjande familjen Kennedy av presidenter, statsministrar och kungligheter från världens alla hörn: den franske presidenten Charles de Gaulle, Västtysklands förbundskansler Ludwig Erhard, prins Philip från Storbritannien, den etiopiske kejsaren Haile Sellassie. De skandinaviska statsministrarna gick också i novembersolen som flödade över Virginias mjuka kullar: Tage Erlander, Norges Einar Gerhardsen och Jens Otto Krag från Danmark. Någonstans i processionen fanns också Sveriges nyaste statsråd, den trettiosexårige Olof Palme. De flesta borgerliga tidningar var för gripna av stundens allvar för att anlägga några synpunkter på statsministerns val av reskamrat. Avfärden från Arlanda, den nya internationella flygplatsen norr om Stockholm som öppnats 1962, hade varit rörig.

Erlander hade mordhotats direkt efter skotten i Dallas och försetts med inte mindre än fem livvakter, vilket föranledde den programmatiskt ödmjuke statsministern att beklaga att man gjort sig så mycket besvär för hans skull. Men som så ofta när det gällde Olof Palme bubblade irritationen över i något hörn. "Varför hr Palme?" frågade den liberala lokaltidningen *Katrineholms-Kuriren*, som fann det olämpligt att ett nyutnämnt statsråd fick representera Sverige vid en så internationellt betydelsefull sammandragning. Den diaboliskt leende ungdomsklubbisten "passade liksom inte riktigt in där, han har ännu inte på det rätta sättet kvalificerat sig för ett nationellt representationsuppdrag av det slaget".

Palme hade utnämnts till konsultativt statsråd vid en extrakonselj bara en dryg vecka tidigare. Den 18 november hade han iförd sin studentfrack åkt tillsammans med familjen från radhuset i Vällingby till Stockholms slott för att inför den åttioettårige kungen Gustav VI Adolf försäkra att han skulle värna kungens hus och iaktta grundlagens bud. Om än otillfredsställande för en principiell republikan var det bättre än den gamla statsrådseden som tagits bort 1958. Den hade krävt att ministrarna skulle lova att "med liv och blod försvara det konungsliga väldet". Palmes familj – Lisbet, farmor Müsi, femårige Joakim samt nytillskottet Mårten, två år gammal – fick titta in i konseljsalen från en plats intill slottets *Appartements d'Apparat*, festvåningen. Efter utnämningen blev det radio- och teveintervjuer innan Palme kunde återvända till familjen i Vällingby för att möjligtvis fortsätta läsningen av den bok han just då hade på nattygsbordet, *The Ordeals of Power*, en bok om Eisenhoweradministrationen. Bilden av det unga statsrådet med hustru – trettiotvååriga Lisbet såg ut "som en studentska på tjugo" enligt *Dagens Nyheter* – och två små gossar var oemotståndlig. Palme fick första sidan i *Expressen* tillsammans med sönerna under rubriken "Fint, Pappa!" Ulla Lindström, som Palme fällt mindre smickrande omdömen om i pressen några månader tidigare, lade alla rancuner bakom sig inför den bedårande scenen: "En blek och ordentligt vattenkammad yngling svor eden i konseljsalen, medan rundkindad hustru och två småsöner – lika som blåbär – tittade på nerifrån dörren."

Palme hade sina egna referenspunkter. Säkert sände han en tanke till sin farfar Sven Palme, som hade varit nära att bli statsråd i början av seklet, när han steg in i konseljsalen. Släkten Palme var nu tillbaka på den offentliga scenen med kraft. Olofs kusin Sven Ulric Palme var en av landets mest kända historiker, sysslingen Ulf Palme var en uppburen skådespelare och regissör. Även om den ekonomiska storhetstiden var svunnen, hävdade sig Sven och Henriks barnbarn inom konst, vetenskap och politik. Men som det nyblivna statsrådet uttryckte det: "Man får inte ha taburettkänsla om man ska syssla med politik." Det var nog ett uppriktigt menat påstående. Hans ambitioner sträckte sig längre än till ministerposter.

Nästan exakt tio år hade gått sedan Palme började sin tjänst hos Erlander. Han hade gjort en imponerande karriär, gift sig och fått barn och lärt sig det mesta som var värt att veta om den svenska statsförvaltningen och det regeringsbärande partiet under den tiden. De skarpaste kanterna hade slipats av och han hade, som alla människor, bytt uppfattning i en del frågor, till exempel om atombomben. Men han hade inte förändrats på något avgörande sätt. Snarare är kontinuiteten slående. Hans optimism och energi var densamma, liksom hans grundläggande målsättning: att modernisera det svenska samhället och med staten som verktyg skapa jämlikhet när det gällde medborgarnas möjligheter att förverkliga sig själva. Däremot hade samhället runtomkring förändrats desto mer. Efter ett decennium av stabilitet och välgång hade svenskarna blivit mottagliga för nya idéer och utmaningar. Till skillnad från det föregående årtiondets trevande inledning fanns en påtaglig känsla av att sextiotalet skulle bli annorlunda. Den efterkrigsgeneration som nu började nå vuxen ålder hade femtiotalets trygghet i ryggen och en växande horisont framför sig. Som statsminister Erlander uttryckte det i pamfletten *Valfrihetens samhälle* från 1962: "En högt rationaliserad produktionsapparat, en utbyggd basorganisation inom den offentliga sektorn, en stark framstegsvilja inom alla delar av samhället ger en god grund att stå på inför framtiden." Eller som den uppväxande generationen såg det, något mer lyriskt: "Nya verkligheter las till ännu nyare, yttre och inre; världskartan blev i färg och vi fick bilder till de vita fläckarna... Framtiden fanns och det förflutna hade en mening."

*

Valet av den unge senatorn John F. Kennedy till amerikansk president hösten 1960 hade betraktats som ett tecken på att USA hade brutit med femtiotalets konservatism och nu ville leda världen framåt. Hans seger hade vakats in natten den 9 november av demokratiska partiets vänsterfalang i hotellet Waldorf-Astorias balsal i New York, där också en samling entusiastiska svenska socialdemokrater var på plats: Östen Undén, Ulla Lindström samt några fackföreningstoppar från LO och TCO. "Ungdomen ville anspänna sig", var Lindströms slutsats, "och dess inbillningskraft fick mer näring av Kennedys beska soppa på ingredienser som arbete och försakelse." Förhoppningarna på honom var stora. Han skulle ta itu med fattigdomen i utvecklingsländerna, kapprustningen mellan kärnvapenmakterna och bristen på medborgerliga rättigheter för de svarta i den amerikanska södern. Det är möjligt att Kennedy är "århundradets mest överskattade politiker", som en framstående historiker har uttryckt det, men han var en symbol för optimism under det tidiga sextiotalet.

Något tänkbart alternativ till USA som global ledstjärna fanns inte. Sovjetunionen hade spelat bort det mesta av de sympatier som återstod bland vänsterintellektuella i väst när man invaderat Ungern 1956. Storbritannien och Frankrike var ohjälpligt snärjda av sitt koloniala förflutna. Sedan 1954 rasade ett uppror i Algeriet som ledde till den fjärde franska republikens fall. År 1962 blev Algeriet till slut självständigt, men de metoder som fransmännen hade använt för att trycka ner den nationella befrielserörelsen väckte avsky. Sverige intog till en början en avvaktande hållning, men rörde sig i en allt tydligare antikolonial riktning. Som enda västland röstade Sverige 1959 för en FN-resolution som erkände det algeriska folkets rätt till självbestämmande. "Nationell frigörelse, nationell pånyttfödelse, nationens återställande till folket – vilka beteckningar man än använder och hur man än förfar – avkolonisering är trots allt en våldsam företeelse", skrev den afrikanske psykiatrikern Frantz Fanon i *Jordens fördömda*, som kom ut på svenska 1962.

I Sverige fick avkoloniseringens våldsamhet en särskild innebörd på grund av Dag Hammarskjölds mystiska död i en flygplanskrasch i Afrika i september 1961. Han hade valts till generalsekreterare i FN 1953 bara några månader innan Palme blev sekreterare hos Erlander. Ursprungligen nationalekonom hade han gjort en lysande ämbetsmannakarriär och blev statsråd i den socialdemokratiska regeringen i slutet av fyrtiotalet utan att vara medlem i partiet. Men med sin djupa kristendom och dragning till religiös mysticism var han ett udda inslag i en politisk miljö som dominerades av funktionalistiskt nyttotänkande. Hammarskjöld var en allvarlig, moralisk person som hade Thomas av Aquino och Mäster Eckehart på nattygsbordet, gärna vandrade i de svenska fjällen och kopplade av från världskriser med att översätta den judiske mystikern Martin Buber. "Ögonen var kallt blå; hans fiender skulle kalla dem stålhårda och vi fick senare erfara att han kunde se skräckinjagande ut", enligt en av hans underordnade i FN-huset. I hans världsbild var politiken underordnad såväl etikens krav som den juridiska legaliteten.

Förväntningarna på den stele svenske ämbetsmannen vid tillträdet var låga. Men under andra hälften av femtiotalet stärktes hans ställning av FN:s agerande vid en rad internationella konflikter, framför allt Suezkrisen, tills han hamnade i en strid med Sovjetunionen som höll på att spränga FN. Kongo hade just blivit självständigt från den forna kolonialmakten Belgien, som i sin tur underblåste separatismen i provinsen Katanga. Hammarskjöld agerade kraftfullt och skickade FN-styrkor, bland annat en svensk skyttebataljon som förlades i Leopoldville. Men uppdraget var inte att slå ner revolten med våld utan att skapa förutsättningar för en förhandlingslösning. Sovjetunionen ansåg att Hammarskjölds ovilja att stödja Kongos premiärminister Patrick Lumumba var ett tecken på att han gick i västmakternas ledband och krävde hans avgång. Hammarskjöld satt kvar, men situationen i Kongo utvecklades till ett fullskaligt inbördeskrig. FN:s medlingsansträngningar fortsatte och Hammarskjöld tvingades göra åtskilliga resor till Kongo. Den 17 september 1961 störtade den DC-3:a med svensk besättning som skulle föra honom till ett möte med Katangas ledare i staden Ndola i Nordrhodesia.

Hammarskjölds eftermäle i Sverige blev blandat. Han hyllades som en fallen hjälte för världsfreden när han begravdes i Uppsala domkyrka. Utrikesminister Östen Undén hade varit tjock i rösten när han lämnade dödsbudet till regeringskollegerna. Men statsrådet Ulla Lindström, som var i New York i september 1961, noterade också med "viss förskräckelse" att den lättrörda amerikanska opinionen höll på att helgonförklara renlevnadsmänniskan Hammarskjöld. Det var lite svårsmält för svenskarnas sekulära och materialistiska temperament. Även om han var vördnadsbjudande, var det svårt att hantera hans asketiska ideal och stränga kristendom. "Jag tror att det var lyckligt att Dag Hammarskjöld fick dö innan Kristusdrömmen kom att rycka honom ännu längre bort från verkligheten", skrev *Dagens Nyheters* vasstungade kulturchef Olof Lagercrantz 1963.

Men Hammarskjölds dramatiska död i Kongo och de svenska FN-soldaternas insatser skapade en större medvetenhet bland svenskarna om kolonialismens bittra skördar. Och än mer betydelsefullt banade Hammarskjöld väg för en mer aktivistisk syn på svensk neutralitetspolitik som skulle gynna Olof Palme. Att stå utanför de storpolitiska blocken var inte längre en flykt från den internationella arenan utan ett tecken på moraliskt ansvarstagande. Utvecklingsländerna hade en "rätt att utan risk för moraliskt eller politiskt klander välja en oberoende neutral politik", förklarade utrikesminister Undén 1961. "Våra pojkar i Kongo" – som det hette i pressen – blev kvar till 1964. Ordet "balubas", namnet på en av stammarna i

Katanga, införlivades i svenska språket, om än inte med någon större kulturell inlevelse. Men känslan av att vara indragen i världens affärer blev en aning starkare. I romanen *Klasskämpen* från 1964 beskriver Svante Foerster hur den nya tiden trängde in i arbetarkvarteren på Södermalm: "En ung svensk, kanske trestegshoppare med planer på teknisk aftonskola; han blir aldrig geograf, etnograf eller doktor på Afrikas historia... Men han säger balubas, numera lika naturligt som bandy eller betong. Han säger RK i stället för Röda korset, lika naturligt som han sagt NK..."

*

Kring 1960 bröt också nya strömningar inom kulturlivet fram över hela västvärlden. Från Frankrike kom både den nya franska filmen, anförd av Truffauts *De 400 slagen* som hade premiär i Sverige 1959 och den experimentella romanen vars främsta företrädare var Alain Robbe-Grillet. I Storbritannien framträdde en ny generation av "arga, unga, män" med dramatikerna John Osborne och Arnold Wesker i spetsen som gisslade det brittiska klassamhället och efterkrigstidens prudentliga moralism. De starkaste avantgardistiska impulserna kom från New York där popkonstnärer, experimentella musiker, beatförfattare och teaterrevolutionärer utmanade modernismens strama och elitistiska ideal. En del provocerade genom att låna motiv och stildrag från den kommersiella masskulturen: soppburkar, flaggor, serieteckningar, filmstjärnor. Andra ifrågasatte de konventionella uppfattningarna om vad musik var genom att slå sönder instrument eller framföra fullkomlig tystnad. Ett nytt begrepp uppstod, *happenings*, för att beskriva ett slags allkonstverk där gränserna mellan konstnär och publik hade upplösts.

Under femtiotalet hade svensk kultur knappast skördat några internationella framgångar. Den intellektuella handelsbalansen, menade Perry Anderson i sin Sverigeanalys i *New Left Review*, var negativ: "lite socialfilosofi, ingen dramatik, en jämnstruken litteratur, inget måleri, ingen musik – bara Bergmans dubiösa verk". Däremot var den allmänna bildningsnivån imponerande: högkvalitativa tidningar, många teatrar, omfattande vuxenutbildning.

Sverige var enligt den brittiske marxisten inte ett kreativt men väl ett receptivt samhälle. Det kan vara en förklaring till att mottagligheten bland svenska intellektuella, författare och konstnärer för de nya impulserna var förhållandevis stor, inte minst de som kom från USA. Moderna Museet i Stockholm, som blev ett centrum för de nya idéerna inom svenskt kulturliv under 1960-talet, hade öppnat 1958. Mest internationellt känd blev konstnären och poeten Öyvind Fahlström, som redan 1961 flyttade till New York där han bodde i konstnären Robert Rauschenbergs ateljé på södra Manhattan.

En del unga författare hängav sig åt formexperiment i Robbe-Grillets anda, medan andra som Lars Görling gav sig in i de nya subkulturer som frodades i folkhemmets källarvåningar. Hans mest omtalade roman, *491*, kom ut 1962, och handlade om en samling vinddrivna ungdomar som inhysts av socialtjänsten i en gammal våning i Klarakvarteren i Stockholm i början av femtiotalet. Våld, sprit och sex bryter ner vuxenvärldens ordning och boken kulminerar i en brutal scen där gänget hetsar en kvinna till att ha samlag med en hund. Unga filmregissörer som Bo Widerberg dök upp, vars debut med *Kvarteret Korpen* skedde 1963. Filmen, som skildrade en ung man ur arbetarklassen med författardrömmar, hade tagit intryck både av den engelska diskbänksrealismen och av den nya franska filmvågen. Stämningen var upprorisk och ifrågasättande, men också prövande, långt från det sena sextiotalets revolutionära gravallvar.

De flesta av de unga författarna och konstnärerna kände att de stod i samklang med det socialdemokratiska välfärdssamhället och ville bidra till den allmänna demokratiseringen genom att avmystifiera konsten. Filosofin var, som en ung konstfackselev i början av sextiotalet beskrev det, att aldrig "infria förväntningar" eller "följa de traditioner och oskrivna lagar som omgav oss." Alla var inte lika begeistrade. De nya romanerna slog rekord i obegriplighet, hette det på kultursidorna, och kvällstidningen *Expressen* undrade uppgivet om ingen kunde stoppa dessa happenings. Den framstående arbetarförfattaren Artur Lundkvist, som skulle bli en av de första kritikerna av USA:s krigföring i Vietnam, stämplade den nya experimentlustan som "lekar och bohemeri i fördröjd infantilitet".

10. KENNEDYLOOKEN

Att unga konstnärer retar brackorna är naturligtvis ett tidlöst fenomen. Men det som var speciellt med sextiotalet var att de nya idéerna, ifrågasättandet av gamla värden och etablerade auktoriteter, gick långt utanför eliten. För den stora majoritet som inte gick vidare till högre studier fanns gott om jobb. Behovet av springpojkar, cykelbud, chaufförer, verkstadsarbetare, lanthandelsbiträden, damfrisörskor och hembiträden tycks ha varit oändligt. Unga ogifta män och kvinnor hade mer pengar än någonsin att spendera på kläder, attribut, nöjen och transportmedel. Traditionellt var också ungdomar mer självständiga i den skandinaviska kulturen än på kontinenten. Långt tillbaka i tiden hade unga män och kvinnor haft en relativt stor kontroll över sin sexualitet och val av äktenskapspartner. Nu förenades de självreglerande normerna inom den gamla bondekulturen med den USA-inspirerade tonårskulturen och blandningen föll inte alla i smaken. Byarnas gamla ungdomslag förvandlades till skräniga ungdomsgäng som hängde vid kiosken, gasade med mopeder eller motorcyklar och lyssnade på högljudd rockmusik. "Folk gick undan när vi kom, över på andra sidan gatan. Vi hade roligt åt dem och skrattade och skrålade lite grand. Men vi antastade aldrig någon människa...", menade en trettonårig flicka som ingick i ett stort gäng som samlades under en järnvägsviadukt i den mellansvenska industristaden Västerås i början av sextiotalet.

Ungdomen vände inte bara vuxenvärlden ryggen utan började också tappa intresset för de traditionella ungdomsföreningarna. SSU hade under trettio- och fyrtiotalen varit Europas största socialistiska ungdomsrörelse i absoluta tal med över 100 000 medlemmar. På landsbygden och i mindre samhällen var anslutningen fortfarande god, inte minst inom traditionellt manliga arbetaryrken på byggen, fabriker och i mekaniska verkstäder. Men rörelsen tappade mark i de växande urbana områdena. SSU blev både utkonkurrerat av materialismen – "nöjen, kläder, bilar och restaurangbesök" – och av ett ökande andligt utbud av "studier, läsning och resor". De stora barnkullar som fötts i slutet av kriget och nu började komma i tonåren var, som SSU uttryckte det, "annorlunda". SSU kunde trösta sig med att nedgången inte berodde på att ungdomen blivit mer negativt inställd till socialdemokratin.

Sympatierna för arbetarpartiet var starka bland de ungdomar som hade politiska uppfattningar. Men att sätta upp revyer eller deklamera poesi i ungdomsklubben var inte lika lockande längre. Rubrikerna i SSU:s brevkurs *Kvällar i nuet* som tillkommit på studiesekreterare Palmes initiativ talar sitt tydliga språk: "Kulten kring James Dean", "Är boxning sport?" och "Samlag till salu".

Musik var centralt i den nya tidsandan. I början av sextiotalet infördes en radiokanal med "lätt grammofonmusik" kallad Melodiradion, framtvingad av konkurrensen från piratradiostationer på internationellt vatten. I Öresund fanns Radio Syd, som sände från den lilla båten *Cheetah* och i Östersjön låg *Bonjour*, från vilken Radio Nord pumpade ut aktuell popmusik, reklamslogans och jinglar. Det kvalitetssäkrade utbudet med klassisk musik och folkbildande program som "Vad är demokrati"? eller "Vårens väg från Medelhavet till Sverige" räckte inte längre för att tillfredsställa radiolyssnarna. Inom popmusiken efterträddes femtiotalets soloartister som Elvis Presley och Tommy Steele av grupper av unga män, visserligen ännu tämligen korthåriga och klädda i prydliga kostymer, som signalerade en kollektiv gemenskap och slutenhet mot den omkringliggande vuxenvärlden med potential för en mer subversiv hållning. Även om det var långt mellan Moderna museet och Melodiradion var båda en del av den uppbrottsstämning som präglade det tidiga sextiotalet. Den kulturella eliten föll för avantgardismen, ungdomarna för populärkulturens demokratiska tilltal – men båda utmanade femtiotalets välordnade klassamhälle med "var sak på sin plats" som Bengt af Klintberg, en av medlemmarna i den experimentella musik-, poesi- och konstgruppen Fluxus, uttryckte det.

*

För att rymma alla nya studenter i Stockholm började man hösten 1963 projektera det campusliknande universitetet Frescati norr om Stockholms stadskärna, idealmodulerat i glas och betong. Men det mesta av verksamheten skulle bli kvar i de centrala stadsdelarna kring Odenplan fram till sjuttiotalet. Samtidigt som antalet studenter ökade skedde också en kvalitativ förändring av studentkulturen. Den inåtvändhet som präglat femtiotalets studentliv förbyttes i ett nyvaknat engagemang och intresse för omvärlden. Den dominerande frågan var Sydafrika. Studentkårerna tog ställning mot apartheidregimen och uppmanade sina medlemmar att bojkotta Capapelsiner, Koomarmelad, Roodebergvin och andra varor från den sydafrikanska republiken. Allt fler sökte FN-tjänst efter avslutad universitetsutbildning och kårtidningarna svämmade över av reportage om Afrika, Latinamerika och Asien.

Stockholms studentkår ordnade utställningar med popkonstnärer som den unge Lars Hillersberg och debatter om den nya litteraturen. Kvinnliga studenter (och en del manliga) krävde fri abort, och vintern 1964 hade Stockholmsstudenternas tidning *Gaudeamus* en bild av en man med ett spädbarn på omslaget med rubriken "Den nye mannen". Med sina årliga karnevaler befäste studenterna sin ställning som förkämpar för fri sexualitet, även om en del började ifrågasätta radikalismen i att kvinnliga studenter i nätstrumpor framträdde som "nummerflickor" (lättklädda flickor som presenterade den kommande sketchen i revyer). Karnevalen år 1963 blev höjdpunkten för "sex och spex" med en lättklädd Anita Ekberg-kopia behagfullt utsträckt på bakluckan på en stor amerikansk cabriolet. Efter det blev studenttågen något stramare, under beklaganden av kvällspressen, som fann stort behag i alla rubriker som involverade det till synes erotiskt laddade ordet "studentskor".

För studenter från arbetar- eller lägre tjänstemannahem, som ofta bar föräldrarnas tunga förväntningar på skötsamhet, flit och en lyckosam klassresa på sina späda axlar, kunde den nya studentkulturen te sig förvirrande. Man var kluven, konstaterade Annika Åhnberg, en framtida vänsterpolitiker från arbetarklassen. Att gå vidare till högre utbildning var inte bara en arbetarklassens seger, utan också "en anpassning till ett borgerligt ideal". Men uppbrottet gjorde det också möjligt att kliva runt de gamla klassmarkörerna och förenas med över- och medelklasstudenter i en ny gemensam studentidentitet. När Håkan Arvidsson, vars far bara hade sju års folkskola, kom till Lund i mitten av sextiotalet hade han stigit av tåget iförd hatt, kavaj och lodenrock. Men snart insåg han att alla "som betydde någonting" var klädda i jeans och manchester; "de hade långt hår och lade stor vikt vid att inte bry sig om sitt yttre". Ronny Ambjörnsson, en annan resenär från den lägre medelklassen vid Göteborgs universitet, var skeptisk till den konformistiska nonkonformismen. Men också han anammade den intellektuella ungdomens nya accessoarer: "duffelrock, en dunkel filosofi och Kerouacs *On the Road*".

Det var inte bara bland studenter som "engagemang" och "ställningstagande" började komma till heders efter femtiotalets programmatiskt apolitiska hållning. "Aktionsgruppen mot svensk atombomb" som startat 1958 hade varit ett första tecken på ökad aktivism bland svenska författare och journalister. Den stora världen började tränga in i den litterära debatten, framför allt i form av kritik mot rasförtryck och kolonialism. Sara Lidman, som vunnit den svenska publikens bifall med sina skildringar från Västerbotten under femtiotalet, gisslade den koloniala härskarpsykologin i Sydafrika i romanen *Jag och min son*, som kom 1961. Lidman, som sedan två år bodde i Johannesburg, blev också svenskt löpsedelsstoff därför att hon enligt de sydafrikanska raslagarna åtalats för sin vänskap med en svart oppositionsman, en kittlande blandning av politik och antydda kärleksförbindelser över rasgränserna.

Uppfattningen att intellektuella hade ett moraliskt ansvar att försöka förändra en oförnuftig och orättvis världsordning började vinna mark. Men vändningen mot politiken stannade ännu upp inför absolutistiska krav på engagemang. "Varför måste hela landet brinna för att man själv ska brinna?" undrade Göran Palm stillsamt i *Expressen* sensommaren 1961. Han ställde sig solidarisk med det socialdemokratiska välfärdsprojektet och hade föga till övers för klanket på nivellering och konformism. Man kanske kunde efterlysa "häftigare motsättningar" och "ökad individuell frihet", men det var inte avgörande för den intellektuella tillfredsställelsen. Utmaningen i Sverige var att gå bortom den materiella tryggheten och demokratisera kulturen.

Det tidiga sextiotalets stora kulturdebatt i *Dagens Nyheter* efterlyste heller inte i första hand handling och politiska ställningstaganden från författarnas sida. På en något svårfångad filosofisk nivå krävde däremot initiativtagaren Björn Håkanson mer moralisk "trolöshet" (debatten kallades allmänt för just trolöshetsdebatten). Själva begreppet gick tillbaka till en dikt av Karl Vennberg från 1945. I hans version handlade det om en anklagelse mot samhället för dess svek mot människan. Livet var trolöst och därför måste människan också bli trolös. Men hos Håkanson, som var både kritiker och poet, stod trolöshet inte för en existentiell revolt, utan för nödvändigheten av att acceptera förändring som ett livsvillkor. Han pläderade för en människosyn som var "relativistisk, dynamisk och nyttomoralistisk" i stället för "auktoritär, statisk och regelmoralistisk". Håkansons syfte var att göra upp med auktoritetstro och fanatisk absolutism. Men, som han själv konstaterade, det fanns ett problem: anpasslighet och funktionalitet var inte hedervärt i sig självt. Francodiktaturen och apartheidregimen i Sydafrika skulle också kunna hävda att de var "trolösa". Slutsatsen blev att trolöshetsmoralen var en "lyxmoral". Den var inte användbar i krig eller i u-länder. Men i ett demokratiskt fredligt samhälle – underförstått folkhemmets Sverige – kunde den "möjliggöra ett friare och uppriktigare förhållande mellan människorna" och skapa "en medveten, ödmjuk, saklig, och ständigt diskussionsberedd människotyp".

Det var oklart om Håkansons moraliska relativism riktade sig framåt eller bakåt. Å ena sidan kunde de flesta intellektuella ställa upp på kritiken av såväl religiösa moralföreställningar som ett evigt konstbegrepp höjt över tid och rum. Å andra sidan uppstod ett visst obehag inför att ge upp det övertag som absoluta värden och moraliska regler ger. Saklighet och lyhördhet var mer byråkratdygder än konstnärsegenskaper. Om författarnas inträde i den samhällspolitiska debatten hade någon särskild legitimitet grundade det sig just på deras förmåga att ställa de avgörande moraliska och existentiella frågorna. De nya intellektuella angreps också för att de inte drack rödvin och trampade i rabatterna, utan drack te och bytte blöjor. Men avståndstagandet från den klassiska konstnärsmyten var också en del av nyorienteringen. "Vi ville hellre vara vanliga, identifiera oss som 'skattebetalare" i en 'välfärdsstat', basera vår beskrivning och kritik av samhället på en delaktighet, ett inifrånperspektiv", menade en av de unga avantgardisterna i efterhand. Tidens konstnärer och författare gjorde inte uppror mot socialdemokratin, utan ville snarare fullfölja dess ideal inom konst och kultur – om än med mer färg och fantasi än vad arbetarrörelsen dittills uppvisat. Revolten riktade sig snarare mot modernismens elitism och den auktoritetstro som ännu levde kvar i det svenska samhället. Den syftade till att möta människors stigande förväntningar i Maslows anda snarare än att garantera kulturell grundtrygghet.

*

Många av tidens nya idéer presenterades i *BLM*, uttytt *Bonniers Litterära Magasin*, en institution inom svenskt kulturliv. Tidskriften hade grundats 1932 av det mäktiga familjeföretaget Bonniers, ägare till landets främsta bokförlag samt en rad tidningar och tidskrifter, inte minst *Dagens Nyheter* och *Vecko-Journalen*. Marsnumret 1960 liknade överlag det föregående eller efterföljande: stramt modernistisk layout, välskrivna artiklar om aktuella författare och kulturpersonligheter som Boris Pasternak och Ingmar Bergman samt en generös översikt av nya utländska romaner på engelska, franska, tyska och italienska. Men det fanns också ett mer ovanligt inslag: en enkät gjord bland svenska riksdagsmän om förhållandet mellan litteratur och politik. Utgångspunkten var att den stora ATP-reformen var obesjungen av poeterna: hade dagens politik blivit för komplicerad och teknisk för författarna?

De flesta politiker som svarade, däribland Olof Palme, tyckte föga förvånande att författarna borde vara mer engagerade i samhällsfrågor. Kommunisten Hilding Hagberg ville se mer litteratur om "arbetarrörelsens kamp", Centerledaren Hedlund tyckte det var önskvärt med fler politiska idéromaner medan Högerledaren Jarl Hjalmarsson något förvånande hyllade pacifisten och kommunistsympatisören Romain Rolland. Palmes svar sticker ut. Inte bara för att det är längst och för att han var mer förtrogen med såväl klassisk som modern litteratur än sina kolleger, utan också för att han kritiserar författarna för att inte ha insett vilken radikal transformation det svenska samhället var mitt uppe i.

Palme polemiserade mot Vilhelm Moberg, som nyligen levererat ännu en gruvlig salva mot socialdemokratin för att man svikit sina ideal när det gällde monarkin, statskyrkan och första kammaren. Moberg angrep väderkvarnar, menade Palme, det fanns "ingen anledning att sörja brännande principfrågor som falnat och pamfletter som skjuter mot anno dazumal". Det verkliga problemet var att författarna undvek att skriva om "den speciella civilisation" som femtiotalet börjat skapa och som pekade rakt in i sextio- och sjuttiotalen: "Vi har fått levande skildringar av människor i Norrlands glesbygder, i brukssamhällen och landsbygdskommuner, liksom av människor i förfluten tid och i barndomens miljöer." Men femtiotalets litteratur hade hejdat sig inför trerummarna i Rågsved och Kortedala, väjt undan för snabbköpsbutiker, tunnelbanetåg och förortsbussar och stått tvekande inför moderna kontorskomplex och serviceindustrier. Palme efterlyste en gestaltning av "den moderna kollektivmänniskan", av hennes mänsklighet bortom socialpsykologi och marknadsanalyser. Författarna kunde till exempel se "en stor uppgift i att skjuta sönder illusionen om att folkhemmet är välordnat, bara för att de flesta fått det rätt hyggligt", menade den unge socialdemokratiske politikern. Tids nog skulle författarna skjuta sönder både folkhemmet och det starka samhället med besked, men i början av sextiotalet var Palme mer radikal än de flesta konstnärer och författare.

Palme hade legat före sin tid under hela femtiotalet men nu började Sverige komma ikapp honom. Tack vare sin rekordsnabba karriär befann han sig i en politisk maktposition samtidigt som hans yngre landsmän hade lämnat femtiotalets ängsliga trygghetssökande bakom sig och blev alltmer optimistiska, aktivistiska, internationalistiska och amerikaniserade. Det nya decenniet, förklarade Palme självsäkert men framsynt i en brett upplagd artikel i *Tiden* sensommaren 1960, skulle medföra en förnyelse av radikalismen i västvärlden. Femtiotalet hade varit konservatismens tid. Det kalla kriget hade skapat fruktan och osäkerhet inför framtiden. Belsen och Auschwitz hade undergrävt "den optimistiska tro på framsteg på förnuftets grund som är grundtonen i all radikalism".

Kommunism och McCarthyism hade tillsammans bildat en "revolt mot förnuftet". I de flesta länder hade högerregeringar kommit till makten, men även i Norge och Sverige där vänstern hållit ställningarna försvagades radikalismen. Trettiotalets mål – full sysselsättning och grundtrygghet – var uppnådda och några nya framtidsvisioner förmådde man inte formulera. Men tvärtemot de konservativa teorierna visade det sig nu att den stigande levnadsstandarden åter höll på att skapa en optimism och framtidstro som gynnade vänstern. Världen var inne i en process av samma slag som när en ny ekonomisk politik bröt fram på trettiotalet. Inte minst var detta uppenbart i den pågående presidentvalskampanjen i USA, där kontrasten mellan privat överflöd och skriande fattigdom blivit alltför påtaglig för att kunna förnekas. Den demokratiske presidentkandidaten Kennedy med sitt brett upplagda reformprogram representerade en "ny vitalitet" i de västliga demokratierna, förklarade Palme.

*

De flesta av sextiotalets uppåtstigande vänsterpolitiker hade deltagit i eller påverkats av andra världskriget som vuxna. Kennedy var en krigshjälte som hade fört befäl på en motortorpedbåt i Stilla havet. Harold Wilson, som blev brittisk premiärminister 1964, hade vid krigsutbrottet 1939 anmält sig som frivillig till armén men ansetts mer lämpad att administrera den för Storbritannien livsviktiga kolförsörjningen. Tysklands blivande förbundskansler Willy Brandt hade tvingats fly från Tyskland när nazisterna kom till makten 1933 och tillbringat sin exil först i Norge och sedan i Sverige. Hans österrikiske kollega Bruno Kreisky hade åtalats för högförräderi av den fascistiska Dollfussregimen 1935 men frigivits året därpå och likt Brandt gått i exil i Skandinavien. Den danske socialdemokraten Jens Otto Krag hade varit nykläckt statsvetare vid Köpenhamns universitet när tyskarna ockuperade landet 1940 och arbetade under kriget på den danska valutacentralen. Norges statsminister Einar Gerhardsen hade överlevt det tyska koncentrationslägret Sachsenhausen. Mauno Koivisto, som blev finansminister när socialdemokraterna tog makten i Finland 1966, hade som femtonåring anmält sig som frivillig brandman vid hemmafronten under finska vinterkriget och gick ut som infanterist under fortsättningskriget mot Sovjetunionen.

Olof Palme skulle under sextiotalet utveckla nära relationer med många av dessa socialdemokratiska ledare, inte minst Brandt och Kreisky. Men han var samtidigt en udda fågel i sällskapet. Palme hade andra erfarenheter och ett annat temperament än sina utländska partikamrater som varit aktiva i kriget. Han kom från det neutrala Sverige som klarat sig undan strid och ockupation. Hans sociala bakgrund skiljde sig också från de arbetar- och tjänstemannasöner som dominerade den internationella arbetarrörelsen. Han hade tagit starka intryck av sin studietid i USA. Dessutom var han nästan ett decennium yngre än de flesta av de socialdemokratiska ledarna i omvärlden. Deras avgörande steg ut i vuxenvärlden hade tagits under förtryck, ockupation och brinnande krig. Palme hade däremot formats av övergången från krig till fred i mitten av fyrtiotalet, med oron och mörkret bakom sig och förhoppningarna om en bättre värld framför sig.

Palme liknade mer en helt annan sorts politiker som trädde fram i andra delar av västvärlden under 1960-talet: Robert F. Kennedy i USA, Jean-Jacques Servan-Schreiber i Frankrike och Pierre Trudeau i Canada. De var unga, progressiva och hade likt Palme mer eller mindre stått utanför sina respektive länders krigsinsatser 1939–1945. Robert F. Kennedy var född 1925 – två år före Palme – och hade velat gå ut i kriget men hölls tillbaka av sin viljestarke far, som redan förlorat en son i kriget. Journalisten och politikern Servan-Schreiber hade vid nitton års ålder, 1943, anslutit sig till de Gaulles fria franska styrkor. Han hade utbildat sig till pilot i USA men hann aldrig delta i kriget. Trudeau var äldre än de övriga – han var född 1919 – men eftersom han kom från den fransktalande provinsen Quebec hade han inte gått ut i kriget, som av de separatistiska fransk-kanadensarna betraktades som en uppgörelse mellan stormakterna som inte berörde dem. Även om Kennedy och Servan-Schreiber ville slåss och Trudeau och Palme kom från miljöer som ansåg sig neutrala finns en gemensam nämnare: alla fyra hade något att bevisa efter kriget. Robert Kennedys far hade varit en oförsonlig kritiker av Roosevelt och förespråkat amerikansk neutralitet vid krigets inledning. Servan-Schreibers far hade tjänstgjort på hög nivå under general Pétain i Vichyregimen innan han gick över till de Gaulle. För Trudeau och Palme, som båda kom från familjer som inte omedelbart hade sina sympatier hos USA och Storbritannien, blev det nödvändigt att visa att neutralitet inte betydde feghet och insulär nationalism. Alla fyra skulle under sextiotalet komma att inta en radikal inställning i internationella frågor, inte minst när det gällde Vietnamkriget.

Men de var även snarlika på andra sätt. De kom alla från starka familjer i samhällets toppskikt och hade utbildats vid elitskolor. Familjen Kennedy hade visserligen sina rötter i Bostons självmedvetna irländska arbetarkultur, men hade också utnyttjat dess etniska sammanhållning för att förvandla sig till något som liknade en modern amerikansk aristokrati. Servan-Schreiber kom från en inflytelserik intellektuell Parisfamilj och hade antagits till Frankrikes främsta tekniska högskola när han flydde till USA. Pierre Trudeaus far var en välbeställd affärsman i Quebec som placerade sin son i Montreals främsta jesuitiska skola. De utvecklades alla till aristokratiska radikaler – unga män från en privilegierad bakgrund som ville modernisera och demokratisera det egna samhället. De var unga, begåvade, karismatiska och framför allt annorlunda politiker som utlovade förnyelse och förändring. Hos dem förenades också, ofta på ett motsägelsefullt sätt, högstämd idealism med teknokratisk arrogans, vilket väckte både starka sympatier och antipatier bland väljarna.

Framför allt är likheterna mellan Olof Palme och Robert Kennedy slående. I jämförelse med Kennedyklanen var visserligen relationerna inom familjen Palme enkla och okomplicerade. Inte minst brottades Robert – liksom de övriga bröderna – med fadern Joe Kennedys enorma ambitioner å sönernas vägnar. I det avseendet hade Olof det lättare. Men både Palme och Kennedy var yngre syskon med ett starkt behov att hävda sig och utvecklades till intensiva tävlingsmänniskor som hade svårt att acceptera nederlag, oavsett om det handlade om amerikansk fotboll eller tennis. Kennedys skolgång var ännu tuffare än Palmes. Han hade svårt att få vänner och skyfflades runt från internatskola till internatskola. Bådas politiska karriärer startade under antikommunismens stjärna; Palmes i den internationella studentrörelsen och Kennedys som assistent till Minnesotasenatorn Joseph McCarthy, en relation som han fick svårt att försvara när han radikaliserades under sextiotalet. En del av förklaringen var sannolikt att Kennedy, likt Palme, hade ett starkt behov av väl definierade fiender. Senare tog Kennedy sig an den amerikanska maffian, inte minst fackföreningsbossen Jimmy Hoffa, med manisk energi. Stridbarheten var inte främst ideologisk utan speglade ett existentiellt hjälteideal: människan definierades genom sina handlingar i ett givet ögonblick. Kennedy bar ett tummat exemplar av Albert Camus *Främlingen* i portföljen och Palme kunde de svenska fyrtiotalistpoeterna utantill. Men vid sidan om konfrontationslystnaden fanns också hos båda en stark lojalitet och effektiv samarbetsförmåga. Robert kom att spela ungefär samma roll för brodern John F. Kennedy som Palme gjorde för Erlander: en fullständigt lojal rådgivare som axlade en del av maktens bördor. Tjänstgöringen i maktens innersta krets blev också för båda språngbrädan till en självständig politisk karriär.

*

Om Palme jämfördes med någon utländsk politiker i början av sextiotalet var det dock inte med Robert Kennedy, som ännu var något av en bakgrundsfigur, utan med hans äldre bror. Palme var likt John Kennedy ung, modern och självsäker, hette det klichémässigt i intervjuer och reportage. Han var knappast ensam om att kopplas samman med den i Sverige omåttligt populäre amerikanske presidenten. Suget efter ungdom och förnyelse var stort. Socialdemokraterna hade tagit hem en komfortabel seger 1960, men i jämförelse med den vitale Kennedy framstod Erlander, född 1901, som en sliten gammal man.

Hans regering bestod av trogna veteraner. Den äldste, utrikesminister Östen Undén, var född 1886 medan andra tunga statsråd som försvarsminister Sven Andersson och finansminister Gunnar Sträng var mellan femtio och sextio år gamla. Den svenska politiska scenen dominerades ännu av partiledare som var i femtioårsåldern eller början av sextioårsåldern: Folkpartiets Bertil Ohlin, Högerledaren Gunnar Heckscher, Centerpartiets Gunnar Hedlund och kommunisten Hilding Hagberg. Förutom Heckscher – som efterträtt Hjalmarson 1962 – hade de varit i rampljuset sedan fyrtio- eller början av femtiotalet. Nästan varje ung, lovande manlig politiker utnämndes till en blivande svensk Kennedy, till och med liberalen Gunnar Helén, en sympatisk men kamrersprydlig herre som gjort karriär som folkbildande radiojournalist. Med sin retoriska förmåga, sin unga familj i Vällingby och sin aristokratiska bakgrund fyllde Palme onekligen kravlistan bättre än Helén. Men hans väg till makten hade dittills varit mer byråkratisk än karismatisk. Hans internationella engagemang var inte okänt, men ingen kunde förutse att han inom några år skulle förändra svensk utrikespolitik genom att utmana det mäktiga och beundrade USA. När Palme kom in i regeringen 1963 var han ännu mest känd som Erlanders assistent. Bilden av honom som grå eminens hade dessutom förstärkts av en hetsig debatt vintern 1961. Regeringen – Erlander påstod att initiativet kom från Finansdepartementet – hade föreslagit att Palme i egenskap av statsministerns medarbetare skulle få en personlig tjänst som byråchef. Det var en ovanligt klumpig lösning. Det rimliga hade varit att Palme gjorts till Erlanders statssekreterare. Men motståndet inom regeringen var fortfarande alltför stort mot en sådan uppenbar förstärkning av statsministerämbetet. I stället smögs utnämningen utan motivering in i budgetpropositionen som presenterades i januari 1961. För egen del blev Palme upprörd när han fick reda på att han skulle utnämnas till byråchef; han anade att det skulle bli konflikt.

Han anade rätt. Journalisterna upptäckte snabbt förändringen i Justitiedepartementets personalstat. De borgerliga ledarskribenterna rasade och sköt framför allt in sig på den ekonomiska aspekten: Palme skulle vid sidan om arvodet som riksdagsman få en byråchefslön och sammanlagt tjäna 70 000 kronor om året (omkring 700 000 kr i dagens penningvärde), vilket var mer än vad justitieministern hade. Tonen var påfallande aggressiv. Likt gamla tiders kungar hade Erlander gett en förläning åt en av sina favoriter, "allas vår lilla Olle, herr Palme". Han hade en "guldkantad karriär" och tog "genvägar i lönegradssystemet". Men Erlanders eminens var inte grå utan alltför grön; en "streber" och en "politruk" som hade gått över till socialdemokratin som "ekonomisk spekulation". Man erinrade också om "hr Palmes äckliga framträdande i höstens TV-valdebatt". Kampanjen 1961 var inledningen till en långvarig fientlighet mot Olof Palme som ibland skulle bubbla upp till ytan men alltid finnas som en underström inom en del borgerliga väljargrupper. Men även om kritiken av Palme ibland tog sig närmast sjukliga uttryck innebär det inte att alla angrepp på Palme var irrationella. Byråchefsbråket 1961 utgör ett tydligt exempel på hur en rimlig polemik i sak gled över i hätska personangrepp.

I riksdagen var tonen mer städad, men också där kom invändningar. Frågan om en utvidgning av statsministerns kansli borde tas upp i den pågående författningsutredningen, menade två folkpartister i en motion. Erlander var pressad och framhävde vilket stöd Palme varit för honom, något som knappast övertygade skeptikerna. De folkpartistiska tidningarna *Expressen* och *Göteborgs Handels- och Sjöfarts-Tidning* tog avstånd från de häftiga angreppen på Palme, som beskrevs som perfida och låga. I socialdemokratiska *Stockholms-Tidningen* kom före detta DN-medarbetaren Kurt Samuelson till Palmes försvar och stämplade angreppen som en "tarvlighetens kampanj". Motståndet i riksdagen visade sig också vara svagt. Första kammaren sade enhälligt ja till den nya byråchefstjänsten och endast 25 av 200 ledamöter i andra kammaren röstade mot.

I dag, när hela regeringskansliet omfattar 4 000 anställda, varav omkring 130 på statsministerns kansli, kan det verka absurt att befordran av en ensam tjänsteman till byråchef kunde väcka så mycket motstånd. Men i början av sextiotalet var det ännu inte helt orimligt att diskutera tjänstetillsättningar av det här slaget i riksdagen. Det principiellt besvärande med Palmes utnämning var, menade *Västernorrlands Allehanda*, "att regeringen, d v s det socialdemokratiska partiet, skall till sitt förfogande ha hela den väldiga utredningsapparat som hela statsförvaltningen utgör". Men frågan är vad borgerligheten egentligen invände mot: att regeringsmakten växte eller att den var socialdemokratisk? Många på den borgerliga sidan ansåg att någon form av effektivisering av statsapparaten stod på dagordningen. Det var nödvändigt att utveckla statsministerns kansli "både på bredden och på höjden", konstaterade *Expressen*, som pekade på Norge som förebild. Att utnämningen till slut gick igenom i riksdagen med minimalt motstånd visar att de flesta insåg att en modernisering av regeringsmakten var nödvändig.

Palme tycktes på gott och ont vara den nya typ av teknokrat som skulle komma att forma framtiden i Sverige: kompetent, effektiv, självsäker på gränsen till arrogant och utan förankring i traditionella klass- och gruppintressen. "Politikens meteor, född borgerlig, nu Erlanders språkröra, skugga, tröst och kanske kronprins" – så hade Palme beskrivits i en lista över sextiotalets stigande stjärnor precis efter nyåret 1960. Han utlovade modernitet och förändring, men också osäkerhet och instabilitet. Kanske var det därför de borgerliga tidningarna ville lugna sig själva genom att framställa det som att han drevs av pekuniärt egenintresse. Tanken att den unge mannen från överklassen verkligen menade vad han sade var alltför oroande.

Men även hans sociala bakgrund provocerade. Det var inte främst det att han, som det ibland sagts, var en klassförrädare. Det översta högborgerliga skiktet i Sverige, som Palme kom från, utgjorde bara en liten del av de omkring 40–45 procent av svenska medborgare som röstade på oppositionspartierna. Historiskt sett hade den svenska medelklassen klämts mellan den gamla ämbetsmannaeliten som styrt landet fram till demokratins genombrott och den socialdemokratiska arbetarrörelse som dominerat sedan trettiotalet. För en stor del av den svenska borgerligheten var inte Palme en förlorad son utan en kombination av två för dessa grupper negativa företeelser: arbetarrörelsens kollektiva kraft och överklassens arrogans. Bönder, småföretagare, folkskollärare, lägre tjänsteman och andra som framför allt röstade på Bondeförbundet och Folkpartiet kände ingen särskild samhörighet med de kretsar Palme kom ifrån. Hans sociala bakgrund togs ofta upp. Vad vet vi egentligen om Palme, frågade en liberal ledarskribent: "inte så mycket mer än att det av överklassynglingen från Östermalm uppenbarligen blivit en skicklig polemiker". Modernitet ovanifrån har en tendens att framkalla reaktion underifrån.

Allt låg dock inte i betraktarnas ögon. Palmes polemiska personlighet spelade också in. Svensk politik var visserligen inte någon söndagsskola före Palme. Tonen mellan Ohlin och Erlander

10. KENNEDYLOOKEN

hade ofta varit från. Tidningarnas ledar- och kultursidor drog sig heller inte för hårda angrepp, särskilt under den upphetsade rättsrötedebatten i början av femtiotalet. Vad som också glömts bort i dag är de angrepp som riktades mot Palme. Att reta honom för hans ungdom och kalla honom omogen och gymnasial var ett standardgrepp från Högerpartiets sida i riksdagsdebatterna.

Det som var provocerande med Palme var inte att han tog strid, utan att han så uppenbart njöt av det. Det fanns något för en svensk sensibilitet nästan erotiskt oroväckande över det sätt på vilket Palme gick in i debatter. Han sög på sina egna ord med sensuellt välbehag och hade ständigt ett småleende på läpparna som fick drag av förnöjt hån. Hur taktiskt skicklig han än var i det allmänna politiska spelet, var han förvånansvärt naiv som debattör. Tävlingsinstinkten tog överhanden och han gav sig ibland hän åt glädjen att argumentera utan att tänka på vilket intryck han gjorde på publiken. Palme höjde den intellektuella nivån i det politiska livet, men priset för hans kompromisslösa debattstil blev att han aldrig skulle komma att erövra den trygga landsfaderlighet som dittills kommit socialdemokratiska partiledare till del.

*

I jämförelse med de gallsprängda reaktionerna på Palmes utnämning till byråchef blev mottagandet av beskedet att han skulle bli statsråd i november 1963 rena kärleksfesten. Att socialdemokratiska *Dagbladet Sundsvall* tyckte att Palme var "en ovanligt lyckad förening av gedigen utbildning, aktiv organisationsman, administratör och idédebattör" var knappast förvånande. Men också de flesta borgerliga tidningar var positiva: även om Palme var lite ungdomligt rabulistisk skulle det nog bli folk av honom också. Till en del kanske det berodde på ett stänk av dåligt samvete efter byråchefsdebatten 1961. Men det hade också blivit tydligt vilken ovanlig kapacitet Palme hade, ett intryck som knappast försvagades av hans arbetsinsatser mellan 1961 och 1963. Journalisterna häpnade. Han var ständigt tillgänglig för statsministern: besvarade brev, skötte kontakten med journalister, läste utredningar och propositioner, förberedde anföranden och tal. Samtidigt satt han i riksdagen och ingick i lagutskottet, statsutskottet och särskilda utskottet. Han hade diverse uppdrag inom arbetarrörelsen: fram till 1961 var han verksam inom SSU och dessutom styrelseledamot i Arbetarnas bildningsförbund, ABF.

Men framför allt hade han ansvar för ett helt batteri av utredningar och betänkanden: tre om biståndsverksamhet, ett om vuxenutbildning, tre delrapporter inom gymnasieutredningen samt den stora studiesociala utredningen om finansiering av högre studier. När han blev statsråd 1963 hade han undertecknat tolv betänkanden om sammanlagt 4 000 sidor. Från och med 1960, då den socialdemokratiska kongressen beslutat om målet att en procent av BNP skulle gå till u-hjälp, var han en av de drivande krafterna bakom expansionen av svensk biståndspolitik. Han satt i den nystartade Nämnden för internationellt bistånd, NIB, föregångare till dagens Sida. NIB blev nästan omedelbart utsatt för stark kritik på grund av bristen på offentlig insyn. Klagomål från ett biståndsprojekt i Algeriet hemligstämplades i strid med lagen och handlingar hade förkommit på ett misstänkt sätt. Palme gick relativt fri från kritik trots sin styrelsepost. Men han gick ut i försvar av NIB mot angrepp från Gunnar Myrdal i en tidningsdebatt. Sommaren 1962 skickades han som särskilt sändebud till Algeriet för att representera Sverige vid den forna franska kolonins självständighetsförklaring.

Han slipade på sin offentliga bild genom att medverka i ett populärt teveprogram, "Nya Kammaren", där en fast panel av politiker diskuterade aktuella frågor. Fyra av de fem panelisterna var blivande partiledare: förutom Palme Centerpartiets Thorbjörn Fälldin, Folkpartiets Gunnar Helén samt kommunisten C.H. Hermansson. För sin del fokuserade Palme på att undvika misstagen från Ohlindebatten, vilket gjorde honom lite väl tam och försiktig. Tevedebatterna tog inte mycket tid i sig, men de låg ovanpå en omfattande arbetsbörda som ofta resulterade i långa och sena arbetsdagar innan han kom hem till Vällingby.

Men hårt arbete har alltid värderats högre än inspirerad briljans i svensk kultur. Olof Palme kunde kanske förlåtas det senare om han visade kapacitet för det förra. I början av sextiotalet stod flit och sakkunskap högre i kurs än någonsin. Professorer, lärare och ingenjörer låg i toppen när man frågade människor vilket yrke de ville att deras barn skulle välja. Entusiastiska rapporter i pressen berättade om hur Kennedyadministrationen i USA fylldes av framgångsrika forskare och verkställande direktörer. När *Vecko-Journalen* 1960 skrev om Sveriges "unga lejon" blev tidningen lyrisk när man besökte Olof Palmes socialdemokratiske kollega, den unge statssekreteraren Krister Wickman, i Kanslihuset. Det låg, förklarade reportern, "en förkrossande atmosfär av kompetens, duglighet och saklighet" över hans rum.

Den interna efterfrågan på Erlanders fynd hade varit stor mellan 1961 och 1963. Handelsminister Gunnar Lange ville ha Palme som statssekreterare. Socialdemokraternas partisekreterare Sven Aspling ville göra honom till sin egen efterträdare. Utrikesminister Undén ville att han skulle bli kabinettssekreterare på UD. Socialdemokratiska ungdomsförbundet tyckte att han skulle bli ungdomsminister. Och i partipressen klagades det över att Palme inte tilläts "flyga med egna politiska vingar", det vill säga inte hade kommit in i regeringen. Men Erlander höll hårt i Palme.

Det skulle också visa sig klokt. Samtidigt som Palme höll på att slutföra den studiesociala utredningen sommaren 1963 briserade den största spionaffären i Sveriges historia. Morgonen den 20 juni arresterade två säkerhetspoliser den femtioåttaårige flygöversten Stig Wennerström när han gick över Riksbron mellan Helgeandsholmen och Drottninggatan på väg till sitt arbete på Utrikesdepartementet. Wennerström hade arbetat för den ryska underrättelsetjänsten GRU sedan slutet av fyrtiotalet. Risken var inte bara att han allvarligt skadat det svenska försvaret utan också gett ryssarna tillgång till material som ingick i det hemliga militärsamarbetet mellan USA och Sverige. Motiven till hans landsförräderi är fortfarande dunkla; det rörde sig varken om ideologiska sympatier, dåliga affärer, komplicerade kärleksrelationer eller någon känsla av utanförskap i det svenska samhället. Wennerström var en stel, korrekt man som inte gillade att flyga trots att han var officer i flygvapnet men trivdes desto mer på diplomatiska mottagningar. Han drevs möjligtvis av fåfänga och känslan av att vara i centrum för den internationella storpolitiken. Trots att det funnits misstankar mot honom sedan slutet av femtiotalet hade han tämligen obehindrat kunnat skaffa sig tillgång till hemligstämplad information.

För regeringen var det inte bara spioneriet i sig som var besvärande utan också det faktum att en rad statsråd känt till misstankarna mot Wennerström en längre tid. Försvarsministern hade blivit informerad 1959, den dåvarande utrikesministern Östen Undén 1961, inrikesministern, justitieministern och den nytillträdde utrikesministern Torsten Nilsson året därefter. Den enda tyngre minister som inte hade fått veta något var pinsamt nog statsministern själv. Han skulle ha upplysts om misstankarna mot Wennerström vid två tillfällen, men ena gången blev han sjuk och andra gången var programmet så pressat att dragningen ställdes in. Oppositionen kastade sig över regeringen med anklagelser om valhänthet och inkompetens. Regeringen var splittrad, ministrarna självtillräckliga och Erlander hade ingen kontroll. Statsministern, som befunnit sig på semester i Riva del Sol i Italien när han fick beskedet om att Wennerström arresterats, var mycket irriterad över att han inte informerats: "... jag kan inte komma över detta att ingen av kollegerna har ansett sig behöva mitt råd vid handläggningen av denna affär". Räddningen blev, som vanligt, Palme.

Palme var dock på Gotland. Sedan några år tillbaka tillbringade han, Lisbet och pojkarna somrarna på Fårö, en karg ö med raukar och talrika fornlämningar i Östersjön, åtskild från huvudön av ett smalt sund. Ingmar Bergman hade spelat in *Såsom i en spegel* där 1960, och blivit så tagen av landskapet att han i mitten av sextiotalet köpte en tomt och lät bygga ett sommarhus. Med Palme och Bergman som magneter blev Fårö en samlingsplats för delar av Stockholms kulturella och politiska elit. Men 1963 handlade det ännu om primitivt lantliv utan elektricitet, teve och telefon. Familjen Palme badade, lade nät och vandrade bland raukarna. Det var privat och informellt, Olof gick bland sanddynerna i korta, fransiga shorts och en urtvättad T-shirt. Men under spionaffären tvingades Olof att gå till grannen dagligen för att låna telefonen för att konferera med Erlander om de senaste vändningarna. Det största problemet var att Wennerström arbetat nära Östen Undén, vilket gav oppositionen möjlighet att insinuera att svensk utrikespolitik hade influerats av sovjetiska intressen. Palmes motstrategi blev att försöka göra de borgerliga partiledarna medansvariga genom att hävda att de också fått ta del av misstankarna mot Wennerström utan att reagera. Det var inte helt övertygande, men skapade en viss förvirring som minskade trycket på Erlander. I efterhand kallade Palme sommaren 1963 den "svarta sommaren".

Kanske var det värt priset. Wennerströmskandalen blev Palmes språngbräda in i regeringen. Att Erlander länge planerat att ta in sin assistent i regeringen råder det ingen tvekan om. Men frågan var hur och när. Debaclet kring det dåliga informationsflödet inom regeringen om Wennerström skapade en möjlighet för statsministern att på en gång åtgärda ett verkligt problem och på ett naturligt sätt befordra Palme hösten 1963. Som konsultativt statsråd skulle han ansvara för regeringens administrativa samordning. Men hans mandat var oklart; agerade han på egen hand eller var han statsministerns förlängda arm? I praktiken innebar hans nya tjänst ingen egentlig förändring av arbetsuppgifter, han fortsatte att arbeta i närheten av Erlander med de frågor som denne ansåg viktiga.

*

Det låg dock mer än egoism bakom Erlanders ovilja att ta in Palme i regeringen alltför snabbt. Det var också nödvändigt att hans skyddsling framgångsrikt förde den studiesociala utredningen i hamn. I inget annat land utom Finland spelade kommittéer och utredningar en så stor roll i den politiska beslutsprocessen som i Sverige. I praktiken utgjorde kommittéväsendet en broms på den parlamentariska makten som förhindrade snabba omsvängningar och radikala förändringar. Denna tradition, som går tillbaka till artonhundratalet, är en bidragande orsak till den svenska samförståndsandan. Den som ledde en utredning måste på en gång hantera oppositionen, de berörda organisationerna och de inkallade experterna samtidigt som han eller hon försäkrade sig om förankring inom regeringen och det socialdemokratiska partiet.

Den studiesociala utredningen var inte bara central för Palmes politiska karriär i termer av bevisad kompetens. Att vidga tillträdet till högre studier och demokratisera universitet och högskolor var en strategiskt avgörande fråga för den jämlika modernisering av det svenska samhället han ville åstadkomma. I sina artiklar i *New Left Review* 1961 öste Perry Anderson beröm över svensk socialpolitik, men var ytterst kritisk till den sociala snedrekryteringen inom den svenska studentkåren. Det var en "skandal" att bara 14 procent av recentiorerna vid svenska universitet och högskolor kom från arbetarklassen: "De västliga kapitalistländernas stereotypa klassmönster lever vidare i Sverige... orört av trettio år av socialistiskt regerande." Att från brittiskt håll kritisera klassojämlikhet på utbildningsområdet kan tyckas magstarkt, men Anderson hade en poäng. Ur hans mer radikala perspektiv måste arbetarrörelsen konfrontera maktfrågan och inte bara ägna sig åt att skapa lika möjligheter för alla inom det befintliga samhällets ramar. Även om man som de svenska socialdemokraterna hade avsagt sig socialismen och satsat på social utjämning, förpliktade detta ändå till en radikal utbildningspolitik som motverkade medel- och överklassens traditionella dominans inom den högre utbildningen. Palme var också högst medveten om detta. Hans vision av ett framtida klasslöst samhälle med en stark stat och självförverkligande individer förutsatte att socialdemokraterna öppnade den högre utbildningen och ökade den sociala mobiliteten.

Så gott som alla Palmes inlägg i riksdagen under de första åren handlade om utbildningsfrågor. Han var långt ifrån ensam om detta engagemang. Sedan slutet av fyrtiotalet hade både liberaler och socialdemokrater med kraft verkat för en genomgripande omdaning av det svenska skolväsendet. År 1962 omvandlades den nioåriga enhetsskolan från ett experiment till lagstadgad skolform. Runtom i landet gick nu många skolbarn varje morgon till stora moderna byggnader i rött eller gult tegel med ljusa matsalar, välutrustade klassrum och stora idrottsplaner. Det komplicerade lappverket av folkskolor, högre folkskolor, kommunala mellanskolor och allt vad de hette förpassades till historien. Enligt utbildningsminister Edenman var den nya skolans uppgift att göra "barn till så lyckliga människor som möjligt" och fostra små demokratiska medborgare, och bara i tredje hand att förmedla direkta minneskunskaper. Fullt så radikal var dock ännu inte den

10. KENNEDYLOOKEN

nya grundskolan i praktiken. De första årskullarna i början av sextiotalet sjöng ännu morgonpsalm, undervisades av disciplinglada reservofficerare i gymnastik och lärde sig Hallands åar utantill.

För de flesta socialdemokrater var universiteten en främmande och ibland skrämmande värld som man inte riktigt visste hur man skulle hantera. De som hade universitetsutbildning, som till exempel Tage Erlander, hade å sin sida ofta en kvardröjande lojalitet med den akademiska bildningskulturen som innebar att silkesvantarna drogs på. Olof Palme kunde universitetsväsendet inifrån, men hade måttlig sympati för dess traditioner och ideal. Han var en varm anhängare av forskning och vetenskaplig utveckling, men tilltrodde inte den svenska högskolan någon större kompetens när det gällde att utbilda framtida generationer. Det var knappast underligt. Hans enda egentliga positiva upplevelse av högre utbildning kom från Kenyon College i USA. De juridiska studierna vid Stockholms högskola hade inte varit särskilt stimulerande; dessutom hade han skött dem med vänster hand medan han åkte kors och tvärs i Europa för att bygga upp en ny studentinternational. Redan vid studentriksdagen i Lund 1953 hade Palme lustfyllt angripit universitetens konservatism: "ett virrvarr av nedärvda traditioner som utvecklats till trosföreställningar, av medeltida spindelväv som av seklers patina upphöjts till en högre metafysisk dignitet". I riksdagsdebatterna om studiemedel och högskolans organisering återkom han ofta till att idén om universitetens självständighet hade blivit obsolet i det moderna samhället: "Vi lever inte längre i den idyll som rådde tidigare, då man kunde ha en oligarki av medeltida typ som skötte universiteten..."

Studiesociala utredningen hade sjösatts av utbildningsminister Ragnar Edenman hösten 1959, några månader efter den dramatiska ATP-omröstningen i riksdagen. I det fanns en tydlig symbolik. Socialdemokratin hade klarat av pensionstryggheten, nu handlade det om att satsa offensivt på utbildning och ungdomar. Till en början framstod utredningen som lätt expedierad, om än tekniskt komplicerad. Mot slutet av femtiotalet rådde så gott som konsensus om att en statlig studielön var den bästa tänkbara modellen, inte återbetalningspliktiga lån. Från borgerligt håll och inte minst akademikerfacket SACO betraktades det nästan som en rättvisefråga. Efter decennier av välfärdsreformer som skickat pengar från över- och medelklassen nedåt i samhällspyramiden var det nu dags för staten att göra något för medelklassen. Arbetarrörelsen var heller inte motsträvig. Det fanns visserligen en insikt om att skattefinansierad högre utbildning var "välfärd för de rika", eftersom många arbetarbarn aldrig skulle komma till universitetet. Men socialdemokratiska utbildningspolitiker, inte minst Olof Palme, såg en statlig studielön som bästa sättet att övervinna den rädsla för att skuldsätta sig som fanns bland studieintresserade arbetarungdomar. Från LO:s sida såg man till en början en fördel i att akademikerna inte längre skulle kunna använda sina studieskulder som argument för högre lön.

*

Vad ingen räknat med var att svenska ungdomar redan röstat med fötterna. Den starka ökningen av antalet studenter under femtiotalets andra hälft förändrade kalkylerna. Medborgarna ville utbilda sig, även om de var tvungna att ta lån. Kostnaderna för ett studielönesystem riskerade att bli orimliga. Det fanns en uppenbar lösning: att enbart ge studielön till behövande studenter och låta ungdomar från mer välbeställda hem klara sig själva. Men den svenska socialpolitiken hade på område efter område rört sig bort från behovsprövning, som ansågs vara förmyndaraktigt och förnedrande för den enskilde. Bidrag skulle helst utgå som en universell rättighet, annars fick det vara. Delvis handlade det om att unga men myndiga människor inte skulle hamna i beroendeförhållande till sina föräldrar, delvis var det en fråga om att kvinnor som ville studera inte skulle nekas studiemedel på grund av makens inkomster. Under utredningens gång upptäcktes också ett annat problem. En undersökning visade att det inte var steget från gymnasiet till universitetet som var problemet för ungdomar från arbetarklassen, utan övergången från de lägre klasserna till de sista universitetsförberedande åren. Det var alltså inte bara studenter vid universitet och högskolor som behövde ekonomiskt stöd om den sociala mobiliteten skulle öka, utan även gymnasister. Det gjorde finansieringen av studielön än svårare, och Palme började överväga att återgå till lånemodellen.

En rad olika undersökningar beställdes, och betänkandet växte i omfång. Palme klagade sin nöd hos Erlander några gånger, men han hade god kontroll över den kommitté som ledde arbetet. Han hade samlat en grupp av likasinnade kring sig. Sex av sju ledamöter hade ett förflutet inom SFS. Två hade likt Palme varit ordförande: hans gamla partner och trätobroder Bertil Östergren, som nu företrädde akademikerfacket SACO och Lennart Bodström, som nyss avgått och nu var SFS representant i utredningen. Ytterligare tre hade varit verksamma på andra poster inom SFS: Hans Håkansson, Håkan Berg, som nu representerade Folkpartiet, och Per-Erik Rönnquist från tjänstemannafacket TCO. Dessutom hade utredningens huvudsekreterare Olof Ruin ett förflutet inom SFS. Arbetarkatten bland studenthermelinerna var Yngve Persson, ordförande i Svenska Träindustriarbetareförbundet. Att intresseorganisationerna fått plats i själva utredningen och därmed tillträde till Kanslihuset var ovanligt. Men Palme visste vad han gjorde. Med sin starka ställning inom socialdemokratin, sina nära band till ledamöterna och sin kunskap om de studentfackliga frågorna hade Palme bedömt det som mer fördelaktigt att inkorporera eventuellt motstånd i själva utredningsarbetet. Men efter hand skulle ett problem uppstå: SACO och Bertil Östergren.

Till en början spelade de personliga spänningarna mellan Palme och Östergren mindre roll eftersom de stod på samma linje, nämligen att studielön i någon form skulle införas. Men när Palme började svänga mot studielån cementerades den djupa fiendskap som Östergren skulle hysa gentemot sin gamle SFS-kollega livet igenom. Den lösning som Palme till slut föll för var konstruerad av Ingemar Ståhl, som sedermera blev professor i nationalekonomi, och var ett slags omvänt ATP-system. I stället för studielön skulle studenterna få en särskild sorts lån (i kombination med ett lågt återbetalningsfritt bidrag) som skulle amorteras på mycket lång tid. Förslaget utlöste ett ramaskri bland både studenter och akademiker. Den utlovade studielönen hade nu på ett magiskt sätt förvandlats till studielån med den skuldbörda som det skulle föra med sig genom livet. "Ocker", " grovt svek" och "utomordentlig bluff", ansåg lärarkandidaternas tidning *Scholasticus*. Inte minst den socialdemokratiska studentrörelsen, som hårt bundit upp sig för studielön, var rasande. I Lund publicerade den socialdemokratiska studenttidningen *Radikal opinion* en märklig bild av Palme med leksaksrevolver i handen på omslaget med bildtexten "Palmes förslag är klart konservativt". Erlander hade för sin del svårt att förstå vad som pågick, men litade på Palme.

Denne lyckades också med stor skicklighet samla utredningen bakom det nya förslaget. Representanterna för SFS och TCO gick emot sina egna organisationer och stödde Palme. Östergren vägrade däremot att rätta in sig i ledet och blev alltmer kringränd. Under ett dramatiskt möte blev han så arg att han reste sig från sammanträdet för att lämna lokalen, men råkade av misstag gå ut på balkongen. Han tvingades återvända efter sin dramatiska sorti och till de övriga ledamöternas roade blickar passera genom rummet på väg mot den riktiga utgången. I efterhand menade Östergren att Palmes framgångar inte berodde på förhandlingsskicklighet utan på att han var en "durkdriven taktiker" som fick ledamöterna "att binda sig efter en tendentiös och halvfärdig presentation, så att saken är klar innan en bred offentlig genomlysning [kunnat ske]". Det är en orättvis beskrivning. Palmes hantering av utredningen var i själva verket exemplarisk. Han hade inventerat problemen prestigelöst, tagit ny kurs på grundval av de nya undersökningar som gjordes, förankrat det nya förslaget så långt det gått och sedan effektivt isolerat den kvarvarande motståndsfickan, det vill säga Östergren. Inte minst hade han lyckats få finansminister Gunnar Strängs stöd, en man som höll hårt i statsmedlen. Han hade förvisso agerat utifrån en styrkeposition med regeringens och det socialdemokratiska partiets förtroende i ryggen, men resultatet var hans eget verk.

Det skulle också visa sig bli en av de mest lyckosamma reformerna inom svensk utbildningspolitik. Visserligen skulle lånen senare förändras något till studenternas nackdel, men själva principen att alla studenter, oberoende av inkomst eller bakgrund, har tillgång till samma studiefinansiering har visat sig vara en robust princip under en epok då den högre utbildningen expanderat dramatiskt och nu omfattar nästan hälften av varje årskull ungdomar.

10. KENNEDYLOOKEN

Palme var helt enkelt mer framsynt än Östergren, som var fångad av de mer omedelbara intressen han representerade som företrädare för SACO. I detta fanns också en social konflikt. Östergren kom från den lägre medelklassen och identifierade sig med de svenska akademikernas behov av att skydda sin status, sina inkomster och sin sociala position. Palme, socialdemokraten från överklassen, såg en större spelplan som inkluderade både arbetarklassen och statens framtida ansvar för den högre utbildningen.

Men även om Östergrens antipatier mot Palme var grundade i en klassmässig osäkerhet såg han också dennes svagheter: den teknokratiska synen på kunskap och bildning. "Det var en belastning för honom", skrev Östergren senare, "att utbildningen för honom varit alltför lättköpt." Det Östergren kände in på skinnet var att Palme hade ett visst förakt för strävsamma skolfuxar som hävt sig upp till en högre samhällsposition genom det gamla utbildningssystemet och nu ängsligt vaktade sina privilegier. I sak hade Palme rätt, de svenska universiteten var dammiga och i behov av reform. Palme insåg att det kommande massuniversitetet krävde en annan sorts styrning än vad de gamla elituniversitetens blygsamma administrationer mäktade med. Men vad Palme inte ville förstå i sin moderniseringsiver – eller struntade i – var att den akademiska spindelväven också hade ett värde för en demokratiserad högskola. Universiteten representerade ett civilt samhälle utanför både staten och marknadsekonomin, en annan sfär som stod utanför den jakt på högre produktivitet som både näringsliv och socialdemokrati entusiastiskt deltog i. Att tvinga på universiteten och akademikerna reformer mot deras vilja underminerade deras självförtroende och skadade på sikt den akademiska friheten. Ironiskt nog skulle detta också minska universitetens förmåga att stå emot kommersialism och marknadstänkande i en avlägsen framtid. Men som Palme såg det på sextiotalet var den högre utbildningens autonomi ett hinder för både jämlikhetssträvanden och ekonomisk utveckling.

*

Det nya studiemedelssystemet klubbades igenom i riksdagen våren 1964 utan större motstånd, en stor framgång för Palme. I början av juni, ett halvår efter att Palme blivit statsråd, samlades Socialdemokraterna till partikongress i Folkets hus i Stockholm, ett gigantiskt funkispalats som ersatt det gamla sekelskifteshus där Hjalmar Branting och Per Albin Hansson 1917 övertygat Stockholms otåliga arbetare om att reformer var bättre än revolution. Bakom podiet hängde en stor banderoll med texten "Mot nya djärva mål – Socialdemokratin 75 år". Erlander slog an tonen i ett inledningstal som mest liknade en årsredovisning från en framgångsrik verkställande direktör för AB Sverige. Alla siffror pekade uppåt. Sedan 1960 hade produktionen ökat med 20 procent, investeringar i sjukvård med 54 procent, antalet gymnasieelever stigit från 66 000 till 100 000, en miljon människor hade flyttat in i nya bostäder, folkpensionerna ökat med 900 kronor och så vidare. Det var vad Palme brukade kalla ett typiskt "kalk- och cementtal". Själv spelade han ingen framträdande roll på kongressen. Visserligen var han medförfattare till det handlingsprogram som antogs, men han gick bara upp i talarstolen som föredragande när det gällde studiesociala frågor. Lite i skymundan tog Palme dock ett karriärkliv som var lika viktigt som upphöjelsen till statsråd ett drygt halvår tidigare. Han invaldes som suppleant i partiets mäktiga verkställande utskott, och var därmed formellt upptagen i socialdemokratins innersta krets.

I valet i september fick Socialdemokraterna 47 procent av rösterna, vilket än en gång säkrade regeringsmakten, men ändå var en besvikelse. I kommunalvalet 1962 hade partiet fått egen majoritet. Valrörelsen 1964 blev håglös, med en ensemble av aktörer som åskådarna hade börjat tröttna på. Ohlin och Erlander möttes än en gång i den klassiska valduellen i Vasaparken i Stockholm. Men publiken svek. Det kom bara 3 000 åhörare, i jämförelse med de 45 000 som samlats i slutet av fyrtiotalet för den första debatten. Kanske var de inte längre intresserade av att se "två gamla gubbar som i besinningslöst hat går löst på varandra men så orkeslösa genom ålder och tandlöshet att ingen av dem orkar mer än ge uttryck för sin ondska och sin längtan efter att göra motparten illa", som Erlander skrivit i dagboken efter en debatt med Ohlin 1962. Halmhattar kom att spela en lite märklig men prominent roll i valkampen. Den unge folkpartisten Ola Ullsten hade följt guvernörsvalet 1962 på plats i New York och blivit imponerad av att den sittande guvernören, republikanen Nelson Rockefeller, reste runt i delstaten åtföljd av en dixieorkester som lockade väljarna till hans valmöten. Ullsten importerade idén med att aktivt söka upp väljarna liksom idén att ha en medföljande orkester. I Sverige hamnade dock halmhattarna, som i USA suttit på musikerna, på något mystiskt sätt på de unga folkpartisternas huvuden. Eftersom lanserandet av profilerade ungdomskandidater var ett av de nya inslagen från alla partiers sida blev folkpartisternas huvudbonader emblematiska för hela valrörelsen, som i efterhand kom att kallas halmhattsvalet.

Hattarna hjälpte inte. Inom det borgerliga lägret rådde förvirring. Den nye Högerledaren Heckscher hade gjort ett illa genomtänkt utspel om att riva upp ATP, vilket tillbakavisades av Centern och Folkpartiet. I Skåne försökte frustrerade borgerliga politiker få till en lokal valallians under beteckningen Medborgerlig samling, men oppositionspartiernas centrala ledningar var kallsinniga. Ett nytt värdekonservativt parti försökte också bryta sig in, Kristen Demokratisk Samling, med starka kopplingar till pingströrelsen. År 1963 hade regeringen föreslagit att ämnet kristendomskunskap skulle skäras ner i skolundervisningen och dessutom byta namn till religionskunskap. En protestlista hade samlat två miljoner underskrifter, vilket föranledde en del kristna politiker att tro att tiden var mogen för ett religiöst parti i Sverige. I augusti 1964 avslöjade dock *Expressen* att en av det nya partiets riksdagskandidater hade ett nazistiskt förflutet. KDS fick bara 80 000 röster, omkring 2,6 procent av rösterna, vilket inte räckte för att ta plats i riksdagen.

De enda som gladdes åt valresultatet var kommunisterna, som gjort ett katastrofval 1962 men nu hade fått över fem procent. Den främsta anledningen var den nye karismatiske ledaren Carl-Henrik Hermansson, som ansågs stå mer självständig mot Moskva än sin föregångare. Sovjets invasion av Ungern 1956 hade varit ett hårt slag mot de europeiska kommunistpartierna. Det svenska kommunistpartiet fruktade en utveckling liknande den i Danmark, där den förre kommunistledaren Aksel Larsen bildat ett socialistiskt vänsterparti som raderat ut det danska kommunistpartiet 1960. Hermansson hade visserligen också varit kritisk under Ungernkrisen men stannat kvar i partiet. Nu fick han sin belöning. Hilding Hagberg, den avgående kommunistledaren, var en gruvarbetare från de norrländska malmfälten vars främsta merit var en otidsenlig lojalitet med det sovjetiska kommunistpartiet. Hermansson hade en examen i fickan och pengar på banken, som *Svenska Dagbladet* uttryckte det. Han kom ur medelklassen, hade studerat vid universitetet och hade ett behagligt, chosefritt sätt som gjorde sig väl i teve. Han skulle visserligen aldrig komma att infria förhoppningen om att skapa ett allmänt vänsterparti som kunde utmana Socialdemokraterna, om det nu berodde på ideologisk lojalitet med Moskva eller bristande initiativförmåga. Men under hans ledning skakade partiet av sig tillräckligt mycket stalinistiskt damm för att inte bli helt lottlöst under det kommande vänsteruppsvinget. Han var så charmig, skrev Ulla Lindström i sin dagbok, att till och med officersfruarna i den norrbottniska fästningsstaden Boden röstat på honom. Utåt var dock inte Socialdemokraterna fullt lika charmade. Det skulle krävas hårdbevakning för att avslöja att Hermansson i lika hög grad gick Sovjets ärenden som sina företrädare, menade *Stockholms-Tidningen*.

Inom socialdemokratin var Olof Palme det främsta framtidsnamnet. När teve anordnade en valdebatt på temat "Demokratin och framtiden" var det självklart att skicka fram honom. Inom arbetarrörelsen befäste han sin position med ett stort ideologiskt tal vid SSU:s kongressfest i Stockholms stadshus i maj 1964. Han inledde och avslutade talet med den formulering som skulle bli en av hans mest citerade: "Politik – det är att vilja något." Däremellan gjorde han en elegant sammanfattning av de bärande idéer som dittills präglat hans politiska karriär: den hisnande tekniska utvecklingen och människans existentiella ansvar. Talet var exemplariskt uppbyggt enligt retorikens klassiska regler. Hans inledning rensade bordet när det gällde föreställningen att ideologierna var döda. Visserligen hade "artonhundratalets grandiosa tankebyggnader... korrigerats av en obönhörlig verklighet". Skolbarnen i de kommunistiska staterna kunde rabbla Marxcitat och amerikanska industriorganisationer predika privatkapitalismens evangelium. För de unga socialdemokraterna anbefallde han den trolöshet som Björn Håkanson ivrat för i *Dagens Nyheter* föregående år: "Vårt öde är att ständigt ställa frågor och sakligt pröva på nytt, att betvivla auktoriteten och misstro auktoriteter." Och precis som han brukade, ställde han värderingar och känslor mot de gamla stelnade ideologierna. Politiken kunde inte leva utan ideal och utopier. Här hämtade han stöd hos Kennedy, som inför Berlins studenter förklarat att det var nödvändigt att vara en visionär och en drömmare. Sedan följde en överblick av förtryckets historia fram till sextiotalets Sydafrika. Han använde sig av en rad litterära exempel från Brecht till finländaren Väinö Linnas nyss utkomna torpartrilogi om finska inbördeskriget.

Därefter kom bevisföringen, *argumentio* enligt den klassiska retorikens grunder. Här framförde han sina två centrala teser. För det första den vetenskapliga utvecklingens hisnande tempo:

> Så snabb är den ekonomiska framstegstakten att vi på tjugo år kan fördubbla våra nuvarande resurser. Den utvecklingen ger oss möjlighet att förbättra levnadsvillkoren och avskaffa bristerna i samhället. Glöm inte att den också ger oss möjlighet att äntligen avskaffa klassamhället. Men det målet når vi inte automatiskt. Det kräver en ständig anspänning av idé och vilja.

Därefter, "för det andra":

> ...socialismen är en frihetsrörelse. Vårt mål är frihet, så långt möjligt, från de yttre förhållandenas tryck, frihet för den enskilda människan att utveckla sin egenart, valfrihet för individen att forma sin tillvaro efter egna önskningar.

Detta var Palmes bärande idéer som han redan kommit att omfatta under sin tid vid Kenyon. De var, som tidigare konstaterats, inte särskilt komplexa. Strängt taget stod Palme kvar på den franska revolutionens plattform: upplysningsfilosofi och social jämlikhet. Mer anmärkningsvärd var den kraft med vilken Palme omfattade dessa ideal. Temperamentsmässigt var han något av en jakobin; en borgerlig radikal som var beredd att gå långt när det gällde statliga interventioner för att skapa jämlikhet och frihet, men inte såg samhället i termer av klasskamp. Hans teknikoptimism och tvärsäkra förkunnelser om framtiden skulle visa sig vara övermodiga, men det som bär är hans framtidstro, hans plädering för *change*: modernitet + jämlikhet = frihet.

11. Vi ses i Song My

*Olof Palme har lärt mig en del om
ensamhet, om stil och om självkontroll.*

HARRY SCHEIN

*Efteråt frågade en av studenterna mig vad jag
menade med radikaliseringsprocessen. Jag svarade:
"Det är vad som händer om ni, när ni befinner er i en
ungefärlig mittenposition, får en naturlig känsla av att
de som befinner sig till vänster om er är mera
korrekt placerade än ni själva."*

STEPHEN SPENDER

SVENSKARNA ÄR ETT MATERIALISTISKT och tråkigt folk. Det hävdade den amerikanske journalisten David Jennings föga originellt i boken *Sweden and the Price of Progress* som kom ut i USA 1968. Men han gjorde en reservation: "Sverige förändras snabbt, så snabbt att jag har varit orolig för att om jag inte skrev färdigt den här boken snabbt skulle det inte finnas något kvar att klaga på." Framför allt ansåg han att den yngre generation som trätt fram 1966–1967 var annorlunda. I deras ögon var människovärdet inte längre beroende av bil, teve och sommarstuga; en osvensk livlighet hade dykt upp som gjorde att Stockholm nästan kunde kallas swinging. Visserligen fann han Vietnamdemonstranternas USA-hat ensidigt, men imponerades samtidigt av att hämmade svenska ungdomar kunde visa så pass mycket passion.

Sverige befann sig vid mitten av sextiotalet mitt uppe i en mental strukturomvandling. Liberaliseringen slog igenom med ovanlig kraft i ett samhälle som visserligen hade en stark ideologisk tro på modernitet och jämlikhet men till vardags ännu var mycket stelt och konformistiskt. Gamla förbud, moralregler och sociala konventioner utmönstrades i rasande fart. Mellanölet, med en alkoholhalt på 3,6 procent, släpptes fritt för försäljning i livsmedelsbutiker hösten 1965. Narkotikamissbruket demokratiserades och spreds från sjukvårdspersonal och bohemer till en större ungdomlig publik. De vanligaste drogerna var hasch och amfetamin i form av fenmetralin eller bantningspreparaten Preludin och Ritalina, som kunde köpas fritt i Sydeuropa. P-pillret, som lanserats i USA 1960 och i Sverige ännu kallades "preventivtablett", blev tillåtet 1964. Medlet tog bort "olusten inför det sexuella samlivet" hos kvinnor som lever i ängslan för att bli med barn, som en rådgivningsspalt uttryckte det. Abort var ännu inte tillåten, men den restriktiva lagstiftningen utmanades av att svenska kvinnor reste till Polen, där det var legalt att avbryta ett havandeskap utan medicinska skäl.

Våren 1965 publicerades *Kärlek 1*, inledningen till en serie med sexuellt explicita berättelser av etablerade svenska författare. Många hade litterär kvalitet, men i grunden var det, som Rousseau en gång definierade pornografi, den typ av böcker man läser med en hand. Framgången blev pyramidal, med omkring 300 000 sålda exemplar av de första volymerna. Pornografin försvarades ihärdigt av de så kallade sexliberalerna, framför allt unga folkpartister som ivrade för driftlivets emancipation. Liberala studentklubben i Lund iscensatte sexuella happenings med bland annat en halvnaken rödmålad flicka insvept i svenska flaggan, i Stockholm visade Liberalerna porrfilm offentligt för första gången i Sverige – för säkerhets skull dock film från trettiotalet.

Alla dessa krav på frigörelse (som också innefattade incest och pedofili) skapade en motreaktion. Samtidigt som kärleksböckerna väckte sensation skrev 100 000 kvinnor under en namninsamling som krävde att Bibeln skulle hedras, äktenskapet hållas högt och "kristen lagstiftning i folkmoraliska frågor" införas. I augusti 1966 samlades något tusental kristna smålänningar på Stockholms stadion för att bilda en riksförening som skulle kämpa för "en levande landsbygd, kristna livsnormer och monarkins bibehållande". Vid jul samma år drabbades den statliga svenska teven av en av de värsta folkstormarna i sin historia då arga tittare protesterade mot att skådespelaren Per Oscarsson strippat – det vill säga klätt av sig till kalsongerna – i det folkkära programmet "Hylands hörna" samtidigt som han läste högt ur en sexualupplysningsbok. Men för varje ny provokation försvagades motståndet.

Sverige blev också mer informellt, varierat och demokratiskt. I september 1965 övergick *Dagens Nyheter* och flera andra Stockholmstidningar till att titulera alla vuxna kvinnor med "Fru", oavsett om de var gifta eller inte. Bruket att tilltala främmande eller överordnade med "Ni" eller genom indirekt tilltal började betraktas som gammaldags. År 1967 skedde ett symboliskt genombrott då den nytillsatte chefen för den expansiva myndigheten Socialstyrelsen förklarade för personalen att han ville bli duad. Förbudet mot att visa film på juldagen, långfredagen och påskdagen upphävdes. Ny matkultur introducerades försiktigt i konditoriernas och korvgubbarnas förlovade land: först kinesisk mat och sedan pizza. Modet blev ledigare men inte mindre betydelsefullt. Minikjolen, som skapats av Mary Quant i London hösten 1964, kom, sågs och segrade. Den klassiska herrhatten försvann som traditionell vuxenmarkör för städade manliga gymnasister i de högre klasserna.

År 1965 kom också den första verkliga insikten om att Sverige höll på att bli ett invandrarland när fackföreningsrörelsen började kräva reglering av inflödet av utländska arbetare. Då fanns det omkring 400 000 invandrare i Sverige. En del var flyktingar som kommit efter kriget eller från Ungern 1956. Arbetskraftsinvandringen ökade konstant, främst från Finland men även från Italien, Grekland, Turkiet och Jugoslavien. De inflyttade kallades ännu utlänningar, som det hette innan begreppet "invandrare" slog igenom i slutet av sextiotalet. I sin Sverigebok påpekade Jennings lite syrligt att svenskarna, som gärna kritiserade rasism inte minst i USA, kunde vara ytterst fördomsfulla mot sina nya grannar och arbetskamrater. Olof Palme, som talade under temat "Vi och utlänningarna" i radion på juldagen 1965, trodde dock inte att det berodde på ond vilja: "Snarare är det fråga om blyghet inför det som ter sig främmande, okunnighet om känslor och attityder, mest av allt kanske bekvämlighet." Författaren Theodor Kallifatides, som 1964 kom till Stockholm från Grekland och till en början försörjde sig som restaurangbiträde, hade en mindre välvillig förklaring. Svenskarna, menade han, hade ett starkt behov av att känna sig moraliskt överlägsna. De ville vara sjuksköterskor och det krävde patienter, det vill säga mindre vetande utlänningar skulle vara tacksamma för att de räddats undan förtryck och fått arbete i Sverige.

*

Sextiotalets demokratisering gick hand i hand med ett annat fenomen: en växande centraladministration. "Att vara rationell är att förena effektivitet och mänsklighet", förklarade Olof Palme inför 500 sydsvenska företagare i Malmö hösten 1966, och detta krävde i sin tur ett nära samarbete mellan näringsliv och samhälle. Eller som Jan Myrdal och Rune Hassner uttryckte det med bara lätt satirisk överdrift två år senare i den samhällskritiska filmen *Fallet Myglaren*: "I det nya Sverige som partier, organisationer och näringsliv i samverkan, samarbete och samförstånd skapat genom ömsesidiga och ärliga kontaktytor, står [...] den enskilda lilla människan i centrum." Nya ämbetsverk tillkom på löpande band, antingen med helt nya uppgifter eller som sammanslagningar av mindre myndigheter: Statens planverk, Naturvårdsverket, Trafiksäkerhetsverket, Socialstyrelsen. Unga män som liknade Olof Palme kom in och bildade nya enheter som i sin tur krävde nya byråchefer, byråsekreterare och kanslister.

Dessa ambitiösa unga män i fyrkantiga glasögon och poplinrockar som hade läst statsvetenskap, nationalekonomi eller juridik utgjorde en ny generation av ämbetsmän. Många kom från arbetar- eller lägre medelklasshem och var präglade av den moderniseringsiver som vuxit fram i slutet av femtio- och början av sextiotalet. Tillväxten i toppen av pyramiden motsvarades av en hastigt expanderande bas. Under sextiotalet fördubblades antalet vårdarbetare från 100 000 till 200 000 och antalet lärare ökade med 50 procent, från 80 000 till 120 000. Tilltron till vetenskap och teknik var orubbad. "Ni måste bli ingenjörer", förklarade Palme inför 300 kvinnoklubbister i augusti 1966. Två månader tidigare hade de första spadtagen för "det första elproducerande kärnkraftverket i Nordeuropa" tagits i Oskarshamn. Så gott som varje vecka kom nyhetsrapporter om industriella landvinningar som att finansminister Gunnar Sträng invigt världens största potatisbränneri i Nöbbelöv eller att Europas modernaste margarinfabrik byggts i Karlshamn.

Effektivisering var ett nyckelord. Den gamla konstitutionen från 1809 ansågs ha spelat ut sin roll. En ny författningsutredning tillsattes, som även hade uppdraget att se över monarkins roll i framtiden. Storskalighet var prioriterat. Staten gynnade stora exportföretag framför småföretag på hemmamarknaden, storbönder framför småbrukare, stad framför landsbygd. Urbaniseringen drevs på av bidrag som lockade arbetslösa att lämna glesbygden, särskilt i Norrland. Den rivningsvåg som startats i Stockholm på femtiotalet accelererade ytterligare. Stockholm hade blivit en jättelik byggplats, en samling gropar med en "skyline" av lyftkranar. De nedslitna Klarakvarteren som på en liten yta rymt omkring 60 hotell och restauranger, 70 tryckerier och 200 små fabriker och verkstäder höll på att ge plats åt ett helt nytt urbant landskap med kontorshus, banker, parkeringshus och breda gator. Stockholm var på väg att bli "en enda kakelklädd jättepissoar", menade Per Anders Fogelström. I den populära schlagern *Lyckliga gatan* hette det att allt var "trampat och skövlat, fördärvat och skändat". Men "grävskoporna" – som de ansvariga Stockholmspolitikerna Hjalmar Mehr och Joakim Garpe kallades – var kompromisslösa. Stockholm var snarare för litet, förklarade Mehr hösten 1966 och pekade på London och Moskva som förebilder. Urbanisering var rationalisering i nationell skala. Omvandlingen gick vidare till landsortsstäderna där gamla stadskärnor förvandlades till modernistiska shoppingområden med gågator och betongklossar till varuhus.

Centralisering, statlig planering och industriell stordrift var naturligtvis inga unika svenska fenomen. Som den amerikansk-tyske filosofen Herbert Marcuse skrev 1964 i *Den endimensionella människan*, något av en bibel för den nya vänstern: "Herraväldet över avancerade och avancerande industrisamhällen kan bibehållas bara om det kan mobilisera, organisera och utnyttja de tekniska, vetenskapliga och mekaniska krafter som är åtkomliga för den moderna industricivilisationen." Men Sverige var bäst i klassen, inte minst därför att Olof Palme och Tage Erlander hade haft en färdig analys av den kommande utvecklingen redan i slutet av femtiotalet. Som de hade sett det 1956 var framtidens stora utmaning att möta "de växande förväntningarnas stigande missnöje". Det "starka samhället" måste gripa in för att ge alla medborgare lika möjligheter att ta del av den materiella tillväxten. Varken Erlander eller Palme var så naiva att de trodde att människor nödvändigtvis blev lyckligare av mer frysboxar och bilar. Tanken var att staten skulle tillhandahålla resurserna för ett individuellt självförverkligande. När människor uppnått en grundläggande trygghet skulle de, enligt den maslowska behovspyramiden, utbilda sig, delta i kultur, bli aktiva samhällsmedborgare.

De senare förhoppningarna skulle leda till besvikelse. Men själva idén att staten kunde göra medborgarna mer självständiga och fria hade starkt stöd i det svenska samhället. Dess historiska rötter gick tillbaka till artonhundratalets liberala nationalism. I sin svenska version hade den hävdat att landets demokrati utvecklats genom en allians mellan fria bönder och en stark centralmakt som tryckt tillbaka adeln. Socialdemokratin övertog denna tankefigur på trettiotalet, men omdefinierade den som ett förbund mellan folket och den socialdemokratiska staten mot de nya herrarna, kapitalisterna. Palmes och Erlanders starka samhälle gick ytterligare ett steg längre och utlovade en allians mellan staten och den enskilda individen. Det var inte traditionell socialism i form av kollektivistiska ideal och ett statsägt näringsliv, utan snarare en form av statsindividualism. En expanderande offentlig sektor finansierades av höga inkomster och konsumtion under det att företagsbeskattningen hölls på en låg nivå. Genom att staten tillhandahöll utbildning, socialförsäkring, pension, sjukvård, studielån och så vidare skulle individen få ett stort mått av autonomi i förhållande till sin omgivning. Ett traditionellt och ojämlikt beroende av släkt, föräldrar, välgörenhet, arbetsgivare, folkrörelser, kyrkor och andra delar av civilsamhället ersattes av ett beroende av en opersonlig, universell och regelstyrd stat.

I många länder framstår denna tillit till staten som naiv. Men

Sverige hade varken upplevt krig, ockupation eller omvälvande revolutioner sedan början av artonhundratalet. I val efter val hade svenska folket röstat fram regeringar som byggt ut välfärden och straffat de partier som antytt bristande entusiasm för en expansiv stat. Inte minst hade Erlander och Palme från ATP-omröstningen och framåt fått ett godkännande för det starka samhället vid valurnorna. Med en ständig tillväxt – som slog rekord 1964 när BNP-ökningen blev sju procent – tycktes deras strategi oslagbar. Om det fanns ett missnöje gick det snarare i andra riktningen, åtminstone enligt oppositionen. Moderniseringen gick inte tillräckligt snabbt: det behövdes fler och större bostäder, bättre kommunikationer, ökade möjligheter till utbildning, fler tevekanaler. Individens frihet står inte i motsättning till kollektivet utan går genom kollektivet, hade Palme sagt 1960 och många svenskar verkade hålla med.

*

Även om sextiotalets generationsuppror var ett näst intill globalt fenomen, en samlad effekt av rekordårens stigande förväntningar, bestämdes dess lokala förlopp av nationella omständigheter. Tjeckiska studenter gjorde uppror mot kommunismen, deras spanska kamrater protesterade mot Franco, i USA var Vietnamkriget och rasfrågan centrala, för den uppväxande generationen i Tyskland fanns frågan om föräldrarnas ansvar för nazismen och i Frankrike sammanföll ungdomsupproret med en intensifierad klasskamp. I Storbritannien och Skandinavien blev konflikten mellan ungdomen och det etablerade samhället mindre våldsam, snarare kulturell än militant politisk. Men trots – eller kanske på grund av – det etablerade samhällets mjukare reaktioner i dessa länder skedde en skarp radikalisering av samhällsklimatet. Det gällde inte minst Sverige, där ungdomens och de intellektuellas missnöje framför allt skulle drabba socialdemokratins stolta samhällsbygge. De skulle kräva såväl större individuell frihet som en varmare gemenskap än vad Palmes och Erlanders starka samhälle kunde erbjuda.

Vintern 1965 började stockholmarna lägga märke till hur klung-

or av tonåringar samlades på centrala platser runtom i staden: på T-Centralen, kring Tetleys tehus i Kungsträdgården och vid Konserthusets trappor vid Hötorget. Med sina underliga kläder, portabla grammofoner och skräniga musik av brittiska popgrupper som The Who, Pretty Things och Downliners Sect, väckte modsen uppmärksamhet. Begreppet mods var lånat från England (en förkortning av *moderns*) där det betecknade en tämligen specifik ungdomsstil. I Sverige blev det ett samlingsnamn på allt från mer stilfulla ungdomar med snedlugg, manchesterjacka, vita jeans och ökenkängor till mer ovårdade tonåringar i arméjacka och gymnastikskor.

De kom framför allt från Stockholms södra och västra förorter, inte minst höghusområdena i Vällingby där familjen Palme bodde: "Det bästa är att vi stiger ur och inte ställer upp på det här vissna pläjset Vällingby, där man bara kan slagga och shoppa", säger en av ungdomarna i romanen *Vällingbyblues* av Thomas Millroth. De fick många glåpord och uppmaningar om att klippa sig och skaffa ett jobb. Exakt hur de så kallade modskravallerna på Hötorget i augusti 1965 startade är svårt att veta – ungdomarna hävdade att en äldre man bussat en hund på dem – men resultatet blev att stora delar av Stockholms innerstad spärrades av två nätter i rad av 300 poliser med hästar och hundar. I sig var inte modskulturen politisk, även om den innehöll ett bestämt avståndstagande från det etablerade vuxensamhället, inte minst den traditionella arbetsmoralen. "Vi är dom första individualisterna... Det är därför de hatar oss. Vi är dom sista socialisterna", filosoferade en av de upproriska tonåringarna under inspelningen av den uppmärksammade dokumentärfilmen *Dom kallar oss mods* som hade premiär 1967.

Bredvid modsen dök ett annat konfunderande generationsfenomen upp. Efter en påstådd beskjutning i Tonkinbukten hade den amerikanska kongressen i augusti 1964 gett Kennedys efterträdare Lyndon B. Johnson mandat att utan formell krigsförklaring gå till offensiv mot Nordvietnam. I USA ägde de första demonstrationerna mot kriget rum i december. I början av februari 1965 samlades en grupp studenter från Stockholms högskola på Hötorget för att protestera mot Vietnamkriget. De flesta var "gamla rutinerade demonstranter med meriter från demonstrationer mot atomvapen, rasförtryck, värnplikt", men under våren skulle allt fler yngre studenter utan tidigare politiska erfarenheter ansluta sig.

Samtidigt publicerade den unge poeten Göran Sonnevi dikten "Om kriget i Vietnam" i *BLM*. Den väckte stor uppmärksamhet. Sonnevi fångade en stark känsla av vanmakt som erinrade om andra världskriget. Dikten handlar inte främst om Vietnam – det var dess kraft – utan om ett Sverige där människor blir åsyna vittne till ett brutalt krig genom tevenyheterna: "...ingen bränner oss med napalm/ för en feodal frihets skull". I början av sommaren ägde den första poliskonfrontationen kring Vietnam rum i Sverige. Två unga medicine studerande och medlemmar i Clarté delade ut flygblad mot "USA:s terror mot folket". Efter en dispyt med polisen blev de två ungdomarna tämligen brutalt omhändertagna, likt modsen störde de förbipasserande enligt polisen. De anklagades för "våldsamt motstånd", och en av dem, en tjugofyraårig kvinna, skulle även ha bitit en polis. Bilden av henne som ett farligt hot mot ett antal bastanta poliskonstaplar var inte särskilt övertygande. "Den bitska vietcong-gorillan själv, medicine studeranden Åsa Hallström", löd texten under en satirteckning i *Aftonbladet* som föreställde en gigantisk demonstrant med huggtänder slängande små polismän omkring sig.

Flera av demonstranterna på Hötorget hade kopplingar till Clarté, som sedan tjugotalet försökt driva en marxistisk, radikal linje utan att ta ställning i striden mellan kommunister och socialdemokrater. I mitten av sextiotalet tycktes det historiska ögonblicket för denna position ha öppnat sig. Något som vagt men löftesrikt kallades en "ny vänster" hade vunnit mark bland studenter och intellektuella. Själva begreppet hade sitt ursprung i ett kritiskt brev till det amerikanska kommunistpartiet från sociologen C. Wright Mills 1960. Men de intellektuella impulserna kom framför allt ifrån *New Left Review*. På ännu närmare håll fanns de norska och danska socialistiska folkpartierna som grundats vid samma tid och erbjöd en lockande plats mellan Moskvatrogen kommunism och sömnig reformism. Missnöjet med stelbent dogmatism ledde till nya och komplicerade teoribildningar som betonade kulturella snarare än ekonomiska faktorer och tilldelade studenter och intellektuella en central plats i den politiska kampen på bekostnad av arbetarklassen. "Den nya vänstern är en strävan till ett socialistiskt humanistiskt samhälle, ett samhälle där människan kan utveckla hela sin personlighet i arbete, samhällsliv, kultur och privatliv, ett samhälle utan främlingskap och auktoritära organisationer", hette det sympatiskt men inte särskilt klargörande i den svenska debattboken *En ny vänster* som kom ut 1966, med socialdemokrater på vänsterkanten som upphovsmän.

Mottagligheten för den nya vänsterns mer sofistikerade läsningar av Marx var begränsad i det pragmatiska Sverige. Radikaliseringen drevs mer av överflödets skuldkänslor. I hela västvärlden ökade tendenserna till dåligt samvete i mitten av sextiotalet. Å ena sidan kunde allt fler människor uppleva om inte *la dolce vita* så åtminstone en behaglig materiell komfort, å andra sidan innebar televisionens genomslag att tredje världens lidande och svält trängde in i det egna vardagsrummet. Om denna skuldkänsla var större i Sverige än i omvärlden är svårt att avgöra, men den fick ett enormt genomslag i skönlitteratur, konst och intellektuell debatt under andra hälften av sextiotalet. Epoken präglas av en överväldigande känsla av äckel och avståndstagande inför förvandlingen av ett solidariskt, hårt arbetande folk till en självgod, konsumistisk överklass i ett globalt perspektiv. Det var i många avseenden lika mycket en väckelse- som en vänsterrörelse. Svenskarnas lutherska intresse för skuldproblematik späddes dessutom på av det faktum att de inte bara var rikare än de flesta andra folk, utan också hade undgått andra världskriget. För ett folk vars rötter fanns i en sträng bondemoral föreföll lyckan och rikedomen obehagligt oförtjänt.

Den som öppnade dammluckorna var Jan Myrdal med den internationellt uppmärksammade *Samtida bekännelser av en europeisk intellektuell*. Det var en hårdhänt uppgörelse med den passiva betraktarrollen, både när det gällde en väns självmord och västvärldens övergrepp i tredje världen. "Min skuld är den medvetenhet som inte bar sitt ansvar", blev Myrdals hårda dom över sig själv. Om än inte lika militanta som Myrdal skulle många svenska författare fördjupa sig i skuldfrågor under andra hälften av sextiotalet. I januari 1965 formulerade författaren och akademiledamoten Lars Gyllensten en ny version av de tio budorden anpassade för välfärdssamhället. Den nya dekalogen talade direkt till svenskarnas känsla av orättfärdigt förvärvat välstånd: "Många har det bättre än vad de förtjänar – hör du till dem så dela med dig. Annars stjäl du". Idéhistorikern Jens Ljunggren menar att det skedde en emotionalisering av politiken under sextiotalet som ledde till att de vänsterintellektuella alltmer framträdde som "predikantlika frälsningsgestalter".

När Göran Palm i *En orättvis betraktelse* året därefter angrep föreställningen att Sverige gick fritt från ansvar för västerlandets rövartåg placerade han, typiskt nog, ett citat från bergspredikan på försättsbladet: "Saliga äro de saktmodiga, ty de skall besitta jorden". Han angrep till intet förpliktande medlidande framför teven: "Först när [gerillasoldaten] hoppar ut ur TV-apparaten, går fram till vårt bord, vräker undan våra tallrikar och glas och med bajonetten hotar att visa oss hur hans lidande känns är vi nödsakade att inse att detta lidande förekommer i vår värld." Man måste välja mellan att vara offer eller bödel, förklarade Sven Delblanc i *Nattresa* som kom 1967, där kapitalismen framställdes som en utlöpare av Markis de Sades sängkammarfilosofi. Den avvikande rösten var Ingmar Bergman, som vägrade ta på sig någon politisk skuldbörda och i stället gestaltade sin ångest inför en våldsam värld i *Skammen* från 1968. Där fanns inga hjältar, ingen rätt eller fel sida, bara krig och fega människor som försökte överleva. Föga förvånande anklagades Bergman för bristande politisk medvetenhet, en första skärmytsling av många mellan filmregissören och den svenska sextioåttagenerationen.

Kritiken drabbade också den nya tidens kompetenta administratörer som skulle föra in medborgarna i en ny, skön, stålblank värld. Centralbyråkraten förvandlades från hjälte till skurk eller åtminstone medbrottsling. Skillnaden mellan den svenska byråkratins planmässiga modernisering av det svenska samhället och den amerikanska krigsmaskinens försök att med överlägsen teknologi omvandla vietnamesiska bönder till demokratiska antikommunister betraktades som en grad- snarare än en artfråga. De unga Vietnamaktivisterna hade blivit den nya måttstocken mot vilka byråkraterna mättes och oftast kom till korta. I boken *Moraliteter* från 1967 beskrev Jan Myrdal hur en ung socialdemokratisk tjänsteman vid Kulturdepartementet tvingas förneka sitt samröre med en antikrigsdemonstration: "Departementschefen var lite orolig. Han sade att han hört att du var med bland dem som slogs med polisen i Humlegården; men jag lugnade honom med att det var ett missförstånd." Att reformera och modernisera Sverige var inte längre ett hedersamt uppdrag utan snarare en flykt undan moraliskt ansvar.

P.C. Jersild, utbildad läkare och en av sextiotalets mest hyllade svenska författare, utvecklades till den främste gisslaren av byråkratisk antihumanism. I *Grisjakten*, som kom ut 1968, skildrade han en nitisk tjänsteman som med stor energi ägnar sig åt att effektivisera utslaktningen av svin. Han anställer personal, utprovar slaktutrustning, startar försöksverksamhet på Gotland och upprättar internationella kontakter. Men gotlänningarna är motspänstiga. De mobila slakterier som dödar grisar med nervgas för tankarna åt ett mer sinistert håll: "Slutrapport från nordliga sektorn i dag, 'till hundra procent kemiskt fri'." Byråchefen är den perfekta organisationsmänniskan som ställer alla de rätta frågorna utom en: varför det är nödvändigt att slakta alla dessa grisar. Jersild följde upp *Grisjakten* med ytterligare en satirisk byråkratroman, *Vi ses i Song My*, om en annan sorts byråkrat. Rolf Nyberg är en politiskt medveten psykolog som tagit anställning vid Försvarsstaben med 70 000 kronor i årslön och grubblar över om han är moraliskt sämre än en radikalpacifist som väljer värnplikten i stället för tio månaders fängelse. Han arbetar vid en enhet som ska införa gräsrotsdemokrati i svenska armén. Men det hela visar sig vara en övning i det som Herbert Marcuse döpte till repressiv tolerans – att tillåta vissa former av motstånd för att skapa legitimitet för systemet som sådant.

*

Olof Palme, som likt Bergman hörde till den föregående generationen, stod egentligen ganska långt från de nya strömningarna. Han var bestämd antikommunist och hade aldrig attraherats av marxismen. Han var sannolikt den enda ministern i regeringen som läst Marcuse, men ansåg att denne var "en typiskt förvirrad tysk filosof." Med sitt starka självförtroende behövde han inget trossystem som vägledning för sina handlingar. Den förortstillvaro i Vällingby som både för mods och unga intellektuella framstod som kvintessensen av svensk tristess var för honom ett tilltalande ideal av modernitet och klasslöshet. Hans nyttotänkande och tro på centralism var de främsta måltavlorna för den nya vänsterns kritik av teknokrati och alienation i det moderna samhället, även om den existentiella sidan av honom inte hade svårt att uppfatta dess civilisationskritik.

Han var också främmande för den kommersiella utlevelsefilosofi som vällde fram inom ungdomskulturen, som skar sig med hans mer elitistiskt präglade modernism och aristokratiska pliktmoral. Ältande av skuld var heller ingenting för honom, inte för att han inte trodde på solidaritet och moraliskt ansvar utan därför att han föredrog handling framför självspäkning. Ändå blev Palme just i kraft av sin utopiska sensibilitet, sitt engagemang för tredje världen och sin radikala vilja att förändra samhället "sextiotalets socialdemokrat", för att låna ett uttryck av kritikern och musikern Leif Nylén.

I mitten av sextiotalet trädde Palme fram som den främste svenska politikern när det gällde att tala till, för och om de nya strömningarna bland ungdomen. På ett mer ytligt plan handlade det om stil. Politik – när Palme utövade den – framstod som en personlig och oförutsägbar verksamhet. I en tid som hävdade egenart och självständighet var det inte negativt att han röstades fram som en av Sveriges "tio sämst klädda män" för sina skrynkliga kostymer och hopplösa slipsknutar. Antimode var också en stil, även om den lika välklädda som stilistiskt vassa journalisten Marianne Höök fann det helt oacceptabelt att han hade bruna skor till mörk kostym. Palme kunde dessutom skryta med att han var regeringens första popminister eftersom han i november 1965 utnämndes till hedersmedlem i en av de 10 000 popgrupper som bildats under året, Göteborgsbandet Palmes. När han fyllde fyrtio år i januari 1967 skrev Höök, som de bruna skorna till trots var en hängiven Palmebeundrare, att han hade en ovanlig förmåga att se "sorglös, lycklig och oansvarig ut vid de mest omotiverade tillfällen".

Den unga familjen Palme i Vällingby var också ett medialt skyltfönster för den nya jämlikheten där både man och kvinna yrkesarbetade och delade på ansvaret för barnen. I reportage efter reportage kring mitten av sextiotalet underströks att Lisbet hade en egen karriär som barnpsykolog och att Olof var en modern man som hjälpte till i hemmet. Stora bildartiklar i *Vecko-Journalen*, *Dagens Nyheter* och *Aftonbladet* framhävde Palmes varma relation till sönerna Mårten och Joakim. På ett plan var bilden av det jämställda äktenskapet en chimär. Palme arbetade hårdare, längre och var hemifrån i större omfattning än de flesta andra fäder. Han var dessutom helt opraktisk i hushållsgöromål. Men det fanns också en inre sanning i de glättiga bilderna. Familjen var, som Palme uttryckte det, hans "hobby" – i meningen något man tycker mycket om men utövar i mån av tid. Som alla män i familjen Palme var Olof barnkär och älskade att läsa högt och spela fotboll med sönerna. Av alla de rykten som spreds om honom blev han mest sårad av anklagelsen att han var en dålig far som inte brydde sig om sina barn. Men bilden av barnfamiljen i Vällingby som försökte få vardagslivet att gå ihop var också ett bra sätt att göra den aristokratiske Palme mer folklig. Till skillnad från socialdemokrater från arbetarklassen kunde han inte lyfta fram sitt enkla ursprung. Däremot framställde han sig – eller lät sig framställas av medierna – som den moderne medelklasshjälten som kombinerade ett krävande arbete med ett kärleksfullt familjeliv.

Att Palme tröstade sina gråtande barn reducerade knappast hans manliga framtoning. Han var ung, radikal, verbal, respektlös och fylld av självförtroende i en tid som framför allt beundrade stil och attityd hos sina hjältar, oavsett om det var Che Guevara eller James Bond. Många journalister charmades av Palmes intensiva personlighet, som avvek från den traditionella mallen för svenska politiker. "Pressen är honom trogen som en silkespudel", skrev *Svenska Dagbladet*. Vilket kanske inte var så konstigt eftersom han behandlade journalister som människor. Han småpratade vänligt och jämlikt med reportrar som stod framför honom i kön i självserveringen och var du och bror med de unga grabbarna på teve. "Folk skulle bara veta så många befattningshavare som måste krusas, hotas och bes ställa upp", konstaterade en politisk journalist, "för att förstå hur vi värdesätter Palme."

De intellektuella, som för varje dag blev allt radikalare, kände igen en av sina egna i hans sätt att resonera och uttrycka sig. "Han är rörlig, sprätter åt sidan, är lättretlig, elegant och alltid redo till aktion", menade *Dagens Nyheters* kulturchef Olof Lagercrantz (vilket väl sannolikt också var hur denne, vars bakgrund likt Palmes också omfattade kavalleriofficerare och Finlandsaktivism, betraktade sig själv). Palme fick mängder av brev och inbjudningar från det som på sextiotalet i jämlikhetens tecken började kallas "kulturarbetare". Han "hade alltid tid för intressanta författare", enligt förläggaren Per I. Gedin. Han syntes vid sidan av filmstjärnan Melina Mercouri i demonstrationståg mot juntan i Grekland. Alla ville ha hans kommentarer i tidens frågor. Han intervjuades av unga och uppåtstigande svenska filmare som Stefan Jarl (*Dom kallar oss mods*) och Vilgot Sjöman (*Jag är nyfiken – gul*). Han började också uppmärksammas alltmer utomlands. År 1967 utnämnde *New York Times* honom till Sveriges motsvarighet till Robert Kennedy. Likt Olof Lagercrantz hyllade även *Aftonbladets* kulturchef Karl Vennberg den unge socialdemokraten i svärmiska ordalag, inte minst i sin recension av den samling av politiska tal som Palme gav ut våren 1968, *Politik är att vilja*, eller "Palmes lilla gula" som den också kallades. Meningsskiljaktigheterna från debatten om tredje ståndpunkten i början av femtiotalet tycktes glömda.

Palme hade samma moderiktiga radikala utstrålning i sextiotalets Stockholm som Sven Palme haft på artonhundraåttiotalet. Men till skillnad från sin farfar höll Olof inte salong eller hade ett stort umgängesliv. Journalisten Ulf Thorén, som var jämnårig med Palme, försökte förgäves bjuda Palme på sin fyrtioårsfest. Ett stående inslag i Thoréns originella teveprogram *Hvar fjortonde dag* var en sekvens som visade Palmes intensiva fotarbete i talarstolen; han stod på tå, vickade på fötterna och skiftade balans hela tiden. Palme uppskattade Thoréns egensinniga hyllning, men höll distansen. Han firade sin egen fyrtioårsdag i radhuset i Vällingby i den närmsta familjekretsen.

En bidragande orsak till kulturvärldens entusiasm för Palme var det tydliga försvar han levererat 1965 för en numera bortglömd finländsk roman, *Midsommardansen* av Hannu Salama. Boken skildrade ett antal festande ungdomar på finska landsbygden, högst stilsäkert och realistiskt med snabba samlag i buskarna och fylleslagsmål. Salama hade åtalats för hädelse i Finland för att en av de druckna ungdomarna gör en utläggning om Jesus sexualvanor, som även innefattade åsninnor. I riksdagen i början av maj krävde kristna folkpartister att Salamas roman skulle dras in även i Sverige. Från kulturradikalt håll gick bland annat Olof Lagercrantz till angrepp mot Folkpartiet. *Aftonbladet* publicerade provokativt den osedliga passagen ur Salamas bok. Palme ansåg att den pågående frigörelseprocessen var "en av sextiotalets viktigaste frågor" och gav sig glatt in i debatten. I *Dagens Nyheter* i slutet av maj 1965 förklarade han varför det var avgörande att som socialdemokrat värna yttrandefriheten:

> Vårt samhälle kommer att bli alltmer kollektivistiskt till en följd av människors krav och förväntningar. Inte minst därför är det viktigt att vi diskuterar möjligheterna att vidga den enskilda människans frihetsmarginal, hennes rätt att inom gemenskapens ram själv få vinna sin stil och forma sin väg.

Tanken att kulturen var en frizon i förhållande till det övriga samhället var återkommande hos Palme, kanske därför att han i så hög grad kände sig besläktad med författare och intellektuella. Redan i det psykologiska prov han gjort när han sökte in till reservofficersutbildningen 1947 tog han tydligt ställning mot alla förslag som syftade till att inskränka yttrandefriheten. Som statsråd under andra hälften av sextiotalet – då frihetens gränser testades friskt av provokativa konstnärer och författare – försvarade han konsekvent den konstnärliga friheten mot krav på censur, åtal och statliga ingripanden.

Palmes ställningstagande för tankefriheten var främst ett utflöde av hans självuppfattning som politiker. Han hade valt politiken som yrke framför journalistiken, forskningen eller litteraturen. Därmed hade han försakat den intellektuella friheten, men vunnit möjligheten att åstadkomma verkliga förändringar i samhället. I sitt enkätsvar i *BLM* 1960 hade han skrivit:

> Den individuella totalprotesten är en klädsam och mänsklig attityd för poeter. Den är omöjlig för politiker, som måste arbeta med samhället som det är och som det med teknikens hjälp utvecklas.

Genom att försvara poesins frihet legitimerade han också sin pragmatiska anpassning till verkligheten som beslutsfattare och makthavare. Han var gränsridaren, den unike politikern som kunde hämta inspiration i litteratur och filosofi utan att förlora förmågan att agera enligt verklighetens hårda lagar. Utopins funktion, brukade Palme säga med den polske filosofen Leszek Kołakowskis ord, "är inte att uppnå utopin, den hägrande möjligheten, utan att sträva mot den". Denna mer upphöjda hållning skulle dock komma att ansättas hårt av ungdomar som hade en mer bokstavlig tro på ett framtida lyckorike – eller, vilket kanske är samma sak, var mer missnöjda med sakernas tillstånd i sextiotalets Sverige.

*

Den 1 juni 1965, bara några dagar efter Palmes debattinlägg om *Midsommardansen*, publicerade *Dagens Nyheter* en artikel om Vietnamkriget av poeten Lars Forssell. Han var jämngammal med Palme, hade likt denne studerat i USA och kunde skriva lyriskt om vänliga amerikanska servitriser som kallade en *honey* och hällde upp ännu en kopp blaskigt kaffe. Men nu undrade han varför det var förbjudet att kalla USA "imperialistiskt" bara för att den ryske utrikesministern Kosygin också gjorde det. Eller rättare sagt, han visste ju varför. "Man är rädd för att gälla för kommunist". Den svenska pressen och regeringen utmärktes av "meekness" när det gällde politiska övergrepp från Amerikas sida. Forssells artikel blev starten på en yvig debatt under juni. Temat om den svenska rädslan och mjäkigheten skulle återkomma. "Vi är rädda för att binda oss, intensivt upptagna av att vara ett moraliskt föredöme, att iaktta ett värdigt uppträdande", menade författaren Folke Isaksson en dryg vecka efter Forssells första inlägg. Det räckte inte längre med att vara neutral när "världen omkring oss förändras med konvulsioner". *Stockholms-Tidningen* gav Isaksson eldunderstöd i en ledare med rubriken "Sverige sviker" och frågade när Sverige skulle bidra med ett öppet ställningstagande i Vietnamkonflikten.

Palme hade redan fått en del propåer i den riktningen, bland annat från de socialdemokratiska journalisterna Dieter Strand och Gunnar Fredriksson. Hans ungdomsvän Hans Wattrang hade också skrivit försiktigt kritiskt om Vietnamkriget i *Expressen*. Tidningsdebatten klingade av efter midsommar, men Palme hade en del att tänka på när familjen som vanligt flyttade ut till hyrstugan på Fårö under sommaren. Under juli skulle han vikariera som utrikesminister för den sommarlediga Torsten Nilsson och i slutet av månaden var han inbjuden att tala på de kristna socialdemokraternas kongress. Den moraliska kompassnålen pekade otvetydigt på honom. Bland sanddyner och barnleksaker började han skissa på ett anförande om Vietnamkriget. Torsten Nilsson hade tagit upp Vietnam i sitt förstamajtal några månader tidigare, men hans allmänna maning till förhandlingar hade knappast orsakat någon debatt. I sak kunde Palme inte gå längre, men han visste att han kunde ge talet en retorisk utformning som skulle förmedla en mycket starkare moralisk upprördhet. Det hade varit karaktärsfrämmande för Palme att inte stiga fram i det här läget, som inte var olik situationen i det vankelmodiga SFS i början av femtiotalet då han tagit ledningen i kampen mot den kommunistiska studentinternationalen.

Broderskaparna, som de kristna socialdemokraterna kallades, hade uttryckligen bjudit in Palme för att hålla ett "ideologiskt" tal, men något särskilt ämne hade inte nämnts. De drog åt värdekonservatism i moralfrågor med utfall mot pornografi och sedeslöshet, men var ofta radikalare än partiet i internationella frågor, inte minst när det gällde bistånd och nedrustning. Kongressen var förlagd till industri- och hamnstaden Gävle sjutton mil norr om Stockholm, en bastion för svensk arbetarrörelse sedan artonhundratalet. Stadens mest kände son var Joel Hägglund, mer känd som Joe Hill, och invånarna stod lika entusiastiskt bakom Socialdemokraterna som man stödde sitt framgångsrika ishockeylag.

Vid kongressens inledning på förmiddagen den 30 juli – efter förrättad morgonbön – hade broderskaparna antagit ett uttalande om Vietnamkriget. På kvällen samma dag var det meningen att det konsultativa statsrådet Palme skulle hålla ett offentligt tal i Boulognerskogen, ett område vars parisiska namn utlovade mer lättsinne och flärd än vad arbetarstaden kunde leva upp till. Hot om regn tvingade dock arrangörerna att flytta in i Folkets hus. Palme öppnade försiktigt med att anspela på det dåliga vädret. Sommaren 1965 fick inte sin prägel av regnet utan av "den allt starkare spänningen ute i världen". Men därmed hade han om än inlindat påmint åhörarna om de truppförstärkningar i Vietnam som president Johnson annonserat två dagar tidigare.

Skarpt men på en abstrakt nivå beskrev han de pågående konflikterna i tredje världen som en fortsättning av franska revolutionens kamp för frihet, jämlikhet och broderskap. "Den demokratiska socialismens grundläggande moraliska värderingar förpliktar oss i varje fall att stå på de förtrycktas sida mot förtryckarna, på de eländiga och fattigas sida mot deras utsugare och herrar." Några mer konkreta förslag hade han inte, utan påtalade enbart nödvändigheten av att förhandla. Explicit nämnde han Vietnam endast i en passage i talet. "Jag vet inte om bönderna i Vietnams byar – för det är ju mest om Vietnam jag talar – har några utopier och drömmar om framtiden." Men det blev den avgörande retoriska touche som gjorde att det blev omöjligt att nonchalera skärpan i resten av talet. Efter föredraget deltog Palme i en supé hos den lokala socialdemokratiske tidningsredaktören tillsammans med några kommunalpolitiker och de ledande broderskaparna. Stämningen var upprymd och man kände att man "hade varit med om något nytt och kursändrande i vår politiska debatt".

I princip var talet också godkänt av utrikesministern. Dagen före framträdandet i Gävle hade Torsten Nilsson kommit in från sin sommarvistelse i Stockholms skärgård för att gå igenom talet med Palme och Erlander vid en lunch på restaurang Cattelin i Gamla stan. Det är oklart om statsministern och utrikesministern var medvetna om att Vietnam skulle nämnas explicit i talet, den avgörande formuleringen är inskriven för hand i manuset. Men Nilsson uppmuntrade självständiga initiativ. Sedan sitt tillträde

1962 hade han gjort en mindre kulturrevolution på Utrikesdepartementet. Östen Undén hade i kraft av sin långa erfarenhet styrt med fasta tyglar och varit ovillig att delegera viktigare frågor. Nilsson var däremot en klassisk socialdemokratisk ministertyp som tagit sig an det ena departementet efter det andra, och var därför van att delegera och lita på sina underordnade tjänstemän.

Reaktionerna på Gävletalet blev starka. Från borgerligt håll anklagades Palme för att göra inrikespolitik av utrikesfrågor och fiska efter röster vänsterut. Hans anförande skulle "ha passat bra som text för naiva plakatsvängare och flygbladsutdelare på den kulturradikala kanten", ansåg *Svenska Dagbladet*. Lite förhoppningsfullt menade flera borgerliga tidningar att det rörde sig om en semesterfadäs som skulle åtgärdas genom att Erlander tog sin kronprins i örat. Bertil Ohlin krävde att Palme skulle uteslutas ur utrikespolitiska nämnden. Senare på hösten beskrev Palme mottagandet av sitt tal i en artikel i *Aftonbladet*: han hade en "melankolisk samling av hundratals pressklipp" fyllda av anklagelser om att gå Pekings ärenden och bedriva kommunistflört. I mitten av augusti kallades andremannen på svenska ambassaden i Washington till USA:s biträdande utrikesminister som beklagade att Sverige till synes övergett sin neutralitet. Några dagar senare fick Torsten Nilsson, nu tillbaka från semestern, besök av en missnöjd amerikansk ambassadör. Den 20 augusti kommenterade USA Palmes tal offentligt: "Vi hoppas... att Sveriges regering [inte] tror att Förenta Staternas engagemang i Vietnam innebär ett militärt förtryck och att Vietcong representerar social rättvisa." För Lyndon Johnson var Palmes tal en minimal irritation i jämförelse med vad han fick höra från de europeiska stormakterna. de Gaulle hade förklarat att USA var det största hotet mot världsfreden, den före detta tyske förbundskanslern Adenauer ansåg att Vietnam var en katastrof och Harold Wilson kritiserade bombningarna av Nordvietnam, om än inofficiellt.

Men sett från den amerikanska ambassaden i Stockholm hade svensk utrikespolitik tagit en oroväckande vändning. Det amerikanska sändebudet i Stockholm, Graham Parsons, var en klassisk amerikansk karriärdiplomat från den amerikanska östkusteliten. Hans utnämning 1961 hade inte väckt någon entusiasm i Sveri-

11. VI SES I SONG MY

ge på grund av hans dubiösa insatser under sin tidigare postering i Laos. Många ansåg att han var ansvarig för den blodsutgjutelse som skett då en USA-vänlig regim grep makten. Parsons å sin sida var skeptisk till alla regimer som kallade sig neutrala. Han skulle komma att lämna Sverige 1967 med en dyster känsla av misslyckande, inte minst på grund av Olof Palme.

Med sitt tal i Gävle hade det unga svenska statsrådet träffat människor i hjärtat långt utanför den traditionella vänstern. För många kändes det som om Sveriges moraliska heder hade återupprättats. "Den svenska regeringens ståndpunkt, som efterlysts i debatten", recenserade Sven Lindqvist i *Dagens Nyheter* den 8 augusti, "formuleras här klart, konsekvent och med en djärvhet som är sällsynt i svensk utrikespolitik." En opinionsundersökning i september 1965 visade också att 42 procent av svenskarna var mot kriget och bara 12 procent för, internationellt sett unika siffror.

Gävletalet utgjorde något av ett paradigmskifte. Inte i den meningen att Palme sade något sensationellt nytt som ingen hört förut – i så fall hade han knappast blivit förstådd. Utan just därför att han på ett stringent sätt sammanfattade en alternativ tolkning av Vietnamkonflikten som börjat vinna mark. Inom UD hade den svenske ambassadören i Peking, Lennart Petri, sedan sommaren 1963 argumenterat för att Nordvietnam inte var någon kinesisk marionett utan snarare präglades av en nationell kommunism av jugoslavisk typ: "Genom att främja nationalismen, genom att förmå regeringarna i Pyongyang och Hanoi att föra en av Kina mera oberoende politik och på tillgodoseendet av egna nationella krav... [kan] ett bidrag lämnas till en fredlig utveckling." Petri, som var känd som en kompetent traditionell diplomat (det påstods att han ville ha stora beskickningsfordon för att få plats med den höga hatten), förordade att Sverige kunde spela en aktiv roll genom att upprätta informella kanaler till Nordvietnam. Från Vietnam, som bevakades av Jean-Christophe Öberg vid svenska ambassaden i Thailand, kom allt dystrare rapporter till Arvfurstens palats om USA:s stigande svårigheter: "allt hopp om att någonsin kunna vinna detta krig måste anses som uteslutet med mindre än att USA väljer ett totalkrig mot Nordvietnam", skrev Öberg i en rapport i april 1964.

Palme hade tagit del av Petris rapporter (även om han avrått från svenska diplomatiska initiativ) och intervjuade Öberg på UD under arbetet med Gävletalet. Med sin bakgrund var han också ovanligt mottaglig för resonemanget att Vietnam framför allt måste förstås som en nationell konflikt och inte som en arena för kamp mot kommunismen. Enligt Öberg hävdade Palme att Gävletalet nästan ordagrant byggde på ett anförande om franska Indokina som han hållit i början av femtiotalet. Han syftade på ett föredrag på Sånga-Säby folkhögskola 1953 som handlade om "nationella självbestämmanderörelser i Afrika och Asien". Men hans resonemang i Gävle har också stor likhet med de tankegångar han fört fram i sin COSEC-rapport om Sydostasien sommaren 1953. Där var hans slutsats att det var meningslöst att mobilisera de asiatiska studentorganisationerna i det kalla kriget; de måste själva utforma sina krav och mål utifrån lokala förhållanden och inte minst i uppgörelsen med det koloniala arvet.

Denna insikt om nationalismens betydelse fick en framträdande plats i Gävletalet. I början av talet ägnar Palme stor omsorg åt att förklara förhållandet mellan nationalism och kraven på social rättvisa. I västvärlden hade de nationella känslorna klingat av, förklarade han, och antingen förvandlats till en naturlig samhörighetskänsla inom ett folk eller – i värsta fall – en trångsynt isolering och oförmåga till inlevelse i andra människors förhållanden. Men i Asien och Afrika var nationalismen fortfarande en sprängkraft av oerhörd styrka:

> Den har under de senare decennierna gått fram som en stormvåg, ofta under kamp och konflikt med gamla makthavare, ofta under hänsynslösa offer i mänskligt lidande, stundom med metoder inför vilka vi står främmande. Men alltid till slut segrande, därför att drivkraften och viljan varit så stark.

I tredje världen var nationalismen den naturliga form som kraven på social rättvisa och motstånd mot förtryck och exploatering tog. Vi måste lära oss leva med den, förklarade Palme, "och kanske också för den". Att "leva för" en del av de befrielserörelser som med tiden grep makten i tredje världen skulle senare öppna nya moraliska avgrunder, men 1965 var det ett gott argument mot USA:s inblandning i Vietnam.

Palme presenterade ett teoretiskt perspektiv som utmanade antikommunismens primat och gjorde det möjligt även för icke-kommunister att kritisera Vietnamkriget utan att falla in i ett mumlande om att USA i alla fall slogs för demokratin. Det var inte banbrytande. Just det vietnamesiska folkets rätt till självbestämmande hade lyfts fram av flera debattörer, inte minst Sara Lidman, som passionerat ställde frågan med vilken rätt USA bombade i Vietnam: "de har helt olagligt invaderat landet". Men Palme tog ett större grepp genom att utforma en generell teori om konflikterna i tredje världen. Dessutom, vilket inte saknade betydelse, var Palme medlem av den svenska regeringen. Om Vietnam var en antikolonial konflikt av samma slag som till exempel Algeriet låg det också i tangentens riktning att Sverige skulle stödja det vietnamesiska kravet på nationellt självbestämmande på samma sätt som man ställt sig bakom Algeriets självständighet (och hävdat sin egen alliansfrihet).

Palme gifte ihop – eller öppnade åtminstone äktenskapsförhandlingar mellan – sin tids mest dramatiska militära konflikt och den doktrin som vuxit fram om svenskt stöd till länder i tredje världen som ville stå utanför stormaktsblocken. Ordet "neutralitet", som sedan andra världskriget lämnat en obehaglig bismak i munnen, skiftade – åtminstone ur svenskt perspektiv – sitt semantiska fält en aning och kunde nu också sammanställas med positiva begrepp som solidaritet, självständighet och mod. Men som vid alla paradigmskiften uppstod nya blinda fläckar. Palmes och många andras pläderingar för stöd till nationella befrielserörelser i tredje världen skulle bli alltmer relativistiska i sin syn på demokrati. På sikt skulle det innebära ökat svenskt stöd till regimer i tredje världen som varken erbjöd medborgarna demokrati eller social utveckling.

*

Att ha hand om vägar, broar, post, järnväg, flygplatser, tevenät och annan infrastruktur blev till allas förvåning Palmes nästa uppgift.

Efter sommarens turbulenta Vietnamdebatt utsågs han en snöig novemberdag 1965 till kommunikationsminister. Många hade trott att Palme skulle bli utbildningsminister och därmed följa Erlanders bana till statsministerposten. Även om det fanns en viss modernistisk glamour över flygplan och bilar, handlade det mer om teknik än ideologi. Många frågor var triviala och detaljerade. Författaren Hans O. Sjöström, som arbetade på departementet under Palmes tid, beskrev i romanen *En sakkunnigs kärleksliv* en pedantisk tjänstemannavärld som ägnade stor kraft åt frågor som: "nedläggning av persontrafik på bandelen Kristiansand–Olseröd (med undantag för vissa militära transporter till Ravlunda)". Men Palme kastade sig över sina nya arbetsuppgifter med sedvanlig entusiasm. Han provkörde nya Volvomodeller och invigde broar, vägar och andra nybyggen i ett rasande tempo. Vid ett tillfälle klippte han snören vid tre olika vägprojekt inom loppet av en dag. Han uppskattades av personalen och betraktades som en bra chef.

Det fanns en del stora frågor. Palme var ansvarig för etermedier och tog under sin mandattid ställning mot införandet av reklam i radio och teve. Att bekämpa tanken på en kommersialisering av den svenska radion och televisionen var "de allmännyttigt bäst använda åren av mitt liv", hävdade han senare. På hans bord låg också en partipolitiskt okontroversiell men logistiskt komplicerad fråga, övergången till högertrafik som skulle genomföras hösten 1967. Han hade inte något operativt ansvar, men som minister var han den som skulle ha hamnat i skottgluggen om någon katastrof inträffat. Trafikomläggningen, som syftade till att anpassa Sverige till omvärlden, hade genomdrivits ovanifrån utan folklig entusiasm. Genomförandet skulle bli ett riskabelt examensprov för den nya centralbyråkratin.

Ironiskt nog hade Socialdemokraterna ursprungligen varit skeptiska till införandet av högertrafik, som mest drivits av Högerpartiet och näringslivet för att underlätta transporter och kommunikationer. Hur stort problemet var är svårt att säga, särskilt som alla svensktillverkade bilar, till skillnad från de brittiska, hade förarplatsen på vänster sida. Svenska folket, som underställts frågan i en folkomröstning, tyckte uppenbarligen inte det var allvarligt:

83 procent röstade 1955 för att fortsätta att köra på vänster sida. Palme hade som många socialdemokrater röstat blankt eftersom han var mot att frågan lades ut på folkomröstning. Men högertrafikivrarna gav sig inte. År 1963 hade frågan baxats fram till riksdagen som nonchalerade folkomröstningsresultatet och röstade för högertrafik i en fri omröstning.

Omläggningen blev en storskalig operation. Vägmärken, körbanemarkeringar och stoppsignaler fick ändras, refuger och påfarter byggas om, spårvagnstrafiken lades ner i flera städer och 2 000 bussar konstruerades om. Inte minst informerades och instruerades allmänheten i omfattande upplysningskampanjer medan Rock-Boris plågade svenska folket med den glada schlagern "Håll dig till höger, Svensson". På Dagen H övervakades svenskarna av 10 000 poliser och militärer samt omkring 100 000 volontärer. Den totala kostnaden blev omkring 600 miljoner (drygt 5 miljarder kronor i dag) och täcktes genom en särskild fordonsskatt. Allt gick bra, klockan tio i fem på morgonen söndagen den 3 september stannade biltrafiken i Sverige och bytte efter nedräkning till höger körfält. Någon massdöd på vägarna blev det inte, i stället minskade antalet olyckor. Men in i det sista hade motståndare till omläggningen spått ett blodbad, bland annat den kända socialdemokraten Nancy Eriksson. Hon hade redan ett horn i sidan till överklassaren Palme och skulle knappast ha varit nådig om något gått snett.

Som minister med egen portfölj kunde Palme också börja bygga upp en egen krets av medarbetare. På Kommunikationsdepartementet hittade han den tjugosjuårige tjänstemannen Anders Ferm. Till det yttre framstod denne som långt mer aristokratisk än sin nye chef: en finlemmad man med skarpskurna drag och tjockt vågigt hår som rökte franska cigaretter och såg välklädd ut även i konfektionskostymer. Men skenet bedrog. Ferm hade startat livet med fem syskon i en enrumslägenhet utan vatten eller avlopp. En kombination av stipendier, arbete och studier förde Ferm till den privata Handelshögskolan i Stockholm som utbildade den svenska näringslivseliten. Denna lite motsägelsefulla bakgrund i kombination med goda språkkunskaper, en god stilistisk förmåga och ett lugnt sätt gjorde honom till ett starkt stöd för

Palme. Ferm skulle senare bli chef på det socialdemokratiska förlaget Tiden och svensk FN-ambassadör i New York.

Men i mitten av sextiotalet kuskade han runt Sverige tillsammans med Palme i tåg eller en bil körd av någon lokal socialdemokratisk ombudsman på väg till olika möten. Dieter Strand, journalist på *Aftonbladet*, var ofta med på dessa resor och fascinerades av Palmes och Ferms taktikdiskussioner. Ferm var den främste av "Palmes pojkar", tjänstemän som var direkta medhjälpare i det dagliga arbetet på samma sätt som Palme biträtt statsministern. Men ingen av dessa kom att spela samma roll för Palme som denne hade gjort för Erlander. Palme ville inte vara beroende av en liten krets av isolerade rådgivare. Snarare litade han till det breda kontaktnät som han byggt upp sedan femtiotalet.

En yttre krets bestod av unga akademiker som han lärt känna antingen under sin SFS-tid eller i arbetet med den studiesociala utredningen i början av sextiotalet. I den senare satt statsvetaren Olof Ruin som sekreterare och Lennart Bodström, senare TCO-chef och utrikesminister, som studentrepresentant. Umgänget var knappast intimt, men de före detta studentpolitikerna utgjorde en kunskapsreserv som Palme kunde utnyttja i trängda lägen. Nästa cirkel, på många sätt mest central, var det socialdemokratiska partiet. Palmes borgerliga kritiker vill gärna föreställa sig att hans överklassbakgrund alienerade honom från den socialdemokratiska basen. Men många funktionärer och lokalt aktiva arbetare föll pladask för den unge mannen från överklassen som visade sådan lojalitet och entusiasm för arbetarpartiet. Han var intresserad, nyfiken och hade gott minne för namn och ansikten. Många av hans medarbetare vittnar om att han på ett överraskande sätt kommit ihåg namn på barn eller viktiga familjetilldragelser. "Han mindes de lokala Folkets husen, i vilken sal som porträtten av Per Albin och Branting hängde", enligt en nära medarbetare. Ofta använde sig Palme av socialdemokratiska lokalpolitiker för att testa nya idéer eller stämma av effekten av ett viktigt politiskt tal. Tidningar och teve var viktiga för Palmes karriär, men han skulle inte ha blivit partiledare om han inte kuskat omkring i Sverige under valrörelserna 1966 och 1968 och charmat såväl socialdemokratiska väljare som partifunktionärer. Vid ett tillfälle när han satt en sen

Lekfullt radarpar. När Olof Palme besökte SSU-klubben i Borås 1956 träffade han Ingvar Carlsson första gången. Trots skillnaderna i social bakgrund hade de en liknande förmåga att se politiken både ur ett intellektuellt och taktiskt perspektiv. Carlsson blev Palmes särskilde problemlösare i svåra situationer, bland annat i partiförhandlingarna inför kärnkraftsomröstningen 1980.

Palme kunde "skratta och småle när han sökte efter hårdare uttryck och kraftfullare meningar", enligt en nära medarbetare. Med sitt inträde i Riksdagen 1958 förde han in en ny retorisk stil i svensk politik, fylld av dolda litterära hänvisningar och existentiellt patos. Men hans bruk av "känslor" och "stämningar" väckte också irritation hos motståndarna.

Vintern 1959 flyttade Olof, Lisbet och deras nyfödde son Joakim till ett radhus i den modernistiska stadsdelen Vällingby, här ovan sedd från luften. Den ursprungliga tanken var att skapa ett integrerat lokalsamhälle med bostäder, arbetsplatser och köpcentrum. Men kvinnorna blev kvar medan männen pendlade till city. Olof tog sin Neckar, en tysk Fiatmodell, till kanslihuset i Gamla stan.

Radikala aristokrater. Såväl Olof Palme som bröderna Kennedy kom från starka familjer i elitskiktet och ville modernisera och demokratisera det egna samhället. Mest liknade Palme den yngre brodern Robert, men i likhet med John F. Kennedy lät han sig ofta fotograferas med sin unga familj. Här den amerikanske presidenten med dottern Caroline och sonen John jr i Vita huset 1962 ...

... och här den nyblivne svenske statsministern med Joakim, Lisbet, Mattias och Mårten 1969 framför radhuset i Vällingby. Till skillnad från Jacqueline Kennedy höll dock Lisbet Palme en låg profil. "Olof ser värdet av samspel med pressen och jag ser värdet av avstånd", förklarade hon.

Militära problem. Bara några månader efter en glad diplomatmiddag på Karlbergs slott 1963 avslöjades Stig Wennerström som sovjetisk spion. Som Erlanders hjälpreda fick Palme hantera kritiken för att regeringen nonchalerat tidigare varningssignaler. Några år senare blev Palme ansatt för att han skulle ha brutit en militär avspärrning på Gotland. Han försökte reda ut händelseförloppet inför pressen med hjälp av pojkarnas leksaksbilar på stranden vid sommarstugan på Fårö.

Vilgot Sjömans *Jag är nyfiken – gul* blev en internationell sensation 1967 på grund av nakenscenerna med Lena Nyman. Men filmen innehöll också en intervju med Olof Palme. Sjöman ville att filmen skulle ha "en ung socialdemokratisk färg, en anknytning till de yngre sossarnas värderingar i en viss opposition till den äldre sossegenerationen".

Sextiotalet förändrade den politiska kulturen i Sverige. Indignationen över USA:s krigföring i Vietnam kom till uttryck i demonstrationer och massmöten, ofta med tal av kulturpersonligheter som författaren Sara Lidman, här i Kungsträdgården 1966. De käcka halmhattar som Folkpartiet importerat från USA framstod nu som allt annat än "ungdomliga" när Bertil Ohlin, Per Ahlmark och Per-Olof Hansson var ute i valrörelsen samma år.

När Palme kritiserade kommunismen på Stockholms kårhus i maj 1968 blev han utbuad. Men en så gott som enig opinion, inte minst inom arbetarrörelsen, fördömde studenternas ockupation av sitt eget kårhus. Borgerliga *Vecko-Journalen* försvarade dock studenternas kritik av det pragmatiska och förnuftsreglerade välfärdssamhället.

"Nordens Napoleon" proklamerade danska *Politiken* och tyska *Der Spiegel* menade att svenskarna skulle vara tokiga om de inte valde honom till statsminister. På den socialdemokratiska partikongressen i september 1969 övertog Palme partiledarskapet efter Tage Erlander. Stämningen var elektrisk och förväntningarna skyhöga på den 42-årige partiledaren som några veckor senare blev Europas yngste regeringschef.

Morgonmöte för Palme och hans närmaste medarbetare i statsrådsberedningen 1970: Roland Svensson, Berit Rollén, Jan O. Karlsson, Anders Ferm och Carl Lidbom. Den överlägsna tonen inom den inre kretsen väckte irritation bland socialdemokratiska riksdagsmän, men relationerna förbättrades när Thage G. Peterson blev statssekreterare. Här tillsammans med den grupp kvinnliga experter han tog hjälp av som särskilt ansvarig för jämställdhetsfrågor.

I juni 1970, samtidigt med studentprotesterna mot USA:s invasion av Kambodja, utnämndes Palme till hedersdoktor vid Kenyon College. Resan gav honom goda möjligheter att föra ut sin kritik av Vietnamkriget i amerikanska medier. Lisbet, som vid den här tiden arbetade som barnpsykologisk konsult i Tensta-Rinkeby, deltog i ceremonin men gjorde också studiebesök på amerikanska daghem.

"Pressen är honom trogen som en silkespudel." När Palme intervjuades av den brittiska stjärnjournalisten David Frost i svensk teve våren 1969 bekräftades hans ställning som Erlanders efterträdare. Men hans första valrörelse som statsminister blev tuff. Två dagar efter valdagen 1970 pustar han ut i det tillfälliga Riksdagshuset vid Sergels torg efter att ha lett Socialdemokraterna till ytterligare en seger.

Palme hade större framgångar i tredje världen än i närområdet. Finlands president Urho Kekkonen, här på fisketur i Lappland med Palme, drog sig ur det nordiska samarbetsprojektet Nordek i början av sjuttiotalet. Däremot blev den svenske statsministern hyllad under sin resa till Zambia och Tanzania hösten 1971. I Lusaka fick han en lejonunge på stadens zoo uppkallad efter sig.

Säpo bär ut beslagtaget material från Jan Guillous lägenhet på Valhallavägen i Stockholm i september 1973. I kistan finns bland annat gammalt glas och linne som hans hustru ärvt av sin farfar. Beslutet att anhålla Guillou och de andra IB-avslöjarna togs av chefsåklagaren i Stockholm. Men i samband med gripandena riktade också Palme hård kritik mot journalisterna på tidskriften *Folket i Bild/Kulturfront*.

natt på en järnvägsstation utan något att läsa hade han tagit fram sin fickkalender och fördrivit tiden med att räkna ut att han besökt 249 av Sveriges 278 kommuner.

En ytterligare grupp, och hans egentliga politiska bas, bestod av det socialdemokratiska ungdomsförbundet. Det skulle lojalt stödja honom genom åren och därifrån skulle han hämta en rad centrala medarbetare, framför allt Ingvar Carlsson, som kom från ett arbetarhem i textilstaden Borås. De träffades första gången när Palme i egenskap av studieombudsman besökte SSU-klubben i Borås våren 1956. Omedelbart tycke hade uppstått mellan Palme, som då var nästan trettio, och den gänglige 22-åringen. Carlsson läste då på sin magisterexamen vid universitet i Lund. Han skulle komma att skugga Palme genom karriären: assistent till Erlander, studier i USA, utbildningsminister och slutligen statsminister. Trots skillnaderna i bakgrund kom Carlsson närmare Palme än de flesta, kanske därför att han hade en liknande förmåga att se politik både ur en intellektuell och ur en taktisk synvinkel.

Ännu en cirkel bestod av unga, begåvade tjänstemän som Palme hittat i Kanslihuset. En av dem var Valfrid Paulsson, som kommit till Finansdepartementet i mitten av femtiotalet. Han stammade från Lycksele i Norrland där hans far varit förman vid järnvägsbyggen. Paulsson, som drack kopiösa mängder kaffe, var en arbetsnarkoman med till synes obegränsad kapacitet. Han skulle senare bli riksbekant som kontroversiell chef för det nystartade Naturvårdsverket. Olof och Lisbet umgicks med familjen Paulsson hemma i radhuset på Tornedalsgatan. I denna krets ingick även den tidigare nämnde ekonomen Assar Lindbeck, som hunnit bli professor i nationalekonomi vid Stockholms universitet. Hans och Palmes värderingar gick dock alltmer isär, och i mitten av sjuttiotalet blev de osams om den ekonomiska politiken, framför allt om det socialdemokratiska förslaget att införa löntagarfonder. Paulsson försökte förgäves medla, men 1975 tog umgänget mellan Lindbeck och Palme slut.

Likt Palmes bodde familjen Lindbeck i Vällingby, en samlingsplats för unga, ambitiösa socialdemokrater där Palme också gjorde andra fynd. Vid en lokal majbrasa 1959 hade han träffat Carl Lidbom som då var tjänsteman i Justitiedepartementet. Denne utilistiske jurist med väsande röst, säckiga jeanskostymer och ett utmärkt franskt uttal skulle bli hans ledande rådgivare i rättsfrågor, inte minst när det gällde sjuttiotalets kontroversiella terroristlagstiftning. Lidboms uppväxt i en stor våning på Vanadisvägen i Vasastaden hade varit ungefär så överklassigt brutal som många felaktigt föreställde sig Palmes barndom. Fadern Gunnar Lidbom var ett begåvat men psykiskt sjukt kammarrättsråd som misshandlade sina barn med rotting, terroriserade sin fru och odlade en allmänt föraktfull syn på omvärlden. Med tanke på denna dystra barndom utvecklades sonen till en hyfsat empatisk människa, även om han till det yttre tog efter faderns arroganta manér. Palme hade dock inga problem med Lidboms bufflighet. De blev goda vänner, delade bil från Vällingby, skvallrade om Kanslihuset och pratade om barnen. Lidbom, som påverkats av femtiotalets kulturradikalism och var gymnasiekamrat med filmregissören Vilgot Sjöman, anslöt sig till det socialdemokratiska partiet 1961. Men han var kemiskt befriad från all salvelsefull folkrörelsemoralism, vilket fick många att uppfatta honom som en teknokratisk karriärist.

Det gällde även Harry Schein, som Palme lärt känna när han deltog i en radiodebatt i början av femtiotalet. Schein hade som fjortonåring brådstörtat flytt från nazismen i Österrike 1938. Han påstod alltid att det enda han hade fått med sig var ett par ridstövlar i antilopskinn. Efter att ha utbildat sig till kemiingenjör grundade han Merkantila ingenjörsbyrån, ett framgångsrikt företag som tack vare ett eget patent gjorde Schein ekonomiskt oberoende. Friheten utnyttjade han till att profilera sig som socialdemokratisk kulturdebattör med film som specialitet. I mitten av sextiotalet blev han chef för Svenska Filminstitutet och skulle senare i kraft av sin bakgrund som företagare leda den statliga investeringsbanken. Hans centraleuropeiska bakgrund och svaghet för hårdkokta cynismer skar sig ibland med den socialdemokratiska folkrörelsemoralen.

Schein hade gift sig med Bergmanskådespelerskan Ingrid Thulin 1956 och skaffat ett föga politiskt korrekt hus med swimmingpool och ett "skamlöst" perspektivfönster mot Edsviken i den burgna Stockholmsförorten Danderyd. I intervjuer förnekade han att han var socialist. Han var ingen -ist av något slag, enbart pragmatiker. Men på sitt subversiva sätt var Schein mycket lojal med arbetarrörelsen och framför allt sina vänner Ingvar Carlsson, Krister Wickman och Olof Palme. Han beskrev ibland sig själv med en blandning av bitterhet och ironi som hovnarr. Palme uppskattade honom, kanske därför att de delade ett gemensamt utanförperspektiv på det svenska samhället. Deras mest frekventa umgängesform var sedan början av sextiotalet att spela tennis. Schein ansåg att Palme var en dålig förlorare men en god vinnare. När han förlorade blev han arg på sig själv och spelade i ursinne, men när Palme vann var han "lycklig och ädel" och förklarade storsint att det inte berodde på hans eget fina spel utan på att Schein inte var i form.

Men även inom den snävare kretsen spelade Palme med korten tätt intill kroppen. Hovmännen konkurrerade inbördes om vem som stod närmast fursten, men sanningen tycks ha varit att ingen egentligen gjorde det. Det är svårt att undvika klichén att ensamhet utgör maktens eviga följeslagare. Palme kunde visserligen överraska ibland genom att avslöja sina närmast encyklopediska kunskaper om historiska idrottsresultat ("Vad hette deltagarna i det svenska medleylaget vid OS i Berlin 1936?") eller sin förmåga att sjunga gamla svenska schlager. Men han var sällan personlig eller berättade något viktigt om sig själv eller sin familj. "Han är på det ytliga planet lättillgänglig, men på grundläggande emotionella plan både blyg och sluten", konstaterade Schein, ett uttalande som så gott som alla vänner från Carl Lidbom till Ingvar Carlsson instämt i. Han omgav sig med begåvade, hårt arbetande och ganska tuffa människor som på många sätt hjälpte honom att nå makten. Men till skillnad från Erlander, som hållit fast vid gamla studiekamrater från Lund, hade Palme inga icke-politiska vänner. Familjen var den enda verkligt privata sfären i Palmes liv, det enda ställe där han kunde vila från politiken. Detta andningshål var i mycket Lisbets förtjänst. Hon beskyddade sin man från såväl krävande medarbetare som efterhängsna vänner. Hon värnade om semestrarna, inte minst sommarvistelserna på det svårtillgängliga Fårö som gav Olof tid med sönerna.

Lisbet hade också en stark känsla för vilka lekkamrater som

kunde vara skadliga för hennes man. Schein kände att hon betraktade honom som moraliskt undermålig, om än med ett visst moderligt överseende. Men hon varken kunde eller ville helt hindra att det uppstod en social scen runt Palme. Flera vintrar i mitten av sextiotalet blev det kutym att familjen Palme tillbringade påskveckan på ett ålderdomligt högfjällshotell i Dovre i Norge. De reste i sällskap med Sven Aspling, Palmes viktigaste mentor inom arbetarrörelsen, och dennes fru. I Dovre umgicks de med norska socialdemokrater, som inte alltid kunde hålla tand för tunga med vad de ansåg om Sveriges agerande under andra världskriget. Med Lisbet som instruktör lärde sig Palme också att åka utför, och även om han inte blev någon stjärna kunde han ta sig ner för backarna. Senare flyttades skidsemestrarna till Idre, där även andra yngre socialdemokratiska politiker och tjänstemän anslöt, bland annat Palmes blivande finansminister Kjell-Olof Feldt och dennes hustru.

*

Att Palme fick ett eget departement att sköta innebar också att han åtminstone formellt upphörde att vara Erlanders skugga. Men Palme räknades nu in som den åttonde, inofficielle medlemmen i socialdemokratins innersta cirkel på sju personer: Tage Erlander, finansminister Gunnar Sträng, utrikesminister Torsten Nilsson, Sven Andersson, nu försvarsminister, Sven Aspling som var socialminister sedan 1962, hans efterträdare som partisekreterare Sten Andersson samt LO:s ordförande Arne Geijer. Erlander skulle också komma att behöva Palmes stöd under det kommande året. Att säga att 1966 blev ett *annus horribilis* för svensk socialdemokrati är en överdrift, men det bjöd på en rad obehagliga överraskningar som skulle skaka om partiets traditionellt goda självförtroende.

Redan under 1965 hade det kommit oroväckande signaler från Norge, där arbetarrörelsen förlorade makten för första gången på nästan trettio år. I mars 1966 gick även de danska socialdemokraterna kraftigt bakåt i kommunalvalet. Enda ljusglimten kom från Finland, där socialdemokraterna gått framåt starkt i vårens riksdagsval och bildade en koalitionsregering med det agrara partiet. Men det politiska landskapet i Finland var annorlunda än i resten av Norden. De nya socialistiska folkpartierna i både Norge och Danmark var på frammarsch, vilket var en signal om att det kunde finnas ett utrymme i skandinavisk politik för ett icke-kommunistiskt parti till vänster som socialdemokratin. I det perspektivet var den nye svenske kommunistledaren Hermansson ett orosmoment. Skulle han bryta med Moskva och skapa en svensk motsvarighet till de norska och danska allmänvänsterpartierna?

Det stora hotet var dock som alltid den borgerliga oppositionen. I efterhand kan det framstå som om det var självklart att svensk socialdemokrati skulle vinna val efter val mellan 1932 och 1976. Men i själva verket byggde framgången på en lång serie sköra segrar. Bara i undantagsfall under sin långa maktperiod mellan 1932 och 1976 lyckades partiet vinna över hälften av väljarna, det normala var ett utfall på mellan 46 och 48 procent av rösterna. Att socialdemokratin ändå vann val efter val berodde dels på den borgerliga splittringen, dels på partiets förmåga att läsa av svängningar i väljaropinionen. Den kanske främste representanten för denna fingertoppskänsla var Tage Erlander, som till skillnad från många övermodiga socialdemokrater var djupt medveten om partiets sårbarhet.

Men hösten 1966 tycktes han ha tappat sin magiska förmåga. Den 18 september gick svenskarna till valurnorna för att rösta om vem som skulle styra kommuner och landsting. Eftersom dessa val också påverkade sammansättningen av riksdagens första kammare hade de även en nationell karaktär. De borgerliga var mer samspelta än på länge, inte minst sedan Gunnar Heckscher 1965 avgått som Högerledare och ersatts av Yngve Holmberg, en fyrtioårig jurist med en osannolik Kennedyfrisyr. Erlander gjorde däremot en ovanligt dålig insats. Hans största fadäs skedde under en teveutfrågning inför valet då han fick frågan: "Herr Erlander, ett ungt par vill gifta sig men har ingenstans att bo och ber Er om råd. Vad svarar Ni?" Statsministern svarade tveksamt att de väl fick ställa sig i bostadskön. Utfrågarna insåg att Erlander var nere för räkning och bet sig fast. "Är detta Ert råd, herr Statsminister?" Svaret blev total tystnad.

Valutgången blev en katastrof. De borgerliga partierna fick 49,4 procent, Socialdemokraterna 42,3 procent, det sämsta resultatet sedan 1928, och kommunisterna gick framåt till 6,4 procent. Om det hade varit ett ordinarie val till andra kammaren hade det blivit omedelbart maktskifte. Men eftersom kommunalvalen enbart påverkade en tredjedel av ledamöterna i första kammaren var det mycket svårt att bedöma det parlamentariska läget direkt efter valet. Man kunde tolka resultatet som ett underkännande av regeringens politik, vilket i sin tur borde leda till nyval. Till en början tycktes Erlander också gå på denna linje. När han framträdde i teve på valnatten – Palme fanns med i kulisserna – erkände han att det skett "ett jordskred" och öppnade för nyval till andra kammaren. Men när han några dagar senare diskuterade frågan med Palme och de övriga i den inre kretsen hade en viss besinning infunnit sig. Det visade sig dels att mandatförskjutningen i första kammaren trots valnederlaget stärkt Socialdemokraterna, dels att entusiasmen för nyval bland medborgarna inte var särskilt stor. Bättre då att sitta kvar vid makten för att kunna göra en återhämtning vid 1968 års riksdagsval. De borgerliga partierna var måttfulla i sin indignation över att Erlander inte avgick. De avvaktade i stället förväntansfullt 1968.

Passiviteten hade sin grund i borgerlighetens förlorade självförtroende efter ATP-förlusten 1958. Högern, Centern och Folkpartiet präglades av en fatal blandning av oförmåga att ta strid i ett givet ögonblick och en märklig ödestro på att utvecklingen till slut skulle leda svenska folket till att rösta bort Socialdemokraterna. Palme kunde inte motstå frestelsen att häckla oppositionen sommaren 1967 i tre stort uppslagna artiklar i *Aftonbladet*. Han erkände att socialdemokratin hade drabbats av modlöshet och genomgått en självprövning efter det misslyckade valet. Men sedan konstaterade han på sitt mest retsamma sätt att oppositionens drabbats av en övermodets passivitet. Man vågade inte ta strid i någon fråga därför att man var rädd för att göra ett felsteg inför 1968: "Jag har en känsla av att om regeringen skulle föreslå att ta ner månen, så skulle mittpartierna, efter vissa anfäktelser, ansluta sig, åtminstone för ett år, på prov." Palme agerade pikador, han ville reta upp den borgerliga tjuren.

11. VI SES I SONG MY

Det hade sitt pris. Som ledande socialdemokratisk retsticka blev Palme lovligt villebråd i medierna. Sommaren och hösten 1967 publicerades en rad artiklar som hävdade att han uppträtt arrogant eller gjort sig skyldig till maktmissbruk i olika former. Eftersom han var kommunikationsminister var de påstådda förseelserna mest trafikrelaterade. En del var obegripligt triviala. Bland annat skulle han ha beordrat en sovvagnskonduktör att koppla på en extra vagn för hans skull och *nästan* fått böter för felparkering. Den allvarligaste anklagelsen var att han i augusti 1967 skulle ha tagit kommando över en militärkolonn på Gotland för att hinna i tid till en färja.

Bakgrunden var att Palme hade ätit middag på Visby stadshotell tillsammans med Tage och Aina Erlander. På vägen hem till Fårö hade sällskapet blivit stoppade för att ge plats åt en rad militärfordon. Sista färjan till Fårö skulle snart gå och Palme råkade i dispyt med de värnpliktiga soldaterna som bemannade avspärrningen. Till slut, när han ansåg att de sista militärfordonen passerat, hade han självsvåldigt kört förbi utan att ha fått tillstånd. Två dagar senare var det en riksnyhet att Palme trotsat en militär avspärrning. Enligt de värnpliktiga soldaterna skulle han ha uppträtt arrogant och förklarat att "Jag är kommunikationsminister Palme och jag ska fram här." Palme förnekade detta. Han hade visserligen sagt olämpliga saker om korkade militärer, men att han varit "vanligt civilt arg mot en byråkratisk överhet".

Att Palme skulle ha sagt några väl valda ord om militärt tänkande är mer sannolikt än att han skulle ha vräkt ur sig något så pompöst som att "Jag tar befälet". Men det senare passade naturligtvis bättre med bilden av Palme som den nya tidens arroganta socialdemokratiske herreman. Palme kände sig allvarligt kränkt och lade ner stor energi på att få ut sin version. Han bjöd in de värnpliktiga och en reporter från *Aftonbladet* till stugan på Fårö. Med hjälp av leksaksbilar som placerades ut i sanden försökte de enas om vad som hänt vid vägen mot färjeläget. Palme insisterade på att han inte gjort något fel. Dagen därpå pryddes tidningarnas förstasidor av bilder på hur landets kommunikationsminister arrangerade sönernas leksaksbilar.

Även om det var gulligt var det också distanslöst. Dels var tanken att Palme kunde skälla på militärer som vilken vanlig medborgare som helst naiv. Dels hade den populäre Palme råd att hålla god min i elakt spel. *Dagens Nyheters* politiske reporter, Sven Svensson, som ofta skrev positivt om Palme, gav honom i ett privat brev några vänskapliga råd efter att Palme skrivit ett argt brev till tidningens chefredaktör Olof Lagercrantz. *Dagens Nyheter* hade "alltför slentrianmässigt hängt med i en uppblossande anti-Palme-kampanj", erkände Svensson, "men den s.k. ledningen har knappast känslan av att Du är särskilt onormalt misshandlad". Journalisten bad kommunikationsministern att "i vårt gemensamma intresse" hålla en mer principiell linje i sin kritik av *DN*. Men Palme, som genom åren utsatts för många giftiga angrepp där han inte haft möjlighet att slå tillbaka, kände sannolikt ett starkt behov av att försvara sig i ett fall där det fanns konkreta påståenden om hans agerande som i hans ögon var uppenbart felaktiga. Det var orealistiskt, men inte obegripligt.

*

Men att angripa Palme var inte vägen till makten för de borgerliga partierna. Deras grundläggande problem var att det icke-socialdemokratiska Sverige var splittrat. Den kapitalistiska eliten hade uppnått en makalös maktställning under den socialdemokratiska epoken. Fyra procent av landets företag sysselsatte 40 procent av alla anställda. De så kallade "femton familjerna" med dynastin Wallenberg i spetsen hade gynnats av socialdemokratins centraliseringspolitik. Även om 90–95 procent av det ledande skiktet inom svenskt näringsliv gärna skulle ha sett att Sverige fick en borgerlig regering – man lämnade betydande ekonomiska bidrag till Folkpartiet och Högern – var engagemanget halvljummet. Det innebar inte att Wallenberg och andra storföretagare föredrog en socialdemokratisk regering, som det ibland antytts. Socialdemokraterna var i grund och botten något slags socialister och den präktige Sträng kunde ju ersättas av en mer socialistiskt sinnad kraft. Men maktskiftet kunde för tillfället flyttas ner på dagordningen.

11. VI SES I SONG MY

Även inom medelklassen var synen på arbetarrörelsen ambivalent. Under Erlanders tid var socialdemokratin lyhörd för Centerpartiets och storböndernas krav, vilket bidrog till att partiledaren Hedlund ogärna fronderade mot socialdemokratin tillsammans med Högern och Folkpartiet. Däremot fanns ett missnöje bland mindre företagare som hade svårt att hävda sig mot en politik som gynnade starka fackföreningar och stora företag. Storfinansen fick åka till Harpsund, konstaterade en besviken entreprenör, men "småföretagarna, som representerade den största gruppen av fria företagare, blev aldrig bjudna". Den professionella medelklassen, som var beroende av sina löneinkomster och mer statusmässigt känsliga, hade också ett kluvet förhållande till "det starka samhället". Under det gångna decenniet hade både akademikernas löner och samhällsinflytande ökat. Expansionen av den offentliga sektorn, inte minst utbildningssystemet, skapade en hög efterfrågan på akademisk arbetskraft som drev upp lönerna.

Men i takt med de stigande förväntningarna började också allt fler märka att det fanns en prislapp: det ökade skattetrycket och den progressivitet som främst drabbade de högre inkomstkategorierna. Dessutom innebar utbildningsexplosionen att akademikernas position i samhället höll på att devalveras. Det man vann i kollektiv styrka förlorade man i individuell självkänsla. Femtiotalets folkhem med sin fokusering på trygghet för arbetarna hade inte utmanat det gamla bildningsborgerskapet. Men socialdemokratins inriktning på att skapa lika möjligheter för alla höll på att förändra spelplanen på ett oförutsägbart sätt. I slutskedet av valrörelsen 1966 varslade akademikerfacket SACO om att omkring 1 000 lärare vid gymnasier och universitet skulle tas ut i punktstrejk. Konflikten trappades upp under oktober och fick stor medial uppmärksamhet, inte minst därför att elevråden skötte närvarokontroll och organiserade självstudier. Gymnasieklasserna skulle klara strejken, menade en adjunkt vid Norra Latin i Stockholm som intervjuades i *Vecko-Journalen*, "där finns ju ett elitmaterial". Ett pikant inslag var att Aina Erlander, statsministerns fru, också strejkade, om än "motvilligt".

Lärarstrejken var på en gång en bekräftelse på framgång för och en utmaning mot socialdemokratin. Å ena sidan var det ett tecken på att akademikerna anammat den socialdemokratiska världsbilden och förvandlats till vanliga löntagare som måste organisera sig kollektivt, och till och med strejka, för att bevaka sina intressen. För arbetarrörelsen var det djupt tillfredsställande att se docenter och adjunkter komma ner från pulpeterna och yla om strejkbryteri och andra fackliga solidaritetsfrågor. Å andra sidan visade strejken att akademikerfacket SACO, som nu leddes av Palmes gamle SFS-kollega Bertil Östergren, var mindre benäget att känna samhällsansvar än arbetar- och tjänstemannafacken. Avtalsförhandlingarna 1966 hade varit tuffa över hela linjen, men det var bara akademikerna som gick ut i strejk. Skolstrejken var en första indikation på ett växande missnöje med den socialdemokratiska jämlikhetspolitiken, ett eliternas uppror om man så vill. Under de kommande åren skulle en rad olika grupper, från studenter med goda framtidsutsikter till relativt sett välavlönade gruvarbetare, höja upprorsfanan mot vad man uppfattade som en centraliserad utjämningspolitik och byråkratisk människosyn. Få brydde sig om det då, men det faktum att en vänsterorganisation som Clarté ställde sig bakom lärarstrejken var ett tecken på att de oheliga alliansernas tid var i antågande.

*

Sedan november 1965 hade tio Stockholmpoliser bevakat amerikanska ambassaden på Djurgården i skift. Det hjälpte inte. En lördagsmorgon i slutet av januari 1967 – dagen innan Palme fyllde fyrtio – krossade en tjugosexårig student på väg hem från en fest en stor mängd av ambassadens fönsterrutor. Vid den påföljande rättegången, där han dömdes till åtta månaders fängelse, förklarade han att motivet var hans hat mot Amerika. Det var en passande inledning på ett år som skulle innebära en ytterligare radikalisering bland studenter och ungdomar med fler våldsamma konfrontationer på gatorna och ett alltmer revolutionärt språkbruk, främst kring Vietnamkriget.

Den tätposition som Palme gett Socialdemokraterna i Vietnamfrågan 1965 hade blivit förbisprungen. Initiativet och entusiasmen tillhörde de unga aktivister som började organisera lokala FNLgrupper under 1966. När dessa samlades i Stockholm i början av januari 1967 förklarade Sköld Peter Matthis, som varit en av de första demonstranterna på Hötorget 1965, att "en rörelse för en verklig solidaritet med Vietnams folk måste med nödvändighet själv bli revolutionär". De förenade FNL-grupperna (DFFG) krävde att USA ovillkorligen skulle lämna Vietnam och att Sverige skulle göra ett diplomatiskt erkännande av FNL och Nordvietnam.

Clartéister i universitetsstäderna utgjorde ryggraden, men frågan grep tag i ungdomar runtom i landet på ett helt nytt sätt. En femtonårig dotter till en posttjänsteman i Stockholms söderförorter blev så upprörd av vad hon sett på teve att hon skrev en dikt om kriget i augusti 1965: "Han tillhörde Vietcong och kämpade i skogen/ men i stan satt amerikanarna på krogen / och köpte hans kvinna för några dollar..." Några månader senare demonstrerade hon vid USA:s ambassad och följande år gick hon med i den nybildade FNL-gruppen i Farsta.

På skolor och mindre orter bildades lokala grupper och studiecirklar, först trevande och sedan alltmer militant och självsäkert. "Karin (min syrra) och jag hade i april gjort ett litet häfte om Vietnam och stencilerat ut det. Jag delade ut det i skolan och Martin hjälpte till", hette det i ett brev till DFFG från ett mindre norrländskt samhälle. FNL-aktivisterna var från början skeptiska till den socialdemokratiska regeringen. FNL-rörelsen i Stockholm betraktade Palmes Gävletal som en fint från regeringens sida som skulle dölja dess grundläggande USA-vänlighet och roll som redskap för det svenska monopolkapitalet. Kritiken av socialdemokratin skulle växa till stormstyrka: "Så prostituerad är Sveriges regering att den själv tiger och vill tvinga sitt eget folk att tiga för att rädda det svensk-amerikanska handelsutbytet", hävdades i ett flygblad som delades ut utanför US Trade Center på Vasagatan den första lördagen i varje månad under våren 1967.

I vilken grad den socialdemokratiska regeringen tappat initiativet blev uppenbart i samband med Russelltribunalen om Vietnamkriget som hölls i Folkets hus i Stockholm kring månadsskiftet april–maj 1967. Tribunalen, som tillkommit i början av sextiotalet på initiativ av den brittiske filosofen och pacifisten Bertrand Russell, skulle lägga fram resultaten av sina undersökningar av amerikanska krigsförbrytelser i Vietnam. Från början var sessionen planerad att hållas i Paris, men de Gaulle hade stoppat den. I sista ögonblicket omdirigerades tribunalen till Stockholm. Erlander, som befann sig på Adenauers begravning i Tyskland när beskedet kom, fick omedelbart besök av ett amerikanskt sändebud som ville att Sverige skulle avstyra tribunalen. Erlander förklarade att det var oförenligt med yttrandefrihetens principer och svensk lag. Men han sade också offentligt att han ogillade tribunalen, bland annat i amerikansk teve, vilket på en del håll i Sverige tolkades som att han bad om ursäkt.

Det väckte protester långt in i socialdemokratin. Tribunalens medlemmar – bland andra Jean-Paul Sartre, Simone de Beauvoir, den svarte amerikanske aktivisten Stokely Carmichael, pacifisten Dave Dellinger – anlände till ett mediebelägrat Stockholm. Referat i svenska tidningar av amerikanska reportrar som ironiserade över svenskarnas nyfunna moraliska ryggrad stärkte tribunalens svenska kritiker och irriterade dess anhängare. Den halvfascistiska gruppen Demokratisk Allians demonstrerade utanför Folkets hus och gick vid ett tillfälle till angrepp med batong mot en Vietnamaktivist. Amerikanska ambassaden anordnade, föga intelligent, en motkonferens på Grand Hotel där pikant nog även en svensk officer anställd på Försvarsstaben var inblandad. På själva tribunalen framträdde vietnameser som skadats av splitterbomber, napalm och fosfor.

Erlander borde bara ha konstaterat att det rådde yttrandefrihet i Sverige och i övrigt tvått sina händer. I stället vädjade han till tribunalen att inte komma till Sverige genom brev och telegram till den nittiofemårige Lord Russell, vilket gav den ett slags legitimitet. Hur Palme skulle ha agerat är svårt att veta, men han skulle sannolikt ha haft mer is i magen. Däremot fick han lojalt kratsa kastanjerna ur elden. I sitt förstamajtal, då tribunalen var i full gång, kritiserade han dess karaktär av skenprocess – USA var dömt på förhand – och i en artikel i *Aftonbladet* försvarade han senare Erlanders agerande. Men han berömde också den klokare delen av tribunalen – som även innefattade Sartre – och gjorde en poäng av att Sverige stått upp för yttrandefriheten.

Samma sak upprepade han i slutet av maj, när han deltog i det amerikanska intervjuprogrammet *Meet the Press* där politiker grillades av inbjudna framstående journalister. Palme var tillsammans med den amerikanske senatorn William Fulbright en av sex deltagare på en konferens i Genève som länkats upp med en studio i USA för att diskutera det internationella läget. De svenska tidningarna rapporterade att kommunikationsministern på god engelska hade försvarat de svenska positionerna inramad av annonser för Chesterfieldcigaretter, United Airlines och filmer med Humphrey Bogart och Audrey Hepburn. Kontrasten med Erlander fumliga ursäktande en månad tidigare var stark. Situationen pekade på att den svenska regeringen inte fick hamna på mellanhand, det gällde att ha initiativet i Vietnamfrågan.

*

Året 1967 präglades inte bara av demonstrationer och politiska debatter. Under våren framträdde en ny ungdomsgrupp i Stockholm, så kallade provies, efter latinets *pro vie*, för livet. Avsiktligt naiva spelade de upp gatuteater och anordnade happenings. Våren övergick i den ovanligt varma sommar som skulle komma att kallas *The Summer of Love*. Även om fenomenet har överdrivits av rosiga nostalgiker genomsyrades ungdomskulturen detta år av en triumfartad känsla: man tillhörde en långhårig international av nonkonformister som hittat sin egen alternativa livsstil utanför det etablerade samhället. Svenska mods började förvandlas till hippies, vilket kanske inte innebar någon större förändring av livsstil, men väl en filosofisk uppgradering och färggrannare kläder.

Men Stockholm var ingen gynnsam stad för alternativkultur. I jämförelse med Köpenhamn var det ont om förslummade, billiga lägenheter i stadskärnan. Socialdemokratin höll på att bygga bort förutsättningarna för en stark alternativ ungdomskultur. Men man gjorde så gott man kunde och flyttade in i tillfälliga rivningslägenheter. Den blivande bästsäljarförfattaren och nationalromantiske rocksångaren Ulf Lundell och hans kamrater rökte hasch, läste Kerouac och lyssnade på Cream i ett sommarvarmt Stockholm, förevigat i sången "Sextisju, sextisju": "Och vi tände turk / och slog ihjäl våra nerver med Bolero / och hon läste för mig ur sin bok/Dharma-gänget/och jag viska mot hennes bröst/Du är helig och skön/och vi låg med varann i köket..."

Ännu trängdes de mest disparata fenomen inom ett allmänt ungdomsuppror: sexuell frihet och Vietnamaktivism, droger och marxism, icke-våldsfilosofi och revolutionsromantik, avantgardistisk konst och kommersiell popmusik, socialism och radikalindividualism. Epokens oskuldsfulla pluralism fick en svanesång i Vilgot Sjömans filmer *Jag är nyfiken – gul/blå* som spelades in 1966–1967. Detta var ett av de mest ovanliga och originella filmprojekten genom tiderna i Sverige, skapat i en glipa mellan Bergmans psykologiska kammarspel och den kommande socialrealismens dokumentära stil.

Sjöman, uppvuxen i ett arbetarhem på Södermalm i Stockholm, koncipierade filmprojektet 1965. Han hade ett par bärande, men osorterade idéer. Lena Nyman, den unga, vackra och begåvade skådespelare som haft huvudrollen i hans förra produktion, en filmatisering av Lars Görlings roman *491*, skulle vara regissörens alter ego och på ett naivt och nyfiket sätt ge sig ut i och ifrågasätta den svenska verkligheten. Utgångspunkten skulle vara de budord som författaren och läkaren Lars Gyllensten publicerat i *Expressen* i januari 1965. I övrigt var tanken att filmen skulle improviseras fram i samarbete mellan regissör, filmteam och skådespelare. I praktiken kom Sjömans egna idéer om filmkonst, sexualitet och politik att dominera, men det öppna arbetssättet gav Nyfikenfilmerna en oförutsägbar karaktär som gör det omöjligt för åskådaren att tryggt luta sig tillbaka. Dokumentär blandas med fiktion, än dyker regissören och filmteamet upp mitt i handlingen, rollkaraktärerna har samma namn som skådespelarna.

Motorn i filmen är "Lena" (Lena Nyman) som bor med sin far i en ruffig Stockholmslägenhet. Fadern hade en gång gått ut i spanska inbördeskriget men återvänt till Sverige efter bara tre veckor. På sitt rum har Lena ett "institut" för samhällsundersökning, fyllt av arkivkartonger som innehåller olika uppgifter om det svenska samhället och dess medborgare. Till en början är Lena närmast en allegorisk gestalt, ett förkroppsligande av begreppet nyfikenhet. Hon liknar mest Pippi Långstrump (vid ett tillfälle har hon en peruk med flätor) och går runt i Stockholm och frågar människor varför klassamhället är nödvändigt, varför vissa tjänar så mycket mer än andra eller varför man åker på semester till Francodiktaturens Spanien. Men Lena tror också på fri kärlek. Hon träffar "Börje" (Börje Ahlstedt), en konventionell men stilig ung man som säljer bilar, och har sex med honom på intressanta ställen, bland annat utanför Kungliga slottet. Men när hon upptäcker att Börje har andra kvinnor (samt även ett barn) börjar Lenas övertygelse krackelera. Hon som beundrar Martin Luther King och förespråkar icke-våld försöker skjuta sin älskare med ett hagelgevär och drömmer om att kastrera honom. Den politiska filmen har förvandlats till ett surrealistiskt och freudianskt drama, fyllt av Buñuelliknande symbolik och oidipala referenser. Hur alla metanivåer i filmen hänger ihop krävs förmodligen en hel filmvetenskaplig institution för att reda ut, men Sjöman sätter fart på såväl sinne som intellekt hos åskådaren.

Att Olof Palme också var med i filmen väckte viss uppståndelse och drog på honom anklagelser från moralkonservativt håll för att medverka i ett pornografiskt verk. Tidskriften *Kyrka och folk* uppmanade sina läsare att "be Gud bevara dem från Palme". Det skadade honom knappast, utan bidrog snarare till att stärka hans ställning som den mest radikale och avantgardistiske av socialdemokrater. Men denna efemära debatt har i efterhand skymt den centrala roll han spelar i *Jag är nyfiken – gul*. Intervjun med honom i trädgården i radhuset med barnen och Lisbet omkring sig är visserligen bara på ett par minuter. Men Sjöman hade haft en tredje utgångspunkt när han började planera filmen 1965: projektet skulle ha "en ung socialdemokratisk färg, en anknytning till de yngre sossarnas värderingar i en viss opposition till den äldre sossegenerationens". Palmes särställning markeras på en rad olika sätt i filmen. Han intervjuas av Sjöman själv och inte Lena (som tycker han är tråkig), tonen är respektfull och kamratlig, ett samtal mellan vuxna som kontrast mot Lenas tonårstrots. Palme får möjlighet att föra fram ett budskap som ligger i linje med Sjömans: ja, vi lever i ett klassamhälle, socialdemokratin har inte nått ända fram, men med en verklig viljeanspänning kan vi uppnå jämlikheten. Vid sidan av Palme finns det bara en person som framställs lika idealiserat i filmen: Martin Luther King. Men King är framför allt Lenas idol, vars ideal hon inte lyckas leva upp till, medan Palme är Sjömans tydliga förebild.

Sexscenerna påverkade starkt det internationella mottagandet av *Jag är nyfiken – gul*. Filmen totalförbjöds i Norge och Finland och i USA blev den något av en *cause celèbre*. Trots häftiga reaktioner från enstaka moralkonservativa var inte pornografifrågan lika central i den svenska debatten. I det alltmer radikaliserade samhällsklimatet anklagades Sjöman snarare för att vara alltför politiskt naiv. Han var en självupptagen puritan som kämpade med sina egna hämningar och ägnade sig åt privat exhibitionism snarare än något angeläget politiskt ärende. "Knullkommunismens" tid var förbi. Filmen var inte politiskt medveten, Lena var alldeles för naiv, hon representerade inte dagens samhällsengagerade ungdom. Det var fyrkantiga omdömen som inte tog hänsyn till Sjömans självironiska förhållningssätt. Men överlag var ändå de etablerade kritikerna välvilligt inställda. Regissören fick klappar på huvudet för ett gott initiativ. I mer radikala om än marginella vänsterpublikationer som *Clarté* var tongångarna fränare: "Kamrater, det är viktigt att avslöja Vilgots socialdemokratiska smörja var den än dyker upp i landet... Krossa USA-imperialismen och dess bihang: Olof och Vilgot!"

*

Den 4 september 1967, dagen efter övergången till högertrafik, läckte Erlander att Palme skulle efterträda Ragnar Edenman som utbildningsminister (eller ecklesiastikminister som det hette fram till den 1 januari 1968). Det var något överraskande. Även om Palme var en av socialdemokratins ledande utbildningspolitiker, ansåg de flesta bedömare att hans färska utnämning till kommunikationsminister för ögonblicket hade ställt honom offside. Statsministern myste belåtet över att han lyckats lura journalisterna.

Utbildningspolitik var ett av naven i socialdemokratins jämlikhetspolitik och rörde vid frågor om klass, bildning, människovärde och tankefrihet på ett helt annat sätt än järnvägar och motorleder. De grupper som skulle administreras var välutbildade och välartikulerade: lärare, studenter, forskare. De hade också börjat

11. VI SES I SONG MY

protestera mot en socialdemokratisk utbildningspolitik som i deras ögon syftade till att förvandla universitet och högskolor till leverantörer av arbetskraft i stället för att värna om kritiskt tänkande och humanistisk bildning. Vid femtiotalets början hade Utbildningsdepartementet klarat sig med en handfull anställda, men 1967 hade antalet ökat till ett sjuttiotal tjänstemän. Departementet var på väg att flytta in i nya lokaler tvärsöver Mynttorget i Gamla stan som tidigare rymt ett försäkringsbolag. Palme fick nu ett generöst men ödsligt tjänsterum med stort skrivbord, tre telefonlinjer och utsikt över Slottet, Riksdagshuset och det gamla Kanslihuset, från vars trånga lokaler departement efter departement flyttades ut under dessa år.

Palme hade nu fått den post i regeringen som han eftertraktat mest. Det var en central uppgift, inte minst med tanke på den våldsamma explosionen av antalet högskolestudenter. Men också resten av utbildningssystemet var i stöpsleven. Det var mycket att hantera på en gång, särskilt som Palme skulle fortsätta att vara nära rådgivare till Erlander. Lösningen blev att ge Palme ett konsultativt statsråd, en föga karismatisk ämbetsman vid namn Sven Moberg. Han hade varit med i partiet "sedan spanska inbördeskriget" och arbetat på Ecklesiastikdepartementet sedan 1958. Senare skulle han kallas "Hej Sven" av sina underlydande därför att han brukade presentera sig med "Hej, jag heter Sven". Moberg fick direkt ansvar för den högre utbildningen, men det var ingen tvekan om vem som bestämde. Utnämningen till utbildningsminister innebar att Olof Palme nu hade blivit den ledande svenske politikern på de två områden där socialdemokratin var utsatt för en allt intensivare kritik från vänster: Vietnamkriget och utbildningspolitiken.

1968 var valår och socialdemokratin tycktes klämd mellan en segerviss borgerlig opposition som såg fram mot en repris från 1966 vid valurnorna och en ungdomlig vänsterrörelse som anklagade arbetarrörelsen för att ha svikit sina ideal. Socialdemokratin var tvungen att gå en delikat balansgång. Å ena sidan måste man övertyga radikala eller radikaliserade väljare om att partiet lyssnade på de nya signalerna från ungdomen, å andra sidan gällde det att inte skrämma bort mittenväljare. Om Palme lyckades skapa trovärdighet för en socialdemokratisk politik när det gällde både

Vietnamkriget och utbildningspolitiken skulle hans politiska ställning bli utomordentligt stark, både inom och utanför partiet. Om han misslyckades kunde han mycket väl bli syndabock för att socialdemokratin förlorade sitt första val på 36 år. Fullt så klart framstod naturligtvis inte läget hösten 1967. Men det var ett slags tur i oturen när Palme plötsligt blev sjuk i slutet av november, mitt i det mödosamma budgetarbetet på Utbildningsdepartementet. En efterhängsen förkylning hade slagit över i hög feber, halsont och njurproblem. Han hade inte haft en sjukdag sedan han började hos Erlander 1953. Läkarna misstänkte att hans gamla malaria hade flammat upp. Han lades in på epidemisjukhuset Roslagstull där antibiotika sattes in med gott resultat. Den tre veckor långa sjukhussejouren innebar att Palme fick ett avbrott från det dagliga flödet. Vännen Harry Schein gav goda råd i valet av sjuklitteratur och under sin konvalescens skaffade sig Palme en god överblick över årets mest omdiskuterade svenska böcker.

De författare han läste var förutom Jan Myrdal mer vänstersocialdemokrater än marxistiska revolutionärer. Men de gav genomgående en bild av en värld där saker och ting höll på att ställas på sin spets. Sveriges riksdag liknade ett horhus ritat av Toulouse-Lautrec, förklarade Sven Delblanc med den lidelse som bara kan uppstå i ett lågkyrkligt samhälle i *Nattresa*: "Frasradikalismens röda lykta vid porten. Nakna horor i riksdagsbänkarna, persikoskära och lila av puder, väldiga köttberg och livlösa ödleögon..." I *Kärlek i Vita huset* deklarerade Björn Håkanson att han var neutral, "dvs. min rädsla sköter andra, varje gång en fredsaktion fälls ut från CIA" – vilket kanske gav Palme en obehaglig påminnelse om att den amerikanska spionorganisationens stöd till studentrörelsen på femtiotalet tidigare samma år avslöjats i den amerikanska tidskriften *Ramparts*. Sven Lindqvist brottades med våldsfrågan i *Myten om Wu Tao-tzu*: "Är social frigörelse möjlig utan våld? Nej. Är den möjlig med våld? Nej." Möjligtvis kunde sjuklingen få en viss tröst av att den egensinnige Stig Claesson i romanen *Döden heter Konrad* berättade att han tänkte hålla inne med sin kritik av socialdemokratin till efter valet 1968. Det gällde att avstå från att "genom otaktiska demonstrationer bädda för en borgerlig valseger". Dessutom fick Palme sjukbesök av Stokely Carmichael som var i Sverige för att tala om sin bok *Black Power*. Visserligen hade Palme en sund skepsis mot författare som agerade politiker, men han respekterade dem i högsta grad som avläsare av tidsandan. Och med unison röst tycktes de förutsäga att 1968 skulle bli ett dramatiskt år.

Den 20 december – två dagar innan han skrevs ut från sjukhuset – inträffade också den hårdaste konfrontationen mellan polis och Vietnamdemonstranter dittills i Sverige. Efter ett välbesökt möte i Folkets hus intill Norra Bantorget var det planerat att deltagarna skulle tåga till amerikanska ambassaden och framföra sina protester. Men de hade inte fått demonstrationstillstånd. När de ändå försökte genomföra aktionen grep polisen in med stor kraft. Resultatet blev ett utdraget ställningskrig mellan tusentalet demonstranter och 300 poliser i decembermörkret längs Kungsgatan och Strandvägen. Ett fyrtiotal av Vietnamaktivisterna greps innan de kom fram till ambassaden, däribland Jan Myrdal. Demonstranterna anklagade poliserna för grovt övervåld med batonger och sablar, vilket knappast ter sig osannolikt. Den svenska poliskåren bemannades i hög grad av före detta militärer utan större kunskaper om hur man kontrollerade folkmassor. Inom något år skulle man ha utvecklat bättre tekniker, men julen 1967 var känslan av att konflikten kring Vietnamkriget gått in i en ny fas stark. Poeten Petter Bergman sammanfattade de nya stämningarna i *BLM*:

> För om Sverige är vad jag trodde det var:
> En lite fumlig välvilja, ett försök
> En essay i det goda samhället:
> Vad hade hästarna, piskorna och batongerna där att göra då
> Aldrig mer tilltron
> Aldrig mer den självklara hemkänslan

12. Prime Minister of Sweden

> *Var radikal, radikal, radikal... Var inte alltför radikal.*
> WALT WHITMAN

> *Palme är skräckslagen.*
> TAGE ERLANDER

"HAR VI RÅD ATT HA KVAR VÅRA vänner i socialgrupp 3?" hette en sketch i filmen *Lådan* som gick upp på svenska biografer i april 1968. Upphovsmännen var Hasse Alfredson och Tage Danielsson, sextiotalets mest populära svenska underhållare. De hade startat sina karriärer som studentspexare på femtiotalet och slagit igenom i det lätt absurda radioprogrammet *Mosebacke Monarki*. Från början hade varken den underfundige östgöten Danielsson och den fryntlige skåningen Alfredson varit särskilt politiska. Men under sextiotalet hade en allt vassare vänsterkritik smugit sig in i deras krogshower. I *Lådan* spelar Danielsson en socialdemokrat som försöker vända kappan efter den förväntade borgerliga valsegern i 1968 års riksdagsval. Jag har alltid varit religiös, meddelar han en klentrogen partikamrat, jag var ju på ett dop för flera år sedan. Det var också nödvändigt att rensa upp i porrtidningsträsket: "här, ta mina – jag har börjat hemma". Avslutningsvis försöker han avhända sig ett porträtt av Olof Palme som han haft i sängkammaren men numera ersatt med en bild av den unge kronprinsen Carl Gustaf i studentmössa.

Att riksdagsvalet den 15 september 1968 skulle innebära slutet för det långa socialdemokratiska maktinnehavet var inte en orimlig föreställning. Trots – eller kanske på grund av – vänsteruppsvinget tog många medborgare över hela västvärlden ställning mot radikal samhällsförändring när de väl kom till valurnorna. Revolutionsåret 1968 började med att Danmark fick en borgerlig regering. I april chockades omvärlden av att nynazister tog tio procent av rösterna i delstaten Baden-Württemberg i Västtyskland samtidigt som SPD, de tyska socialdemokraterna, tappade kraftigt. En månad senare gjorde den sittande Labourregeringen totalfiasko i de brittiska lokalvalen. I juni, halvannan månad efter strejkerna och upploppen i maj, segrade gaullisterna stort över det franska kommunistpartiet och en bred vänsterallians. De finska kommunalvalen i oktober togs hem av det traditionalistiska Landsbygdspartiet, medan kommunister förlorade stort och socialdemokratin drabbades av en mindre tillbakagång. Och som avslutning vann republikanen Richard Nixon det amerikanska presidentvalet i början av november.

I denna högervåg gjorde de svenska Socialdemokraterna sitt bästa val sedan 1940. Man erövrade en absolut majoritet av rösterna med 50,9 procent – en uppgång på 8 procent från 1966. Folkpartiet och Kommunisterna blev de stora förlorarna, Högern gick något bakåt och det enda borgerliga parti som ökade var Centern – som av hävd stod socialdemokratin närmast. Alla var överraskade, inklusive en överlycklig Tage Erlander, som nu kunde avsluta sin karriär i triumf. Socialdemokraterna hade visserligen knappat in starkt i de sista väljarundersökningarna. Men några dagar före valet spådde opinionsinstitutet Sifo, under ledning av Hans Zetterberg, att det inte skulle räcka och att Sverige stod inför ett maktskifte. De borgerliga ledarsidorna fördelade lyckligt ministerposter.

Redan någon timme efter det att vallokalerna stängts på söndagskvällen stod det klart att Socialdemokraterna vunnit stort. Folkpartiets nye ledare Sven Wedén gömde sig för journalisterna under valnatten. Kommunisten Hermansson klagade bittert över att väljarna trodde att Sverige stod på tur att ockuperas av Röda armén. Den socialdemokratiska valvakan i ABF-huset blev däremot en rusig segerfest. I den stora, modernistiskt inredda lokalen fylld med nejlikor, röda rosor och krysantemum trängdes partiets ledning med såväl unga SSU:are som kända artister som Tage Danielsson samt sångerskorna Monica Zetterlund och Monica Nielsen.

Erlander stod i centrum, omsvärmad av tidningsfotografer och hängivna supportrar men också av ett filmteam som arbetade med en dokumentär om statsministern. Palme vandrade omkring med en cigarett och ett stort grin i ansiktet, medan finansministern Gunnar Sträng till allas förvåning såg allmänt sur ut. Gästerna drack öl, åt pyttipanna och fällde försmädliga kommentarer om de andra partiernas valvakor när de passerade de utställda teveapparaterna. Socialdemokraterna hade inte bara segrat över de borgerliga utan även så gott som utplånat kommunisterna. De senares valvaka ägde också rum i ABF-huset vilket gav några SSU:are den ljusa idén att gå några trappor ner och "framföra sina gratulationer" till förlusten av fem av åtta kommunistiska mandat. En yngling skadades i det efterföljande handgemänget.

Mer än någon annan var segern Palmes förtjänst. Han hade gjort en enorm arbetsinsats sedan partiets genomklappning 1966. Han hade pekat ut riktningen för de socialdemokratiska valarbetarna och uppmärksammat blottorna hos de borgerliga partierna. "Avsikten att göra Palme till politisk samordnare, ett slags vice statsminister, framstår allt klarare", konstaterade Ulla Lindström några månader efter valet 1966. Palme skrev debattartiklar, talade runtom i landet och var ständigt medialt synlig. Högern klagade på överexponeringen av Palme, vilket ledde *Aftonbladet* till att i mars 1968 göra en undersökning av hur ofta han var i teve. Det visade sig att han under den gångna månaden varit med i fem nyhetsinslag, en idrottsdebatt, en kyrkodebatt, ett trafikprogram samt ett utbildningsprogram där han diskuterat teater med Ingmar Bergman. Med tanke på att Sverige ännu bara hade en tevekanal (den andra kanalen, TV2, startades i december 1969) var det ett imponerande facit. Men när den LO-ägda tidningen frågade läsarna om det var för mycket Palme i rutan blev svaret ett rungande nej. "Jag vill gärna se Palme i färgteve – med en röd slips", förklarade en entusiast.

Som *Dagens Nyheters* politiske analytiker Sven Svensson formulerade det dagen före riksdagsvalet: Palme hade "uträttat ett jättearbete för att elda de mest trogna partiarbetarna till stordåd". Det var tack vare honom som nederlagsstämningen från 1966 hade vänts. Palme var nu den främste kandidaten till posten som ordförande inom det socialdemokratiska partiet – och därmed också på väg att bli statsminister. Något mer tendentiöst ansåg Sifos Hans Zetterberg att det var Palme som var orsaken till att hans spådomar slagit fel, eftersom denne hade attraherat en oväntad mängd kommunistiska röster. Det var en halv sanning. Palme hade säkert lockat radikala väljare. Men under det gångna året hade han också dragit en tydlig gräns mot kommunismen, både under studentoroligheterna i maj och genom ett briljant tal där han fördömt den sovjetiska ockupationen av Tjeckoslovakien. Och om det fanns en ryggmärgsreflex hos svenska socialdemokrater var det att sluta upp bakom en ledare som djärvt tagit strid både åt vänster och höger. "Hans ställning inom partiet har aldrig varit så stark som nu", menade Svensson.

*

Nio månader tidigare, i början av februari 1968, när Socialdemokraternas verkställande utskott hade samlats i statsministerns sammanträdesrum i Kanslihuset, hade stämningen varit helt annorlunda. Vietnam, förklarade Hjalmar Mehr, var veritabelt sprängstoff. Man höll på att förlora ungdomen, framför allt studenterna, som bröt med sitt borgerliga ursprung men seglade förbi socialdemokratin och hamnade i den radikala vänstern. Den fyrtiofemårige partisekreteraren Sten Andersson, en charmig gamäng och slipad taktiker som vuxit upp i arbetarkvarteren på Södermalm i Stockholm, ansåg att partiet tog för mycket hänsyn till de äldre. Man riskerade att förlora en hel ungdomsgeneration. Ulla Lindström påpekade att många kvinnor var mot kriget, även om de inte gick i demonstrationståg. Den som höll emot var, något förvånande, Palmes vän och mentor Sven Aspling, som ansåg att man gjorde för stor sak av en liten grupp högljudda ungdomar. Men Torsten Nilsson hade de flesta med sig när han förklarade att Socialdemokraterna "måste finna utvägar i den här valrörelsen där vi kan fånga in 'ungdomens revolt' och kanalisera den genom vår egen rörelse".

Problemet var att Vietnamkriget inte var en naturlig fråga för svensk socialdemokrati. Sedan 1917 hade SAP tryckt ner kommunism och annan vänsteropposition genom framgångsrika inrikespolitiska reformer. Men som Erlander framhöll: "Vi kan inte ens med de väldigaste segrar för socialdemokratin här i landet lösa Vietnamproblemet". Varken den maoistiska studentkommunismen eller det traditionella kommunistpartiet – som våren 1967 bytt namn till Vänsterpartiet kommunisterna (VPK) – utgjorde något hot mot det starka förtroende socialdemokratin hade inom den svenska arbetarklassen. Men i Vietnamfrågan hade den radikala vänstern ett moraliskt övertag bland ungdomsväljarna – som var rekordmånga 1968 eftersom rösträttsåldern sänkts från 21 till 20 år.

Dittills hade socialdemokratin hanterat Vietnamkriget med en dubbel strategi: å ena sidan en lagom doserad kritik av USA, å andra sidan en aktiv diplomati för att mäkla fred. Balansgången hade inte varit helt lätt att upprätthålla. Den amerikanska regeringen misstänkte att de svenska socialdemokraterna drevs mer av inrikespolitiska hänsyn än av genuin fredsvilja. Sverige var heller inte ensamt på plan som presumtiv fredsmäklare. I Washington bedömdes omkring tusen fredssyftande förslag under dessa år. Men USA hade kört fast och ville ogärna stänga någon dörr, inte ens den svenska, ifall det skulle komma en signal från Hanoi via Stockholm.

Erlanders tal om att Russelltribunalen hotade de svenska fredsansträngningarna hade inte varit osant – åtminstone inte subjektivt sett. Sedan Palmes Gävletal hade det pågått en intensiv diplomatisk aktivitet i UD:s anrika palats på Gustaf Adolfs torg. Torsten Nilsson besökte USA flera gånger för samtal med den amerikanske utrikesministern Dean Rusk. Samtidigt försökte han öppna underhandskontakter med Nordvietnam. Om än ambitiösa var Nilssons ansträngningar präglade av ett önsketänkande som gränsade till naivitet. När han for till USA hösten 1967 försökte han få till stånd ett möte med president Johnson med motiveringen att det skulle övertyga nordvietnameserna om att Sverige hade USA:s förtroende som förmedlingslänk. Det var ur amerikanskt perspektiv tämligen magstarkt. Det var uppenbart att den svenska regeringen ville tillfredsställa vänstern med USA-kritik och samtidigt blidka högern med pressbilder av Torsten Nilsson i Vita huset.

Men Socialdemokraterna hade inte hållit sig fast vid makten i tre decennier genom att rulla tummarna. Hur det än gick i det diplomatiska spelet var det nödvändigt att hejda FNL-rörelsens växande inflytande. Ett första initiativ i den riktningen hade tagits precis i början av 1968 genom bildandet av Svenska kommittén för Vietnam (SKfV), en bred paraplyorganisation som omfattade ett trettiotal fackföreningar, kyrkor, kvinnoförbund, ungdomsrörelser och andra civila organisationer. Styrelsen bestod av forskare, författare och andra allmänt respekterade personer, bland dem författaren Folke Isaksson och DN-journalisten Barbro Alving. Ironiskt nog stod SKfV på den ursprungliga plattform som FNL-aktivisterna haft 1965: att USA skulle lämna Vietnam och 1954 års Genèveavtal respekteras.

Men mycket vatten hade flutit i Mekong sedan dess. FNL-rörelsen hade flyttat fram sina positioner och krävde nu att regeringen skulle erkänna Nordvietnam och den provisoriska revolutionära regeringen i Sydvietnam. Bildandet av den nya organisationen var visserligen ett kvitto på att FNL:arnas trägna arbete med insamlingsbössor och stencilapparater burit frukt. Men ur de unga aktivisternas perspektiv var det också ett oförställt socialdemokratiskt försök att ovanifrån ta kontroll över Vietnamrörelsen: "den gamla liberala pacifistklicken har köpts upp av regeringspartiet för att administrera SAP:s Vietnamaktivitet för riksdagsvalet 1968", som man osminkat uttryckte det.

Saken blev inte bättre av att den sjuttioårige Gunnar Myrdal blev ordförande. På papperet var det ett snilledrag: en internationellt känd vetenskapsman som arbetat åt FN och varit socialdemokratisk minister. Men Myrdal hade aldrig varit någon skicklig politiker. Hans läggning var mer den intellektuelle expertens, kunnig och skarp men också arrogant och självupptagen. Dessutom hade han ett oidipalt drama i ryggsäcken i form av sonen Jan, som blivit den dominerande intellektuella kraften inom FNL-rörelsen. I sin nya roll gick Gunnar Myrdal omedelbart till skarpt angrepp på Vietnamaktivisterna som "förvirrade hjärnor" och Amerikahatare. Det var ingen lyckad start för en organisation som var avsedd att vinna ungdomens förtroende. Jan Myrdal, som temperamentsmässigt var sin fars son, gav snabbt svar på tal och jämförde fadern med den belgiske socialisten Hendrik de Man som samarbetat med nazisterna under kriget. Andra vänsterintellektuella angrep också Gunnar Myrdal, som lät sig hetsas till än fler utbrott. I sak hade han en del poänger, som till exempel ifrågasättandet av tesen att Vietnamkriget var en logisk följd av det kapitalistiska systemet. Men ur socialdemokratisk synvinkel var hans grötmyndiga professorsmanér en katastrof, särskilt när det riktades mot unga kvinnor. Aggressivt munhuggande med FNL-rörelsen ledde ingenstans, regeringen måste visa initiativkraft och auktoritet på den internationella arenan om man med Torstens Nilssons ord skulle kunna "kanalisera ungdomens revolt genom den egna rörelsen".

*

Palme var inte direkt inblandad i bildandet av SKfV. Men han var Socialdemokraternas främsta tillgång i sakfrågan, "överutrikesminister för Vietnam" som en journalist beskrev det. Därmed var han självskriven som huvudtalare vid den nya organisationens första stora offentliga manifestation kvällen den 21 februari, ett fackeltåg i protest mot Vietnamkriget. Den bakomliggande tanken var att visa att det fanns mer demokratiskt respektabla sätt att uttrycka sin kritik av USA än genom äggkastning och flaggbränning. Ironiskt nog skulle detta värdiga fackeltåg irritera USA mer än någon annan demonstration.

Omkring 5 000 människor samlades vid sjutiden i ett vintrigt Humlegården, den pastorala stadspark från sjuttonhundratalet där Palme vallats av barnflickor som treåring. Den korta marschen gick över Norrmalmstorg och Hamngatan till det nybyggda Sergels torg som stått klart hösten 1967 och var tänkt att bli en ny offentlig mötesplats, en motsvarighet till Londons Hyde Park Corner. Det var en överväldigande modernistisk miljö. Norrut låg de fem höghusen mot Hötorget medan den södra sidan var byggplats för Stockholms nya kulturhus i glas och betong. Alla politiska ungdomsförbund utom Högerns deltog, liksom mängder av religiösa, fackliga och fredsaktiva organisationer. I de första leden gick ett trettiotal socialdemokratiska riksdagsmän, i slutet av tåget kom FNL-aktivisterna.

1968–1969

Från början hade de tänkt bojkotta demonstrationen. Men när det tidigare på dagen hade stått klart att Nordvietnams Moskvaambassadör Nguyên Tho Chan skulle delta blev det omöjligt. De bar plakat som inte var godkända och skanderade paroller mot den socialdemokratiska regeringen. Något orättvist skrek de "Palme – vad gjorde du den 20 december?" De syftade på de våldsamma demonstrationerna före jul, då Palme varit intagen på Roslagstulls sjukhus. Över huvud taget var Palmes radikalism ett irriterande problem för vänstern. "Palme vänder kappan efter vinden", hette det i ett flygblad från VUF, kommunistpartiets ungdomsförbund, som delades ut på Sergels torg. Men klokt nog ingrep inte demonstrationsledningen. Om tidningarna dagen efter fyllts med tumultartade bilder där socialdemokratiska och mer radikala Vietnamdemonstranter bråkade skulle aktionen ha varit förfelad.

Varför Chan egentligen var i Stockholm är oklart. Han hade visserligen en stående inbjudan att komma till Stockholm från den svenske ambassadören i Peking, Lennart Petri. Men när han under stor uppståndelse kom från Moskva till Stockholm hade han inget att erbjuda, vare sig i form av fredstrevare eller andra diplomatiska initiativ. Det hindrade inte livliga spekulationer i medierna. Chan bodde på Grand Hotel mittemot slottet, som också hyste den amerikanske affärsmannen John D. Rockefeller, vilket skapade intryck av att det pågick hemliga fredsförhandlingar. För arrangörerna av demonstrationen blev därför Chans medverkan en "panggrej". Han gick i tågets första led, bredvid Gunnar Myrdal, Barbro Alving – och den svenske utbildningsministern Olof Palme. Inom några dagar hade bilden av Palme och Chan i pälsmössor med varsin fackla i handen i det svenska februarimörkret spridits i stora delar av världen, inte minst i USA. Bredvid den korte vietnamesen såg Palmes 174 centimeter ovanligt långa ut.

I Sverige betraktades manifestationen på Sergels torg till en början som kraftfull men inte på något sätt ovanlig. Samma kväll sände svensk teve sista avsnittet av den brittiska serien *Forsytesagan* som gått sedan augusti 1967 och samlat en rekordpublik på 2,5 miljoner varje onsdagskväll, en tredjedel av landets befolkning. Tidningarna svämmade över med artiklar om skådespelarna som gestaltat Soames, Fleur och de andra personerna i John Galsworthys romansvit från seklets första decennier. Först drygt två veckor senare, fredagen den 9 mars, stod de fulla effekterna av demonstrationen klara då radions kvällsnyheter berättade att USA kallat hem sin ambassadör från Stockholm, William Heath, en affärsman från Texas utan tidigare diplomatisk erfarenhet.

Regeringen visste att Heath kallats hem. Innan han for hade han besökt statsminister Erlander i Kanslihuset i Gamla stan och klagat över att Palme hade "gått sida vid sida med en officiell representant för USA:s fiende, ett land som Sverige inte ens erkänner". Han hade även tagit ambassadens sex meter långa Cadillac till Arvfurstens palats och påpekat för Torsten Nilsson att så länge man hade en man som Mr Palme i regeringen skulle det skada förbindelserna mellan USA och Sverige: "Man kan inte fördöma en vän och samtidigt behålla hans vänskap." Men den svenska regeringen togs på sängen av att amerikanerna släppt nyheten utan förvarning.

Utbildningsminister Palme var på skolbesök, UD skyddade Torsten Nilsson och i statsministerns hem svarade Aina Erlander att hon inte visste var Tage var när journalisterna började ringa på fredagskvällen – i denna mer oskyldiga tid stod ännu statsministerns hemnummer i telefonkatalogen. Under lördagen jagades Palme upp i Norrköping (vissa skolor hade ännu sexdagarsvecka) och när han på eftermiddagen kom till Stockholms Central fick han åka direkt till tevehuset. Men han vägrade göra bot: "Jag ångrar inte en sekund", sade han kaxigt. Motsättningarna trappades upp under hela mars månad både i press och i riksdag. "Genom oförstånd, tanklöshet och fikande efter inrikespolitiska röstvinster" skadade regeringen Erlander svensk neutralitet, menade *Svenska Dagbladet*, en åsikt som ekade på många borgerliga ledarsidor. *Dagens Nyheter*, som normalt var tämligen Palmevänlig, gjorde ett plötsligt lappkast och spådde att Sverige skulle finlandiseras och hamna i Moskvas intressesfär om Palme blev statsminister.

I efterhand framställde Palme det som en slumpartad händelse. Han hade inte känt till att Chan skulle delta, men menade att han inte kunde ha vänt denne ryggen när de väl möttes i demonstrationståget. Det var en beskrivning som i kondenserad form beskrev den inre logiken i hans agerande, men den var inte bokstavligt korrekt. Palme och den socialdemokratiska regeringen hade i själva verket underrättats under dagen om att Chan skulle delta. Därmed hade man åter hamnat i samma besvärliga mellanställning som under Russelltribunalen. Efteråt gick mycket av kritiken ut på att regeringen borde ha manövrerat skickligare. Palme kunde till exempel ha gått en bit bort från den vietnamesiske ambassadören, menade en del.

Men det var precis sådant trixande från Erlanders sida som ställt till det under Russelltribunalen. Det fanns bara två alternativ: fullständig reträtt eller full fart framåt. Allt annat skulle ha gjort båda sidor missnöjda utan att medföra någon vinst för regeringen. Det var inget lätt beslut för Palme, Erlander och de rådgivare som samlats på regeringskansliet under tisdagen. Att demonstrera tillsammans med en utländsk diplomat från ett krigförande land var en ovanligt provokativ handling, till och med för Olof Palme. Men när någon lite dumt föreslog att han skulle sjukskriva sig avvisade han det omedelbart: "Jag är ju inte sjuk." Han tog sin pälsmössa, stoppade sitt tal i portföljen och gick ut i det nariga februarimörkret utanför Kanslihuset i Gamla stan för att rädda partiet och sätta sin egen politiska karriär på spel.

Det innebär inte att han enbart drevs av partilojalitet och inrikespolitiska överväganden. Snarare var det ett utslag av samma politiska instinkt som lett honom till att avvisa alla kompromisser med den stalinistiska ledningen i den internationella studentrörelsen i början av femtiotalet. Om det fanns någon grundval för förhandlingar i Vietnamkriget hade åtminstone Sverige misslyckats med att hitta dem. I slutet av januari hade Tetoffensiven inletts och FNL-styrkor gått in i Saigon, samtidigt som motståndet mot kriget växte i USA. Någon vecka senare hade bilderna av hur Sydvietnams högste polischef iskallt avrättar en tillfångatagen FNL-officer på en gata i Saigon väckt avsky över hela västvärlden. Om man ville få slut på kriget var det mest effektivt att samla maximal kraft i protesterna mot USA.

Den starka reaktionen i USA efter Palmes fackelmarsch säkrade socialdemokratins ställning i Vietnamfrågan. Den hårda kärnan av aktivister inom FNL-rörelsen såg visserligen ännu regeringen som huvudfiende. Men efter den 21 februari framstod anklagelserna mot Palme för att vara "en lakej åt USA-imperialismen" som bisarra utanför den sekteristiska gemenskapen. I Nordvietnam, som idealiserades av FNL-rörelsen, hyllades den svenska regeringen för sin hållning. Men det fanns ett politiskt pris på inrikesarenan. En opinionsundersökning beställd av *Expressen* i slutet av mars visade att 49 procent av svenskarna tyckte att det var fel att Palme hade gått tillsammans med den nordvietnamesiske ambassadören. Socialdemokraterna viftade bort enkäten som ovederhäftig. Men den fångade en viktig aspekt av svenska folkets förhållande till Vietnamkriget. Sympatin för FNL och det vietnamesiska folket medförde inte någon ökad entusiasm för kommunismen.

*

För vänsteraktivisterna var Vietnam däremot inlemmat i ett större ideologiskt perspektiv. I deras ögon illustrerade kriget den hänsynslöshet och brutalitet som den moderna industrikapitalismen kunde utlösa när den mötte folkligt motstånd. Liknande tendenser fanns även i det fredliga Sverige. Socialdemokratins samarbete med kapitalet hade skapat ett anonymt stordriftssamhälle där medborgarna reducerats till själlösa kuggar, bedövade av konsumtion och utan kontakt med sin sanna mänsklighet. Inte minst betraktades de utbildningspolitiska reformer som var i stöpsleven på Olof Palmes utbildningsdepartement som ett typiskt uttryck för kapitalistiskt lönsamhetstänkande och statsbyråkratisk centralism. Ett oheligt samarbete mellan kapitalet och arbetarrörelsen hotade att proletarisera de svenska akademikerna, enligt studentledaren Anders Carlberg: "Kraven på större mängder högt utbildad arbetskraft gör att [akademikernas] arbetsuppgifter i allt större utsträckning kommer att likna de uppgifter man traditionellt har kallat för arbetarklassens."

Han hade en poäng. Medan arbetarna sedan industrikapitalismens uppkomst hade utsatts för olika typer av avhumaniserande rationaliseringar av arbetsprocessen var de svenska universiteten mer eller mindre oreformerade sedan artonhundratalet. Grundprincipen var att alla som tagit studentexamen var behöriga att läsa på universitetet. Väl där valde studenterna fritt sina ämnen och läste i egen takt. Det förekom viss undervisning, men i princip byggde systemet på självständiga studier utifrån givna litteraturlistor. Undantaget var medicinska och tekniska utbildningar som ställde större krav på utrustning och handledning och därför var spärrade.

Ännu i mitten av femtiotalet trodde Socialdemokraterna att det skulle gå att bevara den gamla strukturen. 1955 års universitetsutredning utgick i stort sett från de gamla bildningsidealen: alla som hade behörighet skulle få läsa fritt. Riksdagen beslöt om så kallad automatik. I takt med att antalet studenter ökade skulle staten tillskjuta nödvändiga resurser till universitet och högskolor för att anställa nya lärare. I mitten av sextiotalet var oron för att automatiken skulle leda till okontrollerade kostnader stor.

Det hade inte varit något större problem om det funnits en arbetsmarknad för alla dessa humanister och samhällsvetare. Men Sverige var inte England, där en examen i latin ansågs meriterande för en ledande befattning på en bank eller inom den petrokemiska industrin. Rädslan för att få ett akademikerproletariat var en gammal svensk käpphäst. Redan på trettiotalet hade staten varit orolig för vad högutbildade men sysslolösa personer kunde ställa till. Den uppenbara lösningen var att införa spärrar liknande dem som fanns inom medicin- och ingenjörsutbildningar. Men det ansågs ännu vara ett alltför stort ingrepp i den individuella valfriheten. Dessutom skulle det ha lett till en ny och besvärlig fråga – vart skulle det ökande antal gymnasister som inte bereddes plats inom de nya ramarna ta vägen?

År 1965 antog i stället riksdagen ett principbeslut om att införa så kallade fasta studiegångar på de fria filosofiska fakulteterna. Det innebar att de humanistiska och samhällsvetenskapliga utbildningarna fortfarande var öppna, men att valfriheten skulle minska. Studenterna skulle tvingas att välja mellan ett antal olika program med tydligare krav och struktur. Inte minst skulle antalet examinerade studenter på utsatt tid ökas. För att finslipa förslaget tillsattes vintern 1966 en särskild arbetsgrupp med det otympliga namnet "Universitetskanslersämbetets arbetsgrupp för fasta studiegångar m.m.". Dess förslag – som kom att kallas UKAS – gick ut på att en filosofie kandidatexamen skulle ta tre år, studenterna skulle kunna välja mellan 34 linjer, prov skulle hållas kontinuerligt och den student som inte klarade studietakten skulle inte få fullfölja utbildningen.

UKAS var i sig inte någon tydlig vänster-högerfråga. Snarare förenades studenter av olika politiska schatteringar i sitt missnöje med förslaget. De fick också eldunderstöd av professorer, rektorer och andra föga revolutionära företrädare för humanistisk forskning. Torgny Segerstedt, rektor för Uppsala universitet, hade inte mycket till övers för vänsterstudenter som förläst sig på Marcuse, men tyckte lika illa om UKAS-reformen: "Den kommer kanske att betecknas som den största olycka som hänt vårt vetenskapliga liv, till skada inte bara för universiteten utan även för det svenska samhället." Följden skulle bli sänkt kvalitet, en gymnasifiering av universitetet, som skulle skapa "en härskara av snabbutbildade filosofie kandidater som på intet sätt kan motsvara de krav på kvalificerad arbetskraft som samhället ställer". UKAS, förklarade författaren Lars Gustafsson med tydlig adress till Socialdemokraterna, var ett reaktionärt angrepp på den akademiska friheten som ville skapa ett universitet anpassat till den galbraithska industristaten.

Men dessa mer allmänna humanistiska invändningar bleknade i jämförelse med studentvänsterns kritik av UKAS. I dess ögon var förslaget inte bara dåligt, utan en perfekt symbol för ett repressivt kapitalistiskt system som på ett omänskligt sätt degraderade allting till varor som kunde köpas och säljas på marknaden. De radikala studenterna var medvetna om att de slogs för traditionella privilegier mot en moderniserande statsmakt. Men detta var själva poängen. Som Marcuse hade påpekat: de som är ofria upplever inte hotet, det är de ännu fria som kan göra motstånd. I en utopisk framtid hägrade kärleksfull gemenskap och individuell frihet, i den nuvarande socialdemokratiska välfärdsstaten fanns bara statsbyråkratisk kyla och rationell ensamhet. Även om det var oklart vad man ville ersätta det blandekonomiska välfärdssamhället med – proletariatets diktatur, anarkosyndikalistiska kollektiv eller ett medeltida bondesamhälle – var de radikala studenterna överens om att den bestående ordningen var orättfärdig och människofientlig.

Utvecklingen under sextiotalet, inte minst vid Stockholms universitet, gav ett visst om än begränsat stöd för den nya vänsterns analyser. Det ökande antalet studenter hade skapat ett hårt tryck. I Stockholm hade såväl lärar- som lokalsituationen blivit akut 1967–1968. I många ämnen anställdes andraårselever för att undervisa på introduktionskurserna. Institutionerna var tvungna att hyra in sig i märkliga lokaler runtom i staden: statsvetarna undervisades i Israelmissionens kyrka och matematikerna fick använda ungkarlshotellet Vale på Hagagatan. Det innebar inte att de ordinarie undervisningssalarna var älskade. De bleka, kalla, ekande salarna med dåliga konstverk och Goethebyster orsakade en "fullkomlig avtrubbning av känsligheten", hävdade en ung kvinna. Studenterna, även de från arbetarklassen, hade kommit till universitetet med förväntningar på ett fritt om än inte nödvändigtvis behagfullt studentliv. Nu möttes de av massuniversitetets anonymitet. Lärare som inte visste mer än de själva, överfulla lokaler, bostadsbrist och nya förslag som i deras ögon skulle göra undervisningen mer likriktad. "Förr, när universiteten frekventerades av överklassen var friheten total, men nu, när folkets massor strömma in, måste utbildningen styras", skrev en arg student i *Gaudeamus*.

I kampen mot UKAS ställdes försvaret av universitetens autonomi – "spindelväv" som Olof Palme kallade det – mot reformer som drevs av en demokratiskt vald arbetarregering. I en historiens ironi kom nu barnen till den svenska borgerlighet som i trettio år försökt angripa socialdemokratin från höger stormande från vänster. Därmed inte sagt att de socialistiska inslagen i studentrevolten var fönsterskyltning. Det var inte de konservativa professorernas frihet som de radikala studenterna försvarade, utan idén om universitetet som en plats för kritiskt tänkande utanför det rådande samhällssystemet. De krävde rätten att bedriva politisk verksamhet inom universiteten, studentrepresentanter i styrelser och inflytande över kursplaner och litteraturlistor. För många universitetslärare var det en prövande tid av ständigt ifrågasättande och hätska anklagelser om att bedriva borgerlig indoktrinering. Målsättningen – som i den allmänna revolutionära yran inte tedde sig orealistisk – var att studenterna skulle ta makten både från professorerna och de statliga byråkraterna. Men tvåfrontskrig är svåra att vinna. Studentvänstern skulle uppnå betydande framgångar när det gällde demokratiseringen av den högre utbildningen – men till priset av ännu mer statlig styrning.

*

Under våren blev stämningarna allt hetare på Stockholms universitet, ännu utspritt i kvarteren kring Odenplan. I centrum fanns Stockholms studentkår, som låg kvar i lokalerna på Holländargatan där Olof Palme julen 1950 hade bildat en ny studentinternational. Den var nu landets största studentkår med 25 000 medlemmar, en årlig omsättning på sex miljoner kronor, en egen tidning samt ett antal heltidsanställda funktionärer. Till skillnad från vad som var fallet på Palmes tid fanns tydliga politiska kårpartier, framför allt på vänstersidan. Socialdemokrater, kommunister och oberoende socialister hade 1967 bildat Samling vänster, som tillsammans med Liberalerna – som var mycket radikala i förhållande till Folkpartiets ledning – stod i opposition till den styrande majoriteten. Denna försökte fortfarande hävda politisk neutralitet och *student as such*-principen, men vänsterns ihärdiga krav på att kåren skulle ta ställning i internationella frågor fick de opolitiska partierna att framstå som alltmer öppet borgerliga.

Från omvärlden kom också ett allt intensivare flöde av nyheter om upplopp, protester och demonstrationer. Efter mordet på Martin Luther King den 4 mars exploderade de svarta innerstadsområdena i de amerikanska storstäderna. Den 11 april skadsköt en högerextremist den tyske studentledaren Rudi Dutschke när han skulle köpa medicin åt sin son Che-Hosea. Den karismatiske Dutschke hade varit på ett möte i Medborgarhuset på Södermalm i Stockholm i februari. Där hade han tagit upp UKAS, som han jämförde med liknande reaktionära tyska reformförslag: syftet var att göra universiteten till fabriker och studenterna till fackidioter. Det kom också allt fler rapporter om att studenter i Warszawa, Budapest och Prag öppet protesterade mot kommunistregimerna. I slutet av april stormade polis Columbiauniversitetet i

New York där studenterna ockuperat administrationsbyggnaden i protest mot ett byggprojekt i det angränsande Harlem. Några dagar senare, den 3 maj, angrep den franska polisen Sorbonneuniversitetet, vilket blev inledningen till de första våldsamma gatustriderna i Quartier Latin i Paris. Samtidigt drabbade svenska ungdomar som ville stoppa Davis Cup-matchen i tennis mellan Sverige och Rhodesia samman med både polis och lokala motdemonstranter i den skånska semesteridyllen Båstad. Polisen använde batonger, vattenkanoner och tårgas, medan en del av ungdomarna gick till angrepp med stenar och järnrör.

Mitt i allt detta debatterades UKAS-förslaget. Den officiella presentationen skedde i Universitetskanslersämbetets (UKÄ) lokaler den 3 april med representanter för Stockholms studentkår såväl som med de ansvariga statsråden Palme och Moberg. Studentkåren ansåg att reformförslaget var viktigt, men i det här skedet var det ingen som tycktes anse att det hade revolutionär potential. I början av mars hade UKÄ informerat om att införandet skulle flyttas fram till höstterminen 1969, vilket tillgodosåg studentkårens främsta krav, att få mer tid att bereda frågan innan man slutgiltigt tog ställning. Nu kan lärare och studenter andas ut, menade studentkåren. Man lade upp ett ambitiöst program: anställde en särskild UKAS-sekreterare, satte upp en informationsutställning, inrättade en telefonjour och anordnade en teach-in i matsalen på Holländargatan i slutet av april.

I början av maj tog debatten fart på allvar. Den 5 maj krävde vänstern att kåren skulle förkasta UKÄ:s förslag. Det skedde på ett intensivt, nio timmar långt möte i kårfullmäktige. Därmed drogs de kommande konfliktlinjerna upp. Den opolitiska kårstyrelsen var visserligen kritisk till UKAS, men accepterade de ramar som statsmakterna dragit upp. Vänstern underkände förslagets legitimitet på ideologiska grunder. Målsättningen för rationaliseringen var att tillgodose monopolkapitalets behov av kvalificerad arbetskraft, inte att skapa ett mänskligare och mer demokratiskt samhälle. Det innebar att UKAS måste bekämpas med en revolutionär kritik av den bestående ordningen.

*

Fredagen den 24 maj – samma dag som de Gaulle utlyste en folkomröstning och Paris åter exploderade i våldsamma kravaller – anordnade Vänsterns studentklubb ett allmänt möte på Holländargatan för att diskutera UKAS. Efter några timmar beslutade de närvarande att ockupera kårhuset. Idén om någon form av illegal aktion låg i luften. Rubriken i senaste numret av *Gaudeamus* som precis kommit ut var "Studentrevolten rullar vidare... Palme orolig". Inne i tidningen uppmanades studenterna att "ockupera universiteten tills UKAS förkastas", inte av någon rödglödgad maoist utan av vice ordföranden i Sveriges liberala studentförbund.

Kårstyrelsen, som också befann sig i lokalerna, förklarade att man inte skulle tillkalla polis så länge personalen inte hotades. Redan från början var det många som fann det löjligt att Stockholmsstudenterna ockuperade sitt eget kårhus. "Då ett franskt drama skall återgifvas på svenska förlorar det alltid i öfversättningen", hade något kvickhuvud sagt om 1848 års oroligheter i Stockholm, och omdömet skulle komma att appliceras på kårhusockupationen 1968. Men det fanns faktiskt ett motiv. I drygt ett år hade en segsliten kamp pågått om huruvida studentkåren skulle vara politiskt neutral eller inte.

Det stod en doft av herrum från förgången tid runt studentlivet vid Stockholms universitet, menade en missnöjd student: "Jag vet... ingen annanstans än på Kåren där folk super sej fulla på starköl, sjunger studentsånger och tycker det är *roligt.*" Vänstern ansåg att kårstyrelsen var odemokratisk därför att bara omkring 25 procent av studenterna deltog i valen. Man hävdade också att "kårbyråkraterna" på olika sätt försökt stoppa en demonstration i Spökparken den 26 april, bland annat genom att ringa polisen och avhysa studenter som propagerade för mötet inne på kårhuset. Det fanns en logik, om än inte så mycket omdöme i ockupanternas strategi: att förvandla studentkåren till ett utomparlamentariskt centrum i kampen mot UKAS.

Antalet människor i kårhuset ökade i takt med att studenter, journalister och allmänt nyfikna strömmade till i den vackra vårkvällen. Vid midnatt var omkring 600 personer på plats på Holländargatan. Ockupanterna började också förbereda sig för en längre kamp och samlade in 700 kronor för att köpa mat. I detta skede var aktionen ännu främst riktad mot UKAS. Bland de närvarande studenterna fanns liberaler, socialdemokrater och även högerstudenter. Radikala intellektuella slöt upp för att ge ockupanterna sitt stöd, bland annat *Dagens Nyheters* kulturchef Olof Lagercrantz. Pedagogikprofessorn Arne Trankell, som ironiskt nog varit den militärpsykolog som intervjuat Palme när denne sökte till reservofficersutbildningen 1947, kom också till kårhuset och talade mot UKAS. Trankell var en karismatisk professorstyp i manchesterkavaj som hängde på studentfik och försökte demokratisera undervisningen på pedagogiska institutionen där han arbetade. Kritikerna menade dock att han ville förvandla "peddan" till ett marxist-leninistiskt institut.

Känslan av transgression, av att ha gjort något förbjudet, var upphetsande. Men målsättningen var ännu inte uppenbart revolutionär. Förslag om att hissa en röd fana på kårhusets tak avvisades. Ockupanternas första åtgärd – kanske det ursprungliga motivet – var i stället att begära att Olof Palme och Sven Moberg skulle komma till kårhuset för att diskutera UKAS. Kravet, som framfördes av några socialdemokratiska studenter, nådde under kvällen fram till Utbildningsdepartementet där Palme arbetade sent med det tal om UKAS som han skulle hålla på SFS:s studentriksdag i månadsskiftet maj-juni.

Det var en ovanligt intensiv tid, även för en arbetsnarkoman som Palme. En vecka tidigare hade Lisbet fött parets tredje son Mattias. Hon låg ännu kvar på Karolinska sjukhuset medan en barnflicka såg efter Mårten och Joakim hemma i Vällingby. Det var knappast självklart att Palme måste åka ner till kårhuset mitt i natten för att bli utskälld av arga vänsterstudenter. Men han hade svårt att motstå utmaningar. Med sin tävlingsinstinkt kunde han inte lämna walk-over inom utbildningspolitiken, som var hans centrala fält. Han var dessutom van vid motstånd från studenthåll efter de fräna angreppen i samband med studiemedelsutredningen 1963.

Det fanns också en annan och viktigare orsak till att han begav sig till Holländargatan. Den socialdemokratiska regeringen hade blivit alltmer övertygad om att det var nödvändigt att inleda något slags dialog med den vänsterradikala ungdomen. Under 1967 hade gatuoroligheter i Stockholm kostat tre miljoner kronor i övervakning, en halv miljon i skadegörelse och 100 000 extra arbetstimmar för polisen. Framför allt uppfattades Båstadskravallerna i början av maj som en allvarlig varningsklocka för att konfliktnivån i Sverige höll på att närma sig kontinentens. Allt hade gått överstyr. Demonstranternas beslutsamhet hade nått nya nivåer: "Vi ska använda alla medel utom spränggranater", deklarerade de före Rhodesiamatchen. Polisen hade visat sig mer än lovligt omdömeslös, framför allt länspolismästaren i Skåne som hade låtit sig övertygas av privatspanare om att demonstranterna skulle komma i helikoptrar och flygbomba matchen. Dessutom hade personer ur lokalbefolkningen gått till våldsamma motattacker mot aktivisterna.

Situationen hade på ett kusligt sätt erinrat om amerikanska sydstaterna, inte minst när en guldsmed i Båstad framträdde i pressen som anförare av ett halvrasistiskt medborgargarde. För att dämpa motsättningarna anordnade regeringen en stor "demonstrationskonferens" i mitten av maj med ett sextiotal ungdomsorganisationer, från högerextrema Demokratisk Allians till Ungdomsringen för bygdekultur. I sig hade inget konkret kommit ut av konferensen, vars upplägg kritiserades inte minst av vänsterorganisationer som Clarté och DFFG. Men de hade deltagit, och Erlander förklarade efteråt med sin studentikosa humor att regeringen fått en del uppslag, dock "inga revolutionerande grejor".

Palme var allvarligt bekymrad. Under vintern 1968 hade ett nytt och mer svartsynt tonfall smugit sig in i hans traditionellt optimistiska tal och artiklar. Spåren av hans sjukhusvistelse är märkbara. Han hade tagit intryck både av svenska vänsterintellektuella som Sven Lindqvist och av Martin Luther Kings militante efterträdare som "negerledare", Stokely Carmichael. Det började bli sent på jorden, förklarade Palme nu. 1967 hade varit ett krisernas och desperationens år över hela världen. Risken var att "dialogen och samtalet, den fredliga samlevnaden som arbetsmetod sviktar och kanske bryter samman". I tredje världen handlade det om hat och våld som uppstod ur fattigdom och förödmjukelse, i de rika industriländerna kunde vidgade sociala klyftor slå sönder samhällssolidariteten. Det fanns till och med risk för en ny våg av fascism över världen, varnade han. I detta oroväckande perspektiv var det knappast någon uppoffring att gå ut i den stockholmska vårnatten för att möta några missnöjda studenter som befann sig på promenadavstånd från Mynttorget.

Men Palme hade inget att erbjuda studenterna när det gällde UKAS. Moderniseringen av den svenska högskolan var en hjärtefråga för honom. Den skulle leverera både den jämlikhet och ekonomiska tillväxt som han ansåg krävdes för ett gott samhälle. Idén att reformen var ett beställningsverk från storfinansen hade Palme tidigare under våren betecknat som ett "hjärnspöke": "Att inte försöka sig på någon planering av utbildningsväsendet med hänsyn till arbetsmarknadens krav är rena liberalkapitalismen." Det var också omöjligt för honom att anslå den godmodiga ton som Tage Erlander använde sig av när han framträdde inför arga studenter i Lund någon månad senare: "Man har sagt mig att det är revolution här i Lund...", vilket hade avväpnat hans häcklare. Dels var det en personlighetsfråga, dels var atmosfären i kårhuset alltför laddad för den typen av lättsinne. Väl inne i kårhuset möttes Palme av en kompakt misstänksamhet och från kritik som omedelbart sporrade hans inbyggda kampinstinkt.

Angreppen anfördes av kårhusockupanternas informelle ledare, Anders Carlberg, en långhårig student med kraftfulla, lite köttiga drag, oftast klädd i tröja och träskor, som var ordförande i Vänsterns ungdomsförbund. Han var på många sätt representativ för den nya generationen av radikaler. Han var 24 år gammal och hade vuxit upp i Gubbängen, ett av de nya förortsområdena i södra Stockholm som byggts precis efter kriget. Föräldrarna röstade borgerligt; fadern var tjänsteman inom sjukhusförvaltningen och modern hemmafru. Det var självklart att Carlberg skulle läsa vidare vid läroverket, men miljön i de södra förorterna kring de nya tunnelbanelinjerna garanterade ändå kontakt med många arbetarbarn. Han gick med i Kommunistpartiet 1964, besjälad av rättvisepatos och inspirerad av C.H. Hermanssons modernare och mer självständiga framtoning. Året därefter började han läsa statskunskap vid Stockholms universitet. Som studentledare var han kanske inte i klass med Daniel Cohn-Bendit och Rudi Dutschke, men han var en karismatisk ledartyp, oförvägen och verbal, med en förmåga att navigera i kaotiska och röriga situationer.

För Palme, som gjort karriär på att vara ung och att tala för ungdomen, var det en omskakande upplevelse att konfronteras med kårhusockupanterna. De var av en helt annan sort än de entusiastiska arbetarungdomar han undervisat som studieledare inom SSU i början av sextiotalet. Långt senare erkände han för Carlberg, som vid det laget blivit städad socialdemokrat, att han fann det olustigt att framträda som en representant för det etablerade samhället. Palme, som hade en allmänt förstående inställning till ungdomlig radikalism, hade inte insett hur stor klyftan var mellan honom och de unga studenterna. Hans blandning av aristokratiskt självförtroende och bergfast lojalitet med den socialdemokratiska arbetarrörelsen stod i skarp kontrast mot den vilsenhet och vantrivsel som präglade de unga medelklasstudenterna. För Palme var inte politikens syfte att hitta meningen med livet utan att göra det möjligt för så många människor som möjligt att fritt kunna göra det själva. Men i studenternas ögon saknade det socialdemokratiska projektet en djupare livsmening.

Sextioåttarörelsen bestod inte främst, som det ibland påståtts, av studenter från konservativa, högborgerliga hem som gjorde föräldrauppror. Många aktivister kom i själva verket från en medelklass med liberala värderingar som uppmuntrade samhällsengagemang och social solidaritet. Deras missnöje riktade sig mot föräldrarnas ovilja eller oförmåga att ta konsekvenserna av sina ideal. I deras ögon framstod hänvisningar till demokratiska spelregler, parlamentariska metoder och laglydighet som undanflykter från det moraliska ansvaret att skapa ett nytt samhälle. Med sin passion och sitt engagemang skulle dessa radikala studenter komma att definiera tidsandan, men de var långt ifrån i majoritet bland Stockholms 25 000 studenter. En undersökning gjord våren 1968 visade att bara nio procent av studenterna var politiskt aktiva, de flesta i borgerliga partier. Inte ens på de institutioner som ansågs allmänt röda dominerade vänstern. Endast 36 procent av pedagogikstudenterna röstade socialistiskt 1968.

Men kvällen den 24 maj i kårhuset tillhörde vänstern. Till en början fokuserade Palme på att försvara förslaget om fasta studiegångar. Men Carlberg växlade snabbt över till systemkritik. Palme ville, menade han, att studenterna skulle anpassas till ett kapitalistiskt samhälle där Wallenberg och storfinansen hade makten: "Vem fan vill bli anpassad till det här jävla samhället alltså? Det frågar man sig." När Palme, högst rimligt, svarade med att försvara sin reformistiska samhällssyn och sin tro "på den fredliga samhällsomdaningens metod", avbröts han av arga rop från publiken: "Sluta!", "Fatta dig kort!". Då tände han till och läste lagen för ockupanterna:

> En gång när jag försökte ta till orda på studentkongressen i Prag skrek dom ner mig och ropade "Stalin" i stället... ni må tala om makt och sånt hur mycket som helst, när det gäller vakthållningen om ett demokratiskt styrelseskick, så företräder jag det svenska folkets överväldigande majoritet.

Att Palme överväldigades av sina minnen från femtiotalet när han mötte en återuppstånden kommunism i det kårhus där han en gång inlett sin politiska karriär är inte förvånande. Men för de unga studenterna var det en verkningslös argumentation. Det kalla krigets slagord hade förlorat sin kraft. Kårhusockupanterna identifierade sig inte med Stalin och den gamla sovjetkommunismen. Efter att Palme talat var det slut med trivseln, som en student beskrev det i efterhand: "Man började övergå till en form av total mötesdemokrati utan mötesordförande och snart också utan talarlista."

Även om han handlade i affekt träffade Palme rätt. Studenternas drömmar om ett nytt och bättre samhälle skulle leda över till totalitära tankesätt. Kårhusockupationens förlopp under de följande dagarna blev en snabbspolad version av den svenska vänsterns utveckling under de kommande tio åren, från en öppen och frihetlig explosion till isolerad sekterism. Efter Palmes framträdande radikaliserades ockupationen snabbt. Under lördagen hissades den röda fanan på kårhuset och 30 000 flygblad som proklamerade att "det är rätt att göra uppror" trycktes – samma paroll målades också på kårhusets fasad. På kvällen begav sig omkring 600 av ockupanterna ut på en förvirrad vandring genom centrala Stockholm. Den första avsikten var att marschera till Södermalm för att uppmana arbetarklassen att ansluta sig till revolten. Demonstranterna kom fram till Kungsträdgården, men Strömbron som ledde över till Gamla stan var effektivt avspärrad. "Överallt poliser, radiobilar, hinder, lukt av nervös hästskit och vår i luften", skrev poeten Göran Sonnevi som var på plats. Demonstranterna gjorde ett halvhjärtat försök att tränga in i Operahuset på Gustaf Adolfs torg som resulterade i ett krossat fönster. Revolutionärerna passerade sedan *Aftonbladets* lokaler, funderade ett tag på att besätta Stockholms Centralstation, vilade upp sig en stund på Norra Bantorget för att slokörade återvända till kårhuset strax efter tio. Efter det gick luften ur ockupationen. Under söndagen samlades motdemonstranter från Demokratisk Allians i Spökparken och polisen fick övergå till att beskydda de ockupanter som fortfarande höll ut. På måndagskvällen gav man upp och det kvarvarande femtiotalet demonstranter tågade ut i god ordning sjungande Internationalen.

Fördömandet av kårhusockupationen var så gott som unisont i det svenska samhället. Alla ledarsidor från höger till vänster tog avstånd från tilltaget. Insändarspalterna fylldes av arga brev om bortskämda överklasstudenter. C.H. Hermansson, som varit ute och seglat under helgen, avkrävdes genast när han steg i land besked om huruvida Carlberg skulle uteslutas ur VPK. För Palme blev däremot hela historien ytterligare en framgång. Det var inte oförtjänt. Han hade dels frimodigt gått ner för att möta studenterna, dels haft civilkuraget att skälla ut dem. Precis som Robert Kennedy, som hävdade att en politiker måste våga "säga rätt sak till fel publik", hade han vägrat att stryka publiken medhårs. För äldre socialdemokrater hade Palme nu visat att han inte bara kunde ta strid med borgerligheten utan också dra en tydlig gräns åt vänster. Men det hade knappast varit något genomtänkt agerande. Palme var snarare skakad över konfrontationen med studenterna och återkom ofta till den brist på respekt för demokratin som han mött på kårhuset. En klyfta hade öppnat sig mellan hans optimistiska tro på gradvisa samhällsreformer och vänsterstudenternas civilisationskritiska missnöje med en teknokratisk samhällsutveckling. Denna kritik skulle återkomma under hans fortsatta karriär, men främst från andra sidan av det politiska spektrumet.

Mitt i kören av fördömanden fanns det en person som insåg att

Carlberg hade visat vägen för svensk borgerlighet. Gustaf von Platen, *Vecko-Journalens* chefredaktör, hade inga vänsterrevolutionära böjelser. Men från sin position på den bildade borgerlighetens mediala flaggskepp gav han ett oväntat stöd till kårhusockupanterna. Det enstämmiga förlöjligandet av ockupationen var obehagligt, menade han. Det fanns en högst verklig grund för ungdomens alienation. Välfärdssamhället var för pragmatiskt och förnuftsreglerat: "det politiska maskineriet har vuxit till en väloljad gigant som inte låter sig påverkas av dem som står utanför The Establishment". För von Platen, som senare skulle bli chefredaktör för *Svenska Dagbladet* och dagligen stångas med det socialdemokratiska etablissemanget, fanns det "värdefulla drag" i kårhusockupationen som det gällde att ta till vara. Som det hette i ordförande Maos lilla röda: "en tendens kan dölja en annan".

*

Efter upploppet i Båstad och kårhusockupationen utbredde sig ett visst sommarlugn över svensk inrikespolitik. I mitten av juni höll Socialdemokraterna kongress. "Erfarenhet och förnyelse" var årets slogan inför höstens valrörelse. De som skulle representera de olika egenskaperna var på ena sidan veteranerna Erlander och Sträng, på den andra framtidsmännen Olof Palme och Krister Wickman. Kongressen var upplagd för att ge de båda senare maximalt scenutrymme. Ekonomen Wickman, som kommit in som konsultativt statsråd i regeringen 1967, inledde med att presentera ett förslag om att förstatliga apoteksväsendet. Några dagar senare var det Palmes tur att lägga fram nya reformplaner för grundskolan. Varken Palmes eller Wickmans förslag var radikalt omvälvande, men de signalerade en offensiv reformvilja.

Utanför Sverige fortsatte den politiska dramatiken. Tidigt på morgonen den 5 juni sköts Robert Kennedy på Ambassador Hotel i Los Angeles av jordaniern Sirhan Sirhan. Kennedy hade just vunnit primärvalet i Kalifornien, vilket gjorde honom till Hubert Humphreys främste utmanare om nomineringen som demokratisk presidentkandidat. Kennedys politiska plattform var en av de mer radikala i amerikansk historia, med stark kritik av Vietnamkriget och storfinansen. Han entusiasmerade många, men väckte likt Palme också starka antipatier, inte bara på grund av sina åsikter utan även genom sin personlighet. Han uppfattades som arrogant, oberäknelig och opportunistisk. Han var en konfliktpolitiker snarare än en konsensuspolitiker. Palme nåddes av dödsbudet i Köpenhamn och fick berätta i danska tidningar om sitt möte med familjen Kennedy 1963. Mordet minskade entusiasmen i Europa för den amerikanska valkampanjen. Nu återstod bara det oaptitliga valet mellan Richard Nixon och Hubert Humphrey, Johnsons vicepresident och Tage Erlanders gamle vän.

Men hoppet om förändring spirade ännu i Östeuropa, framför allt i Tjeckoslovakien. Sovjetunionen mullrade visserligen, men det tycktes som om det reformprogram för "socialism med ett mänskligt ansikte" som initierats i april av den torre slovakiske partifunktionären Alexander Dubček skulle kunna lyckas. Omvärlden följde med spänning spelet mellan det lilla Tjeckoslovakien och den sovjetiska ledningen. Mitt i allt detta landade den ryske regeringschefen Aleksej Kosygin och hans dotter Ludmila i Sverige den 14 juli. De möttes av arga demonstranter som kantade kortegevägen från Arlanda till slottet. Men det officiella mottagandet var det inget fel på: inkvartering på Haga slott, lunch med kungen, industribesök på konservfabriken Findus och den obligatoriska roddturen med Harpsundsekan. Kosygin beklagade sig över "revanschism och nynazism" i Västtyskland och underströk vid en lunch i Stockholms stadshus att den socialistiska ordningen skulle upprätthållas i Tjeckoslovakien.

Det blev lite väl magstarkt för oppositionen, främst Folkpartiets ledare Sven Wedén. På grund av Vietnamkriget riskerade man de goda förbindelserna med USA, men i fråga om Sovjet gällde fortfarande andra världskrigets paroll "en svensk tiger". Erlander och Palme svarade, inte helt orimligt, att de flesta västländer valt att ligga lågt gentemot Sovjet när det gällde den känsliga utvecklingen i Tjeckoslovakien. Men i vanlig ordning gick Erlander hårt åt Wedén och anklagade honom för att äventyra den svenska neutraliteten. Att utmåla de borgerliga partierna som utrikespolitiskt omdömeslösa var ett beprövat socialdemokratiskt knep. Men Wedén och folkpartisterna på *Expressens* ledarsida gav sig inte. Tjeckoslovakien var på väg att bli en fråga i den svenska valrörelsen, som officiellt började den 17 augusti då det blev tilllåtet för partierna att sätta upp valaffischer. Ingendera sidan var särskilt konsekvent. Folkpartiets och Högerns krav på offentliga markeringar mot Sovjetunionen rimmade illa med deras önskemål om en mindre demonstrativ svensk hållning gentemot USA:s krigföring i Vietnam. Men socialdemokratins nyfunna diplomatiska finkänslighet skar sig också med Palmes promenad med Chan ett halvår tidigare.

Denna inte särskilt uppbyggliga debatt punkterades morgonen den 21 augusti av nyheten om att Sovjetunionen invaderat Tjeckoslovakien. Erlander fick nyheten av Torsten Nilsson klockan halv fem på morgonen. Under dagen vällde protesterna från hela det svenska samhället fram. Ärkebiskopen uppmanade kyrkorna att hålla öppet, gymnastikförbundet ställde in sin landskamp mot Östtyskland och allt fler människor samlades kring sovjetiska ambassaden på Villagatan på Östermalm för att uttrycka sin avsky, däribland samme man som drygt ett år tidigare krossat fönsterrutorna på amerikanska ambassaden. På kvällen demonstrerade omkring 100 000 människor över hela landet. En amerikansk korrespondent menade att den svenska reaktionen var en av de kraftfullaste i världen räknad per capita. Det var sannolikt en överdrift, men Vietnamrörelsen hade onekligen påverkat svenskarnas inställning till att uttrycka sina politiska åsikter offentligt.

Kvällen den 21 augusti var hela det organiserade Sverige ute på gator och torg, från höger till vänster. På vissa orter tågade alla politiska partier tillsammans, men i Stockholm höll Socialdemokraterna och oppositionen separata protestmöten. Bland de första som protesterade utanför sovjetiska ambassaden i Stockholm befann sig Vänsterns ungdomsförbund under ledning av Anders Carlberg, samtidigt som uppretade göteborgare angrep samma organisations lokaler i Göteborg i brist på annan sovjetisk representation. Det var en kväll av diskreta och mindre diskreta försök att plocka politiska poänger. C.H. Hermansson fördömde kraftfullt invasionen, kanske väl högljutt för att det skulle vara trovärdigt. Högerns ledare Yngve Holmberg jämförde demonstrationerna mot kommunismen med vänsterns stöd till Nordvietnam

– glömsk av att den slovakiske politruken Alexander Dubček också var kommunist. För FNL:arna, som inte hade några sympatier för Sovjet, var det självklart att stödja Tjeckoslovakien. Mer pinsamt var dock att Nordvietnams regering prisade Sovjetunionen för att ordningen återställts i Östeuropa.

I Folkets park i Malmö talade Palme inför 20 000 åhörare. Som få andra kunde han denna kväll falla tillbaka på personliga erfarenheter: "Det var i Tjeckoslovakien jag personligen först såg stalinismens terror på nära håll." Han berättade om studentkongressen 1950, om hur studenter fick gömma sig nattetid på flykt undan säkerhetspolisen. Men han hade också två poänger som syftade till att framhäva svensk socialdemokrati. Den första var att med hjälp av ett citat från Ernst Wigforss tydliggöra gränsen mellan socialdemokrati och kommunism när det gällde synen på demokrati och mänskliga rättigheter. Den andra var att poängtera kopplingen mellan Vietnam och Tjeckoslovakien, om än indirekt. Sverige var "en liten nation som för en fast och konsekvent neutralitetspolitik". Men det innebar inte att vi var dömda till tystnad. Tvärtom innebar neutraliteten en förpliktelse "att hävda de små nationernas rätt till nationellt oberoende, deras rätt att utan inblandning från främmande länder forma sin politik och sin framtid". Palme var långt ifrån ensam på scenen denna kväll; hans röst var bara en av många runtom i Sverige. Men som ingen annan underströk han att det fanns en konsekvent linje i svensk utrikespolitik: ett principiellt ställningstagande för mindre länders rätt till självbestämmande världen över. Få noterade det då, men Palmes tal denna augustikväll var både till form och innehåll avsiktligt modellerat på det Vietnamtal han hållit på Sergels torg i februari: "Förenta staterna/Sovjet hävdar att man vill försvara det vietnamesiska folkets demokratiska rättigheter/det tjeckoslovakiska folkets socialistiska rättigheter..."

Tjeckoslovakienkrisen brukar anföras som en viktig förklaring till den socialdemokratiska valsegern 1968. Vad som då åsyftas är den traditionella visdomen att utrikespolitiska kriser alltid gynnar den sittande regeringen. Säkert var det en hel del tveksamma väljare som valde socialdemokratisk stabilitet framför borgerlig förändring när världen befann sig i gungning. Men det massiva stödet för Tjeckoslovakien i Sverige tyder på ett mer aktivt ställningstagande för den utrikespolitiska linje som utvecklats under sextiotalet: att Sverige skulle höja sin röst för de små ländernas självständighet. Och ingen hade formulerat detta budskap tydligare än Olof Palme.

*

Palme, som utpekats som partiets kronprins sedan början av sextiotalet, kunde aldrig ha blivit partiledare 1966. Om Erlander skulle ha avgått efter valnederlaget – vilket det muttrades om bland missnöjda socialdemokrater – skulle Gunnar Sträng ha valts till ny partiordförande. Den myndige och pedagogiske finansministern hade ett enormt politiskt förtroendekapital hos svenska folket. Palme ansågs däremot vara för ung. Till och med SSU, som stod mangrant bakom sin tidigare studiesekreterare, insåg att hans tid ännu inte var kommen och vädjade till Erlander att sitta kvar. För egen del hade statsministern, som månade om Palme lika mycket som SSU, kommit till samma slutsats. Om han avgick direkt efter valet skulle det leda till en interimslösning med Sträng. Om han satt kvar några år till skulle Palme däremot hinna mogna som kandidat.

Men det fanns ett motstånd inom partiet mot att låta Erlander utse sin egen efterträdare. Som alternativ till Palme talades det sedan mitten av sextiotalet om två andra kandidater. Den ena var den fyrtionioårige Rune Johansson, ursprungligen bagare från Ljungby i Småland. Han var en skicklig administratör som var väl förankrad inom rörelsen och hade varit inrikesminister sedan 1957. Med sina buskiga ögonbryn och sitt folkliga ursprung var han en klassisk Per Albin-typ. Den andra var jordbruksministern Eric Holmqvist, en elegant, vithårig och vältalig skåning som en gång varit lindansare i folkparkerna. Men hans inställning till partiledarskapet var tämligen ljum. Fram mot 1967–1968 betraktades varken han eller Johansson som starka kandidater. I stället seglade Palmes regeringskollega Krister Wickman upp som partiledarkandidat.

Wickman var på många sätt en alternativ Palme, lik men ändå olik. Båda var födda på tjugotalet och tillhörde en generation som präglats av en blandning av trettiotalets planeringsiver och fyrtiotalets existentiella skepticism. Likt Palme kom också Wickman från Stockholms elit. Fadern Johannes hade varit utrikesredaktör på *Dagens Nyheter* och gjort sig känd för sin principfasta antinazism. Wickman hade en licentiatexamen i nationalekonomi men hade också skrivit lyrik och medverkat med essäer i den litterära tidskriften *40-tal*. Han rörde sig delvis i samma kretsar som Palme. Bland annat spelade han regelbundet poker med Harry Schein och Allan Fagerström, journalist på *Aftonbladet*. Fagerström hävdade att Wickman var för god för denna världen, och han bad själv varje natt en bön om att Gud skulle bevara hans vän. Tillsammans med sin hustru, som var konstnär, bodde Wickman i en ateljélägenhet på 300 kvadratmeter nära det kungliga slottet i Hagaparken norr om Stockholms innerstad. När *Dagens Nyheter* i början av 1968 anordnade en omröstning bland läsarna om vem som borde efterträda Erlander segrade Wickman över Palme. Många såg honom som en mer handfast och seriös person. Palme uppfattades, menade en kommentator, "såsom alltför mycket av en pop-figur i TV". I de inre partikretsarna fanns dock en omvänd skepsis mot Wickman. Han var sympatisk men inget ledarämne.

Efter den massiva valsegern i september 1968 hade situationen förändrats radikalt. Erlander kunde nu avgå med flaggan i topp samtidigt som Palme hade vunnit partiets hjärta. Under det gångna året hade han visat prov på ledarskap på område efter område: Vietnam, kårhusockupationen, Tjeckoslovakien. I valrörelsen hade han levt upp till den centrala placering han fått i partiets annonskampanjer och framträtt som en samlande kraft för arbetarrörelsen. I allt fler skvallerspalter och enkäter pekades han ut som Erlanders smorde efterträdare. Det fanns inte längre någon tydlig konkurrent. Holmqvist och Johansson hade bleknat bort utan större saknad.

Det nya stjärnskottet Wickman hade också fallit ifrån. Lanseringen tillsammans med Palme i annonskampanjen "Erfarenhet och förnyelse" blev en bumerang. I en stor tevedebatt mellan partiernas yngre förmågor i början av september hade han mest suttit tyst intill den offensive Palme. Omdömena om Wickman var både i socialdemokratisk och borgerlig press mycket negativa. Även om de ekonomiska frågor som var hans huvudområde var centrala för arbetarrörelsen var det uppenbart att han saknade bredd som politiker. De som var mot Palme kunde nu bara rikta sina förhoppningar till den sextiotvåårige Sträng. En del ansåg att utbildningsministern ännu var för ung och borde stå på tillväxt i några år till. Men bakom Sträng fylkades också mer principiella motståndare till Palmes kandidatur.

Erlander aviserade sin avgång till den kommande partikongressen hösten 1969. Problemet – inte minst för Palme – var att det var ett helt år kvar till dess. Det var en ny historisk situation för arbetarrörelsen. De två tidigare partiledarövergångarna hade varit snabba, förvirrade affärer utan större debatt eller insyn. Efter Hjalmar Brantings död vintern 1925 hade det rått ett interregnum under några månader innan Per Albin Hansson framträdde som partiets nye starke man. Vid dennes plötsliga död vid en spårvagnshållplats 1946 hade Tage Erlander i sin tur utsetts till partiordförande av partistyrelsen utan någon intern diskussion inom arbetarrörelsen. Men för första gången skedde nu successionen inom partiet på ett ordnat sätt. Ur demokratisk synvinkel var det ett framsteg. När han väl tillträdde som ordförande hade Palme en långt starkare förankring i partiets djupa led än både Per Albin Hansson och Erlander. Det är tveksamt om den senare skulle ha överlevt en öppen debatt inom partiet med tanke på hur pass okänd han var vid tillträdet.

Men den utdragna processen var psykologiskt påfrestande för Palme. Att förneka sina maktambitioner hör till god ton i de flesta politiska kulturer, inte minst i den svenska. Men i Palmes fall var det ännu nödvändigare. Hans kritiker betraktade honom redan som en maktlysten streber. Om han på något sätt ens antytt att han gärna ville bli partiledare skulle han ha hudflängts. Hur osannolikt det än lät upprepade han samma mantra om och om igen: Nej, han ville inte efterträda Erlander, men som en god socialdemokrat stod han alltid till partiets förfogande. Bara en vecka efter valsegern uppvaktade han till och med Erlander och förklarade att han inte ville ta över som partiledare.

På ett plan var han uppriktig. Han ville inte till varje pris bli regeringschef just hösten 1969. Han var fullt upptagen med att förverkliga sina idéer som utbildningsminister. Han befann sig mitt uppe i en hård kamp med studenter och professorer om utformningen av framtidens universitet och hade ingen avsikt att backa. Samtidigt som UKAS debatterades hade regeringen sjösatt en ny utredning som skulle gå ännu längre i samhällsanpassning av universitet och högskolor under beteckningen U 68. Men som god taktiker insåg Palme att det var nödvändigt med en dialog med studenterna – vilket också var socialdemokratins allmänna hållning efter vårens oroligheter. I oktober 1968 beslöt han att gå med på en lätt revidering av UKAS. En ny arbetsgrupp tillsattes kallad PUKAS, vilket stod för Palmes UKAS; vitsmakarna talade också om en MJUKAS.

När det gällde kravet på studentinflytande på universitet sympatiserade Palme med vänsterstudenterna. Efter sina år på Stockholms högskola hade han ingen överdriven respekt för den svenska professorskåren. Att deras auktoritet beskars underifrån av studenterna och ovanifrån av ökad statlig styrning var inget som bekymrade honom. Han var också djupt engagerad i andra skolfrågor. Frågan om vem som skulle ansvara för vuxenutbildningen debatterades hett under våren 1969. Mot Palme och mer statsinriktade socialdemokrater som ville att kommunerna skulle ta över det mesta av vidareutbildningen av vuxna stod arbetarrörelsens frivilliga bildningsorganisationer. Att erbjuda kurser som gav arbetare med bara sju års folkskola ökad skolkompetens var den socialt relevanta uppgift som återstod för folkbildningsrörelsen, i övrigt handlade det om makramé och annan hobbyverksamhet. Det var i grunden samma fråga som UKAS: hur mycket skulle staten styra över utbildningsväsendet? De socialdemokratiska folkbildarna rasade mot Palme, som något förvånad tvingades till taktiska eftergifter även på detta område.

Motståndet var sporrande. Att lämna utbildningspolitiken just när den hamnat i centrum av samhällsdebatten tog emot. Även om Palme var djupt kritisk till de kommunistiska idéer som spred sig bland radikala studenter och ungdomar, hade också han radikaliserats sedan början av sextiotalet. Tidsandan var gynnsam för den typ av långtgående reformer inom utbildningspolitiken som han ivrade för. Status quo var inte längre ett argument utan en nedsättande term. Partiledarskapet handlade däremot om en ständig och påfrestande balansgång, något han var väl medveten om efter alla år vid Erlanders sida. Dessutom var Lisbet föga intresserad av de representativa plikter som statsministerämbetet förde med sig, hon ville inte "gå till pingvinerna", det vill säga delta i officiella frackmiddagar.

Men naturligtvis ville Palme också bli socialdemokratisk partiordförande och Sveriges statsminister. Något annat var inte möjligt med hans tävlingsinstinkt, vilja till makt, ansvarskänsla och tro på modernitet och framsteg. I femton år hade han arbetat i den svenska statsmaktens innersta rum med direkt tillgång till regeringschefen. Tusentals gånger hade han som rådgivare satt sig i Erlanders ställe och funderat på hur ett visst problem skulle lösas. Han var ett offer för sin egen personlighet: genom sitt engagemang, sin kompetens och sin retoriska förmåga hade han än en gång, precis som i SFS 1953, gjort sig oumbärlig. Det fanns ingen möjlighet för honom att säga nej eller be partiet komma tillbaka 1975 då det passade honom och hans familj bättre. Fram till nu hade han lojalt tagit sig an alla uppdrag som lagts på honom, men nu hade han hamnat i en situation där hans egna känslor bubblade upp: han ville både fortsätta som utbildningsminister och bli partiledare. Upplevelsen av att ha målat in sig i ett hörn gjorde Palme vresig närhelst efterträdarfrågan kom upp. "Han är skräckslagen", trodde Erlander, men "frustrerad" hade nog varit en riktigare beskrivning.

Någon verklig opposition fanns inte. Gunnar Sträng, den andre tänkbare kandidaten, ville inte bli partiledare. Däremot utnyttjade han situationen för att stärka sin egen position i regeringen. Visserligen lämnade han fältet fritt för Palme i januari 1969 genom att avsäga sig alla partiledarambitioner. Men när den socialdemokratiska idétidskriften *Tiden* några månader senare klankade på honom för att han blivit gammal och trött blev han djupt förnärmad och ville lämna in sin avskedsansökan. Sträng misstänkte – felaktigt – att ledaren i *Tiden* ingick i en orkestrerad Palmekampanj riktad mot honom. Partisekreteraren Sten Andersson fick ägna all sin övertalningsförmåga åt att blidka den trumpne finansministern. Till slut gav Sträng med sig, men på ett villkor: att såväl Erlander som Palme tydligt gav honom offentligt stöd som finansminister.

Palme var för sin del lika svårhanterlig som Sträng. Vid ett tillfälle förberedde han ett pressmeddelande där han avsade sig partiledarskapet för all framtid. Men han skickade aldrig i väg det utan lät sig långsamt övertalas under vårvintern 1969. Inte minst tog sig Sven Aspling an Palme och förklarade varför det var nödvändigt att han ställde upp. Hans definitiva ja kom under en skidtur med Ingvar Carlsson och Sten Andersson i Jämtlandsfjällen i mars. Han hade spelat sina kort väl. Han visste att han inte kunde säga nej, men han kunde ändå spela svårfångad med stor trovärdighet. Det gav honom stor frihet. En ny partiordförande fick inte stå i tacksamhetsskuld till någon enskild person eller grupp för sin ställning. Det måste verka som om han gjort sina kolleger och partiet en stor tjänst genom att acceptera.

*

Listan på internationella gäster när den 24:e socialdemokratiska partikongressen inleddes på eftermiddagen söndagen den 28 september i Folkets hus i Stockholm var imponerande. Där fanns ledande socialdemokrater från så gott som alla västeuropeiska länder: Skandinavien, Tyskland, Storbritannien, Italien, Spanien, Österrike. På hedersplats satt även ett tiotal företrädare för nationella befrielserörelser i tredje världen, bland annat Frelimo i Moçambique, ANC i Sydafrika och FNL i Sydvietnam. Under den följande veckan skulle gästerna få bevittna ett välregisserat partiledarbyte i en av de mest effektiva politiska maskinerna i världen. Bakom det blomstersmyckade podiet hängde en banderoll med partiets nya slogan "Ökad jämlikhet", som på en gång påminde om uppnådda mål och kommande reformer. Kongressen inleddes med att orkestern spelade *Pomp and Circumstance* inför den sprängfyllda hallen.

De som skulle fatta de avgörande besluten var 309 manliga och 41 kvinnliga ombud från 26 partidistrikt. Detta var partiets ryggrad, länken mellan partiledningen och partiets 900 000 medlemmar (omkring 12 procent av befolkningen). Medelåldern var 45 år.

En del hade vanliga jobb, men många var ombudsmän, lokalredaktörer, fackföreningsfunktionärer, kommunalpolitiker, folkrörelseanställda. I pressen tog man det faktum att endast 99 av ombuden verkligen var arbetare till intäkt för att socialdemokratin höll på att tappa sin klassprofil. Men de flesta hade vuxit upp i arbetarhem. Många hade gått ut i arbetslivet i tonåren efter avslutad folkskola och sedan kompletterat sin utbildning inom arbetarrörelsen, på folkhögskola eller i studiecirklar. De hette ofta Kurt, Tore och Rolf och var till 90 procent män. Majoriteten var äldre än Olof Palme, de flesta var i fyrtio- och femtioårsåldern. Det var stabila personer med familj och barn, ordnad ekonomi och ett pragmatiskt sinnelag. Men de var också hängivna den arbetarrörelse som de ansåg sig ha allt att tacka för, såväl landets sunda statsfinanser som den egna positionen.

För många borgerliga observatörer framstod det som obegripligt att dessa strävsamma och präktiga arbetare ville ha överklassaren Olof Palme som ledare. *Svenska Dagbladet* bekymrade sig för att de socialdemokratiska kongressombuden höll på att bli duperade. Man erinrade om Lenins varning: "Arbetarna är de enda verkliga socialisterna – bakom intelligentian och överklassen kan potentiella förrädare dölja sig." Det fanns på många håll en föreställning – som lever vidare än i dag – om att det egentligen fanns en stark opposition inom partiet mot valet av Palme som aldrig kom till ytan på grund av att Sträng inte tog strid. Det är sant så till vida att Palme och Sträng på ett tydligt sätt representerade de avgörande konfliktlinjerna inom socialdemokratin i slutet av sextiotalet; å ena sidan ungdom, akademisk utbildning och radikalism, å andra sidan erfarenhet, arbetarbakgrund och kompromiss. Inför partiledarbytet hade ett motstånd mot Palme kommit i dagen bland mer konservativa socialdemokrater, bland annat *Dala-Demokratens* chefredaktör Gösta Skoglund. Efter valet 1968 varnade han för att partiet höll på att tas över av akademiker utan förankring i arbetslivet, med Palme som främsta exempel. Men Skoglund var en tämligen ensam röst inom de ledande skikten. De flesta socialdemokratiska ledarskribenter slöt upp bakom Palme.

Hur stark anti-Palmerörelsen var under ytan är svårt att bedöma. Det har hävdats att fackföreningsrörelsen var skeptisk, men det enda som är helt klart är att LO-ledningen inte ville ha den förre ombudsmannen i Lantarbetareförbundet Gunnar Sträng som partiledare. Fackbasen Arne Geijer var kanske inte särskilt entusiastisk över Palme heller, men ur LO:s perspektiv var det bättre med en ung man utan facklig erfarenhet som statsminister än en fackföreningsräv som kunde alla förhandlingsknep utan och innan. Palme hade dessutom hängivet stöd från sin vän Knut Johansson, bas för de svenska byggarbetarna och medlem i partiets verkställande utskott. Misstänksamheten mot Palmes ungdomlighet och akademiska framtoning överflyglades oftast av entusiasmen för hans personlighet. Det råder inget tvivel om att Palme hade draghjälp inför partiledarskapet av vänligt sinnade journalister, framför allt Dieter Strand på *Aftonbladet* och Lars Svedgård på *Expressen*. De följde Palme på hans resor runtom i landet och skrev entusiastiska reportage som betonade Palmes folklighet och förmåga att få kontakt och sätta sig in i vanliga människors problem. Även om denna bild var överdriven och vinklad var den inte gripen ur luften. Palme hade den karismatiske politikerns förmåga att skapa kontakt genom en blick, ett handslag, ett par ord.

Just de drag som många utomstående fann stötande hos Palme – framför allt hans aggressivitet och partitaktiska knep – älskades också av många inom rörelsen därför att de talade till ett behov av samhörighet. På grund av den sena industrialiseringen hade arbetarklassen i Sverige aldrig utvecklat den täta sociokulturella gemenskap som den hade i England, norra Tyskland och Belgien. Klassolidariteten hade i stället fötts gemensamt med den organiserade arbetarrörelsen. Folkets hus och fackföreningen blev den naturliga samlingspunkten snarare än puben och grannskapet. Att klassbegreppet blev mer politiskt än kulturellt underlättade demokratiseringsprocessen. Arbetarna vände sig utåt mot resten av samhället och ingick kompromisser och allianser med andra grupper.

Men det innebar också att politiken blev den centrala arena där arbetarna manifesterade sin sammanhållning. Palmes aggressiva stil talade till denna sida av socialdemokratin. Människor som inte var politiskt aktiva – även inom arbetarklassen – stördes ofta av hans försmädliga ton, retsamhet och överlägsenhet. Men många aktiva socialdemokrater älskade honom för att han tog strid för partiets och arbetarklassens sak. Den svenska arbetarrörelsen var för det mesta förnuftig, pragmatisk och kompromissvillig. Men mitt i all resonlighet fanns ett klasshat som då och då dök upp i sublimerad form: ett behov av att håna, angripa och förnedra borgerligheten, att visa att den inte var så märkvärdig trots sina anspråk på kultur och bildning.

Det var inte en fråga om ideologi, om radikalism eller socialiseringskrav, utan om den primitiva och irrationella underström som finns i all politik: mitt gäng är bättre än ditt. Och få kunde förmedla detta budskap som Palme. Han hade ingen medfödd respekt för de reservofficerare, företagsledare, docenter och jurister som de borgerliga partierna skickade fram utan strimlade dem utan pardon. Delvis var det en läggningssak. Sedan ungdomen hade han älskat drastiska formuleringar och intensiv debatt. Men det fanns också en taktisk sida. Han visste att detta var vägen till många socialdemokraters hjärta. Hans stridsvilja i rörelsens tjänst var en offergåva som i partikaderns ögon bevisade de socialdemokratiska idealens kraft. Att han kom från överklassen var snarare en fördel än en belastning i detta perspektiv.

Naturligtvis hade de socialdemokratiska ombuden på kongressen andra krav på en partiledare än polemisk kampglädje. Men 1969 var det ovanligt viktigt. Socialdemokratin kände sig trängd från vänster i slutet av sextiotalet. Någon känsla av att det rådde "socialdemokratisk hegemoni" – som det har talats om i efterhand – fanns inte. För att klara det nya tvåfrontskriget mot både den traditionella oppositionen från höger och den nya vänstervågen krävdes uppenbarligen en annan sorts ledare än Erlander, Sträng och den äldre generationen av socialdemokrater. Palme hade bevisat sin förmåga att ta strid både höger- och vänsterut i 1968 års valrörelse. Som Gunnar Sträng uttryckte det på partikongressen på morgonen den 1 oktober: "Har man en ung man som besitter alla de önskvärda kvalifikationerna och en äldre man som har en del av dessa kvalifikationer, talar allt för att den yngre ska väljas." Några timmar senare var det dags att rösta om ny partiordförande. Efter högläsning av artonhundratalsdiktaren Erik Gustaf Geijer, Chopins *Revolutionsetyd* på piano och cellospel tog Palmes gamle vän

Knut Johansson, ordförande i Byggnadsarbetareförbundet, ordet för att på valberedningens vägnar föreslå Palme som ny partiordförande. Klockan 14.30 valdes han enhälligt av kongressen.

Att Olof Palme hade valts till partiledare för Socialdemokraterna och nu skulle bli svensk statsminister blev en internationell nyhet. Palme hade redan fått mer utländsk publicitet än någon annan svensk politiker. Sverigevänliga *New York Times* hade redan hösten 1968 uppmärksammat Palme som sannolik efterträdare till Erlander. "Mr Palme", förklarade den amerikanska tidningen, "är ofta provocerande både på grund av sina kontroversiella åsikter och på grund av sin snabba, skarpa intelligens." Ett halvår före partiledarvalet, i april 1969, hade Palme intervjuats på *The David Frost Show*, ett brittiskt program som sändes över stora delar av den engelskspråkiga världen. Frost, som ursprungligen hade tänkt bli präst, var precis som Palme en ny sorts offentlig personlighet som kastats fram av sextiotalet. Han var smart, charmig och bildad på ett oemotståndligt brittiskt sätt (han hade en examen i litteratur från Cambridge) och intervjuade tidens framstående personer med en blandning av lättsamhet och allvar.

Palme var inte Frosts förstahandsval. Han hade hoppats att få intervjua Tage Erlander, Ingmar Bergman eller någon av bröderna Wallenberg. Men Palme var den enda som var tillgänglig och villig att ställa upp. Det blev en lysande triumf. När intervjun sändes i Sverige fick publiken se en avspänd Palme som på utmärkt engelska svarade på Frosts välvilliga frågor. Hans distanserade men ändå personliga sätt var inte helt olikt den brittiske programledarens. Det skadade inte heller att han efter åratal av tjat från Lisbet hade ordnat till sina dåliga tänder och tagit bort vanprydande födelsemärken i ansiktet. De flesta kommentatorer tyckte att Palme klarat sig bra, även om irriterade stön kom från *Svenska Dagbladet*. Frostintervjun bekräftade att Palme hade internationell *star quality*, att svensk politik som hittills varit synonymt med förutsägbarhet plötsligt blivit en aning mer spännande. Tage Erlander för sin del gladdes åt att Palme lyckades få in några berömmande ord om den svenske finansministern Sträng i intervjun. Det var det knäfall från Palme som Sträng behövde. Nu var successionen klar, konstaterade Erlander.

Även om valet av Palme till ny partiledare rapporterades världen runt var han trots allt bara en ny politiker i ett litet neutralt land i norra Europa. Uppmärksamheten blev störst i Sveriges traditionella närområde. Den tyska tidskriften *Der Spiegel* hade inför partiledarvalet publicerat en längre intervju med Palme som avslutats med kommentaren att svenska folket skulle vara tokigt om det inte valde honom till statsminister. När han sedan valdes slog den kulturradikala danska dagstidningen *Politiken* upp två entusiastiska sidor under den något märkliga rubriken "Palme – Nordens Napoleon" medan både *Berlingske Tidende* och *Information* varnade för att Palme skulle skapa motsättningar. I Norge ansåg *Aftenposten* att Erlander var bättre än Palme, medan *Morgenbladet* proklamerade att Sverige nu blivit "Europas sjuke man". Utanför Norden var intresset mer begränsat. Franska *Le Monde* ägnade visserligen en helsida åt Palme, men de brittiska tidningarna hade endast kortare ledarkommentarer. I USA var *New York Times* positiv medan *Washington* Post publicerade en mer kritisk artikel som varnade för att Sverige kunde vara på väg att bli en enpartistat. Några veckor efter partiledarvalet medverkade också Palme i de amerikanska teveintervjuprogrammen "Face the Nation" och "The Huntley-Brinkley Report". Ett mer udda inslag var att Palme i november nominerades till titeln "Årets man" av en spansk veckotidning tillsammans med Fidel Castro, Samuel Beckett, Eddy Merckx och Wernher von Braun.

Det var knappast Andy Warhols femton minuter på ljustavlan vid Times Square i New York, men jämfört med tidigare socialdemokratiska partiledarbyten var det en enastående uppgång i internationell publicitet. Svenskarna, detta försiktiga folk, som inte ville märkas i världen och värdesatte kompromiss och samarbete över allt annat, fann sig plötsligt ha fått en stridbar ledare med internationella ambitioner. Med valet av den fyrtiotvååriga Palme hade de också skaffat sig Europas yngste regeringschef; de flesta av hans kolleger, som Harold Wilson, Willy Brandt, och Georges Pompidou, var i femtio- och sextioårsåldern. Sextiotalet hade gjort svenskarna djärvare, nyfiknare och mindre förutsägbara. Men det innebar också att gamla samhällskontrakt och överenskommelser hade sagts upp. Det land som Palme skulle komma att styra som statsminister var inte längre det stillsamma bakvatten där han gjort karriär. Samma krafter som fört honom till makten skulle utsätta honom för svåra prov som regeringschef.

13. Den demokratiske socialisten

Socialismen innebär frigörelse från klassamhällets beroende.
OLOF PALME

*Varje medborgare skall på en och samma gång
vara perfekt oberoende av alla andra medborgare
och till ytterlighet beroende av staten.*
JEAN-JACQUES ROUSSEAU

HEMLIGHETEN BAKOM ERLANDERS långa period som statsminister var en kombination av defensiv pessimism och oändligt tålamod. Med en nästan masochistisk känslighet hade han ängslat sig igenom de flesta kriser. I det avseendet fanns det ingen kontinuitet mellan Erlander och Palme. Trots en rad affiniteter – inte minst intellektuell lekfullhet och en förkärlek för taktiska finesser – var de två statsministrarna i grunden mycket olika. Erlander var en samvetsgrann förvaltare som valt förändring för att hålla sig kvar vid makten. Palme var en radikal idealist som valt makten för att åstadkomma förändring. När han äntrade podiet i Folkets hus i september 1969 för att acceptera valet till partiordförande hade stämningen varit elektrisk. De socialdemokratiska kongressombuden förväntade sig att han skulle föra både partiet och nationen ut på nya och oförutsedda vägar.

Men vilka var dessa vägar? Tidens stora ideologiska fråga ansågs vara socialism eller kapitalism. "Det här är en revolution! Vad är er politiska åsikt? Ni har tre sekunder på er att svara!", skrek en sinnesförvirrad juridikstudent utanför puben Profeten i Uppsala våren 1970, ögonblicket innan han öppnade eld med en kpist och dödade en person och skadade fem andra. I grunden var det samma fråga som Sven Svensson i *Dagens Nyheter* ställde efter Palmes tillträde som statsminister: "Den politiskt ömtåligaste frågan för Olof Palme gäller kapitalägarnas inflytande över produktionsmedlen. Socialism innebär att staten äger produktionsmedlen, kapitalism att de ligger i privata händer." Men Socialdemokraterna hade föga att vinna på begreppsliga preciseringar. Själva förutsättningen för det långa maktinnehavet var att partiet lyckats övertyga väljarna om att man kunde uppnå jämlikhet och social rättvisa utan att upphäva marknadsekonomin och den privata egendomsrätten.

I detta avseende var Palme en klassisk socialdemokrat. Som nyvald partiledare mullrade han visserligen – detta var året efter studentrevolten – om att Socialdemokraterna inte skulle "tveka att ingripa i marknadshushållningen när detta är nödvändigt för att tillgodose de krav som växer fram ur människornas vardag". Men han var inte någon marxist, som ansåg att den viktigaste politiska frågan var vem som ägde produktionsmedlen. Hans idé om "det starka samhället" som ökade den individuella valfriheten för människor förutsatte i själva verket ett effektivt och konkurrensutsatt näringsliv. Han använde begreppet "demokratisk socialism" för att beskriva sin egen värdegrund, men det innebar inte något mer preciserat än att han med demokratiska medel ville uppnå ett samhällstillstånd präglat av social rättvisa och jämlikhet, både nationellt och internationellt. "Demokratisk socialism" var arbetarrörelsens finaste gåbortskostym, ett plagg som visserligen hängde längst in i garderoben men som det aldrig var tal om att städa ut. Framför allt förknippades begreppet med Ernst Wigforss, legendarisk socialdemokratisk finansminister mellan 1932 och 1949, som även betraktades som partiets störste ideolog under denna tid. Ironiskt nog berodde Wigforss starka ställning inom partiet på att han var en tuff, pragmatisk och saklig finansminister. Hans ideologiska analyser var däremot diffusa och undflyende, vackra söndagsprediksningar som höll föreställningen om en annan samhällsordning levande utan att kräva några obehagligt specifika ställningstaganden i dagspolitiken.

Socialdemokratin, förklarade Palme för de förväntansfulla ombuden i Folkets hus 1969, skulle under det kommande decenniet arbeta för en fördjupad demokrati och en ökad jämlikhet i det svenska samhället. "Nu växer kraven på medbestämmande. På arbetsplatserna, i skolorna, i boendemiljön, i det ekonomiska livet i stort..." På den internationella arenan, menade han, skulle Socialdemokraterna på ett liknande sätt stödja länder och rörelser i tredje världen som kämpade för nationell självständighet. Detta var kärnan i hans politiska tänkande och gärning, det som ibland kallas den "palmeska blandningen" av utrikes- och utbildningspolitik – om man i det senare lägger in en allmän jämlikhetssträvan som omfattade även relationer inom familjen och i arbetslivet. Under sina kommande sju år som statsminister – fram till 1976 – skulle han på ett anmärkningsvärt sätt komma att förverkliga sina mål. Sverige blev ett av världens mest jämlika länder: inkomstklyftorna minskade, kvinnorna kom ut på arbetsmarknaden, barnomsorg och annan social service byggdes ut, utbildningsnivån höjdes, demokratin på arbetsplatserna stärktes. Inom utrikespolitiken blev Sverige mer aktivt än vad det varit under flera århundraden, framför allt i engagemanget för tredje världen men även i stödet till demokratiseringen av Västeuropas kvarvarande diktaturer.

*

Vintern 1969–1970 verkade det dock tveksamt om Europas yngste statsminister ens skulle överleva sitt första år vid makten. I nästan två månader, mellan den 9 december och början av februari, rasade en vild strejk i de norrländska malmfälten som utmanade det mesta av vad svensk socialdemokrati stått för under sextiotalet. Konflikten hade börjat med en sittstrejk i truckverkstaden i LKAB:s gruva i det lilla samhället Svappavaara, tretton mil norr om polcirkeln. Inom något dygn hade strejken spridit sig till de stora gruvorna i Kiruna och Malmberget. Den 11 december strejkade samtliga LO-anslutna gruvarbetare i LKAB, även i malmhamnen i Luleå, totalt 4 700 personer. I efterhand har det hävdats att strejken kunde ha stoppats på ett tidigt stadium om den lokala arbetsledningen varit flexibel och förhandlat om ackordslistan. Det är sannolikt ett lika riktigt som poänglöst påstående.

Under sextiotalet hade det statliga gruvföretaget LKAB infört en rigid ledningsstruktur som syftade just till att omöjliggöra improviserade lokala uppgörelser. Tidigare hade gruvarbetarna kunnat förhandla med förmän och ingenjörer om justeringar av orealistiska prislistor. Men LKAB:s ledning ville eliminera godtycket. Med hjälp av vetenskapliga managementmetoder från USA mättes alla arbetsmoment upp av tidsstudiemän: "Vid gång på sand, järnvägsslipers, inom hindrade områden och under liknande förhållanden användes en standard på 17 TMU [TMU = 1/100 000 timme] per steg." Samtidigt fick arbetsledarna stränga instruktioner att inte tillåta undantag. Resultatet blev bisarra historier om gruvarbetare som straffades för att de drack ett glas vatten på arbetstid.

I Svappavaara hade dessutom arbetsgivaromsorgen havererat helt. LKAB hade en stolt historia i Norrland som ett socialt engagerat företag. I början av nittonhundratalet hade bolagets legendariske chef Hjalmar Lundbohm byggt upp mönstersamhället Kiruna med sjukhus, omsorgsfullt arkitektstuderade bostadsområden, vattenledningar, vägar, kyrka och prästbostad. Lundbohm var inspirerad av den engelske utopisten Robert Owen vars experimentsamhälle New Lanark var avsett att skapa bättre och lyckligare arbetare genom drägliga arbetsförhållanden, ljusa, hygieniska bostäder, goda skolor och ett rikt kulturutbud. Medan Kiruna utvecklades hade den lilla vildmarksbyn Svappavaara levt på marginalen med skogsarbete, jordbruk och långpendling till andra orter. I slutet av femtiotalet började dock LKAB bryta malm i Svappavaara. Företaget utlovade skola, affärscentrum, nya bostäder, bättre förbindelser, kort sagt modernitet och välfärd. Eller antogs i alla fall ha gjort det.

Det började bra. LKAB anlitade den svensk-brittiske arkitekten Ralph Erskine, en stigande internationell stjärna, som hade en vision av ett "ombonat samhälle mitt i den lappländska kylan". Erskine, som bodde i en villa med öppen planlösning vid slottsparken Drottningholm utanför Stockholm, ritade ett 200 meter långt bostadshus kallat Ormen Långe med en kulvert i bottenvåningen tänkt att utgöra ett inomhustorg med exotiska palmer och samlingslokaler. Men Ormen Långe blev inte det minsta ombonat när det stod färdigt 1964. Visionen av de gemensamma trivsellokalerna med tropisk atmosfär slutade i en mörk och otrivsam källargång. Något nytt affärscentrum kom inte till stånd, byborna fick nöja sig med en konsumbutik och Stålnackes livs. Missnöjet var kompakt, både med LKAB och med livet i allmänhet.

Om den tysta och röda decembermånen i Svappavaara skulle man kunna sjunga blues om man kunde, skrev Sara Lidman i reportageboken *Gruva* som kommit ut året före strejken. Hon hade varit i malmfälten för att föreläsa om Vietnam, men efter sina samtal med gruvarbetarna blivit så tagen att hon kände sig tvungen att skriva om de hårda arbetsvillkoren i gruvan och missnöjet med LKAB och tidsstudiemännen. När strejken bröt ut tolkade den svenska vänstern det som en bekräftelse på att gruvarbetarna ställt sig i spetsen för upproret mot den socialdemokratiska reformismen, en senkommen proletär anslutning till kårhusockupationen. Och onekligen var gruvarbetarna klassmedvetna. Arbetarradikalismen, först i form av syndikalism och sedan kommunism, hade alltid varit stark i malmfälten. I hemmen hängde Stalins porträtt bredvid den norrländske väckelsepredikanten Laestadius. Till skillnad från vad som var fallet i södra Sverige var de borgerliga mellanskikten svaga i dessa nybyggarsamhällen. Arbetare och företagsledning stod emot varandra utan mellanliggande buffert.

Men vad än Socialdemokraterna fruktade, och vad än extremvänstern hoppades, låg det ingen hemlig kommunistisk dagordning bakom strejken. I själva verket var gruvarbetarkonflikten del av en allmän strejkvåg som rullade över hela Europa i slutet av sextio- och början av sjuttiotalet. De många goda åren hade skapat starka förväntningar och arbetslösheten var rekordlåg. Gruvstrejken skulle följas av fler fackliga konflikter, både olagliga och lagliga; bland annat gick akademikerförbundet SACO ut i en stor strejk i februari 1971. Men även om Kirunakonflikten inte förebådade ett allmänt socialistiskt uppror blottlade den ett klassamhälle av ett slag som en äldre generation socialdemokrater trodde tillhörde historien. Hösten 1969 hade Gunnar Sträng gått till angrepp mot Sara Lidman på Arosmässan i Västerås: "Jag tvekar inte att säga att Sara Lidmans Gruva alls icke är representativ för förhållandena uppe i LKAB..."

En del av problemet var att arbetarrörelsen var direkt ansvarig för det stora norrländska gruvbolaget. Ursprungligen hade företaget till hälften varit ägt av staten och till hälften av det privata Grängesbergsbolaget. Men 1956 hade regeringen utnyttjat en option att köpa ut Grängesberg. En av de ivrigaste förespråkarna hade varit den nyblivne socialdemokraten Olof Palme, som 1955 skrivit en stor artikel i SSU-tidningen *Frihet* om socialiseringen av LKAB: "I fallet LKAB är det fråga om ett positivt initiativ som möjliggör ett från hela samhällets synpunkt mera planmässigt utnyttjande av en väsentlig naturtillgång."

Och planmässigt blev det. Företaget sköttes effektivt och rationellt och hade en framskjuten marknadsposition under sextiotalet. Bakom denna gynnsamma utveckling stod LKAB:s chef sedan 1956, Arne S. Lundberg, ibland kallad "vojen" eftersom han togs från Utrikesdepartementet och hade avslutat sin karriär där med titeln *envoyé*. Han kom från ett arbetarhem i Norrland – fadern var järnvägare – och hade börjat sin karriär som journalist. Trots att Lundberg inte parlerade franska och uppträdde i bruna skor på cocktailparties hade han snabbt vunnit respekt inom utrikesförvaltningen. Men under strejken blev Lundberg den mediala sinnebilden för Socialdemokraternas omvandling från arbetarföreträdare till själlösa administratörer. Det var som i *Djurfarmen* – några av djuren hade rest sig på bakbenen och förtryckte nu sina forna kamrater.

Men strejken riktade sig även mot LO och Gruvarbetarförbundet. I den "svenska modell" som byggts upp sedan trettiotalet var respekten för ingångna avtal en hörnsten. Fram till sjuttiotalets början hade den svenska arbetsmarknaden varit en av världens fredligaste. År 1967 hade Sverige förlorat 0,05 arbetsdagar per hundratusen invånare på grund av arbetsmarknadskonflikter; motsvarande siffra för USA var 271,4 och för Frankrike 84,3. Genom att gå ut i en vild strejk desavouerade gruvarbetarna inte bara sina lokala fackliga företrädare utan även den centrala förbundsledningen. Detta missnöje var inte på något sätt nytt. Gruvtolvan – som den lokala fackavdelningen hette – hade alltid präglats av misstänksamhet mot den centrala fackliga ledningen, som satt långt söderut i Dalarna. En orsak till spänningen var skillnaden i lönsamhet mellan LKAB och de mellansvenska smågruvorna. Gruvarbetarförbundet försökte hålla en jämn nationell lönenivå som inte slog ut de mindre gruvföretagen, vilket innebar att de anställda vid LKAB fick hålla igen på sina krav trots att företaget gjorde stora vinster. Den vilda gruvstrejken utmanade denna fackliga solidaritetsstrategi och underminerade den traditionella stabiliteten på svensk arbetsmarknad. "En samhällsgemenskap måste byggas så att man kan lita på att ett avtal är ett avtal", sade Palme i riksdagen.

Men denna synpunkt hade Socialdemokraterna och LO-ledningen svårt att vinna gehör för. Gruvarbetarnas strejk väckte omedelbar sympati hos många svenskar. Historiskt sett fanns det ett särskilt utopiskt skimmer kring Norrland i svensk självförståelse. Norra Sverige var en gränsbygd, ett inre Amerika, dit människor kunde flytta för att komma bort från det gamla svenska klassamhället och starta på nytt (att samerna redan bodde där räknades liksom inte). "Flickorna har väldiga papiljottkronor under sjaletten, karlarna kör samma bilmärken som i Gröndal, barnen läser Kalle Anka och tigger glass. Men alla talar ett språk som jag inte kan, det känns som i Irkutsk", skrev Sara Lidman i *Gruva*. En annan svensk kvinnlig författare, Nobelpristagaren Selma Lagerlöf, tyckte i början av nittonhundratalet att hon kommit till "ett nytt land, olikt allt som jag tidigare skådat..." Norrlänningar ansågs vara mer jordnära, autentiska och ärliga än andra svenskar, en uppfattning som ännu i dag återspeglas av det faktum att en norrländsk dialekt är en stor tillgång vid telefonförsäljning. Utan den allmänna vänstervågen hade dock gruvstrejken förblivit en lokal affär i Lappland. Men nu strömmade journalisterna från södra Sverige till Kiruna. Inte minst tog den nystartade andra statliga tevekanalen i Sverige, TV2, gruvstrejken på entreprenad och hyrde in Sara Lidman som expertkommentator. Sammanlagt hade de båda tevekanalarena 25 anställda på plats och två inhyrda plan för att frakta dem mellan Stockholm och Kiruna. "I varje kanal förekommer en gruvarbetare som talar om arbetslivets hårda villkor...", konstaterade Palme inför den socialdemokratiska partistyrelsen.

Hur frustrerande det än var kunde inte den socialdemokratiska regeringen och dess nye statsminister göra särskilt mycket i det här läget. Det råder inget tvivel om att strejken ligger längst fram i huvudet på honom, konstaterade *Aftonbladets* Dieter Strand när han intervjuade Palme i januari 1970; "han talar närmast bittert om sin och regeringens 'påtvingade inaktivitet'". Palme hade varken erfarenhet av eller särskilt ingående kunskaper om arbetsmarknadsfrågor och fackliga konflikter, något han tydligt demonstrerade genom några förvirrade kommentarer precis när strejken brutit ut. Men han ville ändå åka till Kiruna och "ta en debatt med arbetarna". Anders Ferm, Ingvar Carlsson och andra medarbetare fick hålla honom tillbaka från att kasta sig på första bästa plan norrut. Den polske kavalleriofficer som aldrig låg långt från ytan i hans väsen sade honom att anfall är bästa försvar – precis som när han gått ner till ockupanterna på studentkåren i maj 1968. Det är inte svårt att förstå att Ferm, vars far varit strejkledare, och andra rådgivare som visste något om fackliga konflikter fasade för den mediala kontrasten mellan Palme och gruvarbetarna.

Vad Ferm och de övriga rådgivarna inte kunde förutse var de psykologiska effekterna av Palmes beslut att inte åka till Kiruna. Han var en utpräglad tävlingsmänniska som hade svårt att backa från en utmaning. Efter sin första förvirring hade han kastat sig över all kunskap han kunde få om LKAB-strejken. Han studerade tidigare strejker i svensk historia och beställde fram material från tjugo- och trettiotalet från Arbetarrörelsens arkiv nära LO-borgen vid Norra Bantorget. Detta närmast maniska intresse märktes inte utåt, men på interna socialdemokratiska konferenser kunde han förbluffa deltagarna med långa exposéer om facklig taktik. I efterhand tärde frågan om han inte borde ha åkt till Kiruna på honom. Han ansåg att han skulle ha följt sin intuition och inte litat på sina rådgivare. Gruvstrejken satte ännu en repa i Palmes självförtroende, långt allvarligare än den som studentrevolten orsakat.

Fast det gällde inte bara Palme. Gruvstrejken skapade en överdriven rädsla för radikalisering på de svenska arbetsplatserna hos hela den socialdemokratiska ledningen. När den väl blåst över – den varade i 57 dagar och resulterade i löneökningar på femton procent och löfte om införande av fast månadslön – påbörjades en omfattande omdaning av svensk arbetsmarknadslagstiftning. Sedan trettiotalet hade ett av fundamenten i den svenska modellen varit att arbetsmarknaden skulle regleras av frivilliga överenskommelser mellan arbetsgivare och fackföreningar. Men under sextiotalet hade allt fler börjat argumentera för att staten borde gripa in mer aktivt för att skydda arbetstagarna. Gruvstrejken blåste bort det mesta av motståndet mot statlig inblandning i konflikten mellan arbete och kapital. Mellan 1970 och 1976 genomfördes en lång rad reformer som syftade till att demokratisera arbetslivet och stärka fackföreningarnas ställning: bättre rättigheter för äldre på arbetsmarknaden (1971), styrelserepresentation för anställda (1972), stärkt arbetarskydd (1973), stärkt anställningsskydd (1974) och ökat medbestämmande för arbetstagare (1976). Olof Palme – som inte hyste någon tvekan när det gällde att vidga statens befogenheter inom arbetslivet – var pådrivande. Han hade varit genuint engagerad i demokrati på arbetsplatserna långt före det tidiga sjuttiotalets fackliga oro – faktiskt sedan slutet av fyrtiotalet då han studerat "Industrial relations" med Paul Titus som lärare vid Kenyon. Men i USA, där fackföreningsrörelsen alltid varit svagare än i Sverige, var det självklart för vänstern att ropa på lagstiftning. I Sverige rubbade den nya politiken den historiskt känsliga balansen mellan arbete och kapital. Arbetsgivarna blev nu djupt misstänksamma mot Socialdemokraterna och Olof Palme.

*

När Palme inte fick åka till Kiruna bestämde han sig för att åka till USA. Han hade inga avsikter att backa från sin kritik av den amerikanska krigföringen i Sydostasien. Men han hade legat lågt om Vietnam under det gångna året eftersom Nixon hade börjat reducera antalet amerikanska soldater där. Under hösten gjorde han också tydliga markeringar mot den svenska vänsterns programmatiska antiamerikanism. I november hade han inför hundratals företagsledare i Malmö förklarat att det fanns en "genuin sympati för Amerika" i Sverige, hyllat den amerikanska framtidsvisionen och citerat poeten Carl Sandburg: "Yes, the people, yes!" I den sovjetiska pressen spekulerade man över om Palme höll på att ge efter för de ekonomiska påtryckningarna från USA.

Mitt under gruvarbetarstrejken, några dagar före jul, meddelade Palme att han skulle besöka USA i juni 1970 för att ta emot ett hedersdoktorat från Kenyon College. Bosse Ringholm, SSU:s ordförande sedan 1967, menade att ungdomen hade svårt att förstå Palmes hållning. Den nya generationen hade till skillnad från den som vuxit upp under andra världskriget aldrig "upplevt USA som något hoppfullt". Denna principiella antiamerikanism blev tydlig i mottagandet av den nye amerikanske ambassadör som anlände till Sverige i början av april 1970 (posten hade varit vakant sedan William Heath gett sig i väg våren 1968). Jerome Holland, som var son till en fattig trädgårdsmästare och hade gjort en imponerande karriär under en tid som präglades av stark rasism, fick ett hett mottagande. Vietnamaktivisterna kastade ägg, och en svart amerikansk desertör ropade "house nigger" när ambassadören invigde det nya amerikanska kulturcentrumet i Stockholm den 29 april.

Vietnamkrigets vansinne överskuggade dock de diplomatiska förvecklingarna. Den första maj, bara några dagar efter attackerna mot Holland, gick amerikanska trupper in i Kambodja. Denna eskalering av kriget ledde till de största och våldsammaste demonstrationerna i USA dittills. Under maj månad protesterade över fyra miljoner studenter på mer än 450 universitet och högskolor runtom i USA. Den 4 maj sköt hemvärnssoldater ner fyra studenter på Kent State University i Ohio. Några dagar senare gick 200 byggnadsarbetare på nedre Manhattan i New York till hårdhänt angrepp mot demonstrerande ungdomar på Wall Street. Från ett fönster på New York University i hjärtat av Greenwich Village hängde studenterna ut en banderoll där det stod "De kan inte döda oss alla".

Till denna delade nation anlände Sveriges statsminister den 3 juni. Resan fick stor medial uppmärksamhet i Sverige. "Palme tränar för sitt livs hårdaste match: USA" var rubriken på *Aftonbladets* förstasida ovanför en bild där Palme spelade fotboll med den åttaårige sonen Mårten på den lilla radhustomten i Vällingby. I amerikansk press underströk han att det var ett privat besök, han skulle "inte sprida några budskap". Det behövde han heller inte. Palme var i sig själv ett budskap: den unge statsministern från ett neutralt land som höjt rösten mot Vietnamkriget. Under våren hade konservativa ledarsidor och kolumnister i USA klagat över att Kenyon College bjudit in Palme: "I stället för att stödja våra vänner och allierade har Kenyon College valt att ge ett hedersdoktorat till Sveriges statsminister. Så synd att Ho Chi Minh har dött, annars kunde han också ha fått ett." Ordföranden i amerikanska hamnarbetarförbundet Teddy Gleason, som tidigare hotat att bojkotta Volvobilar och andra svenska varor, förklarade att man skulle organisera bussresor till Ohio för att demonstrera mot Palme. Men ledningen för Kenyon darrade inte på manschetten. Samtidigt kom den amerikanska vänstern till den akademiska frihetens försvar. Senatorn William Fulbright deklarerade att Palme var en sann USA-vän vars kloka råd Vita huset borde lyssna på. Den svenske statsministern, förklarade författaren och statsvetaren Michael Harrington, "är den sortens man som amerikaner borde beundra".

Med på resan var för ovanlighetens skull Lisbet, som anlände till Washington i en enkel grå dräkt, lågklackade bruna skor och vita strumpor. I den amerikanska huvudstaden skulle hon göra studiebesök på ett daghem för barn med sociala problem. I sällskapet ingick också Anders Ferm, Palmes pressekreterare Berit Rollén samt ett stort följe svenska journalister. Palme åkte ut till den stora krigskyrkogården i Arlington utanför Washington och lade blommor på bröderna Kennedys gravar. Han hade också ett inbokat möte med den amerikanske utrikesministern William Rogers. Palme trodde att det skulle bli en artighetsvisit på en kvart, men samtalet kom att vara i flera timmar och främst handla om Vietnam. Efter att ha framträtt på National Press Club i Washington flög Palme till Ohios huvudstad Columbus fredagskvällen den 5 juni för vidare transport till Kenyon. Paret Palme bodde över natten hos Kenyons rektor.

I Ohio var Palme helt okänd utanför själva colleget. En lokaltidning hade meddelat nyheten om hans hedersdoktorat under rubriken "Den svenske kungen talar vid Kenyon". Men rapporterna om att arga hamnarbetare var på väg väckte oro. Bilderna av arbetare i bygghjälmar som pucklade på unga studenter från kravallerna på Wall Street i maj hade satt sina spår. "Vi vet inte vad som kommer att hända, men vi tänker vara förberedda", förklarade Ralph D. Peairs, den lokale sheriffen i Mount Vernon, samhället intill Kenyon. Colleget hade varit tämligen oberört av de våldsamma studentupploppen under våren, men nu tycktes konflikten ha nått även detta stillsamma hörn av USA. Peairs hade kallat in 60 uniformerade och 15 civilklädda poliser från de omkringliggande grevskapen. Hans åtgärder övervakades dessutom av sex säkerhetsmän från det amerikanska utrikesdepartementet, vilket säkert inte gjorde Ohiosheriffen bättre till mods.

Själva ceremonin på Kenyons lummiga campus på lördagseftermiddagen blev en antiklimax. Sommarlovet hade börjat och bara ett femtiotal studenter fanns på plats. De knappt hundra hamnarbetare som hörsammat uppmaningen om att demonstrera avbröt Palme några gånger med slagord och buanden, men efter hand tog bussresan och fridfullheten bland de gamla collegebyggnaderna ut sin rätt. Demonstranterna satte sig ner på gräsmattan och drack öl. Några slumrade också in i sommarvärmen. Palme framträdde i den platta doktorshatt och akademiska kåpa som han fått av colleget. Den svenske statsministern talade inte om Vietnamkriget – det hade aldrig varit avsikten – utan resonerade om hur statlig välfärdspolitik kan stärka individuella rättigheter, till exempel för handikappade. Palme var i högform. Han munhöggs med hamnarbetarna och efter ceremonin diskuterade han med en grupp intresserade studenter. När en journalist frågade studenterna vad de talat om, svarade de "sex and Vietnam".

Resten av USA-besöket ägnade Palme åt att ge intervjuer och hålla tal i Washington och New York. Han var stramt statsmannaklädd i grå kostym och diskret slips när han med gott humör och stort tålamod redogjorde för Sveriges hållning i en rad olika intervjuprogram i amerikansk teve: "Vi är motståndare till Vietnamkriget liksom vi har protesterat mot Berlinmuren och invasionerna i Tjeckoslovakien och Ungern... Jag, och en överväldigande del av svenska folket, känner en djup och sann vänskap med det amerikanska folket... Det är underbart att vara tillbaka i USA, jag har de bästa minnen från min tid vid Kenyon..." Han intervjuades än en gång av David Frost, vilket mest liknade en kär återförening mellan två gamla vänner. När journalisterna tröttnade på Vietnamfrågan tog de gärna upp den mer publikt tacksamma frågan om Palmes medverkan i *Jag är nyfiken – gul*. Ett framträdande stack av mot de övriga. På *The Women's National Democratic Club* i Washington höll han ett utförligt föredrag om "Mannens befrielse" som utgjorde en initierad genomgång av den familjepolitiska debatten i Sverige sedan sextiotalets början.

Sista kvällen var det middag hos den svenske FN-ambassadören Sverker Åström. Lisbet hamnade bredvid den framstående svarte amerikanske FN-diplomaten Ralph Bunche, som hade samarbetat både med Gunnar Myrdal och Dag Hammarskjöld. Bunche var allvarligt sjuk – han skulle dö följande år – och talade om sin bitterhet mot Vietnamkriget, där så många unga svarta amerikaner, inklusive hans egen son, deltog. Efter middagen tog sig Olof och Lisbet till en fest för den unge svarte politikern Andrew Young, som just tillkännagett att han skulle ställa upp i det kommande kongressvalet. Tillställningen ägde rum i en festvåning på hotell Pierre, samma hotell som det svenska sällskapet bodde på. Lena Horne och Harry Belafonte sjöng och paret Palme träffade Martin Luther Kings änka Coretta. "Det var det mest fantastiska hittills i USA", konstaterade Palme. Den 12 juni var han tillbaka i Stockholm efter, som han småironiskt betecknade det, "en privat picknick i utlandet". Han hade visserligen inte träffat Nixon. Men i stället hade han charmat den amerikanska antikrigsopinionen och samtidigt fått god press hemma. Till hösten stod han inför en betydligt svårare match, vad *Aftonbladet* än tyckte: att vinna sitt första val som socialdemokratisk partiordförande.

*

Problemet med det kommande riksdagsvalet var inte bara att Socialdemokraterna hade en oprövad partiledare utan också att själva valsystemet hade reformerats i grunden. Den gamla tvåkammarriksdagen som instiftats 1865 hade gått i graven efter åratal av utredningar och komplicerade förhandlingar mellan partierna. Söndagen den 20 september 1970 skulle väljarna för första gången i svensk historia utse 350 representanter till en gemensam kammare i direkta val. Mandatperioden kortades ner från fyra till tre år, samtidigt som man införde en gemensam valdag för riksdags-, landstings- och kommunalval. Det gjorde det svårare för Socialdemokraterna som mer än en gång under sitt långa maktinnehav räddat sig kvar vid makten tack vare en eftersläpande majoritet i första kammaren (vars sammansättning hade byggt på tidigare kommunal- och landstingsval).

Ett orosmoln för Socialdemokraterna var paradoxalt nog att oppositionen var splittrad och desorienterad. Högerpartiet – som nu bytt namn till Moderata samlingspartiet – var svårt sargat av interna konflikter mellan den havererade partiledaren Yngve Holmberg, allt svartare runt ögonen och allt mindre Kennedylik, och den grå eminensen Gösta Bohman som anade att det snart var dags att träda fram i rampljuset. Folkpartiets ledare Sven Wedén hade avgått av hälsoskäl efter det misslyckade valet 1968 och ersatts av landshövdingen i Kronobergs län Gunnar Helén, som hade varit borta från rikspolitiken under andra hälften av sextiotalet. Helén framstod som en genomsympatisk människa men skulle bli en ovanligt misslyckad partiledare. Endast Centerpartiet under evighetsmaskinen Gunnar Hedlund – han var inne på sitt tjugoandra år som partiledare – tuffade glatt framåt. År 1968 hade partiet för första gången erövrat positionen som största oppositionsparti med 16 procent av väljarkåren bakom sig.

Men Socialdemokraternas stora seger 1968 hade gjort de borgerliga partierna strykrädda. En stark opposition tenderade att mobilisera socialdemokratiska soffliggare, bättre då att smyga fram och hoppas att man skulle kunna glida in i regeringskansliet på missnöje snarare än egna meriter. I pressen talades det om att de borgerliga partierna "tassade omkring i filttofflor". Det var ett problem för Socialdemokraterna i allmänhet och Palme i synnerhet, som behövde tydligt motstånd för kunna utnyttja sin slagfärdighet och retoriska förmåga fullt ut. "Om arbetarna upplever att det är fara å färde går de ju och röstar", hade Palme påpekat på fastighetsarbetarnas kongress i juni, men om oppositionen framstår som ofarlig, obeslutsam och splittrad tänker många att de inte behöver rösta.

Men det fanns inte heller så stora konfliktytor partierna emellan. Efter valet 1968, menade Palme, hade alla blivit "verbala socialdemokrater" utom marxist-leninisterna och kanske en del högerpartister. Den "århundradets skattereform" som Socialdemokraterna drev i valrörelsen och som innebar individuell beskattning av äkta makar samt högre skattesatser för höginkomsttagare mötte svagt motstånd. Och på arbetsmarknaden hade Kirunastrejken sänt chockvågor genom hela etablissemanget och skapat en bred samling kring behovet av mer demokrati och medbestämmande på arbetsplatserna. Men borgfreden gick också åt andra hållet. Även om FNL:arna kastade ägg på ambassadör Holland hade Palme uppträtt som en värdig statsman och gjort en tydlig ansträngning att på ett vänskapligt sätt förklara de svenska positionerna i Vietnamfrågan för amerikanerna.

Det politiska engagemanget blev heller inte särskilt intensivt under sommaren 1970. En utannonserad antiamerikansk demonstration på USA:s nationaldag den 4 juli tycktes utlova konfrontation. Men de fyra–femtusen personer som marscherade från Sergels torg till amerikanska ambassaden såg mer ut som glada semesterfirare. Vietnamdemonstrationer hade blivit rutin: "Det är ett evinnerligt rännande till amerikanska ambassaden nu för tiden, knappt har man hunnit hem så ska man dit igen", skrev Gun-Britt Sundström i romanen *Maken*, en kärlekshistoria som utspelade sig i Stockholms studentliv i början av sjuttiotalet. Däremot hade de revolutionära tendenserna spridit sig till modevärlden. De nya maxikjolar som modehusen i Paris föreskrev hängde kvar osålda på landets varuhus; kvinnorna vägrade att överge sina minikjolar. Mest förbittrade var dock svenskarna över "eländesvädret" under industrisemestern i juli, med temperaturer ner mot tio grader i Stockholm i mitten av juli – vilket kanske förklarar varför sommarplågan *In the Summertime* med brittiska popgruppen Mungo Jerry bet sig fast på första plats på Kvällstoppen. Statsministern gick för sin del på semester i början av juli och anslöt sig till Lisbet och pojkarna på ett regnigt och blåsigt Fårö. Precis som tidigare valår skrev han dock ett par stora artiklar i *Aftonbladet* under sommaren för att elda på de egna styrkorna inför valet.

Det som till slut gjorde att valrörelsen tog fart i augusti var dels den överhettade ekonomin, dels en personkonflikt mellan Palme och Erlanders gamle vän Gunnar Hedlund. Sommaren 1970 snurrade hjulen en aning för fort i Sverige. Priserna steg i en alarmerande takt; tidningarna publicerade dagligen tabeller över hur mjölk-, smör- och köttpriser rusade i väg. Samtidigt flödade valutan ur landet, vilket drev upp räntenivåerna. Den sammanlagda effekten var dyra pengar och dyra varor. Det slog mot människor med lägre inkomster, det vill säga de socialdemokratiska väljarna. Mer eller mindre desperat införde regeringen ett tillfälligt prisstopp på matvaror i slutet av augusti, det första i Sverige sedan andra världskriget. Centerpartiet svarade med att lova att sänka räntan, vilket Socialdemokraterna ansåg totalt ansvarslöst med tanke på den svenska kronans skakiga ställning på den internationella valutamarknaden.

Den socialdemokratiska planen, utformad av partisekreteraren Sten Andersson, var att Sträng skulle ta debatten med den sjuttioårige Hedlund. Palme kunde bara förlora på att matchas mot Erlanders gamle vän, menade han, vilket skulle visa sig vara en riktig bedömning. Men den bondsluge Centerledaren kände Palme och visste att denne hellre fäktade illa än flydde. Den 10 september, en och en halv vecka före valet, skrev han ett öppet brev till Erlander där han förklarade att Palme nog skulle bli bra som partiledare om han först fick en period i opposition. Det hela var tramsigt, men Palme kunde inte motstå utmaningen och tackade ja till en minidebatt med Hedlund i radion. I den korta replikväxlingen förklarade Palme att den svenska arbetarrörelsen skulle "ta itu med" Hedlunds "personliga förolämpningar" mot Erlander. Det lät obehagligt maktfullkomligt, snudd på sovjetiskt, även om det Palme nog egentligen ville ha sagt bara var att det nu var slut med den särskilda hänsyn som Erlander visat Centerledaren.

Palme gjorde en dålig valrörelse. Han var spänd, lättirriterad och övertygad om att han skulle förlora. Det innebar inte att han inte ansträngde sig. Tvärtom drev han sig själv hårdare än någonsin. Han reste furiöst och höll 215 valmöten inför 200 000 personer. För ovanlighetens skull tappade han tålamodet med vännen Ingvar Carlsson. Denne var ytterst pessimistisk inför valet och anordnade på eget bevåg ett krismöte i statsrådsberedningen för att diskutera vad som kunde göras. Palme gick i taket över denna svartsyn, inte minst därför att den speglade hans egen. När Palme, Erlander, Ferm och Aspling åt frukost på Hotell Continental mitt emot Stockholms Central på valdagens morgon – de hade just kommit med nattåget från Göteborg – var stämningen låg. "Skulle det gå dåligt börjar 1973 års valrörelse redan i morgon", sade Palme.

De första prognoserna på valnatten visade också på en katastrof för Socialdemokraterna. Den enda som höll masken var Palme, konstaterade en journalist som var på den socialdemokratiska valvakan; de övriga topparna "rotade buttert i pyttipannan och mumlade besviket om politiska budskap som inte nått fram". När rösträkningen var färdig hade Palme straffats av väljarna men kunde sitta kvar vid makten. Socialdemokraterna fick 46,4 procent av rösterna, vilket var en kraftig tillbakagång från 1968 men trots allt 0,2 procentenheter bättre än vad Erlander fått i sitt första val 1946. Centern blev valets segrare, men Palme kunde fortsätta som statsminister tack vare Vänsterpartiet kommunisternas 17 mandat. Det var som att leda Allsvenskan trots att arvfienden just gjort tre bra matcher i rad, sammanfattade en politisk journalist.

*

Några större förändringar i regeringen gjorde inte Palme efter valet 1970. Hans kabinett dominerades ännu av veteraner som Sträng, Andersson och Nilsson. Vid sitt tillträde hösten 1969 hade han utnämnt tre nya ministrar: Ingvar Carlsson som efterträdde honom själv som utbildningsminister, Vällingbygrannen Carl Lidbom som blev konsultativt statsråd och Lennart Geijer som ersatte Herman Kling som justitieminister. Den sextioårige Geijer var jurist och hade ingått i regeringen som konsultativt statsråd sedan 1966. Han hade två starka övertygelser: att kriminalvården måste humaniseras och sexuallagstiftningen liberaliseras. Geijer, en distingerad herre med smal mustasch som talade ädelskånska och rökte cigariller, var ytterst radikal på båda dessa områden. Han ville avskaffa så gott som alla fängelsestraff och tillåta nästan alla sexuella aktiviteter.

Ett stående skämt de första åren var att Palme utnämnts till statsminister i Gunnar Strängs regering. Det var överdrivet, men onekligen var finansministerns ställning mycket stark, inte minst efter hans piruetter inför partiledarvalet. Socialdemokratins främsta tillgång var det förtroende man hade bland väljarna när det gällde att sköta landets affärer – och inget förkroppsligade denna tillit mer än Strängs myndiga figur och tillkrånglade formuleringar. I valrörelsen 1970 hade socialdemokratiska valaffischer proklamerat – under en bild av Sträng – att "Prisökningarna ska bekämpas med stram ekonomi. Inte med arbetslöshet". Budskapet var ansvarsfull förvaltning, inte djärva reformer.

Under dessa första år varken kunde eller ville Palme göra något som äventyrade den ekonomiska stabiliteten. Som Erlander brukade inskärpa: statsministerns uppgift var att "hålla ihop landet och partiet". Det innebar bland annat att hålla sig väl med Sträng. En underordning som finansministern bekräftade offentligt genom att kalla statsministern för "Olle", en diminutivform som få andra vågade använda om Palme. På det personliga planet kunde Palme, som hade genuin respekt för Strängs erfarenhet, tåla dennes farbroderlighet. Däremot blev han och även andra yngre socialdemokrater frustrerade av finansministerns rigida åtstramningspolitik i början av sjuttiotalet. Han knorrade privat över Sträng när han fick skjuts hem till Vällingby från Kanslihuset av sin vän och socialminister, Sven Aspling. Vid ett tillfälle lär Palme nästan ha varit på väg att avgå på grund av motsättningarna. Statsministern och de yngre statsråden ville ha en mer expansiv ekonomisk politik men Sträng höll hårt i statskassan och fick stöd av de övriga åldermännen. Även om meningarna går isär om hur stark konflikten var är det uppenbart att Palme blev tvungen att vika sig. "Herr Olof är ädel och god, viskade de trogna, och han vill så väl om det inte bara var för den där Sträng", skrev Sven Delblanc ironiskt i *Trampa vatten*, en dagboksbetraktelse från sjuttiotalets första år.

De rökfyllda rum i Kanslihuset i Gamla stan där en gång Erlanders pojkar suttit intogs nu av en ny generation unga män och någon enstaka kvinna. I den innersta kretsen kring Palme fanns Carl Lidbom och Ingvar Carlsson, som båda satt i regeringen, samt Anders Ferm, som arbetade direkt under Palme i statsrådsberedningen. Lidbom var Palmes främste juridiske rådgivare och utformade såväl de drakoniska terroristlagar som den radikala familjelagstiftning som antogs i början av sjuttiotalet. Carlsson var det statsråd som stod närmast statsministern. Palme hade obegränsat förtroende för hans omdöme, vilket kunde irritera den gänglige boråsaren som ibland ville diskutera ärenden och få råd av statsministern. Ferm, som varit med sedan mitten av sextiotalet, var fortfarande hans närmaste medarbetare: talskrivare, rådgivare, alltiallo, även om han tyckte att arbetet i statsrådsberedningen var tråkigt och rutinartat i jämförelse med tiden innan Palme blev statsminister. Kring dem fanns ett antal unga och ambitiösa tjänstemän i statsrådsberedningen, som hade expanderat sedan Palme anställdes där i mitten av femtiotalet. Bredvid Ferm fanns Jan O. Karlsson, en lite oförutsägbar socialdemokratisk tjänsteman som kom från Jordbruksdepartementet. Han hade vuxit upp inom arbetarrörelsen och intog ofta en tämligen respektlös hållning till dess mer floskulösa sida. Palme uppskattade Karlssons begåvning och subversiva sinne för humor, men var också något skeptisk till honom på grund av hans olyckliga uppmaning att "gå hårt åt" Hedlund i radiodebatten 1970. Pressekreteraren Berit Rollén, som rekryterats från tidskriften *Veckans Affärer*, var den enda kvinnan i den inre kretsen. Men hon hade skinn på näsan och kunde säga emot sin chef. En amerikansk tidning beskrev henne som "en ung kvinna med åttkantiga glasögon och brun byxdress som passar Palmeregeringens informella flärd".

Kretsen kring Palme betraktades som arrogant och cynisk av omgivningen, inte minst av den socialdemokratiska riksdagsgruppen som irriterades av hovlakejerna som blockerade vägen till partiledaren. Inte minst klagade man på att Palme aldrig hälsade och var allmänt disträ. Men det var ofrånkomligt att det uppstod konflikter mellan olika centralt placerade grupper som konkurrerade om ledarens uppmärksamhet. Som alla makthavare behövde Palme lojala medarbetare som höll besvärliga personer på avstånd, gav stöd och uppmuntran i motiga situationer och någon gång – när det verkligen behövdes – vågade säga emot. Inför sina pålitliga och skärpta unga medarbetare kunde han dessutom vila sig från den salvelsefulla moralism som ibland begränsade den intellektuella horisonten inom arbetarrörelsen.

Men Palme bidrog också till de dåliga relationerna med riksdagsgruppen genom sitt eget agerande. Konventionellt pliktumgänge var hans sämsta gren. Han var dålig på att kallprata och hade svårt att låtsas vara intresserad av människor som tråkade ut honom. På släktmiddagar kunde värdinnorna bekymra sig för att Olof helt nonchalerade sin bordsdam för ett glatt samtal med en spännande person tre platser bort, och på samma sätt kunde de socialdemokratiska riksdagsmännen känna sig helt osedda av sin partiordförande när han mötte dem i lunchkön i Riksdagshusets restaurang. Denna blyghet eller arrogans – det är ofta olika sidor av samma mynt – stack av mot hans sociala förmåga i andra sammanhang. Gentemot medarbetare var han omtänksam och höll sig informerad om deras familjeförhållanden. Han var också fullkomligt orädd när det gällde främmande människor. Hans otåliga medarbetare fick ofta dra loss honom ur intensiva samtal med en väljare eller personer han råkat träffa på tåget eller gatan. Han var nyfiken på det prestigelösa sätt som endast människor med mycket stort självförtroende kan vara.

Som chef var han informell, lättillgänglig och älskade att bolla idéer, ofta halvliggande på en soffa, antingen i sitt eget eller i någon annans rum. Han kunde jubla över ett bra uppslag från en medarbetare, precis som han kunde bli starkt upprörd över missförhållanden och övergrepp. När bilderna på Kim Phúc, den nioåriga flicka som brännskadades svårt vid det amerikanska angreppet på den sydvietnamesiska byn Trang Bang, publicerades i början av juni 1972 chockades omgivningen av Palmes starka reaktion. Över huvud taget visade Palme sina känslor tydligt: "Vår partiordförande är som en tennisboll", sade Ingvar Carlsson vid ett tillfälle när Palme hoppade upp och ner av otålighet.

Den inre kretsen arbetade dygnet runt, drack kaffe och rökte, letade ständigt efter nya idéer och vassa formuleringar och skvallrade om såväl oppositionspolitiker som ledande socialdemokrater. Som formell mötesordförande var Palme ostrukturerad och otålig. Han hade aldrig tränats i det omständliga svenska föreningslivets vardag utan nästan alltid verkat inom slutna kretsar av självsäkra experter. Han hade också svårt att ta personlig kritik. Hans ögon kunde bli "isigt blå" när han blev motsagd, en obehaglig upplevelse enligt dem som råkade ut för det. Trots att han ville ha självständiga rådgivare kunde han bli så störd över raka besked att han blev besvärlig att umgås med i dagar. Dessutom tenderade han att vara långsint om han ansåg att människor hade svikit honom. Sten Andersson, som 1968 efterträtt Palmes gode vän och mentor Sven Aspling som partisekreterare, ansåg att statsministern var alldeles för dominant och snarstucken. Medarbetarna, skrev han i sina memoarer, "sitter som gråsparvar på en telefontråd och bara nickar". Enligt Andersson berodde konflikten mellan honom och Palme på att de hade så olika bakgrund. Palme hade fostrats att leda och styra, medan han själv bar med sig "det proletära underlägsenhetskomplex som hos söderkisen tog sig uttryck i ett raljant ifrågasättande av auktoriteter". Så kanske det var. Men de båda Stockholmsgamängerna Andersson och Palme var också ganska lika: snabba i repliken, charmiga och förslagna – vilket snarare ökade än minskade spänningen mellan dem.

För att få ordning på sitt kansli anställde Palme en ny statssekreterare i februari 1971, Thage G. Peterson. Han var raka motsatsen till de intellektuellt snabbfotade människor som i övrigt omgav statsministern: en lika majestätisk som samvetsgrann folkrörelsefunktionär. Han kom från ett fattigt hem i Småland och hade gjort karriär inom Folkets husrörelsen. Under de kommande åren ledde han en expansion, effektivisering och politisering av Kanslihuset. När han lämnade sin post efter valförlusten 1976 hade statsrådsberedningen vuxit till tjugofem personer, varav fjorton var politiskt tillsatta. Själv beskrev Peterson sig som en katt som kommit in bland hermelinerna. Trots – eller kanske tack vare – sin fyrkantighet hade han integritet och gott omdöme. Peterson tog ett närmast faderligt ansvar för att hålla reda på Palme. Inte minst såg han till att Palme passade tider och inte lät sig distraheras av samtal med utslagna alkoholister på Sergels torg eller socialdemokratiska ombudsmän i Lycksele. Det skadar inte om du då och då tittar till Olofs kostymer och skor, hade Sven Aspling sagt till Peterson när han fått jobbet hos Palme. Det gjorde denne och hyfsade även till de värsta sidorna hos Palmes kanslihusmedarbetare. Han tog den expansive Carl Lidbom i upptuktelse och fick Palme att äta lunch med de socialdemokratiska riksdagsmännen i stället för med sitt vanliga gäng av medarbetare. Palme uppskattade Peterson även om han ibland blev besvärad av sin lojale medarbetares överdrivna omsorger.

Att Palme hade ett starkt behov av lojalitet i den inre kretsen hade en psykologisk förklaring. Från och med 1970 gick personangreppen mot honom över i en ny och aggressiv fas. Även om en del borgerliga journalister gått fram hårt under femtio- och sextiotalen hade det ändå rört sig om attacker med öppet visir. Men efter tillträdet som statsminister inleddes en smygande rykteskampanj som framställde Palme som en obalanserad, omdömeslös och sjuk människa. Han var drogberoende, fick regelbundna elchocker på sinnessjukhus, var rysk agent, hade övergett sina barn – hävdade även välutbildade och välinformerade människor på middagsbjudningar. Den genomhederlige Folkpartiledaren Gunnar Helén brukade demonstrativt resa sig och gå under sådana diskussioner. Om fler personer hade haft samma integritet skulle kanske det Palmehat som grasserade på många håll i det icke-socialdemokratiska Sverige ha dämpats. Bönder döpte galtar och suggor till "Olof" och "Lisbet", på ett storföretags firmapapper spreds hatfyllda kedjebrev som anklagade Palme för att vara en manisk lögnare, och till statsrådsberedningen kom budskap av typen "Kommunistdjävul, nu är dina dagar räknade". Det som gav bränsle åt en del av de mest ondsinta spekulationerna var att Palmes mor Müsi i slutet av sextiotalet blivit intagen på Beckomberga, det stora mentalsjukhuset i västra Stockholm. Hon var deprimerad och mycket svår att få kontakt med, men Palme brukade hälsa på henne så ofta han kunde på morgnarna på väg från Vällingby till Kanslihuset. En sen kväll i början av 1971 krackelerade han. Halvliggande i soffan på Thage G. Petersons arbetsrum berättade han om sin mor medan han tittade upp i taket: "Olof såg oerhört olycklig och sorgsen ut. Jag hade svårt att fortsätta vårt påbörjade samtal." Elisabeth Palme dog följande år, 82 år gammal.

Delvis var den aggressiva ryktesspridningen ett uttryck för politisk frustration. Att Erlander lyckades göra sin kronprins till statsminister och att denna framgångsrika succession sedan välsignats av väljarna i valet 1970 kändes i vissa borgerliga kretsar som ett slag i ansiktet. I deras ögon hade Sverige nu förvandlats till en enpartistat. Men politiskt missnöje räcker inte för att förklara den osedvanliga hätskheten i attackerna på Palme. I ett aggressionshämmat samhälle som det svenska är det inte socialt accepterat att uttrycka stark motvilja mot enskilda personer. Undantaget är om dessa individer anses ha brutit det sociala kontraktet genom att vara osedvanligt skickliga och framgångsrika. Då blir det plötsligt legitimt för gruppen att kollektivt ge sig hän åt ljuvligt, rättmätigt hat. Jante sitter djupt, inte minst i den svenska borgerligheten.

*

Om inrikespolitiken var svajig 1970–1971 tog Palme kommandot över utrikespolitiken på ett sätt som ingen socialdemokratisk statsminister gjort tidigare. Gösta Bohman gav ut en hel liten bok som anklagade den nye statsministern för att bedriva "inrikes utrikespolitik", det vill säga låta utrikespolitiken styras av valtaktiska överväganden. Första meningen löd: "Statsminister Olof Palme har rest mycket..." Och onekligen var Palme hyperaktiv. Han for över hela Europa, gjorde besök i USA och Sovjet och förhandlade samtidigt med de nordiska regeringscheferna. Det var som om Palme ville kompensera för decennier av svensk isolationism. Resultatet skulle visserligen bli av blandad kvalitet, men Sverige framträdde plötsligt på den internationella arenan med ny viljekraft och pondus.

På våren 1970 – före besöket vid Kenyon – hade Palme varit i Frankrike, Storbritannien och Västtyskland. I London träffade han Harold Wilson och förklarades av den brittiska pressen vara "trendigare än Trudeau", Canadas uppmärksammade premiärminister. I Paris imponerade han genom sin utmärkta franska och utnämndes föga originellt till "Sveriges Kennedy". Men de varmaste känslorna möttes han av i Västtyskland där han betraktades som en viktig partner till Willy Brandt. De hade tillträtt som regeringschefer nästan exakt samtidigt i oktober 1969 och bildade tillsammans med Österrikes förbundskansler Bruno Kreisky – som kom till makten 1970 – ett imponerande triumvirat av nya socialdemokratiska ledare i Europa med en gemensam skandinavisk-germansk bakgrund. Brandt och Kreisky hade varit flyktingar i Skandinavien under kriget och talade norska respektive svenska, medan Palme hade vuxit upp i en tysktalande familj i Sverige.

Palme återkom från sin europeiska resa "uppenbart tjusad av tanken att på jämställd fot kunna umgås med ledarna för de stora demokratierna", mindes en ledande socialdemokrat i sina memoarer med en aning missunnsamhet.

Palme var också i Moskva i juni 1970, precis efter USA-resan, och träffade den ryske regeringschefen Kosygin. Han bemöttes vänligare än i USA. Längs kortegevägen hängde röda banderoller med texten "Välkommen Sveriges statsminister Olof Palme". Vid denna tid höll Willy Brandt på att inleda upptiningen av Västtysklands diplomatiska förbindelser med Östtyskland, Polen och Sovjetunionen, den "östpolitik" som han fick Nobels fredspris för 1971. Som Brandts gode vän sonderade Palme terrängen i Moskva, och rapporterade sedan tillbaka till den västtyske förbundskanslern. I oktober, efter valet, var Palme tillbaka i USA, nu för att tala inför FN:s generalförsamling vid organisationens tjugofemårsjubileum. Här trädde Palme fram som en djärv företrädare för mindre länder och folk och riktade skarp kritik mot stormakterna, inte minst när det gällde kolonialismen i södra Afrika. Han fick gratulationer och ryggdunkningar av en rad statschefer som på olika sätt var på kant med USA och Sovjet, från den rumänske diktatorn Ceauşescu till Indiens Indira Gandhi och Zambias president Kenneth Kaunda.

Men hans viktigaste insatser under dessa år handlade om Sveriges förhållande till de närmsta grannarna. I oktober 1969, bara några veckor efter sitt tillträde, var han värd för de fyra nordiska statsministrarna på Haga slott i Stockholm. För sin norske kollega centerpartisten Per Borten, Finlands socialdemokratiske statsminister Mauno Koivisto och den liberale Hilmar Baunsgaard från Danmark förklarade Palme, som var yngst i sällskapet, att det vore tragiskt om "man missade den nordiska chansen". Den chans han åsyftade var de planer som lanserats föregående år för att skapa ett nordiskt samarbete med en tullunion samt samarbete i jordbruks- och andra ekonomiska frågor. Från sin tid i SFS då han haft tät kontakt med de andra nordiska studentförbunden var Palme också väl insatt i hur man tänkte i grannländerna.

Alla fyra regeringscheferna visste att Nordek, som det föreslagna samarbetet kallades, inte var det första försöket att stärka nordisk sammanhållning. Själva idén gick tillbaka till artonhundratalets skandinavistiska rörelse som velat förena Sverige, Norge och Danmark. Många vackra tal och ymniga skålar hade då hållits för de skandinaviska folkens brödraskap. Men när Danmark hamnade i krig med Tyskland 1864 och vände sig till Sverige för att få hjälp hade entusiasmen svalnat betänkligt. En av de få som ställt upp hade, typiskt nog, varit löjtnant Axel Palme från Kalmar, äldre bror till Olofs farfar Sven, som gått ut som frivillig och blivit sårad i kriget. Det nordiska svärmeriet skulle leva vidare, men trivas bättre på studentnationer och högtidsmiddagar än i verkligheten. De geopolitiska centrifugalkrafterna var starka. Finland låg inom den ryska intressesfären, Sverige försökte vara neutralt mellan öst och väst, Danmark hade Tyskland som stark granne i söder och Norge hade sina traditionella förbindelser västerut mot Storbritannien.

Visa av erfarenheten talade de nordiska statsministrarna 1969–1970 därför med små bokstäver om det nordiska samarbetet. De betonade framför allt ekonomiska och praktiska fördelar. Men i bakgrunden fanns de maktpolitiska perspektiven, som gav energi åt projektet men samtidigt också hotade att sänka det. Ett mer integrerat Norden skulle både stå starkare gentemot Sovjetunionen och få en bättre förhandlingsposition gentemot EEC, föregångaren till dagens europiska gemenskap. Palme kastade sig med full kraft in i projektet tillsammans med danskarna, medan Norge och Finland var mer avvaktande. Men allmänheten var positivt inställd, inte minst i Finland där de flesta väljare hade stora förhoppningar på ett utökat nordiskt samarbete.

Från sovjetisk sida var dock tanken på att Finlands politiska horisont skulle flytta några grader västerut oacceptabel. Först meddelade en rysk diplomat sitt tydliga missnöje under förtroliga samtal med det norska utrikesministeriet. I februari 1970, när den finske presidenten Kekkonen var på statsbesök i Sovjetunionen, uttryckte landets ledning stark oro över Nordek. Men den förslagne finske statschefen hade redan förutsett denna utveckling. En månad tidigare hade han uppmanat den socialdemokratiske statsministern Mauno Koivisto att manövrera så att Finland skulle gå skadeslöst ur Nordekförhandlingarna. "En mycket viktig sida av saken", skrev han till sin statsminister, "är den att om Nordek eventuellt faller, så kan skulden för detta härefter ej skjutas på Finland; den faller på dem som väljer EEC hellre än Finland". Koivisto var inte särskilt förtjust i sin svenske kollega: "den något förkunnande inställning som Palme hade till internationell politik var mig främmande", skrev han senare. Men till Kekkonens förtret valde den hederlige Koivisto att spela med öppna kort med Palme.

I april 1970 stod det klart att det nordiska samarbetet inte skulle förverkligas. Palme blev djupt besviken. Till en finsk diplomat sade han att han hade betraktat projektet som "en nordisk oavhängighetsförklaring gentemot de båda maktblocken". Under sin politiska karriär styrde Palme oftast bort från den fixering vid Finland och Baltikum som skapat så stora problem för hans släkt. Men 1969–1970 gjorde han ett allvarligt försök att i familjens anda försöka föra Finland och Sverige närmare varandra – om än på mer jämlika villkor än vad hans farbror Olof Palme hade eftersträvat vid Tammerfors 1918. Misslyckandet med Nordek "var det största politiska bakslaget" han råkat ut för, sade han i en intervju.

*

Med Nordeks kollaps hamnade Sveriges pågående förhandlingar med EEC i fokus. Arbetarrörelsens inställning till europeiskt samarbete i form av den Kol- och stålunion som 1957 ombildats till EEC hade traditionellt varit ljum. Visserligen var de svenska socialdemokraterna principfasta frihandelsvänner. Sverige var ett starkt exportberoende land och sjuttio procent av handeln gick till och från Europa. Men EEC uppfattades som ett politiskt suspekt projekt med kopplingar till Atlantpakten som var oförenliga med svensk neutralitetspolitik. Dessutom kände de svenska socialdemokraterna föga ideologisk gemenskap med de kristdemokratiska partier som styrde i de flesta EEC-länder. Kontinentaleuropa, hävdades det, dominerades av de fyra k:na – konservatism, kapitalism, kolonialism och katolicism. EEC, menade Gunnar Myrdal i en bok som kom 1962, representerade en betydligt mer primitiv

13. DEN DEMOKRATISKE SOCIALISTEN

form av social organisation än den svenska. Demokratin var mer självklar, stabil och effektiv i den protestantiska världen – främst i Skandinavien och de anglosaxiska länderna. Det socialdemokratiska kvinnoförbundet ansåg för sin del att jämställdhetsfrågan var ett lika viktigt skäl att hålla sig utanför EEC som neutraliteten.

I augusti 1961 hade Tage Erlander tydligt tagit ställning mot ett svenskt medlemskap på Metallarbetareförbundets kongress, främst utifrån neutraliteten. Olof Palme hade skrivit substantiella delar av talet. Men hans skepsis till EEC var till skillnad från många andra socialdemokraters inte ett tecken på ointresse för internationellt samarbete. För honom var det en avvägningsfråga: under vilka omständigheter kunde ett medlemskap i EEC bli politiskt gynnsamt för Sverige och för hans egna politiska ideal? I slutet av sextiotalet verkade det som om EEC var på väg i en riktning som gjorde ett svenskt medlemskap möjligt. Kopplingen mellan EEC och den militära västalliansen var inte längre lika stark på grund av att de Gaulle tagit Frankrike ur Natosamarbetet. Tvärtom såg Palme möjligheten att Europa skulle kunna bli ett tredje block som balanserade supermakterna USA och Sovjet. Samtidigt hade också de strävanden till federalism, det vill säga ökad överstatlighet, som funnits inom EEC bromsats av Frankrike. Samarbetet hade blivit mer mellanstatligt inriktat.

Kanske mer tillfälligt, men inte helt utan betydelse, var också Palmes nära relationer med Willy Brandt, en tung aktör inom EEC. Palme kände sig stark på den internationella arenan och ville spela en roll också inom det europeiska grannskapet: "Det finns tendenser till att säga: Vi håller på med Norden och med tredje världen, men Europa vet vi inte riktigt hur det är. Vi är européer, och vi måste spela någon roll i europeisk politik även i framtiden."

Våren 1970 visade opinionsundersökningar att 59 procent var positiva till ett medlemskap i EEC, och även bland socialdemokratiska väljare var en majoritet för. Palme vidtog också en rad åtgärder för att förbereda medlemsförhandlingar. Det europeiska samarbetet var på väg in i ett nytt skede, förklarade han för EEC-skeptiska SSU:are på ungdomsförbundets kongress i maj 1970. Den traditionella blockpolitiken höll på att upphävas och här fanns möjligheten för Sverige att delta i skapandet av något nytt. Inte minst tryckte han på Brandts nya hållning till Sovjetunionen: "Omläggningen av den tyska östpolitiken är bland de viktigaste ting som hänt i efterkrigstidens Europa." I juni 1970 utsåg han diplomaten Sverker Åström till svensk chefsförhandlare i EEC-frågan. Efter valet bytte han också ut den EEC-skeptiske och trötte handelsministern Gunnar Lange mot en ung, stigande stjärna i finansdepartementet vid namn Kjell-Olof Feldt, som var positiv till ökat Europasamarbete.

Men de Gaulles avgång våren 1969 visade sig innebära dödsstöten för de svenska möjligheterna. Med den egensinnige franske presidenten ur vägen började EEC snabbt orientera sig tillbaka mot ökat försvarssamarbete och ökad överstatlighet. Hösten 1970 presenterade den belgiske UD-tjänstemannen Étienne Davignon en rapport som föreslog att EEC skulle formalisera sitt samarbete i försvarspolitiska frågor. I februari kom den så kallade Wernerplanen, som förespråkade en ekonomisk och monetär union mellan medlemsstaterna. Den positiva synen på EEC bland svenskarna våren 1970 visade sig också vara ett irrbloss. Under ytan fanns en djup skepsis mot det kristdemokratiska Europa och mot den marknadsideologi som ansågs ligga bakom EEC. Vid årsskiftet 1970/1971 hade andelen som var positiv till ett medlemskap sjunkit till 31 procent. Palme hade ingen möjlighet att driva igenom sin vilja mot en så negativ opinion. Rädslan för att den nationella suveräniteten skulle naggas i kanten visade sig vara långt större än villigheten att arbeta för ökat inflytande i Europa. Inte minst bildade Gunnar Sträng och Torsten Nilsson en formidabel allians mot en anslutning till EEC. Finansministern var motståndare till alla idéer som innebar att den svenska staten skulle tappa kontrollen över svensk ekonomi medan utrikesministern var skeptisk till allt som kunde underminera alliansfriheten.

Den 12 mars konstaterade Palme i ett tal att möjligheten av ett svenskt medlemskap i EEC definitivt avskrivits. Den omedelbara anledningen var Davignonrapporten och Wernerplanen, men under ytan låg en mer generell skepsis hos många ledande socialdemokrater. För Palme, som bara ett år tidigare tydligt förespråkat ett medlemskap, var det ett nederlag. Nu var EEC avfört från den svenska dagordningen för lång tid framöver. Mycket tyder på

13. DEN DEMOKRATISKE SOCIALISTEN

att Palme hade velat föra förhandlingarna med EEC en bra bit till innan han kastade in handduken. Han var en stark frihandelsvän, såg stora ekonomiska fördelar med ett medlemskap och trodde att Sverige tillsammans med Norge skulle kunna påverka EEC i riktning mot ett större socialt ansvar. I den andra vågskålen låg Sveriges suveränitet, både när det gällde inrikes- och utrikespolitiken. Men för Palme handlade det om avvägningar, inte om den instinktiva beröringsskräck som många socialdemokrater kände för EEC. Sedan sin tid i den internationella studentrörelsen visste han att man måste ta risker om man ska vinna inflytande på den internationella arenan. Palmes känslor i det rådande läget speglades sannolikt bäst av några rader i den vänsterradikala musikgruppen Gunder Häggs (senare Blå Tåget) ironiska visa mot EEC som kom 1971: "Nej, ta din chans i kvällens sista dans / din oskuld har snart mist sin glans / En bitter tröst / på ålderdomens höst / att ingen frågar efter din röst."

*

Inför Socialdemokraternas partikongress 1972 publicerade *Aftonbladet* ett stort uppslag med rubriken "Palmes svåra år". Den syftade på hela hans regeringstid sedan 1969 och listade nogsamt hans många inrikespolitiska problem. Det tycktes som om de stora förväntningar som ställts på Palme när han utsetts till partiledare hade kommit på skam. Att han misslyckats med såväl Nordek som EEC spelade inte så stor roll opinionsmässigt. Mer kännbart var att Sverige ramlat in i en lågkonjunktur från hösten 1971 som ännu inte gett med sig. Visserligen var nedgången mild med dagens mått. Men om en stadigt spinnande motor börjar hacka bara en aning så uppstår en viss oro. Hundratusen personer stod utan jobb, budgetunderskottet växte över prognoserna och den privata konsumtionen minskade för första gången på många år. Under våren 1972 hade olika protestaktioner ägt rum mot de höga matpriserna, bland annat hade en grupp husmödrar i Stockholmsförorten Skärholmen startat en köpbojkott av mjölk och nötkött. Sextusen personer demonstrerade på Sergels torg och skanderade "Priserna stiger – Palme tiger". De uppvaktade även Palme, som i vanlig ordning ansåg det vara sin plikt att möta sina kritiker öga mot öga, trots att en rad av hans kolleger bestämt hade avrått honom från att ta emot de missnöjda husmödrarna.

Men det var inte så partiet ville se sin unge ledare. Sedan den stora valsegern 1968 fanns en uppdämd förväntan på en socialistisk offensiv. Gång på gång hade Palme förklarat att "jämlikheten skulle bli sjuttiotalets färdriktning". Men hittills hade han inte visat några tecken på att skrida till verket. Tvärtom hade Palme provocerat vänstern både inom och utanför partiet genom att tillåta nedläggningen av den stora "låginkomstutredning" som i två betänkanden och sexton delrapporter nogsamt kartlagt löneskillnader och ojämlikheter i välfärdsstaten. Den hade fått en del kritik för att vara ovetenskaplig och vinklad, även om Palme ofta hänvisade till den. Inte minst hade den irriterat Gunnar Sträng och andra äldre socialdemokrater som med sina utgångspunkter från trettiotalet ansåg att samhällsbygget var mer eller mindre lyckosamt slutfört. Enligt Thage G. Peterson hade Palme blivit rasande när han i början av juli nåddes av beskedet att inrikesminister Eric Holmqvist lagt ner utredningen. Det verkar osannolikt att Palme varit helt okunnig om dessa planer, men enligt Peterson ringde statsministern, som var på Fårö med familjen, omedelbart till honom och skrek att han nu fick förbereda sig på att "ta över". Det är inte omöjligt att Palme, även om han var arg, drev en aning med sin adjutant. I vilket fall som helst satte Peterson sig i bilen och åkte upp till Fårö från sitt sommarställe på Gotland. Särskilt störde det Palme att han själv hade hänvisat till utredningen på partiets valaffischer 1970. Palme kunde inte riva upp beslutet men han gjorde sitt bästa för att markera sitt stöd genom att bjuda in Per Holmberg, en av utredarna, till att framträda gemensamt i Almedalen några veckor senare.

Kritiken växte också mot socialdemokratins betongpolitik. Palme försökte göra en del åtbörder i riktning mot den framväxande miljörörelsen, men hans hjärta klappade mer för sysselsättning och tillväxt. Hösten 1970 hade han tillåtit det kooperativa oljebolaget OK att bygga ett raffinaderi vid Brofjorden i Bohuslän trots en arg miljöopinion. Till en början hade han även försvarat den omdebatterade utbyggnaden av Vindelälven i Norrland, men hade till slut backat inför en massiv kritik som trängt långt in i det socialde-

13. DEN DEMOKRATISKE SOCIALISTEN

mokratiska partiet. Våren 1971 var det stockholmarnas tur att göra uppror. Stadens invånare hade fått nog av rivningar och protesterade något senkommet mot planerna på att fälla ett antal almar i Kungsträdgården för att göra plats för en tunnelbaneuppgång. Kungsträdgården, som låg mitt emot slottet, hade en gång varit kungafamiljens privata domän, men hade sedan sjuttonhundratalet varit öppen för allmänheten och utvecklats till en av stadens populäraste parker med många kaféer och restauranger. Inför den planerade fällningen natten den 12 maj hade en mängd unga aktivister förskansat sig uppe i träden med hängmattor och improviserade trädkojor. De fick stöd av såväl äldre damer från Östermalm som militanta anarkister i hjälm. På den närbelägna lyxkrogen Operakällaren uppmanade revymakaren och författaren Kar de Mumma gästerna att ansluta sig till ungdomarna, samtidigt som kören strömmade ut från Kungliga operan vid Gustaf Adolfs torg och gjorde gemensam sak med skäggiga vänstertrubadurer som Cornelis Vreeswijk och Finn Zetterholm. De enda som tycktes stödja stadens politiker var en grupp raggare som förklarade sig villiga att slå ner de långhåriga typerna och själva såga ner träden. Inför detta massiva motstånd gav Gatukontoret upp och skickade tillbaka frågan till finansborgarrådet Hjalmar Mehr och den socialdemokratiska majoriteten i Stockholms stadshus.

Socialdemokraterna var visserligen mästare i att desarmera missnöje. Men för att göra det var det också nödvändigt att ha en tydlig horisont som kunde sätta vardagsproblemen i perspektiv. Palme var tvungen att ge den socialdemokratiska politiken en mer konkret och tydlig riktning framåt, inte bara inför nästa val utan för hela sjuttiotalet – ungefär som Erlander gjort med ATP på femtiotalet. Men åt vilket håll skulle han gå? Till vänster hade han en yngre generation som ropade efter socialiseringar, till höger hade han en äldre generation som var mot vidlyftiga sociala experiment som skulle störa den ekonomiska effektiviteten. Det sätt han löste dilemmat på var typiskt. Ställd inför det hårda, men i Palmes ögon meningslösa, valet mellan kapitalism och socialism svarade han: kvinnorna.

*

1969–1972

I slutet av sextio- och början av sjuttiotalet befann sig det traditionella svenska hemmafrusamhället (som egentligen aldrig varit fullt så traditionellt) i snabb upplösning. År 1966 hade omkring 66 procent av alla kvinnor varit hemmafruar, 1968 hade andelen sjunkit till ungefär hälften och 1974 var den nere på omkring 27 procent. Kvinnorna strömmade ut i förvärvslivet i en ständigt stigande takt. Mellan 1968 och 1972 ökade den kvinnliga arbetskraften med 170 000–180 000 personer, främst inom vård- och omsorgsyrken. Denna kvinnornas utmarsch ur hemmen innebar dock inte att barnsomsorgen växte i motsvarande takt. Mellan 1965 och 1970 steg antalet förskoleplatser blygsamt, från 12 000 till 30 000. Sverige var i början av sjuttiotalet fyllt av missnöjda kvinnor som undrade vem som skulle ta hand om barnen:

> Man räknas inte som småbarnsmamma i dagens samhälle. Tvärtom verkar det inte som folk tycker att man är riktigt klok för att man valt det ... En kvinna är ju dock skapad att föda barn ... Eller också ska samhället se till att det finns daghemsplatser, så att det finns halvtidstjänster för far och mor. Just vi i vår ålder tror jag har kommit i kläm. Vi finns mitt i mellan, i en skarv. För samhället har utvecklats emot att vi inte ska ha några hemmafruar.

Men kvinnorna var inte bara missnöjda med bristen på daghem. När de kom ut i arbetslivet fick de också lägre löner och sämre villkor än männen. År 1972 skrev en kvinna som arbetade på Avesta järnbruk ett argt brev till sin fackliga tidning *Metallarbetaren*:

> För sex år sedan annonserade Avesta järnbruk efter kvinnliga arbetare. Jag sökte och fick arbete på kallbandverket. I början var jag nog väldigt bortkommen på alla sätt, både tekniskt och i miljön. Men alla talade om att vi hade samma rättigheter, skyldigheter och betalning som våra manliga kamrater. Men ... [r]ättigheterna är bara en utopi. Jag har begärt att få ett arbete som med rätta varit mitt, om jag varit karl. När detta inte gick fick jag tusen förklaringar som alla var lika genomskinliga.

13. DEN DEMOKRATISKE SOCIALISTEN

Kvinnornas utmarsch ur hemmen hade pågått under hela sextiotalet. Men det som hade tippat balansen och på sikt gjorde Sverige till ett av de minst hemmafruvänliga samhällena i västvärlden var den stora skattereform som antogs av riksdagen 1971. Fram till dess hade äkta makars inkomster beskattats gemensamt. Det innebar att om kvinnan inte arbetade utanför hemmet fick familjen lägre skatt, eftersom mannen kunde utnyttja hustruns grundavdrag i sin deklaration. Om hon däremot gick ut i förvärvslivet drabbades familjen av höga marginalskatter, eftersom hennes inkomster hamnade ovanpå makens. Nu individualiserades skatterna så att man och hustru betalade sina skatter var för sig, nästan helt oberoende av varandra.

Men skattereformen var bara den ena sidan av den omdaning av svenskarnas familjeliv som skedde under sextiotalet. Inte bara den ekonomiska utan även den emotionella basen för äktenskapet förändrades. De unga svenskar som gift sig i slutet av femtio- och början av sextiotalet hade varit övertygade om att de i likhet med sina föräldrar ingick ett livslångt kontrakt. Men under sextiotalet ökade medborgarnas krav på känslomässig tillfredsställelse. Det var inte längre självklart att gifta sig. Mellan 1966 till 1973 minskade antalet vigslar från cirka 61 000 till 38 000 samtidigt som skilsmässorna ökade från omkring 10 000 till 16 000. Många flyttade ihop och blev sammanboende utan äktenskap, ett fenomen som blev så vanligt att det fick ett eget begrepp, "sambo", ett unikt fenomen i västvärlden. Barnafödandet minskade och nådde mellankrigstidens nivåer, dock utan att någon larmade om "kris i befolkningsfrågan". Det blev socialt accepterat att bryta upp från äktenskap av mer banala skäl, inte minst allmän tristess och längtan efter förnyelse.

Äktenskapets sjunkande status hade en viss koppling till den sexuella revolutionen. I början av sjuttiotalet brast de sista moralkonservativa fördämningarna. Alla former av driftliv skulle nu bejakas. Mycket var oskyldigt, som när läsare meddelade sexualrådgivarna Inge och Sten i *Expressen* att de blev upphetsade av strumpor med baksöm och tyllunderkjolar. Mer radikal var ambitionen att avskaffa nästan alla hinder för utlevande av sexuella begär, inklusive pedofili och incest, som bland annat låg till grund för en ny sexualbrottsutredning som tillsattes av justitieminister Geijer 1972. Men vid denna tid verkade Pedofila arbetsgruppen (PAG) för "barns rätt till sexualitet" samtidigt som en incestuös syskonrelation stod i centrum i en av tidens mest hyllade svenska romansviter, Per Wästbergs trilogi *Vattenslottet*, *Luftburen* och *Jordmånen*.

Det mesta av sexliberalismen gick på ytan. Rekordårens svenskar tog inte steget ut i denna nya värld av fri kärlek och erotisk vidlyftighet utan återgick snarare till en äldre och mer pragmatisk syn på familjebildning, med rötter i det svenska bondesamhället. Man flyttade ihop, man bröt upp, man våndades över effekterna på barnen – men i grunden levde den klassiska kärnfamiljen vidare under mer jämlika och frivilliga former. Det var prövande, kanske lite valhänt, men långt ifrån de promiskuösa livsideal som genomsyrade den offentliga diskursen om sexualitet. Lagstiftningen anpassades också till tidens nya förhållanden i en utredning som under Carl Lidboms ledning sjösatts 1969. När den nya lagen gick igenom 1973 innebar det framför allt att det blev enklare att skiljas.

Samma år visades Ingmar Bergmans *Scener ur ett äktenskap* i svensk teve. Åskådarna i bruna och orangefärgade soffor runtom i landet fick i plågsam detalj följa upplösningen av ett tioårigt äktenskap med barn, från den första scenen där makarna framställer sig själva som ovanligt lyckligt gifta inför en veckotidningsreporter till den sista scenen där de återförenas tillfälligt i ett ödsligt hus några år senare. Skildringen är föga insmickrande. Makarna – spelade av Liv Ullmann och Erland Josephson – går hårt åt varandra och bakom allt skymtar det bergmanska mörkret: "... ensamheten är absolut. Det är en illusion att inbilla sig något annat." Men den som fördömer allt ursäktar också allt. Bergmans skildring av egoism, självupptagenhet och bräcklighet gav paradoxalt nog åskådarna mer tröst än de rosiga visionerna av fri kärlek utan skuld och svartsjuka. Varken äktenskap eller skilsmässa var lösningen på människans existentiella utsatthet – och följaktligen fick alla klara av problemen på egen hand utan ideologiska riktmärken. Om det nu var en effekt av Bergmans teveserie eller den nya lagstiftningen så tog 28 000 svenskar ut skilsmässa under det kommande året, det högsta antalet i historien och 12 000 fler än föregående år. Till skillnad från Bergmans teveserie var det dock vanligare eller åtminstone lika vanligt att det var kvinnorna som bröt upp från äktenskapet – inte minst tack vare nya möjligheter att försörja sig.

*

Skilsmässor, barnomsorg och låglöneproblem var allmänna samtalsämnen i början av sjuttiotalet. Men det betraktades ännu inte som centrala politiska frågor, allra minst inom arbetarrörelsen. Det är möjligt att Palme trodde att jämställdheten och kvinnornas missnöje skulle kunna spela samma mobiliserande roll för socialdemokratin på sjuttiotalet som ATP och tjänstemännen gjort på sextiotalet. Även om arbetarrörelsen ställt sig bakom särbeskattningen 1969 hade man i övrigt hamnat efter när det gällde könsrollsfrågor. Folkpartiet hade en mycket tydligare kvinnoprofil med sitt engagemang för att modernisera familjelagstiftningen, bygga ut daghemmen och motverka traditionellt könsrollstänkande. I början av sjuttiotalet började också Moderaterna diskutera kvinnofrågor på allvar; på 1972 års partistämma fanns tio motioner som behandlade jämställdhet mellan män och kvinnor.

Men i ett slag tog Palme kommandot. I början av september 1972 framträdde han på det socialdemokratiska kvinnoförbundets kongress med ett kraftfullt tal om jämställdhet mellan män och kvinnor, ironiskt nog inför sin gamla antagonist Nancy Eriksson, som var ordförande för kongressen. Men nu var hon översvallande: kvinnoförbundet hade haft "ett mycket gott – man skulle nästan kunna säga intimt förhållande – till vår partiordförande". Att Palme talade jämställdhet hos kvinnoförbundet orsakade knappast några höjda ögonbryn: vad ska en partiledare prata om på kvinnoförbundets kongress om inte kvinnofrågor? Men det visade sig vara en generalrepetition inför partikongressen en knapp månad senare. Där valde Palme att som första socialdemokratiska partiledare någonsin ta upp kvinnofrågan i ett centralt linjetal. Precis som med Vietnamtalet i Gävle 1965 låg Palmes djärvhet inte så mycket i vad han sade som i att han lyfte fram en fråga som många politiker inte vågade ta i:

Vi varken vill eller kan förbjuda någon att vara hemmafru. Vi varken vill eller kan förbjuda någon att vara hemmaman. Vi varken vill eller kan förbjuda två människor att gemensamt bestämma hur de vill fördela hemarbetet och omsorgen om barnen. Men det stämmer inte – och det är det viktiga – med våra principer om rättvisa att kvinnan ständigt ska stå tillbaka på arbetsmarknaden, att kvinnorna ska ha lägre löner och sämre trygghet, sämre utbildning – allt under motivering att kvinnan kan återgå till hemmet och få sin försörjning av någon annan.

På 1964 års partikongress, när Palme valts in som suppleant i verkställande utskottet, hade jämställdhetsfrågor tagits upp på allvar för första gången. En rapport från socialdemokratiska kvinnoförbundet hade pläderat för kvinnans "frihet att utifrån personliga, individuella förutsättningar, möjligheter, anlag och önskemål förverkliga ett självständigt val av arbetsuppgifter och arbetsinsatser i något som med stora ord kan kallas ett meningsfullt liv". Ointresset hade varit bedövande. De manliga kongressombuden, som utgjorde 95 procent av de närmare 600 delegaterna i Folkets hus, hade lyssnat artigt utan att säga något. Endast kvinnor hade deltagit i diskussionen och ingen av partiets ledare, däribland Palme, hade bevärdigat frågan med en kommentar. Nu, bara åtta år senare, förklarade statsministern och partiordföranden att jämställdhet var en prioriterad fråga för arbetarrörelsen. Den riktning som Palme gav frågan styrde visserligen bort från familjen som konfliktarena och fokuserade i stället på kvinnors ställning på arbetsmarknaden. Men därmed lyckades han också föra ihop köns- och klassfrågor på ett sätt som mobiliserade arbetarrörelsen.

Detta var inte bara taktik utan speglade också en privat övertygelse. Redan under sitt USA-besök 1970 hade Palme dragit upp ett program för "Mannens befrielse" inför amerikanska kvinnoklubbister som visade att han var väl inläst på könsrollsdebatten. Han hade följt kvinnofrågan sedan början av sextiotalet, om än något i skymundan. Många av hans idéer kom från journalisten Eva Moberg, som hade publicerat en eldfängd debattartikel i Fredrika-Bremer-Förbundets tidskrift *Hertha* 1961. Hon var, ironiskt nog ur Palmes perspektiv, dotter till författaren Vilhelm Moberg och hade överfört dennes radikalindividualism till kvinnofrågan. Artikeln hade rubriken "Kvinnans villkorliga frigivning" och argumenterade mot den tidstypiska föreställning som hävdade att kvinnan hade "två roller", en som med mannen jämlik samhällsmedborgare och en som mor. I praktiken innebar det, menade Moberg, att kvinnan i första hand alltid betraktades som könsvarelse och bara sekundärt som en individ som kunde åtnjuta de rättigheter som föreskrevs i FN:s deklaration om de mänskliga rättigheterna. Moderskärleken var historiens mest exploaterade känsla: "Att hävda kvinnans rätt som individ i förhållande till barnets rätt, är detsamma som att bli ansedd asocial, onaturlig, okvinnlig, omänsklig, rabiat, etc." Lösningen var att det tunga ansvaret för barnen skulle delas lika mellan mödrarna, fäderna och samhället.

Mobergs artikel ledde till en hätsk debatt. Många uppfattade den inte bara som ett angrepp mot hemmafrusystemet utan också som en illvillig attack på hemmafruarna. En anledning till genomslaget var att Mobergs utgångspunkt var liberal och inte socialistisk. Det fanns bara en rimlig ideologisk grund för kravet på full frigörelse för kvinnan, menade hon: "det liberala kravet på den enskilda individens friast möjliga utveckling". Familjen måste finnas kvar – hon var definitivt mot barnhemsuppfostran – men den skulle omvandlas till en jämlik institution där båda parter arbetade, kvinnan var ekonomiskt oberoende av mannen och familjen fick samhälleligt stöd för att ta hand om barnen. Det var för många socialdemokrater ett nytt och främmande program. Att lagstiftning och statsmakt kunde användas för att utjämna samhället klassmässigt betraktades som självklart, men att samma instrument skulle användas för att befria kvinnan från sin nuvarande modersroll fanns ännu inte på horisonten. Men om Mobergs radikalindividualism skar sig mot den hemmafrunorm som anammats också av den svenska arbetarklassen under nittonhundratalet, fanns det andra krafter som knuffade arbetarrörelsen i hennes riktning. Såväl industrin som den expanderande offentliga sektorn ropade efter arbetskraft. En del av detta behov kunde lösas med import av italienska och grekiska arbetare, men det var också nödvändigt att kvinnorna kom in på arbetsmarknaden. Detta skulle leda till en dynamisk allians mellan en liten grupp välplacerade liberaler och socialdemokrater. Den drog under beteckningen "Grupp 222" upp grundritningen för sjuttiotalets långtgående svenska jämställdhetsreformer som genomfördes under Olof Palmes tid som statsminister: särbeskattning, föräldraförsäkring och allmän utbyggnad av daghem.

Grupp 222 skapades i februari 1964 av Annika Baude, en begåvad och karismatisk kvinna i slutet av trettioårsåldern. Hon arbetade på SNS, vilket stod för Studieförbundet Näringsliv och Samhälle, en ideell organisation som bildats 1948, mitt under planhushållningsdebatten, och syftade till att skapa dialog om ekonomiska frågor över partigränserna. Baude ville bygga upp ett kontaktnät som omfattade intresserade personer från olika håll. I februari 1963 bjöd hon Olof och Lisbet Palme på middag för att diskutera sin bok *Kvinnors liv och arbete*. Ytterligare ett år senare bildade hon en löst sammansatt grupp som samlades i hennes hem på Alviksvägen 222 (därav namnet) i Bromma för att diskutera vad som kunde göras för att få kvinnorna mer definitivt frigivna. "Att Olof Palme... fanns med i bakgrunden till vår lilla grupp... var de flesta av oss okunniga om när vi satt på tunnelbanan på väg ut mot Bromma", mindes en av deltagarna på det första mötet. Den "lilla gruppen" bestod av en blandning av liberaler och socialdemokrater. Däremot avvisades en person, medicinaren Sköld Peter Matthis, därför att han hade rykte om sig att vara kommunist. Framför allt var det två frågor som diskuterades: särbeskattningen, det vill säga att mannens och kvinnans inkomst skulle beskattas individuellt även om de var gifta, och utbyggnaden av barnomsorgen.

Grupp 222:s insatser hamnade senare i skymundan av den mer medialt tacksamma revolutionsretoriken i slutet av sextiotalet. Men dess inflytande var långt större än dessa senare krusningar på den svenska välfärdsstatens yta. Om än i blygsam skala liknar Grupp 222 på många sätt engelska Fabian Society, den elitgrupp av brittiska intellektuella som bildades i början av nittonhundratalet, och vars idéer skulle komma att få stor påverkan på Labourpartiets politik. På Alviksvägen grundlades 1964 den individualistiska familjepolitik som på sjuttiotalet skulle komma att göra Sverige radikalt avvikande i förhållande till stora delar av det mer traditionellt orienterade Europa. Som en arg högerkritiker uttryckte det i efterhand: "en av svensk politiks mest framgångsrika enskilda kampanjer banade väg för den offentliga sektorns expansion via en socialisering av hushållens inkomster... Nätverket hade den traditionella familjen som måltavla, sambeskattningen som främsta hatobjekt och hemmafrun som voodoodocka..."

Vilken betydelse Annika Baudes middag med Olof och Lisbet Palme i februari 1963 hade för gruppens tillblivelse är svårt att avgöra. Men att detta idealtypiska Vällingbypar, där hon arbetade som barnpsykologisk konsult för Stockholms barnstugor och han var sin generations mest lovande unga socialdemokratiska politiker, var delaktiga i förberedelserna gav åtminstone ett slags symbolisk välsignelse av projektet. I Olof Palmes fall är också mönstret välbekant. Hans internationella engagemang hade grundlagts i slutet av fyrtiotalet, men vecklades inte ut politiskt förrän i mitten av sextiotalet. Som SFS-ordförande hade han ägnat sig åt studiemedelsreformer i början av femtiotalet och återvänt till frågan som ung riksdagsman i början av sextiotalet. Han hade en förmåga att tidigt fånga upp kommande stora frågor, lägga undan dem i en mental byrålåda och sedan plocka fram sin tidigare kunskap och entusiasm när han nått en position då han kunde åstadkomma verkliga resultat. Detta blev också hans *modus operandi* när det gällde jämställdheten mellan kvinnor och män.

*

Palmes receptivitet för jämställdhetsfrågor brukar förklaras med att han hade uppfostrats i en starkt kvinnlig miljö, präglad av modern, systern Carin och farmor Hanna. Många av hans kvinnliga medarbetare och bekanta har vittnat om att han bemötte dem som jämlikar på ett för tiden ovanligt sätt. "Det var fullkomligt självklart för honom med den bakgrund och den uppfostran som han hade att se kvinnorna som självständiga och jämbördiga människor", enligt en av hans nära kvinnliga medarbetare. Hans presssekreterare Berit Rollén menade visserligen att han hade en särskild sorts gemenskap med "de andra grabbarna", men att han ändå var ovanligt fördomsfri mot kvinnor. Han hade också gift sig med en kvinna med starka yrkesambitioner och en klar uppfattning om mäns och kvinnors lika värde, ett ställningstagande så gott som något. Med sitt engagemang i barnpsykologi, skola, daghemsfrågor och familjepolitik påverkade naturligtvis Lisbet Palme sin man i hög grad. Dock inte när det gällde det praktiska. Palme visste "inte ett dugg om vad praktiskt arbete var", enligt Rollén: "Han var totalt väck med allt sånt och tog inget ansvar hemma."

Palmes intresse för jämställdhet är egentligen bara begripligt som en del av hans allmänna jämlikhetspatos. På sitt lite abstrakta, aristokratiska sätt var han en kompromisslös motståndare till alla former av mänsklig underordning, oavsett om det handlade om kolonialt förtryck, orättvisor i arbetslivet eller ojämlika relationer inom familjen. Hans världsbild förde snarare tanken till den känslomässige Jean-Jacques Rousseau än till den kylige analytikern Karl Marx. I likhet med den franske filosofen såg han osjälvständighet och beroende som ett hot mot människans frihet och autenticitet. Såväl nationer som individer skulle i hans ögon vara suveräna och självständiga – det var det underliggande sambandet mellan hans inrikes- och utrikespolitik. "Socialismen", hade han förklarat i sitt tal på partikongressen 1972, "innebär frigörelse från klassamhällets beroende." Samhället – vilket i praktiken betydde staten – skulle sträva efter att vidga den enskilde medborgarens frihetssfär och ge henne ökad valfrihet, menade han. Just "valfrihet" var ett centralt begrepp för Palme. Inte "det slappa liberala pratet om valfrihet", utan en frihet baserad på jämlikhet. Den privilegierade minoriteten hade alltid haft valfrihet, menade Palme, socialdemokratins uppgift var att vidga denna frihet till folkmajoriteten. Demokratins ideal, hävdade Palme, var "självständiga och likaberättigade medborgare".

Ironin blev inte uppenbar förrän i efterhand. Samtidigt som ökad klasskamp i form av vilda strejker och konflikter på arbetsmarknaden slog sönder den samförståndsanda som gjort Sverige världsberömt, uppstod en ny svensk modell under Palmes ledning. Per Albins patriarkala folkhem förvandlades till ett land befolkat av till synes självständiga, klasslösa och jämlika medborgare. Under sin första period som statsminister mellan 1969 och 1976 genomförde Palme en rad avgörande frihets- och jämlikhetsreformer: avskaffande av sambeskattningen och legalisering av pornografi (1971), jämställdhetsdelegationen för ökad kvinnorepresentation (1972), liberaliserad skilsmässolag och upphävandet av underhållsplikten mellan vuxna inom familjen (1973), föräldraförsäkringen (1974). Hemmafrun försvann och daghemmen byggdes ut, från 1975 till 1985 ökade antalet förskoleplatser från 72 000 till 330 000, samtidigt som möjligheter till såväl vuxenstudier som studier vid högskolor och universitet vidgades kraftigt. Priset var förstås en allt högre skattebörda och en allt starkare stat. År 1960 hade det svenska skattetrycket legat någon procent över genomsnittet för OECD-länderna, 1970 var det tio procentenheter högre och 1980 nästan femton procentenheter, motsvarande femtio procent av den svenska bruttonationalprodukten.

Även om det klagades över skatterna väckte inte jämlikhetsreformerna något större motstånd. Det fanns en del som försvarade hemmafruns roll som kärleksfull uppfostrare och skapare av social gemenskap. Den så kallade Familjekampanjen, ledd av en välartikulerad hemmafru från Täby vid namn Brita Nordström, protesterade mot särbeskattning. Hon kritiserade just den betoning på begrepp som självständighet, individualism och frihet som präglade retoriken kring skattereformen. Familjens upplösning gjorde visserligen medborgarna fria "– när det gäller mänsklig gemenskap". Men, fortsatte hon, "du blir ofri när det gäller ditt beroende av staten. Och det är kanske inte vad du menar med frihet." Det fanns också en mer utbredd kritik av daghemmen som institutionella och osunda miljöer för barn som väckte ett visst gehör, åtminstone när det gällde små barn och alltför stora barngrupper.

Men de mer ideologiska kritikerna av jämställdheten, som Brita Nordström, lyckades aldrig få till stånd någon större debatt. Kanske berodde det på att förändringarna var lite grått byråkratiska, förberedda av experter i utredningar sedan många år tillbaka. Medierna uppehöll sig hellre vid larmet från den radikala vänstern, som ännu vårdade förhoppningarna om en socialistisk revolution, och de ökade konflikterna på arbetsmarknaden mellan arbetsgivare och fackföreningsrörelse. Men sjuttiotalets socialpolitik speglade också grundläggande värderingar i det svenska samhället. Kombinationen av en protestantisk och relativt sett jämlik bondekultur och en stor tillit till staten bland medborgarna gjorde att många av reformerna tedde sig naturliga och logiska.

Den konservative amerikanske sociologen David Popenoe ansåg 1988 att individualiseringen gått längre i Sverige än någon annanstans i världen. Det fanns inte längre några institutionella band som höll ihop familjen: föräldrar hade ingen auktoritet över barnen, barn och ungdomar var inte ekonomiskt beroende av sina föräldrar, man och hustru var juridiskt autonoma och gamla togs om hand av staten. För Olof Palme var detta inget problem: "Genom den samhälleliga sektorn görs människor oberoende av ekonomiska intressen de inte själva kan kontrollera, ingen annan än de själva har makten över det samhälle de lever i och som formar förutsättningarna för deras liv." Eller som Rousseau uttryckt det tvåhundra år tidigare: "Varje medborgare skall på en och samma gång vara perfekt oberoende av alla andra medborgare och till ytterlighet beroende av staten."

*

Efter höstens inrikespolitiska offensiv i jämställdhetsfrågan hamnade Palme återigen i den utrikespolitiska hetluften i slutet av december 1972. Dagen före julafton gjorde han det mest kontroversiella ställningstagandet under sin karriär: jämförelsen mellan de massiva amerikanska bombangreppen mot Nordvietnam och det nazistiska förintelselägret Treblinka där 700 000–900 000 människor gasades ihjäl.

USA hade inlett attacken den 18 december. Hundratals B-52:or – andra världskrigets flygande fästningar – släppte sammanlagt mer än tjugotusen ton bomber över Hanoi, Haiphong och andra mål i Nordvietnam. Förödelsen var enorm och indignationen världen över blev massiv, med stora demonstrationer och svarta löpsedlar. Inte minst kom kritik från USA:s närmaste allierade. Australiens premiärminister fördömde USA, det kanadensiska parlamentet uttalade sin avsky, den norske statsministern Lars Korvald kallade julbombningarna för en skamfläck i mänsklighe-

13. DEN DEMOKRATISKE SOCIALISTEN

tens historia och skarp kritik kom från Danmark. Sverige hade också reagerat snabbt och tydligt. Redan den 19 december hade Krister Wickman, som nu ersatt Torsten Nilsson som utrikesminister, kritiserat USA:s blinda och brutala krigsmetoder. Men därmed ansåg han också att saken var klar och reste till Afrika tillsammans med sin familj för att fira jul.

Men Palme, "överutrikesminister för Vietnam", kände att han måste uttala sig. Han tog god tid på sig och konsulterade en rad medarbetare och utländska kolleger, inte minst Willy Brandt och Bruno Kreisky. Anders Ferm fick i uppdrag att göra ett utkast. Med detta som underlag skrev Palme en kort intensiv text mitt i julförberedelserna hemma i Vällingby. Han läste upp den för Alva Myrdal och Tage Erlander som båda lämnade sitt godkännande med några smärre ändringsförlag. På förmiddagen den 23 december läste han in det i telefon från Vällingby och kring lunch gick det ut i radion. Det var kort och kärnfullt. Han inledde med att kalla bombningarna "en sorts tortyr", gav sedan en kort bakgrund till läget i fredsförhandlingarna. Sedan kom det som skulle göra Nixon rasande och skapa internationell debatt. Bombningarna, sade han, var illdåd som kunde jämföras med vad som tidigare skett i Guernica, Oradour, Babij Jar, Katyn, Lidice, Sharpeville, Treblinka. Hans sätt att läsa upp texten, långsamt och med eftertryck, förstärkte känslan av vrede och sorg.

Förutom Treblinka hade tre av de sex övriga massakrer som nämndes – den franska byn Oradour där alla invånarna mördades av SS 1944, den ukrainska ravinen Babij Jar där en insatsgrupp avrättade 33 000 judar 1941 och Lidice där 200 tjecker sköts som straff för mordet på Reinhard Heydrich – också utförts av nazisterna. Palme hade visserligen inte explicit jämfört USA med Nazityskland, men retoriskt sett använde han sig av ett grepp som förmedlade den känslan. Avsikten var att såra, att med ord skada motståndaren. Texten var noga förberedd och Palme kände om någon olika ords och begrepps valör. Nazismen utgjorde då som nu den yttersta änden av skalan när det gällde ondska. Apartheidsystemet, sovjetkommunismen, Francoregimen var alla ansvariga för förfärliga illdåd, men de var greppbara, de låg i ytterkanten men ändå på en skala som var möjlig att referera till. Men att föra in nazismen och Förintelsen var detsamma som att hävda att den amerikanska krigföringen kom så nära den rena ondskan som det var möjligt i ett upplyst och sekulariserat samhälle.

Den amerikanska reaktionen blev en repris av 1965 och 1968, fast i snabbare tempo och med kraftfullare åtgärder. Nixon var på semester i Key Biscayne i Florida och tycks inte ha informerats om Palmes uttalande förrän senare. Däremot reagerade hans rådgivare Henry Kissinger, vars familj flytt från nazisterna, mycket starkt. Han beordrade en omedelbar nedfrysning av de diplomatiska relationerna. På eftermiddagen amerikansk tid (sen kväll dagen före julafton i Sverige) kallades den svenske ambassadören Hubert de Besche till ett samtal på amerikanska UD där han informerades om att det amerikanska sändebudet i Stockholm inte skulle återvända efter julhelgerna och att den nyutnämnde svenske ambassadören Yngve Möller inte var välkommen till USA. Amerikanerna sade också att de inte kunde erinra sig något fall med två vänskapligt sinnade stater där den ena parten uttryckt sig på det sätt som Palme gjort. de Besche, en traditionell men orädd diplomat, påpekade att om man i USA var upprörd över Palmes ord så var svenskarna upprörda över att USA bombade i Vietnam.

Så långt är händelseförloppet tämligen genomskinligt. När det gäller nästa fas av dramat finns däremot olika tolkningar av Palmes agerande. Den starka och framför allt snabba amerikanska reaktionen, som nådde svenska UD och Palme sent på kvällen den 23 december eller på julaftonsmorgon, ledde till att Palme än en gång skrev ett personligt brev till Nixon från radhuset i Vällingby. Det hade ett helt annat tonläge än radiouttalandet. Nu uttryckte han sin tacksamhetsskuld till de amerikanska demokratiska idealen och vädjade om att bombningarna skulle upphöra. En del menar att detta var ett bevis på att Palme inte hade förutsett den skarpa amerikanska reaktionen och nu i panik försökte rädda vad som räddas kunde av de svensk-amerikanska relationerna.

Att Palme var uppe i varv är naturligtvis odiskutabelt, annars skulle han inte ha satt sig ner för att skriva brev till USA:s president omgiven av tre otåliga söner och en hustru som ville fira jul. Men det som drev honom var knappast rädsla utan känslan av att vara på väg att få resultat, av att ha nått fram till Nixon (vilket i efterhand visade sig vara en illusion). Han ville påverka Nixon, men inte för att rädda de diplomatiska förbindelserna mellan Sverige och USA utan för att få ett stopp för bombningarna. Man kan anklaga Palme för att ha drabbats av hybris och för att vara naiv – men knappast för att vara feg. Som han hade sagt 1950 på den internationella studentkongressen i Stockholms kårhus: "I just believe we have to do something."

Reaktionerna på Palmes angrepp på USA blev blandade. Palme fick starkt stöd över stora delar av det politiska spektrumet i Sverige, även om inte alla applåderade hans fräna ordval. För en del ledarsidor, främst de konservativa, blev det en huvudsak att Palme jämfört de amerikanska bombningarna med nazismens förintelseläger. En viss begreppsexercis bröt ut för att skilja mellan legitima och illegitima jämförelser. *Svenska Dagbladet* och *Upsala Nya Tidning* menade att de amerikanska bombningarna kunde jämföras med bombningarna av Coventry och Dresden och kanske Hiroshima och Nagasaki, men inte med Katyn, Lidice och Treblinka, som handlade om avsiktlig likvidering av försvarslösa människor.

Men den grundläggande tonen var ändå djupt USA-kritisk även i den borgerliga pressen. I *Vecko-Journalen* skrev Gustaf von Platen att Nixons terrorbombning var oförsvarbar från humanitär, militär och politisk synpunkt – vilket med undantag av de historiska jämförelserna var precis vad Palme sagt. Gösta Bohman angrep Palme för att ha skadat Sverige och tilltron till svensk utrikespolitik genom sina omdömeslösa uttalanden. Moderaterna saknade dock trovärdighet i Vietnamfrågan. De hade gått från ett ogenomtänkt försvar av den amerikanska krigföringen till en opportunistiskt kritisk hållning, men aldrig bottnat i frågan.

I USA väckte naturligtvis Palmes uttalande ilska. En senator förklarade att Palmes antiamerikanism stod honom upp i halsen. Men det kom också ett ganska omfattande stöd från amerikanska kongressmän som var kritiska mot Nixonregimen. Ingen jublade över jämförelsen med nazisterna, men man tyckte ändå att Vita huset överreagerade. *Washington Post* och *New York Times* kom också till Sveriges försvar. Även i de nordiska länderna var reaktionerna överlag positiva. Norska *Dagbladet* menade att Palme talade för hela Skandinavien och *Helsingin Sanomat* ansåg inte att Palme "sagt något nytt". Men som skådespelaren Knut M. Hansson påpekade i kvällstidningen *Verdens Gang* uppstod också en besk smak i munnen i Norge när man tänkte på hur Palmes landsmän hade förhållit sig då Hitler begått sina krigsförbytelser. *Le Monde* menade att Palme talade för en omfattande opinion, *Le Peuple* i Bryssel kritiserade europeiska regeringar som inte vågade kräva att USA skulle sluta bomba. I Västtyskland var, av begripliga skäl, tidningarna mer kritiska mot att Palme jämfört Vietnamkriget med Förintelsen. *Frankfurter Allgemeine Zeitung* talade om "pinsamma tirader" och *Süddeutsche Zeitung* ansåg att Palme överträffat Peking och Moskva.

Man kan diskutera det lämpliga i att använda nazismen som okvädningsord. Risken är att vi relativiserar Förintelsen. Men när det gäller Palmes uttalande om julbombningarna måste man också beundra hans förmåga att inte bara hitta de drastiska formuleringar som sammanfattade den vrede som miljontals människor kände utan också att balansera på gränsen för vad som gick att säga. Till skillnad från vad som var fallet på sextiotalet fanns det nu många politiker som var öppet kritiska mot USA:s krigföring. Utrikesminister Wickman hade dessutom uttalat sig för Sveriges räkning. Men Palme ville ha effekt. Som hans farfar Sven Palme uttryckte det i sin kritik av Sveriges ovillighet att stödja den finska kampen för nationellt oberoende: "Sund 'diplomati' kan vara försiktigt, men svenskt är det inte, och det är föga överensstämmande med ett kulturfolks samvete."

I detta fanns onekligen ett mått av fåfänga. Ingen europeisk politiker hade lika tidigt och lika tydligt förstått vidden av den amerikanska katastrofen i Vietnam. Men nu hade opinionen kommit i kapp honom och han blev tvungen att ta till allt starkare medel för att behålla sin tätposition. Men i lika hög grad handlade det om frustration. Diplomatins och förhandlingarnas tid var förbi. Det enda sättet att få slut på kriget var ett oförtröttligt opinionsarbete för att få USA att lämna Vietnam. På lång sikt visade sig detta vara en korrekt analys. Vietnamkriget tog inte slut med mindre än USA:s och den sydvietnamesiska regimens militära nederlag. På kort sikt innebar jultalet att år 1972 slutade framgångsrikt för Palme. Efter ett par gråa år hade han återtagit initiativet både på hemmaplan och inom utrikespolitiken.

14. Andra svartmålar, vi bygger vidare

*Han följer inte alltid reglerna, men det
finns liv i honom. Och när det finns människor
med liv i, finns det hopp för världen.*

PAUL AUSTER

Get down to the floor. The party starts now!

JAN ERIK OLSSON

ÅR 1973 BLEV AVGÖRANDE för Olof Palme. Hans första år som statsminister hade gjort många besvikna. Den unge och djärve politikern tycktes ha malts ner av den socialdemokratiska partiapparaten. "Det är lite oroande med denna totala personlighetsklyvning hos en ansvarig politiker", skrev Sven Delblanc i *Trampa vatten*: "Å ena sidan har vi den store ledaren med en vilja av stål. Å andra sidan har vi den maktlöse och välmenande härskaren, som vilsen irrar i kanslihusets korridorer och låter sig hunsas av allsköns busar och skumma potentater." Men under hösten 1973 framträdde nya och tidigare dolda sidor hos Palme. När regeringen drogs in i förhandlingar i ett brutalt gisslandrama vid Norrmalmstorg i Stockholm visade sig den disträe idépolitikern plötsligt vara en ytterst effektiv och kylig ledare. På ett liknande sätt överraskade han den intellektuella vänstern genom att slå till hårt mot de journalister som avslöjat Sveriges hemliga underrättelsetjänst IB. Och efter 1973 års val, som resulterat i ett totalt jämviktsläge mellan de två politiska blocken, förvandlades den hårde konfrontationspolitikern till en skicklig samarbetsingenjör. Palme hade tagit steget från ungt löfte till hårdhänt resultatpolitiker, en inte alltigenom behaglig upplevelse för en del av hans beundrare.

Men 1973 innebar ett uppvaknande från sextiotalets mer rosiga framtidsoptimism också i andra avseenden. "Ingen katastrof, bortsett från tredje världskriget, kan drabba människor i större delen av världen med samma kraft", förklarade *Svenska Dagbladet* apokalyptiskt hösten 1973; tusentals skulle bli arbetslösa, kommunikationerna skulle klappa ihop, folk skulle frysa i utkylda bostäder och börskurserna rasa. Inget av detta inträffade, men OPEC:s oljeembargo efter Oktoberkriget i Mellanöstern fick västvärlden att fundera över hur dess olja hade hamnat under arabländernas sand. Samtidigt kom andra varningssignaler om att den stabilitet som präglat världsekonomin sedan andra världskriget var på väg att ta slut. Sommaren 1971 hade USA, pressat av kostnaderna för Vietnamkriget, beslutat att den amerikanska dollarn inte längre kunde inlösas i guld utan skulle flyta fritt på valutamarknaden. Det innebar dödsstöten för det system med fasta växelkurser som skapats i semesterorten Bretton Woods på USA:s östkust precis i slutet av andra världskriget. Oron kulminerade under 1973 med omfattande valutaspekulation, devalveringar och desperata internationella konferenser för att försöka återställa ordningen.

Men lika lite som människorna i början av femtiotalet hade vetat att rekordåren precis höll på att börja, insåg människor i mitten av sjuttiotalet att de höll på att ta slut. Sett med samtidens ögon var oljekriser och valutaoro ännu bara orosmoln på en i övrigt klar himmel. Ekonomin växte fortfarande och det var lätt att få jobb. Avmattningen 1971–1972 tycktes som ett tillfälligt fenomen, nu rullade återigen en högkonjunktur över världen som för Sveriges del kulminerade under 1974, det sista rekordåret. Om än ironiskt speglade den radikala Fria Proteaterns sång "Kom igen" de goda tiderna: "Vill du ha det roligt grabben och bli rik/ ta dig då ett jobb på Volvos bilfabrik..." Sextiotalets ungdomliga optimism levde vidare en bra bit in på sjuttiotalet. Sommaren 1972 började de första tågluffarkorten säljas. Interrail, som den nya biljettformen kallades, gjorde det möjligt för ungdomar under 26 att åka billigt under en månad på de flesta av Europas järnvägslinjer. Omkring 20 000 svenska tonåringar åkte under första hälften av sjuttiotalet varje sommar på den typ av bildningsresor som på femtiotalet mest förekommit bland studenter och intellektuella.

14. ANDRA SVARTMÅLAR, VI BYGGER VIDARE

Blåjeans blev högsta mode. På lördagarna fick stockholmarna inte bara tränga sig fram bland tidningsförsäljare och FNL-insamlare i City utan även ta sig igenom de ringlande köer av ungdomar på Birger Jarlsgatan som väntade på att få köpa sina moderiktiga jeans i klädbutiken Gul & Blå. I början av 1973 – den 8 januari – hade den uppmärksammade amerikanska porrfilmen *Långt ner i halsen* premiär på biografen Hollywood. Senare på våren vann ABBA den svenska uttagningen till Melodifestivalen med *Ring Ring (Bara du slog en signal)* – ett tecken på att popmusiken höll på att slå ut den traditionella svenska schlagern. ABBA kom visserligen bara trea i den stora tävlingen, men följande år skulle de vinna med hitlåten *Waterloo* och därmed inleda en utveckling som gjorde Sverige till en framgångsrik uppstickare på den internationella popmusikscenen. På sommaren tog sig en okänd långhårig svensk sjuttonåring från Södertälje vid namn Björn Borg sensationellt till kvartsfinal i Wimbledon. Och på hösten förändrades svenskarnas matvanor på ett radikalt sätt när McDonald's på morgonen den 26 oktober öppnade sin första svenska hamburgerrestaurang på Kungsgatan i Stockholm.

Men den framrusande populärkulturen skapade också motstånd. ABBA betraktades av många som kommersiellt skräp. När Sverige 1975 blev värd för Melodifestivalen efter triumfen med *Waterloo*, anordnades en alternativ "schlagerfestival" med radikala artister; "vi har vår egen sång, vi ger väl fan i dom", sjöng Göteborgsbandet *Nationalteatern*. Följande år beslöt svensk teve att inte delta i den europeiska melodifestivalen därför att man ansåg att det var en föråldrad programform. Elitidrotten och inte minst föräldrar som likt Rune och Margareta Borg i Södertälje prioriterade sina barns träning framför skolan kritiserades hårt. Feminismen, som tidigare sett pornografi som åtminstone en möjlig form av sexuell frigörelse, tog avstånd från *Långt ner i halsen*: "Hela porrindustrin är en enda visuell våldtäkt av kvinnan", var analysen i Grupp 8:s tidskrift *Kvinnobulletinen*. Det nyöppnade McDonald's blev en symbol för amerikansk kulturimperialism. David Bowie, Gary Glitter och andra nya engelska artister väckte kritik på grund av sitt glittriga, dekadenta mode; "den som skor sig med platå, får svårare att gå", sjöng den numera bortglömde

Stockholmstrubaduren Ragnar Borgendahl. Bakom kritik av det slaget fanns en vänsterkultur som betonade värden som kulturell kvalitet, politisk medvetenhet, moralisk autenticitet och social gemenskap.

Den vänstervåg som slagit in över det svenska samhället 1967–1968 hade visserligen tunnats ut i mitten av sjuttiotalet men i gengäld trängt desto längre in. Allt var lite fuktigt och på många ställen låg omfattande men ofta stillastående vattensamlingar kvar. Efter ett decennium av konflikt var femtiotalets liberala konsensus nu ersatt av en marxistisk likriktning. Det tycktes onekligen, som *Dagens Nyheters* förre chefredaktör Herbert Tingsten brukade påpeka, som om svenskarna enbart kunde tänka en tanke åt gången. Det innebar inte att den radikala vänstern var särskilt politiskt stark i Sverige. Vänsterpartiet kommunisterna låg ganska stadigt på de fem procent av väljarkåren man haft sedan 1917, att jämföra med de stora folkliga kommunistpartierna i Frankrike och Italien. "Vanligt folk läser inte Karl Marx, eller Kierkegaard, arbetar inte på Sveriges Radio...", påminde författaren Rita Tornborg i romanen *Hansson och Goldman* från 1974. Det som gjorde Sverige annorlunda var snarare frånvaron av motstånd från högerintellektuellt håll. Hur mycket Herbert Tingsten – som dog 1973 – än klagade över den svenska enfrågementaliteten hade han själv bäddat för nyvänsterns dominans genom sina glänsande kulturradikala attacker i *Dagens Nyheter* på alla former av konservatism och traditionalism under femtiotalet. Resultatet blev att en uttunnad och historielös marxism härskade oemotsagd på universitet och högskolor, inom kulturvärlden och bland journalister och ungdomar på de teoretiska linjerna på gymnasiet.

Men sjuttiotalet rymde mer än dogmatism. Det fanns en frihet för unga människor som sökte andra livsformer vid sidan om de traditionella institutionerna. I romanen *Jack*, som kom ut våren 1976, skildrade Ulf Lundell en ung man ur arbetarklassen som försöker finna sin väg mellan klassamhället, det politiska upproret och sina egna romantiska ideal som närmast var inspirerade av den amerikanska beatnikkulturen. Några problem att hitta jobb har han inte, konsten är snarare att undvika fast sysselsättning: "Farsans största helvete här på jorden är att behöva tala om för jobbarpolarna på verkstan att hans son aldrig kommer upp i mer än tjugotusen om året. Och nu har sonen hans till och med lagt av och knega totalt." Om Lundell rörde sig bort från arbetarklassen i en obestämd konstnärlig riktning (och mot betydligt större inkomster än tjugotusen om året) var det andra som sökte sig nedåt i samhället. År 1972 gav prästsonen och poeten Göran Palm ut *Ett år på LM*, en skildring av hans upplevelser som arbetare på teleföretaget LM Ericssons fabrik i södra Stockholm.

Delvis var det som en parodi på socialantropologi. Palm koketterade med sin brist på kontakt med svenska arbetare: "Under sex veckor i Guinea-Bissau på Afrikas västkust hade jag träffat fler arbetare än under många år i Sverige..." Men här fanns också den nyfikenhet, den vilja att förstå andra människor och konfrontera sina egna fördomar som gjorde sjuttiotalet öppet och vitalt. Detta var en tid då unga människor flyttade till kollektiv, startade teatergrupper, blev socialarbetare eller begav sig ut i obygden för att finna sig själva. Man hyllade andra ideal än framgång och pengar och försökte skapa nya, om än ibland bisarra livsmönster. Musikrörelsen, ett ytterst heterogent nätverk, samlade allt från rena agitpropgrupper till spröda folksångare och experimentella avantgardister kring tidskriften *Musikens makt* och en rad små progressiva skivbolag, främst MNW i Vaxholm utanför Stockholm.

*

Det fanns också kulturrörelser som i själva verket var maskerade politiska partier. Tidskriften *Folket i Bild/Kulturfront* som startade 1972 var avsiktligt modellerad på arbetarrörelsens aktade litteratur- och reportagetidskrift *Folket i Bild*, som hade köpts upp av Bonniers 1963 och omvandlats till en småsnaskig reportagetidning. Till en början framstod den nya tidskriften, vars redaktion låg i en nedlagd folkskola mellan Hagaparken och den norrgående E4:an, som relativt ekumenisk. En rad av Sveriges bästa författare medverkade och reportagen höll hög klass, ofta signerade av tidskriftens egen undersökande reporter Jan Guillou. Efter hand blev det dock uppenbart att många aktivister och medarbetare stod det maoistiska KFML – sedan 1973 Sveriges kommunistiska parti, SKP – nära. Guillou var också medlem, men hade svårt för den puritanska atmosfär som härskade på redaktionen. Han misstänkte att den ansvarige utgivaren Greta Hofsten hade en tagelskjorta under sin murarskjorta.

Våren 1973 – den 3 maj närmare bestämt – kom det stora genombrottet. Genom en blandning av tur och skicklighet hade *FiB/Kulturfront* upptäckt den hemliga underrättelseverksamhet som pågått vid Försvarsstaben sedan början av femtiotalet under Palmes vän Birger Elmérs ledning. Enligt reportrarna Jan Guillou och Peter Bratt ägnade sig IB* åt två former av illegal verksamhet: övervakning av svenska vänsteraktivister och hemliga operationer i samarbete med västliga underrättelsetjänster, främst israeliska Shin Beth men även CIA. IB, som var helt okänd utanför delar av regeringen och Försvarsstaben, hade omkring hundra anställda utspridda i olika lokaler runtom Östermalm dolda bakom olika oskyldiga täckverksamheter. Inte minst skulle uppgifter om att Sverige hade genomfört hemliga operationer i Finland väcka irritation i grannlandet.

Parallellen till den pågående Watergateskandalen i USA var uppenbar. Men det saknades ett viktigt inslag: agenter som avslöjats med fingrarna i syltburken på samma tydliga sätt som de fem män som gripits av polisen i det demokratiska partihögkvarteret i Watergate Hotel natten den 17 juni 1972. Som skandal bestod IB-affären snarare av en rad små pusselbitar som tillsammans skapade en helhetsbild av en hemlig och författningsstridig svensk underrättelsetjänst. Problemet förstärktes dessutom av att de två reportrarna inte var överens inbördes om vad som var huvudsaken i det material de grävt fram. Bratt ogillade Guillous hårda anklagelser mot IB:s verksamhet utomlands, bland annat att Elmér skulle vara ansvarig för mord. Bratt å sin sida, skrev Guillou i efterhand, "uppfattade IB:s inrikes verksamhet, infiltrationen och den olagliga åsiktsregistreringen, som mycket allvarligare än IB:s privata och hemliga utrikespolitik".

---

* Akronymen antogs i reportaget betyda "Informationsbyrån" men stod förmodligen för "Inhämtning, Birger". I riksdagens försvarsutskott talade man om den "särskilda verksamheten".

14. ANDRA SVARTMÅLAR, VI BYGGER VIDARE

Nyheten om IB fick stort genomslag. De två unga – båda var strax under trettio – IB-avslöjarna utgjorde ett karismatiskt par. Bratt, som var son till en direktör i Svenska arbetsgivareföreningen, hade en sympatisk, idealistisk och aningen förvirrad framtoning. Innan han ramlat in som frilansande medarbetare på *FiB:s* redaktion hade han arbetat på bokförlag samt en period på den statliga utbildningsteven, TRU. Den filmstjärnesnygge Guillou, vars skolgång varit kantad av slagsmål, konflikter och relegeringar, kom också från en fin familj. Han var en tuffare typ än Bratt, mer av internatskolerebell än ordförande i skolans litteraturförening – eller ville åtminstone förmedla det intrycket. Som ung juridikstudent hade han arbetat några år för *FiB/Aktuellt*, den tidning vars tappade mantel *FiB/Kulturfront* plockat upp.

Dagen efter det första reportaget, den 4 maj, dementerade försvarsminister Sven Andersson bestämt *FiB:s* uppgifter. Långt senare skulle den statliga Säkerhetstjänstkommissionen slå fast att Guillous och Bratts uppgifter i stort var korrekta. Palme höll sig helt borta från IB-affären i det här skedet. Ingenting i de första reportagen hade pekat specifikt mot honom – förutom att han naturligtvis var landets statsminister och som sådan ytterst ansvarig för verksamheten. Vilket Bratt och Guillou påpekade några veckor senare: "Och Olof Palme – när detta skrivs har statsministerns tystnad varat i tjugo dagar. Denna tystnad börjar bli intressant." Efter samråd med Justitiekanslern beslöt däremot chefsåklagare Carl-Axel Robèrt att granska om IB:s personal gjort sig skyldig till något brottsligt. Det svenska rättsmaskineriet malde och IB tycktes därmed ha somnat in som skandal. På Norstedtss förlag tackade man nej till ett erbjudande från Guillou om att skriva en bok om IB-affären; den hade "blåst över".

Men Guillou borrade vidare. Han hade fått tag i uppgifter om att en IB-anställd, överste Carol Bennedich, hade vidarebefordrat material från svenska ambassaden i Hanoi till CIA. För att kontrollera uppgifterna kontaktade Guillou "fienden", det vill säga sin squashpartner Pierre Schori, som tillhörde den socialdemokratiska vänstern och arbetade på UD (efter valet anställdes han på statsrådsberedningen). Schori bekräftade att IB hade vidarebefordrat uppgifter från ambassaden i Hanoi till USA, men förklarade tydligt att det skett utan regeringens vetskap. Därmed hade Guillou ett sensationellt scoop. Men när avslöjandet om Vietnamspionaget kom i slutet av september drunknade det i de oöverskådliga mängder av IB-material som *FiB/Kulturfront* nu vräkte fram. Däremot stod Palme i centrum för anklagelserna på ett helt nytt sätt. Vänstertidningen hävdade bland annat att statsministern och hans spionchef Elmér träffades regelbundet i hemliga möten på utbildningsdepartementet mellan klockan tolv och tretton på tisdagar. Enligt källan "Harry" skulle Elmér också ha sagt att Palme gett honom en del "otäcka" instruktioner. Kontakterna mellan Palme och spionchefen har aldrig styrkts. Enligt Säkerhetstjänstkommissionen från 2002 finns det bara två anteckningar om möten mellan dem under den senares tid som IB-chef. Dessutom röjde *FiB/Kulturfront* försvarshemligheter helt i onödan genom att publicera en lista på de utländska ambassaders radiokoder som knäckts av Försvarets Radioanstalt (FRA), vilket skadade den svenska underrättelsetjänsten utan att fylla någon som helst uppenbar samhällskritisk funktion. Bland annat hade FRA kunnat avlyssna radiotrafik mellan den brasilianska ambassaden och Pinochetregimen. Palme passade på att ge *FiB/Kulturfront* en känga för att de avslöjade försvarshemligheter på ett ansvarslöst sätt, men höll ännu en låg profil offentligt. I månadsskiftet september–oktober verkade det fortfarande som om affären var på väg att rinna ut i sanden.

Morgonen den 22 oktober kom dock en ny och sensationell vändning. Peter Bratt greps av Säpo på Stockholms Central samtidigt som två säkerhetspoliser gick in i en lägenhet i Lund där Guillou sov på en soffa. Polisen stormade också in på *FiB/Kulturfronts* lokaler i Haga skola och började skyffla ner mängder av papper i svarta plastsäckar. Det var den första husrannsakan som skett på en svensk tidningsredaktion sedan andra världskriget. Åklagaren – märkligt nog just den Carl Axel Robèrt som tidigare utrett IB – menade att Guillou och Bratt indirekt hade röjt uppgifter som skadat den svenska försvarsmakten och lyckades få dem häktade vid Stockholms tingsrätt den 6 november. Bratt och Guillou var tagna på sängen av att bli anklagade för vanligt spioneri. De hade räknat med den särskilda sorts tryckfrihetsåtal med jury som den svenska grundlagen föreskrev när en författare eller ansvarig utgivare brutit mot Tryckfrihetsförordningen kapitel sju, paragraf tre och gjort sig skyldig till "högförräderi, spioneri, grovt spioneri, grov obehörig befattning med hemlig uppgift, uppror, landsförräderi, landssvek..."

I det här skedet var Palme tvungen att träda fram. Sedan i maj hade hans försvarsminister Sven Andersson stått ensam i elden. Många misstänkte dessutom att regeringen låg bakom åtalet. Själv förnekade Palme bestämt att han hade uppmuntrat Robèrt. Det var inte tillåtet enligt den svenska grundlagen, framhöll han i *Aftonbladet*. Till skillnad från USA, där Nixon nyligen avskedat Watergateåklagaren Archibald Cox, var åklagare och domstolar i Sverige självständiga från det politiska systemet. Men även om vi accepterar att Robèrt agerat självständigt – vilket tycks vara det mest sannolika – kvarstår frågan om vad Palme tyckte om åtalet. Det som talar för att han ogillade det är att det skapade stor negativ publicitet för honom själv och regeringen. "Nu blir det ett jävla liv", lär han ha sagt när han fick höra talas om Robèrts aktion morgonen den 22 oktober. I teveprogrammet "Kvällsöppet" några veckor senare menade han att "det är ju åklagare Robèrt som verkligen har satt igång den här debatten". Visserligen tillade Palme att det var "konsekvent" och att han inte kritiserade åklagaren för att han gjorde sin plikt som han såg det – men fick det att låta tvärtom. I debatten signalerade han dock en villighet att se över lagstiftningen som låg till grund för åtalet.

Men Palmes hårda kritik av Bratt och Guillou i början av november i två stora intervjuer i *Aftonbladet* och *Dagens Nyheter* pekade i en annan riktning. I sakfrågorna – IB:s infiltration av den svenska vänstern och det illegala samarbetet med andra underrättelsetjänster – var han undanglidande. Han talade allmänt om hur regelverket såg ut, men undvek för det mesta att svara på de besvärliga frågorna. Han gjorde en tydlig dementi om infiltration: "Det förekommer inte och skall inte förekomma." Detta skulle visa sig vara felaktigt, vilket Tage Erlander antydde redan följande år i en intervju där han beklagade att Palme och Sven Andersson bundit upp sig så hårt när det gällde förnekandet av övervakningen av olika vänstergrupper. Men som Jan Guillou senare konstaterade: "när det gäller spioneriaffärer och devalveringar och sånt där ljuger statsmän runt om ..."

Det som var mer anmärkningsvärt var att Palme också gick till hårt personligt angrepp mot de två IB-avslöjarna. Å ena sidan hade "de här gossarna" läst för mycket indianböcker och för många dåliga agentromaner. Å andra sidan gjorde deras metoder och bevisföring ett otäckt intryck, tankarna gick till trettiotalets Moskvaprocesser och Arthur Koestlers *Natt klockan tolv på dagen*. De var fiender till "vårt demokratiska reformistiska samhälle", förklarade Palme. Det var inte särskilt konsekvent: var Guillou och Bratt durkdrivna kommunister eller förvirrade skolpojkar? Men Palme menade att det handlade om att stå upp för det man trodde på. I massmediesamhället fanns en risk för politiker att tappa "både fotfäste och självförtroende", förklarade han i riksdagen under IB-affären: "Politikerna måste så att säga också värna sina liv och stå för det som de anser vara rätt och riktigt." I mitten av december höll han ett retoriskt starkt tal riktat mot de antidemokratiska krafter både till höger och vänster som hotade Sverige. Adressen var tydlig:

> Man jämför oss med fascismens diktatur och försöker få människorna att tro att Sverige håller på att bli en polisstat. Man drömmer om konfrontation och polarisering som kunde skapa en revolutionär situation i vårt land. Man utnyttjar den medvetna lögnen och kallar den samhällskritik och talar om en yttrandefrihet som man i grunden förmenar alla andra än sig själva. Dessa extremister bär diktaturen i sitt hjärta.

Som allmän kritik av den svenska extremvänstern står sig talet bra i dag. Guillous gloria har också flagnat sedan det blivit känt att han under en period i slutet av sextiotalet lämnade upplysningar till KGB. Men vilka motiv som än låg bakom hade Bratt och Guillou i huvudsak rätt om IB. Dessutom fanns en uppenbar brist på proportionalitet i angreppet. Palme var landets statsminister och de personer han tog ära och heder av satt redan i fängsligt förvar på Långholmen. Många medborgare ville ha svar på sina frågor om IB utan att de för den skull sympatiserade med *FiB/Kulturfront*. Som en socialdemokratisk student från Sundsvall skrev till Palme några dagar efter intervjuerna i *Dagens Nyheter* och *Aftonbladet*: "Jag för min del är övertygad om att 'IB' inte har den karaktär Fib/Kulturfront... frammanar, men är skrämd av den ihålighet och tvetydighet Dina och andra ansvarigas kommentarer präglas av... I djup respekt för Dig som partiledare och politiker med partihälsningar."

Delvis grumlades kanske Palmes omdöme av att Guillou och Bratt hade rört vid en känslig nerv: hans förhållande till idealistiska vänsterintellektuella. Redan Palmes första debatt med Karl Vennberg 1950 hade blottat spänningen mellan hans egen existentiella ansvarsmoral och en alltför utopisk samhällskritik. Den läsande och tänkande Palme attraherades av radikala författare och journalister; politikern Palme stöttes bort av deras överspända och orealistiska syn på världen. Och de intellektuella reagerade tvärtom: de älskade hans vassa formuleringar och klarsynta analyser, men förstod sig inte på hans vilja till makt, hans beslutsamhet att åstadkomma verklig förändring i världen. Författaren P.O. Enquist, som handplockats av Palme till att sitta i Kulturrådet 1974, frågade honom en gång över ett antal glas vin varför just han blivit utvald. Palme "tittade kallt" på Enquist och svarade: "Jag hade läst en essä av dig i *Ord och Bild* där du skrev om idrott, och du har ju hållit på själv, och jag förstod att du inte var fullt lika inskränkt som alla andra svenska författare."

Den 5 januari 1974 dömdes Guillou och Bratt till vardera ett års fängelse för spioneri i Stockholms tingsrätt. Guillou gick vidare till hovrätten, men Bratt hade fått nog. Om han överklagade skulle han få sitta häktad i flera månader till. Han mådde dåligt och var orolig för sin familj, inte minst sina barn. Guillou, som snarare tycktes upplivad av att ha hamnat i fängelse, skrev ett brev till Bratt där han förklarade att dennes agerande inte var särskilt genomtänkt ens för en "intuitiv salongsbolsjevik". Därmed var vänskapen mellan de två IB-avslöjarna slut. Peter Bratt författade även en nådeansökan till regeringen, men Palme utnyttjade inte denna möjlighet att gjuta olja på vågorna. "Lagen gäller lika för alla, till och med överklasspojkar", konstaterade han maliciöst. Bratt, får man lov att säga, var inte särskilt tursam i valet av vare sig vänner eller fiender.

Men Palme styrdes inte bara av känslor. Det handlade också om att skydda IB:s verksamhet från insyn och förhindra den parlamentariska granskning som efterlystes från alla möjliga håll. Sannolikt var han tämligen oberörd av anklagelserna om den interna övervakningen av vänstersympatisörer. Även om han hade haft kontakt med denna verksamhet tidigare under sin karriär finns det få belägg för att han var direkt inblandad. Guillous grävande i IB:s internationella verksamhet var däremot mer besvärande. I flera år hade Palme utfört en framgångsrik dans på slak lina; å ena sidan gått hårt åt USA för Vietnamkriget, å andra sidan försökt förhindra att USA avbröt det hemliga militärteknologiska samarbete som var nödvändigt för att Sverige skulle kunna försvara sig mot ett sovjetiskt anfall. För Palme, som värnade om både Vietnams och Sveriges nationella oberoende, var det en rimlig kompromiss. Men den krävde ett visst mått av hemlighetsmakeri. Hösten 1973, samtidigt som IB-affären rasade, höll Palme på att försöka reparera de diplomatiska förbindelserna med USA. I slutet av oktober, bara några dagar efter att Bratt och Guillou anhållits, var Palme värd för ett möte med Nordiska rådet i Stockholm. Till allmän förvåning försökte den annars så USA-kritiske Palme övertala islänningarna att inte kräva en avveckling av den amerikanska flygbasen Keflavik på Island. Om han skulle klara av att både värna Sveriges intressen och driva en aktivistisk utrikespolitik måste Sverige byta en del äpplen mot päron med USA. Som regeringen uttryckte det i ett samlat uttalande om IB den 22 november: "Inom underrättelseverksamheten förekommer en viss byteshandel med underrättelser... Byteshandeln är nödvändig för Sverige."

Anhållandet av Bratt och Guillou i oktober hade orsakat omedelbara demonstrationer runtom i Sverige. I Stockholm krävde sjutusen personer på Sergels torg att de politiska fångarna skulle friges. Från sin fängelsecell på Långholmen kunde också Guillou höra uppmuntrande tillrop från människor som samlats utanför fängelset. Reaktionen blev även upprörd bland svenska intellektuella. Palmes beundrare från sextiotalet Karl Vennberg undrade i *Aftonbladet* "om man någonsin mer kan ta en svensk valsedel i handen utan att kräkas". Nyåret 1969 hade han skrivit att sjuttiotalets viktigaste fråga skulle bli hur vänstern hanterade sin besvikelse. Nu stod svaret klart: genom att angripa Olof Palme. Kanske var det oundvikligt. Palme hade tänt hoppet om en ny sorts politik och nu hade han visat sig vara en vanlig politiker. "Var finns i dag den öppna, rörliga, oroande och personlige Olof Palme, som många gånger, trots sin position i maktens centrum, så väl och så stimulerande ändå lyckats framstå och övertyga som maktens fiende och översåtlighetens kritiker?", skrev Anders Clason i *Nerikes Allehanda*. Men den Palme som for ut mot *FiB/Kulturfront* var samma Palme som hade satt på sig sin pälsmössa och utmanat Nixon genom att offentligt gå bredvid en nordvietnamesisk diplomat.

Men även om besvikelsen på Palme var överdriven var protesterna mot arresteringen av Guillou och Bratt befogade. Sverige brukade yvas över sin långa och starka tradition av yttrandefrihet. Men nu hade myndigheterna rundat Tryckfrihetsförordningen från 1766 genom att åtala de två samhällskritiska journalisterna som vanliga brottslingar. Oavsett vad man tyckte om IB väcktes associationer till andra världskrigets frihetsinskränkningar och rättsröteskandalerna i början av femtiotalet. Den kritik som sannolikt tog Palme hårdast var det öppna brev från Günter Grass, Max Frisch och tre andra tyska författare som jämförde gripandet av Guillou och Bratt med nazisternas tystande av Carl von Ossietzky, de sovjetiska myndigheternas trakasserier av Solzjenitsyn och Nixonregimens angrepp på Daniel Ellsberg som offentliggjorde Pentagonrapporten. Men Palmes svar var bestämt:

> Sverige har en underrättelsetjänst. Jag erkänner sålunda att vi bedriver en verksamhet, där vi på såväl öppet som hemligt sätt skaffar oss informationer för att öka vårt folks och vårt lands säkerhet. Vi är en liten nation. Vi vill förbli självständiga, föra en egen politik. Vi vill stå fria från stormakterna.

*

Hösten 1973 hade Palme mycket annat att tänka på än IB-affären. Valrörelsen blev ovanligt komplicerad. Den hade visserligen börjat bra. Den 26 juli hade han utvilad och solbränd tjuvstartat med ett offensivt tal i Visby. Han hade tillbringat de senaste veckorna på Fårö med att spela fotboll med sönerna, gå på stranden och läsa in sig på energipolitiska frågor. Förhållandena var primitiva med kallvatten, utedass, gemensamt kök och vardagsrum samt tre små sovkabysser. Sommartillvaron var noga ritualiserad; Palme hade samma sommarkläder från år till år, tog alltid med sig en flaska sprit till en av grannarna och när han inte arbetade lade han ofta patiens. Han älskade också att läsa högt för sina söner, vilket han kunde göra i timmar. Framför allt handlade det om hans barndoms klassiker som Jules Verne, Charles Dickens och Alexandre Dumas. Det enda mer moderna verk som kom in på repertoaren var Tolkiens *Sagan om ringen*. Umgänget var begränsat, även om allt fler ledande politiker och tjänstemän med socialdemokratiska sympatier hade skaffat sommarbostad i närheten. Där fanns bland annat postchefen Ove Rainer, TCO:s ordförande Lennart Bodström och Harry Schein som bodde hos vännen Ingmar Bergman. Någon enstaka gång lyckades hovmännen locka paret Palme på en middag eller utflykt, men bortsett från pojkarnas vänner var det få besökare hos familjen Palme.

I sitt tal i Visby gick han ut tämligen hårt. Han hävdade att en borgerlig valseger skulle leda till att balansen förskjöts i det svenska samhället, eftersom den ekonomiska, politiska och mediala makten (de flesta tidningar var borgerliga) då skulle vara samlad i en hand. Argumentet var ytterst dubiöst, men det hade ett bestämt syfte: att kontra idén att ett maktskifte var nödvändigt ur ett demokratiskt perspektiv. Denna tankegång irriterade Socialdemokraterna starkt. Hur kunde det vara odemokratiskt att väljarna visade ett obrutet förtroende för ett visst parti? Därmed var dagordningen för 1973 års valrörelse definierad: maktskiftesfrågan. "Rösta inte bort tryggheten" och "Andra svartmålar, vi bygger vidare" var ett par av de socialdemokratiska parollerna. Oppositionen skulle utmålas som opatriotisk och en aning demokratiskt undermålig.

Men allt bromsades upp när valrörelsen skulle börja på allvar. Först insjuknade den svenske kungen Gustav VI Adolf i häftiga magsmärtor på sitt sommarslott Sofiero i Skåne den 18 augusti. Den gänglige nittioåringen, som på somrarna gärna uppträdde i en elegant vit sommarkostym bland rosenrabatterna på Sofiero, hade förts i ilfart till lasarettet i närbelägna Helsingborg. Det mediala pådraget var enormt med ständiga uppdateringar och hälsorapporter från sjukbädden, vilket skapade ett underligt intryck av att svenska journalister tycktes anse att det var något sensationellt med att en nästan nittioettårig man höll på att dö. Men den ihärdiga nyhetsbevakningen speglade den åldrade monarkens popularitet bland sina undersåtar. Den 21 augusti slog nyhetsbyrån TT:s telefonservice rekord när över 28 000 personer ringde för att höra de senaste bulletinerna om kungens hälsotillstånd.

Gustav Adolf hade varit kronprins i fyrtiotre år när han 1950 efterträtt Gustav V. Till skillnad från fadern, som haft svårt att acceptera parlamentarismen och sympatiserat med tyskarna under andra världskriget, hade Gustav VI Adolf blivit en exemplarisk monark från demokratisk synpunkt. Kanske spelade hans brittiska orientering en viss roll: hans första hustru var Margaret av Connaught, barnbarn till drottning Victoria, och efter hennes död 1920 gifte han om sig med en annan brittiska, Louise Mountbatten. Han utstrålade också bildning och kultur, något som inte var alla medlemmar av ätten Bernadotte förunnat. Arkeologi var hans stora passion och han talade engelska, franska och tyska flytande. Till och med militanta republikaner som Vilhelm Moberg ansåg att man skulle vänta med att avskaffa monarkin tills den trevlige gamle gentlemannen gått ur tiden.

Bankrånet på Norrmalmstorg hade i sig ingenting att göra med den döende kungen, men medialt blev de båda händelserna sammanflätade: ett massivt uppbåd av journalister, en lång och osäker väntan, ständiga bulletiner och vidlyftiga spekulationer och till slut en hastig upplösning. Den utdragna belägringen började klockan tio på morgonen torsdagen den 23 augusti då en kpistbeväpnad man kom in på Kreditbankens huvudkontor, sköt en salva i taket och ropade: "Get down to the floor. The party starts now!" Efter en stunds förvirring tog han fyra personer som gisslan och låste in sig i bankens valv. För att släppa banktjänstemännen krävde rånaren Jan Erik Olsson, en frånskild, småkriminell tvåbarnsfar, en lösensumma på tre miljoner, frigivning av den kände brottslingen Clark Olofsson och dennes transport till Norrmalmstorg samt en snabb bil.

Regeringen gick med på kraven, men vägrade acceptera ett ytterligare krav på att gisslan skulle följa med i flyktbilen. Under tiden hade Norrmalmstorg förvandlats till en belägrad plats, fylld av poliser, journalister och – utanför avspärrningarna – mängder av nyfikna åskådare. Sverige stod mer eller mindre stilla under dessa dagar. I medierna rörde sig rapporteringen oavbrutet mellan sjukhusfönstren i Helsingborg och sandsäckarna på Norrmalmstorg. Palme sov i Kanslihuset i ett litet rum bakom sitt kontor. Upprätthållandet av lag och ordning var till vardags polisens uppgift, men i och med kraven på frigivning av Olofsson hade regeringen blivit indragen. Från Kanslihuset betonades att den svenska författningen förbjöd ministerstyre, det vill säga att regeringen lägger sig i ämbetsmännens hantering av enskilda ärenden. Det hindrade inte att rikspolischefen Carl Persson kamperade i Kanslihuset som förbindelselänk mellan regeringen och polisledningen på plats på Norrmalmstorg. Situationen var politiskt laddad. Drygt ett år tidigare hade justitieminister Lennart Geijer gett efter för kraven från de kroatiska flygplanskaparna på Bulltofta. Att än en gång ge vika i en gisslansituation skulle bli nationellt demoraliserande. När Gunnar Sträng mitt under gisslandramat återkom till Kanslihuset efter ett valmöte kunde han rapportera att den rådande meningen bland publiken varit: "Skjut de jävlarna!"

Även om Palme var pressad passade situationen honom. Under Bulltoftadramat hade Palme enligt rikspolischefen haft full kontroll: "Han lyssnade, han fattade beslut och när han fattat besluten stod han för dem... Han lät sig aldrig jagas upp av händelseutvecklingen." Han agerade lika lugnt nu. Vid ett tillfälle hotade rånaren att skjuta en av kvinnorna i gisslan under ett telefonsamtal med Palme och började en nedräkning som han sedan avbröt. "På den punkten tvekade jag aldrig", sade Palme i efterhand: "Ett samhälle som beväpnar två vettvillingar med pistoler, ställer en bil och tre miljoner kronor och två oskyldiga människor till deras förfogande, det samhället skulle vara sjukt i sin kärna." Om resultatet hade blivit ett blodbad inne i bankvalvet hade kritiken mot

Palme och regeringen blivit massiv. Som en av kvinnorna som satt gisslan inne i bankvalvet uttryckte det när hon talade med Palme i telefon: "Ni får försöka ändra på det här för det är val snart, Olof lilla... jag kan till och med rösta på dig om så skulle vara men jag vill ut härifrån..."

På dramats femte dag, den 28 augusti, hade Palme meddelat polischefen i Stockholm att de polismän som sköt Olsson eller Olofsson skulle få abolition, straffrihet. Det var en signal om att regeringen ville ha ett snabbt slut på situationen. Samma kväll sprutade polisen in tårgas i bankvalvet och klockan tjugo i tio hade man satt handbojor på Olsson. Allt hade skett i närvaro av ett enormt journalistuppbåd med Norrmalmstorg helt upplyst, som "en galaföreställning" enligt ett tidningsreferat. Palme var på plats, blev intervjuad och höll tal till poliserna stående på bordet i Kreditbankens direktionsrum. Eftersom detta var mitt under valrörelsen väckte Palmes uppdykande på Norrmalmstorg kritik. Statsministern höll valtal, menade författaren P.O. Enquist i *Expressen*, och i *Vecko-Journalen* liknade Gustaf von Platen avslutningen vid en sängkammarfars: "In trädde våran dådkraftige statsminister för att personligen tacka polismännen på den plats där han, enligt egen utsago, till sin överraskning upptäckte att TV-kamerorna och mikrofonerna stod uppställda." Men Palme skulle också ha fått bära hundhuvudet om dramat slutat i blod. Det var kanske inte helt orimligt att han var med och firade den lyckliga utgången. Dessutom var Palme faktiskt politiker. Och i det avseendet hade han problem för ögonblicket. Sifos opinionsmätningar pekade på ett stöd för Socialdemokraterna på omkring 41–42 procent och en klar borgerlig majoritet. Både Högern och Centerpartiet – de två största oppositionspartierna – hade också fått nya, kraftfulla och karismatiska partiledare sedan 1970 års val: Gösta Bohman respektive Thorbjörn Fälldin.

*

Den sextiotvåårige Gösta Bohman, som petat Yngve Holmberg som ledare för Moderata samlingspartiet efter en hård maktkamp hösten 1970, hade från början framstått som ett riskabelt val: en långsmal, rödbrusig äldre herre utan den vänliga, patriarkala utstrålning som högern vanligtvis föredrog hos sina partiledare. *Sydsvenska Dagbladet* menade att Moderaterna nu slagit in på "isoleringens väg" och lämnat den demokratiska ram "där liberala socialdemokrater som Olof Palme och sociala liberaler som Gunnar Helén" sökte samverkan.

Men Bohman, som var mer klassiskt liberal än socialkonservativ, var en stark partiordförande som visste när han skulle ta strid och när han skulle kompromissa. Med sin plädering för "en ny individualism" och sin kritik av den starka staten och centralbyråkratin – som var vagt infärgad av sextiotalets studentrevolt – göt han mod i den svenska högern och lade grunden för åttiotalets nyliberalism. Han framställde sig gärna som en egensinnig sjöbjörn som just kommit till storstaden. I själva verket hade han gjort karriär i Stockholms handelskammare och förvärvat sin nautiska patina vid sitt sommarhus på ön Sundskär i yttre skärgården. Men den väderbitne skärgårdsgubben var en bra politisk identitet: kärv, icke-akademisk och långt ifrån all slipad partitaktik. Den övertygade kanske inte så många socialdemokratiska väljare, men den styrde bort från Yngve Holmbergs olyckliga aura av begagnad bilhandlare.

Thorbjörn Fälldin hade tagit över som Centerledare efter Gunnar Hedlund när denne motvilligt drog sig tillbaka i juni 1971. Född 1926 hade Fälldin kommit in i riksdagen 1958, samma år som Palme. Han hade vuxit upp på ett småbruk med sex-sju kor och två hästar i Ådalen längs Ångermanälven, en bit från Kramfors. Den vackra älvdalgången hade inspirerat många poeter, men också varit hårt drabbad av klasskonflikter mellan bönder och arbetare i trettiotalets Sverige. Thorbjörns far hade varit medlem i en lokal bonderörelse som hamnat i delo med de lokala fackföreningarna, vilket ledde till att arbetarfamiljerna i omgivningen bojkottade det fälldinska familjejordbruket. Konflikterna i Ådalen på trettiotalet var bland de hårdaste i Sverige, med handgripliga strider mellan den militanta bonderörelsen Jordbruksfolkets Riksförbund, som vägrade sälja mjölk till industriorterna, och de oorganiserade bönder som försökte bryta blockaden.

Unge Fälldin hade läshuvud, men tvingades avstå från att gå i realskolan för att hjälpa fadern på gården. Senare läste han, som så många andra svenskar på femtiotalet, in sin realexamen på Nordiska korrespondensinstitutet. Hans politiska intresse väcktes av det omfattande föreningslivet bland landsbygdsungdomar. Till skillnad från Palme som handplockats av partiledningen ramlade Fälldin in i riksdagen av en slump; ingen trodde att den plats på riksdagslistan han placerats på var valbar. Men väl i riksdagen visade han sig vara en kapacitet. Inte minst var han tevemässig, vilket framkom när han medverkade i det tidigare nämnda programmet "Nya Kammaren" 1963–1964 tillsammans med Palme, C.H. Hermansson och Gunnar Helén.

Under femtiotalet hade Centerpartiet varit Socialdemokraternas främsta samarbetspartner när det gällde att modernisera, rationalisera och urbanisera Sverige. Fördelen var att bonderörelsen fick ett starkt inflytande över jordbruks- och regionalpolitiken vilket tillförsäkrat de större jordbrukarna goda inkomster och villkor. Nackdelen var att tusentals småbönder, småföretagare och andra landsbygdsbor inte längre kunde försörja sig på traditionellt sätt. Flyttlassen gick från landsbygden till städerna. År 1950 hade omkring hälften av svenskarna bott i samhällen med mindre än tvåtusen invånare, 1970 var andelen mindre än trettio procent. Under dessa två decennier hade nästan 1,3 miljoner människor försvunnit från den svenska glesbygden. Missnöjet med centralisering och urbanisering växte, inte bara i avfolkningsbygderna utan även inom den nya medelklassen.

De nya strömningarna slog en kil i den gamla alliansen mellan arbetare och bönder. Under 1968 års val hade Hedlund distanserat sig från Socialdemokraterna och framträtt mer tydligt som en oppositionsledare. Med valet av Fälldin blev vägen bort från socialdemokratin än mer tydlig. Han uppfattades som en mer rakryggad förkämpe för landsbygdens folk mot centralbyråkraterna i Stockholm – och något mindre benägen att sätta sig i socialdemokratins knä än Erlanders gamle kumpan Hedlund. Med sina 190 centimeter, sin snugga och sitt eftertänksamma sätt förkroppsligade Fälldin dessutom bilden av den hederlige odalmannen. Det passade Centern, som ibland har beskrivits som "ett parti för de tysta och långsamma i landet". Det passade också ett växande antal väljare som blivit alltmer betänksamma över den socialdemokratiska centralismen och funktionssocialismen.

Både Bohman och Fälldin var svårare motståndare än deras företrädare. Den nye Moderatledaren var likt Palme inställd på ideologisk konfrontation och föll inte undan. På det inrikespolitiska området drev han en hård kritik av socialdemokratins diffusa socialiseringsretorik. Inom utrikespolitiken gick han inte alltid i land med uppgiften, men bara det faktum att han orkade utmana Palme var moraliskt stärkande för Moderaterna. Bohman var dock hanterbar. Palme hade vuxit upp med den högerideologi som Moderatledaren omfattade; "[Borgarna] vet att jag vet hur de tänker", som han uttryckte det vid ett tillfälle.

Fälldin representerade något helt annat: en genuint folklig men icke-socialdemokratisk del av Sverige. Det var en värld av praktiska män i konfektionsskostymer som körde dieselmercedes och kvinnor med nariga händer i storblommiga klänningar: bönder, småföretagare och landsbygdsbor. De var principfasta försvarare av äganderätten, moraliska traditionalister och ungefär lika misstänksamma mot bolagshögern som mot fackföreningsrörelsen. De var präglade av en folkrörelsekultur som inte var så annorlunda än arbetarrörelsens. Man tog hand om varandra, organiserade sig i bonderörelsens otaliga organisationer, anordnade studiecirklar, vårdade hembygdsgården och lyssnade artigt när Lutherhjälpen kom och berättade om missionsverksamheten i Afrika.

När Fälldin tog till orda på sitt lugna, norrländska sätt väckte han en lantlig folklighet till liv, en förlorad värld av mjölkpallar, trasmattor och kornmjölsgröt med lingon. Och än värre för Socialdemokraterna så sträckte sig attraktionskraften i retoriken långt utanför glesbygdsområdena. Centerpartiet var på väg att på ett inte alldeles självklart sätt omvandlas från ett krasst intresseparti för bönder till en idérörelse buren av missnöje med landets snabba modernisering. Medlemmarna i partiets ungdomsrörelse, CUF, som försökte formulera utopiska visioner av ett framtida decentraliserat samhälle, kallades skämtsamt "Åsa-Nissemarxister". Centerns frågor, om än inte alltid själva partiet, blev också alltmer attraktiva för forskare, konstnärer, journalister och intellektuella.

En författare som Stig Claesson var visserligen alldeles för underfundig för att fastna i enkel landsbygdsromantik. Men i populära romaner som *Vem älskar Yngve Frej* (1971) och *På palmblad och rosor* (1973) beskrev han hur centrala mänskliga värden höll på att gå förlorade i moderniteten. "Någon som inte älskar detta land", skrev han med en gammaltestamentlig dysterhet, "håller på att förändra det." Byborna i Bengt Bratts teveserie *Hem till byn*, som började visas 1972 och skulle gå i många omgångar, var inte heller några exemplariska företrädare för det goda lokalsamhället. De baktalade varandra, skvallrade och ägnade sig åt lågsinta fejder. Men Bratt beskrev en begriplig värld, ett samhälle där människor hörde hemma på ett helt annat sätt än i miljonprogrammens höghus. Det stora hotet i *Hem till byn* kom från de hjärtlösa byråkrater som bara såg jordbruket som en ekonomisk verksamhet: "... det är dom här småbönderna som är det största problemet. Dom biter sig fast som iglar... Vi får skära loss dom... Eller hur är det man gör med blodiglar? Häller man inte fotogen på dom?"

*

Många kommentatorer uttryckte i efterhand en känsla av olust kring 1973 års valrörelse. I ljuset av kungens sjukdom och Norrmalmstorgsdramat verkade det politiska spelet solkigt och ovärdigt. Men med tre färgstarka partiledare och tydliga ideologiska konflikter blev valkampen betydligt vitalare än 1970. Ett par dagar efter Norrmalmstorgsdramats upplösning, den 30 augusti, debatterade Palme och Bohman inför en publik på tiotusen personer i idrottsarenan Scandinavium i Göteborg. Stämningen var hög med busvisslingar, vilda applåder och hacklande kommentarer till talarna. En vecka senare ägde "årets match" – som tidningarna beskrev det med konsekvent boxningsterminologi – rum på Stadsteatern i Malmö mellan Fälldin och Palme.

I denna första av många dueller mellan de två partiledarna etablerades det grundläggande mönster som skulle komma att frustrera Socialdemokraterna under hela sjuttiotalet. Trots att Palme var mer energisk och aggressiv skulle den långsamme Fälldin vinna större sympatier bland åskådarna. Palme var kvickare i fötterna medan Fälldin var en "avståndsboxare", som det hette i ett referat.

Många socialdemokrater ansåg att Fälldin oavsiktligt väckte sympati genom sin långsamhet och tröghet. Medelsvensson i tevesoffan, menade partisekreteraren Sten Andersson, tyckte synd om Fälldin när Palme gick hårt in i närkamperna. Denna analys var typisk för det förakt för bönder som förenade urbana socialdemokrater, oavsett om de kom från överklassens Östermalm eller arbetarnas Södermalm. Vad de inte förstod var att Centerledaren var en smartare taktiker än de själva. Han hade haft regementets högsta intelligenskvot när han som ung rekryt tagits ut till reservofficersutbildning. Dessutom hade han spelat amatörteater i en rad folklustspel inom bonderörelsen. Han visste att han inte kunde matcha Palme i tempo utan drog därför avsiktligt ner på takten och försökte föra in jordnära referenser för att påminna publiken om sin förankring i ett lantligt vardagsliv. Han fick sin motståndare att verka för snabb, för hetsig, för välformulerad. Palme skulle aldrig lyckas att helt bemästra Fälldin i debatten, kanske därför att det i grunden inte handlade om metod utan om personlighet.

Fälldin och Bohman hade också nyhetens behag som partiledare. Journalisterna inbjöds till Bohmans skärgårdsö och till Fälldins gård i Ångermanland, miljöer som på ett tydligt sätt förmedlade andra idealbilder än Palmes radhus i Vällingby. Det var sedan några år tillbaka nästan helt stängt för journalister. Till en del var det en följd av att Palme blivit statsminister. I början av sjuttiotalet hade Palme tvingats börja dra ut telefonjacket på kvällarna; han stod fortfarande i telefonkatalogen (370989) och fick omkring femtio telefonsamtal från obekanta varje kväll. Samtidigt förekom också hot mot familjen som ledde till att den fick förses med livvakter. Den extra husnyckel som dittills förvarats i en träsko under trappan flyttades nu också till en mer undanskymd plats bakom trädgårdsbänken.

Men den stramare attityden mot journalister speglade också Lisbets situation. "Olof ser värdet av samspel med pressen och jag ser värdet av avstånd", förklarade hon i en av sina fåtaliga intervjuer. Hon hade huvudansvaret för tre livliga pojkar som var femton, tolv respektive fem år med allt vad det innebar av tvätt, hockeyklubbor, borttappade läxböcker och mellanmål. Hemmet hade också blivit större. År 1969, strax efter Mattias födelse, hade familjen flyttat från Tornedalsgatan 18 till ett liknande radhus med betydligt större boyta i samma område på Lövångersgatan 31. Samtidigt upprätthöll Lisbet sin yrkesverksamhet, om än på deltid. Hon arbetade nu som psykolog i Psykiska Barn- och Ungdomsvårdens barnstugeteam och hade ansvar för den mentala hälsan hos femtusen förskolebarn i västra Stockholm. Under arbetsveckorna pendlade hon till förorten Tensta-Rinkeby, ett miljonprogramsområde som uppförts i mitten av sextiotalet där det framför allt bodde inflyttade norrlänningar och invandrare från Finland, Grekland, Turkiet och det dåvarande Jugoslavien. Även om hon hade en rådgivande roll – det vill säga förmedlade psykologiskt stöd vid behov – var det ett krävande arbete, inte minst för en statsministerfru. "Så länge jag har känt honom", berättade hon för en norsk tidning 1970, "har min man haft nästan en dubbel arbetsdag... därför var jag tvungen att skära ned min arbetsdag till fyra timmar... om jag hade blivit hemmafru helt och hållet hade jag säkert blivit helt isolerad." Hon var inte helt främmande för att använda sin position som statsministerfru för att få medierna att uppmärksamma daghemsfrågan. Men priset för denna publicitet var högt: efter några ointresserade frågor om barnomsorg gick reportrarna ofta snabbt över till frågan om familjen Palmes hemliv.

Ur socialdemokratisk synvinkel var det dock inte bara negativt att Palme hamnade lite i skymundan 1973. Hans medarbetare var bekymrade över att han överexponerade sig själv. För att kontra borgerlighetens nya folklighet skickade man i stället fram Gunnar Sträng, som bland annat debatterade med Gösta Bohman. Men Palme gjorde ingen dålig valrörelse. Även om han hållit sig i bakgrunden, konstaterade *Dagens Nyheter*, var han ändå valrörelsens huvudfigur: "Är han en Hamlet som slåss mot spöken? Eller en man i mörkblå kostym som stiger ned bland folket och vandrar barfota på gatorna bland människorna."

*

Valdagen, söndagen den 16 september, blev tung och dyster. Kvällen innan, klockan 20.35, hade Sveriges, Götes och Vendes konung Gustav VI Adolf dött. Tusentals sörjande samlades utanför Stockholms slott för att ta emot den nye kungen, den tjugosjuårige Carl XVI Gustaf, sonson till den avlidne monarken. De hurrade och sjöng den traditionella *Kungssången*. Kanonsalvorna dånade ut över Saltsjön från batterierna på Skeppsholmen och runtom i Sveriges städer: först de 21 skotten för den döde kungen, sedan en ny salva för den unge kungen. Palme uttryckte en försiktig optimism: 1970 hade Socialdemokraterna haft motvind i uppförsbacke, nu var det "medvind i motlut".

Tidigt såg det ut som om de borgerliga skulle vinna en knapp seger med 176 mandat mot 174, sedan svängde det till socialistisk favör med 177 mandat mot 173. Först på måndagseftermiddagen kunde ett definitivt valresultat meddelas. Socialdemokraterna hade då fått 43,6 procent av rösterna, det sämsta resultatet sedan 1932. Vpk hade gått fram något, till 5,3 procent. Centern gjorde ett rekordval med tjugofem procents väljarstöd, Moderaterna gick från elva till fjorton procent medan Gunnar Helén och Folkpartiet drabbades av ett hårt nederlag, från sexton till nio procent. Det innebar total jämvikt, 175 borgerliga mot 175 socialistiska mandat.

Det var ett pinsamt fiasko för den nya enkammarriksdagen. Ingen hade föreställt sig ett parlamentariskt dödläge. Nyval var en möjlighet, men det skulle ta månader att effektuera. Dessutom var det, som Thorbjörn Fälldin påpekade, pinsamt att tvinga medborgarna till valurnorna igen på grund av ett misstag som politikerna begått. Alternativet var att ett av de båda blocken bildade regering och att jämna voteringar löstes med lottens hjälp. De borgerliga hävdade att eftersom "valvinden" blåst deras väg hade de ett moraliskt mandat att ta över. Men regeringen Palme kunde sitta kvar orubbad eftersom det rådde "negativ parlamentarism" i den svenska riksdagen, vilket innebär att det måste finnas en majoritet av samtliga riksdagsledamöter mot den sittande regeringen. "Det kommer att bli ett liv och ett kiv, de kommer att kräva vår avgång, men vi sitter kvar", sade Palme bestämt.

Ur ett historiskt perspektiv var det naturligtvis ett dåligt valresultat för Socialdemokraterna. Men det kunde ha varit betydligt värre. I jämförelse med omvärlden var det till och med lysande. I Sveriges närmsta grannländer hade populistiska missnöjespartier trängt djupt in i den socialdemokratiska väljarbasen; i Danmark genom Framstegspartiet under ledning av Mogens Glistrup och i Norge genom ett parti med samma namn med Anders Lange som ordförande. Effekterna blev förödande. I det norska stortingsvalet som ägt rum några dagar före det svenska riksdagsvalet hade Socialdemokraterna backat omkring elva procent och partiledaren Trygve Bratteli lyckades nätt och jämnt hålla sig kvar vid makten. Och senare under hösten, i början av december, drabbades de danska socialdemokraterna under Anker Jørgensen av ett historiskt nederlag när man bara fick tjugofem procent av rösterna. I detta perspektiv var nog Palme innerst inne nöjd med valutgången. Att ha tvingats göra sorti efter så kort tid som statsminister skulle ha varit tungt.

*

Socialdemokraternas sista mandatperiod under deras 44-åriga maktinnehav blev förvånansvärt framgångsrik. Med facit i hand är det lätt att skönja de mörka moln som höll på att torna upp sig: LO-diskussionen om löntagarfonder, det växande motståndet mot kärnkraften och en mer allmän leda hos medborgarna över den socialdemokratiska arrogans som det långa maktinnehavet skapat. Men i jämförelse med de besvärliga åren 1971–1972 blev Palmes mandatperiod 1973–1976 lyckosam. Konjunkturerna var goda under större delen av mandatperioden och regeringen lyckades mot förmodan bemästra den besvärliga parlamentariska situationen. År 1975 fick den svenska regeringen beröm av OECD för sitt sätt att sköta ekonomin, och så sent som i juni 1976 var rubriken på en artikel om svensk ekonomi i *International Herald Tribune* "En nation skapar ett mirakel trots världsrecession".

Även om man i antikens Grekland betraktade lottning som den ultimata formen av demokrati, ansåg de moderna svenskarna att det var ovärdigt att styras av slumpen. Och eftersom alla partier var medskyldiga till den misslyckade författningsreformen fanns ett starkt gemensamt incitament att söka kompromiss för att undvika nyval eller att centrala politiska frågor avgjordes med lottens hjälp. Palme hade länge velat skapa en allians mellan Socialdemokraterna och Folkpartiet. Den uppenbara förebilden var Tage Erlander, som i början av femtiotalet räddat det socialdemokratiska maktinnehavet genom att bilda regering tillsammans med det minsta och mest vänligt sinnade av de borgerliga partierna, Bondeförbundet. Nu, tjugo år senare, hade Folkpartiet hamnat i denna position: ett litet mittenparti som delade många grundvärderingar med Socialdemokraterna. För Erlander hade Hedlund varit en allierad i kampen mot folkpartiets Ohlin, för Palme skulle Gunnar Helén kanske kunna spela samma roll i striden med Fälldin.

De personliga förutsättningarna fanns. Palme kom bra överens med den nästan tio år äldre Folkpartiledaren. Helén, som kom från ett lärarhem i Sörmland, hade en lång karriär som radioman bakom sig; bland annat hade han rapporterat från Kungsgatan på fredsdagen 1945. Han var en akademisk politikertyp som är helt otänkbar i dag. Han hade doktorerat i nordiska språk på en avhandling om tjugotalsförfattaren och diktaren Birger Sjöberg. Heléns kunskaper var outtömliga, hans energi var outsinlig; han joggade varje dag oavsett om han var i Stockholm, New York eller i Tunisien. Men han saknade utstrålning. "Välartikulerad ordspruta", sade hans artiga kritiker. "Massmedial fjompa", menade Palme när han var på dåligt humör. Genom åren hade han varit både raljant och arrogant mot Helén, särskilt under debatten om *Midsommardansen* 1965 (se s 350) då den radikale folkpartisten känt sig förpliktigad att försvara partiets moralkonservativa falang. Men i grunden uppskattade han den vänsterliberale Folkpartiledaren, som stod honom nära i många frågor, inte minst när det gällde utbildnings- och utrikespolitik. Å sin sida beundrade Helén den unge socialdemokratiske partiledaren: "Han var ju mer begåvad och hade inte bara en av Sveriges högsta intelligenskvoter utan var också väldigt taktiskt begåvad." Samhörigheten underströks sannolikt än mer av den totala alienation som rådde mellan Fälldin och Palme. Här uppstod aldrig någon kontakt. Fälldin ansåg att Palme var ointresserad och kallsinnig. "Jag tror inte han såg mig som mindrevärdig", sade Fälldin senare i livet. Sanningen var nog snarare att Palme var förbryllad över Centerledaren.

En sen kväll någon dryg vecka före julen 1973 sökte Palme upp Helén. Det var inte den första samarbetsinviten. Redan 1966 hade

Palme skrivit ett brev till Folkpartiledaren, som då var landshövding i Småland, och resonerat kring ett framtida samarbete mellan de båda partierna. Den här kvällen arbetade Helén sent i sin modul på nionde våningen i den glas- och betongkonstruktion vid Sergels torg som senare skulle bli Stockholms kulturhus. Hit hade det svenska parlamentet utlokaliserats under ombyggnaden av Riksdagshuset på Helgeandsholmen. Palme satte sig i besöksfåtöljen och frågade om Folkpartiets "hypotetiska" intresse för en koalition. Det var bara en sondering, förklarade han. Själv kände han sig mest befryndad med liberalerna, men visste också att det fanns ett starkt motstånd mot ett sådant samarbete inom hans eget parti. Om han skulle driva frågan vidare måste han därför veta om det fanns något motsvarande intresse hos Folkpartiet. Helén var tydlig med att det var omöjligt för honom att ingå i en regeringskoalition med Socialdemokraterna. Idén om borgerlig samverkan hade vind i seglen, och väljarna skulle sannolikt straffa Folkpartiet om man började kohandla med Socialdemokraterna.

Resultatet blev att Folkpartiet gjorde upp med Socialdemokraterna i sakfrågor men höll fast vid sin vägran att ingå i ett regeringssamarbete. Palme och Helén utvecklade ett gott förhållande i riksdagen, där den förre visade ganska stort överseende med att den senare ibland var tvungen att spela för gallerierna. Efter ett offentligt angrepp på Socialdemokraterna frågade Palme: "Var det där verkligen nödvändigt?" Heléns bestämda svar blev: "Ja, det var alldeles nödvändigt." Samarbetet mellan de två partiledarna banade väg för Hagauppgörelsen 1974, där Socialdemokraterna och Folkpartiet kom överens om skattesänkningar för medelinkomsttagare, sänkt pensionsålder och hårdare tag mot inflationen. Kompromisserna med Folkpartiet avvärjde hotet om nyval. Men läget stabiliserades också av att Centerpartiet, som likt Folkpartiet betraktade sig som ett mittenparti, vacklade mellan sin traditionella roll som socialdemokratins närmsta bundsförvant och sin nya roll som ledare för den borgerliga oppositionen. I nästa skatteuppgörelse under 1975 – Haga II – deltog också Fälldin.

Palmes misslyckade försök att gå i koalition med Folkpartiet har ibland tolkats som ett bevis för att han saknade sin läromästare Erlanders fingertoppskänsla. Men det fanns inga egentliga möjligheter för ett regeringssamarbete mellan liberaler och socialdemokrater vid den här tiden. Motståndet inom respektive läger var för stort. Trots det successiva tappet i väljarstöd hade sextiotalets vänstervåg radikaliserat Socialdemokraterna och gjort dem mer stridslystna; om Fälldin satt i "högerburen" satt Palme i "vänsterburen". På den borgerliga sidan hade frustrationen vuxit till en sådan nivå att de tre oppositionspartierna var beredda att böja sig mycket långt bakåt för att få till stånd ett maktskifte. I det perspektivet var det en stor inrikespolitisk framgång att Palme lyckades bryta blockpolitiken i riksdagen – och ett kvitto på att han inte förgäves gått i lära hos Erlander. Sammantaget ledde Hagauppgörelserna, den goda ekonomin och det framgångsrika parlamentariska manövrerandet till att Palmes politiska auktoritet växte både i riksdagen och inom det socialdemokratiska partiet. På den inrikespolitiska scenen kunde han fortsätta med det statsbaserade jämlikhets- och jämställdhetsprogram han drivit sedan sextiotalets början.

*

Typiskt nog hade inte jämställdheten spelat någon större roll i valrörelsen. Denna fråga, där Palme verkligen gjorde skillnad i svensk politik, skapade sällan tydliga och enkla konflikter som kunde omvandlas till slagord och snärtiga formuleringar i valdebatter. Men med den stora ommöblering av regeringen som Palme gjorde efter valet 1973 gick han från ord till handling i kvinnofrågan. Han utsåg fem nya statsråd, varav tre var kvinnor: Gertrud Sigurdsen, Anna-Greta Leijon och Lena Hjelm-Wallén. Den djärva regeringsombildningen kom dock bort medialt eftersom den annonserades mitt i den stora uppståndelsen kring åtalen mot Bratt och Guillou i början av november. Men med de nya utnämningarna fick Palme in en kompetent, femtioårig kvinna på den inte oviktiga posten som biståndsminister – Sigurdsen – samt två lovande yngre kvinnliga biträdande statsråd. Detta kanske inte låter särskilt imponerande i dag. Men i dåtidens Sverige vara det ett drastiskt steg. Kvinnor utgjorde endast sjutton procent av statsförvaltningens personal och av trettionio departementsråd var bara ett en kvinna. På kommunal nivå fanns det fem kvinnliga och trehundrafyra manliga ordförande i kommunalfullmäktige. I LO:s styrelse på femton personer var alla män. På den socialdemokratiska kongressen 1972 hade drygt femtio av 350 ombud varit kvinnor.

Den nya biträdande arbetsmarknadsministern Anna-Greta Leijon var en tuff, begåvad 34-årig cigarettrökande södertjej. Hon hade vuxit upp på fängelseön Långholmen på västra Södermalm, där hennes far arbetade som vakt. Barndomen hade varit mycket svår. Fadern var alkoholiserad och hade både misshandlat och förgripit sig sexuellt på henne. Men med moderns stöd hade hon tagit sig vidare till ett flickläroverk och sedan fortsatt till universitetsstudier i Uppsala i början av sextiotalet. "Trots sitt ovanligt fåniga förnamn var hon något av det vackraste jag dittills sett", skrev en manlig vän som träffat henne första gången på en nykterhetsfest på dansklubben Sunside på Malmskillnadsgatan 1957. Leijons karriär gick från den ungdomliga nykterhetsrörelsen SSUH – som var något av en plantskola för blivande politiker – via Uppsala studentkår och den socialdemokratiska studentföreningen Laboremus till att bli tjänsteman på AMS, Arbetsmarknadsstyrelsen, i slutet av sextiotalet. År 1972 hade Palmes statssekreterare Thage G. Peterson plockat upp henne till den nystartade jämställdhetsdelegationen. Statsministern var till en början skeptisk; han misstänkte att Leijon var "en hopplös vänstertjej med rigida åsikter".

Lena Hjelm-Wallén, som blev biträdande utbildningsminister, kom från samma studentgäng som Leijon i det tidiga sextiotalets Uppsala. Hennes far var överskötare på ett mentalsjukhus och socialdemokratisk kommunalpolitiker. Revolutionsåret 1968 valdes hon in i andra kammaren där hon framför allt sysslade med utbildningsfrågor. Från samma kamratcirkel kom även Birgitta Dahl, som ursprungligen varit folkpartist; hennes far var rektor för en liberal folkhögskola. Hon hade gått med i Laboremus i början av sextiotalet och blivit invald i riksdagen samtidigt med Lena Hjelm-Wallén. Hon utnämndes till biträdande industriminister när Socialdemokraterna återtog makten 1982.

Leijon, Hjelm-Wallén och Dahl var ganska typiska representanter för en ny generation av kvinnliga socialdemokratiska politiker födda i slutet av trettio- och början av fyrtiotalet. På ett plan var de ytterst olika de gamla manliga arbetarpolitikerna: moderna, universitetsutbildade, jämställda, frigjorda och ifrågasättande. Anna-Greta Leijon sammanfattade senare i sina memoarer situationen som nyutnämnt statsråd:

> Jag är 34 år och har som modet föreskriver kjolar som slutar ovanför knäet, långt hår och glasögon med tunna metallbågar. Jag bor ensam med barnen som är sju och nio år gamla. För säkerhets skull begär jag fortsatt tjänstledighet från byrådirektörsjobbet på AMS.

I bakgrunden fanns oftast en klassresa från arbetar- eller lägre medelklassmiljö. De moderna unga s-kvinnorna som kom framstormande var formade av den svenska folkrörelsekulturen, av nykterhetsföreningar, folkhögskolor och bildningscirklar. I många fall hade föräldrarna varit aktiva socialdemokrater och fört värderingarna vidare till sina klassresande döttrar. Denna bakgrund var ofta en stor tillgång: där fanns livserfarenhet, stark gemenskap och en lojalitet med arbetarrörelsen som bar genom motgångar och kriser. Men universitetsstudierna hade också fört dem bort från arbetarklassen till den socialt sett mer osäkra medelklasskulturen, där man måste förhålla sig både till dem som är under och till dem som är ovanför.

Det blev inte lättare av att de var kvinnor i en mansdominerad miljö. I Hjelm-Walléns fall innebar det att hon till en början fick svårt att hävda sig som statsråd. Leijon var tuffare och satte sig i respekt, men drev också sig själv skoningslöst. Som invandrarminister sommaren 1976 undertecknade hon utvisningsbeslut mellan värkarna i en förlossningssäng på Karolinska sjukhuset; efter Palmes död skulle trycket från statsministern och den övriga regeringen att reda upp mordgåtan leda till hennes fall som justitieminister. Birgitta Dahl, som var äldre när hon kom in i regeringen, hade däremot en mer lyckosam tid som minister och avslutade sin bana som talman i riksdagen.

Palme gjorde sitt bästa för att stödja de unga kvinnliga statsråden. Inte minst Leijon var en nyckelperson. Hon hade tidigt engagerat sig i kvinnofrågor. När hon var nybliven mor och nyutnämnd tjänsteman på AMS hade hon och hennes man fått en lägenhet i Järfälla 1964. Som många andra förortskommuner kring Stockholm växte den så det knakade: nya bostäder och en strid ström av nyinflyttade, från andra delar av Sverige, från Finland och andra länder. Trots att kommunen styrdes av socialdemokrater fanns ingen barnomsorg. De som hade makten var av den gamla sorten "med hemmafru eller önskemål om hemmafru" enligt Leijon. På AMS hade hon kommit att arbeta med kvinnors problem på arbetsmarknaden. Nu började hon också driva kvinnofrågor i Järfälla. Inom den socialdemokratiska partiföreningen chockade hon omgivningen genom att kräva könskvotering. Hon blev kommunalpolitiker och lät bygga nya daghem samtidigt som hon skrev en bok om jämställdhet i Sverige på uppdrag av Svenska institutet. Som biträdande arbetsmarknadsminister och ordförande i den statliga jämställdhetsdelegationen blev det Leijons uppgift att driva på både SAP och LO i jämställdhetsfrågor.

Samtidigt fortsatte Palme reformarbetet från den föregående mandatperioden på en rad andra områden. År 1974 ersattes den gamla moderskapspenningen med en utvidgad föräldraförsäkring som omfattade både fadern och modern (även om fadern kunde och oftast valde att ge bort sin del av försäkringen till modern). Samma år infördes också möjligheten för föräldrar att ha delad vårdnad om barnen vid skilsmässor. Året därpå legaliserades aborter, en lagändring som många länge var tveksamma till men som nu vunnit allmänt stöd. Palme har ofta anklagats för att vara alltför otålig, men abortfrågan visar att han också kunde invänta förändringar i tidsandan för att genomdriva kontroversiella reformer. Samtidigt skrotades de sista resterna av den gamla steriliseringslagen från trettiotalet – vilket var en fråga som Palme tagit upp redan i slutet av femtiotalet. Den sammanlagda effekten var att medborgarna fick ökad makt över sin reproduktiva förmåga medan statens möjligheter att ingripa inskränktes. År 1975 kom också förskolelagen, som föreskrev att alla kommuner var tvungna att erbjuda sexåringar en förskoleplats.

Under mandatperioden 1973–1976 antogs de tidigare nämnda lagar som stärkte arbetstagarnas ställning mot arbetsgivarna, främst lagen om anställningstrygghet (LAS) och om medbestämmande i arbetslivet (MBL). Samtidigt fortsatte omstöpningen av den högre utbildningen. Under Ingvar Carlssons ledning pågick 1968 års universitetsutredning som skulle leda till en omfattande högskolereform 1977. De gamla examensformerna, framför allt filosofie kandidatexamen, avskaffades (de återinfördes senare) och alla utbildningar skulle marknadsanpassas i ett övergripande linjesystem samtidigt som politikerna fick ökad kontroll över högskolornas styrelser.

De flesta svenskar såg allt detta som en frihetsvinst. De nya lagarna på arbetsmarknaden stärkte arbetstagarnas position – man hade nu både en grundmurad anställningstrygghet och ett omfattande socialt skyddsnät om man mot förmodan blev av med jobbet. Kvinnor fick rätt att bestämma över sina egna kroppar, fick ökade möjligheter att klara sig utan en besvärlig man och fick bättre tillgång till barnomsorg så att de kunde förvärvsarbeta. Ungdomars möjligheter att få högre utbildning ökade med det nya massutbildningssystemet. Även om den sociala snedrekryteringen inte hade brutits innebar de ökade volymerna av studenter att allt fler barn från arbetarhem gick vidare till akademisk utbildning. Och om de vuxna männen förlorade i patriarkal makt vann de också en ökad frihet att bryta upp från äktenskap och föräldraansvar utan att det blev ekonomiskt kostsamt eller alltför socialt stigmatiserande. Men individualiseringen innebar också att statens makt ökade. På område efter område hade medborgaren blivit mindre beroende av familj, släkt, grannar, arbetsgivare och andra människor över huvud taget – men desto mer beroende av staten.

*

Som Olof Palme och de flesta ledande socialdemokrater såg det var denna maktkoncentration inte något problem. Tvärtom var de mer bekymrade för att staten inte hade tillräckligt mycket makt för att kunna genomföra det jämlika samhälle man eftersträvade. Här kunde ålderdomliga lagar och författningar utgöra ett allvarligt hinder. Enligt Carl Lidbom, Palmes främste juridiske rådgivare, skulle inte "lagen behandlas med underdånig respekt":

14. ANDRA SVARTMÅLAR, VI BYGGER VIDARE

Vi vill använda lagen till att skapa ett samhälle där demokratins frihetsideal är verklighet för alla och genomsyrar de enskilda människornas tillvaro på alla områden. Vi kan inte nå därhän om vi inte konsekvent gör oss kvitt forna tiders syn på lagarna som skrivna för decennier och som uttryck för någon sorts objektiv rättvisa...

I sig fanns det inget specifikt socialdemokratiskt över denna rättspositivism. Naturrätten hade aldrig stått högt i kurs i svensk rättstradition, som var mer inriktad på likhet inför lagen och oväld än frågan om huruvida människan hade några medfödda och orubbliga rättigheter. Men Palme och Lidbom, som båda skolats vid Stockholms högskola på femtiotalet, drev idén om politikens överhöghet gentemot juridiken längre än de flesta. Även om man inte betraktar juridiken som något evigt svävande ovanför samhället måste ändå lagarna ha en viss permanens och stabilitet för att respekteras. Ambitionen att skriva hundraåriga lagar är orealistisk, men den permanenta revision av lagarna som Lidbom plädderade för öppnade för maktmissbruk och godtycke. En av Lidboms mest kritiserade lagar var den terroristlag som antogs 1973 och gjorde det möjligt att utvisa misstänkta utlänningar. Den kom väl till pass efter Baader-Meinhofligans misslyckade angrepp på västtyska ambassaden i Stockholm i april 1975, då regeringen deporterade de överlevande men svårt skadade terroristerna. I stället för att låta det svenska rättsväsendet ta vid ringde Olof Palme till förbundskansler Helmut Schmidt och frågade om de västtyska myndigheterna var villiga att ta emot RAF-medlemmarna. "Med glädje", svarade Schmidt, en av de mer hårdkokta ledare som tysk socialdemokrati frambringat. Därmed verkställdes också utlämningen av en skadad terrorist, Hanna Krabbe, trots protester från de ansvariga svenska läkarna. En vecka senare skickades ytterligare en svårt brännskadad terrorist, Siegfried Hausner, till Förbundsrepubliken, där han senare avled.

Konflikten mellan juridik och politik ställdes på sin spets i det arbete som ledde till att Sverige antog en ny grundlag den 6 juni 1974. Målsättningen var att ta bort så mycket som möjligt av historisk bråte från den gamla författningen från 1809. Ett viktigt första steg hade redan tagits 1970 med avskaffandet av den svenska riksdagens "övre hus" första kammaren, vars sammansättning baserade sig på kommunal- och landstingsval som kunde vara upp till åtta år gamla. Visdomen hos de nya grundlagsfäderna hade dock snabbt kommit på skam med det oförutsedda jämviktsresultatet 1973.

Det fanns andra tecken på hybris i diskussionerna om den nya författningen. Den mest kontroversiella frågan i utredningsarbetet var monarkins ställning. I grunden var och är svenskarna mycket förtjusta i sitt kungahus. Från femtiotalet fram till i dag är siffrorna tämligen konstanta. Omkring sjuttio procent av medborgarna vill ha en kung eller drottning, medan endast femton procent ivrar för en president. Men den republikanska minoriteten återfinns för det mesta bland välartikulerade och välutbildade grupper. Sveriges ledande antimonarkist var länge Vilhelm Moberg – även han dog 1973 – som i mitten av femtiotalet publicerat den kontroversiella debattboken *Därför är jag republikan*. Moberg insåg att det var lönlöst att försöka agitera mot den blide och populäre Gustav VI Adolf. Men han insåg också att monarkins svaga punkt alltid är successionen. En ung arvtagare – och det gällde i synnerhet kungens trevlige men intellektuellt föga sprudlande sonson Carl Gustaf, även kallad "lillprinsen" – saknar den auktoritet och nimbus som en åldrad och beprövad regent har. Republikanerna riktade därför in sig på att agitera för att huset Bernadotte skulle avsättas efter Gustav VI Adolfs död.

Denna antikverade republikanism som Palme hade häcklat Moberg för i sin artikel i *BLM* 1960 fick vind i seglen i slutet av sextiotalet. Den allmänna vänstervågen i kombination med pressens hårda bevakning av den unge prinsen när han festade med kamraterna på Palmes gamla skola, Sigtuna humanistiska läroverk, gjorde många mer kritiskt stämda mot monarkin. Det allmänna stödet för kungahuset var visserligen lika stort som någonsin, men republikanismen ökade bland de politiskt aktiva. Under andra hälften av sextiotalet var det bara högern av de politiska ungdomsförbunden som entydigt försvarade monarkin. År 1966 motionerade trettiotvå socialdemokratiska riksdagsmän om att frågan om att införa republik i Sverige skulle utredas. Situationen var dock upplagd för en kompromiss eftersom båda sidor satt med svagare händer än vad de ville erkänna. För Centerpartiet och Moderaterna, de två kungavänliga partierna, gällde det att få till en uppgörelse om monarkin innan den unge, festglade tronföljaren ställde till något elände som skulle driva opinionen i republikansk riktning. Socialdemokraterna, liberalerna och kommunisterna visste att om det skulle gå till en folkomröstning om statsskicket så skulle man förlora.

Detta ledde till den så kallade "kompromissen i Torekov" sommaren 1971, uppkallad efter den exklusiva skånska badort där ledande partiföreträdare gjorde upp om den svenska monarkins framtid. Lösningen blev en postmodern ordning där makten och maktens symboler helt skildes åt. När den nya författningen antogs 1974 hade kungen helt avlägsnats från den politiska processen. Han fick inte längre bilda regering eller delta vid regeringssammanträdena. Med ett penndrag, skröt Palme, kunde man övergå till republik. Av kungens roll som statsöverhuvud, förklarade han med en berömd formulering, fanns bara "en plym kvar, en dekoration". Palme trodde att en monarki utan koppling till den verkliga statsmakten på sikt skulle förlora folklig legitimitet. Han insåg inte att det fanns en annan sida av ekvationen. Den parlamentariska demokratin hade berövats en av sina mest kraftfulla symboler utan att den ersatts av någon annan form av representation. På sikt skulle det maktlösa kungahuset bara bli mer populärt och uppmärksammat medan det politiska systemet drabbades av ökat misstroende och politikerförakt.

Palmes hållning i monarkifrågan är ett trivialt exempel på hans övertro på demokratisk funktionalism. Mer allvarlig var diskussionen om huruvida den nya författningen skulle innehålla grundlagsskyddade medborgerliga fri- och rättigheter. Där intog Socialdemokraterna en allmänt negativ ståndpunkt eftersom givna rättigheter mot staten skulle kunna försvåra viktiga sociala reformer. Moderaterna och Folkpartiet drev dock frågan lite lamt. Som ett motdrag krävde då Socialdemokraterna att de borgerliga partierna skulle gå med på att skriva in positiva rättigheter som rätt till arbete, bostad och social trygghet i den nya författningen i utbyte mot att de negativa friheterna – medborgarens skydd mot statsmakten – skulle stadfästas. Konsekvensen blev att varken de positiva eller negativa rättigheterna blev grundlagsskyddade.

Något ramaskri blev det inte, men under 1973 kom det kritik från både höger och vänster mot det nya författningsförslaget. Den nya grundlagen var så skriven, menade Jan Myrdal, "att det vore möjligt att genom snabbt beslut över en enda natt förvandla Sverige till en terroristisk polisdiktatur där medborgarrätten och den personliga friheten avskaffats..." Regeringsrådet Gustaf Petrén, som Palme kände från SFS-tiden, uttryckte sig inte lika drastiskt, men han pläderade för att Europakonventionen om mänskliga rättigheter skulle skrivas in direkt i den nya författningen, vilket skulle ge svenska medborgare möjligheten att påtala övergrepp från svenska staten i Europadomstolen.

De bakomliggande motiven var naturligtvis politiska. Många på vänstersidan omhuldade de borgerliga fri- och rättigheterna enbart av taktiska skäl; när väl socialismen var genomförd skulle de inte behövas. Och från borgerligt håll var inskränkningar av den politiska makten ett alternativt sätt att blockera Socialdemokraterna. Men även om såväl vänsterns som högerns avsikter var dolska var Palmes och socialdemokraternas kompakta motvilja mot alla former av kontrollmekanismer gentemot den politiska makten förvånansvärt kortsynt. Man hade visserligen en viktig poäng när man argumenterade att den yttersta garantin för det politiska systemets stabilitet var medborgarnas förtroende. Som Palme uttryckte det i riksdagsdebatten om de medborgerliga fri- och rättigheterna i juni 1973:

> Den historiska erfarenheten lär oss att demokratin lätt råkar i vanrykte och kris om samhället inte förmår värna om människors trygghet och välfärd. Ett demokratiskt samhälle måste kunna förverkliga en politik som står i samklang med demokratins egna grundläggande idéer om rättvisa och alla människors lika värde.

Denna princip fördes dock långt. Socialdemokraterna motsatte sig till exempel införandet av en obligatorisk granskning av nya lagförslag i ett så kallat lagråd som avgjorde om de nya lagarna var förenliga med grundlagen. Lagrådet var *inte* tänkt som en författningsdomstol av det slag som finns i USA och Tyskland, utan enbart som en rådgivande instans; regeringen har alltid sista ordet. Men Socialdemokraterna ville ändå göra lagrådsgranskningen frivillig, det vill säga låta regeringen själv få bestämma om ett lagförslag skulle prövas. Ty om lagrådsgranskningen blev obligatorisk, menade Olof Palme, var det en återgång till "Ämbetsmanna- och Domstols-Sverige" – och "det var mot detta som folkrörelserna – både arbetarrörelsen och bonderörelsen en gång reste sig". Det var en halv sanning. Det var också tack vare att Sverige varit en rättsstat långt innan det demokratiska genombrottet som den svenska arbetarrörelsen kunnat formera sig utan våldsam repression från övermakten.

*

Harald Edelstam kom från det gamla "Ämbetsmanna-Sverige". Men han avskydde att skriva rapporter och var föga road av rutinarbete. Den sextioårige svenske diplomaten, vars far hade varit kammarherre hos kronprinsessan Louise, var också något av en dandy och kvinnotjusare, som föredrog exklusiva tweedkostymer och samlade på antikviteter. På UD ansågs han som lite korkad bland sina jämnåriga kolleger. Men hur än Edelstam var som människa under vardagliga förhållanden (meningarna går kraftigt isär) växte han när han hamnade under tryck. Då uppvisade han de kvaliteter som skapar hjältar: empati med de svaga, fysiskt mod och orubbligt självförtroende. Under sin karriär hade han förvärvat ett rykte om sig för en aktivism som gick utöver vad den svenska utrikesförvaltningen krävde – och önskade – av sina utsända. Men han var knappast någon revolutionär. Sedan hösten 1972 hade han varit placerad i Chile och enligt besökare på hans mottagningar på svenska ambassaden var han ofta kritisk mot landets socialistiske president Salvador Allende. Trots detta skulle han komma att bli en av Pinochetregimens främsta motståndare.

Konflikten började den 12 september 1973, dagen efter militärkuppen, när armestyrkor omringade den kubanska ambassaden två hus bort från det svenska residenset. Edelstam, som hörde skottlossning från sin bostad, trängde sig fram bland soldaterna och krävde av det ansvariga befälet att få träffa sin kubanske kollega. Under det följande dygnet lyckades den svenske ambassadören förhandla fram en överenskommelse med militärjuntan om att de kubanska diplomaterna skulle få fri passage ut ur Chile. Han passade också på att utnämna Sverige till skyddsmakt för Cuba i Chile. Efter kubanernas uttåg hissade han den svenska flaggan, deklarerade att Cubas ambassad nu var svenskt territorium och skickade iväg de förvånande chilenska militärerna. Under tiden hade ett antal asylsökande, mest kvinnor och barn, samlats vid svenska ambassaden. "Det var en hjärtskärande syn", enligt Edelstam, "många av dem hade sett sina grannar spetsas på bajonetter eller tvingats se på medan deras släktingar slogs, sparkades eller sköts ner inför deras ögon". I Latinamerika fanns en tradition av *salvoconducto*, rätten att söka skydd på latinamerikanska länders beskickningar vid statskupper och liknande. Trots att detta inte gällde den svenska ambassaden tog Edelstam in flyktingarna, som han senare på olika sätt skulle få ut ur Chile med både uppfinningsrikedom och stort personligt mod.

Att det var just den handlingskraftige och egensinnige Edelstam som var representant i Chile 1973 var avgörande för den svenska hållningen. Men hans agerande skedde inte i ett politiskt tomrum. Även om Edelstam hade sina motståndare inom den svenska utrikesförvaltningen, som ansåg att han var omdömeslös, fick han också uppbackning hemifrån. Inom UD fanns starka krafter som stödde honom, främst utrikesminister Krister Wickman och Pierre Schori, som ännu var på UD men snart skulle övergå till statsrådsberedningen som internationell rådgivare till Palme. Och i bakgrunden fanns Palme, som godkände Edelstams agerande vid nattliga samtal från radhuset i Vällingby. Men lika viktigt var att den moraliska kontexten för svensk diplomati hade förskjutits från en försiktig neutralism på femtiotalet till en expansiv och aktivistisk hållning på sjuttiotalet. "Sverige", hade den brittiska tidningen *The Times* konstaterat 1970 i en artikel, "använder numera sin neutralitet snarare som ett avstamp för en större inblandning i världens affärer än som en skyddande vägg att gömma sig bakom."

Denna nya inriktning var inte oproblematisk. Sverige var ett litet land och hade inga andra påtryckningsmedel än de moraliska. Efter några månader hade Edelstam kört diplomatin i botten och förklarats *persona non grata* av militärjuntan. Hans efterträdare, ambassadör Kaj Groth, tvingades agera ytterst diskret för att kunna fortsätta arbetet med att rädda människor som förföljdes av regimen. Men den offensiva hållningen i Chilefrågan – Sverige var det europeiska land som hårdast fördömde militärkuppen – speglade den mentalitetsförändring som det svenska folket genomgått under rekordåren. Den lite försiktiga, skamsna självbilden från andra världskrigets slut hade gett plats för ett nytt självförtroende, kanske inte en föreställning om Sverige som "ett världssamvete" men en långt mer aktiv hållning. I mångas ögon var den nya svenska politiken inkonsekvent, till och med opportunistisk. Kritiken hade varit massiv – till och med i normalt Sverigevänliga *New York Times* – när svenska ambassaden i Moskva vägrade överlämna Nobelpriset i litteratur till Solzjenitsyn hösten 1970. Sverige framstod som en mus som röt mot USA men knappast vågade säga ett pip mot Sovjetunionen.

Men i all sin inkonsekvens och självrättfärdighet innebar den nya hållningen trots allt en positiv förändring. Femtiotalets isolationism hade ersatts av nyfikenhet, öppenhet och en vilja att aktivt agera i omvärlden. Bilden av Olof Palme som höjde rösten mot USA eller av Harald Edelstam som räddade chilenare under militärjuntan svarade mot denna nya självbild – och tvättade bort åtminstone en del av olusten över eftergiftspolitiken under andra världskriget. Svenskarnas längtan efter en mer aktivistisk utrikespolitik var inte skapad av Olof Palme. Men det var han som levererade den, om än med en kryddning som en del svenskar fann lite väl stark. Utan honom skulle stödet till nationella befrielserörelser i tredje världen aldrig ha artikulerats lika tydligt eller drivits lika långt som officiell politik. Det gäller inte minst jultalet 1972, som ledde till att ett ilsket USA frös ner relationerna med Sverige till ett kyligt minimum.

Dessa "frostens år" blev sista akten i de diplomatiska motsättningarna mellan Sverige och USA kring Vietnamkriget. Efter den brutala men meningslösa bombkampanjen slöts ett stilleståndsavtal i slutet av januari 1973 och USA började dra tillbaka sina trupper. Kriget gick visserligen vidare, men utan det amerikanska stödet kunde inte Sydvietnam hålla stånd och den 30 april 1975 tågade FNL och nordvietnamesiska arméförband in i Saigon, samtidigt som de sista amerikanska diplomaterna evakuerades via helikopter. Olof Palme, som varit en av de första offentliga kritikerna av kriget, hade fått rätt – vilket också Henry Kissinger, Walter Mondale och andra amerikanska politiker skulle erkänna. Men 1973–1974 var Nixon fortfarande vid makten och fast besluten att straffa Sverige och Olof Palme för den offentliga kritiken av USA.

Någon efterträdare till den amerikanske ambassadören Jerome Holland, som lämnat Stockholm tidigare under 1972, hade inte utsetts när Palme höll sitt tal. För att tydligt markera sitt missnöje blev därför det amerikanska utrikesdepartementet tvunget att beordra även ambassadrådet John Guthrie, som var chargé d'affaires i Stockholm men tillfälligt hemma i USA för att fira jul, att inte återvända till Sverige i januari. Dessutom vägrade man ta emot den nye svenske ambassadören Yngve Möller som skulle efterträda Hubert de Besche i Washington. Svenskarna gjorde en del försiktiga försök att tina upp relationerna. Redan i slutet av januari 1973, när bombningarna upphört och stilleståndsavtalet slutits, försökte Palme upprätta en kanal till Henry Kissinger genom Anders Ferm. Det misslyckades, men på hösten samma år, i oktober, gjorde han ett nytt försök med det tidigare nämnda ingripandet i Nordiska rådet för att den amerikanska basen på Island skulle få vara kvar. Men Palme och Wickman var också försiktiga med att göra något offentligt som kunde tolkas som att Sverige vek ner sig. Dödläget var ett faktum – varken Nixon eller Palme ville ge med sig. Enligt Kissinger satt Palmes nazistjämförelse kvar i Nixon som "en värkande visdomstand".

Sverigevänliga senatorer i USA – inte minst Hubert Humphrey, som kom från "svenskstaten" Minnesota – låg emellertid på för att Nixon skulle normalisera relationen med Sverige. Den avgörande vändningen kom förvånande nog med utnämningen av Kissinger till amerikansk utrikesminister i september 1973. Han hade visserligen tagit illa vid sig av Palmes jultal, men han var också en förespråkare av kallhamrad realism inom utrikespolitiken och hade begränsad entusiasm för att bryta traditionella diplomatiska förbindelser. I slutet av november tog Kissinger under vänskapliga former emot en högre svensk UD-tjänsteman som var på besök i Washington. Samtidigt framhöll tjänstemännen på amerikanska utrikesdepartementet för sin nye chef att Sverige gjort en del försonande gester. Inte minst uppskattade man det faktum att veteranen Sven Andersson, som uppfattades som mer USA-vänlig, i slutet av oktober hade ersatt Krister Wickman som utrikesminister. I januari 1974 hade också Nixon tinat upp och gav sitt samtycke till ett förslag från Kissinger om utväxling av ambassadörer mellan USA och Sverige.

I sista minuten uppstod dock en ny komplikation, ironiskt nog signerad den svenske hjälten från militärkuppen i Chile, Harald Edelstam. I slutet av februari 1974 skulle USA:s inblandning i kuppen i Chile granskas vid ett stort symposium i Washington anordnat av Nixonkritiska kongressmän, fackföreningar och andra organisationer. Edelstam, som begripligt nog blivit ytterst USA-kritisk av sina upplevelser av Pinochetregimens brutala framfart, var inkallad som vittne. Amerikanska UD var oroligt för vad den svenske diplomaten skulle säga, vilket i sin tur ledde till att både Sven Andersson och Olof Palme uppmanade Edelstam att inte sätta käppar i hjulet för en upptining av förbindelserna med USA. Men "svarta nejlikan", som hade trotsat beväpnade chilenska militärer, lät sig knappast dämpas av svenska politiker och tjänstemän. UD styrdes av "mumrikar och förborgerligade typer", förklarade Edelstam i pressen och anklagade regeringen för att försöka lägga munkavle på honom. Trots Chilesymposiet meddelade USA i mitten av mars att president Nixon ville utse en ny ambassadör i Sverige. Vietnamkriget pågick ännu och det skulle dröja ytterligare några år innan förbindelserna mellan USA och Sverige helt återställts. Men i princip var den stora konflikten över våren 1974.

Palmes hantering av Vietnamfrågan var en stor framgång. Under hans ledning hade Sverige konsekvent och kraftfullt argumenterat för ett amerikanskt tillbakadragande från Vietnam utan att detta hade skadat förhållandet mellan USA och Sverige på något allvarligare sätt. Kritiken hade enbart orsakat symboliska markeringar, dramatiska i ögonblicket men utan långsiktiga konsekvenser. Alla senare undersökningar visar att såväl handel som hemligt militärt samarbete förflöt normalt under hela perioden. Varken den amerikanska eller den svenska regeringen ville bryta de djupare förbindelserna nationerna emellan.

Mot detta resonemang kan man invända att Palme inte kunde *veta* att det skulle gå vägen. Även om slutet faktiskt blev lyckosamt tog han onödiga risker genom sitt aggressiva och hårda språk, menar en del. I detta perspektiv var det ansvarslöst att sätta svensk säkerhetspolitik på spel enbart för rätten att uttrycka åsikter om kriget i Vietnam. Om USA avbrutit det militära samarbetet hade Sverige blivit sårbart gentemot Sovjetunionen. Men det finns också en motsatt kritik. Eftersom Palme egentligen inte tog några risker utan på olika sätt kohandlade med USA bakom scenen var hans engagemang för Vietnam, även om det hade en positiv effekt, inte genuint. Han lurade, sade man, svenska folket och även en internationell beundrarskara som i honom såg en särskild sorts renhjärtad och annorlunda politiker. Det ligger en knivsudd sanning i båda perspektiven. Palme kunde onekligen vara alltför listig för sitt eget bästa. Frågan är bara om han skulle ha vågat sig ut i den internationella politiken utan denna egenskap. Vilken annan svensk politiker hade klarat av att på en gång balansera Nixon, Kissinger och den nordvietnamesiska regeringen?

*

Under första hälften av sjuttiotalet blev det också uppenbart att Palmes utrikespolitiska register omfattade så mycket mer än Vietnamkriget. Det var en gynnsam tid för ett litet, neutralt land som ville motverka supermakternas inflytande i tredje världen. USA tillfogades ett historiskt nederlag i Sydostasien som slutade i en snöplig reträtt 1975. I södra Afrika kämpade en rad befrielserörelser mot kolonialregimer eller rasistiska diktaturer. Det forna portugisiska kolonialväldet gick under, vilket i sin tur ledde till en demokratisk revolution i Portugal 1974. Oppositionen mot den åldrade Franco i Spanien och militärjuntan i Grekland växte sig hela tiden starkare. Åren 1974–1975 framstod som en "folkens vår", en ny tid av kolonial befrielse då gamla murkna diktaturer föll. Samtidigt skedde en avspänning i det kalla kriget med nedrustnings-

14. ANDRA SVARTMÅLAR, VI BYGGER VIDARE

förhandlingar. Terrorbalansen, MAD – "mutually assured destruction" – tycktes borga för att det inte skulle bli ett tredje världskrig. Allt detta skapade ett större utrymme för Sverige att agera i tredje världen – och Sveriges unge statsminister tycktes vara inblandad i så gott som allt som hände på den globala scenen under dessa år.

Den svenska solidaritetsrörelsen med länderna i södra Afrika gick tillbaka till femtiotalet och omfattade både socialdemokrater och liberaler; redan som SFS-ordförande hade Palme samlat in pengar i kampen mot apartheid i Sydafrika. Under åren hade en rad afrikanska politiker besökt eller studerat i Sverige och Norden. Även om de fann att svenskarna ofta var "positiva" rasister – det vill säga tillskrev besökarna särskilt goda egenskaper på grund av deras hudfärg – uppskattade de också att Sverige inte hade något kolonialt arv. År 1969 hade Sverige som första västland börjat ge stöd till befrielserörelserna i södra Afrika: ANC i Sydafrika, Zanu/Zapu i Zimbabwe, MPLA i Angola, Frelimo i Moçambique och Swapo i Namibia. Fram till 1994 skulle det bli sammanlagt fyra miljarder kronor, varav 1,7 miljarder gick direkt till befrielserörelserna. Föga förvånande betecknades Palme som en "honorary freedom fighter" på en middag i Moçambiques huvudstad Maputo. Det svenska stödet var till skillnad från det som kom från stormakterna inte förmyndaraktigt. Olof Palme försökte visserligen övertyga de afrikanska politikerna om att marxismen inte var rätt väg att gå, men i övrigt respekterade man de vägval som befrielserörelserna gjorde.

Dessutom var Sverige engagerat i de så kallade "frontstaterna" Tanzania och Zambia, som gränsade till de portugisiska kolonierna. Hösten 1971 hade Palme besökt dessa länder med en delegation där författaren Per Wästberg, som sedan femtiotalet varit engagerad i kampen mot apartheid, ingick. Att inkludera Wästberg, vars deltagande kunde provocera Sydafrika och Rhodesia, var Palmes egen idé. Mottagandet hade varit storartat. Tjugotusen personer hade kantat vägen mellan flygplatsen och Zambias huvudstad Lusaka och Palme hade fått en lejonunge i stadens zoo uppkallad efter sig. I Tanzania välkomnades han av Julius Nyerere, vars regeringsparti TANU hade haft kontakter med de svenska socialdemokraterna sedan början av sextiotalet. I landets huvudstad Dar es Salaam höll Palme också ett tal som stakade ut hans hållning till Afrika och tredje världen. Om man vill vara elak skulle man kunna säga att han höll fram den svenska välfärdsstaten som en modell för de afrikanska länderna. Men hans poäng var, att trots att Sverige var ett rikt land i västvärlden var det på grund av sin alliansfrihet och jämlikhetspolitik en pålitlig vän till fattiga nationer som nyligen blivit självständiga. Ett nära samarbete mellan världens alliansfria stater, påpekade Palme, skulle skapa en motvikt mot supermakterna USA och Sovjetunionen. Han skulle under de följande åren leva upp till dessa utfästelser med råge, inte minst genom ett kraftfullt agerande i FN. Där stödde Sverige ofta länderna från tredje världen, inte minst när det gällde kraven på en ny ekonomisk ordning.

Militärkuppen, Edelstams agerande och en ström av chilenska politiska aktivister som sökte asyl i Sverige satte också fokus på Latinamerika. För Palmes del förstärktes detta intresse ytterligare av att han efter valet 1973 ersatte Anders Ferm med Pierre Schori som rådgivare i statsrådsberedningen. Den skarpskurne, långe och intensivt blonde och blåögde Schori var trettiofem år gammal när han kom till Kanslihuset. Hans far, som var fransktalande schweizare som gift sig med en svenska, hade öppnat ett hotell i Malmö strax före andra världskriget. I denna kosmopolitiska miljö, befolkad av kinesiska kockar, egyptiska magdansöser och östeuropeiska flyktingar, hade Schori vuxit upp. Som student i Stockholm hade han engagerat sig i internationella frågor, framför allt när det gällde Latinamerika. När han började hos Palme 1973 hade han arbetat både på den socialdemokratiska partistyrelsen och på Utrikesdepartementet. Han hade dessutom utomordentligt goda kontakter med franska, spanska och latinamerikanska intellektuella. Precis som Palme tenderade han att framkalla ytterst motsägelsefulla reaktioner. Hans vänner fann honom charmig, generös, blygsam och begåvad; motståndarna klagade på att han var arrogant, kylig och oförmögen att ta kritik. Jan Guillou, som förmodligen låg någonstans i mitten, menade att Schori var "en av de mest analytiskt snabbtänkta människor" han någonsin träffat.

I Kanslihuset arbetade Schori med alla utrikespolitiska frågor på dagordningen, från kontakterna med europeiska socialdemokrater till Vietnam och södra Afrika. Inte minst såg han till att Palmes tal och artiklar nådde pressen i tredje världen. Med sina expertkunskaper om Latinamerika uppmuntrade han också Palmes intresse för denna kontinent. Det resulterade i en uppmärksammad resa till Latinamerika sommaren 1975. Startpunkten var FN:s stora kvinnokonferens i Mexico City – 1975 hade proklamerats som internationellt kvinnoår av världsorganisationen – där Palme höll ett starkt tal om förhållandet mellan kvinnoemancipation och fattigdom. Han passade på att besöka sin syssling Ramón Palme, i vars järnhandel han arbetat sommaren 1948. Han och Lisbet smet ifrån en mottagning med den svenska kolonin i Mexico City och tillbringade en gemytlig kväll med Ramón Palmes familj. Från Mexico åkte han vidare till Venezuela och avslutade sedan med ett besök på Cuba.

Mötet med Castro blev en stark upplevelse för Palme. De två ledarna var jämnåriga – 1975 var de fyrtiåtta år gamla – och hade gjort en liknande resa från en överklassfamilj till att bli radikala nationella ledare. Cuba var det enda land i Latinamerika som fick svenskt bistånd och det är uppenbart att dess diktator flörtade med Palme. Det är inte omöjligt att den kubanska regimen, som inte var helt igenom lycklig med sitt beroende av Sovjetunionen, hoppades att goda förbindelser med Sverige skulle leda till ett närmare förhållande till andra socialdemokratiskt styrda länder i Europa. Castro hade skickat ett översvallande gratulationstelegram när Palme valdes till partiledare 1969 och hade ansträngt sig för att göra det svenska statsbesöket till en framgång. Förutsättningarna var goda. I mitten av sjuttiotalet ansåg många svenskar att Cuba var ett hoppfullt alternativ till de reaktionära militärregimer som dominerade det övriga Latinamerika. Delegationen omfattade Olof och Lisbet, kabinettssekreterare Sverker Åström, Pierre Schori, biträdande arbetsmarknadsminister Anna-Greta Leijon och en rad andra medarbetare samt författaren Sven Lindqvist och skådespelerskan Bibi Andersson.

Värmen var tryckande lördagen den 28 juni när Castro tog emot på Havannas flygplats, som var dekorerat med ett jätteporträtt av Palme. Kortegevägen till Havanna kantades av tusentals människor som viftade med små svenska flaggor och skanderade "Palme, Pal-me".

Han var den förste västlige regeringschef som besökt Cuba och Castro ägnade honom intensiv uppmärksamhet. De diskuterade oavbrutet under statsbesöket som inleddes med en mottagning i Havanna på lördagskvällen; den kubanske ledaren syntes ofta trycka sitt pekfinger i Palmes mage för att ge eftertryck åt sina argument. Under söndagen kördes Palme och de övriga svenskarna till militärgarnisonen Moncada, där den kubanska revolutionen en gång startat 1953. Där väntade omkring hundratusen människor, en del av dem säkert utkommenderade, men också många som var påtagligt entusiastiska och nyfikna. Castro värmde upp publiken, mysande som en "glad jultomte", enligt *Dagens Nyheters* reporter. Därefter började Palme tala och det gick ett sus genom publiken: "Han talar spanska!" Det gjorde han egentligen inte. Han förstod visserligen en del spanska, men talet var inövat i förväg. I sitt tjugo minuter långa anförande prisade han de stora sociala framsteg som gjorts på Cuba och kritiserade den amerikanska blockaden. Hans retorik var ovanligt radikal, kanske påverkad av den karisma som ännu vidhängde Castro och den kubanska socialismen. I berömmet fanns också en inlindad kritik. "Det socialistiska samhället skapas icke med dekret från ovan, det måste organiskt växa fram i samhällsmedborgarnas arbete."

Något glasklart ställningstagande för demokrati var det inte. Men Palme ansåg att man inte kunde ställa för hårda krav på revolutionära regimer som nyligen hade befriat sitt land. Man måste se till de historiska utgångspunkterna och till rörelseriktningen, förklarade han i en intervju med en fransk journalist: skedde sociala framsteg och fanns det hopp om att utvecklingen skulle gå i riktning mot demokrati? Palme, som hade lyckats övertala Castro att släppa två politiska fångar, ansåg sannolikt det fanns en sådan rörelseriktning på Cuba. Det är en fullt legitim realpolitisk ståndpunkt som alltid kommer att återuppstå som motpol till en alltför moralistisk syn på internationella relationer. Frågan är snarare hur man avgör om en icke-demokratisk regim är på väg i rätt riktning. Som Gösta Bohman påpekade i en debattartikel vid Palmes hemkomst: "Den gradvisa uppmjukning efter revolutionen, som statsminister Palme antytt i sina intervjuer, har inte ägt rum". I efterhand står det klart att sjuttiotalets förhoppningar om en demokratisk utveckling har kommit på skam på många håll. Den amerikanska blockaden mot Cuba har alltid varit skandalös, men den kan inte ursäkta att dagens Cuba inte är mer demokratiskt eller socialt utvecklat än vad det var 1975. Och Cuba är ändå en västanfläkt mot Zimbabwe, vars envåldshärskare Robert Mugabe tog emot ett omfattande stöd från den svenska regeringen och var en välkommen gäst i Sverige. En svensk Amnestygrupp där författaren Per Wästberg ingått hade stött Mugabe under de år han var fängslad av Smithregimen, och när han 1977 officiellt bjöds in till Sverige var den folkpartistiske biståndsministern Ola Ullsten värd. Det gör det inte fel att ha stött kampen mot den rhodesiska rasistregimen. Men det borde stämma till eftertanke när det gäller att vara alltför överseende med ett bristande demokratiskt sinnelag.

Men Palme ville bygga broar mellan västvärlden och de nya regimerna i tredje världen. Väl hemma från Cuba satte Palme och Pierre Schori i gång ett entusiastiskt förhandlingsarbete för att ordna ett möte mellan Henry Kissinger och Fidel Castro. Initiativet kom ursprungligen från den västtyska tidskriften *Der Spiegel*. Något möte blev det inte, men ambitionen att normalisera relationerna mellan USA och Cuba var hedervärd. Som Kjell Östberg har påpekat i sin biografi över Palme var en viktig konsekvens av hans goda internationella kontakter också att det ekonomiska utbytet mellan tredje världen och Sverige stärktes. Det handlade inte bara om bistånd utan också om lönsamma affärer för svenskt näringsliv. Palme var ytterst aktiv när det gällde att gynna svenska handelsintressen var än han drog fram; i den svenska delegationen till Cuba 1975 hade det till exempel också ingått en försäljningsdirektör från Uddevallavarvet som till skillnad från andra svenska redare ville göra affärer trots den amerikanska blockaden. År 1974 konstaterade *Veckans Affärer* att "den av Palme profilerade utrikespolitiken har blivit en tillgång för svenskt näringsliv på nya stora marknader. I östländerna, i arabvärlden, i utvecklingsländerna." Men också i andra sammanhang var Palmes internationella kontaktnät en tillgång. När Vietnamkriget väl var över kom Henry Kissinger att betrakta den svenske politikern som en viktig länk till tredje världen. På väg till Latinamerika 1975 hade Palme träffat Kissinger i New York och följande år kom den amerikanske utrikesministern till Stockholm. De forna antagonisterna fann varandra i sitt gemensamma internationella engagemang och utvecklade något som liknade vänskap. Vid ett tillfälle när Kissinger låg på sjukhus ringde Palme för att höra hur det stod till med honom, vilket gjorde Nixons gamle rådgivare rörd. Vid Palmes begravning i mars 1986 förklarade Kissinger att Palme hade stått för de värdefullaste västliga värderingarna: "Varhelst freden hotades eller rättvisa förvägrades eller friheten var i fara – i Mellanöstern, i Centralamerika, i Sydafrika – eller kärnvapen diskuterades, gick Palme i bräschen för debatten..."

Palmes internationella ställning var dock inte uppenbar på hemmaplan. I Sverige, där man var van att se honom debattera kärnkraftverk med Thorbjörn Fälldin, misstänkte en del att påståendena om Palmes popularitet i tredje världen var överdrivna. Och andra ogillade hela idén. Efter Cubaresan förklarade Gösta Bohman att det varit bättre om "han stannat i Sverige och tagit itu med inflationen". Men de svenska journalister som deltagit i Latinamerikaresan 1975 var närmast förbluffade över det mottagande Palme fått. Sven-Erik Larsson, politisk redaktör på *Dagens Nyheter*, hade blivit överraskad av alla "belägg för hur välkänd och uppskattad den svenske statsministern är i de länder vi besökte". Det var hans egna idéer som tilltalade länderna i tredje världen, skrev Larsson i en stor artikel under rubriken "Palme för Sverige", en vecka efter hemkomsten från Cuba: "De små staterna lyssnar när han talar om risken för att supermakterna gör upp över deras huvuden. Avspänningen kan i längden inte köpas till priset av att orättvisor konserveras."

I Europa hade misslyckandet med EEC och Nordek en hämmande effekt på Palmes möjligheter att blanda sig i den politiska utvecklingen. Trots det hade han ändå ett imponerande genomslag. En viktig anledning var hans goda relationer med Willy Brandt och Bruno Kreisky, som gav Palme en omedelbar kontakt med centraleuropeisk socialdemokrati. År 1975 publicerade det socialdemokratiska förlaget Tiden en brevväxling mellan Brandt, Kreisky och Palme om socialismen som ägt rum under 1973. Korrespondens mellan regeringschefer som är avsedd för publicering är en tämligen svårsmält och pretentiös genre, och denna bok var inget undantag. Men bakom de lite väl slipade formuleringarna finns ett intellektuellt patos, en strävan efter att hitta bärande idéer för framtiden. Och här blir det uppenbart att Palme, som Brandt påpekar, står ganska främmande för den marxistiska miljö som både Brandt och Kreisky kommer från, och snarare har sin förankring i de "anglosaxiska traditionerna". Axeln Palme-Brandt-Kreisky var dock viktig för demokratiska socialister i Europas kvarvarande diktaturer: Portugal, Grekland och Spanien. För framtida socialdemokratiska ledare som Mário Soares, Felipe González och Andreas Papandreou representerade framför allt Palme och Brandt en modern typ av socialism som på alla sätt bröt med deras egna länders konservativa och auktoritära arv.

Inte minst spelade Palme en central roll i den portugisiska demokratiseringsprocessen. Den 25 april 1974 hade den efterblivna fascistregimen i Portugal störtats av en grupp liberala och radikala officerare. Folket jublade på Lissabons gator och satte nejlikor i soldaternas gevärspipor. Men situationen var labil och oron i Västeuropa och USA var stor för att kommunisterna eller någon typ av vänsterradikal junta skulle ta makten. De europeiska socialdemokraterna, inte minst de västtyska, stödde det portugisiska socialistpartiet PSP under ledning av Mário Soares. Redan några veckor efter kuppen hade Sten Andersson rest till Lissabon för att träffa den nya regimen. Under hösten besökte Palme Portugal som den förste utländske statsministern. Det blev stort tumult när han kom till flygplatsen i Lissabon eftersom ett rivaliserande socialdemokratiskt parti omringade den svenska delegationen. Palme lyckades komma undan, men Sten Andersson fastnade i sin bil och fick uppleva hur en entusiastisk folkmassa bultade på taket, viftade med flaggor och försökte övertyga honom om att de var socialdemokratins sanna företrädare i Portugal. Men de svenska socialdemokraterna höll fast vid Soares. Sommaren 1975 organiserade Palme en imponerande konferens i Stockholm till stöd för Portugal, som samlade hela det socialdemokratiska ledargarnityret i Europa, från Harold Wilson till François Mitterrand. Med detta starka mandat på fickan träffade Palme några veckor senare Henry Kissinger. Omvälvningen i Portugal hade skapat en besvärlig situation för USA, som fruktade ett kommunistiskt maktövertagande men var demoraliserat efter Vietnam. Kissinger inledde med att förklara att Indokina nu hörde till historien och att det inte längre var något att bråka om, och började förhöra Palme om Portugal. Denne varnade för kupprisker både från vänster och höger men ansåg att risken för en utveckling liknande den i Chile var störst. Men så blev det inte. Den socialdemokratiska insatsen visade sig bli framgångsrik. Inom några år var Portugal en stabil parlamentarisk demokrati inom Västalliansen.

Från och med 1974 började Sverige ändra sin hållning i Mellanösternfrågan. Palme hade precis som så många andra socialdemokrater i sin generation varit passionerat entusiastisk för Israel. Länge hade motsättningarna mellan Israel och arabländerna betraktats som mellanstatliga: kravet var att den arabiska sidan erkände Israel och inledde förhandlingar. Men nu började man alltmer betrakta frågan som en nationell konflikt där palestinier och israeler reste anspråk på samma territorium. Det innebar inte att PLO, den palestinska befrielserörelsen, godtogs som en förhandlingspart – i mångas ögon var det alltjämt en terroristorganisation. Palme stödde fortfarande Israel, men hans sympati för palestinierna hade ökat markant. Vid ett besök i Algeriet 1974 hade han träffat PLO:s ordförande Yassir Arafat.

15. Vinter i paradiset

Han insåg att det var nu eller aldrig – och så valde han aldrig.
P.G. WODEHOUSE

Intellektuellt sett var sjuttiotalet det mest nedslående decenniet under hela nittonhundratalet.
TONY JUDT

"LYSSNA FAR!" MED DETTA ålderdomliga anrop väckte Gösta Bohmans dotter den moderate partiledaren klockan tre på morgonen måndagen den 20 september 1976. Utanför fönstret hördes röster och fotsteg som kom allt närmare. När Bohman klev ut på balkongen i den höstliga nattluften såg han en skara ungdomar anförda av två poliser komma gående längs den stillsamma Villagatan på Östermalm, ett stenkast från Olof Palmes barndomshem. Ungdomarna kom från MUF, Moderata ungdomsförbundet. Nu ville de hylla sin partiledare som efter fyrtiotre år hade drivit ut Socialdemokraterna ur Kanslihuset. Man hurrade för Bohman och stämde upp den svenska nationalsången "Du gamla, du fria" med sina dunkla men för dagen passande rader om att "jag vet att Du är och Du blir vad Du var".

Den sextiofemårige Högerledaren fick svårt att somna om. "Känslan av att ha lyckats kändes överväldigande och osannolik", skrev han senare: "Efter så många år av slit och brustna förhoppningar hade målet nåtts. Äntligen skulle Sverige få en borgerlig regering". "Äntligen, äntligen, äntligen" var också den djupt kända rubriken på *Expressens* ledarsida dagen efter valet. Det hade inte varit någon jordskredsseger. Valsegern grundade sig på att Socialdemokraterna tappat en procent och Vänsterpartiet kommunisterna en halv. Mer behövdes inte. På den borgerliga sidan var Moderaterna vinnare; man hade gått från 13,9 till 15,6 procent. Folkpartiets neråtgående trend hade också vänt under den nye partiledaren Per Ahlmark, som efterträtt Gunnar Helén i november 1975, med en ökning från 9,4 till 11,1 procent. Det största borgerliga partiet Centerpartiet hade backat något från 25,1 procent till 24,1 procent. Bohman ansåg att segern berodde på att de borgerliga partierna hade gjort en utmärkt valrörelse; "allt hade lyckats".

Man skulle också kunna säga att allt hade misslyckats för Socialdemokraterna. I början av året hade Palme velat att valrörelsen skulle handla om arbetsmarknaden, företagsdemokrati och familjepolitik. Detta var starka områden för arbetarrörelsen där man var i gång med framåtriktade reformer. Men i stället hade interna skandaler, orimliga skattelagar, kärnkraft och löntagarfonder hamnat i fokus. Det var inga bra frågor för socialdemokratin, och framför allt inte för Olof Palme. Han hade svårt att påverka skattepolitiken, som var Gunnar Strängs avdelning. Kärnkraften utmanade hans grundläggande tro på tillväxt och tekniskt framåtskridande. Löntagarfonderna med sin närmast syndikalistiska karaktär var ur hans perspektiv ett förslag från helvetet.

Efter gynnsamma opinionssiffror under sommaren 1975 hade problemen börjat under hösten. Den 5 oktober hade kassören i det finländska socialdemokratiska partiet, hans fru och ytterligare en kvinna fastnat i en rutinkontroll på Arlanda när de olagligt försökt föra ut sammanlagt 194 000 kronor ur Sverige. Ytterligare en person i sällskapet hade lyckats komma ombord på planet till Helsingfors med femtio tusenlappar i byxfickan. Pengarna kom från de svenska och västtyska socialdemokraterna och skulle överföras till det finska broderpartiet. Avsikten var att ge en hjälpande hand till de finska socialdemokraterna som hade problem med de sovjetstödda kommunisterna. Palme, som befunnit sig i Västtyskland, hade varit tvungen att dementera att pengarna kom från CIA. Han hade dock svårt att förklara varför den finske partikassören "störtat till Arlanda med pengarna på sig".

Strax efter nyår 1976 avslöjade kvällspressen att Hasse Ericson, ordförande i Transportarbetareförbundet, under helgerna hade varit på semester på Kanarieöarna. Franco hade visserligen dött året innan, men Spanien var fortfarande en diktatur. Sedan något år tillbaka drev LO – där Transportarbetareförbundet ingick – en kampanj för en turistbojkott av Spanien. Till indignationen bidrog också att Ericson bodde på en anläggning som ägdes av Svenska arbetsgivareföreningen och att hans biljett hade betalats av flygbolaget Scanair. Han ursäktade sig lamt med att han haft kontakt med den spanska motståndsrörelsen, men bilderna av den överviktige transportarbetarbasen i badbyxor etsade fast en bild av pampvälde och korruption på väljarnas näthinnor. Palme skällde ut honom efter noter: "Du visar dålig stil", sade en arg statsminister, "du har skadat arbetarrörelsen med ditt uppträdande".

Skandalerna kring Hoffaklumpen, som Ericson kallades efter den amerikanske fackföreningsbossen Jimmy Hoffa, och de finska smuggelpengarna var ingenting i jämförelse med den bredsida mot regeringen som författaren Astrid Lindgren publicerade i *Expressen* den 10 mars 1976. Pippi Långstrump, Karlsson på taket, Tjorven, Madicken, Lotta på Bråkmakargatan – genom åren hade svenska folket tagit Lindgrens upproriska barnfigurer till sitt hjärta. I mitten av sjuttiotalet kände alla igen den åldrade författarens lite sträva, genomträngande röst och hennes långsmala ansikte med de pillemariska ögonen. Hon var närmare sjuttio år gammal, en vördad nationalklenod vars böcker översatts i miljonupplagor till alla upptänkliga språk. Hennes senaste verk, *Bröderna Lejonhjärta*, hade kommit i början av sjuttiotalet och höll som bäst på att filmas på Österlen i Skåne. Det skulle bli ytterligare en längre bok, *Ronja rövardotter*, som kom ut 1981, innan Lindgren slutade att skriva.

Astrid Lindgren stod nära den svenska socialdemokratin trots att hon inte hade några personliga band till arbetarrörelsen. Hon hade vuxit upp i en rödmålad prästgård omgiven av kastanjeträd, almar och lindar på den småländska landsbygden, tagit realskoleexamen i den lilla staden Vimmerby och sedan utbildat sig till kontorist. Hennes bror var centerpartistisk riksdagsman sedan många år tillbaka och den ena av hennes systrar var journalist i bondepressen. Huvudpersonerna i hennes böcker kommer också oftast från lantbruks- eller tjänstemannamiljö. Men under trettiotalet hade hon blivit socialdemokrat, påverkad av arbetarförfattare som Moa Martinson, Ivar Lo-Johansson och Jan Fridegård. I den bok hon just skrivit färdigt vintern 1976, *Madicken och Junibackens Pims*, figurerade märkligt nog en av hennes få karaktärer med direkt koppling till arbetarrörelsen: Madickens pappa, den kloke, vänlige och rättvise socialdemokratiske redaktören för tidningen *Arbetets härold*.

Precis som den socialdemokratiska välfärdsstaten var hennes författarskap grundat i en stark protestantisk jämlikhetstradition. Som hon såg det skulle föräldrar skapa trygghet för sina barn men för övrigt hålla sig i bakgrunden. Förebilden var hennes egen uppväxt. Hennes föräldrar hade alltid funnits till hands för barnen, mindes hon, "om vi behövde dem, men annars [låtit] oss fritt och lyckligt skala omkring..." Föräldramakten i hennes böcker är oftast frånvarande eller ytterst väl dold. När Lotta, Ronja och andra huvudpersoner flyttar hemifrån, beger sig ut på äventyr eller begår andra brott mot den sociala ordningen är det sällan någon som hindrar dem. Men samtidigt, och kanske lite paradoxalt, förutsätter denna frihet en stor social stabilitet i det omkringliggande samhället. Lagen och den moraliska ordningen finns alltid i bakgrunden – samt några kloka vuxna som kan gripa in när saker och ting går över styr. Detta budskap om trygghet som en förutsättning för frihet liknade i hög grad Olof Palmes tro på att det starka samhället kunde göra medborgarna mer självständiga. Den föräldralösa Pippi Långstrump var på många sätt den idealtypiska medborgaren i den svenska välfärdsstaten: en autonom individ utan historiska band bakåt i tiden vars frihet garanteras av en kappsäck med gullpengar att ösa ur vid behov.

Men nu tyckte Astrid Lindgren att socialdemokraterna öste lite väl fritt ur hennes egen väska med gullpengar. I sin artikel i *Expressen* påpekade hon att hon som småföretagare tvingades betala den orimliga skattesatsen på 102 procent på varje ny inkomst. Denna bisarra ordning hade uppstått när taket för arbetsgivaravgifterna avlägsnats i den andra Hagauppgörelsen 1975. Den på en gång oskuldsfulla och ideologiskt durkdrivna rubriken på artikeln var "Pomperipossa i Monismanien". Sagohäxan Pomperipossa var ett självklart alias för Sveriges främsta sagoberättare medan Monismanien anspelade på en science fiction-film från 1974 av Kenne Fant, *Monismanien 1995*, som skildrade en framtida svensk enpartistat. Astrid Lindgren var så arg på socialdemokratin att hon kokade, men samtidigt ville hon inte associeras med de borgerliga partierna. Under valrörelsen krävde hon att Moderaterna skulle dra in 180 000 flygblad som återgav delar av artikeln i *Expressen*.

I stället för att erkänna att det blivit fel valde regeringen att ta strid. "Om man tjänar så mycket som Astrid gör, så ska man betala mycket i skatt", menade Sträng grötmyndigt under regeringssammanträdet samma dag som artikeln i *Expressen* publicerades. Palme hade svårt att förstå hur man kan tvingas betala mer i skatt än vad man tjänat: "Begriper du inte att detta inte går ihop?" sade han frustrerat till sin finansminister inför de övriga statsråden. Men Sträng fick med sig en majoritet av ministrarna och Palme gav sig. Denna eftergivenhet skulle visa sig katastrofal. Finansministern gick in i debatten med ett dödsföraktande övermod: "Artikeln är en intressant kombination av stimulerande litterär förmåga och djup okunskap om skattepolitikens irrgångar", sade han i riksdagen samma dag och tillade översittaraktigt: "Men det begär vi ju inte att Astrid Lindgren ska klara."

Lindgren stod dock på sig och lyckades överbevisa Sträng om det absurda faktum att hon tvingats betala mer i skatt till staten än vad hon tjänat i inkomster: "Berätta sagor har Gunnar Sträng nog lärt sig, men räkna det duger han inte till! Det vore bättre om vi bytte jobb." Den socialdemokratiska regeringen framstod på en gång som inkompetent och maktfullkomlig. Vilket märktes i opinionssiffrorna. Om det varit val i april skulle de borgerliga ha fått femtiotre procent av rösterna; Socialdemokraterna var nere på trettioåtta procent. Palme tog till slut kommandot inom regeringen och förklarade att han hade beslutat att skattereglerna måste ändras. Han underströk att det inte var öppet för diskussion: "Jag frågar er icke". I teve erkände han att Astrid Lindgren hade rätt.

*

Mardrömmen för regeringen fortsatte. Den 22 april 1976, en månad efter Pomperipossaartikeln, meddelade Ingmar Bergman att han skulle lämna Sverige på grund av en konflikt med skattemyndigheten. I slutet av januari hade två civilklädda poliser anmält sig i receptionen på Kungliga Dramatiska Teatern vid Nybroplan och bett att få tala med den femtioåttaårige regissören, som just höll på att repetera en uppsättning av Strindbergs *Dödsdansen*. "Jag hoppas han kommer, annars blir det inte roligt för er", sade den ene polisen enligt sekreteraren. När Bergman väl infann sig togs han till polishuset där han förhördes i flera timmar. Samtidigt genomsöktes både hans bostad och kontor, hans pass togs i beslag och han belades med reseförbud. Anhållandet av Bergman blev, kanske något förvånande för de svenska skattemyndigheterna, en världsnyhet. Men jakten på ekonomisk brottslighet stod högt på dagordningen i Sverige i mitten av sjuttiotalet. Inte minst hade sökarljuset riktats mot bolag som hade omfattande utlandsverksamhet.

Ingmar Bergman var inte Astrid Lindgren. Han var inte folkkär, de flesta svenskar fann hans filmer tungsinta och svåra. Han var heller inte populär hos vänstern. En handfull personer – bland annat en bankdirektör och en pastor – gav honom offentligt stöd, men de var så perifera i den rådande tidsandan att de snarare skadade hans sak. Som tur var kom Astrid Lindgren till hans sida – de åtgärder hans advokat vidtagit riktade sig just mot de absurda skatteeffekter som hon drabbats av. Men *Aftonbladets* ledarsida menade att Bergmans problem var att han vänt sig till ett parasitärt skikt av skatterådgivare "som naturligen söker manipulera med skatt och annat för att undandra uppdragsgivaren beskattning". Gunnar Sträng förklarade att skattelagarna även måste gälla för "kulturister". Några dagar efter gripandet åtalades Bergman och hans advokat för falskdeklaration alternativt vårdslös deklaration.

Sedan tog saken en förvånande vändning. Några veckor senare, i februari, meddelade riksåklagaren att den åklagare som väckt åtalet mot Bergman skulle bytas ut. Debatten blev omfattande: hade regeringen ingripit eller var det ursprungliga åtalet för dåligt underbyggt? I slutet av mars beslöt den nyinsatte åklagaren att åtalet skulle läggas ner. Senare prickades också den förste åklagaren för tjänstefel och Bergman friades helt. Men ur Palmes och regeringens perspektiv var detta en klen tröst. Efter polishämtningen hade Ingmar Bergman drabbats av en djup depression och lagts in på sjukhus. Under denna tid mognade hans beslut att läm-

15. VINTER I PARADISET

na Sverige, bland annat på grund av att tjänstemännen på skattemyndigheten antydde att de inte var färdiga med Bergman trots det nedlagda åtalet. "I snart tre månader har jag levt i ett tillstånd av förlamning och förtvivlan", skrev Bergman i en artikel i *Expressen*: "Då jag upptäckte att man ämnade fortsätta att trakassera mig blev jag plötsligt rasande och sedan frisk. Jag reser alltså till ett annat land för att spela in och förbereda en film på ett främmande språk." Den internationella uppmärksamheten blev enorm. Bergman och hans hustru flög till Paris där de mottogs av ett stort pressuppbåd. Sverige hade lyckats driva sin kanske mest kände levande konstnär i landsflykt.

Under processens gång hade Palme antytt sin vänskap med Bergman i tidningsintervjuer utan att beröra skattemålet. Statsministern och regissören hade träffats bara några månader tidigare, på juldagen 1975, hos deras gemensamme vän Harry Schein i dennes villa i Danderyd. Till familjen Palmes jultraditioner hörde att Olof och någon av pojkarna åkte runt bland släkt och vänner och delade ut chokladaskar. När de kom till Schein detta år var Bergman där, om det nu var en händelse eller ett riggat möte. Filmregissören var översvallande och prisade Palmes insats i valdebatten med Fälldin i Malmö under valrörelsen 1973. Det föll i god jord. När Palme berättade att han varit dåligt förberedd på grund av Norrmalmstorgsdramat tröstade filmregissören statsministern med att hans skådespelare också var bättre när de inte hade läst på för mycket.

Men hur angenämt detta samtal än varit kunde Palme inte göra något när polisen stövlade in på Dramaten drygt en månad senare. När beskedet om att Bergman skulle lämna landet kom i april exploderade statsministerns frustration. Det var "en skammens och vemodets dag", förklarade han. Dessutom hade det politiska konsekvenser: "Det här kan vara spiken i kistan för partiet inför valet", menade han. För sin del såg nu Bergman statsministern som en falsk vän. Bergman beskrev ofta sig själv som socialdemokrat i intervjuer. Han hade sagt att han gillade "det där med den svenska Saltsjöbadsandan, att människor som hade helt motsatta åsikter satte sig ned vid ett långt bord under oändliga timmar och dagar och så småningom drar fram en riktigt grå kompromiss som är väldigt hållbar". När han nu flydde Sverige var det med övertygelsen att Palme och Socialdemokraterna stod för människoförakt, cynism och materialism. Efter ett kort besök i Hollywood bosatte sig Bergman i München, där han blev regissör vid en av stadens två stora teatrar, Residenztheater. Han skulle inte börja verka i Sverige igen förrän i början av åttiotalet.

Även om en del ville se en begynnande skatterevolt i Bergmans och Lindgrens protester var det inte det höga skattetrycket i sig som var problemet. Svenskarna älskade knappast att betala skatt, men i grunden hade medborgarna en tilltro till att höga skatter var nödvändiga för att upprätthålla den generella välfärden. Däremot fanns det ett växande missnöje med att skattesystemet blivit alltför byråkratiskt och oöverskådligt. Medborgarna delade utan tvekan Strängs uppfattning om att "skattelagarna måste gälla lika för alla". Men systemet hade kommit in i en ond spiral av å ena sidan allt högre progressivitet och å andra sidan enormt generösa avdragsmöjligheter. Reglerna hade nu blivit så komplicerade att inte ens finansministern själv begrep sig på dem. Att döma av de tjänstemän som inlett en personlig vendetta mot Ingmar Bergman verkade de dessutom kunna uttolkas med personligt godtycke. Visserligen kunde inte regeringen direkt klandras för vad några enskilda tjänstemän tog sig för – åklagaren hade till och med prickats i efterhand. Men efter fyrtiotre års maktinnehav var Socialdemokraterna ytterst ansvariga för den anda som rådde inom den svenska förvaltningen. Och vad många svenskar såg där var arrogans, dryghet och förmyndaraktighet – förkroppsligat av tjänstemännen som jagade Bergman och Gunnar Sträng med sina föraktfulla uttalanden om Astrid Lindgren.

*

Socialdemokratin hade kanske klarat skatteskandalerna om dessa inte sammanfallit med att den svenska fackföreningsrörelsen gjorde en tvär vänstersväng. Dagen efter Astrid Lindgrens angrepp, den 11 mars, presenterade LO-ledningen ett förslag som gick ut på att alla företag med minst femtio anställda skulle avsätta tjugo procent av vinsten till kollektivt ägda löntagarfonder. Det var inte helt oväntat. Förslaget byggde på en utredning av LO-ekonomen Rudolf Meidner, vars bärande idéer offentliggjorts i en debattskrift sensommaren 1975 med den prosaiska titeln *Löntagarfonder*. Men författaren stack inte under stol med vad hans målsättning var: "Vi vill beröva kapitalägarna deras makt, som de utövar just i kraft av sitt ägande." Då hade förslaget väckt en viss medial uppståndelse: "Revolution i Sverige", skrev *Dagens Nyheter* på sin löpsedel den 27 augusti. Men nu var förslaget inne i en mer byråkratisk behandlingsprocess. LO-ledningens godkännande var bara en förpost. Om det skulle bli några löntagarfonder måste de passera den kommande LO-kongressen i juni, nästa socialdemokratiska partikongress och slutligen riksdagen i en avlägsen framtid. Vid det laget skulle nog det mesta av socialismen ha vattnats ur, trodde många.

Till en del speglade löntagarfondsförslaget den radikala tidsandan. Men de hade också en mer omedelbar facklig grund. I slutet av sextiotalet hade fackföreningsrörelsen fått akuta problem med sin solidariska lönepolitik, en av grundbultarna i den svenska modellen. "Solidarisk lönepolitik" innebar att en nationell lönenivå fastställdes i centrala förhandlingar. En effekt var att mindre lönsamma företag slogs ut, vilket dock betraktades som mer eller mindre önskvärt. Problemen parerades med en aktiv arbetsmarknadspolitik som omdirigerade friställda arbetare till lönsamma branscher och regioner. När det gällde de framgångsrika exportföretagen blev problemet det omvända. Där hade den solidariska lönepolitiken en dämpande effekt som ledde till höga vinstmarginaler. Missnöjet över att behöva hålla igen i löneförhandlingarna under rekordåren pyrde på dessa arbetsplatser. Den stora gruvstrejken 1969–1970 och den efterföljande vågen av avtalsstridiga konflikter var obehagliga tecken på att sammanhållningen inom den svenska fackföreningsrörelsen var i gungning.

När LO samlats till kongress 1971 hade oron för att den solidariska lönepolitiken skulle implodera varit stor. För att förhindra detta hade man tillsatt en utredning om hur företagens övervinster skulle kunna flyttas över till löntagarna. Uppdraget att lösa detta problem hade gått till den snart sextioårige Rudolf Meidner, som under många år varit chef för LO:s utredningsenhet men nu hade en personlig forskartjänst i den svenska fackföreningsrörelsens borg vid Norra Bantorget, ibland lite vanvördigt kallad Vatikanen på grund av alla "småpåvar" som höll till där. Meidner var på sitt sätt lika originell som fackföreningsman som Olof Palme var som politiker. Han var född i en judisk familj i Breslau i Tyskland (i dag Wrocław i Polen) och hade under dramatiska omständigheter flytt till Sverige efter nazisternas maktövertagande 1933. Han tog en fil.kand-examen vid Stockholms högskola 1937 och fick anställning på LO 1945. Som ekonomisk utredare åt fackföreningsrörelsen utvecklade han tillsammans med Gösta Rehn den solidariska lönepolitiken under femtiotalet. Till det yttre var han lågmäld och allvarlig, själva sinnebilden av en noggrann tjänsteman. Han rökte inte, drack inte och plockade helst svamp på sin fritid. Han ogillade offentligheten och betraktade sig främst som en expert som levererade förslag för andra att ta ställning till.

Men Meidner hade "en vulkan under nylonskjortan", som *Vecko-Journalen* uttryckte det i en intervju. Upplevelserna av nazismens uppmarsch i Weimarrepubliken under hans ungdom hade präglat honom för livet. Den sociala stabilitet som många av hans svenska kolleger tog för självklar betraktade han som ytterst bräcklig. Han hade upplevt vad massarbetslöshet och ekonomiskt kaos kunde leda till, en insikt som han omsatte i sitt arbete för full sysselsättning och facklig solidaritet i Sverige. Under den empiriska sakligheten var han, till skillnad från de flesta svenska socialdemokrater, en marxist som ytterst betraktade det privata ägandet som en laddad pistol riktad mot arbetarrörelsens tinning, hur trevlig den som höll i pistolen än var för ögonblicket.

Om någon annan än Meidner fått uppdraget att utreda löntagarfonderna 1971 hade det sannolikt blivit ett tandlöst förslag. I en rad europeiska länder, framför allt Tyskland och Danmark, funderade fackföreningsrörelsen i början av sjuttiotalet på någon form av branschfonder som kunde underlätta tekniska omställningar och strukturrationaliseringar. Men ingen hade några tankar på att fonderna skulle användas för att avskaffa det privata näringslivet. Man häpnade i Köpenhamn, München och Wien när Meidner kom på besök och beskrev sina planer. I den svenska debatten hade också enskilda debattörer som Harry Schein förordat något slags samhällsfonder för att styra näringslivet. Men ingen hade väntat sig att Meidner skulle gå så långt som att föreslå ett fondsystem som skulle innebära att löntagarna successivt avskaffade det privata ägandet.

Att beskylla Meidner för öststatssocialism som en del gjorde – till exempel Hasse Ericson i Transportarbetareförbundet – var att missförstå avsikten med hans idé. Hans tankegångar var snarare syndikalistiska eller gillesocialistiska. Han var visserligen inte någon förespråkare av arbetarråd på enskilda företag, men hans konstruktion innebar att det var fackföreningsrörelsen och inte staten som skulle få den avgörande makten – och ansvaret – för samhällsekonomin. Det var en lika bisarr som modig idé att lansera i Sverige, ett land där alla framgångsrika samhällsreformer under det senaste halvseklet byggt på att arbetarrörelsen kontrollerat statsmakten. Och kanske än mer avskräckande: ett land där arbetarrörelsen hade förlorat eller gått kraftigt bakåt i de allmänna valen så fort man gått utöver välfärdsbygget och uttryckt mer offensiva socialistiska ambitioner.

Merparten av väljarna var inte bara negativt inställda till löntagarfonder. En Sifoundersökning 1975 hade också konstaterat att svenskarna var delade i två jämnstora läger, där den ena halvan ansåg att fackföreningsrörelsen hade för mycket makt och den andra ansåg att den hade för lite. I jämförelse med dessa intensiva känslor var medborgarnas förhållande till staten långt mer avspänt och enhetligt. Visst klagades det på centralisering, förmynderi och dryga byråkrater. Men i grunden fanns en stor tillit. I val efter val sedan femtiotalet hade svenska folket visat att man föredrog att ge makt till en avlägsen och neutral stat i stället för att förlita sig på olika typer av intressesammanslutningar i civilsamhället – som till exempel fackföreningar. Detta var också anledningen till att Erlander och Palme nått så stora framgångar med sitt starka samhälle.

*

Fast så såg det inte ut från en facklig horisont. På hösten 1975 hade LO genomfört ett internt rådslag om löntagarfonderna. Även om den bara nått ut till de fackligt aktiva, vilket var omkring en procent av alla medlemmar, hade en överväldigande majoritet på nittio procent av dessa sagt ja till Meidners förslag. Efter en lång period av såväl ökad levnadsstandard som tilltagande motvilja mot kapitalismen som ekonomiskt system fanns ett uppdämt behov av att flytta fram arbetarrörelsens positioner. "Genom att erkänna arbetarnas rätt att själva besluta om under vilka former företagen ska drivas", hette det i ett enkätsvar, "... kan man skapa den bas på vilken en riktig demokrati kan vila." LO var en frustrerad jätte med nästan 1,7 miljoner medlemmar. Inget annat land hade heller en lika hög anslutningsgrad till fackföreningsrörelsen. År 1975 var omkring sjuttiofem procent av alla arbetande svenskar medlemmar i en fackförening, vilket var betydligt mer än i de andra skandinaviska länderna och skyhögt över medlemsanslutningen i länder som Frankrike, Storbritannien och Tyskland. I LO:s fall innebar det tusentals anställda funktionärer och enorma resurser i form av fastigheter och kapital.

När LO:s ledning – påverkad av den starka interna entusiasmen – ställde sig bakom Meidnerförslaget i mars 1976 hade också den politiska temperaturen börjat stiga inför höstens riksdagsval. Den internationella lågkonjunkturen började bli kännbar. Under våren kom en rad dystra nyheter om företagsnedläggningar och stora förluster inom basnäringarna, inte minst stålindustrin. Skatteaffärerna hade dessutom väckt starka känslor inom det borgerliga Sverige. Den lika populäre som oförarglige underhållaren Lasse Berghagen förklarade i kvällspressen att han nu skulle engagera sig för en borgerlig valseger och framförde en agitatorisk visa om Pomperipossa. När Palme och Bohman möttes i en första valdebatt i början av maj anklagade Moderatledaren Socialdemokraterna för att vilja avskaffa blandekonomin och införa ren socialism.

Det avgörande beslutet skulle tas på LO:s kongress i mitten av juni i Folkets hus i Stockholm, samtidigt med det stundande giftermålet mellan kung Carl XVI Gustaf och Silvia Sommerlath, en tysk-brasilianska som var utbildad tolk och hade träffat den svenske kronprinsen under OS i München 1972. Bröllopet var planerat till den 19 juni, LO-kongressens avslutande dag. Tolvhundra poliser var inkallade, blomsterhandlarna var fullt upptagna med att få fram de sextusen penséer som hovet beställt och i teve framförde ABBA "Dancing Queen" som en hyllning till den nya svenska drottningen. Men mitt i denna rojalistiska yra i den kungliga huvudstaden var de socialistiska stämningarna starkare än på länge vid Norra Bantorget. Omkring tio procent av motionerna till LO-kongressen föreslog planhushållning i någon form. När kongressen samlades den 12 juni i ett blåsigt och småregnigt Stockholm visade det sig också att entusiasmen för fonderna var stor. Efter omröstningen reste sig delegaterna upp och sjöng "Internationalen" spontant. Senare skulle många av ombuden ångra sig. Den göteborgske kommunalpolitikern Göran Johansson som deltog i allsången skulle snart beskriva löntagarfonderna som "en olycka". Men för ögonblicket var den anonyme tjänstemannen Meidner hjälten för dagen. När han kom hem och berättade om kongressen för sin fru hade han tårar i ögonen.

Palme påstod för sin del att han tagits på sängen av fackföreningsrörelsens entusiastiska uppslutning kring Meidners förslag. "De gick längre än jag i min vildaste fantasi trott", sade han. Ändå hade det kommit en rad tydliga signaler under det gångna året: mottagandet av Meidners utredning i augusti, det entusiastiska fackliga rådslaget under hösten och LO-ledningens överraskande ställningstagande i mars. I efterhand har det hävdats att Palmes stora misstag var att inte bromsa LO någon gång under 1975 eller i början av 1976. Men han var illa rustad för att ta en sådan konflikt. Sedan Kirunastrejken var hans självförtroende i förhållande till fackföreningsrörelsen naggat i kanten. Det innebar inte att han inte kunde ryta till i enskilda frågor. Vid ett tillfälle när LO kritiserat regeringen ringde han till dess pressombudsman och undrade vem det var som skulle regera Sverige: "Är det LO eller är det regeringen?" Men det är uppenbart att han drog sig för att lägga sig i LO:s interna processer. I stället valde han att lita på att LO:s nye ordförande, Gunnar Nilsson, skulle desarmera förslaget. Nilsson, som efterträtt Arne Geijer 1971, hade många positiva drag men hade svårt att ta interna konflikter. Han kunde inte hålla emot den entusiasm som fondförslaget väckte inom de egna leden. Dessutom var kontakten mellan honom och Palme dålig; den senare hade svårt att förstå sig på Nilssons undanglidande stil.

Men Palmes passivitet berodde också på att han intellektuellt sett inte kunde ta fondförslaget på allvar. Palme och Meidner tänkte på helt olika sätt. Båda var på sitt sätt radikala – fast inom tämligen skilda traditioner. Meidner var en akademiskt sinnad tysk marxist, Palme var en optimistisk modernist. De hade diametralt olika syn på förhållandet mellan samhälle, ekonomi och politik. Palme kunde tänka sig långtgående inskränkningar av den privata äganderätten – åtminstone var han ovillig att definitivt stänga dörren för sådana. Det är inte svårt att leta upp hotfulla uttalanden av honom från sjuttiotalet som är starkt kritiska mot marknadsekonomin och som antyder att framtiden kommer att kräva någon form av planhushållning eller statlig styrning. Men i hans perspektiv var denna typ av interventioner legitima endast när de hade ett universellt mål: att skapa rättvisa, att öka jämlikheten och att stärka den enskilde medborgarens ställning.

Dessutom betraktade han expropriering mer som ett hot än som ett mål i sig. Näringslivet skulle disciplineras med rasslet av socialismens kedjor, men inte fjättras. Att flytta äganderätten från en specifik grupp av medborgare till en annan, som Meidner föreslog, var i hans ögon en befängd idé. Redan sommaren 1975 hade Palme hävdat att Meidners idéer skulle leda till "en stor företagsegoism". Fackföreningsrörelsens uppgift, menade han, var inte att hävda "ägandets rätt" utan "arbetets rätt". Om företagen och deras vinster skulle styras, kontrolleras eller i värsta fall konfiskeras var det samhället, staten, som skulle göra det – inte fackföreningsrörelsen. Palme hade heller ingen förståelse för det systemtänkande som präglade Meidners förslag. Vid ett tillfälle hade han sagt att det hade "formell stringens och saklig skönhet", vilket var en komplimang med underskruv. Riktig politik var aldrig, som Palme såg det, stringent eller vacker utan ett tufft och stökigt spel.

Inför valet hamnade fonderna i politisk limbo. Först på den kommande partikongressen 1978 skulle partiet definitivt kunna ta ställning. Såväl Palme som Gunnar Nilsson gjorde sitt bästa för att hålla frågan borta ur valrörelsen. "Jag håller mig fri på den punkten... den frågan måste den utredning analysera som sitter", var Palmes föga upplysande svar när han pressades inför valet. Men trycket från oppositionen ökade hela tiden. De borgerliga partierna hade visserligen varit välvilligt avvaktande till arbetarrörelsens fonddiskussioner under första hälften av sjuttiotalet. Det var inte fullt så opportunistiskt som det kan verka i dag. Själva idén om vinstdelning var i grunden en liberal tanke som förespråkats av John Stuart Mill. Folkpartiet hade också sedan femtiotalet ivrat för införandet av någon form av vinstdelningssystem. I samband med den första Hagauppgörelsen 1974 hade Gunnar Helén krävt att en statlig utredning om löntagarfonder skulle tillsättas, vilket Socialdemokraterna accepterat efter viss tvekan. Nu blev det en räddningsplanka. I trängda lägen kunde Palme hänvisa till att en utredning under ledning av den gamle Stockholmspolitikern Hjalmar Mehr var på gång.

När LO-kongressen ställt sig bakom Meidners radikala modell blev de borgerliga partierna alltmer kritiska. Men angreppen var ännu trevande, inte minst i jämförelse med vad som skulle komma senare. Begreppet "löntagarfonder" hade ännu en positiv retorisk klang. De borgerliga partiledarna valde i stället att komma med en kritik av allmänna socialiseringstendenser. Thorbjörn Fälldin gick ut hårt och varnade för att socialismen innebar att svenskarnas fri- och rättigheter skulle avskaffas, men nämnde inte löntagarfonderna direkt. Inför dessa angrepp försökte Palme försvara Meidners ansats utan att binda upp sig själv eller partiet för någon särskild modell eller lösning. I partiledarutfrågningen i radio i september 1976 menade han att Socialdemokraternas ambition var att demokratisera ekonomin "genom demokratisering av arbetslivet, genom löntagarfonder, genom en planmässig hushållning med samhällets resurser". Det är betecknande att han framställde löntagarfonderna som ett redskap bland flera andra och inte som en systemöverskridande reform.

*

I efterhand skulle det visa sig att löntagarfonderna spelat en begränsad roll i valrörelsen. Visserligen fanns det en mindre grupp väljare som såg motståndet mot Meidnerförslaget som den viktigaste frågan. Men den grupp som angav energifrågan i allmänhet och kärnkraften i synnerhet som avgörande var betydligt större.

Striden om framtidens energikällor bröt på ett dramatiskt sätt höger-vänsterdimensionen i svensk politik. Framför allt blev kärnkraften en fråga som i Sverige hittade sin särskilda politiker: den stadige bonden Thorbjörn Fälldin. I alla andra länder där kärnkraftsfrågan blev aktuell var motståndet under sjuttiotalet främst utomparlamentariskt. Men i Sverige ställde sig det största av de borgerliga oppositionspartierna bakom kravet på att stänga av kärnkraften så fort som möjligt.

Utbyggnaden av svensk atomkraft hade löpt parallellt med Palmes karriär. Sveriges första reaktor hade startats i november 1954, ungefär samtidigt som Palme blev anställd på heltid som Erlanders sekreterare. Nästa reaktor i Studsvik en bit söder om Stockholm laddades 1960, strax innan han utnämndes till byråchef. Ågesta kärnkraftverk, som försörjde Stockholmsförorten Farsta med elkraft fram till sjuttiotalet, togs i drift när Palme utnämndes till statsråd 1963. Efter dessa experiment var det fullt fart framåt. I mitten av sextiotalet projekterades tre stora kärnkraftsverk som successivt togs i drift under Palmes tid som statsminister. Den 18 maj 1972 invigdes den första stora svenska reaktorn i Oskarshamn i Småland. Den nittioårige monarken Gustav VI Adolf höll tal där han höll fram kärnkraften som "räddningen ur en befarad energikris". Under 1975 blev inträdet i kärnkraftssamhället definitivt med starten av Barsebäck 1 i Skåne, Ringhals 2 i Halland och Oskarshamn 2. Samarbetet med industrin var intensivt. ASEA-Atom, ett företag som ägdes gemensamt av staten och kapitalet (närmare bestämt familjen Wallenberg) svarade tillsammans med amerikanska Westinghouse för uppförandet av de karaktäristiska gråa kärnkraftslådorna i pastorala miljöer längs den svenska kustlinjen.

Palme var som många andra politiker på sextiotalet entusiastisk för kärnkraften. Den berörde ett av fundamenten i hans idévärld: tron på framåtskridande och människans förmåga att kontrollera naturen. Han erkände att vetenskapens och industrins framsteg hade avigsidor som måste bemästras. Redan i mitten av sextiotalet varnade han för miljöproblemen, influerad av den socialdemokratiske debattören Hans Palmstierna som 1966 hade gett ut den uppmärksammade boken *Plundring, svält, förgiftning*. Men han var också tydlig med att han inte trodde att det "var bättre förr". Föreställningen att det gick att släppa ut avfall utan hänsyn till effekterna såg han något förvånande som en rest av det gamla bondesamhällets kretsloppshushållning, ett arv som vi ännu inte "hade gjort oss fria ifrån". I stället måste vi lära oss att miljöförstöring var en verklig samhällskostnad som doldes av nuvarande bokföringsteknik, en "extern kostnad" som han uttryckte det på nationalekonomiska. Den tekniska utvecklingen skapade förutsättningar för ökad tillväxt, vilket i sin tur möjliggjorde en radikal jämlikhetspolitik. Svaret på miljöproblemen var bättre och renare teknik.

I början av sjuttiotalet tycktes också kärnkraftens historiska ögonblick ha kommit. Såväl vattenkraft som olja framstod som alltmer problematiska energikällor. Oljekrisen hösten 1973 hade med all önskvärd tydlighet understrukit hur farligt det var att bli beroende av importerad energi. Men synen på kärnkraft hade redan börjat svänga. Under 1972 hade en rad miljögrupper i Sverige – Björn Gillbergs Miljöcentrum, Jordens vänner och Alternativ stad – uppmärksammat avfallsproblemet och risken för haverier. Även i riksdagen höjdes kritiska röster. I en interpellationsdebatt anklagade en centerpartist den socialdemokratiske industriministern Rune Johansson för att ta alltför lätt på avfallsfrågan. Under 1973 kom debatten i gång på allvar, mycket tack vare den sextioårige plasmafysikern Hannes Alfvén. Denne internationellt framstående forskare, som fått Nobelpriset i fysik 1970, var sinnebilden för den vithårige och moraliskt ansvarige vetenskapsmannen. Han hade aldrig tvekat när det gällde att kasta sig in i debatten. Sedan mitten av sextiotalet hade han tillbringat mycket av sin tid vid University of California, San Diego. I den kaliforniska universitetsmiljön kom han i kontakt med den framväxande miljörörelsen. Tack vare Alfvén transplanterades idéer från radikala studenter på USA:s västkust rakt in i den svenska partipolitiken. I maj 1973 talade Alfvén på Centerpartiets riksstämma i Sporthallen i Luleå. Med sin vetenskapliga auktoritet och sitt patos, buren av en spröd, ljus röst, hade Nobelpristagaren, som också var medlem av Centerpartiet, varnat för kärnkraften. Åhörarna och inte minst partiets ledare Thorbjörn Fälldin blev djupt gripna. Kärnkraften rörde vid två fundament i den svenska bonderörelsens ideologi. För jordbrukare och människor som hyllade det agrara livet som ideal framstod det som djupt omoraliskt att lämpa över problemet med det radioaktiva avfallet på kommande generationer. Detta var den aspekt som upprörde Fälldin allra mest. Men kärnkraften var också ett perfekt pedagogiskt exempel på centraliseringens avigsidor. Genom satsningen på atomenergi blev samhället beroende av några få högteknologiska anläggningar där en eventuell olycka skulle innebära både en nationell miljökatastrof och akut energikris.

Det innebar inte att alla centerpartister var beredda att göra striden mot kärnkraft till partiets centrala fråga. Men med en partiledare som blivit övertygad om att det var hans historiska uppgift att stoppa kärnkraften och ett ökande tryck underifrån, inte minst från ungdomsförbundet, var det svårt för den mer traditionella falangen i partiet att hålla emot. Fälldin gick längre än vad det dåvarande partiprogrammet tillät och menade att kärnkraften borde stoppas helt. När riksdagen på våren 1975 skulle fatta beslut om kärnkraftens framtid – samtidigt som de tre nybyggda reaktorerna i Barsebäck, Ringhals och Oskarshamn laddades – röstade Centern (samt Vänsterpartiet kommunisterna) emot en fortsatt utbyggnad. Fälldin hade nu initiativet och hans motståndare inom partiet fick rätta in sig i leden. Han deklarerade ultimativt att Centerpartiets villkor för att medverka i en borgerlig regeringskoalition var att inga nya kärnkraftverk skulle startas. Detta löfte skulle han komma att upprepa ett antal gånger under 1976 års valrörelse, med allt större emfas.

Socialdemokraterna hade trots en del interna tvivel kommit fram till att kärnkraften skulle byggas ut. Ett internt rådslag som hållits 1974 visade att över tjugo procent av de 45 000 deltagarna var direkt negativa till atomenergi och att över sextio procent var tveksamma. I Sundsvall den 1 februari 1975 enades partiledningen om ett förslag som innebar att Sverige år 1985 sammanlagt skulle ha tretton kärnreaktorer: de fem som redan var i gång, sex som var så gott som färdiga att ta i bruk samt ytterligare två aggregat som väntade på byggnadstillstånd. Palme hade lagt ner stor möda på motiveringen, som han delvis skrivit på nätterna hemma på

Lövångersgatan. Argumenten var de uppenbara: att minska oljeberoendet, rädda älvarna och säkra industrins elbehov. Han erkände att det fanns risker, men framhöll att de flesta experter ansåg att risken för haveri var liten.

*

Kärnkraften såg inte ut att bli någon svår fråga för Palme i 1976 års valrörelse. Det fanns en betryggande majoritet i riksdagen för en fortsatt utbyggnad. Moderaterna slöt helhjärtat upp bakom socialdemokratins tretton aggregat medan Folkpartiet tyckte att det kunde räcka med de elva som var i gång eller redan hade beslutats om. I slutet av maj röstade riksdagen också igenom den socialdemokratiska energiplanen. Palmes bedömning av Fälldins alltmer hårdnackade uttalanden om att han inte skulle medverka till en utbyggnad av kärnkraften var att Centerledaren inte menade allvar. Folkpartiet och Moderata samlingspartiet skulle aldrig vika ner sig i energifrågan, trodde Palme.

Palme hade både rätt och fel. Fälldin var sannolikt ärlig när han förklarade att han inte tänkte "dagtinga" i kärnkraftsfrågan, som han uttryckte det i riksdagen i april 1976. Denna moraliska övertygelse byggde dock på en inre känsla och inte på en inträngande analys av möjliga utfall i det politiska spelet. Många väljare uppfattade detta som ett tecken på redbarhet. En mindre personkult uppstod kring Centerledaren. Han var en ny Per Albin Hansson, en landsfader, eller alternativt en helt ny sorts politiker av ett slag som aldrig skådats förut. I stället för att komma med vaga utfästelser och glidande formuleringar var han klar som rinnande vatten: jag kommer aldrig att gå med på att bygga ut kärnkraften. Till Fälldins försvar kan man säga att han sannolikt räknade med att tiden skulle verka till hans favör. Kärnkraftsmotståndet var på uppgång i alla partier. Men för Palme var detta ett obegripligt sätt att bedriva politik.

Palme var en konsekvensmoralist. Sedan ungdomen var han präglad av Max Webers uppfattning att den professionelle politikern aldrig kan fly undan frågan om hur han ska uppnå sina mål. Detta ledde till att han ibland blev övertaktisk. I debatter kunde man se hur han blixtsnabbt gick igenom de olika tänkbara utfallen av en situation innan han tog ställning. Ambitionen att alltid kunna redovisa både mål och medel var inte mindre hedervärd än Fälldins föreställning om att Bergspredikan var en politisk instruktionsbok. Men att tro att man alltid kan förutse den framtida följden av ens politiska ställningstagande är också övermodigt, på gränsen till arrogant.

I jämförelse med Palme framstod Fälldin som mänsklig och sympatisk: "Här står jag och kan inte annat", tycktes han säga. För bittra socialdemokrater var han med Nietzsches ord alltför mänsklig: "Fälldin är så okunnig och klumpig att väljarna känner igen sig", var en ofta citerad elakhet som tillskrevs Tage Erlander. Och i förhållande till Palme var Centerledaren onekligen undertaktisk, så mån om att hålla fast vid sin grundläggande övertygelse att han tycktes skjuta undan alla mer eller mindre verklighetsbaserade invändningar. Många uppfattade honom som ett uppfriskande alternativ till Palmes professionella syn på politik. En darwinistisk urvalsprocess hade till slut skakat fram en borgerlig partiledare som var skräddarsydd för att besegra Olof Palme.

Kärnkraften blev också Fälldins trumfkort i valrörelsen. Detaljerna var tekniskt komplicerade och obegripliga för de flesta väljare, men de principiella aspekterna var existentiellt uppenbara och handlade om mänsklighetens framtid. En del ledande socialdemokrater var allvarligt bekymrade. Erlander uppmanade Palme att föreslå en folkomröstning för att avlägsna energifrågan ur valrörelsen. Framträdande kulturpersonligheter bildade en kommitté för att kärnkraftsfrågan skulle föras direkt ut till folket. Men Palme ogillade folkomröstningar och ansåg att kärnkraften var – eller borde vara – ett större problem för de borgerliga partierna än för Socialdemokraterna. Det var en missbedömning. Vad han inte räknat med var det borgerliga Sveriges beslutsamhet när det gällde att åstadkomma ett regimskifte. Folkpartiet och Moderata samlingspartiet, för att inte tala om Svenska arbetsgivareföreningen (SAF), hade visserligen inga avsikter att acceptera ett totalstopp för svensk kärnkraft. Men inte minst tack vare Gösta Bohmans envisa arbete med att hålla ihop den borgerliga koalitionen lyckades man dölja den interna splittringen. Den eljest inte så böjlige

Bohman var rena gummimannen under valåret. I maj 1976 skrev han en artikel i *Svenska Dagbladet* med rubriken "Flexibel kärnkraftslinje (m)" som antydde att hela frågan kunde rullas framåt till 1978 då beslutet om att ladda Barsebäck 2 skulle tas. Denna moderata mjukhet räckte en bra bit fram i valrörelsen.

Den 6 september gick Fälldin ännu längre än tidigare och deklarerade att villkoret för att han satte sig i en borgerlig regering var att all kärnkraft skulle vara avskaffad till 1985. Bohman var dock fast besluten att fälla den socialdemokratiska regeringen med eller utan atomenergi. Han kontaktade Fälldin och Folkpartiledaren Per Ahlmark och underströk att bilden av den borgerliga koalitionens enighet var i fara. Efter diverse manövrer lyckades han återigen samla alla tre på en gemensam pressbild inför den avslutande partiledardebatten fredagen den 18 september. Ahlmark stretade emot in i det sista, och låtsades att han hamnade på fotografiet av en slump.

Mot slutet av valrörelsen anslöt sig också en rad författare till antikärnkraftslägret, bland annat Lars Gyllensten och Artur Lundkvist. Palme skulle länge sura över den senares påhopp. Så sent som 1984 ville han inte nämna Lundkvist i ett tal som han skulle hålla på en kulturfestival i Mexico, trots att hans spanske översättare påpekade att det var den mest kända kulturpersonligheten bland latinamerikanska intellektuella. Kanske var långsintheten begriplig. 1976 hade varit ett tungt år för Palme. Först Lindgren och Bergman och sedan akademiledamöterna Gyllensten och Lundkvist – det tycktes som om Sveriges kulturelit helt hade vänt sig mot socialdemokratin. Om det var någon tröst att barnboksförfattaren Max Lundgren offentligt förklarade sin lojalitet med arbetarrörelsen inför valet är svårt att avgöra.

Den avgörande valduellen ägde rum den 1 september i Scandinavium i Göteborg. Stämningen var upptrissad med tiotusen åskådare varav hälften taktfast ropade "Palme, Palme!" och resten skrek "Tobbe! Tobbe!" Återigen var Palme den tekniskt sett bättre debattören, och han fick in många poänger på Fälldin i andra frågor än kärnkraften. Han gick hårt fram när det gällde regeringsfrågan: "Det är lätt att säga till era borgerliga bröder: böj knä för vår uppfattning. Men säg, om de inte böjer knä?" Men Centerledarens autenticitet bar genom teverutorna trots brister i syntaktisk logik:

> Om detta är din övertygelse, Olof Palme, om du åt kommande generationer ger ett bättre samhälle, när du ger dem kärnkraftssamhället, om detta är din övertygelse, stå då upp här och säg det. Jag sätter inte din övertygelse, din heder, din moral i fråga, jag vill bara veta om du har den övertygelsen att säga det.

Efter debatten i Scandinavium skulle Sten Andersson göra sitt bästa för att hindra Palme från att debattera med Fälldin igen. Han såg inga möjligheter för sin partiledare att vinna.

Efteråt var Palme bitter över att han ensam fått försvara kärnkraften medan Folkpartiet, Moderaterna och näringslivet stått på sidlinjen. Bara några veckor efter valet skulle den moraliske Fälldin dessutom göra sig skyldig till ett av de största sveken i svensk politisk historia genom att gå med på att ladda Barsebäck 2. Centerpartiets löftesbrott, påpekade Palme argt, hotade att skada politikernas anseende och underminera medborgarnas förtroende för demokratin. Hans ilska var högst begriplig. Han hade agerat hederligt men anklagats för att vara opålitlig; Fälldin hade ljugit för väljarna men vunnit deras förtroende. Förklaringen var att det fanns en annan dagordning som var viktigare än kärnkraften. De borgerliga partierna hade efter fyrtiofyra år bestämt sig för att till varje pris erövra regeringsmakten. Palme hade blivit utmanövrerad av Thorbjörn Fälldins patos och Gösta Bohmans slughet. Det var inte vackert, men möjligtvis borde han ha blivit smickrad av att det krävdes två borgerliga partiledare som vred ut och in på sig själva för att täcka in hans eget politiska register.

*

Vilka frågor är svårast att överge? Det undrade en journalist från *Dagens Nyheter* när Palme på eftermiddagen den 20 september kom ut från Kanslihuset för att gå till riksdagshuset vid Sergels torg och lämna in sin avskedsansökan till riksdagens talman. "Sysselsättningen och demokratifrågorna", svarade den avgående statsministern. Men när han kommit en bit bort vände han sig om på gatan som gick över Helgeandsholmen och ropade: "Och familjepolitiken. Glöm inte den!"

Det var en bra sammanfattning av Palmes problem i valrörelsen. Socialdemokraterna hade gått ut med stora ambitioner när det gällde familjepolitiken. De utlovade en förlängning av föräldraförsäkringen från sju till tolv månader och ville öka trycket när det gällde att få in kvinnor i mansdominerade yrken. Kvotering hade aviserats som en tänkbar väg och Palme hade föreslagit en ny rond av förhandlingar med de borgerliga partierna för att komma framåt i jämställdhetsfrågor. Men allt detta hade hamnat i skuggan av kärnkraften och löntagarfonderna. Eftervalsundersökningarna visade att väljarnas intresse för familjepolitiken hade varit ganska stort i början av valrörelsen. Men när valdagen kom hade föräldraförsäkring, daghem och liknande frågor halkat långt ner när det gällde att avgöra vilket parti man skulle rösta på. Palmes problem var att han – trots sitt rykte som konfrontationspolitiker – i själva verket var bäst på frågor som det rådde relativ konsensus om. I familjepolitiken hade han både den stora visionen och det politiska initiativet. Men de borgerliga partierna föredrog föga förvånande att utmana honom där han var sårbar: kärnkraften och löntagarfonderna.

Ändå var inte Palme alltför nedslagen. Inför teveintervjun på valnatten hade Sten Andersson uppmanat honom att se glad ut. Denna beskäftiga uppmaning var överflödig. Även om Palme var en instinktiv tävlingsmänniska var detta ett nederlag som han hade förberett sig för i åratal. Om han hade förlorat 1970 eller 1973 skulle det ha varit en katastrof. Nu hade han hunnit bli varm i kläderna och tagit tydligt kommando över både partiet och regeringen. Han hade fått igenom många av de reformer som var angelägna för honom, inte minst när det gällde jämställdhet, utbildning och demokrati på arbetsplatserna. Under hans tid hade också Sverige etablerat sig både som en pålitlig bundsförvant till antikoloniala befrielserörelser i tredje världen och som en bestämd motståndare till Europas kvarvarande diktaturer. Skatteskandalerna kring Astrid Lindgren och Ingmar Bergman hade varit besvärande, men i jämförelse med dansk och norsk socialdemokrati hade det svenska partiet klarat sig bra. Inget skattesänkande missnöjesparti av det slag som Mogens Glistrup eller Anders Lange företrädde hade uppstått i Sverige. Dessutom hade missnöjet med den arroganta behandlingen av Lindgren och Bergman mest skadat hans avgående finansminister. Martin Lamm, som tecknade på *Dagens Nyheters* ledarsidor, hade dagen efter valet sin förklaring till förlusten klar: en bild av en jättelik Gunnar Sträng som satt på Olof Palme. Många har velat se 1976 som en väljarnas dom över Olof Palme, men i själva verket var de flesta politiska missgreppen under de gångna åren Strängs verk. Problemet var inte den unge statsministerns radikalism utan den gamle finansministerns bristande omdöme.

Det svenska maktskiftet var en internationell nyhet. Som en av de tvåhundra utländska reportrar som var på plats i Stockholm påpekade: om Palme hade vunnit hade vi bara fått skriva notiser. Nu blev det i stället stort uppslagna artiklar på temat att svenska folket hade gjort uppror mot det socialistiska förmyndarsamhället. "Svenskarna har äntligen sparkat ut socialisterna", skrev *Wall Street Journal* glatt. "Svenskarna har sagt nej till socialdemokraterna därför att det sätt på vilket detta monolitiska parti lagt under sig samhällsmaskineriet började te sig orimligt", förklarade *Le Monde*. Brittiska *Financial Times* träffade mer rätt: "Den svenska modellen står sig. Den är bara inlämnad på reparation." I själva verket var 1976 års val ytterst likt de flesta andra svenska val sedan 1932: två jämnstora block hade tävlat om makten och ett av dem hade vunnit på marginalen.

Skillnaden var att det för första gången på fyrtiofyra år inte var det socialdemokratiska arbetarpartiet som var vinnaren. I övrigt var det mesta jämförbart. Socialdemokraterna var fortfarande det största partiet och hade gjort en stark spurt i slutskedet av valrörelsen och fått 42,7 procent av rösterna. De borgerliga partierna var splittrade och hade under valrörelsen lovat att föra ungefär samma politik som Socialdemokraterna. "Lika säkert som vi sitter vid detta bord, lika säkert kommer solidariteten med de gamla och sjuka att leva vidare", hade Thorbjörn Fälldin sagt vid den nya regeringens första presskonferens. På område efter område, från stödet till tredje världen till den svenska sysselsättningspolitiken, skulle den nya regeringen fullfölja den tidigare regeringens politik. De väljare som hoppades på stora skattesänkningar och nedskärningar i den statliga byråkratin skulle också bli besvikna. Under de borgerliga regeringsåren kom nya pålagor i form av höjd moms och andra skatter, samtidigt som antalet statstjänstemän ökade med 50 000 personer. När de borgerliga partierna lämnade ifrån sig makten 1982 var antalet statsanställda rekordhögt, 431 307 personer.

Inte ens själva maktväxlingen levde upp till förväntningarna på dramatik. I Sverige fanns ingen tradition av amerikanernas "spoils system", som innebär att det vinnande politiska partiet har rätt att avskeda statliga ämbetsmän för att ge plats åt sina egna lojala medarbetare. Men under det långa socialdemokratiska maktinnehavet hade det uppstått en ny grupp av politiska tjänstemän, framför allt statssekreterare, som inte längre kunde anses politiskt neutrala. Många i denna grupp på omkring fyrtio till femtio personer insåg att det var nödvändigt att avgå – de var lojala socialdemokrater och kunde inte tänka sig att arbeta under en borgerlig regering. Detta skapade ett viktigt prejudikat för framtida maktväxlingar. Dessutom gjorde det ett värdigt intryck. Trots Socialdemokraternas långa maktinnehav fungerade den svenska demokratin fortfarande.

Däremot uppstod det motståndsfickor på lägre nivå. Många nya ämbetsverk och styrelser – till exempel Konsumentverket och Arbetsmarknadsstyrelsen – hade inrättats på socialdemokratiskt initiativ och dominerades av tjänstemän som sympatiserade med arbetarrörelsen. Efter valförlusten började många av dem bära en röd knappnål, vilket kanske var en olämplig protestdemonstration men ändå ganska oförargligt. En del ansåg i likhet med den blivande socialdemokratiska partisekreteraren Marita Ulvskog att den borgerliga valsegern var ett slags "statskupp". De såg det främst som sin uppgift att hålla ut tills landets rättmätiga härskare återvänt. Det fanns också mellanchefer i vissa verk som öppet deklarerade att lojalitet med Socialdemokraterna var en nödvändig merit för att kunna arbeta under dem. Mer oskyldigt var att Kanslihusets växeltelefonister förklarade att de skulle sakna Olof Palme. Han hade alltid respekterat växelns stängningstider: "När det gäller jämlikhet kan man inte komma längre än vår statsminister", förklarade en av dem.

Både Palme och partiledningen var inställda på att SAP skulle bli världens bästa oppositionsparti. Den svenska socialdemokratin var som ett fotbollslag som drabbats av en förlust efter en lång och obruten svit av segrar – nu kunde man äntligen skaka av sig det gamla rekordet och rikta in sig på nya. Thage G. Peterson åkte till Norge för att studera hur socialdemokrater ser ut när de är i opposition. Han kom tillbaka och underströk vikten av att ha goda utredningsresurser. Resultatet blev Tolvan, en tankesmedja på Riksdagshusets tolfte våning ledd av Peterson och Ingvar Carlsson, där man samlade några av de ledande tjänstemännen från Kanslihuset för att inte förlora deras kompetens. Det är uppenbart att Palme inte ville att Socialdemokraterna skulle börja tänka som ett oppositionsparti. "Vi ska hjälpa Fälldin att styra landet", sade han. Att man förlorat makten sågs som en tillfällig sinkadus som snart skulle vara åtgärdad.

*

Historien blev inte nådig mot den första svenska borgerliga regeringen sedan trettiotalet. I samma ögonblick som man vred makten ur Socialdemokraternas händer tog de goda tiderna slut. Redan under våren 1976 hade det ekonomiska läget börjat försämras drastiskt. Exportföretagens orderböcker gapade tomma, vinsterna rasade och tillväxttakten hade bromsats upp ordentligt. Men då trodde såväl regering som opposition ännu att det var en normal nedgång inom konjunkturcykeln och att det snart skulle vända uppåt igen. Ingen var beredd på att botten skulle gå ur den svenska ekonomin bara några månader efter att Fälldin, Bohman och Ahlmark avgett sin regeringsförklaring.

Under 1977 krympte den svenska ekonomin för första gången sedan andra världskriget. Bruttonationalprodukten föll med över två procent. Stora delar av svensk industri gick på knäna. LKAB, en stadig kassako för staten, drabbades av stora förluster. Varvsindustrin befann sig i fritt fall; "Sydkorea och Japan konkurrerar ihjäl oss", hette det. Under sommaren 1977 pumpade den borgerliga regeringen hjälplöst in pengar i det statliga AB Svenska varv, som nu övertagit det mesta av svenskt båtbyggeri. Hundratals miljoner rann också ur det statliga stålverket NJA i Norrbotten och tvingade regeringen till omfattande regionalstöd. Textiljätten Algots, som en gång klätt folkhemmets medborgare, gjorde konkurs. Företagets sedan femtiotalet välbekanta slogan fick nu en deprimerande innebörd: "Säg Algots – det räcker!" Volvo, juvelen i den svenska industrikronan, fick stora problem med försäljningen av bilar på den nordamerikanska marknaden. Handelsunderskottet växte på ett alarmerande sätt. Regeringens lösning blev att devalvera. Under 1977 skrevs värdet på kronan ner två gånger, först i mars och sedan i oktober. Den totala värdeminskningen blev arton procent, vilket stärkte den svenska ekonomins konkurrenskraft men fördyrade importvaror och försvagade den svenska ekonomins trovärdighet.

Även om vissa länder drabbades hårdare än andra – främst Storbritannien och de nordiska länderna – var sjuttiotalskrisen ett allmänt fenomen i hela västvärlden. Sedan andra världskriget hade Europa och Nordamerika haft ett till synes ointagligt ekonomiskt försprång i kraft av sin tekniska överlägsenhet. Under dessa år skedde tre fjärdedelar av världens industritillverkning i västvärlden. Men på sjuttiotalet drabbades de traditionella europeiska basnäringarna – gruvor, varv, stål, textil, kemikalier – av stora problem. Tekniken var ofta gammalmodig och lönerna höga i jämförelse med länder som befann sig i en tidigare fas av industrialiseringsprocessen. Miljontals arbeten försvann och arbetslöshetssiffror på upp emot tio procent blev vanliga. De nationella regeringarna var mer eller mindre maktlösa. Keynesianismen fungerade inte längre. Massiva ekonomiska stimulansåtgärder skapade inte längre nya jobb. "Stagflationen" hade anlänt – hög inflation och hög arbetslöshet på en och samma gång.

I jämförelse med den stora depressionen på trettiotalet blev visserligen sjuttiotalskrisen relativt mild. I ett långsiktigt perspektiv som omfattade hela nittonhundratalet var inte ens tillväxtssiffrorna särskilt låga. De europeiska ländernas BNP steg i snitt med någon procent eller två. Men få av sjuttiotalets vuxna mindes trettiotalet medan alla hade färska erfarenheter av sextiotalets gulddagar. För väljarna utgjorde stigande arbetslöshet, stora prisökningar och växande budgetunderskott ett nytt och skrämmande landskap. Arbetsgivarna ville säkra sina vinster, fackföreningarna skydda sina löner och väljarna ville ha stabilitet och framtidstro. Andra hälften av sjuttiotalet blev mardrömslik för de flesta regeringar i västvärlden, oavsett partifärg. Efterhand föll James Callahans Labourregering i Storbritannien (1979), den demokratiske presidenten Jimmy Carter i USA (1980) och den moderate franske presidenten Giscard d'Estaing (1981), liksom de västtyska socialdemokraterna under Helmut Schmidt (1982).

I opposition gjorde Palme stor affär av de borgerligas ansvar för den ekonomiska krisen. Han hävdade att Fälldin, Bohman och Ahlmark hade "satt sig vid ett dukat bord" när de tillträtt 1976 och sedan glupskt plundrat det svenska skafferiet. Denna olyckliga metafor skulle bita sig fast i den politiska debatten under hela perioden. På ett ytligt plan var den korrekt. När Fälldin hade tillträtt som statsminister i oktober 1976 hade statsfinanserna varit i ordning för att sedan hamna i djup obalans under den borgerliga epoken. I början av åttiotalet kom till och med varningar om att Sveriges internationella kreditvärdighet hade dalat, vilket var pinsamt för ett land som alltid satt en ära i att ha robusta statsfinanser. Men Socialdemokraterna skulle sannolikt ha hamnat i samma situation. De rekordstora underskotten var priset den borgerliga regeringen fick betala för att hålla arbetslöshetssiffrorna nere. Tack vare det omfattande industristödet, massiva omskolningsprogram och lagen om anställningsskydd förblev sysselsättningen relativt hög. De officiella arbetslöshetssiffrorna låg på omkring tre–fyra procent. Även om den dolda arbetslösheten säkert var betydligt större var detta ändå internationellt sett imponerande siffror.

*

Det var inte bara den svenska ekonomin som rasade efter det borgerliga regeringstillträdet. Nu började också den sociala kollektivism och det radikala jämlikhetspatos som dominerat Sverige sedan sextiotalet att luckras upp. Fenomenen var inte helt orelaterade. Historiskt sett brukar goda tider gynna vänstern och dåliga tider gynna högern. Men det finns även cykliska drag i idédebatten, åtminstone i demokratiska stater. När ett visst perspektiv har styrt samtalet tillräckligt länge uppstår en motreaktion. Det innebar inte att tidsandan omedelbart kantrade åt höger. Det var snarare ett av dessa ögonblick i historien då en stark idé klingar av utan att en annan stark idé står färdig att inta dess plats.

För många framstod det kanske mest som en tillnyktring från sextiotalets allmänna upprorsanda, åtminstone på moralens område. Den försäljning av mellanöl i livsmedelbutiker som varit tillåten sedan 1965 och skapat en hel generation av unga missbrukare drogs in våren 1977. Rökning började betraktas som ett folkhälsoproblem och 1978 slutade Palme med sina trettio cigaretter om dagen, inte minst efter träget tjat från barnen. 1972 års sexualbrottsutredning som velat avkriminalisera incest, sänka åldersgränsen för sexualumgänge och sänka straffen för våldtäkt begravdes i tysthet. Pendeln var snarare på väg över åt andra hållet. Under 1976 uppstod en debatt om prostitution och sexhandel. Stockholm, hävdades det ibland, var "the sex capital of the world" med ett stort antal bordeller och sexklubbar. Enligt en statlig utredning som kom 1980 hade sexhandeln i själva verket minskat i omfång sedan den sexuella frigörelsens höjdpunkt i början av sjuttiotalet. Men i de stora morgontidningarnas eftertextannonser erbjöd ännu kvinnor olika former av massage under rubriken "hälso- och kroppsvård", vilket många ännu tycktes betrakta som en vardagsnära om än inte helt klanderfri form av prostitution. Sextiotalets liberala syn på narkotikamissbruk slog också över i sin motsats. Många debattörer – inte minst före detta missbrukare själva – krävde nu hårda tag inte bara mot langarna utan även mot narkomanerna. Nu lades grunden för en narkotikapolitik som skulle bli en av de mest drakoniska i Europa.

Den utomparlamentariska vänstern började också säcka ihop, trots att den kapitalistiska kris man siat om i tio år äntligen infunnit sig. "Efter tio år i den maoistiska rörelsen hade jag fått nog", konstaterade författaren Lars Åke Augustsson 1978. Han kände sig löjlig när han försökte "smuggla SKP:s politik på någon jobbare". När han satte sig ner och formulerade sina tveksamheter blev listan lång: försvaret av Stalin, idealiseringen av Kina, bristen på demokrati och yttrandefrihet under socialismen, oviljan att inse att de svenska arbetarna klokt nog valt socialdemokratin före kommunismen, de sekteristiska förhållandena inom det egna partiet. Under de följande åren skulle många följa i hans fotspår. Somliga sökte sig försiktigt tillbaka till det socialdemokratiska fadershuset, andra mer sökande naturer drogs till mysticism och andlighet medan ytterligare en grupp inte kunde släppa sin ilska mot socialdemokratin och långsamt gled högerut mot nyliberala positioner. Att de små kommunistgrupperna höll på att tyna bort betydde inte så mycket. Mer avgörande var att det allmänna vänsterperspektivet ändrade karaktär. Många av de författare som slagit igenom som unga och radikala under sextiotalet nådde nu full kraft och mogenhet – och hade dessutom blivit folkkära. Även om deras politiska hållning var oförändrad sökte de sig nu i påfallande utsträckning bakåt i historien. Samhällskritiken kom till uttryck i form av episkt berättande snarare än genom debatt och kommentar.

År 1977 gav Sara Lidman ut *Din tjänare hör*, första delen av hennes mäktiga Jernbanesvit i fem delar som skulle bli färdig först 1985. Där skildras bonden Didrik Mårtenssons kamp för att järnvägen ska dras fram till hans enslingt belägna by i Västerbottens inland i slutet av artonhundratalet, en historia med koloniala drag. I oktober 1978 hade Sven Delblancs teveserie "Hedebyborna" premiär, en rikt skiktad gestaltning av trettiotalets klassamhälle i en mindre stad i Sörmland med klara likheter med Södertälje. Samma år gav också P.O. Enquist – som likt Lidman kom från Sveriges författarvagga Västerbotten – ut en historisk roman om arbetarrörelsens genombrott i Norrland i början av nittonhundratalet. Men *Musikanternas uttåg* var föga heroiserande utan handlade om en olycklig socialdemokratisk agitator med prostatabesvär. Vänsterperspektivet finns i bakgrunden i alla dessa verk. Men det är inte längre ett påträngande budskap, utan en gemensam fond mot vilken människans kamp med sig själv skildras.

Den yngre författargenerationen tog för sin del tydligt avstånd från stora visioner och uppfordrande moralismer. Både Klas Östergren, som 1978 nådde en bredare publik med *Fantomerna*, och Ulf Lundell, som efter det spektakulära genombrottet med *Jack* kom med uppföljarna *Sömnen* (1977) och *Vinter i paradiset* (1979), sympatiserade kanske med vänstern i en allmän bemärkelse. Men deras romaner anknöt mer till det tidiga sextiotalet än till studentrevolten. De präglades inte minst av en stark längtan efter det som varit så frånvarande så länge i svensk kultur: stil. Varken Lundell eller Östergren var några episka berättare, men i gengäld hade de desto mer attityd och gott humör. De skapade egna och mycket underhållande världar fyllda av excentriska figurer, mystiska kvinnor och märkliga miljöer som gjorde tillvaron mer rik och spännande än den varit på länge i svensk litteratur.

Inom populärkulturen innebar punkupproret 1977–1978 en återgång till modsens radikalindividualism. Inspirerade av Sex Pistols gestaltade de svenska punkbanden ett aggressivt totaluppror mot samhället utan några försonande föreställningar om ett framtida socialistiskt lyckorike. Att Henrik Hemsk, sångaren i Grisen Skriker, ville göra upp med "kungahuset, svenssonlivet, värnplikten och en förljugen borgerlighet" låter föga upphetsande i dag. Men deras konserter runtom i Stockholm 1979 var oförutsägbara och maniska happenings som ännu lever kvar i minnet hos deras fans. Den andra stora och långt mer kommersiellt framgångsrika svenska punkgruppen, *Ebba Grön*, framstod som långt farligare än vad den var genom att låna symboler och begrepp från den västtyska terroriströrelsen RAF.

Gruppens namn var hämtat från den insats 1977 då Stockholmspolisen grep ett antal personer som planerat att kidnappa Anna-Greta Leijon för att hon utvisat RAF-terroristerna efter angreppet på den västtyska ambassaden 1975. När ledaren Norbert Kröcher greps skickades kodorden "Ebba Grön" ut i polisradion. Men namnet kunde också tolkas som en anspelning på Sveriges mest framgångsrika popgrupp genom tiderna, ABBA, vars popularitet blivit världsomspännande i slutet av sjuttiotalet. Även om avståndet var stort mellan ABBA:s glansiga discopop och Ebba Gröns furiösa punkrock signalerade båda på sitt sätt den nya individualismens segertåg i Sverige. Medan Thåström predikade det anarkistiska upproret med budskap som "Skjut en snut" förklarade ABBA – vars manliga och kvinnliga medlemmar nu låg i skilsmässa med varandra – att "The Winner Takes It All".

Inom den akademiska världen trängde också individualism och frihet – eller åtminstone antikollektivism – fram som alltmer tydliga ideal, både till höger och vänster. Det var visserligen få om ens några som hade hört själva begreppen "nyliberalism" och "postmodernism" – åtminstone inte i den betydelse de skulle få senare. Men redan under den borgerliga regeringens första år vid makten hade nyliberala och postmoderna tankar presenterat sig tämligen tydligt i den svenska intellektuella debatten. I Stockholms konserthus i december 1976 delades Ekonomipriset till Alfred Nobels minne ut till den amerikanske ekonomen Milton Friedman. Han fick priset för sina ekonomiska teorier: för sitt "bidrag till konsumtionsanalys, till monetär historia och teori jämte hans klarläggande av stabiliseringspolitikens komplexitet", som det hette i motiveringen. Men Friedman var också principiell "libertarian" och menade att individens frihet alltid måste gå före statens väl, inte bara av ekonomiska utan även av etiska skäl. Under åttiotalet skulle hans ekonomiska teorier spela en stor roll i Reagans USA och Thatchers Storbritannien. Men kanske än viktigare var att han inledde återgången till en sträng, klassisk liberalism som såg alla former av statliga ingrepp som skadliga både för ekonomin och för medborgarnas frihet. Poängen var att denna idealism – för att inte säga utopism – hade en näst intill revolutionär potential när det gällde att utmana det socialliberala/socialdemokratiska välfärdssamhället.

År 1977 kom också den första svenska översättningen av den franske utbildningssociologen Pierre Bourdieus verk. Kontinentalfilosofi – allra minst fransk sådan – stod inte högt i kurs i Sverige på sextio- och sjuttiotalen. Något kände man kanske till Claude Lévi-Strauss socialantropologi, och i början av sjuttiotalet hade några av Michel Foucaults tidiga verk getts ut på svenska. Foucault, som bott i Sverige i början av sextiotalet, hade ett ont öga till välfärdsstatens mer subtila förtrycksmekanismer. Han gisslade samhällets normativa makt, dess förmåga att få oss att internalisera de förhärskande värderingarna och stympa vår egen frihet. Bourdieu var på ett likartat sätt inriktad på de mentala strukturernas betydelse. Han förebådade den postmoderna vänsterns uppbrott från föreställningen om att de ekonomiska förhållandena avgör vem som har makten i samhället. Bourdieu hävdade i stället att människors klassposition bestämdes av det han kallade "kulturellt kapital". Det gällde att behärska de styrande sociala koderna i samhället, då kunde man skaffa sig makt och pengar.

*

Den 30 januari 1977 fyllde Olof Palme femtio år. I vanlig ordning ville han inte ha någon extravagant fest. Men femtioårsdagen är en viktig *rite de passage* i Sverige som är svår att undandra sig. Palme fick finna sig i att vara passivt objekt för omgivningens uppvaktning. Dagen hade börjat med frukost för ett femtiotal grannar, därefter hade han och Lisbet hållit mottagning med kaffe och dopp på den socialdemokratiska partiexpeditionen på Sveavägen för hundratals partikamrater som kom med oändliga mängder vaser, skålar och andra prydnadsföremål. Sedan hade det blivit hyllningar i Folkets hus, bland annat från Anker Jørgensen, Trygve Bratteli, Kalevi Sorsa, Willy Brandt och Bruno Kreisky. "Jag gruvade mig mycket för att fylla år", skrev han i efterhand till Hjalmar Mehr.

Palme var nu en medelålders man med två halvvuxna söner. Hans äldste son Joakim var arton år och gick i Norra Latin, ett gammalt läroverk som låg centralt i staden och hade omvandlats till en experimentskola som attraherade barn från intellektuella familjer i hela Stockholmsområdet. Till hösten skulle han göra sin militärtjänst vid tolkskolan i Uppsala. Femtonårige Mårten gick i nionde klass i Vällingbyskolan och skulle även han börja i Norra Latin till hösten. Åttaårige Mattias gick i andra klass i Nälstaskolan, men till skillnad från bröderna som haft gott om lekkamrater i radhusområdet var han hänvisad till barn från villaområdet i närheten, vars föräldrar ibland kunde ha en starkt negativ inställning till namnet Palme. Fritiden präglades av friluftsaktiviteter och idrott. Helgerna tillbringades ofta på Bommersvik där familjen hade tillgång till en liten stuga; man gick i skogen, plockade svamp och umgicks med Tage och Aina Erlander som bodde på den socialdemokratiska kursgården. Olof höll sig också i form genom att springa med sönerna och spela tennis med Harry Schein. Hans klädstil hade inte förbättrats med åren; han kunde uppträda i safarikostymer från Domus och komma till ett möte med LO i toppluva och kostym. Möjligtvis var han något mer intresserad av vad han stoppade i sig, nu kunde det hända att han berättade om god mat han fått när han var ute och reste. Valförlusten bromsade inte upp honom. Lisbet och pojkarna såg inte särskilt mycket mer av honom i radhuset i Vällingby under oppositionsåren än vad de gjort under den tid han varit statsminister. Maktförlusten hade visserligen minskat hans inrikespolitiska börda. Men han vidgade i stället sina internationella åtaganden. Inte minst blev han en drivande kraft inom Socialistinternationalen, en lite sömnig organisation som plötsligt vitaliserades 1976 när han, Willy Brandt och Bruno Kreisky tog kommando. Det var lite slumpmässigt. Palme hade just förlorat valet och Brandt hade gott om tid sedan han två år tidigare avgått som tysk förbundskansler. Men samtidigt hade också den internationella utvecklingen skapat ett nytt utrymme för Socialistinternationalen. Västeuropas kvarvarande diktaturer – Grekland, Spanien och Portugal – var på väg mot demokrati och arbetarrörelserna i dessa länder hade ett starkt behov av stöd utifrån.

Med Brandt som ordförande, Kreisky och Palme som viceordförande och ett förstärkt kansli i London blev nu Socialistinternationalen en betydande aktör på den internationella scenen. Samarbetet med Kreisky och Brandt var stimulerande för Palme, men samtidigt innebar det att hans egen sturska småstatsnationalism tvingades samsas med Willy Brandts västtyska intressen. Det innebar en subtil men inte helt obetydlig förskjutning från den svenska socialdemokratins strävan efter alliansfrihet till den västtyska socialdemokratins önskan om avspänning mellan supermakterna. Men insatserna begränsades inte till Europa, utan triumviratet gjorde också en global uppdelning: Kreisky fick ta hand om Mellanöstern, Brandt Latinamerika och Palme Afrika. Stödet till befrielserörelserna i Angola, Namibia, Zimbabwe och Moçambique skulle på många sätt komma att ersätta Palmes tidigare engagemang i Vietnamkriget. Efter hand blev dock Sydafrika hans överskuggande intresse och relationerna med ANC och framför allt Oliver Tambo allt intensivare. Tambo var tillsammans med Nelson Mandela en av de främsta ANC-ledarna och verkade från London under apartheidtiden. Om han ringde och behövde hjälp

Nils G. Åsling, Karin Söder, Thorbjörn Fälldin, Ola Ullsten, Gösta Bohman, Rolf Wirtén, Staffan Burenstam Linder, Britt Mogård och (under bordet) Ulf Adelsohn.

Enligt Palme hade den socialdemokratiska regeringen lämnat ett "dukat bord" efter valförlusten 1976. Fyra år senare menade *Aftonbladets* karikatyrtecknare Ewert Karlsson (EWK) att den borgerliga regeringen hade länsat faten ordentligt.

Moderaternas partiledare Gösta Bohman (höger) skojar till det i teves partiledardebatt inför valet 1973. Han och Palme hade hårda konflikter men det fanns en ömsesidig respekt. Centerledaren Thorbjörn Fälldin (vänster) hade Palme svårt att förstå sig på medan han kom väl överens med Folkpartiets Gunnar Helén (mitten).

Sjuttiotalet var en gynnsam tid för Sverige att agera på den internationella arenan. Sommaren 1975 besökte Palme Cuba som första västliga regeringschef. Tillsammans med Österrikes Bruno Kreisky (mitten) och Västtysklands Willy Brandt (till höger), som båda varit flyktingar i Skandinavien under andra världskriget, bildade Palme ett inflytelserikt triumvirat i världspolitiken.

Astrid Lindgren, här vid inspelningen av *Bröderna Lejonhjärta*, sympatiserade med socialdemokraterna men riktade 1976 svidande kritik mot det svenska skattesystemet. Samtidigt utsattes Ingmar Bergman för övergrepp av skattemyndigheterna och gick i landsflykt. Bara några år tidigare hade han gjort succé med teveserien *Scener ur ett äktenskap* med Liv Ullman och Erland Josephson.

Författaren Jan Myrdal var djupt kritisk mot Palme och dennes vän Harry Schein, som syns i bakgrunden vid presskonferensen vid visningen av den kontroversiella filmen *Rekordåren* 1969. Men Palme hade internationell "star quality", här i Wien 1971 i umgänge med den franske politikern och journalisten Jean Jacques Servan-Schreiber och den svenska skådespelerskan Ulla Jacobsson.

"Äntligen, äntligen, äntligen!" utropade *Expressen* när Palme packade ihop sina saker på sitt tjänsterum efter valet 1976. Men rekordåren var slut och den nya borgerliga regeringen fick hantera den svåra strukturkris som drabbade hela västvärlden under andra hälften av sjuttiotalet.

Första maj 1977. Palme hade svårt för den monumentala nyklassicism som präglade arkitekturen på Götaplatsen i Göteborg. Men det var också här han alltid avslutade sina intensiva valturnéer innan han återvände till Stockholm för att invänta väljarnas dom.

År 1980 blev Palme utsedd av FN att medla i kriget mellan Iran och Irak, vilket många bedömde som en hopplös uppgift. Reaktorolyckan i Harrisburg våren 1979 ledde till att Palme gick med på kravet att hålla en folkomröstning om kärnkraftens framtid i Sverige. Den första och enda bevisade sovjetiska ubåten på svenskt territorialvatten gick på grund vid Blekingekusten hösten 1981.

Vid 55 års ålder var Palme en veteran i både svensk och internationell politik. Han hade rört sig i den svenska politikens innersta kretsar sedan mitten av femtiotalet och träffat Churchill och Chrusjtjov, begravt president Kennedy och bråkat med Nixon och Kissinger. Han höll sig i form genom tennis och löpning, här i Sollefteå under valrörelsen 1982.

Socialdemokraterna seglade i medvind inför valet 1982. Efter sex år av ekonomisk nedgång och regeringskriser var de borgerliga partierna förbrukade. Men den socialdemokratiska partiledningen insåg också att det var nödvändigt med en stram ekonomisk politik för att få Sverige på fötter.

En lycklig Olof Palme uppvaktas av media efter den socialdemokratiska valsegern 1982, ett val som man vann genom att anspela på Per Albin Hanssons framgångsrika krispolitik på trettiotalet. Men den tyske författaren Hans Magnus Enzensberger menade att Palme var "alltför rörlig, alltför storstadsmässig" för att kunna axla rollen som landsfader.

Den 4 oktober 1983 demonstrerade 75 000 människor mot förslaget att inrätta löntagarfonder, bland dem den nye Moderatledaren Ulf Adelsohn, Folkpartiets nya stjärnskott Bengt Westerberg, Thorbjörn Fälldin samt även Olof Palmes bror Claës, som skymtar till höger bakom Adelsohn. Palme och hans finansminister Kjell-Olof Feldt, som hade ett bra samarbete, blev ordentlig osams efter att den senare publicerat en intervjubok utan att konsultera Palme.

Socialdemokraterna vann även "systemskiftesvalet" 1985. Men Palme var trött och sliten. Framför allt hade den plågsamma Harvardaffären, som också involverat hans äldste son Joakim, tagit hårt. Under de senaste valrörelserna hade Lisbet spelat en allt mer aktiv roll, men hon var också bekymrad över makens hårda arbetsbelastning och de allt fränare personliga angreppen på honom.

Flera veckor efter att Olof Palme mördats på Sveavägen i Stockholm trängdes människor på mordplatsen för att lägga blommor och uttrycka sin sorg. Men efter hand växte frustrationen över polisens oförmåga att gripa mördaren. Den misslyckade mordutredningen skapade ett nationellt trauma som länge skulle skymma sikten för Palmes politiska gärning.

Ingvar Carlsson hade följt Olof Palme i spåren sedan början av sextiotalet: studerat i USA, efterträtt honom som utbildningsminister 1969 och sannolikt stått honom närmare än de flesta av hans medarbetare. Nu efterträdde han sin vän som statsminister och fick ta över ett land som var förlamat av sorg.

Stockholms stad har en tradition av att vara kallsinnig mot förslag att byta namn på gator för att hedra kända personer. Men redan i april 1986 förvandlades Tunnelgatan, en av de gator som korsar mordplatsen, till Olof Palmes gata.

var Palme beredd att släppa det mesta av det han hade för händer. I november 1977 fick Palme ytterligare ett erkännande för sina internationella insatser när han tilldelades ett nyinstiftat fredspris vid Stanforduniversitetet i Kalifornien.

Att befinna sig i opposition minskade också det mediala trycket. Men han var fortfarande Olof Palme, ledare för Sveriges största parti och före detta statsminister, vilket gjorde honom till ett ständigt intressant medialt objekt. I maj 1977, när den amerikanska artisten och skådespelerskan Shirley MacLaine gästade Stockholm, blev han inbjuden till teveprogrammet "Kvällsöppet" för att diskutera svensk politik med henne. De kände varandra sedan de träffats i New York i början av sjuttiotalet. Den fyrtiotvååriga skådespelerskan, som hade fått sitt genombrott i Hitchcockfilmen *Ugglor i mossen* 1955 och nominerats till en Oscar för sin insats i Billy Wilder-filmen *Irma La Douce* 1963, var passionerat intresserad av politik. Hon hoppades på en social revolution i USA och ansåg att de skandinaviska välfärdsstaterna var en förebild för världen. År 1972 hade hon arbetat för den demokratiske presidentkandidaten George McGoverns misslyckade presidentvalskampanj. Ett av hans problem, menade MacLaine, var hans brist på karisma. Kanske var det därför hon blev så fascinerad av Olof Palme. Hon påstod senare att de haft en affär, men hon trodde också att han var en inkarnation av Karl den store och samtalade med hans astralkropp efter hans död.

Palme umgicks utan tvivel med MacLaine, vilket inte minst framgår av en av hennes självbiografiska böcker. I den förekommer en brittisk politiker vid namn Gerry som har lånat en del tydliga drag av Olof Palme, inte minst fotarbetet när han står i talarstolen. Det kanske mest intressanta i boken är ett samtal mellan Gerry och MacLaine om likheterna mellan politik och teater; det liknar i viss mån Palmes samtal med Bergman julen 1975. Men också en rad andra politiker pekades ut som förebild för MacLaines fiktive älskare, bland andra den brittiske Labourpolitikern Michael Foot och den australiensiske före detta utrikesministern Andrew Peacock. Själv förnekade Palme någon förbindelse: "Det faktum att man uppträder en gång i samma teveprogram och sedan träffas ytterligare någon gång i livet innebär inte att man haft en affär..." En person som däremot gärna skulle haft en historia med MacLaine var Palmes vän Harry Schein, som i början av åttiotalet skrev en förälskad hyllning till den amerikanska skådespelerskan. I *Dagens Nyheter* skildrade han en lunch i Cannes med MacLaine: "Hon... var charmfull, älskvärd, rolig och snabb i repliken. Jag försökte också vara charmfull, älskvärd, rolig och snabb i repliken, ville väl göra intryck, men kände mig klumpig."

I november 1977 hamnade Palme återigen i det mediala rampljuset. Våren 1976 hade polisen slagit till mot Doris Hopp, en kvinna som drev bordellverksamhet i olika lägenheter på Östermalm. De prostituerade som arbetade för henne hade i polisförhör pekat ut höga politiker och tjänstemän som sina kunder. Men det blev inte någon större medial uppmärksamhet. Var detta en Profumoskandal, frågade *Lektyr*, en halvpornografisk veckotidning: "Nej, vi ska kanske inte sträcka oss så långt som till en skandal på statsrådsnivå", hade polisen sagt i maj. Men av en händelse hade IB-avslöjaren Peter Bratt, som sedan några år tillbaka arbetade på *Dagens Nyheter*, fått reda på att den tidigare justitieministern Lennart Geijer var misstänkt för att ha haft sexuella förbindelser med kvinnor som arbetade för Hopp. Enligt Bratts källa hade rikspolischefen Carl Persson vidarebefordrat dessa uppgifter till Olof Palme i en hemligstämplad promemoria. Bratt insåg att han hade ett jättescoop. Historien publicerades stort uppslaget den 17 november.

Nästa dag kom en kraftfull dementi från Palme som bestämt förnekade att Persson på något sätt pekat ut Geijer som en säkerhetsrisk: "Det är... en osanning. Carl Persson har aldrig gjort något sådant påstående, eller ens en antydan därom." Såväl tidningsledningen som Peter Bratt var övertygade om att Palme talade sanning och bad följande dag om ursäkt på *Dagens Nyheters* förstasida. Det fanns onekligen en rad missförstånd och sakfel i artikeln. Mest förvirrande var att *Dagens Nyheter* blandade ihop olika handlingar och gav felaktiga årtal. Men i efterhand har det visat sig att Bratts uppgifter om Perssons promemoria i stort sett var korrekta. Geijer var nämnd och det faktum att hans namn fanns med måste anses utgöra en "antydan" om att han var en säkerhetsrisk. Varför dementerade då Palme så kategoriskt Bratts anklagelser? En förklaring som ofta förts fram är att Palme ville hämnas på Bratt för IB-affären och nu såg chansen att skada såväl honom som Bonniertidningen *Dagens Nyheter* allvarligt.

Palme kunde onekligen vara långsint. Men frågan är om han verkligen skulle ha satt så mycket på spel bara för att hämnas på en enskild journalist. Det verkar mer troligt att han ansåg att han hade en plikt att skydda en före detta underordnad. Geijer var det första statsråd som Palme hade utsett när han efterträdde Tage Erlander 1969, och denne hade dessutom varit utsatt för hård kritik på grund av sin liberala syn på kriminalpolitik. I dag kan det verka obegripligt – och moraliskt förkastligt – att Palme var beredd att skydda en justitieminister som med största sannolikhet haft förbindelser med prostituerade. Men 1977 levde ännu en viss sexliberalism kvar. *Dagens Nyheter* skrev som om Geijers förhållande till de prostituerade var tämligen moraliskt betydelselöst, och det enda avgörande var frågan om Carl Persson pekat ut honom som en säkerhetsrisk. Men för de flesta läsare var nyheten att justitieministern gick på bordell och inte det faktum att han riskerade att träffa på polska spioner där. Palme såg en parallell till rättsskandalerna på femtiotalet, då anklagelser om homosexualitet tvingat juristen Nils Quensel att avgå som konsultativt statsråd. I det perspektivet kunde endast en kraftfull dementi få slut på historien, allt annat skulle inbjuda till mer grävande. Tidsandan höll dock på att ömsa skinn. Något år senare krävde den folkpartistiska riksdagsledamoten Bonnie Bernström att bordellaffären skulle granskas – inte på grund av eventuella säkerhetsrisker, utan därför att det handlade om ledande politikers kvinnosyn. "Därför", skrev hon i en artikel i *Aftonbladet*, "kan aldrig en politikers kontakter med prostituerade ha med privatlivet att göra – det är politiskt viktig information." Vilket var att ställa kyrkan mitt i byn.

*

Den fråga som Palme grubblade mest över under sina första oppositionsår var löntagarfonderna. "Nu har jag äntligen kommit så långt att jag börjar gå omkring och gruva mig och grunna över löntagarfonder på fullaste allvar", hade han skrivit i det tidigare nämnda brevet till Mehr efter sin femtioårsdag. Så gott som alla vittnesmål från hans närmaste omgivning är samstämmiga: Palme trodde inte på löntagarfonderna. Han frågade sin betrodde rådgivare Thage G. Peterson vad som skulle hända om partiordföranden gick emot sitt parti. Vid ett tillfälle på våren 1978 fick han den verklighetsfrämmande idén att LO skulle kunna ge upp löntagarfonderna om regeringen i stället införde det västtyska systemet med lagstadgad femtioprocentig facklig representation i företagsstyrelserna.

Men LO-folket var helt kallsinnigt. Märkligt nog förstod inte Palme att hans förslag blivit avvisat. På vägen ner i hissen i LO-borgen hade han till Rudolf Meidners förvåning uttryckt sin glädje över fackföreningsrörelsens positiva intresse: "Tänk att det gick att få LO-ledningen med på det här." De andra i hissen hade enligt Meidner inte hjärta att säga emot honom: "Palme hade missförstått alltsammans. Han förstod inte LO-folkets sätt att uttrycka sig." Över huvud taget var kritiken mot Palmes idé förödande både inom partiet och från LO. Till slut kapitulerade han och ställde sig mer eller mindre helhjärtat bakom LO:s förslag. "Vi skall genomföra löntagarfonder", förklarade han bestämt på den socialdemokratiska partikongressen hösten 1978. Nu signalerande han inte längre olust och tvekan, det verkade som om han verkligen trodde på fonderna: "en konstruktiv lösning på frågan om löntagarfonder är helt avgörande för en gynnsam ekonomisk och social utveckling i Sverige under 1980- och 1990-talen". Däremot var han svävande när det gällde deras exakta utformning. Han tonade ner makt- och ägarfrågorna och lyfte fram fondernas betydelse för att generera kapital till svensk industri. Det skulle gå "många varv på separatorn" innan fonderna genomfördes, som Gunnar Sträng uttryckte det.

En partiledare måste ibland anpassa sig efter opinionen. De flesta politiker kan känna igen sig i historien om den romerske fältherren som sprang förbi sina vilt flyende soldater för att visa att det var en organiserad reträtt under hans ledning. Under sin karriär hade Palme visat att han både kunde leda och följa opinionen. Som novis i politiken hade han varit skeptisk mot ATP men sedan kommit att inse dess potential. I Vietnamfrågan hade han gått före och fattat djärva beslut. När det gällde den svenska EEC-anslutningen hade han accepterat att opinionsläget var emot honom både inom och utanför partiet. Hans bedömning då, som förmodligen var helt korrekt, var att han inte kunde vinna över partiet till en EEC-positiv hållning. Men nu hade han sannolikt väljarna på sin sida. Fondförslaget riskerade att bli en bumerang för arbetarrörelsen. Borde inte en taktisk analys – hederlig opportunism – leda fram till slutsatsen att skrota fonderna? När LO:s informationschef stolt berättade att man skulle satsa en hel miljon på information kring löntagarfonderna, hade Sten Andersson elakt undrat om man inte funderat på hur mycket Wallenberg, Bonnier "och de andra småpojkarna" skulle lägga på en motkampanj. Och om man som Palme dessutom tyckte att själva den bakomliggande idén var dålig – var det då inte en moralisk plikt att försöka stoppa fonderna?

Det är uppenbart att Palme funderade i dessa banor. Men till slut valde han att inte utmana LO. En möjlig förklaring är att nerverna för en gångs skull svek honom. Han bottnade inte tillräckligt i själva sakfrågan för att våga ta en strid med fackföreningsrörelsen. I en sådan konflikt skulle hans klassbakgrund, hans totala brist på erfarenhet av vanligt svenskt arbetsliv, direkt komma i dagen. Även om ingen nämnde det öppet skulle det vara lika uppenbart som om det stod en skär elefant mitt i rummet. Detta var den interna konflikt han inte kunde ta – och ingen av hans rådgivare eller närmaste medarbetare trädde heller fram och uppmuntrande honom att ta den. Han var när det kom till kritan ensam, vilket kanske förklarar en del av hans märkliga utspel. Löntagarfonderna väckte uppenbar olust i partiledningen, men det verkar inte som om någon av Palmes rådgivare hade modet att öppet ta ställning mot dem. Thage G. Peterson gisslade sig själv i efterhand: "Om inte LO hade varit så stelbent! Om vi i partiledningen inte varit så rädda och fega!" Det säger en del om Palmes ställning som partiledare. Socialdemokraterna var beroende av hans magiska förmåga att se de stora linjerna och staka ut kursen, att kombinera "aspekterna framåt och bakåt i tiden på ett för alla uppfordrande sätt", som Sven Aspling en gång uttryckt det. I viss mån var Palme offer för sin egen ledarstil.

Till slut hade han sannolikt gjort en iskall taktisk bedömning.

Även om han betvingade LO skulle det bli svårt att stoppa tillbaka löntagarfonderna i Meidners skrivbordslåda. En hård inre kamp riskerade snarare att bekräfta att fonderna var samhällsfarliga och stöta bort många väljare. Även om hans egen radikalism var annorlunda beskaffad än Meidners var ändå risken stor att de skulle flyta samman i väljarnas ögon. Bättre då att djärvt ta den ideologiska striden och rädda arbetarrörelsens stridsmoral – och samtidigt vattna ur fonderna i en långsam förhandlingsprocess. Det visade sig också vara en framgångsrik strategi.

*

Men fonderna hade även sitt politiska pris. Sedda ur det svenska näringslivets synvinkel utgjorde de kulmen på en aggressiv socialistisk offensiv. I dag, med facit i hand, framstår kanske inte denna attack på marknadsekonomin som så skräckinjagande. Men arbetarrörelsen hade sedan sextiotalet gradvis avlägsnat sig från den svenska modell som skapats på trettiotalet. I stället för att lita till frivilliga överenskommelser mellan parterna hade regeringen övergått till att stifta lagar om anställningsvillkor, medbestämmande och andra maktrelationer på arbetsplatserna. Staten, menade arbetsgivarna, var inte längre neutral utan använde sin makt till att gynna en av parterna, fackföreningsrörelsen. Risken tycktes överhängande att arbetarrörelsen skulle gå vidare i tangentens riktning och socialisera det svenska näringslivet.

Palmes relationer till de svenska kapitalisterna var komplicerade. Familjerna Palme och Wallenberg hade varit sammanvävda i samarbete och konkurrens sedan mitten av artonhundratalet. Volvochefen Pehr G. Gyllenhammar, som stod Folkpartiet nära, hade beundrat Palme intensivt på sextio- och sjuttiotalen. De hade umgåtts en del och besökt jazzklubbar i Gamla stan i Stockholm tillsammans. Men ingen var så kär i den unge socialdemokratiske statsministern som Tore Browaldh. Denne filosofiskt lagde och litterärt intresserade bankman såg det som en av sina livsuppgifter att skapa goda relationer mellan Palme och det svenska näringslivet. "Palme", skrev han när denne blev statsminister, "är en person man måste beundra för hans kunnande och

jag har uppfattat honom som en personligen starkt engagerad människa." Browaldh var inställd på att Palmes ekonomiska politik skulle bli radikalare än Erlanders men oroade sig inte särskilt mycket. Det skulle inte bli det kaos "som somliga gör gällande".
Dessa mäktiga finansfurstar var också tillräckligt självsäkra för att inte oroas av Palmes personlighet. Allmänt sett var direktörer och bankmän, särskilt om de inte var fullt lika framgångsrika som Gyllenhammar och Browaldh, ytterst misstänksamma mot Palme. Vid ett tillfälle när han talade vid en SAF-kongress blev han utbuad av den kostymklädda publiken. Delvis berodde det på att de inte förstod hur han tänkte. Efter ett mer intimt möte med några direktörer spreds ryktet att Palme hade blivit vulgär och dragit osmakliga historier. I själva verket hade han försökt avväpna direktörernas utläggningar om att nivelleringen och jämlikheten gått alldeles för långt med en klassisk anekdot om drottning Victorias bröllopsnatt: "Är det så här för vanligt folk också?", frågar drottningen prins Albert på morgonen och när han bekräftar det utbrister hon: "Det är för bra för vanligt folk!"
Men denna misstro kanske hade gått att reparera om inte löntagarfonderna varit. En känsla av maktlöshet spred sig inom arbetsgivareföreningen. Många delade den uppfattning som forskaren Carl Johan Westholm, som stod SAF nära, gav uttryck för några år senare:

> Marknadsekonomins stora brist är att den inte automatiskt försvarar sig själv. Det centralplanerade samhällets styrka är att hela dess beslutsapparat för vardagliga problem systematiskt och oavbrutet försvarar och bygger ut den centrala planeringen och dess ideologi.

Resonemanget haltar betydligt. Marknadsekonomin försvarar ju sig själv inte minst genom ett ständigt reklamflöde som informerar oss om vilka möjligheter den erbjuder. Men poängen är att näringslivet uppfattade sig självt som svagt och utsatt. För att återta initiativet i offentligheten satsades nu stora summor på marknadsvänlig och antisocialistisk opinionsbildning. År 1977 gick SAF ut i en stor landsomfattande kampanj med det aningen lama temat

"Fri företagsamhet – bra för Sverige". Två år senare hade reklammakarna finslipat budskapet till "Satsa på dig själv", en enormt framgångsrik propagandakampanj med inhyrda kändisar. Att bekämpa löntagarfonderna blev en huvuduppgift – det gällde att "den enskilda människan blir rädd för den utveckling som LO/SAP-förslaget leder till". Curt Nicolin, som tagit över som arbetsgivareföreningens ordförande 1976, menade att det var nödvändigt att bedriva vad han kallade "systemförsvar" för marknadsekonomin. Nu anställde SAF informatörer och forskare, utvidgade skolinformationen och byggde upp en egen förlagsverksamhet. År 1978 grundades tankesmedjan Timbro med uppgiften att kritiskt granska vänstern och den svenska välfärdsstaten – vilket tydligt skulle märkas på åttiotalet.

*

Om Palme hade sina problem hade Fälldin det än värre. Under vintern 1977 slog den ekonomiska krisen till på allvar med konkurser, en första devalvering och momshöjning. Trots att den nya regeringen knappast delade ut mindre industristöd än vad en socialdemokratisk skulle ha gjort under motsvarande omständigheter framstod den ändå som mer hjärtlös. Bland annat fick man hård kritik för att man inte utövade påtryckningar för att hindra L.M. Ericsson från att lägga ner en fabrik i Blekinge som finansierats av den statliga investeringsfonden. När Per Ahlmark i sin egenskap av arbetsmarknadsminister besökte Olofström och enligt *Aftonbladet* avslutade med att hurtigt önska L.M.-arbetarna "Lycka till!" blev det stora rubriker och anklagelser om cynism.

I början av 1978 gick Fälldin i däck och började tala om att avgå. Den utlösande faktorn var att *Aftonbladets* söndagsbilaga publicerat en elak satir. Den var inte helt olik de angrepp som förekommit på Palme kring 1971: Centerns partiledning har placerat sin vansinnige statsminister på ett privat sinnessjukhus där han får lugnande sprutor. Men Fälldin tog mycket illa vid sig. Mot allt förnuft bestämde han sig för stämma kvällstidningen. Han hade inte samma stryktålighet som Palme som i decennier utsatts för liknande angrepp. Samtidigt hade den ettrige men inte särskilt maktlystne Folkpartiledaren Per Ahlmark bestämt sig för att avgå efter bara två år som partiledare. Han efterträddes av Ola Ullsten, en lite grå vänsterliberal. Turbulensen kring regeringen gynnade Socialdemokraterna. Opinionssiffrorna klättrade uppåt. Hösten 1978 hade Palme ett stöd på över femtio procent.

Då, mindre än ett år före valet, kollapsade den borgerliga koalitionen. Den 5 oktober avgick Fälldin efter ett par veckors intensiv oenighet om kärnkraften. Spelet var oändligt komplicerat och skar genom politik, teknik och geologi (frågan om slutförvaring av reaktoravfall i den svenska berggrunden) men ytterst handlade det om att Fälldin – som två år tidigare gått med på att ladda Barsebäck – nu vägrade att starta den första reaktorn i Forsmark. Därmed hamnade Socialdemokraterna i en delikat position. Det fanns i princip två tänkbara alternativ: nyval eller en folkpartistisk minoritetsregering (vilket var den enda form av borgerlig regering som Socialdemokraterna ens kunde överväga). Mot krav på nyval fanns två argument. För det första ansåg LO att det ekonomiska läget krävde stabilitet och en fungerande regering. För det andra skulle förmodligen ett krav på nyval ena de trätande borgerliga partierna eftersom Socialdemokraterna hade rekordhöga opinionssiffror. Men många i partiets ledning och den socialdemokratiska riksdagsgruppen var motvilliga mot att kratsa borgerlighetens kastanjer ur elden. Om det skulle bli en folkpartistisk regering borde de borgerliga åtminstone få svettas lite. Sten Andersson menade att det var nödvändigt att skapa dramatik genom att tvinga de borgerliga partierna att blockera ett nyval i en riksdagsomröstning. Först när det var uppenbart för väljarna att de borgerliga inte vågade släppa fram Palme skulle man nådigt acceptera ett liberalt minoritetsstyre.

Det var förmodligen den smartaste taktiken. Men redan under våren hade Ola Ullsten diskret sonderat Palmes inställning till en eventuell folkpartistisk minoritetsregering. De två partiledarna kom bra överens. Palme betraktade Ullsten som en pålitlig vänsterliberal till skillnad från den förre folkpartistiske partiledaren Per Ahlmark. Det var på många sätt en tillfällighet att Ullsten, som kom från relativt enkla omständigheter, blivit folkpartist och inte socialdemokrat. Kontakterna hade skötts av hans partikollega Carl Tham – som senare blev socialdemokrat – och den socialdemokratiske Stockholmspolitikern Hjalmar Mehr. Ritualerna var komplicerade eftersom varken Ullsten eller Palme ville försätta sig i underläge genom att ta tydliga egna initiativ. Men under en rad luncher på hotell Amaranten och Operagrillen förklarade Mehr att Socialdemokraterna kunde tänka sig att inte rösta emot en Folkpartiregering under en ovillkorlig förutsättning: att Moderaterna inte ingick. För Palme var detta en historisk möjlighet att dels slå in en kil mellan Moderaterna och Folkpartiet, dels skapa en framtida möjlighet för den socialdemokratiska-liberala koalition han ansåg vara nödvändig för att få ett stabilt regeringsunderlag. Kvällen innan den socialdemokratiska riksdagsgruppen skulle ta ställning hade Ullsten och Palme träffats över en whisky och soda hos Gunnar Helén, som nu var landshövding i Stockholm och bodde i Tessinska palatset nära slottet i Gamla stan. Palme ansåg att han tog en "djävla risk" genom att förhandla med Ullsten. Inom partiet var han misstrodd både för sin bristande entusiasm för löntagarfonderna och för sitt "kuckel med Folkpartiet". Socialdemokraterna skulle förlora ett par procentenheter i valet 1979, menade Palme, men var beredd att acceptera detta för att undvika parlamentariskt kaos. Han ville göra klart vilken tacksamhetsskuld Ullsten skulle känna inför hans uppoffring – och att det skulle komma en dag då denna skuld måste regleras.

Trots motståndet i den socialdemokratiska riksdagsgruppen fick Palme igenom sin linje. Han fick lojalt stöd av Sträng som betonade att det inte handlade om att flörta med liberalerna: "Det är inte av någon hjärtnupenhet med Folkpartiet som vi gör så här. Låt dem regera ihjäl sig." Men det var precis vad det handlade om. Palme ville göra en strategisk investering för framtiden – precis som Erlander på femtiotalet delvis gjort Socialdemokraterna immuna mot mindre väljartapp genom att bilda en koalitionsregering med Bondeförbundet. Den 12 oktober 1978 diskuterade den socialdemokratiska riksdagsgruppen i sju timmar hur man skulle agera. Till slut enades man om att lägga ner sina röster och släppa fram en folkpartistisk regering. Fram mot kvällen ringde Palme till en otålig Ullsten och sade: "Ja, nu är det klart. Nu får du bli statsminister." Röstsiffrorna i riksdagen blev på sätt och vis bisarra. Endast 39 riksdagsledamöter röstade ja till den nya regeringen, 66 röstade emot och de övriga lade antingen ner sina röster eller var frånvarande. Men eftersom den svenska grundlagen krävde att en majoritet av alla riksdagsmän skulle vara emot ett förslag godkändes alltså Ullsten som statsminister.

Reaktionen blev mycket negativ inom arbetarrörelsen, särskilt utanför Stockholm. Palme och partiledningen fick stark kritik för att man lagt ner sina röster och därmed banat väg för den folkpartistiska regeringen. Sten Andersson hade haft rätt. Även om utgången sannolikt hade blivit densamma borde Socialdemokraterna ha knuffats och stökat i stället för att artigt öppna dörren för Ullsten. Det blev Palmes största förtroendekris inom partiet. På en del håll, om än tämligen marginella, restes krav på hans avgång. Under vintern rasade partiet i opinionsmätningarna, först tre procent i februari och sedan ytterligare ett stort ras i mars. Den kommande segern i höstens val såg inte längre lika given ut. Palme började ångra sitt statsmannalika försök att bygga en stabil liberal-socialdemokratisk allians för framtiden.

Palmes två interna nederlag under 1978 – löntagarfonderna och missnöjet med Folkpartiuppgörelsen – var en tydlig påminnelse om att hur stark hans ställning än var som partiledare så var partiet starkare. Under hela sin karriär hade han med framgång kombinerat rollen som lagspelare och soloartist: hans individualitet hade gynnat kollektivet, men han hade också själv närts av kollektivet och den starka organisationen. Nu hade både fackföreningsrörelsen och partiet spänt musklerna och visat sin partiordförande var skåpet skulle stå – och han hade varit tvungen att finna sig. Palme var om något uthållig som politiker. Han drog lärdom av nederlagen och blev mer följsam mot den interna opinionen, en strategi som skulle leda honom och Socialdemokraterna till nya framgångar på åttiotalet. Men också göra honom mindre originell som politiker.

*

Våren 1979 fick dock ett annat av Palmes stora problem inför valrörelsen en överraskande snabb lösning. Den 27 mars hade det uppstått ett fel på en av reaktorerna i kärnkraftverket Three Mile

Island utanför staden Harrisburg i den amerikanska delstaten Pennsylvania. Först verkade det som om teknikerna hade allt under kontroll, men fredagen den 30 mars inträffade ett radioaktivt gasutsläpp och myndigheterna uppgav att det fanns risk för härdsmälta. Bilder av människor som flydde i panik – och människor som blev kvarlämnade – spreds nu över hela världen.

Bilderna nådde även familjen Palme som hade fredagskväll framför teven i Vällingby. Som de flesta andra svenskar blev hela familjen djupt tagen av katastrofen. De satt uppe länge och diskuterade. Lisbet menade att detta visade att kärnkraften inte var pålitlig. För Olof var det inte lika lätt. Under många år hade han litat på de experter som försäkrat honom om att sannolikheten för en kärnkraftsolycka var obefintlig. Men nu hade det osannolika till slut inträffat. På lördagen hade han fattat sitt beslut: att Socialdemokraterna skulle föreslå en folkomröstning i kärnkraftsfrågan. Efter intensivt telefonerande med Thage G. Peterson spreds budskapet inom arbetarrörelsens högsta ledning. På söndag eftermiddag besökte han Bommersvik och fick Erlanders välsignelse. På tisdagen – nu var det den 3 april – ställde sig verkställande utskottet bakom kravet på folkomröstning. Följande morgon anslöt den socialdemokratiska riksdagsgruppen och partistyrelsen. Gunnar Sträng och några andra ville skjuta på beslutet tills man närmare visste vad som hänt i Harrisburg. Men Palme var bestämd. Valrörelsen skulle snart dra i gång och om Socialdemokraterna gick och väntade på olika utredningar skulle det bli svårt att hålla ihop partiet i kärnkraftsfrågan. En folkomröstning skulle rensa bordet så att "andra frågor har en chans att nå ut".

När Palme agerade på det här resoluta sättet brukade hans moraliska övertygelse och taktiska bedömningar vara samstämda. Å ena sidan var han verkligen påverkad av katastrofen och inte minst Lisbets och andra närstående personers argument. Å andra sidan hade han snabbt insett att här fanns ett gyllene tillfälle att bli av med en fråga som hotade partiets sammanhållning i den kommande valrörelsen. Som han själv uttryckt det i ett annat sammanhang: "En dramatisk situation är ofta förutsättningen för att vi som människor och som kollektiv ska förmås till handling." Med folkomröstningsförslaget återtog Socialdemokraterna det politiska initiativet i kärnkraftfrågan. De andra partierna, även Moderaterna, följde snabbt efter och onsdagen den 3 april enades riksdagen om ett principbeslut om att föra ut kärnkraften på folkomröstning. Det snabba tempot i förloppet – uppdrivet av Palme – ledde till att dagen gick till historien som "den galna onsdagen". Därmed var en stor och komplicerad fråga avförd från höstens riksdagsval.

16. Återkomsten

*Framgång är förmågan att gå från den ena katastrofen
till den andra utan att tappa entusiasmen.*

WINSTON CHURCHILL

*Det är som med de åldriga grenadjärerna i Heines
dikt. När hästarna gnäggar och kanonerna mullrar
är det dags att stå upp och gå ut i fält.*

OLOF PALME

TVÅ DAGAR FÖRE RIKSDAGSVALET 1979, den 14 september, befann sig Palme på SSU:s kursgård Bommersvik i Sörmland, någon timmes resa från Stockholm. På kvällen skulle han medverka i den stora partiledardebatten i teve. Men nu passade han på att ta en promenad i det ruggiga septembervädret. Precis när han var på väg ut över Bommersviks gårdsplan träffade han journalisten Dieter Strand som frågade om han ville ha sällskap. "Du kan följa med en bit", svarade Palme. Medan de gick i blåsten längs sjön Yngern började Palme, som var klädd i en fritidsdress i jeanstyg, berätta om sina känslor under valrörelsens sista vecka. Hur han hade svårt att sova och tog sömntabletter. Hur han gång på gång vaknade mitt i natten med övertygelsen att Socialdemokraterna skulle förlora valet. Hur han och Lisbet försökte analysera denna oro: var det nerver eller någon djupare intuition? Och så avslutade han med att säga att om valet blev jämnt kunde de borgerliga lika gärna få vinna det med tanke på det ekonomiska läget. Den kommande folkomröstningen om kärnkraften skulle leda till att det blev nyval och då skulle Socialdemokraterna komma igen: "Då tar vi dom!" utbrast han.

Det var sensationellt. Under hela valrörelsen hade det spekulerats vilt om att Palme skulle avgå om han förlorade, att det var "vinna eller försvinna" som gällde för den femtiotvåårige socialdemokratiske partiledaren. I mitten av augusti hade *Dagens Nyheter* haft rubriken "Palme avgår om det blir valförlust". Även om det var ett hopkok på en förflugen kommentar av Sten Andersson speglade det en övertygelse som fanns långt in i socialdemokratins innersta kretsar. Palmes talskrivare Kjell Larsson – som ersatt Anders Ferm som adjutant under valkampanjerna – hade bara någon vecka tidigare anförtrott Strand att han trodde att hans chef skulle sluta vid ett nederlag. En sen natt i Norrköping utanför en hotellbar fylld av moderata ungdomar hade Strand pressat Larsson om vad som skulle hända om Socialdemokraterna förlorade. Till slut hade talskrivaren sagt: "Då kommer Olof att omedelbart ställa sin plats till förfogande." Och nu deklarerade Palme öppet att han tänkte sitta kvar oavsett hur det än gick.

Under normala omständigheter skulle Strand omedelbart ha ringt till *Aftonbladet* och meddelat att han hade en förstasidesnyhet. Men han hade ingått ett avtal med Palme vid valrörelsens början. Han skulle få fri tillgång till den socialdemokratiske partiledaren och alla interna möten under kampanjen på villkor att han inte publicerade något förrän efter valet. Det var en variant av en vanligt förekommande uppgörelse mellan politiker och journalister. På Gösta Bohmans turnébuss gällde regeln att Moderatledaren öppet besvarade alla typer av frågor på villkor att tidningsmännen i förväg varnade om det rörde sig om en intervju med direkta citat.

Men Dieter Strand var samtidigt en ovanlig svensk journalist. Dels därför att han var en särpräglad stilistisk begåvning, dels därför att han hyste ovanligt starka känslor – för att inte säga kärlek – till föremålet för sin journalistiska bevakning. Likt Palme hade Strand, som var född 1936, en förankring i tysk kultur på moderns sida. Han hade kommit till Sverige först vid sju års ålder. Under studietiden i Lund på femtiotalet hade han blivit socialdemokrat. Efter hand hade han hamnat på *Aftonbladet* som politisk reporter. Starkt påverkad av den litterärt drivna amerikanska journalistiken – Norman Mailer, Jimmy Breslin, Tom Wolfe – hade han revolutionerat bevakningen av svensk politik. Det som gjorde honom så effektiv när det gällde att sprida en positiv bild av Palme var att han inte var en dreglande beundrare. Tvärtom – inte minst till Lisbets irritation – visade han stundtals upp Palme mer som en cynisk amerikansk politiker än som en svensk folkrörelseidealist: hård som flinta, ständigt svärande, fylld av dräpande kommentarer om motståndare och argt missnöjd över egna medarbetare som svikit eller misslyckats.

När reportaget sedermera publicerades i *Aftonbladet* och senare som en bok med titeln *Palme igen* hade Palme säkert invändningar mot att Strand återgivit hans svordomar och slängiga kommentarer om Alva Myrdal, Gunnar Sträng och andra. Men han visste också att Strand som ingen annan kunde gestalta den gemenskap och intensitet som präglade hans valkampanjer. Ingen partiledare hade institutionaliserat valkampanjen med en rad fasta punkter på samma sätt som Palme: Almedalen i slutet av juli, stort möte i södra Sverige i augusti, familjefest i djurparken Kolmården i månadsskiftet augusti–september, jättemöten i Borlänge och i Furuviksparken utanför Gävle sista söndagen före valet och så final på Götaplatsen i Göteborg. Han älskade turnélivet: mötet med väljarna i svenska småstäder, munhuggandet mellan journalister och politiker i bussen, nattliga resor på vindlande småvägar, sena vickningar i hotellbaren, tandborstglas med whisky på hotellrummet, knyckliga cigarettpaket och telefonmeddelanden om att ringa hem – och under allt detta den pulserande intensitet som bara kan uppstå ur hård kamp och hett maktbegär. Inför valrörelserna, brukade han säga, var han som grenadjärerna i Heinrich Heines dikt: "När hästarna gnäggar och kanonerna mullrar är det dags att stå upp och gå ut i fält." Strand, den perfekte hovkrönikören, förstod detta.

Strand kom fysiskt sett närmare Palme än någon annan journalist. Han fick till och med följa med hem och äta spagetti med Lisbet och pojkarna i radhuset i Vällingby under ett avbrott i valturnén. Men Palme höll distansen även i detta fall. Han avslöjade sällan något personligt och slog nästan alltid bort journalistens försök att flytta bort samtalet från politik. Under en bussresa berättade Strand för Palme att en känd jazzmusiker just avlidit. För ett ögonblick börjar Palme förlora sig i ungdomsminnen men inser snabbt att han sitter på en buss fylld av journalister och återgår till de senaste opinionsmätningarna. Men just denna oåtkomlighet tycks ha gjort Palme än mer kär för Strand och andra manliga socialdemokrater av hans generation. Palmes ovilja att anförtro sig, gråta ut eller beklaga sig väckte manlig empati. Kjell Larsson berättade för Strand om sina känslor när han sett Palme tala i Östersunds sporthall:

> Jag stod uppe på läktaren. Jag såg Olof långt där nere i talarstolen. Framför den enorma kulissmålningen av Storsjön. Jag tyckte han såg så liten ut. Han var ensam mitt bland alla människorna. Jag tänkte på alla gånger jag sett honom gå upp i talarstolar. Över allt i landet, alla dessa år. Jag kände plötsligt nån jävla sorts *ömhet* för honom.

*

Palmes föraning hade varit riktig. Socialdemokraterna förlorade valet. Han hade också träffat rätt när det gällde hur jämnt det skulle bli. De borgerliga partierna fick 175 mandat och Socialdemokraterna och kommunisterna 174. Visserligen hade den första rösträkningen på valnatten visat på en knapp seger för det socialistiska blocket. Men då hade drygt 20 000 utlandsröster ännu inte räknats. Denna grupp brukade överlag rösta borgerligt. Som *Aftonbladet* taktfullt uttryckte det: "Skattesmitarna avgör valet." När samtliga röster till slut var färdigräknade något dygn efter valet stod det klart att de borgerliga vunnit med drygt 5 000 röster. Inte minst hade Moderaterna gått framåt på ett sensationellt sätt. Regeringen Ullsten avgick och de borgerliga partierna satte sig i nya förhandlingar. Det tog tre veckor att förhandla fram en ny trepartiregering. Den 11 oktober 1979 valdes Thorbjörn Fälldin till statsminister och när han dagen därpå presenterade sin ministerlista hade Gösta Bohman återinsatts som ekonomiminister medan Ola Ullsten, som helst velat sitta kvar som statsminister, fick regeringens näst finaste post som utrikesminister.

För formens skull besökte Palme riksdagens talman på förmiddagen den 18 september för att meddela hur Socialdemokraterna såg på regeringsbildningen. Hans åsikt var att Moderaterna som det största borgerliga partiet borde få uppdraget – vilket inte var särskilt realistiskt och inte heller avsett att vara det. Till skillnad från 1976 tog Palme detta valnederlag hårt; han klagade högljutt och sade att han inte skulle stå ut med Fälldin i tre år till. Men han kunde också finna ett slags existentiell njutning i att vara uppträngd mot repen. Efter besöket hos talmannen ringde han sin medhjälpare Thage G. Peterson och föreslog att de skulle dricka förmiddagskaffe. Peterson blev överraskad över att hans chef var på så gott humör. Det verkade opassande efter valförlusten. "Jag fann att jag satt och drack kaffe med en upprymd socialdemokratisk partiledare." Som politikern Gerry i Shirley MacLaines självbiografi uttryckte det till filmskådespelerskan: "När jag förlorar, känner jag det som en utmaning. Det ger mig lust att kämpa och då verkar allting meningsfullt." Flera år senare, när han träffade Norman Mailer på en mottagning i New York, citerade Palme en rad från *De nakna och de döda* för bokens förvånade författare: "Den munterhet människor känner när händelser slutar med total katastrof."

En anledning till förlusten hade varit det oklara ekonomiska läget. I början av 1979 hade det verkat som om vändpunkten äntligen kommit. Många siffror pekade uppåt: den svenska bruttonationalprodukten steg med muskulösa fyra procent, exportintäkterna ökade, investeringarna växte och arbetslösheten var på väg nedåt. Men i mars drabbades västvärlden av en ny oljekris, orsakad av revolutionen i Iran. Upphämtningen bromsades in och under hösten började det bli tydligt att den strukturella krisen inte var över. Socialdemokraterna hade hamnat på gaffeln mellan optimism och pessimism. Deras vallöften var varken tillräckligt expansiva för att entusiasmera väljarna eller tillräckligt strama för att appellera till deras krismedvetenhet. Som Kjell-Olof Feldt, som tidigare varit handelsminister i Palmes regering och nu alltmer aspirerade på att efterträda Gunnar Sträng, påpekade: det behövdes ett mer långsiktigt program som gav stadga åt Socialdemokraternas ekonomiska politik.

Ett mer traditionellt misstag hade varit det förslag om att begränsa avdragsrätten för räntor på villalån som en socialdemokratisk bostadsexpert lagt fram sommaren 1979. I sig var det en sund tanke. Det svenska skattesystemet hade utvecklats i en bisarr riktning: å ena sidan extremt höga marginalskatteeffekter, å andra sidan extremt generösa ränteavdrag vid köp av fastigheter. Det innebar att husköp blev en ytterst lönsam affär. Staten kompenserade villaägarna för deras ränteutgifter, de betalade ingen fastighetsskatt och dessutom behövde de inte amortera lånen eftersom detta i praktiken sköttes av den höga inflationen. Effekten blev så gott som gratis boende för villaägare. Om avdragen enbart hade gynnat höginkomsttagare hade det inte varit några bekymmer. Men som Gunnar Sträng uttryckte det: "Villaägarna är vårt folk." Tack vare de gynnsamma avdragen och den höga inflationen hade en hel generation av arbetare och lägre tjänstemän kunnat förverkliga drömmen om att bo i eget hus. Detta hade lett till en enorm boom i byggandet av småhus på bekostnad av flerfamiljsfastigheter.

Under rekordårens miljonprogram hade bara en tredjedel av alla nyproducerade bostadsenheter varit småhus. Men under perioden 1976–1985 stod småhusen för två tredjedelar av alla nya bostäder. Sjuttiotalsdebatten må ha varit ideologiskt rödfärgad, men decenniets verkliga sociala omvandling var att stora delar av arbetarklassen fick möjlighet att skaffa sig villa, Volvo och vovve. Dessa nyblivna och ofta socialdemokratiska husägare oroades starkt av talet om att begränsa avdragsrätten. Palme, som var dåligt insatt i bostadsfrågorna, gjorde inte saken bättre genom att göra bort sig under en teveutfrågning. Han försäkrade att det socialdemokratiska förslaget riktade sig mot en liten grupp höginkomsttagare och att den stora majoriteten av villaägare skulle gå skadefria. Men han menade också att en halvering av avdragsrätten kunde vara rimlig. När han då informerades om att de årliga räntekostnaderna på ett hus i Stockholm uppgick till 73 000 kronor blev hans ärliga men olyckliga respons: "Har hus blivit så dyra? Det hade jag ingen aning om." Den senare delen av kommentaren gjordes bevingad av Hasse Alfredson i en sketch där olika politiker informeras om sakförhållanden som de inte "hade en aaaning om".

16. ÅTERKOMSTEN

Men det fanns en orsak till den socialdemokratiska valförlusten som överskuggade alla andra: att Palme släppt fram den folkpartistiska minoritetsregeringen hösten 1978. Detta beslut hade ohjälpligt skadat den socialdemokratiska valkampanjen. Som Macke Nilsson uttryckte det i *Aftonbladet*: "När den socialdemokratiska riksdagsgruppen plötsligt kl 18.11 den 12 oktober 1978 lyfte fram en folkpartistisk minoritetsregering hördes nästan hur luften gick ut ur de drivande och de kraftfullaste delarna av arbetarrörelsen." För många socialdemokrater ute i landet hade det varit obegripligt att Palme och partiledningen flörtade med Folkpartiet. Stämningen inom partiet var avslagen. "Olof Palme var internt starkt ifrågasatt som partiledare", enligt partisekreteraren Sten Andersson: "Vid ombudsmannakonferensen i Åbo mullrade missnöjet oroväckande, och mellan skål och vägg diskuterade ombudsmännen vem som borde träda i Olofs ställe." Om Socialdemokraterna skulle samarbeta med något borgerligt parti, menade man, var det Centerpartiet. Där fanns en lång gemensam tradition. Båda partierna var sprungna ur folkrörelserna och bestod av vanligt arbetande folk. Folkpartister var däremot tjänstemän och framför allt lärare, visserligen en nödvändig yrkesgrupp som dock ofta tenderade att bli mästrande och tro att de var förmer än andra. För fotfolket var Palmes goda relationer med Helén och Ullsten obegripliga.

*

I verkligheten väcker förstås totala katastrofer sällan någon munterhet. Att Palme var på gott humör när han drack sitt kaffe med Peterson berodde på att han insåg att situationen inte var riktigt fullt så desperat som han först trott. En nykter analys av läget pekade på att de flesta problem som drabbat Socialdemokraterna under 1979 års valrörelse antingen var av övergående natur eller kunde avhjälpas. Och framför allt hade Palme kommit att inse att Moderaternas framgångar, paradoxalt nog, var ytterst goda nyheter för Socialdemokraterna och honom själv. Efter ett decennium av gyttjebrottning med Fälldin kring den ideologiskt diffusa kärnkraftsfrågan började en tydlig och begriplig fiende att ta form.

På våren hade Margaret Thatcher valts till brittisk premiärminister. På ett sätt var denna specerihandlardotter från Grantham – som enligt den franske presidenten Mitterrand hade "Caligulas ögon och Marilyn Monroes mun" – ett rakt igenom lokalt brittiskt fenomen. Till skillnad från de svenska socialdemokraterna hade Labourpartiet misslyckats med att modernisera Storbritannien. Den brittiska staten var alldeles för svag i förhållande till landets charmiga men förödande ineffektiva lapptäcke av lokala förvaltningar, uråldriga privilegier och militanta fackföreningar. Efter den plågsamma vintern 1978–1979, då mycket av landets offentliga service brutit samman, ville britterna ha ordning och reda. Vilket Thatcher och Torypartiet, trots allt tal om frihet, levererade med råge: hon krossade fackföreningarna, centraliserade förvaltningen och skapade en mer effektiv brittisk statsapparat.

Men den nyvalda brittiska premiärministern hade också ett starkt nyliberalt budskap. Individen, förklarade hon med emfas, måste lära sig att klara sig själv och inte bli beroende av omfattande statliga skyddsnät. Hon angrep inte bara socialdemokratisk välfärdspolitik utan en lång tradition av socialkonservatism och socialliberalism, det vill säga alla riktningar som oberoende av underliggande ideologi hävdar att vi har ett kollektivt ansvar att ta hand om människor utanför den egna familjen. Med sin oräddhet och kompromisslöshet bröt Thatcher den socialpolitiska konsensus som byggts upp i Europa sedan andra världskriget. Plötsligt blev det möjligt att ifrågasätta välfärdsstatens underliggande moraliska premisser. För många på högerkanten var detta lika befriande som idéklimatet 1968 hade varit för vänstersympatisörer.

Till en början var den svenska högern tämligen kallsinnig. Att associeras med Thatcher var ungefär lika illa som att förknippas med öststatssocialismen. Men också de svenska Moderaterna var på väg bort från traditionell socialkonservatism i riktning mot mer nyliberala positioner. Inte minst gällde detta Moderata ungdomsförbundet, som under sjuttiotalet blev alltmer kritiskt mot välfärdsstaten. Inom MUF var också Bohman ytterst populär på grund av sin tydliga liberalism. Sedan början på sjuttiotalet hade han propagerat för "den nya individualismen" med ett ökat personligt ansvarstagande och en viss tillbakarullning av välfärdsstaten. Våren 1979 föll bitarna på plats: Thatchers valseger, kollapsen för den svenska modellen på arbetsmarknaden, Svenska arbetsgivareföreningens nyvaknade ideologiska engagemang och den nyliberala tankesmedjan Timbro som precis startat sin verksamhet. Nu blev Moderaterna för första gången sedan 1958 det största borgerliga oppositionspartiet med 20,3 procent av rösterna. Det var en uppgång med fem procentenheter sedan förra valet och nästan en fördubbling av antalet moderata väljare sedan Bohmans tillträde som partiledare 1970.

Bohman var också den borgerliga politiker som var mest lik Palme. Han hade stort självförtroende, vågade bjuda på sig själv i umgänget med journalister och kunde på en gång vara både ideologisk och taktisk. Privat kom Palme och Bohman, som satt bredvid varandra i riksdagen, ganska bra överens. Högerledaren menade att hans bänkgranne var glad, humoristisk, charmerande och öppen – så länge det inte handlade om politik. Palme var inte lika odelat positiv till Bohman, men i förhållande till de omdömen han fällde om andra motståndare, inte minst Fälldin, är det uppenbart att han hade respekt för Moderatledaren. Det hindrade dem inte från att gå lös på varandra med stor ilska i den politiska debatten.

Under valrörelsen 1979 gick Bohman hårt åt Palme på grund av dennes ointresse för de vietnameser som under året kommit till Sverige, de så kallade båtflyktingarna. Redan efter Nordvietnams seger 1975 hade det uppstått en flyktingström till följd av kommunistregimens hårda repression. Omkring en miljon människor hade spärrats in utan rättegång och 165 000 människor beräknas ha dött i fånglägren. Efter Vietnams korta krig med Kina vintern 1979 växte dock antalet flyktingar lavinartat. Framför allt var det vietnameser av kinesiskt ursprung som gav sig ut på havet i små osäkra farkoster för att undgå etnisk förföljelse. Under våren hade den svenska regeringen beslutat att ta emot 250 båtflyktingar, varav de första 48 hade anlänt i början av april och inkvarterats i Perstorp i norra Skåne där de skulle lära sig svenska och få arbetsmarknadsutbildning. Bohman kunde inte motstå möjligheten att få sista ordet i den svenska Vietnamdebatten. Han besökte den vietnamesiska flyktinganläggningen och lät sig på amerikanskt manér fotograferas med småbarn i famnen. Samtidigt gick han till hårt angrepp mot Palme för dennes stöd till Nordvietnam och hans tystnad om regimens hårdföra politik mot sina egna medborgare:

> Du har i riksdagen begärt mera pengar till Vietnam. Du har motsatt dig att Sverige skall ta emot en ytterligt liten bråkdel av hundratusentals fördrivna människor. Du har varit tystare om det som skett där borta än om någon annan större händelse ute i världen under hela ditt politiska liv.

Det visste var det tog. Den socialdemokratiska pressen gick i taket och hävdade att Bohman gjorde "inrikespolitik av flyktingproblemet" och ägnade sig åt "personangrepp".

Men Bohmans moraliska överläge var kortlivat. I likhet med Palme tvekade han inte att slå till hårt när han hade en möjlighet, men ibland var avståndet mellan hjärna och tunga alltför kort. I en intervju i *Dagens Industri* några veckor före valet hade Bohman gjort ett famöst uttalande om varför behovet av u-hjälp var överdrivet: "I soliga länder behöver man inte vår typ av dyra hus. Där kan man leva i plåtskjul och plocka bananer från träden." Palme, som var irriterad över Vietnamkritiken, gjorde naturligtvis slarvsylta av denna dumdryghet. För sin del ansåg Bohman att Palme utnyttjade en ogenomtänkt formulering på ett orimligt sätt. Men Palme trodde inte att Moderatledaren hade varit i god tro när han fällde uttalandet utan misstänkte denne för att fiska i grumliga vatten.

Över huvud taget blev Palme alltmer varse den tilltagande högervinden under valrörelsen. Han började tala om en ny högerinternational med Thatcher och den västtyske konservative politikern Franz Josef Strauss som galjonsfigurer. Det var en större omställning än vad vi kan föreställa oss i dag. Under större delen av sjuttiotalet hade Centerpartiet varit arbetarrörelsens huvudfiende, men nu framträdde Moderaterna som den största utmaningen. Som Palme sagt till Dieter Strand den där blåsiga dagen vid Bommersvik strax före valet – kanske hade han underskattat kraften i högervinden? Det misstaget skulle han inte upprepa under sin andra period som oppositionsledare.

*

Men innan han började positionera sig för nästa riksdagsval måste han och de övriga partiledarna klara av den restpost de lämnat efter sig i valrörelsen: kärnkraften. När han hade svängt det socialdemokratiska partiet på en femöring efter Harrisburgolyckan våren 1979 hade det varit en intuitiv reaktion. Beslutet om omröstningen hade drivits fram snabbt under "den galna onsdagen". Detaljerna hade fått anstå till efter höstens riksdagsval. Nu var man där. Och osäkerheten var stor om hur Sveriges första folkomröstning sedan ATP-valet 1957 skulle genomföras.

Motståndarsidan hade formerats tidigt. Folkkampanjen Nej till kärnkraft som stöddes av Centern och Vänsterpartiet kommunisterna var en folklig rörelse som symboliserades av den internationella antikärnkraftsrörelsens glada gula sol. Man ordnade musikfester, massmöten och demonstrationer. Några veckor före valet 1979 hade tiotusen personer deltagit i en marsch mellan Barsebäck och universitetsstaden Lund. Många av deltagarna var danska medborgare som oroades av hur Köpenhamn skulle påverkas om något inträffade vid den svenska kärnkraftsanläggningen. På ja-sidan rådde däremot total förvirring. Näringslivet gick ut hårt och satsade stora belopp på att sprida en positiv bild av kärnkraften. Men de kärnkraftsvänliga politiska partierna hade svårt att ena sig om en gemensam hållning. I november fastställdes datumet för folkomröstningen, den 23 mars 1980. I mitten av december satte sig ledningarna för de fem riksdagspartierna för att förhandla om hur de olika alternativen skulle formuleras. Problemet med folkomröstningar, vilket Palme visste mycket väl, är att allting handlar om hur frågorna ställs. Skulle ett "ja" betyda elva, tretton eller ett obegränsat antal aggregat? Och skulle ett "nej" betyda stopp för fortsatt utbyggnad eller totalt stopp även för befintliga aggregat?

Det var i detta läge Palmes "speciella problemlösare" Ingvar Carlsson trädde in i bilden. Han hade varit ansvarig för den socialdemokratiska energipolitiken sedan partiet hamnat i opposition 1976. Palmes förtroende för honom var näst intill obegränsat. Längre fram i livet, vid en intern fest på regeringskansliet 1985, jämförde Palme skämtsamt Carlsson med en av Stalins mest durkdrivna medarbetare, politbyråmedlemmen Lazar Kaganovitj, som tog hand om "de svåraste och mest brutala uppdragen". Hur brutal Carlsson var är svårt att avgöra, men han insåg att folkomröstningsbeslutet ställt den svenska socialdemokratin inför en helt ny historisk situation. Att jämföra med ATP-omröstningen 1957, som många gjorde, ansåg han helt felaktigt. Då hade riksdagspartierna entydigt slutit upp bakom de olika linjerna: Socialdemokraterna bakom linje ett, Bondeförbundet bakom linje två och Högern och Folkpartiet bakom linje tre. Nu var flera partier, och inte minst Socialdemokraterna, djupt splittrade i själva sakfrågan.

Läget var i själva verket mer likt den folkomröstning om medlemskap i EG som ägt rum i Norge 1971. Det var ytterst oroande för Carlsson och Palme eftersom den kampanjen skapat långvariga och bittra motsättningar inom den norska arbetarrörelsen. Under hösten gjorde Carlsson ett studiebesök i Norge och intervjuade de ledande socialdemokraterna på både ja- och nej-sidan. Slutsatserna var otvetydiga. Partiledningen, som varit positiv till EG, hade begått en rad fatala misstag, inte minst att officiellt samarbeta med det norska högerpartiet, vilket väckte mycket ont blod bland de EG-skeptiska gräsrötterna inom arbetarrörelsen. De svenska socialdemokraterna insåg att de till varje pris måste undvika en gemensam valsedel med Moderata Samlingspartiet.

Det skulle visa sig lättare sagt än gjort när överläggningarna om kärnkraftsomröstningen inleddes torsdagen den 13 december i Riksdagshuset vid Sergels torg. Första dagen gick åt till praktiska frågor. Allvaret började på fredagsmorgonen när Carlsson presenterade ett förslag från LO om en "löntagarlinje" i kärnkraftsfrågan. Enligt den skulle Sverige ha högst tolv reaktorer i högst 25 år, vilket ansågs vara deras tekniskt säkra driftslängd. Så långt var Socialdemokraterna och Moderaterna på samma linje. Men LO hade också tillfogat ett antal punkter. Framför allt var det ett par formuleringar om att såväl vattenkraft som kärnkraft skulle överföras i "samhällets ägo" som man hoppades skulle bli alltför svårsmälta för Bohman. Men denne kunde vara ytterst flexibel när det passade hans syften. Till Carlssons och Palmes förvåning accepterade Moderatledaren punkt efter punkt i LO-förslaget, även formuleringen om att föra över kärnkraften i allmänhetens ägo. Däremot verkade han tveka inför samma krav när det gällde vattenkraften.

Förhandlingarna bröts för lunch. Palme och Carlsson överlade med LO-folket. Alla var bekymrade över Bohmans medgörlighet. Om Socialdemokraterna kopplades samman med arbetsgivarna och Moderaterna i kärnkraftsomröstningen skulle många LO-medlemmar slå bakut. Dessutom skulle Centern och kommunisterna kunna utmåla ja-sidan som en korporativ allians mellan näringslivet och fackföreningsrörelsen. Palme inledde eftermiddagens diskussioner med att deklarera att formuleringarna om samhälleligt ägande var en viktig principiell fråga för arbetarrörelsen som man inte kunde backa från. Men inte ens denna kastade handske hjälpte. Det verkade som om Bohman var beredd att acceptera hela LO-förslaget. Bara på en punkt hade han en tydlig invändning: den allra sista slutmeningen som löd: "På sikt överföres de större vattenkraftverken i samhällets ägo." Men Carlsson insåg att det skulle dra ett löjets skimmer över hela arbetarrörelsen om Socialdemokraterna vägrade att dela en valsedel med Moderaterna i en omröstning om kärnkraften därför att man inte var överens om *vattenkraften*. Det verkade som en gemensam valsedel var oundviklig. Men nu, till Socialdemokraternas oändliga lättnad, fick Bohman plötsligt kalla fötter. Han förklarade att han måste förankra förslaget i partiets riksdagsgrupp. Förhandlingarna avslutades för dagen och Palme gav sig i väg till London för att delta i ett möte med Brandtkommissionen.

När parterna träffades nästa dag – det hade nu blivit lördag – hade Bohman med sig ett nytt krav. Formuleringen om att kärnkraften skulle ägas av samhället skulle mildras genom att man sköt in "i huvudsak". Det var trivialt men det räckte för Carlsson. Nu kunde man gå ut och säga att man haft en uppgörelse med Bohman men att han försökt rucka på den efter kritik från de egna leden. Måndagen den 17 december fick svenska folket veta att det skulle bli tre linjer i kärnkraftsomröstningen. Bohman hade släppt en enastående möjlighet att sarga socialdemokratin. Men priset skulle ha blivit högt. Dels hade det varit förnedrande för Moderaterna med sin nyfunna ideologiska kraft att ställa sig bakom LO:s energisocialism. Dels insåg Bohman precis som Palme och Carlsson att det skulle bli svårare att få fram ett ja till kärnkraften med en gemensam moderat-socialdemokratisk valsedel. Oavsett den exakta ordalydelsen på valsedlarna hade Socialdemokraterna nu skapat ett mellanalternativ, en kompromiss mellan de hårda och tvära orden "ja" och "nej" – och det brukade tilltala medborgarna i Landet Lagom. Som många arga kritiker har påpekat var ett av motiven onekligen att förhindra en splittring inom det socialdemokratiska partiet. Men folkomröstningen riskerade också att skapa en ohållbar parlamentarisk situation där nej-sidan hade en majoritet bland väljarna medan riksdagen dominerades av ja-sidan. Folkomröstningar är över huvud taget svåra att förena med representativ demokrati eftersom det är parlamentarikerna och inte "folket" som får ta ansvar för utfallet. Det var bland annat därför som Olof Palme under större delen av sitt liv var principiell motståndare till folkomröstningar. I det perspektivet räddade Ingvar Carlsson inte bara det socialdemokratiska partiet utan även Sverige från konsekvenserna av Palmes omsvängning efter Harrisburg.

Linje 3 hade inte bara den mest aktiva gräsrotskampanjen utan fick även stöd av många framstående kulturpersonligheter. Mest kontroversiellt var att landets främsta och enda statliga teater, Kungliga Dramatiska Teatern, tog ställning mot kärnkraften. Men det blev också en het debatt om den statliga tevens och radions anspråk på objektivitet och opartiskhet. Linje 1 hade sina hängivna kampanjarbetare men framstod mest som en samling direktörer och kärnkraftstekniker. Linje 2 blev den mest framgångsrika, inte minst tack vare att man hade LO:s och SAP:s valmaskineri till sitt förfogande. Valrörelsen under våren blev visserligen något av en balansakt för själva partiet eftersom man var tvungen att hålla en klädsam distans till Linje 1. Med tanke på de norska erfarenheterna ville man inte ha en öppen konflikt med de socialdemokrater som stödde Linje 3. Det gällde inte minst kvinnorna.

Genusaspekten var framträdande när det gällde synen på kärnkraften: bland anhängarna dominerade män och bland motståndarna kvinnor. Ledande kvinnliga socialdemokrater som Alva Myrdal, Inga Thorsson och Maj Britt Theorin deklarerade tidigt att de skulle rösta på Linje 3. Palme blev särskilt bitter över att Myrdal gått ut offentligt: "Alva har alltid velat sjunga med änglarna", sade han. Men när rösterna räknats stod det klart att Linje 2 vunnit med 39,1 procent, tätt följd av Linje 3 på 38,7 procent. Linje 1 fick bara 18, 9 procent. Palme följde valvakan i teve på Socialdemokraternas partiexpedition på Sveavägen tillsammans med Gunnar Sträng och Sten Andersson. När resultatet var klart kunde han pusta ut. Carlssons flinka fotarbete under hösten 1979 hade gjort att kärnkraftsomröstningen blev en seger för socialdemokratin och en personlig triumf för Palme. Nu var det dags för honom att återta initiativet inför valet 1982.

*

På papperet var Palmes internationella kompetens ett av socialdemokratins starkaste kort i valrörelserna. Men under de första åren i opposition hade han inte haft några större möjligheter att utnyttja sin överlägsenhet på detta område. Sedan Vietnamkrigets slut 1975 hade det i stort sett rått konsensus kring svensk utrikespolitik. När Karin Söder, centerpartistisk utrikesminister i den första Fälldinministären, framträtt i FN:s generalförsamling hösten 1976 hade hon förklarat att "de rika länderna, både i öst och i väst, har ett solidariskt ansvar för att förverkliga tankarna bakom en ny ekonomisk världsordning". Folkpartiet och Centern höll Moderaterna borta från inflytande på Utrikesdepartementet. Även om man tonat ner retoriken – inte minst när det gällde Cuba – stod man fast vid stödet till befrielserörelser i tredje världen. År 1979 införde den borgerliga regeringen ett generellt förbud mot svenska investeringar i Sydafrika, en förvånansvärt radikal åtgärd eftersom Sverige av princip tidigare bara deltagit i bojkotter som sanktionerats av FN:s säkerhetsråd. Ola Ullsten, som blivit utrikesminister i den andra Fälldinministären, lät också påfallande Palmelik när han kommenterade att Ian Smiths vita minoritetsregim i Rhodesia störtats 1979: "Än en gång har det visats att folkens frihetslängtan inte kan undertryckas vare sig av egna härskare eller av stormakternas strateger."

Men 1979-1980 inträffade två stora förändringar som åter skulle placera Palme i händelsernas centrum. Den ena var det nya kalla kriget. I början av december 1979, bara fem månader efter att Carter och Brezjnev undertecknat nedrustningsavtalet SALT II i Wien, fattade Nato det så kallade "dubbelbeslutet": dels skulle 572 nya kryssningsmissiler installeras i Västeuropa, dels skulle förhandlingar inledas med Sovjetunionen om att avskaffa alla medeldistansrobotar. Moskva gick i taket och anklagade USA för att vilja uppnå en strategisk överlägsenhet. Amerikanska kärnvapen kunde, påpekade ryssarna, anfalla Sovjetunionen både från Nordamerika och från Västeuropa medan Sovjet bara kunde anfalla med transatlantiska missiler. Vad det än fanns för berättigande i detta resonemang förstörde Sovjetunionen snabbt sin trovärdighet genom att invadera Afghanistan två dagar efter julafton 1979. Carter hotade med att bojkotta de olympiska spelen som skulle äga rum i Moskva sommaren 1980.

Palme reagerade tidigt på det nya frostiga klimatet mellan supermakterna. Redan under kärnkraftsomröstningen hade han hellre talat om kärnvapen än om Barsebäck och Oskarshamn. Som han såg det hade risken för ett kärnvapenkrig åter blivit överhängande. Till skillnad från sextiotalets början tvekade han inte om sin syn på atomvapen. På möten runtom i Sverige beskrev han konsekvenserna av ett kärnvapenkrig:

> De som överlever drabbas av svåra brännskador, de blir blinda och får andra allvarliga skador. Många är helt desorienterade i tillvaron. De allra flesta behöver omedelbar medicinsk behandling. De behöver mat, tak över huvudet, kläder, vatten. Men allt saknas. Det samhälle de har levt i har bokstavligt talat upphört att existera.

När Dieter Strand efter ett av Palmes mer pessimistiska tal frågade om tredje världskriget verkligen stod för dörren svarade denne att "läget var fruktansvärt". Det var ovanligt svartsynt för att komma från Palme, som hade gjort karriär på att mobilisera människors hopp. Men hans nyväckta fredsengagemang var inte bara en effekt av det förändrade världsläget. Under oppositionsåren hade hans arbete i Socialistinternationalen gjort honom mer medveten om det dilemma som Willy Brandt och andra socialdemokratiska ledare i Natoanslutna länder stod inför: som medlemmar i den västliga alliansen var det svårt för dem att ta initiativ för nedrustning. Hösten 1977 hade han uppvaktats på sitt tjänsterum i det tillfälliga riksdagshuset vid Sergels torg av den nittioårige Labourpolitikern Philip Noel-Baker, en framstående fredskämpe som varit med och bildat Nationernas förbund och mottagit Nobels fredspris 1959 (dessutom hade han tävlat för Storbritannien i OS 1912 i Stockholm). Inför Inga Thorsson, Hans Dahlgren och Pierre Schori hade Noel-Baker uppmanat Palme att göra något för freden. I november 1978 hade Socialistinternationalen dessutom anordnat en framgångsrik nedrustningskonferens i Helsingfors där representanter för det sovjetiska kommunistpartiet deltagit för första gången i organisationens historia. Socialistinternationalen började nu betrakta sig som ett slags mini-FN med ett särskilt mandat att verka för fred och avrustning. Och än en gång pekade kompassnålen på Palme: som neutral svensk var han mest lämpad att ta initiativet. Som Schori uttryckte det: hans chef hade fått "an offer he couldn't refuse".

Palme skred till handling när folkomröstningen om kärnkraft väl var avklarad. Våren 1980 började han arbetet med att skapa en internationell arbetsgrupp för nedrustning. Likt Brandtkommissionen skulle Palmes "oberoende kommission för nedrustnings- och säkerhetsfrågor" bli en fristående tankesmedja för att analysera problem och lägga fram konstruktiva förslag. Tanken var att rekrytera centrala politiska personer som var relativt obundna. Palme försökte bland annat värva den tidigare amerikanske försvarsministern Robert McNamara, som lett eskaleringen av Vietnamkriget men senare kommit på andra och bättre tankar. McNamara tackade nej, men i stället blev Carters tidigare utrikesminister Cyrus Vance medlem i kommissionen. Hans medverkan balanserades av Georgij Arbatov, en sovjetisk specialist på Nordamerika som var säkerhetspolitisk rådgivare till det sovjetiska kommunistpartiets centralkommitté. "Olof var övertygad om att kommissionens framgång berodde på om vi kunde få med oss inflytelserika personer i Förenta staterna och Sovjetunionen", menade David Owen. I det avseendet lyckades Palme över förväntan. Vance hade visserligen kommit på kant med den alltmer aggressiva amerikanska utrikespolitiken men var fortfarande en tung aktör med goda förbindelser inom USA:s säkerhetspolitiska etablissemang. Valet av Arbatov blev en verklig lyckoträff, även om Palme och Schori inte kunde ha förutsett det när de bestämde sig för att övertala ryssarna att släppa honom till säkerhetskommissionen.

Den första kontakten med den sovjetiska ledningen togs i Moskva i maj 1980 (precis efter kärnkraftsomröstningen). Palme och Schori anlände till Moskva den 8 maj, samma dag som det årliga firandet av segern över Nazityskland. De kördes direkt till centralkommitténs lokaler i centrala Moskva i en limousin med en poplåt om Rasputin skrällande i bilstereon. Väl framme meddelade en geront i politbyrån vid namn Ponomarjov att det "var okej med Arbatov" men att Palme inte skulle få träffa Brezjnev. Arbatov var född 1923 vid Svarta havet, hade tjänstgjort som artilleriofficer under andra världskriget och sedan gjort en akademisk karriär. Han hade varit inblandad i det tidiga sjuttiotalets avspänningspolitik och var skeptisk till invasionen av Afghanistan. Men snart skulle hans stjärna börja stiga igen. Arbatov var en protegé till den förre KGB-chefen Jurij Andropov som i november 1982 tog över som generalsekreterare i det sovjetiska kommunistpartiet. Under sin korta period vid makten backade han i sin tur upp en lovande yngre partikamrat i politbyrån som kom från hans hemtrakter kring Stavropol: Michail Gorbatjov. När denne tillträdde som generalsekreterare 1985 ärvde han Arbatov som internationell rådgivare – som under de senaste åren hade odlat sina kontakter med västliga politiker i Palmekommissionen.

Resten av de fjorton platserna i kommissionen fördelades lika mellan ledamöter från den rika världen och utvecklingsländerna. Det var en imponerande samling. Från Västtyskland kom socialdemokraten Egon Bahr som varit arkitekten bakom Willy Brandts *Ostpolitik* och hade förhandlat fram de avgörande avtalen mellan Öst- och Västtyskland i början av sjuttiotalet. I Norge hade Palme rekryterat den drygt fyrtioåriga socialdemokratiska miljöministern

Gro Harlem Brundtland, som ännu var relativt okänd men som följande år skulle bli norsk statsminister och göra en lika framgångsrik internationell karriär som Palme. Fredsprismottagaren Alfonso García Robles, som bland annat förhandlat fram ett icke-spridningsavtal i Latinamerika under sextiotalet och hade representerat Mexico i FN, stod för en lång erfarenhet av nedrustningsarbete. Ett annat tungt namn var den unge men redan före detta brittiske utrikesministern David Owen, som under nittiotalet skulle spela en viktig roll som medlare i Balkankrigen. Afrika representerades bland annat av tanzaniern Salim Ahmed Salim, som var FN-diplomat och senare skulle bli premiärminister. Sekretariatet placerades i Wien med Anders Ferm som sekreterare.

En av kommissionens akademiska experter var Emma Rothschild, en brittisk ekonomhistoriker i trettioårsåldern som Palme träffat första gången 1976 hos den svenske diplomaten Rolf Ekéus i New York. Hon stammade från den berömda bankirfamiljen och var precis som Palme en ovanlig begåvning. Vid femton års ålder blev hon den yngsta kvinna som någonsin antagits till ett college i Oxford. Efter att ha avlagt examen vid det ärevördiga brittiska universitetet 1967 flyttade hon till den amerikanska östkusten och fortsatte sina studier i ekonomi vid Massachusetts Institute of Technology. På sjuttiotalet verkade hon som frilansande skribent i tidskrifter som *The New Yorker* och *The New York Review of Books*. Hon blev inte bara god vän med Palme utan även med hela hans familj. På åttiotalet satt hon i styrelsen för det svenska fredsforskningsinstitutet SIPRI. Hon skaffade sig en lägenhet i Gamla stan och lärde sig svenska – mycket tack vare att Lisbet till skillnad från så många andra i Palmekretsen vägrade tala engelska med henne. För Palme var hon en viktig samtalspartner. Med henne kunde han hålla sin intellektuella sida levande och han överraskade henne ofta genom att hänvisa till artiklar i obskyra akademiska tidskrifter som hon inte kände till. Med Ferm på kansliet och Emma Rothschild som en av utredarna hade Palme skaffat sig det stöd han behövde i kommissionen.

Mellan september 1980 och april 1982, då slutrapporten fastställdes, träffades kommissionen tolv gånger, ambulerande mellan världens storstäder: Wien, Moskva, Mexico City, Paris, Tokyo,

London, New York och Stockholm. Ironiskt nog skulle den mest besvärliga konflikten inom kommissionen uppstå mellan västländerna. Ett av de centrala förslag som ledamöterna hade att ta ställning till var upprättandet av en kärnvapenfri korridor i Centraleuropa. På denna punkt skar det sig mellan å ena sidan västtysken Egon Bahr och å andra sidan amerikanen Cyrus Vance och britten David Owen. De senare, som var mer Natovänliga, kunde visserligen tänka sig en smal korridor, men förutsättningen var att Nato kunde uppnå paritet i konventionella styrkor med Warszawapakten (som alltså var överlägset på detta område). Bahr ivrade däremot för en större kärnvapenfri zon utan alltför starka kopplingar till styrkeförhållandena när det gällde konventionella vapen. Redan 1968 hade han lagt fram ett förslag om att skapa en neutral zon i Mellaneuropa som skulle omfatta de båda tyska staterna, Polen, Tjeckoslovakien samt något av Beneluxländerna. För Bahr var nedrustningen inte bara ett önskvärt mål i största allmänhet utan vägen till en tysk återförening.

Samtidigt som Palme och hans kolleger for världen runt och förhandlade hade den europeiska fredsrörelsen vaknat till liv. Sommaren 1981 marscherade några tusen nordiska kvinnor mellan Köpenhamn och Paris under parollen "Ett kärnvapenfritt Europa". Avsikten var att tåga genom Paris den 6 augusti, årsdagen av Hiroshimabomben. Men väl framme vid Paris vägrades de inträde i staden av de franska myndigheterna. Olof Palme, som var på besök hos den nyvalde presidenten François Mitterrand, intervenerade och till slut kunde demonstranterna som nu uppgick till 6 000 avsluta sin protest i den franska huvudstaden. En liknande marsch arrangerades även mot Minsk följande år, vilket ledde till att de sovjetiska myndigheterna arresterade två lokala fredsaktivister som försökte kontakta de västliga demonstranterna.

De starkaste fredsrörelserna uppstod i Västtyskland och Storbritannien. I slutet av sjuttiotalet fick CND, Campaign for Nuclear Disarmament, som lett det brittiska kärnvapenmotståndet under sextiotalet ny kraft genom ett tillskott av unga aktivister. En ganska typisk ung fredsvän var EU:s framtida utrikesminister Catherine Ashton, som kom från en gruvarbetarfamilj i Lancashire. Hon hade gått vidare till universitetet, engagerat sig i Labourpartiet och vid tjugoett års ålder gått med i CND. En av den nya fredsrörelsens mest spektakulära aktioner blev upprättandet av ett "kvinnornas fredsläger" utanför flygbasen Greenham Common i grevskapet Berkshire söder om London i september 1981. Också i Västtyskland blev motståndet massivt. Såväl *Die grünen*, det tyska miljöparti som grundats 1979, och den socialdemokratiska vänstern tog avstånd från de nya missilerna. Splittringen inom den tyska arbetarrörelsen ledde till att Helmut Schmidt avsattes som förbundskansler 1982, vilket i sin tur banade väg för kristdemokraten Helmut Kohl. I oktober 1983 demonstrerade 300 000 människor mot kärnvapen i Bonn. En av talarna var Willy Brandt. Sammanlagt 2,7 miljoner västtyskar skrev under en namnlista mot utplaceringen av de nya kryssningsmissilerna.

Den 23 juni 1982, strax efter det att Falklandskriget avslutats, presenterade Palme rapporten *Common Security* inför FN:s generalförsamling. Denna särskilda nedrustningssession hade inletts storstilat med en gigantisk fredsdemonstration med hundratusentals människor som marscherade längs Fifth Avenue på Manhattan i New York. Bland deltagarna fanns Noel-Baker som nu kunde se resultatet av sitt möte med Palme fem år tidigare. Men efter en månad av resultatlösa förhandlingar stod det klart att FN inte skulle lyckas flytta fram positionerna bortom den förra nedrustningssessionen 1978. Ändå var kommissionens slutdokument ett lysande aktstycke av bästa Palmekvalitet: sakligt pedagogiskt med iskalla beräkningar av effekterna av ett kärnvapenkrig i Europa, retoriskt inspirerande i sin förtröstan på att människan skulle kunna ta sitt förnuft till fånga och realistiskt konkret i de många förslag till åtgärder som lades fram. I sitt förord var Palme tydlig med att framhålla att ett av syftena var att ge stöd till den nya fredsrörelsen. Han ställde sitt hopp till "denna levande kraft" som var en "aldrig tidigare skådad internationell manifestation av oro över kärnvapenkrig".

Men rapporten riktade sig också till de berörda regeringarna och Förenta Nationerna med en rad förslag på åtgärder, av vilka det skarpaste byggde på Bahrs förslag från sextiotalet, om än modifierat: upprättandet av en femton mil bred kärnvapenfri zon på vardera sidan om gränsen mellan å ena sidan Västtyskland och å andra sidan DDR och Tjeckoslovakien. Problemet var, som Palme också konstaterade i sitt förord, att den politiska utvecklingen hade gått åt rakt motsatt håll under de två år som hans kommission varit verksam. Ronald Reagan, som efterträtt Jimmy Carter som amerikansk president i januari 1981, hade inga som helst avsikter att rusta ner inför hotet från "ondskans imperium". De amerikanska försvarsutgifterna sköt i höjden och nya vapensystem togs fram på löpande band. Våren 1983 presenterade Reagan sina planer på att skapa det så kallade *Star Wars*, ett avancerat satellitförsvar som skulle garantera att USA var skyddat från sovjetiska överraskningsanfall. Till de flesta bedömares förvåning skulle det visa sig att Ronald Reagans aggressiva upprustning varit en viktig bidragande orsak till att de kommunistiska öststatsregimerna kollapsade i slutet av åttiotalet. Vad få sovjetexperter insåg då var att sjuttiotalets strukturkris totalt hade underminerat den socialistiska ekonomin. Väst hade i själva verket varit inblandat i en kapprustning med "ett Övre Volta med kärnvapen", som Helmut Schmidt uttryckte det på sitt osminkade sätt.

Det innebar inte att Palmekommissionens plädering för nedrustning var missriktad. Varken Reagan eller Palme visste i början av åttiotalet hur genomrutten den sovjetiska ekonomin var. Båda agerade utifrån antagandet att järnridån skulle bestå för en längre tid framöver. Kanske var det också en lycklig historisk slump att västvärlden var så pass kluven i sin syn på hur Sovjetunionen skulle hanteras. Å ena sidan påskyndade den amerikanska upprustningen den sociala och ekonomiska kollapsen, å andra sidan gav den europeiska fredsrörelsen den sovjetiska eliten ett lugnande besked om att en liberalisering av socialismen utan ett angrepp från väst var fullt möjligt. När väl Ronald Reagan och Michail Gorbatjov satte sig ner i nedrustningsförhandlingar på Island 1986 med Georgij Arbatov vid sin sida kunde man luta sig mot det arbete som utförts i Palmekommissionen.

Med facit i hand blir däremot ett annat problem uppenbart: konflikten mellan nedrustningsarbetet och den tilltagande kampen för medborgerliga rättigheter i de kommunistiska länderna. Grupper som Charta 77 i Tjeckoslovakien och KOR, Arbetarnas försvarskommitté, som bildades i Polen 1979 utgjorde en ny sorts opposition. Trots ofriheten och bristen på demokrati hade föreställningen om universella mänskliga rättigheter en stark förankring i många östeuropeiska länder. Den fanns implicit i kristendomens traditioner, den hyllades av regimkritiska liberala humanister och kanske mest avgörande, fick ofta en läpparnas bekännelse även i de kommunistiska författningarna. Även om regimerna i praktiken fullständigt nonchalerade de mänskliga rättigheterna hade de svårt att angripa de nya medborgarrättsrörelserna ideologiskt. De sedvanliga anklagelserna om fascism och västtysk revanschism som använts för att misstänkliggöra dissidentrörelser hade inte längre någon verkan. Att arbetarna i den polska arbetarstaten ansåg sig behöva en försvarskommitté blev i stället en effektiv ironisk kommentar till sakernas tillstånd – som året därefter, 1980, följdes upp av den än mer provocerande handlingen att bilda en fri fackförening, Solidaritet.

Varken Václav Havel, Adam Michnik eller andra medborgarrättskämpar i Östeuropa önskade ett kärnvapenkrig. Men ur deras perspektiv erbjöd inte de engagerade kvinnorna vid Greenham Common något större hopp om frihet. Olof Palme var inte likgiltig, men situationen var komplicerad. Tidigare hade han prioriterat nationell självständighet och social förändring framför internationell stabilitet. Nu, inför hotet om ett kärnvapenkrig, ansåg han att kollektiv säkerhet var viktigare än allt annat. Tanken var att avspänningen skulle bana väg för ökad tillit och mer kontakter mellan öst och väst. På sikt skulle detta gynna en demokratiseringsprocess. Strategin omfattades av såväl liberaler som socialdemokrater över hela västvärlden och byggde på Helsingforsdeklarationen 1975, som undertecknats av USA, Sovjetunionen och nästan alla europeiska länder. Problemet var dock att det fanns en inbyggd motsättning i detta avtal: å ena sidan förbjöds all inblandning i andra staters inre angelägenheter, å andra sidan skulle alla undertecknade länder respektera grundläggande mänskliga rättigheter.

De svenska socialdemokraternas lösning på detta dilemma blev att betrakta Solidaritet som en renodlad fackförening. Under 1980–1981 stödde LO polska Solidaritet med bidrag på väl över en miljon kronor som bland annat användes till att bygga två större tryckerier. Men samtidigt ansåg LO att de polska arbetarna borde avhålla sig från all politisk och samhällsförändrande verksamhet. Ingen kontakt med KOR, det kunde ge "upphov till missuppfattningar" eftersom det var en politisk organisation, menade till exempel LO:s sekreterare Rune Molin. Vid partikongressen hösten 1981 tog Palme upp Polen och förklarade att han kände en stark sympati för "det polska folkets kamp för grundläggande fackliga och politiska rättigheter". Men i övrigt var han försiktig och betonade vikten av att omvärlden inte skulle blanda sig i konflikterna i Polen. Efter militärkuppen den 13 december 1981 blev han tydligare och krävde att fängslade medlemmar av KOR skulle friges.

Till skillnad från Brandt och Kreisky, som betraktade Solidaritet som ett hot mot de tysk-tyska förbindelserna, stödde Palme de polska arbetarna och dissidenterna. Några år senare, 1984, på ett möte mellan svenska socialdemokrater och polska demokratiaktivister, vädjade de senare till den svenske statsministern att lägga ett gott ord för dem hos de västtyska socialdemokraterna, som vägrade varje form av kontakt med den polska oppositionen. Men i jämförelse med engagemanget för Vietnam och Tjeckoslovakien under sextio- och sjuttiotalen var hans hållning lågmäld. En av Palmes starkaste sidor hade varit att han tagit ställning för små nationer mot båda supermakterna på ett ovanligt konsekvent sätt. I slutet av femtiotalet hade han till och med varit beredd att bygga en svensk atombomb för att säkra Sveriges nationella suveränitet. Nu intog han en avvaktande hållning till de framväxande motståndsrörelserna i öststaterna, dels därför att de hotade nedrustningen, dels av lojalitet med Brandt och Kreisky.

*

Nedrustningsarbetet var bara det ena av de två stora uppdrag som förde Palme tillbaka till den internationella scenen. I början av november 1980, samtidigt som Anders Ferm höll på att bygga upp Palmekommissionens kansli i Wien, kom ett tungt erbjudande: FN:s generalsekreterare Kurt Waldheim ville att Palme skulle mäkla fred mellan Iran och Irak. Kriget mellan de två länderna hade börjat en dryg månad tidigare, den 22 september, när irakiskt flyg gått till angrepp mot iranska flygfält. Den nationalistiske irakiske diktatorn Saddam Hussein, som hade styrt landet mer eller mindre enväldigt sedan 1976, fruktade att Iran skulle exportera sin islamiska revolution. Han gjorde också territoriella anspråk på den oljerika provinsen Khuzestan som gränsade till Basraprovinsen i Irak. Men den iranska armén lyckades slå tillbaka invasionen. Konflikten utvecklades till ett spöklikt gengångarkrig som påminde om första världskriget: fasta linjer, skyttegravar, taggtråd, senapsgas och minfält. Varken den nationalistiska Baathregimen i Bagdad eller det islamistiska styret i Teheran hade något omedelbart intresse av att avbryta kriget, som gödde patriotiska stämningar och stärkte makthavarnas grepp om sina respektive länder. Resultatet skulle bli ett utdraget blodbad som varade i åtta år och ledde till att en halv miljon människor dog.

Palme hade nyligen varit i området. I slutet av maj 1980 hade han, Bruno Kreisky från Österrike och den spanske socialistledaren Felipe Gonzáles besökt Iran som representanter för Socialistinternationalen. Väl hemma i Sverige avlämnade Palme en förhoppningsfull rapport om den islamistiska revolutionen, som då var drygt ett år gammal. Visserligen krävde han att de religiösa inslagen i landets grundlag skulle avlägsnas, men han uttryckte också en allmän optimism om att Iran var på väg mot frihet och demokrati. Dessa missriktade förhoppningar berodde delvis på att revolutionen i Iran till en början hade tyckts utgöra en del av en global rörelse mot demokrati. 1979 hade varit ett märkligt år. En efter en hade världens värsta tyranner fallit: den CIA-stödde shah Mohammad Riza Pahlavi i Iran, folkmördaren Pol Pot i Kambodja, den förryckte ugandiske diktatorn Idi Amin, rasisten Ian Smith i Rhodesia, Nicaraguas korrupte president Somoza, den blodtörstige och brutale kejsaren Bokassa i Centralafrika och Sydkoreas starke man Park Chung Hee. Sjuttiotalet hade slutat med stora förhoppningar om att världen var på väg mot större frihet och fredligare förhållanden under det kommande decenniet.

Om Waldheims erbjudande hade något samband med Palmes relativt välvilliga kommentarer om den iranska revolutionen är svårt att säga. Enligt generalsekreteraren var dock Palmes namn det enda som hade kunnat accepteras av alla medlemmar i säkerhetsrådet. Det gjorde det omöjligt för honom att tacka nej, trots att många i hans omgivning avrådde. Uppdraget betraktades som mer eller mindre hopplöst. "Folk skiter i om du tar ansvar. Det är resultaten som räknas", menade Anders Ferm från Palmekommissionens kansli i Wien. Socialdemokratiska partiets verkställande utskott förordade däremot enhälligt att Palme skulle tacka ja. Ledamöterna insåg att den mediala bevakningen av Palme som FN:s betrodde medlare i en av samtidens större konflikter knappast skulle skada partiet. Det handlade inte i första hand om att vinna stora mängder väljare utan snarare om att stärka de lokala aktivisternas moral inför valrörelsen. De ledande socialdemokraterna visste vilken tillfredsställelse partikadern fick av att jämföra sin kosmopolitiske ledare med de provinsiella borgerliga politikerna. Men det var naturligtvis också en lojalitetsförklaring med Palme från den socialdemokratiska ledningen, ett löfte om att inga palatskupper skulle äga rum i hans frånvaro.

Uppdraget visade sig dock vara precis så omöjligt som alla dysterkvistar förutspått. Officiellt var inte Palme "medlare" – det ordet hade en negativ klang i Iran – utan "generalsekreterarens särskilde representant". Palme samlade snabbt ihop sitt team. Från svenska Utrikesdepartementet kom Jan Eliasson, en begåvad ung diplomat som fötts i Göteborgs arbetarkvarter och hade socialdemokratiska sympatier. Han hade varit stationerad i Washington och han och Palme skulle komma att fördriva långa flygresor med att tävla i kunskaper om amerikansk inrikespolitik. I mitten av november träffade Palme sina internationella medarbetare i FN-skrapan vid East River i New York. Därefter åkte hela sällskapet till Teheran och Bagdad för en första förhandlingsrunda mellan den 20 och 24 november 1980. Palme blev mottagen av både den irakiska och den iranska regeringen och lyckades utverka fri lejd för 63 tankfartyg som legat instängda i Persiska viken sedan krigsutbrottet. Men sedan var det stopp. "Den politiska viljan till fred finns inte nu", konstaterade Palme lakoniskt. Han gjorde ytterligare fyra resor till området under 1981 och 1982. Stundtals skulle det tyckas som om han kommit nära en lösning, men i sista ögonblicket kom alltid ett bakslag: en part backade ur, en nyckelpolitiker föll från makten eller dog. Från och med hösten 1982 delegerade Palme i praktiken sitt medlingsuppdrag till Eliasson. Men officiellt var han ännu "generalsekreterarens särskilde representant" vid sin död i februari 1986, vilket ledde till en rad spekulationer om att mordmotivet fanns att söka i Mellanöstern.

Det var symtomatiskt att Palmes två stora internationella uppdrag i början av åttiotalet visade sig omöjliga att genomföra. Världsordningen hade förändrats på ett fundamentalt sätt sedan sextiotalet. Då hade den huvudsakliga konflikten stått mellan västvärlden och befrielserörelser i tredje världen. Denna motsättning levde visserligen ännu kvar i en rad länder i Latinamerika, södra Afrika och även på sitt sätt i den islamistiska revolutionen i Iran. Men andra konfliktdimensioner hade tillstött. USA framstod inte längre som den enda imperialistiska supermakten. Oavsett vem som utlöst det nya kalla kriget var det ett faktum att Sovjetunionen nu framträdde på ett mer aggressivt sätt. I tredje världen hade också nya ideologiska strömningar börjat brytas mot varandra. I kriget mellan Irak och Iran stod islamistiska fundamentalister mot auktoritära sekulära nationalister, två grupper som var lika hänsynslösa i sin likgiltighet inte bara inför mänskliga rättigheter utan även inför själva människolivet.

Men för Palme var de internationella uppdragen en existentiell nödvändighet. Han inspirerades av kontrasten mellan det mycket främmande och det mycket lokala. Palme älskade, som hans första biograf Björn Elmbrant insiktsfullt har uttryckt det, "ett liv med just denna motsägelse, mellan det banala och det storslagna, det internationella och det provinsiella". Det gick åt båda hållen. Han fann det inspirerande att komma direkt från en förhandling i Paris eller Moskva till ett möte i den lilla arbetarkommunen i Norrlands inland. Men också att hålla kontakten med Sverige från avlägsna platser runtom i världen. Som medlare i kriget mellan Iran och Irak kunde han ringa hem från Teheran för att med skottlossning i bakgrunden diskutera Thorbjörn Fälldins senaste utspel.

*

Palmes storpolitiska uppdrag väckte respekt på hemmaplan. Men också axelryckningar eller öppen kritik. Mot slutet av sjuttiotalet hade Sverige sjunkit tillbaka in i en mer provinsiell hållning gentemot omvärlden. En anledning var att det inte längre var lika lätt att ta ställning. Utvecklingen i Indokina efter att USA dragit sig tillbaka var förvirrande. Folkmord i socialismens namn i Kambodja, krig mellan Vietnam och Kina och tusentals människor på flykt. Men den långvariga krisen hade också lett till att motsättningarna ökat i det svenska samhället. Under 1980 inträffade den största arbetsmarknadskonflikten i svensk historia sedan storstrejken 1909. I början av april – en vecka efter kärnkraftsomröstningen och samtidigt som Palme var i Moskva – varslade Svenska arbetsgivareföreningen om lockout av 750 000 LO-arbetare. Parterna stod långt ifrån varandra. Arbetsgivarna hävdade att det inte fanns någon möjlighet att höja lönerna medan LO krävde 11,3 procent i påslag. Den 2 maj bröt konflikten ut. I storstäderna stannade kollektivtrafiken, flygplatserna stängdes och på radio och teve sändes bara korta nyhetsinslag. Konflikten varade i tio dagar och underströk att Sverige inte längre var arbetsfredens förlovade land.

Inom arbetarrörelsen fanns det kritiker som tyckte att partiordföranden borde fara runt mindre i världen och vara mer på plats hemmavid. Efter Palmes första resa till Iran och Irak hävdade en rad borgerliga tidningar att många socialdemokrater ville ha den före detta socialdemokratiske kommunministern Hans Gustafsson som ny partiledare. Det var ett förslag utan egentlig förankring inom socialdemokratin. Palmes kommentar var dräpande: "Det är synd om Hans att de borgerliga gjort Muzorewa av honom." Den svarte biskopen Abel Muzorewa var, vilket få svenskar visste, de vita rasisternas presidentkandidat i Rhodesia. Men även om den borgerliga pressen överdrev fanns det en intern kritik. *Dala-Demokraten*, som alltid haft ett horn i sidan till Palme, krävde hans avgång medan en annan socialdemokratisk lokaltidning nöjde sig med att föreslå delat ledarskap. Palme svarade sina kritiker med hetta: "Vad är ett parti utan vilja till solidaritet och samarbete mellan människor och nationer? En provinsiell rörelse, utan idéer och visioner, förutbestämd att sluta på egoismens och chauvinismens sida i den globala maktkampen."

Hösten 1981 blev svenskarna också varse att avståndet mellan Sverige och den stora världen inte var så långt. På morgonen lördagen den 28 oktober upptäckte en minkfarmare i Blekinges skärgård att en ubåt gått på grund i den fjärd som låg utanför hans ö. Det blåste hårt och den sovjetiska fanan fladdrade i vinden. Han kontaktade den lokala marinstaben i Karlskrona som skickade en misstrogen officer för att undersöka saken. När det konstaterats att det verkligen var en sovjetisk ubåt som låg som en strandad val vid Gåsefjärden på Blekingekusten kallade utrikesminister Ola Ullsten till sig den sovjetiska ambassadören och överlämnade en skarp protest, sannolikt den kraftfullaste sedan Catalinaaffären i början av femtiotalet. Sedan 1980 hade rapporterna om "bedömt ubåtsrelaterade föremål av olika slag" i svenska farvatten ökat, men den svenska marinen hade ännu inte lyckats definitivt bevisa att det rörde sig om främmande ubåtar och än mindre avgöra deras identitet. Men nu var ryssarna ertappade *in flagranti*.

Den följande veckan blev dramatisk. Utvecklingen följdes på plats i Blekinge av ett stort pressuppbåd från hela världen. I den kalla höstblåsten övade svenska jägarsoldater på de intilliggande holmarna samtidigt som sovjetiska jagare patrullerade strax utanför den svenska territorialgränsen. Vid ett tillfälle trodde man att de ryska fartygen var på väg in på svenskt vatten för ett fritagningsförsök. När statsminister Thorbjörn Fälldin, som skötte ubåtsfrågan med gott omdöme, fick höra talas om detta gav han den kärva ordern: "Håll gränsen". Lyckligtvis var det ett falsklarm. Några dagar senare blev läget ännu allvarligare när statsminister Thorbjörn Fälldin på en presskonferens meddelade att U-137 sannolikt var kärnvapenbestyckad. Sovjet vägrade att släppa svenska experter ombord men förnekade inte anklagelsen. Ubåten släpptes den 6 november och tuffade i väg mot Kaliningrad. Men den arga notväxlingen mellan Sovjet och Sverige fortsatte. Strax före jul fick Moskva den svenska bärgningsnotan på 5,2 miljoner kronor, som även innefattade den svenska militärpersonalens resekostnader och traktamenten. På ett plan var det komiskt, som hämtat ur någon gammal beredskapsfilm. Att farkosten också tillhörde "whiskeyklassen" förstärkte känslan av fars. Men det var också en allvarlig påminnelse om att den militära spänningen hade ökat i Nordeuropa.

Reaktionen på den sovjetiska kränkningen blev stark. Få svenskar trodde på förklaringarna från den sovjetiska ledningen om att det var en olycklig felnavigering som hade fört U-137 in på svenskt territorialvatten. Precis som Fälldin ansåg Palme att situationens allvar krävde nationell samling och gjorde inga egna utspel. De sovjetiska ubåtarna blev en långvarig följetong i svensk offentlighet. Dels i form av rapporter om ständiga men resultatlösa ubåtsjakter längs den svenska kusten, dels genom en serie politiska bråk som alla hade sitt epicentrum i de förmodade sovjetiska kränkningarna. Delvis gynnades högern av oron för sovjetiska ubåtar. Traditionell ryssfientlighet och upprustningsiver fick en renässans. Oroliga smålänningar startade en insamling för att marinen skulle kunna köpa ett ubåtsjaktsfartyg. Men U-137 blev också en skarp påminnelse om att Östersjön inte var en fredlig avkrok i Europas utkant utan ett militärt konfliktområde fyllt av kärnvapen. I det perspektivet fick Olof Palmes internationella arbete för nedrustning och säkerhet en ny lyster. Långt före andra svenska politiker hade han insett att risken för krig hade blivit större och försökt göra något åt det. Ingen kunde längre säga att hans internationella arbete inte hade något med svenska förhållanden att göra. Frågan var bara hur.

*

Det måste ha varit en mardröm för befälhavaren på U-137 att upptäcka att han hade gått på grund i ett skärgårdslandskap med fri sikt åt alla håll. Men för de flesta svenskar var detta det vackraste naturscenerier man kunde tänka sig. Åtminstone enligt författaren och rockartisten Ulf Lundell: "Jag trivs bäst i öppna landskap, nära havet vill jag bo...", sjöng han i sin omåttligt populära sång "Öppna landskap" som kom ut hösten 1982, nästan exakt ett år efter den sovjetiska ubåtens grundstötning. Kanske hade han också påverkats av den känsla av utsatthet som bilden av U-137 i den svenska skärgården hade väckt hos många: "Jag trivs bäst i fred och frihet, för både kropp och själ, ingen kommer in i min närhet, som stänger in och stjäl..."

Lundell var typisk för den nyromantiska andan i Sverige i början av åttiotalet. Sextio- och sjuttiotalens uppskruvade politiska krav framstod som allt mer fantasilösa och kvävande. Den unge litteraturkritikern Mats Gellerfelt rasade mot den svenska kulturdebatten i tidskriften *Jakobs Stege* 1980: "Låt oss skapa ett språkligt visionärt mysterium, skapa en, två, hundra *Finnegans Wake*. Låt oss inte vara fega. Erkänn att konsten är konst! Erkänn att ordet är ord! Låt oss vara fräcka nog att tala om tiden, livet och döden." Få var väl beredda att gå upp på högmodernismens barrikader tillsammans med Gellerfelt och Joyce, men många författare som tidigare vänt sig utåt blev nu intresserade av vad som fanns på insidan. Att skriva om den lilla världen kunde dock ofta rättfärdigas under mottot "det personliga är politiskt". Sedan början av sextiotalet hade Sven Lindqvist granskat Sverige och världen ur en vänstersocialdemokratisk synvinkel. Men 1981 överraskade han sin publik med att ge ut *En älskares dagbok*, ett självutlämnande verk som byggde på brev och anteckningar från hans tonårstid. Året därefter påbörjade Jan Myrdal en trilogi om sin uppväxt i Alva och Gunnar Myrdals inte så gemytliga socialdemokratiska mönsterhem. Myrdals författarskap hade alltid rymt ett starkt självbiografiskt inslag, men *Barndom*, som första delen hette, var en kompromisslös uppgörelse med hans internationellt berömda föräldrar och det iskalla förnuftet i folkhemmets sociala ingenjörskonst. Ur ett annat perspektiv kunde man se det som ett psykodrama om ett äkta par som var så upptagna av varandra att de försummade barnen känslomässigt.

I vilket fall innebar uppgörelsen med rationaliteten och den stränga politiska medvetenheten att fantasi och fabulerande kom till heders igen. När Astrid Lindgren kommit ut med *Bröderna Lejonhjärta* i början av sjuttiotalet hade en del svenska kritiker ifrågasatt berättelsens halvreligiösa föreställning om ett liv efter detta. Men 1981 mottogs hennes sista bok, *Ronja rövardotter*, ovationsartat. Alla älskade den fantasifulla berättelsen om den livskraftiga Ronjas fria skogsliv bland vildvittror, grådvärgar och andra sagovarelser. Ett av tidens populäraste ord var "skröna", vilket nu fått en helt igenom positiv klang. Intresset för fiktiva världar och andra verkligheter var dock inget specifikt svenskt. Vid denna tid gjorde George Lucas rymdepos *Star Wars* sitt segertåg världen runt samtidigt som kulturvärlden hyllade Latinamerikas "magiska realister" med Gabriel García Márques i spetsen. Han fick Nobelpriset 1982.

Ett annat tidstecken var att föreställningar om evig ondska och godhet kommit tillbaka. Det innebar inte alltid att det sociala engagemanget kastades överbord. Men gestaltningen av de samhälleliga konflikterna spetsades nu med en portion metafysik som varit otänkbar tio år tidigare. Överklassen var inte bara kallhamrad och självisk, den var i en djupare mening ond och sadistisk. Först ut var Jan Guillou – känd från IB-affären – som 1981 gav ut en livfull skildring av pennalism i internatskolemiljö under den raka titeln *Ondskan*. Samma år inledde Sven Delblanc en ny framgångsrik romansvit med romanen *Samuels bok* som handlade om en religiöst grubblande byskollärare på artonhundratalet. Följande år fullkomligt exploderade det svenska kulturlivet av onda män, från handelsmannen som utan skrupler utnyttjade fattiga kvinnor i artonhundratalets Västerbotten i Torgny Lindgrens genombrottsroman *Ormens väg på hälleberget* till Hasse Alfredsons nazistiske fabrikör i filmen *Den enfaldige mördaren* som utan skrupler utnyttjade fattiga kvinnor i trettiotalets Skåne. I detta mer religiöst tillåtande klimat blev det också möjligt för Ingmar Bergman att göra en storstilad återkomst och äntligen vinna sina landsmäns kärlek med storfilmen *Fanny och Alexander*. Plötsligt var den svenska publiken mottaglig för den bergmanska repertoaren av religiösa grubblerier, skuldfrågor, sexuell frustration och borgerliga familjekonflikter. Mest talande är kanske att uttrycket "en Fanny och Alexander-jul" kom att bli synonymt med en varm och trivsam familjegemenskap – vilket kanske inte var vad Bergman avsett. Eller också förstod han sig på svenskt familjeliv bättre än någon annan.

Men det var inte bara överklassen som var ond. En ny sorts samhällskritik hävdade att även den socialdemokratiska välfärdsstaten var hjärtlös och kall. Att gissla social ingenjörskonst och centralbyråkratisk planeringsiver var, som vi har sett i tidigare kapitel, visserligen ett bärande tema för radikala sextio- och sjuttiotalsförfattare som Jan Myrdal, P.C. Jersild och Lars Gustafsson. Men denna kritik hade haft socialistiska förtecken. Det var inte staten i sig som var problemet utan dess bejakande av en kapitalistisk samhällsordning. Nu började tänkare och debattörer på högerkanten driva tesen att marknadsekonomin var det humana alternativet till välfärdsstatens förmenta omänsklighet. År 1980 gav näringslivets bokförlag Ratio ut *I morgon kapitalism* av den franske ekonomen och journalisten Henri Lepage. Dess originalitet var att den använde sig av vänsterns samhällskritiska tonläge men presenterade marknadsekonomin som det utopiska alternativet.

Några år senare gav ekonomiprofessorn och moderaten Staffan Burenstam Linder, som varit handelsminister i den borgerliga regeringen mellan 1979 och 1981, ut debattboken *Den hjärtlösa välfärdsstaten*. Han menade att det stora felet med välfärdsstaten var att den inte levererade vad den lovade, nämligen trygghet:

> Mitt i välfärdsstaten med dess enorma offentliga utgifter och program för den sociala tryggheten råder en social misär. Stigande brottslighet, missbruk av droger och alkohol, stress, självmord, mobbing, barnmisshandel och våld mot kvinnor, familjesplittring, anonymitet, ensamhet och främlingskap, vandalism och hänsynslöshet tillhör den kusliga vardagen.

Denna katalogaria kunde ha varit hämtad ur Herbert Marcuses *Den endimensionella människan*. Men Burenstam Linders lösning var inte socialistisk revolution utan vad han kallade "ett välfärdssamhälle" – i motsats till "en välfärdsstat" – baserad på marknadsekonomi och frivillig solidaritet mellan medborgarna. Staten skulle rullas tillbaka till förmån för välgörenhet och gemenskap mellan människor i det civila samhället. "Marknadsekonomin", förklarade han, "ger den valfrihet och den reella möjlighet att påverka den egna livssituationen som behövs både för själslig och social välfärd – och för friheten."*Den hjärtlösa välfärdsstaten* var ett av flera tecken på att den anglosaxiska högervåg som fört Reagan och Thatcher till makten nu kommit till Sverige på allvar. Sedan 1978 hade den högerorienterade tankesmedjan Timbro i en accelererande takt gett ut debattböcker, undersökningar och även någon enstaka roman med en starkt marknadsvänlig hållning. Nyliberala idéer, som ofta betraktades som fräscha och provokativa, fick också allt större utrymme på tidningarnas debattsidor och i riksdagsdebatten. Inte minst lanserades den nya anti-keynesianska nationalekonomin som utvecklats vid University of Chicago och andra nordamerikanska universitet. Nya begrepp som monetarism, "public choice" och äganderättsskolan dök upp i debatten. Det var ett intellektuellt fyrverkeri som skulle resultera i en rad ekonomipris till forskare som Gary Becker, James Buchanan, Ronald Coase och andra under de följande åren.

Men att angripa den svenska välfärdsstaten från höger visade sig vara lika ineffektivt som att storma den från vänster. Den stora majoriteten av svenskar ville ha en opersonlig och effektiv stat som levererade sociala rättigheter utan moraliserande om droger, självmord, stress och familjesplittring. Stödet för den svenska välfärdsstaten har under efterkrigstiden varit ungefär lika konstant som stödet för den svenska monarkin. Entusiasmen var till och med på uppgång under andra hälften av sjuttiotalet, under lågkonjunkturen och den borgerliga regeringen. År 1970 hade andelen svenskar som instämt i påståendet "Det har gått så långt med sociala reformer här i landet att staten i fortsättningen hellre borde minska än öka bidrag och stöd åt medborgarna" utgjort en respektabel minoritet på omkring 40 procent av dem som svarade. Kring 1980–1981 – då Sverige anses ha drabbats av en högervåg – var andelen nere på omkring 20–25 procent. Stödet för de flesta aspekter av socialpolitiken var överväldigande. I början av åttiotalet ansåg mellan sjuttio och nittio procent av medborgarna (beroende på exakt område) att stat och kommun inte fick minska sina utgifter för pensioner, sjukvård och utbildning. Mellan trettio och sextio procent ansåg dessutom att utgifterna för äldreomsorg, sjukvård, stöd till barnfamiljer, forskning och sysselsättning borde öka. Det enda man ville dra ner på var behovsprövade bidrag som bostadsbidrag och socialbidrag – det vill säga det som ligger utanför den generella välfärden – samt statlig och kommunal administration. Svenskarna ville ha en välfärdsstat med mycket generösa villkor för alla medborgare men helst utan byråkrater och oföra människor som låg det allmänna till last.

Däremot blev de nya idéerna en intellektuell injektion för Moderata samlingspartiet, som aldrig riktigt kunnat skaka av sig bilden av att vara ett parti för lantjunkare och Östermalmsdamer. De nya högerintellektuella hade ett universellt budskap: välfärdsstaten var inte bara var ekonomiskt ineffektiv utan även socialt defekt. Kombinationen av den nya nationalekonomin som belönades med ekonomipris efter ekonomipris och den nya övertygelsen om kapitalismens moraliska överlägsenhet gav Moderaterna en ny och stoltare hållning. Detta innebar en maktförskjutning på den borgerliga sidan. Folkpartiets vänsterliberalism hade befunnit sig i nedgång under större delen av sjuttiotalet, och efter kärnkraftsomröstningen i mars 1980 hade Centern tappat sin mest attraktiva fråga. Nu var det tydligt att Moderaterna hade blivit Socialdemokraternas huvudopponent. Vilket ironiskt nog ledde till att Gösta Bohman, som under hela sjuttiotalet ägnat sig åt ett tålmodigt ingenjörsarbete för att hålla ihop den borgerliga koalitionen, drabbades av övermod.

*

Med kärnkraftsomröstningen bakom sig såg utsikterna för den andra Fälldinregeringen tämligen goda ut. Nu kunde de borgerliga partierna äntligen ta itu med sin stora gemensamma fråga: att sänka skatterna. Detta var den klassiska höger-vänsterfrågan i svensk politik. Här fick vaga begrepp som "frihet" och "jämlikhet" en konkret och begriplig innebörd. Socialistisk politik betydde högre skatter, borgerlig politik lägre skatter. I valrörelsen 1979 hade framför allt Moderaterna och Folkpartiet utlovat skattesänkningar. De hade visat sig svåra att genomföra. Sedan hösten 1979 befann sig ekonomin på väg nedåt med rekordfart. Under 1980 hade Fälldin tvingats höja skatteuttaget med rekordbeloppet åtta miljarder kronor för att rädda statens finanser. Men vintern 1981 bestämde sig ändå regeringen för att försöka sänka progressiviteten i skatteskalorna och sänka marginalskatterna (den skattesats som medborgarna betalar på sina sista intjänade hundra kronor). De borgerliga ville införa ett tak så att ingen skulle betala mer än femtio procent i marginalskatt på inkomster upp till 120 000 kronor (i dag omkring 320 000 kronor).

Men det fanns också en spricka på den borgerliga sidan. Mittenpartierna ville ha en uppgörelse som också omfattade Socialdemokraterna. Moderaterna med sin nyvunna ledarroll och sitt nyvaknade självförtroende var dock principiellt ointresserade av att kompromissa med Socialdemokraterna. Gösta Bohman var misstänksam och ansåg att Socialdemokraterna utnyttjade "utsträckta händer för att försvåra eller omintetgöra de åtgärder regeringen ansåg nödvändiga". Hans slutsats – som han deklarerade internt – var att Moderaterna aldrig skulle göra upp med Socialdemokraterna, inte ens när man hade samma ståndpunkt. Men när regeringen presenterade sina planer på en marginalskatteomläggning i början av februari 1981 kunde han rimligen inte motsätta sig att Fälldin och Ullsten bjöd in Socialdemokraterna till samtal. Det fanns goda förutsättningar för en kompromiss. Vid det här laget hade också Socialdemokraterna insett att skattesystemet behövde en ordentlig översyn. Efter Pomperipossa och andra pinsamma skatteaffärer var Strängs auktoritet naggad i kanten.

Kjell-Olof Feldt, som alltmer trätt fram som ny socialdemokratisk talesman i ekonomiska frågor, insåg att det var nödvändigt att minska marginaleffekterna. Han var en kortväxt, lugn man med mjuk röst som vuxit upp med en ensamstående mor under knappa omständigheter i Norrland men läst vidare och tagit studentexamen. När han kom till Uppsala för att studera i början av femtiotalet hade han varit tämligen ointresserad av politik. På ett nästan förstrött sätt hade han ramlat in i den socialdemokratiska studentklubben Laboremus och sedan gått vidare till Finansdepartementet. Redan i mitten av sextiotalet hade politiska kommentatorer förutspått att han "skulle bli finansminister i Palmes regering". Han hade en vass penna och var en skicklig polemiker, men var inte särskilt passionerad som politiker. "Klok som en hund", var Erlanders omdöme. Med sin svala inställning till ideologiska frågor och ointresse för retoriska vändningar var han Palmes raka motsats. Som ekonom var han framför allt bekymrad över att stora delar av partiet inte förstod att det var företagandet och inte staten som genererade välstånd.

Men trots att Socialdemokraterna var på väg att ompröva marginalskatterna var de ovilliga att vänslas alltför kärleksfullt med mittenpartierna. Det starka interna missnöjet över att partiledningen hade stött Ullsten hösten 1978 spökade fortfarande, inte minst för Palme. Under våren träffades parterna fyra gånger i regeringens sammanträdesrum i Riksdagshuset vid Sergels torg utan att komma någon vart. Men torsdagen den 24 april verkade det som om något slags kompromiss var möjlig. Uppgiften att finslipa ett underlag till följande morgon delegerades till folkpartisten Rolf Wirthén och Kjell-Olof Feldt. Efter intensiva förhandlingar lämnade Feldt sitt sista förslag till Wirthén på kvällen och åkte hem till sin bostad i Nacka. Strax efter klockan ett ringde Wirthén och förklarade att han med några smärre justeringar godtog det socialdemokratiska förslaget. Feldt kastade sig i sin tur på telefonen till Palme, som ännu inte gått till sängs, och berättade att de borgerliga partierna hade "lagt sig platt". Eller nästan i alla fall, det var oklart om Wirthén hade förankrat förslaget hos Gösta Bohman.

Det hade han inte. Han hade visserligen frågat Fälldin om inte Moderatledaren borde underrättas om vad som hänt, men statsministern hade svarat att det var onödigt. När Bohman fick ta del av förslaget på fredagsmorgonen slog han bakut. Om Wirthéns och Feldts uppgörelse godtogs, deklarerade han, skulle Moderaterna lämna regeringen. "Det hade jag inte riktigt klart för mig", svarade Fälldin, vilket han rimligtvis hade. Gösta Bohman var inte en otydlig människa. Framåt tiotiden återupptogs förhandlingarna med Socialdemokraterna. Palme var otålig – han skulle till ett nedrustningsmöte i Genève – men Fälldin var så angelägen om en uppgörelse att han erbjöd Palme att använda regeringsplanet. Efter ytterligare några turer enades Palme, Fälldin och Ullsten. Bohman var ytterst missnöjd men ville inte öppet frondera mot sina regeringsbröder. Därmed var det som kommit att kallas "den underbara natten" till ända. Begreppet skapades av Wirthén som samma morgon hade blivit tillfrågad av en radioreporter om hur natten hade varit och svarat "Underbar!".

Efter nästan två veckors förvirring stod resultatet klart. Kompromissen om marginalskatterna stod sig och Moderaterna hade lämnat regeringen i vredesmod. Det var en magnifik triumf för Socialdemokraterna. På ett plan var det oförtjänt. Palme och Feldt hade inte gått in i förhandlingarna med avsikten att spräcka den borgerliga regeringen. Det verkade snarare som om den hade självdestruerat. Men i ett längre perspektiv var den underbara natten resultatet av Palmes flört med Folkpartiet 1978. Den hade lett till att han dels skaffat sig ett personligt förtroende hos Folkpartiet som nu gett utdelning med råge, dels skapat en spricka mellan Moderaterna och mittenpartierna som utvidgats till en avgrund på grund av högerns segerrusighet efter framgångarna i valet 1979.

*

Den 22 maj 1981 bildade Fälldin sin tredje regering tillsammans med Ola Ullsten, med passivt stöd från Gösta Bohman. Även om de folkpartistiska och centerpartistiska statsråden gick lite rakare i ryggen efter att kastat ut Moderaterna, blev den nya mittenregeringens resa fram till valdagen hösten 1982 plågsam. Det ekonomiska läget försämrades snabbt. 1981 blev ett av de sämsta åren efter andra världskriget: tillväxten närmade sig noll, arbetslösheten steg och Sveriges kreditvärdighet började ifrågasättas av internationella banker. För att klara statsfinanserna drev den borgerliga riksdagsmajoriteten igenom ett tufft besparingsprogram. Karensdagar infördes i sjukförsäkringen (tidigare hade man även fått betalt vid första sjukdagen), ersättningen vid arbetslöshet försämrades och pensionsnivåerna frystes trots den höga inflationen. Denna politik blev opinionsmässigt katastrofal för de socialliberala mittenpartierna.

Läget var utomordentligt gynnsamt för Palme. Efter sex år av regeringskriser och ekonomisk kris hade väljarna tröttnat på de borgerliga partierna. Samtidigt hade Socialdemokraterna äntligen hittat fram till ett effektivt sätt att driva opposition. Efter valnederlaget hade Palme insett att Socialdemokraterna inte kunde gå in i valrörelserna med en politik baserad på rekordårens tillväxt. I december 1979 hade han skapat en särskild krisgrupp med Ingvar Carlsson, Kjell-Olof Feldt, Rune Molin från LO och en ung begåvad landstingspolitiker från Stockholm som hette Leni Björklund för att lägga om partiets ekonomiska kurs. Utgångspunkten var att arbetarrörelsen underskattat allvaret i den ekonomiska situationen. Inte minst Kjell-Olof Feldt drev tesen att arbetarrörelsen inte längre kunde vara "Partiet Med De Goda Gåvorna" utan måste ställa om till kamp mot de strukturella problemen i svenskt näringsliv. Det innebar inte minst att lönsamheten måste öka inom den "industriella verksamheten", det vill säga högre vinster till ägarna. Som Feldt påpekade var det alltid bättre att tala om "industri" än om "näringslivet" om man ville att löntagarna skulle göra uppoffringar. Han framhöll att vinstens andel av nationalprodukten hade sjunkit från trettio till femton procent under sjuttiotalet. Den något kärva parollen blev att Sverige skulle "arbeta och spara sig ur krisen".

Krisgruppen möttes inte av allmänt jubel inom arbetarrörelsen. Ett tidigare socialdemokratiskt statsråd kallade det för SAF-politik och LO:s ordförande Gunnar Nilsson ansåg att det var "dumheter". När man gick ut i rådslag och frågade om partimedlemmarna kunde acceptera ökad arbetstid och tillfälliga nedskärningar av sjukpenning och pensioner blev reaktionerna ilskna. Feldt blev bland annat utskälld av en arbetare på ett pappersbruk i sitt riksdagsdistrikt i Dalarna som "beskrev hur det var att jobba femskift och vad det skulle innebära att till detta lägga ytterligare åtta timmar". Han fick backa från de mest uppenbart marknadsvänliga förslagen. Men när partiet samlades till kongress hösten 1981 hade många medlemmar accepterat tanken på att det måste bli ordning på ekonomin innan man kunde återgå till ett offensivt reformarbete. Däremot försvann krisgruppens mer preciserade förslag på besparingar när det slutgiltiga programmet presenterades med titeln "Framtid för Sverige". Feldt hade velat ha en stramare rubrik av karaktären "Program mot den ekonomiska krisen" men hade blivit överkörd av partisekreteraren Sten Andersson.

Krisprogrammet fungerade väl i valrörelsen. För det första framstod inte Socialdemokraterna som populistiska när de kritiserade den borgerliga regeringens nedskärningar eftersom man hade egna och förmodat bättre ekonomiska åtgärder. För det andra blev krisprogrammet ett sätt att neutralisera de besvärliga löntagarfonderna. Enligt Feldt hade detta också varit ett av de ursprungliga motiven till att själva idén med krisgruppen fötts i september 1979: "Av ett samtal vi hade efter återkomsten till Stockholm framgick också att [Palme] letade efter en strategi och efter vägar att förvandla löntagarfondsfrågan till en tillgång i stället för att göra det till en belastning." Ideologiskt sett var krisprogrammet i total konflikt med det ursprungliga fondförslaget. Men Feldt ville att fonderna i stället skulle göras om till mer neutrala investeringsfonder utan socialistiska avsikter. På kongressen 1981 pläderade Palme och Feldt för att fonderna främst var ett sätt att få marknadsekonomin att fungera bättre. Men en del ombud ville fortfarande se fonderna som ett offensivt förslag. "När Olof Palme får frågan om fonder av reportrarna från radio och teve uppträder han som en skrämd mus", förklarade en delegat från Skåne. Men till slut fattade kongressen ett lagom luddigt beslut när det gällde fonderna. Det band inte upp Palme och partistyrelsen och öppnade för dialog med andra parter, det vill säga de borgerliga partierna.

Detta var också helt i linje med Palmes taktik inför valrörelsen. År 1982 valde han avsiktligt en mjukare linje än i tidigare valrörelser och talade om samförstånd och utsträckta händer. Till allmän förvåning blev rollerna ombytta när han mötte Thorbjörn Fälldin i en valduell i Kalmar i valrörelsens slutskede. Fälldin framstod som tuff och aggressiv, Palme som lågmäld och eftertänksam. Det var ingen lyckad debatt för Palmes del, efteråt talade Socialdemokraterna om Fälldin som "Hulken", det jättelika gröna serietidningsmonstret. Den tyske författaren Hans Magnus Enzensberger som följde den svenska valrörelsen fann det hela onaturligt fridsamt: "Redan dagarna före valet hade jag slagits av det oerhörda jämnmod med vilket svenskarna fördrog sin valkampanj och av talarnas stoiska artighet." Men ur ett socialdemokratiskt perspektiv var taktiken effektiv. Palmes nya milda framtoning gick i linje med krisprogrammets anspelningar på trettiotalet då Per Albin Hansson enat nationen och fört Sverige ur depressionen. Detta budskap underströks av att Socialdemokraterna för första gången sedan trettiotalet hade den svenska flaggan på en valaffisch. Och dessutom Palmes ansikte – vilket inte förekommit sedan 1970. I sin slutreplik i partiledardebatten i teve hade Palme förklarat:

> Visst är jag demokratisk socialist; som Branting när han genomförde rösträtten; som Erlander när han byggde ut den sociala tryggheten och ATP. Det handlar om omtanke och solidaritet människor emellan.

Men många kommentatorer menade att Palme ändå inte var landsfadersmaterial. "Han saknade den födde landsfaderns tyngd, han var alltför intellektuell, alltför rörlig, alltför storstadsmässig för att vinna tillgivenhet", ansåg Enzensberger.

Valrörelsen påverkades också av att det socialdemokratiska kongressbeslutet att införa löntagarfonder fick det svenska näringslivet att gå ut i sin största politiska kampanj sedan planhushållningsdebatten 1948. Den blev ganska vulgär. SAF anlitade en amerikansk reklambyrå som via tidningsannonser, affischer, broschyrer och bioreklam propagerade mot fonderna. Under sommaren uppsökte lättklädda ungdomar badstränderna och delade ut antifondmaterial på uppdrag av Företagarförbundet. Om syftet var att förhindra en socialdemokratisk regering var den förfelad. Väljarna var trötta på den borgerliga splittringen och oroliga över arbetslöshet och nedskärningar i välfärdssystemen. På längre sikt var kampanjen, som skulle fortsätta under hela åttiotalet, mer framgångsrik. Motståndet mot fonderna gjorde den socialdemokratiska partiledningen – som aldrig varit särskilt entusiastisk för förslaget – än mer benägen att gå försiktigt fram i fondfrågan när man väl gick till beslut.

Socialdemokraternas andel av rösterna på valdagen den 19 september 1982 blev inte sensationell: 45,6 procent. Däremot blev avståndet mellan de två blocken det största sedan 1968. Såväl Folkpartiet som Centern gick bakåt. Moderaternas framgångar fortsatte under Ulf Adelsohn, en ung Stockholmspolitiker som efterträtt den sjuttioårige Gösta Bohman hösten 1981. Palme var överlycklig: "Ikväll är det härligt att vara socialdemokrat!" ropade han till den rusiga folkmassan i Folkets hus i Stockholm på valnatten. Han hade äntligen vunnit en stor och definitiv seger. Sedan 1976 hade han varit den förste socialdemokratiske partiledare som förlorat ett val på fyrtiofyra år. Nu var han den förste socialdemokratiske partiledare som hade återtagit makten sedan 1932.

Men Sverige och världen hade förändrats sedan han lämnat Kanslihuset 1976. Då hade han ännu kunnat driva de frågor som han prioriterat under större delen av sitt politiska liv: jämlikhet, jämställdhet och stöd till små länder mot supermakterna. När han nu återvände till makten hade dagordningen förändrats. På den inrikespolitiska arenan var han tvungen att ställa sig bakom ett förslag som han inte trodde på: införandet av löntagarfonder. På den utrikespolitiska arenan stod kollektiv säkerhet och nedrustning överst på hans dagordning. Även om han bottnade i denna fråga var den heller inte helt och hållet hans egen. Nu spelade han i lag med de västtyska socialdemokraterna, vars intressen inte alltid var helt identiska med den svenska arbetarrörelsens.

17. Bröderna Mozart

> *Han var inte någon fantasifigur i en bok, han var*
> *en människa med alla en sådans motsägelser*
> *– men en storartad människa.*
> CONRAD FERDINAND MEYER

> *Sväva som en fjäril, stick som ett bi.*
> MUHAMMAD ALI

TVÅ UNGA SVENSKA KOMIKER som är födda på sjuttiotalet har döpt sin barndoms landskap till "DDR-Sverige". Med tanke på hur det verkligen var i det kommunistiska Östtyskland är det förstås en stötande överdrift. Men något träffar det rätt ändå. Mellan andra världskrigets slut och åttiotalet präglades Sverige av en hög grad av ordning och förutsägbarhet. "Det är mycket svårt att återskapa den känsla av att framtiden var både oundviklig och i stort sett begriplig som fanns under Palmeåren", mindes Andrew Brown, en engelsman som bodde långa perioder i Sverige under sjuttiotalet och början av åttiotalet. Halvt beundrande, halvt förfärad skrev Hans Magnus Enzensberger i sitt reportage från 1982 års val: "Det ter sig verkligen som om socialdemokratin... hade lyckats med ett förehavande som så många andra regimer, från teokratin till bolsjevismen, har stupat på: att tämja människan."

Den partipolitiska strukturen var en av de trögaste i västvärlden. Trots en del namnbyten och modifieringar i partiprogrammen hade samma fem partier varit representerade i riksdagen sedan femtiotalet. Ingenting som liknade Glistrups och Langes missnöjespartier i Norge och Danmark hade setts till i Sverige under sjuttiotalet. Också inom näringslivet var likheterna över tid förbluffande, för att inte säga oroväckande. Förutom IKEA hade inga stora nya svenska företag tillkommit. Ekonomin dominerades fortfarande av företag som Alfa Laval, L.M. Ericsson, Volvo, SKF och ASEA. Det fanns bara två tevekanaler och tre rikstäckande radiokanaler, alla statligt ägda. Förenings-Sverige levde vidare med hälsans rosor på kinderna. Om vissa organisationer tappat sedan femtiotalet – till exempel nykterhetsrörelsen – hade andra som fackföreningsrörelsen och idrottsrörelsen i gengäld vuxit sig ännu starkare. Antalet organiserade socialdemokrater var större än någonsin. Detta berodde på att den som gick med i en fackförening också automatiskt blev medlem i Socialdemokratiska arbetarepartiet. Det kallades kollektivanslutning. Tillsammans utgjorde de politiska partierna, storföretagen och intresseorganisationerna en järntriangel som ännu styrde Sverige när Socialdemokraterna återtog makten 1982.

Men om organisationerna bestod hade individerna förändrats. Sedan början av femtiotalet hade Sverige utvecklats till ett ovanligt jämlikt, demokratiskt och internationaliserat land. Även om hela västvärlden genomgick en likartad omvandling under rekordåren blev processen mer radikal och kompromisslös i Sverige. Från att ha varit ett stelt och hierarkiskt klassamhälle omdanades Sverige under Olof Palme till ett av världens mest egalitära länder. Löneklyftorna trycktes ihop. I början av åttiotalet var skillnaderna i inkomstnivå mellan svenskarna de lägsta någonsin. Den sociala mobiliteten hade också ökat mer än i många jämförbara länder, vilket sammantaget innebar att fler personer gjorde en kortare klassresa. Parallellt med den ekonomiska utjämningen hade Sverige även blivit extremt informellt. Nästan alla yttre symboler – medaljer, ordnar, titlar, diplom – som signalerade något slags insats eller förtjänst utöver det vanliga hade avskaffats. När Ingvar Carlsson intervjuades om sitt nya uppdrag som vice statsminister efter valsegern 1982 förklarade han att han ogillade alla titlar eftersom de skapade avstånd mellan människor. Jämlikheten gällde också relationen mellan män och kvinnor och fick i Sverige den särskiljande beteckningen "jämställdhet". Också det var en stor förändring. På femtiotalet hade Sverige med 1,4 miljoner hemmafruar knappast utmärkt sig som ett feministiskt föregångsland. År

1985 var antalet hemmafruar bara 200 000 och Sverige låg i topp när det gällde andelen kvinnor som var ute på arbetsmarknaden. Daghem hade blivit ett helt självklart inslag i det svenska samhället. Utan att någon egentligen uppmärksammade det upphörde diskussionen om det var bra eller dåligt för barn att socialiseras utanför familjen och ersattes i stället av en inflammerad debatt om huruvida daghemmen skulle vara privata eller offentliga. En ny svensk modell, baserad på jämställd familjepolitik, hade uppstått.

Landets fysiska miljö hade också genomgått en omfattande modernisering. I början av åttiotalet var den stora rivningsvågen avslutad. Centrala Stockholm hade blivit en ny och stålblank stad med stora genomfartsleder och moderna kontorskomplex. De radikala ingreppen hade förhindrat den förslumning av innerstaden som drabbade andra europeiska storstäder under slutet av sjuttiotalet. Det fanns inte längre några omoderna lägenheter kvar i centrum där fattiga, studenter och invandrare kunde bo billigt. De senare hade i stället koncentrerats i miljonprogrammets förorter som Rinkeby, Tensta och Alby. Den ökade invandringen var kanske en av de största förändringarna från folkhemmets femtiotal. Då hade det funnits omkring 230 000 personer i Sverige som var födda i utlandet eller var utländska medborgare. År 1984 hade antalet ökat med en halv miljon, till 730 000. Den största gruppen kom fortfarande från Norden, främst Finland, och sedan följde andra europeiska länder som Jugoslavien, Tyskland, Grekland och Polen. Men 75 000 hade sitt ursprung i Asien, 25 000 i Latinamerika och 14 000 i Afrika. För att undvika en koncentration av invandrare till storstäderna infördes 1985 "hela Sverige-principen" som innebar att nyanlända flyktingar placerades i alla landets kommuner. Detta skulle inom några år leda till starka invandrarfientliga protester i den lilla pastorala kommunen Sjöbo i Skåne, en händelse som kom att få stor nationell uppmärksamhet.

Alla dessa förändringar i människors vardagsliv skulle till slut också underminera organisationernas makt. Visserligen stod det stora flertalet svenskar fortfarande bakom idén om en skattefinansierad gemensam välfärd. Men allt fler började ifrågasätta de offentliga monopolen och kräva ökad valfrihet. Kritiken växte mot arroganta myndigheter, ett missnöje som fick sitt ultimata uttryck i "Pudaslådan", en plywoodlåda som vintern 1983 stod på Sergels torg och härbärgerade en arg och frusen taxichaufför som hungerstrejkade för att få tillbaka rätten att bedriva yrkestrafik mellan Armasjärvi och Övertorneå i Norrbotten. Samtidigt rasade en het debatt om barn som omhändertagits av de sociala myndigheterna på diffusa grunder. Både i svensk och i utländsk press talades det om att Sverige hade en "barn-gulag". Till en del handlade det om en borgerlig kritik som alltid funnits men som fått en ny pregnans på grund av nyliberalismen. Men också inom socialdemokratin växte skepsisen mot "det starka samhället", som många ansåg hade blivit "den starka staten". Inom den socialdemokratiska ungdomsrörelsen lyfte man fram folkrörelserna som ett alternativ: där kunde människor lösa problem och tillgodose sina behov i frivillig samverkan och solidaritet utan centralbyråkrater. Den sjuttioårige liberale journalisten Harald Wigforss, som var aktiv antinazist under andra världskriget, ansåg att Sverige hade drabbats av en hälsosam fläkt av anarki: "Över allt stöter man på oro, misstro mot myndigheterna, gräsrotsrörelser, medborgarinitiativ, svartarbete, motstånd inom fackföreningarna, oenighet inom partierna..." Att hantera denna kritik av den utbyggda välfärdsstaten skulle bli Palmes och socialdemokratins stora utmaning under åttiotalet.

*

Den socialdemokratiska regeringen tillträdde fredagen den 8 oktober 1982. Klockan nio på morgonen läste Olof Palme upp regeringsdeklarationen i riksdagen. Omständigheterna var ovanligt dramatiska. Två stora nyheter tävlade om svarta rubriker på de svenska tidningarnas löpsedlar: jakten på en främmande ubåt i Stockholms skärgård och ryktet om en kommande devalvering av kronan. Deklarationen var kärv och manade till nationell samling i det rådande krisläget. Efter att ha ätit lunch hos kungen och hållit en gemensam presskonferens fick statsråden äntligen ta sina departement i besittning. För sin del styrde Palme stegen mot sitt nya tjänsterum i Rosenbad i Klarakvarteren.

Det var till denna eleganta fastighet regeringen Fälldin hade flyttat när man året innan lämnat det gamla gråmurriga Kanslihuset vid Mynttorget. Rosenbad var lite mer lättsamt. Det hade byggts i början av nittonhundratalet för att likna ett italienskt renässanspalats och var en av de få byggnader som överlevt rivningen av gamla Klara. På andra sidan gatan låg Sheratons jättelika hotellkomplex, en enorm modernistisk låda som inte gjorde någon stockholmare glad. Ännu en bit bort fanns parkeringshuset Elefanten, ett nybrutalt monument till Stockholm som bilstad. Men under betongen fanns minnen. Ett stenkast från Palmes nya kontor hade *Svenska Dagbladets* tidningsredaktion på Karduansmakargatan 11 en gång legat, den plats där han tagit sina första steg i yrkeslivet bland murvlar och bohemer vid andra världskrigets slut. Och i den restaurang som en gång funnits i bottenplanet på Rosenbad hade Tage Erlander bjudit honom på pyttipanna en höstdag för nästan trettio år sedan.

Nu hade staten tagit över hela fastigheten. Den nyrenoverade sandstensfasaden lyste ekivokt skär. Allt var smakfullt moderniserat och generöst med en hisnande utsikt över Riddarfjärden. Statsministerns tjänsterum var minst dubbelt så stort som det tidigare. Inför journalisterna hade Palme förklarat att "Det känns okej, nu ska jag sitta in mig här." Men han kände sig inte hemma. Han skulle aldrig lära sig hantera den komplicerade telefonanläggning i masurbjörk som stod på hans skrivbord; viktiga samtal tog han i sin sekreterares telefon. Han talade längtansfullt om sofforna i det gamla Kanslihuset där han så ofta legat när han resonerat med Erlander eller bara tagit sig en kvick tupplur. En del av hans medarbetare som varit med på den tiden kände liknande styng av sentimentalitet. Men för många var detta mytiska hänvisningar till en svunnen guldålder. Nu var alla Erlanders gamla statsråd borta ur regeringen – Sträng, Nilsson, Andersson – och Palme den obestridlige nestorn med en ny generation av medarbetare kring sig.

Under sommaren hade han gått omkring med en gul anteckningsbok och gjort noteringar om sin kommande regering. Men om någon frågade om hans regeringsplaner sade han att han först måste vinna valet. När han till slut presenterade sin nya ministär visade den sig bestå av en blandning av betrodda medarbetare, politiskt välavvägda utnämningar inom arbetarrörelsen samt några helt egensinniga rekryteringar. Ingvar Carlsson blev vice statsminister, Kjell-Olof Feldt var självskriven som finansminister medan Lena Hjelm-Wallén och Anna-Greta Leijon nu blev fulla ministrar med ansvar för Utbildnings- respektive Arbetsmarknadsdepartementet. Palmes personlige Jeeves, Thage G. Peterson, blev industriminister. Från partiet hämtade han bland annat Sten Andersson, som blev socialminister, och "Röde Börje" Andersson, en folkskollärare som länge hade styrt arbetarbastionen Borlänge i Dalarna med järnhand och därför ansågs särskilt väl lämpad att bli försvarsminister. Stora förhoppningar knöts till Bo Holmberg, ett ungt löfte från Norrland som ivrade för decentralisering och kooperativ självförvaltning. Tanken var att han som civilminister skulle hitta lösningar på det stigande missnöjet med centralbyråkratin. Till skillnad från 1973 tog inte Palme något stort steg framåt för jämställdheten, men han utnämnde ytterligare tre kvinnliga statsråd, bland annat Birgitta Dahl som blev energiminister. Mest uppseendeväckande var att han tog in två icke-socialdemokrater som också råkade semestra på Fårö: postchefen Ove Rainer blev justitieminister och TCO-ordföranden Lennart Bodström placerades som utrikesminister i UD:s eleganta lokaler i Arvfurstens palats mitt emot slottet.

Med sina femtiofem år var Palme fortfarande yngre än många av sina statsråd. Men ingen kunde matcha honom i fråga om erfarenheter av såväl svensk som internationell politik. Hans minne – som var utomordentligt gott – sträckte sig tillbaka till början av femtiotalet. Inrikespolitiskt hade han tampats med varenda borgerlig politiker sedan Ohlin och Hjalmarson och varit inblandad i de flesta stora reformer sedan början av sextiotalet. Han hade suttit i riksdagen i tjugofyra år, i regeringen i tretton år och varit statsminister i sju år. Han hade varit aktiv på den internationella arenan sedan slutet av fyrtiotalet och han hade träffat Churchill och Chrusjtjov, begravt president Kennedy och bråkat med Nixon och Kissinger. Han var god vän med Willy Brandt och Bruno Kreisky, en idol för yngre ledare som Spaniens Felipe Gonzáles och respekterad av ledare i tredje världen som Indira Gandhi och

Julius Nyerere. Från Koreakriget till den islamistiska revolutionen i Iran, från ATP till löntagarfonderna, hade han befunnit sig i händelsernas centrum.

*

Den nytillträdda regeringens viktigaste uppgift var att lösa den ekonomiska krisen. Fem år av inflation, arbetslöshet och företagsnedläggningar hade satt sina spår. Vågdalarna i konjunkturcyklerna hade blivit djupare och budgetunderskottet växte i alarmerande takt. Arbetslösheten nådde rekordnivåer och lönerna hade svårt att hålla jämna steg med inflationen. De ekonomiska problemen krävde åtgärder som uppenbart låg långt bortom traditionell keynesiansk stabiliseringspolitik. Det var tungt för svenskarna, menade en aningen skadeglad norsk journalist, "att idealsamhället Sverige är i färd att bli en nation bland alla andra". Marquis Childs, som gjort den svenska medelvägen mellan kapitalism och socialism känd på trettiotalet, återvände till Sverige i slutet av sjuttiotalet. Hans slutsats i *Sweden – The Middle Way on Trial* (1980) var att hur mycket svenskarna än gillade rättvisa och jämlikhet uppskattade de en hög levnadsstandard ännu mer. Han förutspådde att svenskarna skulle överge den radikala jämlikhetspolitiken och återgå till medelvägen.

Också inom landet växte insikten om att de goda tiderna inte skulle komma tillbaka av sig själva. Frågan var bara hur lösningen såg ut. I USA och Storbritannien hade den nya nationalekonomin tagit över: lägre skatter, avregleringar, privatiseringar, acceptans av omfattande arbetslöshet och stort fokus på att öka utbudet av arbete och varor snarare än att stimulera efterfrågan. De svenska socialdemokraterna ville inte gå den vägen. Men samtidigt insåg de att den traditionella keynesianismen (som även drivits av de borgerliga regeringarna 1976–1982) inte fungerade längre. Den nya socialistiska regimen i Frankrike – ett land som aldrig uppfattats som någon god förebild i Sverige – höll just på att försöka expandera sig ur krisen. Prognosen såg inte lovande ut.

För Palme var det en ny situation. För första gången i sitt liv hade han inte något stort reformprogram i bakfickan – enbart uppdraget att hejda den ekonomiska krisen. Fram till nu hade hans politiska gärning gått i tillväxtens tecken. Redan som SFS-ordförande 1953 förfärade han sina kamrater med att dubblera budgeten och höja medlemsavgifterna. När han sedan blev socialdemokratisk politiker hade en av hans främsta tillgångar varit hans framtidsoptimism. Medan de borgerliga partierna oroat sig för statsfinanserna hade Palme bekymrat sig för att politikerna inte var tillräckligt kreativa när det gällde att fördela det växande välståndet bättre och jämnare bland medborgarna. Nu stod han och regeringen inför hårda prioriteringar. Även om Socialdemokraterna inte tänkte följa Thatcher-Reaganlinjen, skulle man bli tvungen att skära ner på många områden om man ville frigöra medel för att stimulera andra. Palme hade en hälsosam respekt för behovet av en fungerande marknadsekonomi. Han visste att detta var en förutsättning för den jämlikhetspolitik han ville bedriva. När han som tjugoettårig student hade läst Friedrich Hayeks *Vägen till träldom* – som nu var den centrala urkunden i de nya angreppen på välfärdsstaten – hade han bland kritiska kommentarer strukit under en formulering och noterat ett instämmande "Obs!" i kanten: "Det som en modern demokrati inte kan hantera utan att falla sönder är nödvändigheten av sänkt levnadsstandard eller till och med ett utdraget stillastående av dess ekonomiska utveckling."

Den 28 september, en dryg vecka innan den nya regeringen skulle tillträda, träffades Kjell-Olof Feldt, Olof Palme, Ingvar Carlsson, Thage G. Peterson och ett par andra medlemmar i den innersta kretsen på Bommersvik för att diskutera krispolitiken. Den blivande finansministern Feldt lade fram tre handlingsalternativ. Det första var "expansionsalternativet", det andra "åtstramningsalternativet" och det tredje hade den dramatiska beteckningen "The Big Bang". Den stora smällen innebar att man stimulerade investeringar och produktion men höll tillbaka intern efterfrågan. Detta krävde i sin tur, menade Feldt, att den svenska ekonomin måste chockstartas med hjälp av en kraftfull devalvering. Feldts förslag accepterades. Under de närmsta dagarna utarbetade hans medarbetare ett krisprogram som förutom en nedskrivning av kronan på tjugo procent omfattade allmänt prisstopp, extra skattesänkningar, löntagarfonder för att fördela devalveringsvinsterna mer rättvist och ett "köp svenskt"-program. Men när Feldt presenterade sina planer för de övriga nordiska finansministrarna ute på Arlanda morgonen den 6 oktober blev reaktionen negativ. En viss nedskrivning av kronan var man inställd på. Men tjugo procent var "en ren katastrof" enligt danskarna, "det största bakslaget någonsin för det nordiska samarbetet" blev omdömet från Norge och "en aggressiv svensk politik" enligt den finske riksbankschefen. Feldt backade ner till sexton procent men darrade i övrigt inte på manschetten. Detta skulle bli alla devalveringars moder.

Efter mötet på Arlanda läckte uppgiften ut om att Sverige skulle skriva ner kronan. På förmiddagen stängdes de svenska bankernas valutaavdelningar och följande morgon kom det definitiva beskedet i regeringsdeklarationen. Även om devalveringen inte gjorde Sverige populärt i omvärlden fungerade planen som Feldt tänkt. Delvis berodde det på att Socialdemokraterna hade turen på sin sida – som så ofta. Ingen hade riktigt insett att den internationella konjunkturen hade nått botten under 1982 och att återhämtningen redan var på väg. Under 1983 skulle västvärlden gå in i den längsta obrutna högkonjunkturen sedan sextiotalet. Men att återhämtningen gick så pass smärtfritt berodde också på att tilliten bland svenskarna till regeringen Palme under de första månaderna var stor. Efter de borgerliga årens turbulens tyckte näringslivet att det var skönt att Socialdemokraterna kommit tillbaka. Nu skulle det bli lugn och ordning igen. Feldt verkade minst lika kompetent och förnuftig som Sträng. Regeringen utnyttjade det gynnsamma läget till att göra åtstramningar som tidigare skulle ha väckt ramaskrin. Ett av de första besluten var att stänga den "industriakut" som under de gångna åren pumpat in skattemedel i olönsamma företag. Feldt började också arbetet med att skära ner statsutgifterna. Det var svårt att få de socialdemokratiska statsråden att inse att de måste minska utgifterna inom sina respektive departement efter decennier av konstanta budgetökningar. Men målet var inte någon total tillbakarullning av staten som i Thatchers Storbritannien. En del utgifter tilläts öka, bland annat fick Arbetsmarknadsdepartementet under Anna-Greta Leijon ökade anslag för att bekämpa ungdomsarbetslösheten. Detta var "den tredje vägen" förklarade de svenska socialdemokraterna, femton år innan Tony Blair och New Labour skulle lansera detta begrepp.

*

Som ung student 1948 hade Palme ställt frågan om Sovjetunionen utgjorde ett militärt hot mot Sverige i Kenyontidskriften *The Advocate* ("Czechoslovakia Gone – What about Sweden?") Då hade svaret blivit nej. Han delade Tage Erlanders och den socialdemokratiska regeringens bedömning att den kommunistiska stormakten hade "sina intressen riktade åt ett annat håll". Men svaret var villkorligt. "Situationen skulle kunna bli helt annorlunda", påpekade han, "om en allvarlig depression bröt ut i USA eller om något annat hände som rubbade maktbalansen..." I början av åttiotalet verkade det som om något hade rubbat maktbalansen och att Sovjet hade börjat rikta sina intressen just mot Sverige.

Sedan hösten 1981 – då U-137 eller "whiskey-on-the-rocks" hade gått på grund utanför Karlskrona – hade Sverige höjt beredskapen mot intrång under havsytan. Den 1 oktober 1982, precis i övergången mellan regeringen Fälldin och regeringen Palme, meddelade Försvarsstaben att man hade indikation på en ubåt i Stockholms södra skärgård. Några dagar senare trodde marinen att den främmande farkosten var instängd i Hårsfjärden intill den svenska marinbasen Muskö. Ubåtsjakten ägnades stora uppslag i dagstidningarna med spekulativa artiklar om att besättningen höll på att kvävas till döds, bilder på de baracker där eventuellt tillfångatagna sjömän skulle förvaras och genomskärningsbilder av de svenska sjunkbomberna "Malin" och "Elma". Stockholmarna drabbades av ubåtsfeber och såg periskop i Stockholms ström, utanför Lidingö och i andra centralt belägna vattendrag. Den 5 oktober gav regeringen Fälldin klartecken till att sjunkbomber fick användas även med risk att skada den misstänkta ubåten. I detta läge hörde Moskva av sig och hävdade att den svenska ubåtsjakten var en propagandabluff avsedd att skada Sovjetunionen. Några veckor senare avblåstes allt sökande utan att några påtagliga bevis för ett intrång på svenskt territorialvatten kommit till ytan.

Även om Palme inte hade dunkat Thorbjörn Fälldin offentligt i ryggen under ubåtskrisen hösten 1981 hade han i det tysta stött Centerledarens fasta politik mot Sovjet. Den svenska alliansfriheten var en förutsättning för hans eget agerande på den internationella arenan. Om denna inte var trovärdig – om Sverige inte kunde "hålla gränsen" – skulle den självständiga position som gav Sverige en röst på den internationella scenen undermineras. Men samtidigt fanns det ett stort problem: Palmes framträdande roll i kampen för nedrustning. Palmekommissionen hade lagt fram sin slutrapport i juni 1982 och efter valsegern på hösten fortsatte arbetet med att försöka hindra det kalla kriget från att bli hett. För Palmes del innebar det dubbla roller. Å ena sidan måste han som svensk statsminister vara tuff gentemot den sovjetiska ledningen, å andra sidan ville han som fredsmäklare försöka baxa såväl Sovjetunionen som USA till förhandlingsbordet. Många hade svårt att tro att Palme kunde protestera mot ubåtskränkningarna med kraft och samtidigt lirka med ledarna i Kreml.

Problemen började nästan omedelbart. I december 1982 lanserade den svenska regeringen ett internationellt förslag som gick ut på att upprätta en trettio mil bred kärnvapenfri zon genom Centraleuropa. Idén var hämtad från Palmekommissionens rapport. Västmakterna svarade kallsinnigt medan östblocket var positivt. Warszawapakten ville dock dubblera zonen vilket skulle innebära ett totalt förbud mot taktiska kärnvapen i hela Västtyskland. Den moderate riksdagsmannen Carl Bildt, som tidigare varit sekreterare till Gösta Bohman och snart även skulle bli hans svärson, gick ut i en hård attack mot Palme: "Regeringens fredspolitik är en kaskad av illa underbyggda och alltmer reservationslösa omfamningar av sovjetiska grundtankar", skrev han i *Dagens Nyheter*.

I februari 1983 publicerade *Dagens Nyheter* också uppgifter om att den västtyske socialdemokraten Egon Bahr hade uppmanat Palme att lägga fram sitt förslag tidigare än planerat för att få fart på den västtyska nedrustningsdebatten. Detta lyckades dock tidningen aldrig leda i bevis. Men det nära samarbetet med Bahr var ändå besvärligt för Palme. Västtysken var den medlem av kommissionen som hade velat gå längst när det gällde att skapa en stor och närmast villkorslös kärnvapenfri zon i Centraleuropa. Amerikanen Cyrus Vance och britten David Owen argumenterade däremot för en mindre korridor kopplad till krav på nedrustning av konventionella vapen. Slutdokumentet hade blivit en omsorgsfull kompromiss. Men nu, när förslaget skulle lanseras av den svenska regeringen, visade det sig att Bahr hade skrivit centrala delar av det. Enligt *Dagens Nyheters* reporter hade kravet på en reduktion av konventionella vapen på östsidan försvunnit efter Bahrs bearbetning. Palme menade att reportern inte hade förstått förslaget. Formuleringarna är så svävande att det i dag är svårt att bedöma vem som hade rätt. Men faktum var att det svenska förslaget accepterats av Warszawapakten men avvisats av Nato, vilket pekar på att det var mer präglat av Bahr än av Owen och Vance. Intrycket blev att Palmes utrikespolitik styrdes från Västtyskland. Moderaterna, som sedan ubåtsincidenten 1981 krävt en hårdare hållning gentemot Sovjetunionen, var upprörda.

Några veckor senare, i mitten av mars, gick Palme till motangrepp. Under riksdagens utrikespolitiska debatt anklagade han Moderaterna för att gå i Natos ledband och att utgöra "en säkerhetsrisk för den svenska säkerhetspolitiken". Hans avsikt var att få till stånd en debatt med Moderatledaren Ulf Adelsohn, som efterträtt Gösta Bohman hösten 1981. Adelsohn hade tidigare varit framgångsrik finansborgarråd i Stockholm. Från Stadshuset var han van vid en tämligen gemytlig stämning över partigränserna och blev chockad av de hårda tagen i rikspolitiken, inte minst från Palme. Han var kanske inte det skarpaste bladet i den moderata knivlådan, men han var en ärlig, ansvarsfull och anständig politiker som senare skulle bli mycket uppskattad av stockholmarna för sina insatser som landshövding. Men Palme ville eller kunde inte inse att Adelsohn var en helt annan typ än företrädaren Bohman. Den ojämna matchningen ledde till att debatterna spårade ur. Det hade börjat redan i december 1982 när Socialdemokraterna en sen natt i riksdagen varit inblandade i en svettig uppgörelse med Kommunisterna – som för en gångs skull hotade att fälla en socialdemokratisk regering. Lite från sidlinjen hade Adelsohn gett sig in i debatten. En irriterad Palme hade fräst ifrån och kallat Moderatledaren för "en främmande fågel". Palmes metaforer kunde vara lysande, men ibland var de bara – som i det här fallet – konstiga eller plumpa. Eftersom Adelsohn härstammade från en judisk familj som på artonhundratalet invandrat från Polen kunde påhoppet med en god portion illvilja tolkas som antisemitiskt. Adelsohn delade inte denna uppfattning. Men han var ytterst besviken på Palme: "Det påstås att Palme kanske hatar mig eller föraktar mig eller möjligtvis en kombination", skrev Adelsohn i sin dagbok: "Jag vet inte, mannen är faktiskt en gåta. I dag var han i varje fall ovärdig kammaren."

Några månader senare, i mars, när Palme hade aviserat att han ville debattera med Adelsohn om utrikespolitiken, valde denne att åka till Finland. I stället skickade Moderaterna fram den ännu relativt okände Carl Bildt. Till skillnad från sin partiledare behärskade denne trettiotreårige riksdagsman de säkerhetspolitiska frågorna. Fadern var militär och i den adliga släkten Bildts anor fanns en tidigare statsminister, en ledamot av Svenska Akademien och en general. Bildt var född 1949 i Halmstad – där han förvärvat sin lite egensinniga skorrande halländska – men hade tillbringat större delen av sin uppväxt på Östermalm i Stockholm. Likt Palme hade han varit intellektuellt brådmogen, men med snävare fritidsintressen; ointresserad av idrott men besatt av flygplan och tennsoldater. Under skoltiden blev han en "dockbyråkrat" – det vill säga en tonårsfunktionär i elevorganisationen Seco. Efter studentexamen på Östra Real kom han till Stockholms universitet där han engagerade sig i kårpolitiken. Han hade varit på kårhuset i maj 1968 och gjort ett minnesvärt försök att avsätta Anders Carlberg som ledare. Från talarstolen hade Bildt angripit de gravallvarliga revolutionära studenterna med lite klassisk studenthumor: "Ni talar väldigt mycket om att ni står på marxistisk grund. Men jag skulle vilja veta vem som står på min blåa täckjacka." Från studentpolitiken gled han in i Moderata samlingspartiet där hans stjärna snabbt steg under sjuttiotalet.

I den mån han var känd utanför politiskt intresserade kretsar i början av åttiotalet uppfattades han mest som en ettrig elevrådstyp. Men i riksdagen den 16 mars 1983 fick han sitt politiska genombrott genom att ta sig an den fruktade socialdemokratiske statsministern. Delvis berodde det på att Palme kommit ur gängorna av Adelsohns fanflykt. Statsministern gjorde orimligt stor affär av att Moderatledaren inte var på plats och anklagade denne för "pajaskonster" – vilket syftade på att Adelsohn några år tidigare uppträtt i bastkjol på en filippinsk nattklubb till de svenska kvällstidningarnas stora förtjusning. Palme framstod som aggressiv och småsint medan unge Bildt behöll lugnet. Den unge moderaten mästrade statsministern på sin skorrande dialekt och menade att denne borde handskas varsammare med orden och inte peka ut riksdagskolleger som "säkerhetsrisker".

Samtidigt kvarstod frågan om hur Sverige skulle hantera ubåtsfrågan och Sovjetunionen. En av Palmes första åtgärder som statsminister hade varit att tillsätta en ubåtskommission med tre socialdemokratiska och två borgerliga ledamöter. Att Carl Bildt, som var långt mer insatt i de militära frågorna än de socialdemokratiska representanterna, var en av de borgerliga ledamöterna påverkade sannolikt slutsatserna. Trots bristen på handfasta bevis kom kommissionen fram till att det verkligen rörde sig om "ubåtar tillhörande Warszawapakten, det vill säga väsentligen sovjetiska ubåtar" när resultatet presenterades i april 1983. I efterhand har det visat sig att det inom regeringen rådde tvivel om huruvida ubåtarna verkligen var sovjetiska. Inte minst var utrikesministern Lennart Bodström skeptisk och ville att regeringen skulle göra en egen analys.

Ubåtsfrågan ställde Palme inför ett besvärligt dilemma. Förutsättningen för hans roll som internationell fredsmäklare var att Sverige i kraft av sin neutralitet stod utanför det kalla kriget. Men om ubåtskommissionens slutsatser var riktiga var det nödvändigt för Sverige att rikta hård kritik mot Sovjetunionen och kanske även påbörja en upprustning. På den inrikespolitiska arenan stod dessutom Moderaterna och framför allt Carl Bildt redo att slå ner på varje tecken på bristande fasthet i försvaret av fosterlandet. Palme insåg, precis som när han gått i demonstrationståget med den vietnamesiske diplomaten 1968, att det inte fanns något politiskt mellanläge. Han var visserligen inte nöjd med ubåtskommissionens slutformuleringar, framför allt inte det faktum att han inte fått någon möjlighet att påverka dem innan de offentliggjordes. Men han var också övertygad om att ubåtarna var sovjetiska.

"De här sovjetiska ubåtskränkningarna", förklarade han senare för partistyrelsen, "är väl kanske den allvarligaste utrikespolitiska situationen vi haft efter andra världskriget." Därför valde han att slå till hårt. Han avvisade Bodströms förslag om att regeringen skulle avvakta några dagar och göra en egen analys; ett dröjsmål skulle bara skapa intryck av att han desavouerat ubåtskommissionen. Försvarsminister Anders Thunborg fick i uppdrag att skriva en ytterst stark protestnot. Den 26 april kallades den sovjetiske Stockholmsambassadören Boris Pankin till Palmes tjänsterum i Rosenbad. I vanliga fall brukade protestnoter av det här slaget överlämnas av utrikesministern. För att markera situationens allvar tog nu statsministern över denna uppgift – för första gången sedan Catalinaaffären. Protesten var tydlig: "Kränkningarna utgör ett allvarligt brott mot folkrättsliga regler... De får tolkas som led i avsiktliga och olagliga försök att utforska det svenska sjöterritoriet."

Allt annat skulle också ha varit politiskt vansinne. En urvattnad protest skulle ha varit dubbelt förfelad; dels skulle den inte ha haft någon effekt i Moskva, dels skulle den ha gett Bildt vatten på sin kvarn. Men situationen gjorde inte statsministern vänligare stämd mot Moderaterna. Direkt efter det att ubåtskommissionen lagt fram sin rapport i mitten av april hade Bildt åkt till USA och sammanträffat med ledande tjänstemän i de amerikanska utrikes- och försvarsdepartementen. När utrikesnämnden samlades den 20 maj luftade Palme sitt missnöje med Bildt för "hans odyssé till Washington". Det var en rimlig kritik. Det såg inte bra ut att en ledamot av ubåtskommissionen hade åkt till USA innan "bläcket torkat" på ubåtsrapporten för att konferera om svensk säkerhetspolitik. "Jag vill inte göra sak av det här men markera att regeringen bör kunna ställa vissa anspråk på en oppositionsföreträdare som har varit ledamot av ubåtskommissionen", förklarade Palme inför utrikesnämnden och dess ordförande, den numera trettiosjuårige kungen Carl XVI Gustaf. Av tradition sammanträdde nämnden på Stockholms slott för att markera den nationella gemenskapen inom utrikespolitiken. Det kunde ha slutat där. Men när nyheten om Palmes reprimand läckte ut i pressen gick Bildt i taket. Han anklagade Palme för att hysa ett "närmast medeltida hämndbegär" och att det var "ett svinaktigt försök av Palme att skrämma mig till tystnad".

Nu ansåg Palme att Bildt gått över alla gränser. Trots skepsis bland de egna medarbetarna drev statsministern fram ett regeringsuttalande som fördömde Moderatpolitikerns fräna utfall mot hans egen person. Som Palme såg det var det viktigt att hela regeringen stod bakom för att visa att det handlade om en principiell fråga och inte en personstrid. Utan tvekan var Bildts tal om svinaktigheter och medeltida hämndbegär omdömeslöst. Dessutom hade den långsinte Palme inte glömt en incident från 1969, då en tidskrift utgiven av Högerns ungdomsdistrikt i Stockholm hade publicerat en nidbild av Palme där han såg sjuk och vansinnig ut. Han ansåg att det var Bildt som legat bakom publiceringen. Men även om Palmes ilska var begriplig såg det inte heller bra ut att hela regeringen fördömde en enskild riksdagsman; det verkade som om Bildt begått ett majestätsbrott av något slag. Det fick den moderata partiledningen och riksdagsgruppen att ställa sig bakom Bildt, trots att man från början varit skeptisk till hans självsvåldiga agerande. Att bli hårt angripen av hela den socialdemokratiska regeringen var inte nödvändigtvis en belastning för en ung, lovande moderat politiker. Som en socialdemokratisk riksdagsman uttryckte det: "Följden av [Palmes] våldsamma reaktion [har] blivit att Bildt snabbare än eljest fått sitt genombrott inför offentligheten."

Som mogen politiker och statsminister skulle Bildt visa sig vara tämligen olik sin socialdemokratiske föregångare. Men våren 1983 uppfattades han som en yngre högerversion av denne, "en ung man från Östermalm som kommer från studentpolitiken och är verbalt skicklig att debattera och har samma intresse av världen och som har gjort en egen analys", som Anders Ferm sammanfattade det. Kanske var detta en bidragande faktor till Palmes antipati mot Bildt. Men i grunden var konflikten politisk. Palme kämpade för att upprätthålla sin dubbla dagordning som fredsmäklare och försvarare av den svenska nationen. Problemet var att Palme inte tycktes förstå att det var han som förlorade på de hårda personangreppen. Bildt var en tuppkyckling som tålde att skrattas åt, men de flesta svenskar förväntade sig ett lugnare och värdigare uppträdande av sin statsminister, särskilt i orostider. Ferm gjorde sitt bästa för att dämpa sin chef och vän: "Du är dum. Du ska inte ge dig in i den här polemiken. Låt någon annan sköta den."

Den sista akten i ubåtsdramat inträffade i december 1983 då *Svenska Dagbladet* publicerade en artikel som hävdade att den svenska regeringen skulle ha spelat dubbelt när man protesterat mot de sovjetiska kränkningarna under våren. Beviset var att Anders Ferm, som nu var svensk FN-ambassadör i New York, hade berättat för två ryska FN-delegater att regeringen inte litade på ubåtskommissionens slutsatser. I själva verket hade Ferm enbart haft ett uppdrag från Palme att försäkra sig om att den sovjetiska partiledningen tagit del av den svenska protesten. Uppgifterna väckte sensation. Palmes motdrag blev oväntat. I ett direktsänt teveprogram läste han offentligt upp det brev i vilket Ferm rapporterat om sitt samtal med ryssarna. Där framgick det att Palme hotade med att sänka en ubåt och hade sagt att det fanns en risk "att vi skulle få se lik flyta i vattnet". Kontroversen skulle gå ytterligare ett varv när det visade sig att Palme inte läst upp hela brevet. Men när den frågan också var genomtröskad stod det tydligt att *Svenska Dagbladet* och Moderaterna varit ute i ogjort väder. Precis som Fälldin hade Palme "hållit gränsen".

Frågan om det verkligen förekommit några sovjetiska ubåtar eller om Sverige fallit offer för en kollektiv hysteri skulle komma att stötas och blötas under lång tid. Utrikesministern Lennart Bodström, som tillhörde tvivlarna, skulle dra olycka över sig själv genom att bekänna detta vid ett informellt samtal med några journalister på *Dagens Nyheter* vintern 1985. Oppositionen gick i taket och krävde hans avgång. Han framstod närmast som en landsförrädare. Han hade, menade Adelsohn, förlöjligat "det svenska försvarets försök att värna våra gränser mot främmande soldater". Men Palme, som efter Raineraffären knappast ville tvingas att avskeda sin andra personliga spetsrekrytering, stödde sin utrikesminister helhjärtat. De borgerliga partierna hade nu rivit broarna när det gällde säkerhetspolitiken, förklarade han: "ett regeringsskifte skulle innebära... en allvarlig fara för Sveriges fred..." Bodström skulle senare få upprättelse av flera utredningar som visade att kommissionens bevismaterial varit alltför bristfälligt. Men 1982–1983 var de flesta centrala aktörer, inklusive Palme, övertygade om att det var nödvändigt att lita på ubåtskommissionens slutsatser.

*

Åttiotalet innebar ett mer entusiastiskt förhållande till konsten att tjäna pengar. Ord som "vinst" och "profit" blev nästan respektabla. Såpoperan *Dallas*, med den hänsynslöse oljemiljonären J.R. Ewing som hjälte, hade haft premiär i svensk teve den 30 januari 1981 och blev under de följande åren Sveriges populäraste teveserie. För de yngre fanns *Fame*, en serie som började sändas 1983 och som handlade om hur man gör karriär inom nöjesbranschen. Framgång blev till och med ett tecken på det rätta religiösa sinnelaget: den sextonåriga sångerskan Carola Häggkvist, som tagit Sverige med storm i uttagningen till Melodifestivalen 1983, tvekade inte ett ögonblick om att det var Gud som skötte hennes karriär från himlen.

Aktiekurserna gick i topp på Stockholmsbörsen. Auktionspriserna sköt i höjden, inte bara på klassiska konstverk som Anders Zorns tavlor av nakna dalkullor utan även på populärkulturella samlarobjekt. I maj 1984 såldes Sveriges mest reproducerade tavla "Grindslanten" (med ett passande kitschigt sekelskiftesmotiv föreställande en grupp pojkar i äppelknyckarbyxor som slåss om ett mynt) för över en miljon kronor under intensiv mediebevakning. Affärstänkandet trängde in på nya områden. År 1983 ville det nystartade företaget Pysslingen Förskolor och Skolor AB öppna en privat förskola i Stockholm, vilket ledde till livlig debatt. Mindre kontroversiell var den privata sjukmottagningen Cityakuten som öppnade året därpå. Men även om det alltid funnits privatläkare i Sverige stack den aggressiva marknadsföringen i ögonen.

En ny sorts kapitalist trädde fram i offentligheten. Han kontrollerade stora mängder av pengar som snabbt kunde flyttas mellan olika verksamheter. En av de mest framstående var Anders Wall som under sjuttiotalet omvandlat en vacklande importfirma med det prosaiska namnet Kol & Koks till det framgångsrika investmentbolaget Beijerinvest. På sitt arbetsrum hade han som en provokativ utmaning en kvinnotorso i plexiglas fylld med pengar. I en hård maktkamp med sina systrar lyckades en långhårig fyrtioåring som hette Jan Stenbeck ta kontrollen över sin döde fars skogs- och stålimperium Kinnevik, som han i sinom tid skulle förvandla till ett av Sverige största medieföretag. Men den kanske mest spektakulära av de nya kapitalisterna var Refaat El-Sayed, som på sextiotalet flyttat från Egypten till Sverige och börjat sin bana som forskare på Ultuna lantbruksuniversitet. Kring nyåret 1981 hade han lyckats låna ihop tillräckligt med pengar för att köpa Fermenta, en nedläggningshotad penicillinfabrik i Strängnäs. Med Fermenta som bas och ytterligare lån från Electrolux köpte han en rad andra läkemedelsföretag. Aktiekursen steg och El-Sayed blev miljardär, åtminstone nominellt. Det var – för ögonblicket – en underbar framgångssaga om en invandrarkille som startat med två tomma händer. Andra ogillade fixeringen vid ekonomi och svindlande affärer: "Nu ser jag blott finansbolag / och aktieköp och fondförslag / och underskott och överdrag", skrev *Svenska Dagbladets* dagsverspoet Kajenn, Caj Lundgren, när han skulle sammanfatta år 1983.

I detta perspektiv är det svårt att uppfatta dåtidens Sverige som ett samhälle som höll på att hamna under socialismens järnhäl. Men det var just vad de 75 000 människor som samlades i centrala Stockholm den 4 oktober 1983 för att protestera mot löntagarfonderna oroade sig för. Den mäktiga demonstrationen, som var den största någonsin i Sverige och överskuggade allt vad Vietnamrörelsen kunnat uppbåda, gick från Humlegården till Riksdagshuset i det lite fuktiga varma höstvädret. En grupp tillresta småländska småföretagare bar skyltar där det stod "Fonderna är det perfekta brottet". En ledande fackföreningsman förklarade surmulet att "direktörerna har samlats på betald arbetstid för att slå ner på småfolket". Ironiskt nog var de gamla Meidnerfonderna begravda sedan länge. De hade ersatts av ett tämligen harmlöst fondförslag som antagits av Socialdemokraterna i juni. "Det här är ett litet marknadsekonomiskt förslag med fem konkurrerande fonder", hade Palme förklarat och låtit som en begagnad bilhandlare. Det hjälpte nu inte. Fonderna var fortfarande ett utmärkt redskap för att mobilisera väljare för de borgerliga partierna och diskreditera Socialdemokraterna. En av de många demonstranterna var Olofs bror Claës, som stod längst fram vid kravallstaketen vid Mynttorget, till synes obekymrad av att massan skanderade "Palme fegis! Palme fegis!" för att statsministern vägrade visa sig.

Trots de massiva protesterna drev Socialdemokraterna till slut igenom löntagarfonderna några dagar före julafton 1983. Likt fjärde oktober-demonstrationerna var det också symbolpolitik. Att vika ner sig i det här skedet skulle ha varit alltför demoraliserande för arbetarrörelsen. På gott och ont hade Palme och Feldt fört fonderna till något slags seger. Finansministern sammanfattade stämningarna inom arbetarrörelsen i en versrad som han skrev i sin riksdagsbänk och som fångades av en fotograf med teleobjektiv: "Löntagarfonder är ett jävla skit/Nu har vi baxat dem ända hit." Men detta var ljusår från Meidners ursprungliga gillesocialistiska idé. En liten kompensation fick dock LO-ekonomen. Några veckor innan det nedbantade fondförslaget antogs 1983 utnämndes han till professor av regeringen.

*

Fjärde oktober-demonstrationerna var bara en del av den misstro som drabbade den socialdemokratiska regeringen trots dess framgångsrika krispolitik. Under 1983–1984 var regeringen Palme hårt ansatt från olika håll. Den allmänna konfliktnivån hade stigit i det svenska samhället. Hur revolutionär retoriken än hade varit i slutet av sextiotalet hade det funnits ett starkt underliggande stråk av trygghet och välvilja hos människor. Många av de extrema saker som sades kunde sägas just därför att de flesta medborgare hade en grundmurad tilltro till demokrati och framåtskridande. I början av åttiotalet hade utopierna krympt och osäkerheten om framtiden och misstänksamheten mot makten blivit större. Inte minst innebar det en fränare granskning av makthavare. Olika typer av "affärer" hade visserligen varit stående inslag i svensk politik under hela efterkrigstiden. Men journalisterna hade blivit alltmer självständiga och respektlösa. Dessutom hade de blivit mer benägna att jaga i drev, vilket ökade deras möjligheter att tvinga fram politiska effekter av sina avslöjanden.

Detta fick Palme erfara på ett ytterst hårdhänt sätt hösten 1983, samtidigt som löntagarfondsdebatten gick in i slutskedet. Den 1 november avslöjade socialdemokratiska *Aftonbladet* att justitieministern Ove Rainer hade ägnat sig åt skatteplanering, det vill säga köp och försäljning av aktier enbart i syfte att undgå skatt. Under ett år hade han haft en inkomst på 2,4 miljoner men bara betalat tio procent i skatt. Rainer hade inte gjort något olagligt, men hans agerande skar sig med arbetarrörelsens underförstådda moraluppfattningar: ett socialdemokratiskt statsråd borde helst inte vara rik, men om han nu var det borde han åtminstone betala mycket i skatt. Det var besvärligt men ännu ingen katastrof.

Då steg en av Palmes gamla antagonister, Nancy Eriksson, fram ur skuggorna. Hon var numera pensionär men blev så upprörd att hon skrev en debattartikel i *Aftonbladet*. Enligt Eriksson var Rainers skatteplanering ett "hån mot våra ideal". Trycket mot Rainer trappades upp tills det blev omöjligt för honom att sitta kvar. För sin del förstod Palme inte mycket av sin justitieministers aktiehandel och avskydde hela situationen. Att skydda sina medarbetare mot vad han ansåg vara orättvisa eller överdrivna anklagelser var, som vi har sett i Geijeraffären, en hederssak för honom. Dessutom var Rainer, som inte varit medlem i socialdemokratiska partiet, hans personliga rekrytering. Redan 1978, när han meddelat Ola Ullsten att Socialdemokraterna skulle släppa fram en folkpartistisk regering, hade han markerat att Rainer inte var tillgänglig för en statsrådspost eftersom han själv hade andra planer för postchefen. Nu tvingades han möta pressen på Rosenbad på kvällen den 9 november 1983 och meddela att Rainer skulle avgå. Men Palme, som var ovanligt brysk mot journalisterna, betonade att hans förtroende för justitieministern "som en rejäl och hederlig människa är obrutet". För att understryka detta utsåg regeringen Rainer till justitieråd följande dag. Men en vecka senare visade det sig att Rainers skatteplanering var betydligt mer omfattande och dubiös än vad som framgått. Han tackade själv mant nej till sitt nya jobb. Palme fick krypa till korset och erkänna att det varit ett misstag att lita på Rainer. Men han menade samtidigt att tillit var nödvändigt i det politiska livet: "trettio år vid frontlinjen har lärt mig att lita på människor... Jag vill inte förfalla till att bli evinnerligt misstrogen varje gång jag blir besviken."

En del socialdemokratiska tidningar kritiserade nu Palme för att han först hade försvarat Rainer så hårt och sedan kört kniven i ryggen på honom.

Men det var inte bara Raineraffären. Det tycktes råda ett närmast hobbesianskt tillstånd av allas krig mot alla i det svenska samhället. Kommunisterna hade mopsat upp sig och hade vid ett tillfälle hotat att gå samman med de borgerliga partierna för att fälla regeringen. Folkpartiet och Centern kände sig förrådda därför att Palme och Feldt rivit upp den stora skattereform man enats om under den "underbara natten" våren 1981. Inom arbetarrörelsen rasade "Rosornas krig" mellan den så kallade kanslihushögern och en alltmer missnöjd fackföreningsrörelse. Från såväl talartribuner på första maj som ledarsidorna i *LO-tidningen* angreps regeringen i mer eller mindre tydliga ordalag för att bedriva en högerpolitik. Palme, som stod helt bakom Feldts krispolitik, fick sig också en släng av sleven. LO:s ordförande Stig Malm – som just efterträtt Gunnar Nilsson – skällde våren 1984 ut statsministern för att han blandat sig i avtalsrörelsen genom att uppmana Volvochefen Pehr G. Gyllenhammar att stå emot kraven på alltför stora löneökningar. Allra längst gick sannolikt Malm när han förklarade att Sverige nu behövde en "socialdemokratisk regering". Under hans sista år som statsminister blev det över huvud taget allt vanligare att Palme konfronterades med arbetare som var missnöjda med nedskärningspolitiken. Men det hade ingått i arbetsbeskrivningen för socialdemokratiska statsministrar sedan Per Albin Hanssons tid. Kritiken var sällan personlig och Palme tog den oftast med gott mod.

Tyngre var de hatfyllda personangreppen, som nu mest kom från höger – eller från personer som rört sig från vänster till höger på den politiska skalan men låtit aggressionerna mot Palme utgöra ett nav i rörelsen. Där fanns den djupt obehagliga organisationen Europeiska arbetarpartiet som bland alla sina underliga idéer – "Fyrtiotusen traktorer till Östeuropa" – också hade zoomat in på Palme: "Svenska folket regeras av en galning, en sinnesrubbad mördare..." Vintern 1985 distribuerade EAP en diger pamflett på Stockholms gator. Den handlade om Palmes familj, framför allt hans tyska släktingar von Knieriems som anklagades för omfattande samröre med nazisterna. Bland annat hölls Olofs morfar, kemiprofessorn Woldemar von Knieriem, ansvarig för att ha haft nazistideologen Alfred Rosenberg som student. Om än slutsatserna var befängda var det uppenbart att EAP hade mycket goda källor, sannolikt i någon hemlig underrättelsetjänst. EAP stod ofta i centrala Stockholm och delade ut sin propaganda. Palmes pressekreterare Kjell Lindström, som var morgontidig i Rosenbad, brukade ringa och förvarna om EAP-människorna var i närheten så att hans chef kunde ta en annan väg till jobbet.

I dagstidningarna publicerade en läkare vid namn Alf Enerström och hans maka, skådespelerskan Gio Petré, underliga och återkommande annonser med personangrepp på Palme. En annan manisk Palmehatare var den oförbätterlige nazisten och bedragaren Carl Göran Edquist. Han hade börjat sin karriär redan 1931 med att storma in på kommunisttidningen *Ny dags* redaktion med en revolver, hade anslutit sig till SS under kriget och på sextiotalet agerat som juridiskt ombud för svenska högerextremister och nazister. Hans bok *Land du förskingrade*, utgiven på eget förlag 1979, pryddes av en stor bild av Palme på en av de första sidorna, vilket motiverades med att denne var "ett symtom på hur sjukt det svenska folket under de sista tjugo åren blivit". Edquists skrift fanns också hemma hos Christer Pettersson, den alkoholiserade brottsling som dömdes för mordet på Olof Palme i tingsrätten men friades i en högre instans. Hur infama det tidiga sjuttiotalets viskningskampanjer mot Palme än varit hade de utövats av människor som till synes var fullt mentalt friska. Men vid åttiotalets början tycktes det som om alla politiskt förvirrade och psykiskt insufficienta människor i Sverige hade kommit fram till att Palme var den grundläggande orsaken till deras missöden.

Men även inom det normala offentliga samtalets ramar fanns ett brett utbud av Palmefientliga ståndpunkter. Författaren Lars Gustafsson annonserade att han "verkligen börjat hata Olof Palme de senaste åren", medan hans vän Jan Myrdal kort och gott förklarade att statsministern var en "fähund". Den förre folkpartiledaren Per Ahlmark menade att Palme hade blivit "en moralisk och intellektuell ruin". På borgerliga ledarsidor angreps Palme för det mesta för sin politik, men ibland tog de hätska personangreppen över. Som ung hade Palme varit en frisk fläkt i svensk politik, menade till exempel Curt Bladh, kulturchef på liberala *Sundsvalls Tidning*, i december 1982 (dagen efter det att Palme kallat Adelsohn en "främmande fågel"): "En gång var Olof Palme den svenska politikens ledstjärna... I dag är han en tragedi." Han hade blivit "en människa som har gjort själva maktinnehållet till självändamål", "en vrångbild av en politiker" och "en frånstötande och otrevlig pajas". Andra kritiker ansåg tvärtom att Palme inte hade förändrats med åren. Han var en "den evigt puerile gymnasisten... samtidigt skolljus och slyngel", skrev den finlandssvenska författaren Marianne Alopaeus i boken *Drabbad av Sverige* (1983).

Att Palme borde ha blivit lite värdigare och mer landsfaderlig med åren var också en åsikt som en del av hans anhängare och medarbetare delade. Hans personangrepp på den oförarglige Adelsohn och hans vrede mot den unge Bildt uppfattades inte längre som ett uttryck för politisk kämpaglädje utan framstod snarare som en misslynt makthavares vresighet över att bli ifrågasatt. Men han kunde och ville inte ändra sin stil. Som han såg det handlade politik om konflikt: motsättningarna måste tydliggöras och ges en greppbar form. När gamla vänner, som enbart kände hans vänliga och omtänksamma sida, frågade varför han gick så hårt åt sina opponenter brukade han ofta svara att de socialdemokratiska väljarna förväntade sig det av honom. Men när han nu började närma sig de sextio var det uppenbart att det inte var hela sanningen. I hela sitt liv hade han varit beroende av tydliga fiendebilder för att få det politiska adrenalinet att flöda. Det var en del av kampen, ett nödvändigt tävlingsinslag, ungefär som när boxaren Muhammad Ali retade sina opponenter med tillmälen och smädesrim.

Men i längden var det en kostsam taktik. En del storsinta motståndare som Folkpartiledaren Gunnar Helén glömde snabbt påhoppen. Men hos andra bet sig angreppen fast som hullingar och genererade livslång ilska. Något år efter sin återkomst som statsminister fick Palme beskedet att hans gamle vän och trätobroder Bertil Östergren skulle skriva en bok om honom. Han insåg att det skulle bli ett mycket kritiskt porträtt. Palme och Östergren hade haft sina duster i SFS redan på femtiotalet och blivit ordentligt osams i den studiesociala utredningen 1963. Men Palme lät sig intervjuas två gånger av Östergren och ägnade dessutom betydande kraft åt att gräva upp sitt medlemskort i den socialdemokratiska studentklubben vid Stockholms universitet för att bevisa att han var socialdemokrat när han kom till Erlander 1953. Han besökte också Östergren på sjukhuset när denne något år senare låg döende. Lisbet och sönerna undrade varför han var så hjälpsam mot en person som uppenbart var ute efter att skada honom. Men han hävdade att det var en hederssak.

När *Vem är Olof Palme?* kom ut på Timbro förlag 1984 visade det sig att det mest negativa inte var Östergrens enskilda omdömen – även om många av dem var kritiska – utan en genomgående insinuation att Olof Palme var en deformerad dubbelnatur, en människa som inte bottnade i sig själv. Denna anklagelse, som återkommande skulle ljuda från hans kritiker långt efter hans död, var omöjlig att försvara sig mot: hur bevisar man att man är en autentisk människa? I denna tendens till avhumanisering av Palme möts den socialt accepterade antipatin mot Olof Palme och det råa hatet från extremgrupper och psykiskt instabila personer. Rimlig ilska mot Palmes politik glider över i ett totalt avståndstagande från honom som människa; han ställs utanför den normala gemenskapen och framställs som en besynnerlig och demonisk figur. Var detta hat egentligen kommer ifrån framstår ännu som ett besvärande svenskt socialpsykologiskt problem. Författaren P.O. Enquist, som recenserade Östergrens bok i *Tiden*, grubblade över varför borgerligheten hade så svårt att förstå sig på Palme: "Kanske är hemligheten att Palme egentligen är den borgerlighetens samlande ledare som de hela tiden drömt om, exakt den ledare de så länge sökt efter, men som en gång i sin ungdom valde en annan väg, och så kom att bli huvudfienden?" Men frågan är om det inte går djupare än så. Palmes övertygelse om att han som individ kunde åstadkomma politisk förändring tycks ha varit existentiellt utmanande för många svenskar.

Samtidigt fanns det en tendens bland socialdemokrater att betrakta all kritik av Palme som ett utslag av patologiskt hat. På Arbetarrörelsens arkiv i Stockholm finns en intressant promemoria från regeringskansliet där en rad uttalanden om statsministern under 1983 har samlats. Den anonyme medarbetare som gjort sammanställningen har inte förmått skilja mellan personangrepp och normal kritik av landets mäktigaste politiker. Att anklaga Palme för att ha infört "presidentstyre" – vilket är en helt anständig kritisk kommentar om maktutövning – jämställs här med fräna personangrepp från personer som Östergren, Gustafsson, Ahlmark och Myrdal. Det fanns verkligen ett groteskt Palmehat som är svårt att förstå sig på – men de flesta som ogillade Palmes politik var inte hatiska.

*

Palme hade också sin lojala krets av medarbetare och vänner att stödja sig på. I regeringen fanns framför allt Ingvar Carlsson, vars orubbliga lugn och genuina blygsamhet dolde det faktum att han likt Palme både var en idépolitiker och en skicklig taktiker. Där fanns också Thage G. Peterson som nu var industriminister. Sedan 1983 var Anders Ferm FN-ambassadör, ett uppdrag som förde honom i tät kontakt med statsministern. Pierre Schori hade blivit kabinettssekreterare på UD, Jan O. Karlsson var sedan 1982 statssekreterare på Jordbruksdepartementet och talskrivaren Kjell Larsson arbetade nu på en socialdemokratisk reklambyrå. Harry Schein fortsatte att röka, dricka whisky och strö sarkasmer omkring sig – samt regelbundet spela tennis med Palme. Carl Lidbom satt i Paris som svensk ambassadör, där han fick användning för sin utmärkta franska och allmänt tycktes njuta av livet. Några av de gamla medarbetarna – främst Ferm och Jan O. Karlsson – hade sedan sjuttiotalet bildat ett nätverk kallat pensionärerna som umgicks under gemytliga former och gav Palme goda råd, särskilt under valrörelserna. Det var inte alldeles oproblematiskt att statsministern hade en privat krets av rådgivare utanför den etablerade partistrukturen, och gruppen väckte inte minst Sten Anderssons misstänksamhet.

Sedan återkomsten till makten hade Palme också förnyat sin personliga stab. När han flyttade in i Rosenbad 1982 hade han med sig Hans Dahlgren som fungerat som hans pressekreterare under oppositionsåren. Ulf Larsson och Odd Engström blev statssekreterare. Den välorganiserade Larsson, som hade känt Palme sedan SSU-tiden på femtiotalet, tog över Thage G. Petersons funktion som *major domus*. Likt Peterson var han den sortens präktiga, kompetenta och lite tråkiga person som Palme hade behov av för att skapa stabilitet omkring sig. Värmlänningen Engström var en livligare sort, mer intresserad av idédebatt. Han hade ett ovanligt intresse för att vara socialdemokrat ur arbetarklassen: jungiansk psykoanalys. Palme gillade Engström, men denne var aningen avvaktande mot sin chef. År 1984 efterträddes han av Ulf Dahlsten, som både hade en civilingenjörs- och en civilekonomexamen och närmast kom från Industridepartementet. Han skulle arbeta nära Palme de sista två åren. Dahlstens stora intresse var frågan om hur Sverige skulle ta klivet över i det postindustriella samhället, något som han ofta tog upp med Palme, "en av de få som verkade ta frågan på allvar". I gengäld delade hans chef med sig av sin ledarskapsfilosofi. Bland annat förklarade han för Dahlsten att man aldrig fick bli beroende av en enda rådgivare; Nixons misstag hade varit att helt förlita sig på Haldeman.

Men han hade också ett liv utanför politiken, även om det var väl skyddat från insyn. Vintern 1983 – mitt under ubåtskrisen – hade han, Lisbet, yngste sonen Mattias, som nu var fjorton, och den tjugoettårige Mårten flyttat från radhuset i Vällingby till en etagevåning på Västerlånggatan. Joakim, som nu var tjugofyra, flyttade in i radhuset på Lövångersgatan. De båda äldsta sönerna läste på Stockholms universitet; Mårten studerade statistik och nationalekonomi och Joakim ekonomisk historia och sociologi. Mattias gick ännu på högstadiet i Vällingbyskolan och pendlade från centrala stan; hösten 1984 började han på Södra Latin (Norra Latin hade lagts ned 1982). Både Lisbet, som nu arbetade på socialförvaltningen på Södermalm, och Olof var glada att slippa de långa resorna. Palme räknade vid ett tillfälle ut hur stor del av sitt liv han tillbringat i bil på Bergslagsvägen som gick ut till Vällingby. Han kom fortfarande hem sent på kvällarna, men den lilla familjen bestående av Olof, Lisbet och Mattias – Mårten flyttade ut 1984 – fick mer tid tillsammans. Man spelade kort på kvällarna och Olof och Mattias gick ibland ut och åt tillsammans när Lisbet inte var hemma. Sommarvistelserna på Fårö var fortfarande givna, men efter valet 1979 hade makarna Palme rest till en liten by på Kreta, där en entusiastisk lokal affärsman ville donera ett hus till Palme som tack för dennes stöd till oppositionen under juntaåren. Den svenske statsministern kunde inte ta emot gåvan, men Olof och Lisbet återvände till Kreta efter valet 1982.

Inom familjekretsen fanns också Palmes fyra år äldre syster Carin (Catharina), som arbetade som kurator på Karolinska sjukhuset, samt hennes man, läkaren Åke Nilzén. Olof och Carin stod varandra nära sedan barndomen och talade mycket om litteratur och poesi men aldrig politik. Han umgicks även med brodern och dennes familj, om än inte lika otvunget. För den sextiofemårige Claës Palme var det heller inte alldeles lätt att förhålla sig till det faktum att hans yngre bror var socialdemokratisk partiordförande. Claës Palme var en duktig advokat, men hade drabbats av ett hårt slag när hans kolleger bakom hans rygg hade försatt hans advokatbyrå i konkurs i slutet av sjuttiotalet och manövrerat ut honom. Likt brodern hade han ett subversivt drag och kunde irritera sig på överklassig arrogans. Men det var en kritik inom klassen; han hade inga politiska sympatier för arbetarrörelsen. När Lisbet hade firat sin femtioårsdag med middag på den trist modernistiska kursgården Rönneberga på Lidingö 1981 hade han inte kunnat låta bli att påpeka att hon i kraft av sitt påbrå hade kunnat hålla festen på Riddarhuset. Men både Olof och Claës hade en stark lojalitet gentemot familjen och ställde upp för varandra i krissituationer. Till familjekretsen kan man också räkna Jelena Zetterström, som Palme gift sig med 1949 för att rädda henne ut ur Tjeckoslovakien, och som nu bodde på Lidingö med sin familj. Även Emma Rothschild, som under åttiotalet vistades i Stockholm då och då, stod nära familjen Palme. Hon följde ibland med på skid- och skridskoutflykter och Joakim bodde i hennes lägenhet i Boston när han studerade i USA.

Familjesfären var inte bara viktig som en reträttplats från det offentliga livet. Olof Palme hämtade också idéer och inspiration hos sina närmaste. Framför allt var hans hustru en av hans främsta rådgivare, både när det gällde principiella beslut och strategiska val. Det finns en utbredd föreställning om att Lisbet Palme var mer radikal än sin make och försökte dra honom vänsterut. Men det rörde sig nog mer om en dialektik mellan manligt och kvinnligt, eller möjligtvis mellan den professionelle politikerns och den professionelle psykologens perspektiv. Hon påverkade honom när det gällde synen på kärnvapen och kärnkraft, områden där hans teknikoptimism fick vika något för hennes oro för framtida generationer. När det gällde barnuppfostran, daghem och familjefrågor vidgade hon hans engagemang för jämlikhet till att omfatta även kvinnor och barn. Med sin starka moralkänsla var också Lisbet en viktig kontrollstation när han stod inför etiskt problematiska beslut. I början av åttiotalet hade också de två äldsta sönerna Joakim och Mårten blivit vuxna. Som far var Palme lågmäld och lyssnande. Han hade inget behov av att föreläsa för sönerna om vad som var rätt och riktigt. Men sönernas studieval låg nära hans egna akademiska intressen. Med dem kunde han föra de mer förbehållslösa diskussioner som inte var möjliga i hans politiska liv. Det gällde också Emma Rothschild som var forskare i ekonomisk historia och under åttiotalet hade en docenttjänst vid Massachusetts Institute of Technology och även undervisade vid École des hautes études en sciences sociales i Paris.

*

I januari 1984 kunde Feldt stolt meddela att budgetunderskottet äntligen hade börjat minska efter sju års oavbruten försämring av statens finanser. Men det hade varit en tuff resa. Den stenhårda budgetdisciplinen hade skapat stort missnöje bland de övriga statsråden. Konfrontationer mellan finansministern och arga kolleger var numera rutin. Såväl Thage G. Peterson som Anna-Greta Leijon var stundtals rasande på Feldt och hotade antingen med att avgå eller klagade sin nöd hos Palme. En del hävdade att åtstramningspolitik per definition var borgerligt. "Att skära i offentliga utgifter hade aldrig varit en socialdemokratisk uppgift", förklarade bostadsminister Hans Gustafsson. För sin del hade Feldt också ett ganska hett temperament och skällde tillbaka. Det smälldes åtskilligt i dörrar i regeringskansliet under dessa år. För att klara alla konflikter krävde Feldt total uppbackning från Olof Palme.

Det fick han också. Palme hade inte tålamod med socialdemokrater som trodde att man kunde strunta i ekonomin. Tanken att man skulle överlåta budgetsaneringen till oppositionen var honom helt främmande. Han och Feldt utgjorde ett effektivt radarpar. De var båda tuffa, hårt engagerade och väl pålästa. Men som många begåvade människor hade Feldt svårt att underordna sig. Han hade arbetat sex år i Finansdepartementet – "den lyckligaste tiden av mitt liv" – och ansåg att budgetarbetet var "navet i regeringens politik, där saker hände och där saker uträttades". Det var inte en helt orimlig inställning, särskilt i början av åttiotalet. Feldt och hans unga medarbetare på Finansdepartementet slet dag och natt för att rädda Sverige ur krisen. Problemet var att han visste att han behövde statsministerns stöd samtidigt som beroendets bojor skavde på hans starka självkänsla. Palme hade stor fördragsamhet med Feldt eftersom denne uträttade ett storverk med att dra upp Sverige ur krisen. Men vid ett tillfälle försökte han varna finansministern för att gå för långt. När Feldt påminde honom om vikten av "att finansministern och statsministern höll ihop kring de övergripande ekonomiska målen" gjorde Palme en diskret markering. Min plikt som statsminister, förklarade han, är att stödja dig till nittiofem procent, din plikt som finansminister är att stödja mig till hundra procent. Men Feldt tycks ha missat den implicita varningen. Eller också struntade han i den.

I vilket fall som helst exploderade konflikten i juni 1984 när boken *Samtal med Feldt* publicerades. Sedan något halvår tillbaka hade Feldt låtit sig intervjuas av två journalister. Han levererade en tydlig uppgörelse med tidigare socialdemokratisk politik. Hans kritik var klart påverkad av klassiskt liberala idéer. Han var också tämligen konkret och förespråkade en rad kontroversiella reformförslag, bland annat privata daghem. Han hade dock inte berättat för Palme vad han höll på med. Han visste att det han gjorde var illojalt: "Uppgiften för en medlem av regeringen och av partiets verkställande utskott ska inte vara att offentligen provocera till debatt... Jag bröt med berått mod mot den regeln av det enkla skälet att jag direkt ville utnyttja den auktoritet mitt ämbete och min position gav mig för att få folk att lyssna. Jag insåg att en del inte skulle förlåta mig för detta tilltag."

Sent på kvällen dagen efter att intervjuboken kommit ut hade han statsministern i telefon. Det var lördag och Feldt var hemma i villan i Nacka tillsammans med sin fru, som just sprungit det årliga maratonlopp som sedan 1979 gick genom Stockholms innerstad. Efter att ha kallpratat med Palme om tävlingen räckte hon telefonen till sin man. Palme var ytterst tydlig. Feldt var illojal, hade brustit i förtroende, pratade skit, hade skadat partiet och borde framför allt ha låtit honom läsa boken innan den gick i tryck. Feldt tog emot denna kanonad och föreslog att de skulle ses följande dag. Problemet var dock att just denna söndag hade Harry Schein sin årliga trädgårdsfest i Danderyd. Feldt var lite orolig för att ha en konfrontation med statsministern efter en alkoholdränkt tillställning, men de enades ändå om att ses i Rosenbad på eftermiddagen. Palme avstod dock från att gå till Schein för att undvika Feldt, vilket säger något om hur irriterad han var. Väl på Rosenbad söndag eftermiddag presenterade Feldt sitt försvar. Om Palme fått läsa boken i förväg skulle han ha blivit medskyldig till dess innehåll, menade finansministern. Som det nu var kunde han i stället svära sig fri från dess "högeravvikelser".

Men Palme var arg därför att han trodde att finansministerns självsvåldighet riskerade att provocera fram en splittring inom partiet. Sverige hade hittills klarat sig från den typ av vänstersocialistiska partier som uppstått i Danmark och Norge. Man kan diskutera hur stor den verkliga faran var, men Palme såg framför sig ett nytt vänsterparti med väljarsympatier på tio–femton procent och stöd i fackföreningsrörelsen. Som statsminister var han tvungen att "hålla ihop partiet och landet". I själva verket delade han många av Feldts ståndpunkter, vilket kanske bidrog till hans ilska. Över huvud taget var hans förhållande till den anglosaxiska högervågen sammansatt. Han var ytterst väl insatt i debatten i USA och Storbritannien och följde Thatchers och Reagans reformer noggrant. Han ogillade alla tendenser till privatisering inom skola, vård och omsorg. En av anledningarna till att han irriterat sig så starkt på Feldts bok var att denne öppnat för privata daghem, ett fenomen som han gett epitetet "Kentucky Fried Children". Palme hade, som hans motståndare gärna påpekade, en mycket stark tilltro till staten.

Men han ansåg också att fri konkurrens var nödvändig för utveckling och välstånd om det tillämpades på rätt sektorer. Dessutom hade han ett i grunden individualistiskt perspektiv på samhället. Syftet med den starka staten var att öka individens valfrihet och sprida livsmöjligheterna mer jämlikt. Om marknaden kunde göra detta effektivare fanns det inte någon självklar poäng med statliga monopol. Samtidigt som han bekämpade nyliberalismen förde han mer öppna och prövande samtal med sin statssekreterare Ulf Dahlsten om ökad konkurrens, effektivisering och valfrihet inom den offentliga sektorn. Men sådant kunde han inte fundera högt kring som socialdemokratisk partiledare, åtminstone inte ännu. Feldts förbrytelse var att han tagit sig en frihet som inte var möjlig för Palme. Hans ilska mot finansministern skulle klinga av med tiden, men förtroendet mellan de båda männen skulle aldrig bli detsamma igen.

*

Palmes svårighet att förena rollen som partiledare med sin lust att kasta sig in i idédebatten blev tydlig på den socialdemokratiska kongressen i september 1984. Inledningsanförandet – som han förberett under en resa till Tanzania – började med att rekapitulera den framgångsrika krishanteringen. Han hade aldrig gillat "kalk och cement-tal" och undvek därför att rabbla siffror. Men han gav några pregnanta bilder som visade skillnaden mellan de borgerliga åren och det nuvarande läget: "1984 blev... det år då vi för första gången lyckades överträffa 1974 års rekordnotering av industriproduktionen efter nedgången under de borgerliga åren." Naturligtvis hade han även en lång lista av kvarstående problem som måste åtgärdas, inte minst ungdomsarbetslösheten och inflationen. Socialdemokraterna fick inte slå sig till ro, det var snart val igen och opinionssiffrorna var inte så bra som de borde vara med tanke på den framgångsrika krispolitiken. Men budskapet var tydligt och kraftfullt: "Sverige var på rätt väg", vilket också var kongressens officiella motto.

Detta gällde även ubåtshotet. Sveriges förhållande till Sovjetunionen var spänt på grund av kränkningarna av svenskt territorialvatten, förklarade Palme när han något senare på kongressen tog upp säkerhetspolitiken: "Vi har inte tvekat att protestera mot dessa händelser. Vi viker inte i frågor som gäller den nationella suveräniteten och den internationella rätten. Vi kröker inte rygg för stormakterna." Han manade till och med fram bilden av FNL:s kamp mot USA. Sverige måste våga se "stormakten rakt i ögonen", precis som i "Vietnamfrågan, när den amerikanska stormakten förde ett orättfärdigt krig mot ett litet folk".

Större delen av hans mycket långa inledningsanförande på 1984 års kongress bestod dock av en utförlig kritik av nyliberalismen. I stora stycken var det en återgång till tankarna bakom "det starka samhället" från femtiotalet. Staten – den offentliga sektorn – behövdes för att garantera människor verklig valfrihet. Socialismen var fortfarande en frihetsrörelse: "Vad vi socialdemokrater eftersträvar är ett samhälle som ger alla människor möjligheter att förverkliga sina livsprojekt." Men nu hade också ett mer tillbakablickande, för att inte säga defensivt drag, smugit sig in i retoriken. Den offentliga sektorn var en gemensam rikedom som måste förvaltas på ett bra sätt: "Det finns ett drag av orubblighet i socialdemokratins politik som utgör en stor tillgång för oss. Vi har vår identitet och den är vi stolta över." Det var ett kraftfullt tal som signalerade ideologisk kampvilja. Men till skillnad från talen på femtio- och sextiotalen saknades rörelsen framåt. Att försvara redan vunna friheter var kanske hedervärt, men en "frihetsrörelse" borde rimligtvis också ge människor nya möjligheter att förverkliga sig själva. Konservatism passade inte Palmes temperament.

Kanske var det denna inre konflikt som fick honom att på ett överraskande starkt sätt ta ställning mot det förslag på censur av våldsamma videofilmer som framfördes på kongressen. Sedan 1911 hade det funnits en statlig filmcensur i Sverige, men när videobandspelarna blev var mans egendom i början av åttiotalet kunde alla åldersgränser och förbud lätt kringgås. "När vi har diskuterat videovåldet i min arbetarekommun, Östhammar, i kvinnoklubben och i s-föreningen, är det påfallande många som har berättat om egna och andras tonåringars – i vissa falls yngre barns – hemska upplevelser", berättade ett ombud: "Enigheten är stor om att filmerna måste bort!" Det var knappast kongressens viktigaste fråga, men när kravet på censur röstades igenom tog Palme sin portfölj och lämnade podiet i vredesmod. Senare meddelade han en förbluffad valberedning att han skulle ställa sin plats som ordförande till förfogande på grund av videocensuren. Kjell-Olof Feldt misstänkte att hans chef blivit galen, detta var ju en helt oviktig kulturfråga. Förvisso var Palmes reaktion överdriven. Men det fanns ett uppenbart samband mellan hans ilska över beslutet i videofrågan och hans angrepp på nyliberalismen i inledningsanförandet. Ur hans perspektiv riskerade moralistiska krav på censur att kompromettera argumentet att den starka staten stod för individuell frihet. Som han hade påpekat redan 1965 i debatten kring *Midsommardansen*: "Vårt samhälle kommer att bli alltmer kollektivistiskt till en följd av människors krav och förväntningar... därför är det viktigt att vi diskuterar möjligheterna att vidga den enskilda människans frihetsmarginal."

Palmes problem framgår ännu tydligare av den kontroversiella framtidsrapport som Ingvar Carlsson levererade till den socialdemokratiska kongressen, *Framtiden i folkets händer*. Till skillnad från Palmes tal var den offensiv. Carlsson utgick likt Palme från att målsättningen för den offentliga sektorn var att öka medborgarnas valfrihet. Men till skillnad från Palme lät han antyda att så alltid inte var fallet i dagens Sverige: "Valfriheten bör nu vidgas när det gäller att inom den offentliga sektorns ram välja skola, sjukvård och daghem. Denna valfrihet kopplas till en ökad mångfald när det gäller pedagogisk och annan inriktning av skolor och daghem." Visserligen var det fortfarande så att "marknadskrafter och vinstmotiv" skulle hållas borta, men öppningen mot en diversifiering av offentliga tjänster är tydlig. Carlsson använde sig dessutom av ett för socialdemokratin främmande begrepp i sina resonemang: medborgarskap. Kapitalismen stod för ett tunt medborgarskap med enbart formella rättigheter, medan socialdemokratin ville "fördjupa medborgarskapets betydelse", menade vice statsministern. Carlsson var uppenbart influerad av de strömningar inom det socialdemokratiska ungdomsförbundet som var kritiska till en övertro på staten och ville ge medborgarna en större "egenmakt". När programmet diskuterades på kongressen fick han dock kritik av två ledande SSU:are, den framtida utrikesministern Anna Lindh och den framtida partiledaren Mona Sahlin, för att han var alltför försiktig.

Men många var kritiska. "Medborgarskap" ansågs av många socialdemokrater vara ett borgerligt begrepp: "det låter som medborgerlig samling eller någonting sådant", som ett ombud uttryckte det. Socialdemokratiska politiker, inklusive Palme, talade sällan om medborgare. Man använde hellre begreppet "människorna" eller "människorna i samhället" eller också preciserade begrepp som "gruvarbetare" eller "direktörer". Lite förvånande ansåg många att också "valfrihet" var ett borgerligt uttryck, trots att Palme sedan femtiotalet försökt införliva det i socialdemokratiskt språkbruk. Ett ombud anklagade Ingvar Carlsson för att "huka för högerkrafterna": "Den valfrihet som förespråkas här är den starkes valfrihet, den starkes rätt att ta för sig av det som vi gemensamt byggt upp. Vilka föräldrar är det som kommer att kräva sin rätt, kräva att få sitt barn på en viss skola, ett visst daghem med en viss pedagogik?" Palme låg lågt när det gällde *Framtiden i folkets händer*. Detta var fel tillfälle att lansera idéer om förnyelse, ansåg han. Stämningen bland väljarna var konservativ och förändringsfientlig. I 1985 års valrörelse skulle Socialdemokraterna vinna genom att försvara status quo.

*

Stämningen i Sverige under 1985 präglades heller inte av framtidsoptimism. Opinionsundersökningar visade att medborgarna trodde att tiderna skulle bli sämre. Antalet förtidspensionärer växte i alarmerande takt. Kyrkogårdsdelegationen rapporterade att begravningsplatserna inte skulle räcka till när de stora kullar som fötts precis efter kriget började dö på tjugohundratalet. Och trots att bara en handfull svenskar insjuknat i immunbristsjukdomen aids diskuterade ledarsidan i den liberala morgontidningen *Dagens Nyheter* om inte grundläggande medborgerliga fri- och rättigheter måste stryka på foten för att stoppa en epidemi.

Men inom den svenska högern var framtidstron stark. Under vintern 1985 hade Moderaterna nått upp till rekordnoteringar på över trettio procent i opinionsundersökningarna. Det spekulerades i om Sverige var på väg mot ett tvåpartisystem. "Nästan allting pekar i vår riktning", skrev Adelsohn i sin dagbok ett halvår före valet. Han var nu den självklare statsministerkandidaten på den borgerliga sidan. Både Centerpartiet och dess ledare var skuggor av sina forna jag. Från att ha varit det största borgerliga partiet med väljarsiffror på omkring 25 procent hade det nu sjunkit ned till nivåer mellan 10–15 procent. Fälldin hade dessutom drabbats av magsår och var sjukskriven under en stor del av valrörelsen. Opinionssiffrorna för Folkpartiet, en gång det största oppositionspartiet, var nere på fyra-fem procent. Men de höga siffrorna för Moderaterna gav ändå de borgerliga partierna ett stort övertag gentemot Socialdemokraterna.

Men Moderata samlingspartiet drabbades av hybris. Precis som en gång den marxistiska vänstern blev man offer för den egna ideologiska övertygelsen. Allt tycktes peka i samma riktning. Keynesianismen var död och den nyklassiska nationalekonomin gick triumferande fram genom den internationella akademiska världen. Fackföreningsrörelsen var på reträtt: Thatcher hade kämpat ned de engelska gruvarbetarna och Reagan de amerikanska flygledarna. Från bokförlagen Timbro och Ratio kom en strid ström av skrifter som visade att välfärdsstaten var dömd att kollapsa under sin egen tyngd. Självklart skulle väljarna också inse att det var dags att en gång för alla göra rent hus med det socialdemokratiska förmyndarsamhället. Nu skulle det bli ett "systemskifte", proklamerade allt fler segervissa moderater. Men lika lite som svenska folket velat ha en revolution i början av sjuttiotalet ville det ha något systemskifte i mitten av åttiotalet. Högre skatter, lägre skatter, mer stat, mindre stat – sådana frågor kunde man diskutera. Men tanken på att införa ett helt nytt "system" var oroväckande, vare sig idealen hämtades från Thatchers Storbritannien eller Honeckers Östtyskland. När socialdemokratiska och moderata kandidater möttes i en serie inledande valdebatter i mitten av april 1985 gick de förra ut i ett välorkestrerat angrepp och pressade Moderaterna på vad de menade med systemskifte mer exakt. De flesta kunde inte svara på något begripligt sätt. Moderaterna hamnade på defensiven och började dala i opinionsmätningarna.

Med en annan och mer visionär partiledare kanske man hade kunnat vända utvecklingen. Men den sympatiske och levnadsglade Adelsohn var ingen intellektuell. Han hade känt sig pressad av kraven från sin partistyrelse under valrörelsen: "Tänker inte ta mer regi nu och hålla ideologiska anföranden om [Edmund] Burke utan mer säga vad jag själv tycker", skrev han upproriskt i sin dagbok dagen efter valet. Men den mer lättsamma stil som fungerat så väl för honom som politiker i Stockholm blev en katastrof på nationell nivå. Adelsohn gjorde det ena klavertrampet efter det andra. Erbjudandet om att bada i reaktorbassängen under ett besök på kärnkraftverket i Forsmark uppskattades av de närvarande journalisterna men förstärkte Palmes anklagelser om att Moderatledaren var en "pajas". Mer allvarligt var att Adelsohn också talade om "de stackars negrerna i Sydafrika" – man får tydligen inte säga "negrer" i Sverige konstaterade han harmset – och uttalade sig för en stramare flyktingpolitik under ett besök på en polisstation i Trelleborg. Uttalanden av det slaget väckte stor indignation, inte bara inom vänstern utan även hos mittenpartierna. Bengt Westerberg, som efterträtt Ola Ullsten som ledare för liberalerna 1983, riktade skarp kritik mot Adelsohn. Dessutom var Folkpartiledaren, trots att han hängivet försvarade marknadsekonomin, en stark motståndare till ett systemskifte. Inte ens "under pistolhot" skulle Moderaterna få honom att överge den allmänna välfärden, förklarade den eljest tämligen oretoriske folkpartisten.

Valutgången bekräftade Palmes tro på att det politiska livet gick i cykler. Under våren 1985 hade han haft en korrespondens med den amerikanske historikern Arthur Schlesinger om vågrörelser i historien. Schlesinger, som just höll på att arbeta med en bok med titeln *The Cycles of American History*, menade att det sker en pendelrörelse mellan radikala och konservativa perioder i historien med ett intervall på ungefär femton år. Enligt detta schema hade en radikal topp kommit på sextiotalet för att följas av en konservativ våg på sjuttiotalet. Men det som framför allt intresserade Palme var det faktum att den amerikanske historikern – som arbetat åt John F. Kennedy – förutspådde att förändringens vind skulle börja blåsa igen i slutet av åttiotalet. Det stämde också med Palmes egen bedömning. Han diskuterade vågrörelseteorin med Ulf Dahlsten:

Slutsatsen var given. 1985 års valrörelse skulle få utkämpas i ett Sverige som tyckte hjärtligt illa om förändringar. Att då komma dragande med ett program med budskapet "Bara vi får göra lite förändringar så blir allt bra" var dömt att misslyckas.

Därför sköts allt tal om en förnyelse av den offentliga sektorn framåt i tiden, mot 1988 års val, som enligt det schlesingerska schemat skulle få en radikal och förändringsbenägen karaktär. I propagandan 1985 följde Socialdemokraterna däremot de riktlinjer som partiordföranden dragit upp i sitt tal på kongressen: hårda angrepp på nyliberalismen och konservativt försvar av välfärdsstaten. "Kan vi få valrörelsen att handla om systemskifte", hette det i en intern analys i statsrådsberedningen i maj, "bör vi rimligen klara ett valresultat som möjliggör fortsatt regeringsinnehav." I en serie reklamfilmer som visades på biograferna gestaltade Roy Andersson – som gjort *En kärlekshistoria* i början av sjuttiotalet och nu var allmänt hyllad som Sverige mest underfundige reklamfilmare – ett framtida samhälle utan mänsklig hänsyn och medkänsla: pensionärer som trampas ner, människor i sjuksängar som rullas in som kollin i överfyllda salar av likgiltiga vårdare. Några politiska partier nämndes inte vid namn men alla förstod att det var systemskiftet som avsågs. Samtidigt flörtade man också en aning med de nya strömningarna. En särskilt uppmärksammad reklamaffisch föreställde en ung man i en sportbil lastad med en dalmatinerhund och ett par vattenskidor som berättade att han skulle rösta på Socialdemokraterna för han ville ha ordning på landets ekonomi.

Även om den bakomliggande strategin var framgångsrik gjorde Palme inte någon bra valrörelse för egen del. Visserligen hade han återigen ökat antalet möten och framträdanden efter den lite lugnare insatsen 1982. Men han försökte ersätta vad som fattades i kvalitet med ökad kvantitet. I princip borde han inte ha haft några större problem med Adelsohn, som saknade såväl Fälldins folklighet som Bohmans skärpa. Men när Palme och Adelsohn möttes i en tevesänd debatt i Västerås den 28 augusti blev resultatet förvånansvärt jämnt. En opinionsundersökning efteråt visade att många tittare tyckte att båda partiledarna varit för aggressiva och slagordsmässiga. Palme skulle sannolikt ha vunnit mycket på att ha fortsatt med den lite lugnare och landsfaderliga stil han använt sig av i 1982 års valrörelse. Då hade han varit mer lågmäld och betonat att Socialdemokraterna kom med "utsträckta händer" och sökte samförstånd. Svenskarnas längtan efter en vänlig men bestämd patriark hade inte precis minskat under de gångna åren med främmande ubåtar vid gränserna och galopperande budgetunderskott.

Men Palme ville sannolikt inte axla rollen som landsfader. Han hade blivit politiker av två skäl. Det första var idealistiskt: han hade ett genuint behov av att känna att han kunde gripa in i världen och åstadkomma förändringar för människor och göra deras liv bättre. Den andra anledningen var mer narcissistisk: han älskade tävlingsmomentet, att hela tiden mäta sin förmåga mot motståndarna i debatter, opinionsmätningar, val och taktiska manövrer. Som upphöjd landsfader skulle han inte kunna ägna sig åt någon av dessa verksamheter. Då skulle hans uppgift snarare bli att uppmuntra andra att komma med nya idéer och sedan tvingas lösa de konflikter som uppstod till följd av dessa idéer. Kanske såg han också något falskt i själva landsfadersrollen. På gott och ont signalerade hans kamplust och vredesutbrott att han var en människa som styrdes av känslor. I detta fanns en sublim ironi. Många av hans kritiker tyckte att han var falsk och icke-autentisk, men på sätt och vis var han den ärligaste politikern av dem alla. Problemet är dock att en sådan attityd kräver ett storslaget program, en framåtriktad vision som kan rättfärdiga dess förespråkares mänskliga defekter. Men i 1985 års valrörelse försvarade han status quo. Efteråt var han missnöjd och tyckte att han varit alldeles för defensiv.

När valresultatet hade sammanräknats kvällen den 20 september 1985 visade det sig att Moderaterna hade backat ordentligt, ner till 21 procent, och tappat två mandat. Socialdemokraterna fick 45 procent, en minskning med en procentenhet från 1981, vilket inte var något lysande resultat men ändå innebar att man behöll makten. Centerpartiet fick tio procent, ett katastrofresultat som innebar att man var tillbaka till femtiotalet när det gällde väljarstöd. Valets stora segrare blev Bengt Westerberg, en färghandlarson från Södertälje som både hade en medicinsk grundexamen och en examen i nationalekonomi. Under de sista veckorna tog han Folkpartiet från ett väljarstöd på runt sex procent till ett valresultat på 14 procent, vilket i medierna döptes till "Westerbergeffekten". Väljarna uppskattade hans sakliga och icke-polemiska stil samt det faktum att han försvarade *både* marknadsekonomin *och* välfärdsstaten.

*

Att Olof Palme gjorde en avslagen valrörelse berodde delvis på att sommaren hade varit ovanligt tung. Den 21 juni 1985 dog Tage Erlander, 84 år gammal, på Huddinge sjukhus i Stockholm. Palme hade besökt sin gamle mentor dagen innan med en hälsning från Socialistinternationalen som just haft möte. Den 1 juli fördes Erlanders kista i kortege genom Stockholm; slutmålet var Ransäter i Värmland där han en gång fötts och nu skulle läggas till vila. Processionen hade startat vid Hjalmar Brantings grav på Adolf Fredriks kyrkogård för att sedan gå ut på Sveavägen förbi den plats där landets statsminister skulle komma att bli skjuten bara ett halvår framåt i tiden, ner längs Kungsgatan mot Norra Bantorget och in i Folkets hus. Ingen sorgemusik spelade och ingen var svartklädd – allt enligt den förre statsministerns instruktioner. I Folkets hus höll Palme tal. Anders Ferm hade gjort det första utkastet och Palme hade bearbetat det på Gotlandsfärjan när familjen åkte till Fårö för sommaren. Enligt Mattias hade hans far aldrig sett så sorgsen och trött ut tidigare. "Nu är du ensam kvar", hade Lisbet sagt. Talet till Erlander blev ett av Palmes bästa tal, på en gång en sammanfattning av de två männens gemensamma ideologi och en personlig hyllning till en nära vän: "Du har sagt att samhället ska vara starkt så att människor slipper vara svaga. För dig var det starka samhället aldrig ett uttryck för myndighet eller ekonomisk övermakt som dirigerar människors liv..."

Under sommaren 1985 drabbades Palme också av ett par nya affärer. Den ena handlade om det svenska vapenföretaget Bofors och väckte stora moraliska frågor, men oroade honom inte särskilt mycket. Sedan artonhundratalet hade man byggt kanoner vid det gamla järnbruket i Karlskoga, som hade köpts upp och moderniserats av Alfred Nobel. Marknaden hade varit god genom åren; i många av andra världskrigets artilleristrider användes Bofors 40mm automatkanon på båda sidor. Under efterkrigstiden fick företaget en strategisk roll i svensk säkerhetspolitik. Om Sverige skulle kunna upprätthålla sin trovärdighet som alliansfritt land var det nödvändigt att ha en egen stark krigsindustri. Men att enbart sälja till den svenska armén räckte inte för att göra Bofors lönsamt. Därför gjorde staten sitt bästa för att hjälpa den värmländska vapensmedjan på den internationella marknaden. Visserligen krävdes det särskilda licenser enligt principer som Tage Erlander lagt fast redan i slutet av femtitalet; mottagarländerna fick framför allt inte vara inblandade i externa konflikter eller drabbade av inbördeskrig. Men även med dessa utmärkta regler kvarstod två problem. Det ena var att vapen tenderar att komma till användning, vilket väcker frågor om det moraliska ansvaret hos leverantören. Det andra var att den internationella vapenindustrin är en av världens mest korrupta branscher; liksom många andra vapenleverantörer använde sig Bofors av mutor för att ro stora beställningar i hamn.

Boforsaffären hade rullat i gång i maj 1984 då Svenska freds- och skiljedomsföreningen anklagade företaget för att ha kringgått den svenska vapenexportlagen och sålt luftvärnsrobotar till de föga demokratiska länderna Bahrain och Dubai. I slutet av maj 1985 – med valrörelsen i full gång – ökade det mediala trycket när den ingenjör vid Bofors som avslöjat smuggelhistorien trädde fram i offentligheten. Samtidigt hade Bofors fått problem med att slutföra en jätteförsäljning av tungt artilleri till Indien. Regeringen gjorde sitt bästa för att jämna marken genom att utlova exportkrediter och ekonomiskt stöd; Palme tog dessutom upp ärendet med den indiske premiärministern Rajiv Gandhi när han var i New Delhi. Detta betraktades som helt normalt. Alla ledande svenska politiker (utom kanske kommunisterna) marknadsförde svensk vapenindustri när de var ute och reste; Adelsohn hade nyligen varit i Canada och talat sig varm för svenska kanoner. Senare, efter Palmes död, skulle det visa sig att Bofors hade mutat sig till den indiska beställningen, vilket blev en stor inrikespolitisk skandal i Indien och ledde till att Rajiv Gandhi och Kongresspartiet förlorade makten 1989. Ingenting tyder på att Palme gett något slags godkännande av eller uppmuntrat vare sig smugglingen av luftvärnsrobotar eller de indiska mutorna.

Men debatten om vapensmugglingen till Mellanöstern sommaren 1985 kastade en allvarlig skugga över Palmekommissionen och regeringens arbete för nedrustning. Palme kunde ha upprepat den realpolitiska moraluppfattning han så skickligt lanserat på SSU:s kongress 1958 när den svenska atombomben stått på dagordningen: det var supermakterna som skulle avrusta, inte små fredliga, neutrala stater. Men det skulle kräva stora pedagogiska insatser. De flesta människor tenderar intuitivt att betrakta det som dubbelmoral att sälja vapen och samtidigt agitera för nedrustning. Palme undvek den komplicerade frågan och skickade i stället fram sin utrikeshandelsminister Mats Hellström, som ironiskt nog varit en aktiv kritiker av svensk vapenexport på sjuttiotalet. Statsministern var naturligtvis tvungen att välja sina strider inför valet. Men en av de inblandade tjänstemännen på UD, Carl Johan Åberg, ansåg att han kunde ha försvarat den svenska vapenexporten mer aktivt. Palme borde, menade Åberg, ha förklarat "varför det i många fall är bättre att länder som befinner sig i en utsatt situation får möjlighet att köpa vapen från det alliansfria Sverige än tvingas göra detta från länder där vapenköpen kan leda till olika politiska beroenden och bindningar".

I jämförelse med vapenexporten var Harvardaffären en bagatell. I april 1984 hade Palme hållit en föreläsning vid det välkända amerikanska universitetets juridiska fakultet. Han var inbjuden av ett institut som sysslade med forskning kring arbetsmarknadslagar och som 1982 hade fått en donation av de amerikanska offentliganställdas fackförening AFSCME för att inbjuda prominenta gäster att tala. Bland senare års föredragshållare finns till exempel Al Gore. Palme höll en lysande föreläsning som än i dag utgör en av de bästa sammanfattningarna av hans idéer som finns tillgängliga på engelska. Harvard ville betala ett arvode på femtusen dollar. Palme brukade inte ta emot föreläsningsarvoden och avvisade ersättningen. Men på något sätt – om initiativet kom från Palme eller från Harvard är oklart – uppstod idén att omvandla honoraret till ett personligt stipendium till den tjugofemårige Joakim Palme, som var doktorand i sociologi vid Stockholms universitet. Ur amerikanskt perspektiv var det inget konstigt; privata universitet hade stora möjligheter att anta studenter och stipendiater efter eget gottfinnande. Hösten 1984 blev Joakim "visiting student" på den framstående forskarskolan John F. Kennedy School of Government och bodde hemma hos Emma Rothschild, som sedan 1978 hade en tjänst som docent vid Massachusetts Institute of Technology, som låg nära Harvard. Vid sidan om studierna i statskunskap bedrev han forskning vid den sociologiska institutionen vid Harvard. Han skulle sedan gå vidare till en framgångsrik akademisk karriär och bli professor i statskunskap vid Uppsala universitet.

Det som formellt sett gjorde detta till en "affär" var det faktum att Palme inte tog upp inkomsten från Harvard när han lämnade in sin deklaration i maj året därpå. Det skulle visa sig vara ett fatalt misstag. Eftersom Palme visste att hans deklaration hårdgranskades av svenska journalister konsulterade han en skattejurist redan i januari. Denne menade att han inte behövde redovisa det till stipendium omvandlade arvodet, ett råd som skulle få stora konsekvenser. När Jan Guillou, som sannolikt aldrig förlåtit Palme för IB-affären, nåddes av skvallret om Joakims stipendium insåg han att han hade ett tillfälle att ge igen. Mitt i sommaren, precis när valrörelsen höll på att sparka i gång, hade Palmes pressekreterare Kjell Lindström kommit överens med Sveriges Radio om att statsministern skulle medverka i det direktsända radioprogrammet "Natti-Natti" och bli intervjuad av en "hemlig gäst". När Palme kopplades upp med Sveriges Radio från den socialdemokratiska partiexpeditionen i Visby den 25 juli – tidigare på dagen hade han hållit tal i Almedalen – visade det sig att den hemlige gästen var – Guillou. Efter några harmlösa inledande frågor undrade han om Palme hade "några skattefria extraknäck", vilket denne förnekade. Då styrde Guillou snabbt in på Harvard och slog fast att Palme hade föreläst där och att Joakim fått ett stipendium, vilket Palme inte kunde förneka. Sedan kom nådastöten: "Så du fick en förmån, värd fyra–femtusen dollar, istället för ett arvode, alltså?" Lite lamt svarade Palme: "Nej, jag fick ingen förmån. Jag fick ingenting" – vilket var formellt korrekt men undvek den grundläggande juridiska frågan.

Mattias Palme hade varit med i Visby under dagen och stod utanför partikontoret när fadern kom ut i sällskap med sin presssekreterare. Hans far – som aldrig höjde rösten hemma – var nu sprutande arg. Harvardaffären skulle puttra i de mediala grytorna under lång tid framöver. Skattereglerna var visserligen oklara och det var få som misstänkte Palme för att avsiktligt ha undanhållit pengarna. Men för många skattetrötta svenskar var just all denna oklarhet ett tecken på hur hopplöst komplicerad skattelagstiftningen blivit. Men det skapade också tillfälle att förmedla en bild av familjen Palme som en del av en internationell elit vars medlemmar hjälpte varandra till olika typer av förmåner, som till exempel privilegiet att skicka sina barn till amerikanska prestigeuniversitet. "Med de skatter vi har", skrev *Svenska Dagbladet*, "måste man endera ha en förmögenhet eller goda kontakter för att kunna hjälpa sina barn till en kvalificerad internationell utbildning." Kulturjournalisten Björn Nilsson, som oftast var positivt inställd till Palme, gav uttryck för en irritation bland många akademiker när han påpekade att det stack i ögonen att den politiker som var mest ansvarig för industrialiseringen av de svenska universiteten skickade sin son till Harvard med dess traditionella akademiska ideal. Men det var en minoritetssynpunkt. För de flesta stod skattefrågan – detta eviga svenska ämne som väcker större passion än kärlek och sexualitet – i centrum. Det som mest plågade Palme var just att historien drabbade hans närstående. Hans tålighet när det gällde att ta stryk i medierna var stor, men Guillou hade hittat hans mest sårbara punkt: känslan av att inte kunna skydda sin familj.

*

Det finns en ganska utbredd uppfattning om att Palme hade börjat fundera på att avgå som partiledare hösten 1985. De många åren i politikens centrum och de hårda angreppen hade satt sina spår. Dessutom kände Lisbet att priset började bli alltför högt, inte minst när hon ansattes av rabiata medlemmar i EAP utanför sitt hem i Gamla stan. I slutdebatten i teve inför valet fick svenska folket se en grå och matt statsminister. Hans förmåga att fokusera och tränga undan obehagligheter tycktes också ha övergett honom. Mitt under ett samtal med en medarbetare om något helt annat kunde han plötsligt börja tala om Harvardaffären. Journalister som intervjuade honom upptäckte plötsligt att han tittade ut genom fönstret, helt förlorad i andra tankar. Dessutom hade han under det gångna året visat ett diskret intresse för tjänsten som FN:s flyktingkommissarie. Den skulle bli ledig den 1 januari 1986 då dansken Poul Hartling avgick. Engagemanget i flyktingfrågan gick djupt i familjen Palme, från Müsis flykt över Östersjön under första världskriget till hans eget skenäktenskap med Jelena Rennerova för att få ut henne ur Tjeckoslovakien.

Men hur Palme egentligen såg på framtiden efter valet 1985 är svårt att säga. Det finns uppgifter om att han lämnat ett "reservationslöst" besked till vissa ledande socialdemokrater om att avgå vid nästa partikongress. Men det låter inte särskilt sannolikt, främst därför att det vore oklokt att ge sådana löften med tanke på hur oförutsägbar politiken är. Dessutom hade det varit främmande för en person som var så pass förtegen om sig själv på alla andra områden. När han grälat med Feldt på Rosenbad sommaren 1984 hade han slängt ur sig att han tänkte avgå efter 1985 års val. Men det hade varit i affekt. Tage Erlander funderade ofta på att avgå men blev kvar som statsminister i tjugotre år. Palme trodde också, i enlighet med sin cykliska historieuppfattning, att 1988 års val skulle bli ett gynnsamt tillfälle för ett mer radikalt reformprogram.

Åsikterna går också isär om hur mycket ork han hade kvar. Kjell-Olof Feldt har i sin memoarbok *Alla dessa dagar* skapat en bild av Palme som en närmast tragisk Hamletfigur. Enligt den förre finansministern gränsade Palmes beteende till det patologiska. Mitt under ett möte hade han plötsligt plockat fram en blockflöjt som han låtsasspelade på. Vid ett annat tillfälle – när Feldt hade presenterat ytterst kontroversiella planer för en avreglering av den svenska finansmarknaden – hade Palme bara viftat undan honom och sagt: "Ja, ja, gör vad ni vill." Men källproblemet är uppenbart. Att Palme var så frånvarande i umgänget med Feldt kan ha berott på att han ansåg att finansministern var illojal och självsvåldig. Han var utan tvivel trött i största allmänhet, men han var kanske extra trött på sin finansminister som ställde honom inför närmast fullbordat faktum när det gällde avregleringen.

Nästan alla andra källor ger en mindre negativ bild av Palmes sista tid. Även om det finns en stor konsensus om att han var trött under september–oktober 1985 är det ingen utom Feldt och hans förtrogne Klas Eklund som anser att Palme höll på att kollapsa psykiskt. Ulf Dahlsten, som arbetade ytterst nära honom, menar att Palmes depression släppte i november när han beslutat sig för att han inte ville bli flyktingkommissarie. Dessutom hävdar han att Palme var ytterst intresserad av idéfrågor och förde ett kontinuerligt samtal om förnyelse inom den offentliga sektorn. Emma Rothschild ger en liknande bild av animerade diskussioner om Reagan, Thatcher och nyliberalismen. Hon tror att Palme under sin sista tid var mer intresserad av att engagera sig i idédebatten än av att få ett toppjobb inom FN. Sikten i det politiska landskapet var ur hans perspektiv klarare än någonsin. Kärnkraften var avförd från den politiska dagordningen och även om löntagarfonderna utgjorde en trist restpost från sjuttiotalet skulle dessa snart var desarmerade. Han var innerligt trött på att "hålla ihop partiet och landet". Nu var han tillbaka till utgångspunkten: de frågor om stat, marknad och individ som han diskuterat vid Paul Titus seminarier på Kenyon. Då hade hans amerikanska vänner trott att han skulle bli akademiker, kanske ekonomiprofessor.

Vid sidan om politikern i Palme fanns det också en forskare, en nyfiken man som läste oavbrutet på flygplan och tåg eller på möten och höll sig ajour med de senaste rönen inom samhällsvetenskapen. Om Schlesingers vågrörelseteori stämde kunde slutet av åttiotalet bli en perfekt tid för att engagera sig i den intellektuella debatten. Mot denna tolkning står det faktum att Palme under hela sitt liv hade valt handling framför reflektion. Han hade skrivit artiklar, hållit föredrag och deltagit i intellektuella debatter men han hade inte ens under oppositionsåren samlat ihop sig till någon mer systematisk översikt av sina idéer i bokform, trots uppmaningar från vänner och medarbetare.

I vilket fall tyder det mesta på att Palme var på väg upp ur sin svacka i början av 1986. I november hade hans första barnbarn fötts, Joakims dotter Joanna, vilket gjort honom mycket glad. Under julen hade familjen samlats i våningen i Gamla stan och över nyår hade man farit ut till Harpsund. Där tillstötte en rad besökare, bland annat Thage G. Peterson, som tyckte att han verkade vara i god form. Till och med Feldt erkände att Palme var mer av sitt gamla jag när han kom tillbaka i början av det nya året: "Borta var depressionen och självömkan... han koncentrerade sig nu helt på politiken". Början av 1986 bjöd heller inte på några stora överraskningar. Relationerna till Sovjetunionen och den ekonomiska krisen fortsatte att dominera debatten. Han hade ett officiellt besök i Moskva inplanerat i april och hans kritiker misstänkte att han inte skulle våga inta en tillräckligt hård attityd mot den sovjetiska ledningen. En grupp marinofficerare agiterade mot Palme och anklagade honom nästan för landsförräderi: "Sverige har inte längre kontroll över sitt territorium", hävdade en kommendörkapten.

Det mullrade också inom delar av arbetarrörelsen mot regeringens åtstramningspolitik. Under december hade en rad fackklubbar skrivit under det så kallade Dalauppropet mot regeringens politik. I början av januari hade den socialdemokratiska riksdagsgruppen stoppat regeringens förslag på att sänka arbetslöshetsersättningen. I slutet av månaden gjorde en grupp socialdemokrater i Nässjö öppet uppror mot partiledningen. I vanlig ordning ansåg Palme att anfall var bästa försvar. Han åkte ner till Småland för att konfrontera sina missnöjda partikamrater. Palme lyssnade på deras klagomål men förklarade att han inte hade några planer på att avgå. För tio år sedan krävde ni också min avgång, sade han, men ändå står jag här. Fast min hustru skulle förstås bli glad om jag gjorde det, tillade han.

Men missnöjesvågen på arbetsplatserna var av övergående karaktär. Över huvud taget såg världen ljusare ut i början av 1986 än den gjort på länge. Även om det fanns strukturella problem i ekonomin rullade högkonjunkturen vidare. Från Sovjetunionens nye ledare Michail Gorbatjov kom hoppfulla signaler om öppenhet och avspänning. "1986 är möjligheternas år", förklarade Palme för Ingvar Ygeman, chefredaktör för tidningen *Statsanställd* när denne intervjuade honom i Rosenbad den 28 februari. Sverige stod starkare ekonomiskt än på länge, hävdade en nöjd statsminister. Inflationen var på väg nedåt, reallönerna steg och det fanns åter ett utrymme för jämlikhetsreformer. Och på den internationella arenan skedde en verklig islossning: "Det internationella läget har ljusnat. Misstron viker som dimman en tidig vårmorgon..."

*

Någon timme efter denna intervju ringde Lisbet Palme sin make och föreslog att de skulle gå på bio på kvällen. Det var ovanligt. Men det var fredag och Palme hade inga officiella engagemang under helgen. Dessutom var det sportlov i Stockholm, och sonen Mattias var i Frankrike och åkte skidor. Strax efter sex lämnade statsministern sitt tjänsterum i Rosenbad och promenerade hem till bostaden i Gamla stan. Det var några grader kallt och blåsigt. Palme var ensam, eftersom han under eftermiddagen hade skickat hem de två livvakter som normalt bevakade honom. Efter middagen tog makarna Palme tunnelbanan till biografen Grand på Sveavägen där de träffade Mårten Palme och hans flickvän Ingrid. Filmen de skulle se hette *Bröderna Mozart* och var gjord av den svenska film- och teaterregissören Suzanne Osten. Den hade haft premiär en vecka tidigare och fått goda recensioner.

Palme blev igenkänd av många på biografen. En ung kvinna kastade sig över honom och ville diskutera kulturpolitik. Han svarade undvikande. Det var fredagskväll och han var ledig. Själv kände han igen Leif Nylén, journalist och medlem i den progressiva musikgruppen Blå tåget. De hade träffats några gånger och Palme nickade, lite blygt, tyckte Nylén som också nickade tillbaka men inte ville tränga sig på. Kanske bidrog det också att några av Blå tågets visor var tämligen sarkastiska mot Palme. Väl inne i salongen kom Palme i samspråk med Björn Rosengren, den energiske ordföranden i tjänstemannaorganisationen TCO. De började diskutera gemensamma angelägenheter tills Lisbet hyschade på dem och filmen började.

Bröderna Mozart var en fartfylld hyllning till det konstnärliga skapandet. Den var inspirerad av Peter Shaffers pjäs *Amadeus* (som filmats av Milos Forman 1984) men ändå egensinnig. Huvudpersonen är demonregissören Walter som vill sätta upp en okonventionell föreställning av Mozarts *Don Juan* på Stockholmsoperan. Till en början har han alla emot sig: orkestern, scenmästaren, de egotrippade stjärnorna. Alla bevakar ängsligt sina revir och åberopar fackliga principer, operans traditioner och krystade intellektuella tolkningar. Men Walter kämpar för att blåsa liv och passion i föreställningen. Han lirkar, hotar och flörtar med den motsträviga ensemblen och till slut faller allt på plats. Men när succén är ett faktum har de inblandade glömt bort att det var Walters idéer som låg bakom. "Han var mest en organisatör", säger en operasångare och på en av de sista bilderna ser man den ensamme regissören försvinna bort i en korridor.

Efter filmen funderade Rosengren på om han skulle erbjuda paret Palme skjuts hem. Men hans hustru avrådde, de skulle inte tränga sig på. Olof och Lisbet stod kvar en stund vid biografen och talade med Mårten och hans flickvän. Klockan var kvart över elva och de började promenera mot tunnelbanan. Av någon anledning korsade de Sveavägen vid Adolf Fredriks Kyrkogata trots att det fanns en nedgång på samma sida som biografen. Några meter från ingången till tunnelbanan, strax utanför en stor färghandel, dök en man upp bakom dem. Han sköt två skott. Ett träffade Olof Palme i ryggen. Det andra rispade Lisbet. Mördaren försvann från mordplatsen längs Tunnelgatan uppför de trappor som leder till Malmskillnadsgatan. Sveriges mest internationelle politiker dog i hjärtat av den stad han levt hela sitt liv i – mindre än en kilometer från sitt barndomshem, ett hundratal meter från det socialdemokratiska partihögkvarteret på Sveavägen, bredvid den kvinna han varit gift med i nästan trettio år.

Släktträd

Christian Adolph
1811–1889
gm Sophie Nordenankar
gm Augusta Hasselquist

Henrik	**Axel**	**Fredrik**	**Sven**	**Harald**	**Birger**	**Elin**	**Eric**	**Anna**	**Ingegerd**
1841–1932	*1843–1869*	*1846–1912*	*1845–1934*	*1856–1912*	*1858–1888*	*1861–1905*	*1866–1895*	*1868–1949*	*1877–1966*
gm Anna Lavonius		gm Ida Svensson	gm Hanna von Born	gm Anna Schubert		gm Sölve Berger		gm Upendra Dutt	

Carl	**Lennart**	**Elsa**	**Henrik**	**Oscar**	**Olof**	**Gunnar**	**Nils**	**Birgitta**	**Rajani**
1879–1960	*1881–1971*	*1882–1978*	*1886–1935*	*1891–1946*	*1884–1918*	*1886–1934*	*1895–1963*	*1897–1992*	*1896–1974*
gm Anna Uggla gm Ewy Francke	gm Cici Günther gm Anna Hindström gm Jessica Colvin	gm Gustaf Lagercrantz	gm Maria Behn	gm Berta Paijkull	gm Ola Tenow	bm Anna Jönsson gm Elisabeth von Knieriem	gm Margareta Lindquist	gm Carl Curman	gm Salme Murik

René	**Ramon**	**Ulf**	**Sven-Ulric**	**Sture**	**Claës**	**Catharina**	**Olof**
1910–1990	*1911–1990*	*1920–1993*	*1912–1977* (Gunnarsson)	*1911–2005*	*1917–2006*	*1920–2002*	*1927–1986*
gm Rosa Artillaga	gm "Chatita" Prieto	gm Anna Maria Larussa gm Laila Andersson	gm Barbro von Vegesack	gm Dina Åkerlund	gm Maud Bäckström	gm Åke Nilzén	gm Lisbeth Beck-Fries

Joakim	**Mårten**	**Mattias**
1958–	*1961–*	*1968–*

Släktträdet är gjort av Stig Söderlind, efter förlaga av Erik Palme.

Kommentar till källorna

På Arbetarrörelsens arkiv i Stockholm finns Olof Palmes efterlämnade handlingar, ett omfattande material som jag har utnyttjat genom hela boken men inte på något sätt uttömt. Jag har också använt Björn Elmbrants biografi från 1989, *Palme*, Kjell Östbergs tvåbandsverk från 2008–2009, *I takt med tiden* och *När vinden vände* samt Olof Ruins artikel om Palme i *Svenskt biografiskt lexikon*. Klas Eklund har generöst låtit mig läsa manuset till hans i skrivande stund ännu inte publicerade biografiska essä om Olof Palme i Bonniers serie om svenska statsministrar. Lisbet och Mårten Palme har lämnat uppgifter som jag använt från första till sista kapitlet. Ingvar Carlsson har delat med sig av minnen av Olof Palme som sträcker sig tillbaka till femtiotalet.

Förutom de ovan nämnda biografiska verken spelar en rad andra böcker om Palme en återkommande roll i framställningen: *Berättelser om Palme* (Tom Alandh och Birgitta Zachrisson), *Olof Palme: den gränslöse reformisten* (Peter Antman och Pierre Schori), *Olof Palme: med verkligheten som fiende* (Claes Arvidsson), *Med Erlander och Palme* (Sven Aspling och Arvid Lagercrantz), *Olof Palme och medierna* (Gunnela Björk), *Ur skuggan av Olof Palme* (Ingvar Carlsson), *Olof Palme och utrikespolitiken* (Ann-Marie Ekengren), *Palme* (Gunnar Fredriksson), *Olof Palmes ungdomsår* (Jonas Gummesson), *Boken om Olof Palme* (Hans Haste, Lars Erik Olsson och Lars Strandberg), *Palme privat – i skuggan av Erlander* (Christer Isaksson), *Olof Palme och kvinnorna* (Anette Kullenberg), *Olof Palme och utbildningspolitiken* (Ulf Larsson), *Olof Palme som jag minns honom* (Thage G. Peterson), *Med egna ord* (Serge Richard och Nordal Åkerman), *Palme igen* (Dieter Strand), *Palme: en presentation* (Lars Svedgård och Gun Rehnberg), *Politikern Olof Palme* (Erik Åsard), *Vem är Olof Palme?* (Bertil Östergren).

Den bredare historiska skildringen lutar sig bland annat mot Eric Hobsbawms *Ytterligheternas tidsålder*, Tony Judts *Post-War* samt Mary Fullbrooks *Europe since 1945*. De mest använda arbetena om Sverige är Göran Ahrnes, Christine Romans och Mats Franzéns *Det sociologiska landskapet: en sociologisk beskrivning av Sverige från 50-tal till 90-tal*, Göran Häggs *Välfärdsåren*, Peter Esaiasons *Svenska valkampanjer 1866–1988*, Jan Gradvalls *Tusen svenska klassiker*, Lennart Schöns *En modern svensk ekonomisk historia*, Sven Delblancs och Lars Lönnroths *Svensk litteraturhistoria* samt Ulf Bjerelds, Alf W. Johanssons och Karl Molins *Sveriges säkerhet och världens fred*. Under skrivandet har Bonniers *Krönika över 20:e århundradet* sällan varit utom räckhåll. *Svenska Dagbladets årsböcker* liksom djupdykningar i tidskrifter och dagstidningar, främst *Vecko-Journalen* och *Aftonbladet*, har varit oundgängliga för att tränga in i samtidens självuppfattning. Möjligheten att utnyttja *Dagens Nyheters* klipparkiv har också varit en stor tillgång.

1. Kalmar–Stockholm (1857–1895)

Skildringen av familjen Palme bygger på material från Sven, Hanna, Olof (d.ä.), Gunnar, Nils och Birgitta Palme i det släktarkiv som finns på Stockholms stadsarkiv (SSA 0961B). Särskilt betydelsefulla har Sven Palmes "Levnadsanteckningar" (Sven Palmes papper, vol. 40) varit. Korrespondensen mellan Hanna och Sven Palme finns i Hanna Palmes papper (vol. 13). Brodern Henrik Palmes "Minnesanteckningar" finns tryckta i en begränsad upplaga som spridits inom släkten. Birgitta Palme, gift Curman, har också publicerat sina minnen privat. Olof Palmes bror Claës har gett ut memoarer under titeln *Fragment*. Viktor von Borns *Den siste lantmarskalken* ger en bra bild av släkten von Born. I *Svenskt biografiskt lexikon* finns ett tämligen utförligt avsnitt om familjen Palme.

Framställningen av Stockholm och Östermalm står i skuld till Staffan Tjernelds många böcker om den svenska huvudstaden, Staffan Högbergs *Stockholms historia*, Thomas von Vegesacks *Stockholm 1851* samt Per Wästbergs *Östermalm*. Kalmar behandlas i P.G. Berggrens *Kalmar stad och dess historia* samt i *Barometern 1841–1966: blad ur en 125-årig tidnings historia*. Det svenska försäkringsväsendet skildras överskådligt i Bengt Berganders *Försäkringsväsendet i Sverige 1814– 1914* och såväl Sven som Gunnar Palme finns porträtterade i Karl Englunds *Skandiamän och andra försäkringsmän 1855–1970*. Om Djursholm se *Villastaden 100 år*, redigerad av Bror Folcker. Svensk militärkultur vid sekelskiftet har analyserats av Klas Borell i *Disciplinära strategier*. Madeleine Björk och Mårten Palme har bidragit med muntliga uppgifter om släkten.

2. En stor svensk familj (1895–1927)

När det gäller den liberala rörelsen kring sekelskiftet se Leif Kihlberg, *Folktribunen Adolf Hedin*, och Gösta Johansson, *Maktkampen 1902–1915. Karl Staaff som politisk ledare*. Sven Palmes politiska utveckling kan följas genom hans pamfletter, tal och skrifter i olika frågor. En pedagogisk framställning av finska inbördeskriget återfinns i den tredje volymen av *Finlands historia* av Matti Klinge och Märtha Norrback. Mer partisk är Rainer Anderssons *Vad gjorde du i Finland, far?* med en stark kritik av de svenska Finlandsfrivilliga, inklusive Olof och Nils Palme. Ur det motsatta perspektivet försvarar Allan Sandström den vita sidan i *Finlands frihetsväg 1917–1918*.

Stämningen i Sverige under första världskriget kan avläsas i Hugo Hamiltons dagböcker, Jan Olof Olssons *1914*, Ivar Harries *Tjugotalet in memoriam*, Sigfrid Siwertz *Eldens återsken* och Nils-Olof Franzéns *Sverige under första världskriget: undan stormen*. Den äldre Olof Palmes konflikt med sina föräldrar och syn på Finlandsfrågan finns dokumenterad i brev mellan honom och föräldrarna i Olof Palmes handlingar (vol. 166) och Sven Palmes handlingar (se särskilt vol. 15, 138, 139) i det Palmeska släktarkivet. Mer allmänt om de sociala omvälvningarna och de förändrade klassrelationerna i moderniseringsprocessen finns att läsa i Charles S. Maiers *Recasting Bourgeois Europe*, Ellis Wassons *Aristocracy and the Modern World*, Maria Ossowskas *Bourgeois Morality* samt Harold Perkins *The Origins of Modern English Society*.

3. Söndagsbarn (1927–1937)

Detta kapitel baseras framför allt på brev och handlingar efterlämnade av Catharina Palme som finns hos Madeleine Björk i Stockholm. De innehåller en omfattande korrespondens mellan Olof Palmes föräldrar Gunnar och Elisabeth, brev från Olof och hans syskon under tjugo- och trettiotalet och en mängd annan korrespondens mellan familjemedlemmarna. Handlingarna är osorterade, men Gunnar och Elisabeths brev har samlats årsvis i bruna A4-kuvert. Framställningen bygger också på material i släktarkivet.

Allan Hodges och Robert Graves *The Long Week-End* är fortfarande den bästa skildringen av mellankrigstidens kulturella och sociala liv. Ur ett svenskt perspektiv täcker Ivar Lo-Johanssons *Dagbok från 20-talet* och del två av Alice Lyttkens självbiografi *Leva om sitt liv* in samma period. *Sveriges andra stormaktstid* av Gerard De Geer fångar tidens optimism. Familjen von Knieriems öden finns sammanfattade i Catharina Palmes *Somrarna på Skangal* som tillsammans med Arnolds Spekkes *History of Latvia* också ger en översikt av Lettlands historia. Thomas von Vegesacks skildring av sin fars liv med den talande titeln *Utan hem i tiden* för in läsaren i den balttyska kulturen. *Skandinavien och Tyskland: 1800–1914* redigerad av Bernd Henningsen behandlar förhållandet mellan tysk och skandinavisk kultur. Sten Carlssons verk om social skiktning i Sverige har bidragit till skildringen av familjen Palmes sociala ställning, se särskilt *Yrken och samhällsgrupper: den sociala omgrupperingen i Sverige efter 1866*.

Lars M. Andersson har analyserat den svenska antisemitismen i *En jude är en jude är en jude*. Resonemangen om betydelsen av att förlora en förälder vid tidig ålder kommer framför allt från *Parental Loss and Achievement*, redigerad av Marvin Eisenstadt, samt Maud Mannoni, *Separation och utveckling*. Den svenska skolans historia behandlas i Åke Islings *Kampen för och mot en demokratisk skola* och Gunnar Herrströms *1927 års skolreform*. När det gäller privatskolorna på Östermalm ger Per Wästbergs *Carlssons skola 1871–1971* en stämningsfull bakgrund. Beskowska skolans arkiv finns på Stockholms stadsarkiv och innehåller bland annat elevhälsokort samt årsböcker med läroplaner och litteraturlistor. Skolans historia har även skildrats i *F.d. Beskowska skolan* av Carina Järvenhag.

4. Mannen utan väg (1937–1947)

Skildringen av Sigtuna humanistiska läroverk bygger främst på handlingar från skolans arkiv i Sigtuna men även på Gunnar Henrikssons och Sune Askaners *Vision och verklighet: Sigtunaskolans humanistiska läroverk 1926–1989* samt studenttidningen *Suum Cuique* 1931–1945. Folke Åkerblom har varit behjälplig både med arkivet och med att svara på frågor om skolan. Se även Povel Ramels memoarer. För ett jämförande perspektiv rekommenderas Jonathan Gathorne-Hardys *The Public School Phenomenon* och Ulla Johansson & Christina Florins *Där de härliga lagrarna gro*. Manfred Björkquist har behandlats av Hilding Pleijel i *Ungkyrkorörelsen i Sverige* och av Vivi-Ann Grönqvist i *Manfred Björkquist: visionär och kyrkoledare*.

En bakgrund till fyrtiotalisternas tänkande finns i Karl-Erik Lagerlöfs *Den unge Karl Vennberg* samt i tidskriften *40-tal*. Piers Brendons *Den mörka dalen* gestaltar trettiotalets politiska kultur. Johan Östlings *Nazismens sensmoral* beskriver "avnazifieringen" av Sverige efter 1945. Bertil Östergrens *Vem är Olof Palme?* tar upp Palmes tid på *Svenska Dagbladet*. Jonas Gummessons studie av Palmes ungdomstid är tendentiös men innehåller värdefull empiri om hans militärtid. Samlingsverket *Umeås blå dragoner* redigerat av Arvid Cronenberg ger en detaljerad bild av förbandets historia, även socialt och kulturellt. Det finns en omfattande litteratur om det gamla Klara: *Klara var inte Paris* av Jenny Westerström, *I Klarabohemernas värld* av Sven O. Bergkvist och Dan Mellin, *Tidningarnas Klara* av Karl-Erik Gustafsson och Per Rydén.

5. De nakna och de röda (1947–1948)

Källan till stora delar av detta kapitel är Kenyon Colleges arkiv som innehåller tämligen utförliga akter över lärare och tidigare studenter. Jag har också använt de officiella historikerna *Kenyon College. Its First Century* av George Franklin Smythe samt *Kenyon College. Its Third Half Century* av Thomas Boardman Greenslade. Studenttidningen *The Kenyon Collegian* samt *Kenyon Alumni Bulletin* har gett värdefull information. Walter Havighursts *Ohio. A History* ger en bredare historisk bakgrund medan P.F. Kluges *Alma mater. A College Homecoming* skildrar Kenyon skönlitterärt. Olof Palmes vänner från collegetiden William Bulger och Henry Abraham har också bidragit.

Om USA på fyrtiotalet se särskilt James Pattersons *Grand Expectations: The United States 1945–1974* samt *Truman* av David McCullough. Uppgifterna om vilken båt Palme tog till USA finns i Sverige-Amerika Stiftelsens arkiv på Riksarkivet. Delar av Jumper Marines brokiga historia hittar man på http://shipspotting.com. Flygkapten Anders Wåhlin har lämnat upplysningar om flygtrafiken mellan Stockholm och London 1949. Olof Palmes kommenterade exemplar av Hayeks *The Road to Serfdom* finns i Mårten Palmes ägo. Peter Mansos intervjubok *Mailer: His Life and Times* är sannolikt den mest tillförlitliga skildringen av Mailers ungdomstid.

6. Student as such (1948–1951)

Detta kapitel bygger framför allt på del två av Sveriges förenade studentkårers arkiv på Riksarkivet, främst det material som berör den "internationella sektorn" 1945–1953 (korrespondens, konferenser och så vidare), styrelse- och utskottsprotokoll samt pressklipp. SFS tidning *Studenten* och Stockholms högskolas studenttidning *Gaudeamus* har också varit viktiga källor. Hans Hellströms *Student i Stockholm 1896–1996* samt *Stockholms universitet 1878–1978* av Fredric Bedoire och Per Thullberg har bidragit till skildringen av Stockholms högskola. Stämningsbilder från Stockholm i skarven mellan fyrtio- och femtiotal kommer från *Folket i Bild* och *Vecko-Journalen*. Två böcker som färgar framställningen av den internationella studentrörelsen är Joël Koteks *Students and the Cold War* samt Paul Francis Magnelia, *The International Union of Students*. Intervjuer och samtal med Marianne Kärre, Göran Waldau och Giovanni Berlinguer har gett en fylligare bild av det internationella engagemanget i början av femtiotalet. Uppgifterna om Palmes kontakter med familjen Rennerova i Prag 1949 kommer från Jelena Zetterström. Stanley Jenkins självbiografi *So Much To Do, So Little Time* behandlar den brittiska studentrörelsen utförligt.

De svenska författarna Jan Myrdal och Stig Claesson har i olika romaner och minnesböcker skildrat efterkrigsstämningarna bland svensk ungdom. Den kritiska europeiska synen på USA behandlas i *Understanding Anti-Americanism*, redigerad av Paul Hollander. CIA:s stöd till intellektuella i Europa tas bland annat upp i Frances Stonor Saunders, *Who paid the piper?* Svensk antikommunism och anti-antikommunism har analyserats av Alf W. Johansson i *Herbert Tingsten och det kalla kriget* och *Tredje ståndpunkten: en debatt från det kalla krigets dagar* av Tomas Forser och Per-Arne Tjäder. Mer om Carl Schmitt kan man läsa i Jan-Werner Müllers *A Dangerous Mind* och antologin *The Concept of the Political*.

7. Det gamla riket (1951–1953)

Också i detta kapitel har SFS arkiv utnyttjats, liksom även Stockholms högskolas arkiv, som bland annat innehåller kursplaner och betygsavskrifter. Denna tid finns också skildrad i memoarer av olika slag, till exempel av Olof Ruin och Lennart Bodström. *Sveriges förenade studentkårer under 40 år* ger en viss överblick. Beskrivningen av hur Sverige uppfattades utomlands bygger i stor utsträckning på det unika material som finns i Utrikesdepartementets tidningsklippsarkiv.

Något av den intellektuella atmosfären i Paris på femtiotalet återfinns i Birgitta Stenbergs *Kärlek i Europa* och James Campbells *Exiled in Paris*. Thomas Roths *Försvar för folkhem och fosterland* ger en bild av det militärindustriella komplexet i Sverige på femtiotalet. Om Vilhelm Moberg finns två intressanta böcker: Anna Karin Carltoft Bramells *Vilhelm Moberg tar ställning* och Ola Holmgrens *Emigrant i Moderniteten*. Såväl Jan Myrdal som Herbert Tingsten har skildrat sina liv i en omfattande självbiografisk produktion. I *Människan i industrisamhället* kartlades femtiotalets klasstruktur i Sverige av Torgny Segerstedt. Äktenskapets historia, både i Sverige och internationellt, behandlas av Göran Therborn i *Between Sex and Power*. Synen på kvinnliga studenter tas upp i Lina Carls *Våp eller nucka?* och epokens modekrav behandlas i Tonie och Claës Lewenhaupts *Tidens tecken*. Om man vill läsa mer om barnbyn kan man göra det i Kerstin Vinterheds *Gustav Jonsson på Skå*. De bästa källorna till svensk utbildningspolitik är en serie av offentliga utredningar som gjordes under fyrtio- och femtiotalet, inte minst *1946 års utredning om den högre utbildningens demokratisering*. Och rent allmänt ger David Halberstams *The Fifties* en bra orientering i tiden, även om den enbart handlar om USA.

8. Trollkarlens lärling (1953–1958)

Tage Erlanders dagböcker som började publiceras i början av 2000-talet har spelat en stor roll för detta kapitel. Hans tidigare memoarböcker, även om de är bleka i jämförelse med dagböckerna, rymmer också en del intressanta resonemang och uppgifter. Många har skrivit om Erlander; jag har framför allt använt mig av analyser av Per Meurling (*Tage Erlander*) och Olof Ruin (*I välfärdsstatens tjänst*). Wilfrid Fleishers *Sweden: The Welfare State* och William Shirers *The Challenge of Scandinavia* ger bra utifrånblickar på femtiotalets Sverige. Sven-Erik Larsson har skrivit en insiktsfull bok om Bertil Ohlin.

Motboken och Brattsystemet skildras livfullt i Carl Hamiltons *Absolut* medan Björn Molin (*Tjänstepensionsfrågan*) och Sigvard Classon (*Vägen till ATP*) har behandlat ATP-striden. I *The Politics of Social Solidarity* sätter Peter Baldwin in pensionsfrågan i ett bredare historiskt perspektiv. Tjänstemannens allt starkare ställning i samhället skildras i Tom Söderbergs *Två sekel svensk medelklass*, Fritz Croners *Tjänstemännen* och Edmund Dahlströms *Tjänstemännen, näringslivet och samhället*. För den som är intresserad av socialdemokrati och svensk nationalism är min och Lars Trägårdhs bok *Är svensken människa?* en bra startpunkt.

9. Modernitetens vita hetta (1958–1960)

Allmänt om femtiotalet: *Folkhemsprinsessorna*, redigerad av Lena Persson och Gunila Ambjörnsson, *Mitt förnamn är Ronny* av Ronny Ambjörnsson, *Doris, Snoddas och alla vi andra* redigerad av Eva Dahlström, *Ung på 50-talet* av Kerstin Gunnemark, antologin *Nittonhundrafemtiofem* samt *Tonåringen och framtiden*. Mer än någon annan har Thomas Millroth fångat den modernistiska drömmen i *Vällingby: en tidsbild av vikt* och i romanen *Vällingbyblues*. Ulrika Sax *Vällingby: ett levande drama* är mer prosaisk men ytterst matnyttig. Kärnvapenfrågan behandlas i Per Ahlmarks *Den svenska atomvapendebatten*. Lars-Erik Hansen har skrivit en biografi över Rickard Lindström. Göran Hägg och Kurt Johannesson har skrivit mer allmänt om svensk retorik, medan Ann Cederberg har granskat *Stil och strategi i riksdagsretoriken*. När det gäller den politiska kulturen i Sveriges riksdag är Herbert Tingstens *Mitt Liv 2, Mellan trettio och femtio* en bra källa.

Den amerikanske forskaren Dankwart Rustow ger ett utifrånperspektiv på svensk politik i *The Politics of Compromise*. Resonemanget om Maslows inverkan på Palme är inspirerad av Tommy Möllers *Svensk politisk historia 1809–1975*; om Maslows teorier se Jan Bärmarks *Självförverkligandets psykologi*. Många av femtio- och sextiotalets dominerande socialdemokratiska politiker har skrivit självbiografier eller politiska minnen: Sven Aspling, Nancy Eriksson, Sven Andersson, Torsten Nilsson, Ulla Lindström. Anders L. Johansson berättar om första hälften av den framtida finansministerns liv i *Gunnar Sträng. Landsvägsagitatorn*. En på en gång personlig och allmängiltig skildring av socialdemokratins inre liv finns i Olle Svennings *Lojaliteter*. Om pressen se Furhoff och Hederberg, *Dagspressen i Sverige*.

10. Kennedylooken (1960–1964)

Viktiga källor till det tidiga sextiotalet i Sverige har bland annat varit Leif Nyléns *Den öppna konsten*, Bengt af Klintbergs *Svensk Fluxus*, Sture Källbergs *Rapport från en medelsvensk stad*, Håkan Arvidssons *Vi som visste allt*, Carl Johan De Geers *Jakten mot Nollpunkten*, P.O. Enquist *Sextiotalskritik*, Svante Foersters *Klasskämpen*, Christer Leijonhufvuds *Stockholmarnas 60-tal*, Ludvig Rasmussons *Fyrtiotalisterna*, Yvonne Connikies *60-talets mode*. Mats Svegfors har skrivit en biografi över Dag Hammarskjöld. Trolöshetsdebatten har analyserats av Birgitta Jansson.

Avsnittet om sextiotalets politiska ledare bygger framför allt på biografier om Robert Kennedy (Thomas Evan), Pierre Trudeau (George Radwanski), Harold Wilson (Austen Morgan), Tryggve Bratteli (Roy Jacobsen) samt memoarer och minnen av Willy Brandt, Bruno Kreisky och Mauno Koivisto. Anders Sundelin har skrivit en utförlig bok om tidens stora spionaffär: *Fallet Wennerström*. När det gäller utbildningspolitiken på sextiotalet se Ulf Larsson, *Olof Palme och utbildningspolitiken*, Anders Björnsson, *I kunskapens intresse*, Olof Ruin, *Studentmakt och statsmakt* samt Jonas Frykman, *Ljusnande Framtid!* Kommunistledaren C.H. Hermanssons liv har skildrats av Werner Schmidt.

11. Vi ses i Song My (1965–1967)

Allmänt om mitten av sextiotalet: *Frihet att njuta* av Lena Lennerhed, *Hej, det är från försäkringskassan* redigerad av Orvar Löfgren, *Mods: Stockholm 1964–1967* av Urban Nilmander och Kenneth Alborn, *Isprinsessa* av Annika Åhnberg, *Utlänningar* av Theodor Kallifatides, *Fallet Myglaren* av Jan Myrdal, Rune Hassner och Christer Strömholm, *De kallar oss mods* av Stefan Jarl och Jan Lindqvist, *Sextio år av radikalism* av Patrick Krassén och Erik List. Björn Elmbrant har skrivit om Hjalmar Mehr och rivningarna i Stockholm i *Stockholmskärlek*. Claes Arvidsson har kritiskt granskat epoken i *Ett annat land* och Hans O. Sjöström har såväl i romanen *En sakkunnings kärleksliv* som i kollektivbiografin *Klassens ljus* inlevelsefullt skildrat sextiotalets unga socialdemokrater. När det gäller resonemanget om alliansen mellan staten och individen, "statsindividualismen", så bygger detta på min och Lars Trägårdhs tidigare nämnda bok *Är svensken människa?*

Litteraturen om Vietnamrörelsen och den svenska Vietnampolitiken är omfattande. De verk jag främst har använt är Yngve Möllers *Sverige och Vietnamkriget*, *Vietnam i svensk pressdebatt sommaren 1965*, Jean-Christophe Öberg, *Varför Vietnam?*, Kim Salomon, *Rebeller i takt med tiden*, Åke Kilander, *Vietnam var nära*, Staffan Thorsell, *Sverige i Vita huset*. Det starka moraliska engagemanget behandlas av Jens Ljunggren i *Inget land för intellektuella* som också gör intressanta internationella jämförelser. Framställningen av Palmes "kulturradikala" period bygger bland annat på Per I. Gedins *Förläggarliv*, Anders Åbergs *Tabu: filmaren Vilgot Sjöman* och Sven Stolpes *Olof Lagercrantz*. Den inledningsvis nämnda boken om *Palme och medierna* av Gunnela Björk är också en viktig källa till detta avsnitt. Beskrivningen av Palmes vänner och medarbetare i mitten av sextiotalet kommer framför allt från tidningsklipp men även från några böcker: *Profiler* av Gunnar Unger, *Schein* av Harry Schein, *Den godhjärtade buffeln: en bok om Carl Lidbom* av Per Ahlin och Mats Bergstrand. Läget i Sverige inför valet 1968 behandlas av Åke Ortmark i *Maktspelet i Sverige*.

12. Prime Minister of Sweden (1968–1969)

Det finns många åsikter om 1968 års studentrevolt men få bra böcker om vad som egentligen hände. Många av de centrala verken om sextiotalet har nämnts tidigare. Utöver dessa har jag använt mig av *1968: de gränslösa drömmarnas år* (Mark Kurlansky), *De unga rebellernas år* (Stephen Spender), *Sextioåttor* (Svante Lundkvist), *Det röda Lund* (Kim Salomon och Göran Blomqvist), *Året var 1968* (Sven-Olof Josefsson), *De svarta åren* (Mats Johansson). Den viktigaste källan till vad som hände vid Stockholms högskola 1967–1968 har varit studenttidningen *Gaudeamus*. En mer personlig bild av Anders Carlberg återfinns i *Där kärleken kallnar*. Stefan Wermelin och Staffan Schöier har skrivit om Hans Alfredson och Tage Danielsson. Mer om utbildningsreformerna kan man läsa i *Studentrevolt* av Torgny Segerstedt samt *UKAS och samhället*. Palmes mörknande syn på den internationella utvecklingen kring 1968 har uppmärksammats av Kjell Östberg i första delen av hans tvåbandsbiografi.

13. Den demokratiske socialisten (1969–1972)

Om gruvstrejken: *Kiruna: 100-årsboken*, *Gruva* av Sara Lidman, *Svappavaara 350 år*, *Strejken* redigerad av Anders Thunberg. Skildringen av Palmes USA-besök bygger bland annat på material från arkivet vid Kenyon College och en intervju med Tom Stamp, som var på plats som ung student. Framställningen av den inre kretsen kring Palme bygger på Anders Isakssons *Ebbe: mannen som blev en affär*, intervjuer (Jan O. Karlsson, Ingvar Carlsson) samt memoarlitteratur (Sten Andersson, Thage G. Peterson, Anna-Greta Leijon). Gunnar Sträng förnekade att det förekommit en konflikt mellan honom och Palme, men en rad inblandade aktörer har enligt Björn Elmbrant en annan version.

Nordekförhandlingarna har analyserats av Lasse Sonne samt Ann-Marie Ekengren i den tidigare nämnda *Olof Palme och utrikespolitiken*. De finska manövrarna framgår av Kekkonens till svenska översatta brev och Koivistos essäbok *Grannar*. Även när det gäller Palme och EEC är Ekengren oundgänglig. Lars Trägårdh har tecknat den historiska bakgrunden till den svenska inställningen till Europa i uppsatsen "Welfare State Nationalism: Sweden and the Specter of 'Europé'". För vidare läsning om jämställdhet och kvinnor se Carin Mannheimer, *Rapport om kvinnor*, Karin Alfredsson och Annika Baude, *Visionen om jämställdhet*, Kaj Fölster, Stig Gustafsson och Gabriele Winai Ström, *Annika Baude: pionjär för jämställdhet*, Christina Florin och Bengt Nilsson, "*Något som liknar en oblodig revolution*", Christina Axelsson, *Hemmafrun som försvann*, Roger Klinth, *Göra pappa med barn* samt den tidigare nämnda *Olof Palme och kvinnorna*. När det gäller julbombningarna 1972 se tidigare Vietnamlitteratur samt Sverker Åströms självbiografi *Ögonblick*.

14. Andra svartmålar, vi bygger vidare (1973–1975)

Allmänt om första hälften av sjuttiotalet: *1973: En träff med tidsandan* redigerad av Marie Cronqvist, Lina Sturfelt och Martin Wiklund. Oljekrisen: *Svenskarna och oljekrisen* av Torsten Österman, Anders Wikman och Roger Bernow. Alternativrörelsen: *Proggen: musikrörelsens uppgång och fall* av Håkan Lagher. Litteraturen om IB-affären är omfattande. Ett fundament är *Det grå brödraskapet* (SOU 2002:92) av Lars-Olof Lampers, som jag också har intervjuat. Guillou och Bratt har berättat sin versioner i *Ordets makt och vanmakt* respektive *Med rent uppsåt*. I Olof Palmes arkiv finns brev från allmänheten kring IB-affären. Per Svensson har skildrat *Dramat på Norrmalmstorg*.

Det finns ingen bra biografi över Gösta Bohman, men Tove Lifvendahls *Gösta Bohman: Hjälten och myten* har varit användbar. Moderatledaren har också skrivit ett antal egna minnesböcker. Björn Elmbrant har publicerat en biografi över Thorbjörn Fälldin; andra böcker om Centerledaren är *Ett centerparti och dess hövdingar* av Carl-Erik Nilsson samt intervjuboken *En bonde blir statsminister*. Om Gunnar Heléns liv kan man läsa i hans memoarer *Alltför många jag*. Kontakterna mellan Socialdemokrater och Folkpartister tas upp i Sven-Erik Larssons *Mellan Palme och Bohman: liberala strategier*. De nya kvinnliga statsrådens inträde i regeringen är skildrat i diverse självbiografier (Leijon, Peterson) samt i Sjöströms *Klassens ljus*. Bakgrunden till den svenska rättspositivismen och misstänksamheten mot naturrätten har behandlats av Staffan Källström i *Värdenihilism och vetenskap*. Sjuttiotalsdebatten fångas i Gustaf Petréns och FiB-juristernas debattskrifter; se även *Den godhjärtade buffeln* för en analys av Lidboms rättsfilosofi. För ett jämförande perspektiv se *Bemäktiga individerna* av Lars Trägårdh.

Mats Fors har skrivit om Harald Edelstam i *Svarta Nejlikan*. Om Palmes utrikespolitik se Pierre Schoris *Dokument inifrån*, Gösta Bohmans *Inrikes utrikespolitik*, utredningen *Fred och säkerhet: svensk säkerhetspolitik 1969–1989*, Tor Sellströms två volymer på engelska om Sverige och befrielserörelserna i Södra Afrika samt Socialistinternationalens publicerade rapporter. Pierre Schori har tålmodigt ställt upp för flera intervjuer liksom Mats Holmberg, som var *Dagens Nyheters* korrespondent i Latinamerika i mitten av sjuttiotalet.

15. Vinter i paradiset (1976-1979)

Astrid Lindgrens liv skildras i Margareta Strömstedts biografi. Mikael Timm har skrivit en omfattande biografi över Bergman, *Lusten och dämonerna*. Palmes olust över skattefrågorna har tagits upp i flera minnesskildringar, framför allt Thage G. Petersons. När det gäller Rudolf Meidner se Göran Greiders och Lars Ekdahls biografier. Löntagarfonderna har vridits och vänts på i en rad verk. Jag har använt Ilja Viktorovs *Fordismens kris* och Svante Nycanders *Makten över arbetsmarknaden*. Carl Holmberg har skrivit om gröna vågen i *Längtan till landet*. Om kärnkraftsfrågan se *Det klyvbara ämnet* av Per Lindqvist och *Väljarna och kärnkraften* av Sören Holmberg, Jörgen Westerståhl och Karl Branzén. När det gäller Max Webers syn på politik se hans uppsats "Politik som yrke" i *Vetenskap och politik*.

Gerry hittar man i Shirley MacLaines *Ut på yttersta grenen*. Michael Freedland menar i sin biografi över MacLaine att han är en kompositbild av olika politiker. Geijeraffären behandlas i Guillous och Bratts memoarer; se även *Makten, männen, mörkläggningen: historien om bordellhärvan 1976* av Deanne Rauscher och Janne Mattsson – den är inte särskilt klargörande men innehåller mycket empiri. Jag har även intervjuat Lars-Olof Lampers om Geijeraffären. Om Timbro se Kristina Boréus *Högervåg* och Mats Svegfors *Timbro.20.nu: tre inlägg om en 20-årig tankesmedjas insatser och uppgifter*. Tore Browaldh och Pehr G. Gyllenhammar skriver om Palme i sina memoarböcker; i *Olof Palme som jag minns honom* ger Thage G. Peterson en sammanfattning av Palmes relationer till näringslivet. Den borgerliga regeringens inre liv har analyserats av Sven-Erik Larsson i *Regera i koalition*. Här finns också en omfattande minnes- och memoarlitteratur, främst av Gösta Bohman och Thorbjörn Fälldin. Mats Bergstrand har skrivit om Ola Ullsten, en bok som ännu inte har publicerats i skrivande stund men som författaren låtit mig ta del av. I samma anda har Björn Elmbrant gett mig en kopia av Hjalmar Mehrs interna rapport om sonderingarna med Folkpartiet 1978.

16. Återkomsten (1979–1982)

Se *Rekordåren* av Thomas Hall om bostadspolitiken. Mer om moderaternas utveckling mot nyliberalism kan man läsa i Torbjörn Nilssons *Mellan arv och utopi*, i Boréus *Högervågen* samt i Gösta Bohmans minnesböcker. Spelet om valsedlarna inför kärnkraftsomröstningen har skildrats av både Ingvar Carlsson och Gösta Bohman. När det gäller utrikespolitiken allmänt se ovan i kommentarerna till kapitel 14 samt *Gemensam säkerhet: rapporten från Den oberoende kommissionen för nedrustnings- och säkerhetsfrågor*, och *Socialdemokratin och svensk utrikespolitik*, redigerad av Bo Huldt och Klaus Misgeld. Skildringarna av kommissionens arbete bygger på uppgifter från *Dagens Nyheters* klipparkiv samt intervju med Emma Rothschild. När det gäller de svenska Socialdemokraternas relationer med Solidaritet i Polen se Klaus Misgelds uppsatser i *Arbetarhistoria* samt Pierre Schoris *Dokument inifrån*. Stefan Svallfors har skrivit utförligt om svenskarnas attityder till välfärdsstaten i en rad olika verk. Kjell-Olof Feldt har skrivit flera memoarer och minnesböcker. "Den underbara natten" finns skildrad ur olika perspektiv, Gösta Bohmans är kanske det mest intressanta. Krisgruppen har skildrats både av Ingvar Carlsson och av Kjell-Olof Feldt, den senare i *Alla dessa dagar*.

17. Bröderna Mozart (1982–1986)

Komikerna heter Filip Hammar och Fredrik Wikingsson och har skrivit *Två nötcreme och en moviebox: hisnande generaliseringar om vår uppväxt i DDR-Sverige*. Jämförelsen mellan femtiotalet och åttiotalet bygger på den tidigare nämnda *Det sociologiska landskapet: en sociologisk beskrivning av Sverige från 50-tal till 90-tal* av Göran Ahrne, Christine Roman och Mats Franzén. Uppgifterna kommer också från andra källor, bland annat *Tusen år av svensk invandring* av Ingvar Svanberg och Mattias Tydén. Feldts *Alla dessa dagar* ger en livfull beskrivning av krispolitiken och motståndet mot den. Ulf Adelsohn har skildrat sin tid som partiledare i en bok med just denna titel. Någon riktigt bra bok om Carl Bildt finns inte, men Lars Lundbergs *Bilden av Bildt* ger något av den blivande statsministerns bakgrund. Lennart Bodströms memoarer innehåller mycket om ubåtsaffärerna. Kerstin Vinterhed, som skriver en bok om mordet på Olof Palme, berättade om Carl Göran Edquist och dennes koppling till Christer Pettersson för mig.

Ulf Dahlsten ger en bild av Palmes sista år i Rosenbad i sina memoarer *Nirvana kan vänta*. Joakim och framför allt Mattias Palme, som ännu bodde hemma, har också berättat om denna tid. Konflikten mellan Palme och Feldt finns utförligt skildrad i *Alla dessa dagar*. Vapenexporten har behandlats av Carl-Johan Åberg i *Berättelser från 1900-talet*. När det gäller Harvardaffären finns en klippsamling i Olof Palmes arkiv; Joakim Palme har också bidragit med uppgifter. Ingvar Carlsson, Emma Rothschild, Jan O. Karlsson samt Joakim, Mårten och Mattias Palme har alla gett en annan bild av Palmes depression eller svacka hösten 1985 än den som Kjell-Olof Feldt ger. Uppgifterna om hans möte med Palme mordkvällen på biografen Grand har jag fått av Leif Nylén.

Källor och litteratur

KÄLLFÖRTECKNING

Stockholms stadsarkiv, Stockholm
Palmeska släktarkivet
Beskowska skolans arkiv

Riksarkivet, Stockholm
Sveriges förenade studentkårers arkiv
Stockholms högskolas arkiv
Sverige-Amerika Stiftelsens arkiv
UD:s tidningsklippsamling

Kenyon College, Gambier, Ohio, USA
College Archives

Sigtunaskolan humanistiska läroverket, Sigtuna
Sigtunastiftelsens humanistiska läroverks arkiv, äldre delen

Arbetarrörelsens arkiv och bibliotek, Stockholm
Olof Palmes arkiv

Scanpix, Stockholm
Dagens Nyheters klipparkiv

INTERVJUER

Lisbet Palme
Mårten Palme
Joakim Palme
Mattias Palme
Madeleine Björk
Birgitta Löfström

Folke Åkerblom
Tom Stamp
William Bulger (telefon)
Henry Abraham (telefon)
Jelena Zetterström (e-post)
Marianne Kärre
Erik Cornell
Giovanni Berlinguer
Göran Waldau
Ingvar Carlsson
Perry Anderson (e-post)
Pierre Schori
Francisco Uriz
Jan O. Karlsson
Mats Holmberg
Emma Rothschild
Lars Olof Lampers
Kaj Groth (telefon)

OFFENTLIGT TRYCK

Riksdagens protokoll 1958–1963
SOU 1948:42 (1946 års utredning om den högre utbildningens demokratisering, *Betänkande och förslag angående studentsociala stödåtgärder*, Stockholm, 1948)
SOU 1952:29 (Schmidt, Folke, *Vidgat tillträde till högre studier: utredning*, Stockholm, 1952)
SOU 1963:74 (Studiesociala utredningen, *Studiesociala utredningen. 4, Rätt till studiemedel*, Stockholm, 1963)
SOU 1981:71 (Prostitutionsutredningen, *Prostitutionen i Sverige: bakgrund och åtgärder : betänkande*, LiberFörlag/Allmänna förlaget, Stockholm, 1981)
SOU 1998:103 (Trägårdh, Lars, *Bemäktiga individerna: om domstolarna, lagen och de individuella rättigheterna i Sverige*, Fritzes offentliga publikationer, Stockholm, 1999)
SOU 2002:92 (Lampers, Lars Olof, *Det grå brödraskapet: en berättelse om IB: forskarrapport till Säkerhetstjänstkommissionen*, Fritzes offentliga publikationer, Stockholm, 2002)
SOU 2002:108 (Sverige. Säkerhetspolitiska utredningen, *Fred och säkerhet: svensk säkerhetspolitik 1969–1989: slutbetänkande. Del 1*, Fritzes offentliga publikationer, Stockholm, 2002)
Statistisk årsbok för Stockholms stad, Stockholms stads statistiska kontor, Stockholm, 1905–1971
Statistisk årsbok för Sverige, SCB, Stockholm, 1914–

ORGANISATIONSTRYCK

Sveriges socialdemokratiska arbetareparti kongressprotokoll 1960, 1964, 1968, 1969, 1981, 1984
Sveriges socialdemokratiska ungdomsförbund kongressprotokoll 1958
Landsorganisationen kongressprotokoll 1971, 1976
Sveriges socialdemokratiska arbetareparti, *Framtid för Sverige: handlingslinjer för att föra Sverige ur krisen*, 2. uppl., Socialdemokraterna, Stockholm, 1982

TIDNINGAR OCH TIDSKRIFTER

Suum Cuique 1931–1946
40-tal 1944
The Kenyon Collegian 1947–1949
The Kenyon Alumni Bulletin 1948–1952
Vecko-Journalen 1948–1957, 1965, 1968
Gaudeamus 1951–1953, 1968
Folket i Bild 1948–1953
Clarté 1949–1950
Studenten 1950–1953
Bonniers Litterära Magasin 1960, 1968
Dagens Nyheter hösten 1968
Aftonbladet 1968, 1970, 1973, 1976, 1979, 1982, 1985
Folket i Bild/Kulturfront 1973
Lektyr 1976

LITTERATUR

Abrahamsson, Bengt, *Mina minnen av Öyvind Fahlström*, [B. Abrahamsson], Göteborg, 2001.
Ackroyd, Peter, *London: the biography*, Chatto & Windus, London, 2000.
Adelsohn, Ulf, *Partiledare: dagbok 1981–1986*, Gedin, Stockholm, 1987.
Ahlin, Per & Bergstrand, Mats, *Den godhjärtade buffeln: en bok om Carl Lidbom*, 1. uppl., Juristförl., Stockholm, 1997.
Ahlmark, Per, *Den svenska atomvapendebatten*, Aldus/Bonnier, Stockholm, 1965.
Ahrne, Göran, Roman, Christine & Franzén, Mats, *Det sociala landskapet: en sociologisk beskrivning av Sverige från 50-tal till 90-tal*, 2., omarb. uppl., Korpen, Göteborg, 2000.
Alfredsson, Karin & Baude, Annika (red.), *Visionen om jämställdhet*, 1. uppl., SNS (Studieförb. Näringsliv och samhälle), Stockholm, 1992.

Alm, Martin, *Americanitis: Amerika som sjukdom eller läkemedel: svenska berättelser om USA åren 1900–1939*, Nordic Academic Press [distributör], Diss. Lund: Univ., Lund, 2002.
Alopaeus, Marianne, *Drabbad av Sverige*, Bromberg, Stockholm, 1983.
Alsterdal, Alvar, *Tage Erlander*, Forsberg, Malmö, 1968.
Ambjörnsson, Ronny, *Mitt förnamn är Ronny*, Bonnier Alba, Stockholm, 1996.
Anderson, Caleb J., *Caleb J. Anderson: Palmes okände rådgivare: en sammanställning av Caleb J. Andersons viktigaste artiklar*, Dagens Nyheter, Stockholm, 1997.
Andersson, Ingvar, *Sveriges historia*, 5. uppl., Natur och Kultur, Stockholm, 1960.
Andersson, Lars M., *En jude är en jude är en jude: representationer av "juden" i svensk skämtpress omkring 1900–1930*, [Ny utg.], Nordic Academic Press, Lund, 2000.
Andersson, Rainer, *Vad gjorde du i Finland, far?: svenska frivilliga i inbördeskriget 1918*, 2. uppl., Sahlgren, [Otalampi], 1999.
Andersson, Sten, *I de lugnaste vattnen*, Tiden, Stockholm, 1993.
Andersson, Sven, *På Per Albins tid*, Tiden, Stockholm, 1980.
Antman, Peter & Schori, Pierre, *Olof Palme: den gränslöse reformisten*, Tiden, Stockholm, 1996.
Arnstberg, Karl-Olov & Björklund, Anders (red.), *Bläckfisken: om tillvarons tolkning, sunt förnuft och psykologins utbredning*, Carlsson, Stockholm, 1987.
Arvidsson, Claes, *Ett annat land: Sverige och det långa 70-talet*, Timbro, Stockholm, 1999.
Arvidsson, Claes, *Olof Palme: med verkligheten som fiende*, Timbro, Stockholm, 2007.
Arvidsson, Håkan, *Vi som visste allt: minnesbilder från 1960-talets vänsterrörelse*, Atlantis, Stockholm, 2008.
Aspling, Sven & Lagercrantz, Arvid, *Med Erlander och Palme: Sven Aspling berättar för Arvid Lagercrantz*, 1. uppl., Hjalmarson & Högberg, Stockholm, 1999.
Augustsson, Lars Åke & Hansén, Stig, *Maoisterna: en historia berättad av några som var med*, Ordfront, Stockholm, 1997.
Auster, Paul, *Dårskaper i Brooklyn*, [Ny utg.], Månpocket, Stockholm, 2006.
Axelsson, Christina, *Hemmafrun som försvann: övergången till lönearbete bland gifta kvinnor i Sverige 1968–1981*, Univ., Diss. Stockholm: Univ., Stockholm, 1992.
Baldwin, Peter, *The politics of social solidarity: class bases of the European welfare state 1875–1975*, Cambridge Univ. press, Cambridge, 1990.
Bedoire, Fredric & Thullberg, Per, *Stockholms universitet 1878–1978*, Stockholms kommunalförvaltning, Stockholm, 1978.

Bengtsson, Håkan A., *Vägval: idéutvecklingen i SSU*, Sveriges socialdemokratiska ungdomsförb. (SSU), Stockholm, 1992.
Berger, Tore (red.), *Blå tågets sångbok: 80 sånger samt "Resan till Danmark"*, Brustna hjärtans förl., Vaxholm, 1974.
Berggren, Anne Marie, *Likhet eller särart – kvinnorörelsens politiska dilemma*, opublicerat manuskript.
Berggren, Henrik & Trägårdh, Lars, "Visions of Autonomy: Preludes to the Swedish Welfare State" i H Mattsson och S-O Wallenstein (red.), *Swedish Modernism: Architecture, Consumption, and the Welfare State*, Black Dog Publishing, London, 2010.
Berggren, Henrik & Trägårdh, Lars, *Är svensken människa?: gemenskap och oberoende i det moderna Sverige*, Norstedtss, Stockholm, 2006.
Berggren, Henrik, "Den framåtvända ängeln – nationalism och modernitet i Sverige under 1900-talet" i Agrell, Wilhelm, Almqvist, Kurt & Glans, Kay, *Den svenska framgångssagan?*, Fischer & Co., Stockholm, 2001, s. 71–85, 2001.
Berggren, Henrik, "Jag hör Amerika sjunga" i Whitman, Walt, *Demokratiska perspektiv*, h:ström – Text & kultur, Umeå, 2006.
Berggren, Henrik, "När vi nästan avskaffade kungen" i Hultén, Eva-Lotta (red), *För Sverige i tiden*, Atlas, Stockholm 2003.
Berggren, Henrik, *Seklets ungdom: retorik, politik och modernitet 1900–1939*, Tiden, Diss. Stockholm: Univ., Stockholm, 1995.
Berggren, Håkan, *Första försvar: diplomati från ursprung till UD*, Atlantis, Stockholm, 2008.
Berggren, Håkan, "Nationalist i det nya riket. Politikern S.A. Hedin debuterar", *Samfundet Örebro Stads- och länsbiblioteks vänners meddelande XXVIII*, Örebro 1961.
Berggren, Per Gustaf, *Kalmar stad och dess historia*, 2. uppl., Appeltoffts bokh., Kalmar, 1936.
Bergkvist, Sven O. & Mellin, Dan, *I Klarabohemernas värld*, Carlsson, Stockholm, 1993.
Bergman, Ingmar, *Laterna magica*, Norstedts, Stockholm, 1987.
Bergman, Ingmar, *Persona ; Vargtimmen ; Skammen ; En passion*, PAN/Norstedts, Stockholm, 1973.
Bergman, Ingmar, *Scener ur ett äktenskap*, Norstedts, Stockholm, 1973.
Bergstrand, Mats, *Ullsten. Sveriges statsministrar under 100 år*, Bonniers, Stockholm 2010.
Bildt, Carl, *Hallänning, svensk, europé*, Bonnier, Stockholm, 1991.
Bjereld, Ulf, Johansson, Alf W. & Molin, Karl, *Sveriges säkerhet och världens fred: svensk utrikespolitik under kalla kriget*, Santérus, Stockholm, 2008.
Björk, Gunnela, *Olof Palme och medierna*, 1. uppl., Boréa, Umeå, 2006.
Björnsson, Anders, *I kunskapens intresse: SACO:s första sex decennier*, Carlsson, Stockholm, 2007.

Black, Conrad., *Franklin Delano Roosevelt: champion of freedom*, 1st ed., Public Affairs, New York, 2003.
Blanck, Dag, *Sverige-Amerika stiftelsen: de första sjuttio åren 1919–1989*, Stift., Stockholm, 1989.
Bodström, Lennart, *Mitt i stormen*, 1. uppl., Hjalmarson & Högberg, Stockholm, 2001.
Boëthius, Bertil, Hildebrand, Bengt & Nilzén, Göran (red.), *Svenskt biografiskt lexikon*, Stockholm, 1918–.
Bohman, Gösta, *Allgemeine Orientierung über Shopping Centers in Schweden*, Stockholm, 1960.
Bohman, Gösta, *Inrikes utrikespolitik: det handlar om Vietnam*, Geber, Stockholm, 1970.
Bohman, Gösta, *Maktskifte*, Bonnier, Stockholm, 1984.
Bohman, Gösta, *Så var det: Gösta Bohman berättar*, Bonnier, Stockholm, 1983.
Borell, Klas, *Disciplinära strategier: en historiesociologisk studie av det professionella militärdisciplinära tänkesättet*, 2., [bearb.] uppl., Militärhögskolan, Stockholm, 2004.
Boréus, Kristina, *Högervåg: nyliberalismen och kampen om språket i svensk debatt 1969–1989*, Tiden, Diss. Stockholm: Univ., Stockholm, 1994.
Born, Eric von, *Den siste lantmarskalken: [Viktor Magnus von Born]*, Söderström, Helsingfors, 1962.
Brandt, Willy, Kreisky, Bruno & Palme, Olof, *Brev och samtal*, Tiden, Stockholm, 1976.
Brandt, Willy, *Minnen*, Bergh & Bergh, Unterägeri, 1990.
Bratt, Bengt, *Hem till byn: detta är en prosaversion av TV-serien Hem till byn. [1]*, B. Wahlström, Stockholm, 1972.
Bratt, Peter, Gyllensten, Lars, Ofstad, Harald, Samuelsson, Kurt & Carlberg, Anders (red.), *Kan vi lita på demokratin?: intervjuer med Anders Carlberg, Lars Gyllensten, Harald Ofstad, Kurt Samuelsson*, Stockholm, 1969.
Bratt, Peter, *Med rent uppsåt: memoarer*, Bonnier, Stockholm, 2007.
Brendon, Piers, *Den mörka dalen. Panorama över 1930-talet*, TPB, Enskede, 2003.
Browaldh, Tore & Nilsson, Frans, *En bok om och till Gunnar Sträng*, Tiden, Stockholm, 1981.
Browaldh, Tore, *Gesällvandring*, Norstedts, Stockholm, 1976.
Brown, Andrew, *Fishing in Utopia. Sweden and the Future that Disappeared*, Granta, London 2008.
Bärmark, Jan, *Självförverkligandets psykologi: ett centralt tema i Maslows tänkande*, Natur och Kultur, Stockholm, 1985.
Campbell, James, *Exiled in Paris: Richard Wright, James Baldwin, Samuel Beckett and others on the Left Bank*, Scribner, New York, 1995.
Carlberg, Anders & Tamas, Gellert, *Där kärleken kallnar – breder laglösheten ut sig*, Tiden, Stockholm, 1995.

Carls, Lina, *Våp eller nucka?: kvinnors högre studier och genusdiskursen 1930–1970*, Nordic Academic Press, Diss. Lund: Univ., Lund, 2004.
Carlsson, Ingvar, *Ur skuggan av Olof Palme*, Hjalmarson & Högberg, Stockholm, 1999.
Carlsson, Sten & Rosén, Jerker, *Svensk historia. 2, Tiden efter 1718*, Esselte studium, Stockholm, 1980.
Carlsson, Sten, *Bonde – präst – ämbetsman: svensk ståndscirkulation från 1680 till våra dagar*, [Ny omarb. uppl.], Prisma, Stockholm, 1962.
Carlsson, Sten, Cornell, Jan & Grenholm, Gunvor, *Den svenska historien. 9, Industri och folkrörelser, 1866–1920*, Bonnier, Stockholm, 1968.
Carlsson, Sten, *Yrken och samhällsgrupper: den sociala omgrupperingen i Sverige efter 1866*, Almqvist & Wiksell, Stockholm, 1968.
Carlstoft Bramell, Anna-Karin, *Vilhelm Moberg tar ställning: en studie av hans journalistik och tidsaktuella diktning*, Carlsson, Diss. Lund: Lunds universitet, Stockholm, 2007.
Cederberg, Ann, *Stil och strategi i riksdagsretoriken: en undersökning av debattspråkets utveckling i den svenska tvåkammarriksdagen (1867–1970) = Style and strategy in parliamentary rhetoric: a study of the development of the language used in debates in the Swedish bicameral parliament 1867–1970*, Institutionen för nordiska språk, Univ., Diss. Uppsala: Univ., Uppsala, 1993.
Childs, Marquis William, *Sweden: the middle way on trial*, Yale Univ. P., New Haven, 1980.
Childs, Marquis William, *Sweden: the middle way*, Yale Univ. Press, New Haven, 1936.
Claesson, Stig, *Berättelse från Europa*, Bonnier, Stockholm, 1956.
Claesson, Stig, *Döden heter Konrad.*, [Ny utg.], Cavefors, Staffanstorp, 1971.
Claesson, Stig, *Samtal på ett fjärrtåg*, Bonnier, Stockholm, 1972.
Classon, Sigvard, *Vägen till ATP: en berättelse om den allmänna tjänstepensionens tillkomst*, Försäkringskasseförb., Stockholm, 1986.
Collmo, Arne & Hammarström, Ingrid (red.), *Kalmar stads historia. 3, Från 1700-talets stad till det moderna Kalmar*, Kulturnämnden, Kalmar, 1984.
Connikie, Yvonne, *60-talets mode*, Bokfabriken fakta, Malmö, 1995.
Croner, Fritz, *Tjänstemännen.*, Rabén & Sjögren, Stockholm, 1963.
Cronqvist, Marie, Sturfelt, Lina & Wiklund, Martin (red.), *1973: en träff med tidsandan*, Nordic Academic Press, Lund, 2008.
Dagerman, Stig, *Bränt barn*, Norstedts, Stockholm, 1948.
Dahlsten, Ulf, *Nirvana kan vänta*, Forum, Stockholm, 2001.
Dahlström, Edmund, *Tjänstemännen, näringslivet och samhället: en attitydundersökning*, Stockholm, 1954.
Dahlström, Eva (red.), *Doris, Snoddas och alla vi andra: berättelser från 50-talet*, 1. uppl., Folkrörelsernas arkiv i Örebro län i samarbete med Liv i Sverige, Örebro, 1994.

De Geer, Carl Johan, *Jakten mot nollpunkten: [en roman om mig själv]*, Bonnier, Stockholm, 2008.
De Geer, Gerard, *Sveriges andra stormaktstid: några ekonomiska och politiska betraktelser*, Bonnier, Stockholm, 1928.
De Geer, Jonas & Lindbom, Tage (red.), *Vänbok till Tage Lindbom*, Norma, Skellefteå, 1999.
De Geer, Louis F. G., *Singleton: Skildringar från en engelsk public school*, Bonnier, Stockholm, 1929.
Delblanc, Sven, *Nattresa: roman*, Bonnier, Sthlm, 1967.
Delblanc, Sven, *Trampa vatten: prosaprodukter*, Författarförl., Göteborg, 1972.
Ebbinghaus, Bernhard & Visser, Jelle, *Trade unions in Western Europe since 1945*, Macmillan, Basingstoke, 2000.
Edquist, Carl G., *Land du förskingrade: en bok om svensk samtidshistoria*, Mimer, Stockholm, 1979.
Eisenstadt, Marvin (red.), *Parental loss and achievement*, International Univ. Press, Madison, Conn., 1988.
Ekdahl, Lars, *Mot en tredje väg: en biografi över Rudolf Meidner*, Arkiv, Lund, 2001–2005.
Ekecrantz, Jan, Olsson, Tom & Widestedt, Kristina (red.), *Nittonhundrafemtiofem: journalistiken och folkhemmet*, Univ., Journalistik, medier och kommunikation (JMK), Stockholm, 1995.
Ekengren, Ann-Marie, *Olof Palme och utrikespolitiken: Europa och Tredje världen*, 1. uppl., Boréa, Umeå, 2005.
Eklund, Klas, *Palme. Sveriges statsministrar under 100 år*, Bonniers, Stockholm 2010.
Ekström, Per Olof, *Den blomstertid nu kommer: roman*, LT, Stockholm, 1951.
Elmbrant, Björn, *Fälldin*, Fischer, Stockholm, 1991.
Elmbrant, Björn, *Palme*, Författarförl. Fischer & Rye, Stockholm, 1989.
Elmbrant, Björn, *Stockholmskärlek: en bok om Hjalmar Mehr*, Atlas, Stockholm, 2010.
El-Sayed, Refaat & Hamilton, Carl, *Refaat El-Sayeds memoarer: Makten och ärligheten*, [Ny utg.], PAN/Norstedts, Stockholm, 1991.
Englund, Karl, *Försäkring och fusioner: Skandia, Skåne, Svea, Thule, Öresund: 1855–1980 = [From Skandia to the Skandia group, 1855–1980]*, Försäkrings AB Skandia, Stockholm, 1982.
Englund, Karl, *Skandiamän och andra försäkringsmän 1855–1970: femtio biografiska studier*, [Försäkrings AB Skandia], [Stockholm], 1993.
Enquist, P. O. (red.), *Sextiotalskritik: en antologi*, Norstedts, Stockholm, 1966.
Enquist, P. O., *Ett annat liv*, Norstedts, Stockholm, 2008.
Enzensberger, Hans Magnus, *Ack Europa!: iakttagelser från sju länder med en epilog från år 2006*, Norstedts, Stockholm, 1988.
Eriksson, Nancy, *Nancy: Nancy Eriksson minns*, Bonnier, Stockholm, 1985.

Erlander, Tage (red.), *Arvet från Hammarskjöld*, Gummesson, Stockholm, 1961.
Erlander, Tage, *Dagböcker*, Gidlund, Hedemora, 2001–.
Erlander, Tage, *Sjuttiotal*, Tiden, Stockholm, 1979.
Erlander, Tage, *Tage Erlander. 1901–1939*, 7. uppl., Tiden, Stockholm, 1976.
Erlander, Tage, *Tage Erlander. 1940–1949*, Tiden, Stockholm, 1973.
Erlander, Tage, *Tage Erlander. 1949–1954*, [Ny tr.], Tiden, Stockholm, 1989 [1974].
Erlander, Tage, *Tage Erlander. 1955–1960*, Tiden, Stockholm, 1976.
Erlander, Tage, *Tage Erlander. 1960-talet: samtal med Arvid Lagercrantz*, Tiden, Stockholm, 1982.
Erlander, Tage, *Valfrihetens samhälle*, Tiden, Stockholm, 1962.
Esaiasson, Peter, *Svenska valkampanjer 1866–1988*, 1. uppl., Allmänna förl., Diss. Göteborg: Univ., Stockholm, 1990.
Falck, Gunnel, *Svappavaara 350 år*, Skrivarcirkeln i Svappavaara hembygdsförening, Svappavaara, 2004.
Fant, Kenne, *Monismanien: ett skådespel om frihet i 3 akter*, Norstedts, Stockholm, 1974.
Feldt, Kjell-Olof, *Alla dessa dagar: i regeringen 1982–1990*, Norstedts, Stockholm, 1991.
Feldt, Kjell-Olof, *Det blev ingen storväst: min barndom och uppväxt*, Ekerlid, Stockholm, 2002.
Feldt, Kjell-Olof, *Min väg till politiken*, Ekerlid, Stockholm, 2005.
Fest, Joachim, *Hitler: en biografi*, [Uppdaterad utg.], Fischer & Co, Stockholm, 2008.
Fleisher, Wilfrid, *Sweden: the welfare state*, John Day, New York, 1956.
Florin, Christina & Johansson, Ulla, *"Där de härliga lagrarna gro": kultur, klass och kön i det svenska läroverket 1850-1914*, Tiden, Stockholm, 1993.
Florin, Christina & Nilsson, Bengt, *"Något som liknar en oblodig revolution": jämställdhetens politisering under 1960- och 70-talen*, Jämställdhetskommittén, Univ., Umeå, 2000.
Foerster, Svante, *Klasskämpen*, Rabén & Sjögren, Stockholm, 1964.
Folcker, Bror (red.), *Villastaden 100 år*, Samf. Djursholms forntid och framtid, Djursholm, 1989.
Fors, Mats, *Svarta nejlikan: Harald Edelstam – en berättelse om mod, humanitet och passion*, Prisma, Stockholm, 2009.
Forser, Tomas & Tjäder, Per Arne, *Tredje ståndpunkten: en debatt från det kalla krigets dagar*, Cavefors, Staffanstorp, 1972.
Franzén, Nils-Olof, *I Sverige under första världskriget: undan stormen*, [Ny utg.], Bonnier, Stockholm, 2001.
Fredriksson, Bert (red.), *Sveriges förenade studentkårer under 40 år*, Studentbok, Stockholm, 1961.

Fredriksson, Gunnar (red.), *Olof Palme*, Norstedts, Stockholm, 1986.
Freedland, Michael, *Shirley MacLaine*, Salem House, Manchester 1986.
Fri- och rättigheter – om ej annat stadgas i lag: om förslaget till ny svensk grundlag. 1, FiB-juristerna, Solna, 1973.
Frost, David, *An Autobiography. P1, From congregations to audiences*, HarperCollins, London, 1993.
Frykman, Jonas, *Ljusnande framtid!: skola, social mobilitet och kulturell identitet*, Historiska media, Lund, 1998.
Fulbrook, Mary (red.), *Europe since 1945*, Oxford University Press, Oxford, 2001.
Furhammar, Leif, *Filmen i Sverige: en historia i tio kapitel*, [Ny, omarb. och uppdaterad uppl.], Bra böcker i samarbete med Filminstitutet, Stockholm, 1998.
Furhoff, Lars & Hederberg, Hans, *Dagspressen i Sverige*, Aldus/Bonnier, Stockholm, 1965.
Fälldin, Thorbjörn, *En bonde blir statsminister*, Bonnier, Stockholm, 1998.
Fölster, Kaj, *De tre löven: en myrdalsk efterskrift*, [Ny utg.], Bonnier, Stockholm, 1993.
Fölster, Kaj, Gustafsson, Stig & Winai Ström, Gabriele (red.), *Annika Baude: pionjär för jämställdhet*, TCO, Stockholm, 2007.
Galbraith, John Kenneth, *Överflödets samhälle*, Tiden, Stockholm, 1959.
Gathorne-Hardy, Jonathan, *The public school phenomenon, 597–1977*, Hodder & Stoughton, London, 1977.
Gedin, Per I., *Förläggarliv*, Bonnier, Stockholm, 1999.
Gedin, Per I., *Litteraturens örtagårdsmästare: Karl Otto Bonnier och hans tid*, Bonnier, Stockholm, 2003.
Gibbon, Edward, *The decline and fall of the Roman empire*, Dell, New York 1963.
Goethe, Johann Wolfgang von, *Faust*, Natur och Kultur, Stockholm, 1999.
Gradvall, Jan, *Tusen svenska klassiker: böcker, filmer, skivor, tv-program från 1956 till i dag*, Norstedts, Stockholm, 2009.
Granlid, Hans O., *Upptrappning: övningar i livskonst 1926–1969*, Rabén & Sjögren, Stockholm, 1988.
Graves, Robert & Hodge, Allan, *The Long Week-End. A Social History of Great Britain 1918–1939*, Four Square Books, London, 1940.
Greenslade, Thomas Boardman, *Kenyon College. Its Third Half Century*, Kenyon College, Gambier 1975.
Greider, Göran, *Rudolf Meidner: skärvor ur ett nittonhundratalsliv*, Atlas, Stockholm, 1997.
Grönqvist, Vivi-Ann (red.), *Manfred Björkquist: visionär och kyrkoledare: visionary and church leader*, Artos, Skellefteå, 2008.
Guillou, Jan, *Ondskan*, Norstedts, Stockholm, 1981.

Guillou, Jan, *Ordets makt och vanmakt: mitt skrivande liv*, Piratförlaget, Stockholm, 2009.
Gummesson, Jonas, *Olof Palmes ungdomsår: bland nazister och spioner*, Ekerlid, Stockholm, 2001.
Gunnemark, Kerstin, *Ung på 50-talet: om förälskelser, mode och boende i en brytningstid*, Bilda, Stockholm, 2006.
Gustafsson, Karl Erik & Rydén, Per (red.), *Tidningarnas Klara*, NORDICOM-Sverige, Göteborg, 2000.
Gyllenhammar, Pehr G., *Även med känsla*, Bonnier Fakta, Stockholm, 1991.
Görling, Lars, *491: roman*, Bonnier, Stockholm, 1962.
Hakelius, Johan, *Bertil Ohlin och välfärdsstaten*, Timbro, Stockholm, 1994.
Hall, Thomas (red.), *Rekordåren: en epok i svenskt bostadsbyggande*, 1. uppl., Boverket, Karlskrona, 1999.
Hamilton, Carl, *Absolut: historien om flaskan*, Norstedts, Stockholm, 1994.
Hamilton, Hugo E. G., *Dagböcker. [2], 1917–1919*, Norstedts, Stockholm, 1956.
Hammar, Filip & Wikingsson, Fredrik, *Två nötcreme och en moviebox: hisnande generaliseringar om vår uppväxt i DDR-Sverige*, Bonnier fakta, Stockholm, 2003.
Hansen, Lars-Erik, *Rickard Lindström: Per Albins folkhemsvisionär?*, 1. uppl., Hjalmarson & Högberg, Stockholm, 2007.
Hansson, Per Albin, *Från Fram till folkhemmet: Per Albin Hansson som tidningsman och talare*, Metodica press, Solna, 1982.
Harenberg, Bodo & Söderberg, Margareta (red.), *Krönika över 20:e århundradet*, Bonnier, Stockholm, 1988.
Harrie, Ivar, *Tjugotalet in memoriam*, 2. uppl., Geber, Stockholm, 1938.
Haste, Hans, Olsson, Lars Erik & Strandberg, Lars (red.), *Boken om Olof Palme: hans liv, hans gärning, hans död*, Tiden [i samarbete med Sveriges socialdemokratiska arbetareparti], Stockholm, 1986.
Havighurst, Walter. *Ohio. A History*, University of Illinois Press, Urbana and Chicago, 2001.
Hedberg, Olle, *Dan före dan: roman*, 2. uppl., Norstedts, Stockholm, 1948.
Heidenstam, Verner von, *Verner von Heidenstams samlade verk. D. 19, Nya dikter*, Bonnier, Stockholm, 1944.
Helén, Gunnar, *Alltför många jag: memoarer*, Bonnier, Stockholm, 1991.
Hellberg, Lars, *Det nye Sverige: "folkhemmet" i krise*, Cappelen, Oslo, 1981.
Hellström, Hans, *Student i Stockholm 1896–1996*, Stockholmia, Stockholm, 1996.
Henningsen, Bernd (red.), *Skandinavien och Tyskland: 1800–1914: möten och vänskapsband*, Nationalmuseum, Stockholm, 1997.
Henriksson, Gunnar & Askaner, Sune, *Vision och verklighet: Sigtunastiftelsens*

humanistiska läroverk 1926–1980: Sigtunaskolan humanistiska läroverket 1980–2000: historik, 1. uppl., Sigtunaskolan humanistiska läroverket, Sigtuna, 2001.

Herrström, Gunnar, *1927 års skolreform: en studie i svensk skolpolitik 1918–1927*, Svenska bokförlaget, Diss. Uppsala: Univ., Stockholm, 1966.

Hobsbawm, Eric J., *Ytterligheternas tidsålder: det korta 1900-talet: 1914–1991*, Rabén Prisma, Stockholm, 1997.

Hofrén, Manne, *Barometern 1841–1966: blad ur en 125-årig tidnings historia*, Barometern, Kalmar, 1966.

Hollander, Paul (red.), *Understanding anti-Americanism: its origins and impact at home and abroad*, Ivan R. Dee, Chicago, 2004.

Holmberg, Carl, *Längtan till landet: civilisationskritik och framtidsvisioner i 1970-talets regionalpolitiska debatt*, Historiska institutionen, Univ., Diss. Göteborg: Univ., Göteborg, 1998.

Holmberg, Sören, Weterståhl, Jörgen & Branzén, Karl, *Väljarna och kärnkraften*, Liber Förlag, Stockholm, 1977.

Holmberg, Åke, *Sverige efter 1809: politisk historia under 150 år*, Svenska bokförlaget (Bonnier), Stockholm, 1959.

Holmgren, Ola, *Emigrant i moderniteten: Vilhelm Mobergs mansfantasier*, B. Östlings bokförlag Symposion, Eslöv, 2005.

Huldt, Bo & Misgeld, Klaus (red.), *Socialdemokratin och svensk utrikespolitik: från Branting till Palme*, 1. uppl., Utrikespolitiska Institutet, Stockholm, 1990.

Håkanson, Björn, *Kärlek i Vita huset: dikter 2.8.64–10.5.67*, Bonnier, Stockholm, 1967.

Hägg, Göran, *Stora retorikboken*, Wahlström & Widstrand, Stockholm, 2004.

Hägg, Göran, *Välfärdsåren: svensk historia 1945–1986*, Wahlström & Widstrand, Stockholm, 2005.

Högberg, Staffan, *Stockholms historia. 2, Småstaden. Fabriksstaden. Storstaden*, Bonnier Fakta, Stockholm, 1981.

Isaksson, Anders, *Ebbe: mannen som blev en affär*, Bonnier, Stockholm, 2007.

Isaksson, Christer, *Palme privat: i skuggan av Erlander*, Ekerlid, Stockholm, 1995.

Isling, Åke, *Kampen för och mot en demokratisk skola. 1, Samhällsstruktur och skolorganisation = [Social structure and school organization]*, Sober, Diss. Stockholm: Univ., Stockholm, 1980.

Jacobsen, Roy, *Trygve Bratteli: en fortelling*, Cappelen, Oslo, 1995.

Jansson, Birgitta, *Trolösheten: en studie i svensk kulturdebatt och skönlitteratur under tidigt 1960-tal = The problem of disenchantment: a study of the Swedish cultural debate and literature of the early 1960s*, Univ., Diss. Uppsala: Univ., Uppsala, 1984.

Jarl, Stefan & Lindqvist, Jan, *Dom kallar oss mods*, Aldus/Bonnier,

Stockholm, 1968.
Jenkins, David, *Sweden and the price of progress.*, Coward-McCann, New York, 1968.
Jersild, P. C., *Grisjakten: roman*, Bonnier, Stockholm, 1968.
Jersild, P. C., *Vi ses i Song My*, Författarförl., Stockholm, 1970.
Johannesson, Kurt, *Svensk retorik: från medeltiden till våra dagar*, [Ny utg.], Norstedts, Stockholm, 2005.
Johanson, Gösta, *Maktkampen 1902–1915: Karl Staaff som politisk ledare*, Ekerlid i samarbete med Karl Staaffonden, Stockholm, 1997.
Johansson, Alf W., *Herbert Tingsten och det kalla kriget: antikommunism och liberalism i Dagens Nyheter 1946–1952*, Tiden, Stockholm, 1995.
Johansson, Anders L., *Gunnar Sträng. Landsvägsagitatorn*, Tiden, Stockholm, 1992.
Johansson, Hilding, *Folkrörelser, folkstyre, folkhem*, Sober, Stockholm, 1993.
Johansson, Mats, *De svarta åren: minnen från andra sidan*, Timbro, Stockholm, 1998.
Josefsson, Sven-Olof, *Året var 1968: universitetskris och studentrevolt i Stockholm och Lund*, Historiska institutionen, Univ., Diss. Göteborg: Univ., Göteborg, 1996.
Josephson, Olle, *Ju: ifrågasatta självklarheter om svenskan, engelskan och alla andra språk i Sverige*, 2. uppl., Norstedtss akademiska förlag, Stockholm, 2005.
Judt, Tony, *Postwar: a history of Europe since 1945*, Penguin Press, New York, 2005.
Järvenhag, Carina, *F.d. Beskowska skolan*, Folkuniversitet, Stockholm, 1999.
Kallifatides, Theodor, *Utlänningar*, Bonnier, Stockholm, 1970.
Kamprad, Ingvar & Torekull, Bertil, *Historien om IKEA: Ingvar Kamprad berättar för Bertil Torekull*, Wahlström & Widstrand, Stockholm, 1998.
Kekkonen, Urho, *Mina brev 1956–1975*, Rabén & Sjögren, Stockholm, 1977.
Kerouac, Jack, *På drift*, Rabén & Sjögren, Stockholm, 1959.
Kihlberg, Leif, *Folktribunen Adolf Hedin: för frihet och rättvisa åt menige man*, Bonnier, Stockholm, 1972.
Kilander, Åke, *Vietnam var nära: en berättelse om FNL-rörelsen och solidaritetsarbetet i Sverige 1965–1975*, Leopard, Stockholm, 2007.
Kiruna: 100-årsboken, Kiruna kommun, Kiruna, 2000.
Klintberg, Bengt af, *Svensk fluxus = Swedish fluxus*, Rönnells antikvariat, Stockholm, 2006.
Klinth, Roger, *Göra pappa med barn: den svenska pappapolitiken 1960–95*, 1. uppl., Boréa, Diss. Linköping: Univ., Umeå, 2002.
Kluge, P.F., *Alma Mater. A College Homecoming.* Kenyon College, Gambier 1998.
Koivisto, Mauno, *Grannar: frändskap och friktion*, Atlantis, Stockholm, 2008.

Kotek, Joël, *Students and the Cold War*, Macmillan, London, 1996.
Krassén, Patrick & List, Erik, *60 år av radikalism: Liberala studentförbundets historia 1947–2007*, Liberala studenter, Stockholm, 2007.
Kreisky, Bruno, *Skiftande skeden: minnen från fem årtionden*, Tiden, Stockholm, 1988.
Kullenberg, Annette, *Palme och kvinnorna*, Brevskolan, Stockholm, 1996.
Kurlansky, Mark, *1968: de gränslösa drömmarnas år*, Ordfront, Stockholm, 2005.
Källberg, Sture, *Rapport från medelsvensk stad: Västerås*, PAN/Norstedts, Stockholm, 1969.
Källström, Staffan, *Värdenihilism och vetenskap: Uppsalafilosofin i forskning och samhällsdebatt under 1920- och 30-talen = The Uppsala school of philosophy and its influence on science and public debate during the 1920s and 1930s*, Acta Universitatis Gothoburgensis, Diss. Göteborg: Univ., Göteborg, 1984.
Kärre, Marianne & Kärre, Bo, *"Åk till Paris": Svenska studenthemmet i Cité internationale universitaire: 1931–2001*, [B. Kärre], [Nacka], 2001.
Lagercrantz, Henric Gson, *Att tjäna sina sporrar*, [Förf.], [Mölnbo], 1978.
Lagercrantz, Olof, *Ett år på sextiotalet*, Wahlström & Widstrand, Stockholm, 1990.
Lagerlöf, Karl Erik, *Den unge Karl Vennberg*, Bonnier, Diss. Göteborg, Stockholm, 1967.
Lahger, Håkan, *Proggen: musikrörelsens uppgång och fall*, Atlas, Stockholm, 1999.
Lang, Maria, *Inte flera mord!*, 5. uppl., Norstedts, Stockholm, 1951.
Larsen, Alex Frank, *Anker: mennesket, magten, meningerne*, 1. udg., 1. opl., Gyldendal, København, 1999.
Larsson, Sven-Erik, *Bertil Ohlin: ekonom och politiker*, Atlantis, Stockholm, 1998.
Larsson, Sven-Erik, *Mellan Palme och Bohman: liberala strategier*, Bonnier Alba, Stockholm, 1992.
Larsson, Sven-Erik, *Regera i koalition: den borgerliga trepartiregeringen 1976–1978 och kärnkraften*, Bonnier, Diss. Stockholm: Univ., Stockholm, 1986.
Larsson, Ulf, *Olof Palme och utbildningspolitiken*, 1. uppl., Hjalmarson & Högberg, Stockholm, 2003.
Larsson, Ulf, *Sveriges regeringar 1840–2001*, Regeringskansliet, Stockholm, 2001.
Leijon, Anna-Greta, *Alla rosor ska inte tuktas!*, Tiden, Stockholm, 1991.
Lejonhufvud, Christer, *Stockholmarnas 60-tal*, Trafik-Nostalgiska förlaget, Saltsjöbaden, 2008.
Lennerhed, Lena, *Frihet att njuta: sexualdebatten i Sverige på 1960-talet*, Norstedts, Diss. Stockholm: Univ., Stockholm, 1994.
Lewenhaupt, Tonie & Lewenhaupt, Claës, *Tidens tecken: kvinnans kläder i*

förhållande till sin omgivning: 1890–1986, Wiken, Helsingborg, 1988.
Lidman, Sara, *Gruva*, [Ny, utökad utg.], Aldus/Bonnier, Stockholm, 1969.
Lidman, Sara, *Jag och min son: roman*, Bonnier, Stockholm, 1961.
Lidman, Sara, *Samtal i Hanoi*, [Ny utg.], Aldus/Bonnier, Stockholm, 1967.
Lifvendahl, Tove, *Gösta Bohman: hjälten och myten*, Timbro, Stockholm, 2000.
Lindbom, Tage, *Arbetarrörelsen och kulturen*, ABF, Stockholm, 1947.
Lindegren, Erik, *Mannen utan väg: dikter*, [Seelig], Stockholm, 1942.
Linderborg, Åsa, *Socialdemokraterna skriver historia: historieskrivning som ideologisk maktresurs 1892–2000*, Atlas, Diss. Uppsala Univ., Stockholm, 2001.
Lindquist, Per, *Det klyvbara ämnet: diskursiva ordningar i svensk kärnkraftspolitik 1972–1980*, Sociologiska institutionen, Univ., Lund, 1997.
Lindqvist, Sven, *Myten om Wu Tao-tzu.*, Bonnier, Stockholm, 1967.
Lindström, Rickard, *Klyftan.*, Frihet, Stockholm, 1935.
Lindström, Ulla, *Och regeringen satt kvar!: ur min politiska dagbok 1960–1967*, Bonnier, Stockholm, 1970.
Linna, Väinö, *Högt bland Saarijärvis moar*, [Ny utg.], Wahlström & Widstrand, Stockholm, 1968.
Ljunggren, Jens, *Inget land för intellektuella: 68-rörelsen och svenska vänsterintellektuella*, Nordic Academic Press, Lund, 2009.
Lo-Johansson, Ivar, *Dagbok från 20-talet*, Corona, Lund, 1974.
Lo-Johansson, Ivar, *Soldaten: självbiografisk berättelse*, Bonnier, Stockholm, 1959.
Lundberg, Lars, *Bilder av Bildt: om livet före Rosenbad*, Legus, Stockholm, 1994.
Lundberg, Svante, *Sextioåttor: studie av en politisk generation*, B. Östlings bokförl. Symposion, Stockholm, 1993.
Lundell, Ulf, *Jack: roman*, Wahlström & Widstrand, Stockholm, 1976.
Lundell, Ulf, *Sömnen: roman*, Wahlström & Widstrand, Stockholm, 1977.
Lundell, Ulf, *Vinter i paradiset: roman*, Wahlström & Widstrand, Stockholm, 1979.
Lyttkens, Alice, *Leva om sitt liv. D. 2, Tjugotalet – omvälvningarnas tid: 1920–1930*, Bonnier, Stockholm, 1978.
Löfgren, Claes J. B., *Fredsknektarna: FN-svenskarna i Kongo 1960–64*, Fischer, Stockholm, 1990.
Löfgren, Orvar (red.), *Hej, det är från försäkringskassan!: informaliseringen av Sverige*, Natur och Kultur, Stockholm, 1988.
MacLaine, Shirley, *Ut på yttersta grenen*, AWE/Geber, Stockholm, 1983.
Magnelia, Paul Francis, *The International Union of Students.*, Diss. Genève, Menlo Park, 1967.
Maier, Charles S., *Recasting bourgeois Europe: stabilization in France, Germany, and Italy in the decade after World war I*, Princeton University Press,

Princeton, N.J, 1975.
Mailer, Norman, *De nakna och de döda: roman*, [Ny utg.], Natur och Kultur, Stockholm, 2003.
Malm-Andersson, Ingrid, *Olof Palme: en bibliografi*, Kungl. bibl., Stockholm, 2001.
Mann, Thomas, *Buddenbrooks: en familjs förfall*, Bonnier, Stockholm, 2005.
Mannheimer, Carin, *Rapport om kvinnor*, Bonnier, Stockholm, 1969.
Mannoni, Maud, *Separation och utveckling: om brist, begär, språk och skapande*, Norstedts, Stockholm, 1987.
Manso, Peter, *Mailer: his life and times*, Viking in conjunction with Simon & Schuster, London, 1985.
Marcuse, Herbert, *Den endimensionella människan: studier i det avancerade industrisamhällets ideologi*, Aldus/Bonnier, Stockholm, 1968.
McCullough, David G., *Truman*, Simon & Schuster, New York, 1992.
Mellbourn, Anders, *Bortom det starka samhället: socialdemokratisk förvaltningspolitik 1982–1985*, Carlsson, Stockholm, 1986.
Meurling, Per, *Tage Erlander.*, Wahlström & Widstrand, Stockholm, 1953.
Micheletti, Michele, *Det civila samhället och staten: medborgarsammanslutningarnas roll i svensk politik*, 1. uppl., Fritze, Stockholm, 1994.
Millroth, Thomas, *Vällingby: en tidsbild av vikt*, Almlöf, Stockholm, 2004.
Millroth, Thomas, *Vällingbyblues: en roman om Christer Göransson*, Inferi, Bollnäs, 1984.
Misgeld, Klaus, 'Olof Palme, CIA och Polen: källkritiska funderingar kring en osannolik historia', *Arbetarhistoria.*, 2009 (33):1–2 (=129–130), s. 29–33, 2009.
Misgeld, Klaus, "Solidaritet med Solidaritet: den svenska arbetarrörelsen och demokratirörelsen i Polen kring 1980", *Arbetarhistoria.*, 2006 (30):4 (=120), s. 24–31, 2006.
Moberg, Vilhelm, *Det gamla riket*, Bonnier, Stockholm, 1953.
Molin, Björn, *Tjänstepensionsfrågan: en studie i svensk partipolitik*, Akademiförl., Diss. Göteborg: Univ., Göteborg, 1965.
Morgan, Austen, *Harold Wilson*, Pluto Press, London, 1992.
Müller, Jan-Werner, *A dangerous mind: Carl Schmitt in post-war European thought*, Yale University Press, New Haven, Conn., 2003.
Myrdal, Alva & Myrdal, Gunnar, *Kontakt med Amerika*, Bonnier, Stockholm, 1941.
Myrdal, Alva, *Nation and family: the Swedish experiment in democratic family and population policy*, Kegan Paul, London, 1945.
Myrdal, Jan, *En barndom i tre avsnitt*, Norstedts, Stockholm, 1992.
Myrdal, Jan, Hassner, Rune & Strömholm, Christer, *Fallet Myglaren*, PAN/Norstedts, Stockholm, 1967.

Myrdal, Jan, *Moraliteter*, Norstedts, Stockholm, 1967.
Myrdal, Jan, *Rescontra: utdrag ur avräkningsbok för personliga conti*, Norstedts, Stockholm, 1962.
Myrdal, Jan, *Samtida bekännelser av en europeisk intellektuell*, Norstedts, Stockholm, 1964.
Människan och nutiden: [betänkande], Tiden, Stockholm, 1952.
Möller, Tommy, *Svensk politisk historia 1809–1975*, 2., [rev.] uppl., Studentlitteratur, Lund, 2005.
Möller, Yngve, *Sverige och Vietnamkriget: ett unikt kapitel i svensk utrikespolitik*, Tiden, Stockholm, 1992.
Nationalekonomiska föreningen 1877–1927: minnesskrift, Stockholm, 1927.
Nilmander, Urban & Ahlborn, Kenneth, *Mods: Stockholm 1964–1967*, 1. uppl., Ordfront Galago, Stockholm, 1998.
Nilsson, Carl-Erik, *Ett centerparti och dess hövdingar*, Nerthus, Stockholm, 1998.
Nilsson, Lars, *Historisk tätortsstatistik. D. 3, Stockholm i siffror 1850–2000*, Stads- och kommunhistoriska institutet, Stockholm, 2002.
Nilsson, Mats, *Bengt Westerberg*, Ekerlid, Stockholm, 1995.
Nilsson, Torbjörn, *Mellan arv och utopi: moderata vägval under 100 år, 1904–2004*, Santérus, Stockholm, 2004.
Nilsson, Torsten, *Utanför protokollet*, Tiden, Stockholm, 1986.
Norrback, Märtha & Klinge, Matti (red.), *Finlands historia. 3*, Schildt, Esbo, 1996.
Nycander, Svante, *Makten över arbetsmarknaden: ett perspektiv på Sveriges 1900-tal*, 1. uppl., SNS förl., Stockholm, 2002.
Nylén, Leif, *Den öppna konsten: happenings, instrumental teater, konkret poesi och andra gränsöverskridningar i det svenska 60-talet*, Sveriges allmänna konstfören., Stockholm, 1998.
Nyström, Vilhelm, *Sven Palme*, Stockholm, 1920.
Oberoende kommissionen för nedrustnings- och säkerhetsfrågor, *Gemensam säkerhet: ett program för nedrustning: rapporten från Den oberoende kommissionen för nedrustnings- och säkerhetsfrågor [under ordförandeskap av Olof Palme]*, Tiden, Stockholm, 1982.
Olivecrona, Karl, *The present status of legal philosophy in Sweden.*, Roma, 1953.
Olsson, Jan Olof, *1914*, [Ny utg.], Bonnier, Stockholm, 1996.
Ortmark, Åke, *Maktspelet i Sverige: ett samhällsreportage*, Wahlström & Widstrand, Stockholm, 1967.
Ossowska, Maria, *Bourgeois morality*, Routledge & Kegan Paul, London, 1986.
Palm, Göran, *En orättvis betraktelse.*, 4 uppl., Norstedts & Söners förlag, Stockholm, 1967.
Palm, Göran, *Ett år på LM*, Författarförl., Göteborg, 1972–1974.
Palm, Thede, *Några studier till T-kontorets historia*, Kungl. Samf. för utgivan-

de av handskrifter rörande Skandinaviens historia, Stockholm, 1999.
Palme, Catharina, *Somrarna på Skangal*, Nordiska museet, Stockholm, 1999.
Palme, Claës, *Fragment: [minnen]*, Holkudden, Stockholm, 2003.
Palme, Olof & Palme, Gunnar, *Släkten Palme intill år 1815: försök till en genomförd skildring af en skånsk borgare- och prästsläkts öden genom fem släktled. [1], Text*, [s.n.], Uppsala, 1917.
Palme, Olof, *Att vilja gå vidare*, Tiden, Stockholm, 1974.
Palme, Olof, *En levande vilja*, Tiden, Stockholm, 1987.
Palme, Olof, *Finland: Af Proteus*, Uppsala, 1917.
Palme, Olof, *Förnyelse!: sorgespel i tre akter*, Idun, Stockholm, 1908
Palme, Olof, *Med egna ord: samtal med Serge Richard och Nordal Åkerman*, Bromberg, Uppsala, 1977.
Palme, Olof, *Palme själv: texter i urval*, Tiden, Stockholm, 1996.
Palme, Olof, *Politik är att vilja*, Prisma, Stockholm, 1968.
Palme, Olof, *Socialdemokratin och kommunisterna*, Stockholm, 1966.
Palme, Olof, *Solidaritet utan gränser: tal och texter i urval*, Atlas, Stockholm, 2006.
Palme, Olof, *Sveriges utrikespolitik: anföranden*, Tiden, Stockholm, 1984.
Palme, Olof, *Till minnet af Olof Palme: ord om och af honom, samlade för hans barn*, Uppsala, 1918.
Palme, Sven, *Anförande vid Thules bolagsstämma den 15 april 1932 då han lämnade befattningen som verkställande direktör*, Hæggström, Stockholm, 1932.
Palme, Sven, *Det liberala partiet och framtiden: föredrag inom föreningen Heimdal den 12 maj 1908*, Uppsala, 1908.
Palme, Sven, *Försvaret främst: tal*, Stockholm, 1914.
Palme, Sven, *Lifförsäkring och krig*, Stockholm, 1914.
Palme, Sven, *Lifförsäkrings-aktiebolaget Thule 1873–1898: festskrift vid bolagets tjugofemårsjubileum*, Haeggström, Stockholm, 1898–1900.
Palme, Sven, *Några ord om våra dagars lifförsäkringsväsende: tre föreläsningar vid Stockholms handelshögskola hösten 1910*, Stockholm, 1911.
Palme, Sven, *Staten och försäkringsväsendet: tre föreläsningar vid Försäkringsföreningens utbildningskurser för försäkringstjänstemän mars 1917*, Stockholm, 1917.
Palme, Sven, *Ställningar och förhållanden i Finland: två föredrag*, Fritze, Stockholm, 1891.
Palme, Sven, *Sverige och Finland just nu.*, Stockholm, 1924.
Palme-Dutt, Anna, *Det högsta idealet: svenskt original*, Stockholm, 1902.
Patterson, James T., *Grand expectations: the United States, 1945–1974*, Oxford Univ. Press, New York, 1996.
Peppler, Willem, *Speglingar*, Triangle, Stockholm, 2006.

Perkin, Harold James, *The origins of modern English society, 1780–1880*, Routledge & Kegan Paul, London, 1971 [1969].
Persson, Lena & Ambjörnsson, Gunila (red.), *Folkhemsprinsessorna: om att växa upp på 50-talet*, 1. uppl., Hammarström & Åberg, Johanneshov, 1987.
Peterson, Thage G., *Olof Palme som jag minns honom*, Bonnier, Stockholm, 2002.
Peterson, Thage G., *Resan mot Mars: anteckningar och minnen*, Bonnier, Stockholm, 1999.
Petrén, Gustaf, *Medborgaren och rättsstaten: artiklar och uppsatser*, Timbro, Stockholm, 1991.
Pettersson, Otto Alexius, *Facer och profiler för den svenska försäkringsverlden: anteckningar under en 10:årig verksamhet inom försäkringsväsendet. Häfte 1, Facer och profiler från den svenska försäkringsvärlden*, Svensk assuranstidning, Stockholm, 1892.
Pettersson, Otto Alexius, *Sven Palme.*, Stockholm, 1894.
Pleijel, Hilding, *Ungkyrkorörelsen i Sverige: en historisk konturteckning*, Gleerup, Lund, 1937.
Popenoe, David, *Disturbing the nest: family change and decline in modern societies*, Aldine de Gruyter, New York, 1988.
Proust, Marcel, *På spaning efter den tid som flytt. 3, Kring Guermantes*, 8/9. tus., Bonnier, Stockholm, 1982[1966].
Radwanski, George, *Trudeau*, New York, 1978.
Ramel, Povel, *Följ mej bakåt vägen: Povel Ramels livstycken*, [Ny utg.], MånPocket, Stockholm, 1993–.
Rasmusson, Ludvig, *Fyrtiotalisterna*, Norstedts, Stockholm, 1985.
Rauscher, Deanne & Mattsson, Janne, *Makten, männen, mörkläggningen: historien om bordellhärvan 1976*, Vertigo, Stockholm, 2004.
Roth, Thomas, *Försvar för folkhem och fosterland: den svenska krigsmakten under det kalla kriget – en essäistisk översikt*, 1. uppl., Försvarshögskolan, Stockholm, 2007.
Ruin, Olof, "Olof Palme" i Boëthius, Bertil, Hildebrand, Bengt & Nilzén, Göran (red.), *Svenskt biografiskt lexikon*, Svenskt biografiskt lexikon, Stockholm, 1918.
Ruin, Olof, *I välfärdsstatens tjänst: Tage Erlander 1946–1969*, Tiden, Stockholm, 1986.
Ruin, Olof, *Statsministern: från Tage Erlander till Göran Persson*, Gidlund, Hedemora, 2007.
Ruin, Olof, *Studentmakt och statsmakt: tre studier i svensk politik*, Liber Förlag, Stockholm, 1979.
Ruin, Olof, *Sverige i min spegel: minnen och anteckningar från ett halvsekel*, 1. uppl., Hjalmarson & Högberg, Stockholm, 2000.
Runeberg, Johan Ludvig, *Fänrik Ståls sägner*, [Ny utg.], Fabel, Stockholm, 1991.

Rustow, Dankwart A., *The politics of compromise: a study of parties and cabinet government in Sweden*, Princeton Univ. Press, Princeton, N. J., 1955.
Rådström, Pär, *Att komma hem*, Janus, Hargshamn, 1982.
Rådström, Pär, *Pär Rådström: texter*, Norstedts, Stockholm, 1983.
Salomon, Kim & Blomqvist, Göran (red.), *Det röda Lund: berättelser om 1968 och studentrevolten*, Historiska media, Lund, 1998.
Salomon, Kim, *En femtiotalsberättelse: populärkulturens kalla krig i folkhemssverige*, Atlantis, Stockholm, 2007.
Salomon, Kim, *Rebeller i takt med tiden: FNL-rörelsen och 60-talets politiska ritualer*, Rabén Prisma, Stockholm, 1996.
Sandström, Allan, *Finlands frihetsväg: 1917–1918*, Libris, Örebro, 1992.
Sartre, Jean-Paul, *Orden*, [Ny utg.], Bonnier, Stockholm, 1987.
Saunders, Frances Stonor, *Who paid the piper?: the CIA and the cultural Cold War*, Granta, London, 1999.
Sax, Ulrika, *Vällingby: ett levande drama*, Stockholmia, Stockholm, 1998.
Schein, Harry, *Makten*, Bonnier, Stockholm, 1990.
Schein, Harry, *Schein*, Bonnier, Stockholm, 1980.
Schlesinger, Arthur Meier, *The cycles of American history*, Houghton Mifflin, Boston, 1986.
Schmidt, Werner, *C-H Hermansson: en politisk biografi*, Leopard, Stockholm, 2005.
Schmitt, Carl, *The concept of the political*, University of Chicago Press, Chicago, Ill., 1996.
Schori, Pierre, *Dokument inifrån: Sverige och storpolitiken i omvälvningarnas tid*, Tiden, Stockholm, 1992.
Schöier, Staffan & Wermelin, Stefan, *Hasse & Tage: Svenska ord & Co: saga & sanning*, Bonnier, Stockholm, 2005.
Schön, Lennart, *En modern svensk ekonomisk historia: tillväxt och omvandling under två sekel*, 1. uppl., SNS förl., Stockholm, 2000.
Segerstedt, Torgny T., *Människan i industrisamhället*, Stockholm, 1952–1955.
Segerstedt, Torgny T., *Studentrevolt: vetenskap och framtid*, Bonnier, Stockholm, 1968.
Sellström, Tor, *Sweden and national liberation in Southern Africa*, Nordic Africa Institute (Nordiska Afrikainstitutet), Uppsala, 1999–2002.
Shirer, William L., *The challenge of Scandinavia: Norway, Sweden, Denmark and Finland in our time*, Little, Brown, Boston, 1955.
Siwertz, Sigfrid, *Eldens återsken*, Bonnier, Stockholm, 1916.
Sjöberg, Birger, *Fridas visor och andra dikter*, [Ny utg.], Bonnier, Stockholm, 1996.
Sjöström, Hans O., *En sakkunnigs kärleksliv: [en roman]*, Gidlund, Stockholm, 1977.
Sjöström, Hans O., *Klassens ljus: [eller Hur man hamnar i arbetarregeringen]*, Norstedts, Stockholm, 1987.

Skilsmässor och separationer: bakgrund och utveckling, Statistiska centralbyrån (SCB), Örebro, 1995.
Smythe, George Franklin, *Kenyon College. Its First Half Century*, Kenyon College, Gambier 2001.
Sonne, Lasse, *NORDEK: a plan for increased Nordic economic co-operation and integration 1968–1970*, Finnish Society of Sciences and Letters, Helsinki, 2007.
Spekke, Arnolds, *History of Latvia: an outline*, Jumava, Riga.
Spender, Stephen, *De unga rebellernas år*, PAN/Norstedts, Stockholm, 1969.
Stenberg, Birgitta, *Kärlek i Europa: Stockholm, Paris, Cannes, Stockholm, Capri, Rom*, Norstedts, Stockholm, 1981.
Stenius Aschan, Marina (red.), *UKAS och samhället: en sammanställning av dokumentationen kring och kritiken av UKAS-förslagets första del*, Aldus/Bonnier, Stockholm, 1968.
Stiernstedt, W. Gordon, *Henrik Palme: en biografi*, Författares bokmaskin, Stockholm, 2003.
Stolpe, Sven, *Olof Lagercrantz*, Askild & Kärnekull, Stockholm, 1980.
Strindberg, August, *Samlade skrifter. D. 13, Dikter på vers och prosa ; samt Sömngångarnätter på vakna dagar*, Bonnier, Stockholm, 1987[1913].
Strindberg, August, *Samlade skrifter. D. 5, Röda rummet: skildringar ur artist- och författarlivet*, Bonnier, Stockholm, 1987[1912].
Strömstedt, Margareta, *Astrid Lindgren: en levnadsteckning*, Rabén & Sjögren, Stockholm, 1977.
Sundelin, Anders, *Fallet Wennerström*, Norstedts, Stockholm, 1999.
Sundström, Gun-Britt, *Maken: en förhållanderoman*, Bonnier, Stockholm, 1976.
Svallfors, Stefan, *Svenskarna och välfärdspolitiken: opinionstrender 1970–93*, TCO, [Stockholm], 1994
Svallfors, Stefan, *Vem älskar välfärdsstaten?: attityder, organiserade intressen och svensk välfärdspolitik*, Arkiv, Diss. Umeå: Univ., Lund, 1989.
Svanberg, Ingvar & Tydén, Mattias, *Tusen år av invandring: en svensk kulturhistoria*, 1. uppl., Gidlund, Stockholm, 1992.
Svedgård, Lars B. & Rehnberg, Gun, *Palme: en presentation*, Rabén & Sjögren, Stockholm, 1970.
Svegfors, Mats, *Dag Hammarskjöld: den förste moderne svensken*, Norstedts, Stockholm, 2005.
Svegfors, Mats, Hjertqvist, Johan & Fröroth, Gunnar (red.), *Timbro.20.nu: tre inlägg om en 20-årig tankesmedjas insatser och uppgifter*, Timbro, Stockholm, 1998.
Sven Palme: 1854–1934, Thule, [Stockholm], 1934.
Svenning, Olle, *Lojaliteter: min far(s)*, Fischer, Stockholm, 1995.
Svenska dagbladets årsbok, Svenska Dagbladet, Stockholm, 1924–1964.

Svensson, Olle, *Maktspel synat: på Erlanders, Palmes och Carlssons tid*, Norstedts, Stockholm, 1994.
Svensson, Per, *Dramat på Norrmalmstorg 23 till 28 augusti 1973*, Bonnier fakta, Stockholm, 2003.
Söderberg, Tom, *Två sekel svensk medelklass från gustaviansk tid till nutid*, Bonnier, Stockholm, 1972.
Tennyson, Alfred, *Dikter i urval*, Norstedts, Stockholm, 1902.
Therborn, Göran, *Between sex and power: family in the world, 1900–2000*, Routledge, London, 2004.
Thomas, Evan, *Robert Kennedy: his life*, Simon & Schuster, New York, N.Y., 2000.
Thorsell, Staffan, *Sverige i Vita huset*, Bonnier fakta, Stockholm, 2004.
Thunberg, Anders (red.), *Strejken: [röster, dokument, synpunkter från en storkonflikt]*, Rabén & Sjögren, Stockholm, 1970.
Timm, Mikael, *Lusten och dämonerna: boken om Bergman*, Norstedts, Stockholm, 2008.
Tingsten, Herbert, *Från idéer till idyll: den lyckliga demokratien*, [Ny, utökad utg.], PAN/Norstedts, Stockholm, 1967.
Tingsten, Herbert, *Mitt liv. 2, Mellan trettio och femtio*, Norstedts, Stockholm, 1962.
Tingsten, Herbert, *Mitt liv. 3, Tidningen 1946–1952*, Norstedts, Stockholm, 1963.
Tingsten, Herbert, *Mitt liv. 4, Tio år 1953–1963*, Norstedts, Stockholm, 1964.
Tjerneld, Staffan, *Det romantiska 20-talet.*, Norstedts, Stockholm, 1963.
Tjerneld, Staffan, *Hundra år på Östermalm*, Höjering, Stockholm, 1984.
Tjerneld, Staffan, *Stockholmsliv: hur vi bott, arbetat och roat oss under 100 år*, [Ny utg.], Norstedts, Stockholm, 1988.
Tjerneld, Staffan, *Wallenbergs*, Bonnier, Stockholm, 1969.
Tonåringen och framtiden, Gumælius/Gummessons, Stockholm, 1961.
Tornborg, Rita, *Hansson och Goldman: [roman]*, Bonnier, Stockholm, 1974.
Torvinen, Taimi, *Sven Palme och Finland*, Kulturfonden för Sverige och Finland, [Esbo], 1988.
Trenter, Stieg, *Eld i håg*, 22.–23. tus., Bonnier, Stockholm, 1950.
Trägårdh, Lars, "Welfare State Nationalism: Sweden and the Specter of Europe" i Hansen, Lene & Wæver, Ole (red.), *European integration and national identity: the challenge of the Nordic states*, Routledge, London, 2002.
Unger, Gunnar, *Profiler: karakteristik och karikatyr*, Natur och Kultur, Stockholm, 1966.
Wasson, Ellis Archer, *Aristocracy and the modern world*, Palgrave Macmillan, Basingstoke [England], 2006.
Weber, Max, *Vetenskap och politik*, Korpen, Göteborg, 1977.

Vegesack, Thomas von, *Stockholm 1851: staden, människorna och den konservativa revolten*, Norstedts, Stockholm, 2005.
Vegesack, Thomas von, *Utan hem i tiden: berättelsen om Arved*, Norstedts, Stockholm, 2008.
Vennberg, Karl, *Halmfackla: dikter*, Bonnier, Stockholm, 1944.
Verksledningskonferensen, Palme, Olof, Holmberg, Bo & Wickbom, Sten, *Förnyelse – förändring i offentlig sektor. Tal*, [Civildep.], [Stockholm], 1985.
Westerström, Jenny, *Klara var inte Paris: bohemliv under två sekler*, Carlsson, Stockholm, 2006.
Wibble, Anne, *Två cigg och en kopp kaffe*, Ekerlid i samarbete med *Veckans affärer*, Stockholm, 1994.
Vietnam i svensk pressdebatt sommaren 1965., Verdandi, Uppsala, 1965.
Viktorov, Ilja, *Fordismens kris och löntagarfonder i Sverige*, Acta Universitatis Stockholmiensis, Diss. Stockholm: Stockholms universitet, Stockholm, 2006.
Vinterhed, Kerstin, *Gustav Jonsson på Skå: en epok i svensk barnavård*, Tiden, Diss. Stockholm: Univ., Stockholm, 1977.
Wästberg, Per, *Carlssons skola 1871–1971: en minnesskrift*, Bonnier, Stockholm, 1971.
Wästberg, Per, *Luftburen.*, Wahlström & Widstrand, Stockholm, 1969.
Wästberg, Per, *Östermalm*, Wahlström & Widstrand, Stockholm, 1974.
Zachrisson, Birgitta & Alandh, Tom (red.), *Berättelser om Palme*, Norstedts, Stockholm, 1996.
Åberg, Anders, *Tabu: filmaren Vilgot Sjöman*, Filmhäftet, Diss. Lund: Univ., Lund, 2001.
Åberg, Carl Johan, *Berättelser från 1900-talet*, Atlantis, Stockholm, 2006.
Åhnberg, Annika, *Isprinsessa*, 1. uppl., Hjalmarson & Högberg, Stockholm, 1999.
Åkerman, Nordal, *Apparaten Sverige: [samtal med beslutsfattare i politik, ämbetsverk, företag]*, Wahlström & Widstrand, Stockholm, 1969.
Åman, Valter, *Repor i färgen*, Timo, Stockholm, 1982.
Åsard, Erik (red.), *Politikern Olof Palme*, 1. uppl., Hjalmarson & Högberg, Stockholm, 2002.
Åström, Sverker, *Ögonblick: från ett halvsekel i UD-tjänst*, Bonnier Alba, Stockholm, 1992.
Öberg, Jean-Christophe, *Varför Vietnam?: ett kapitel i svensk utrikespolitik 1965–1970*, Rabén & Sjögren, Stockholm, 1985.
Öberg, Sture, *Befolkningsstruktur och urbanisering*, Institutionen för kulturgeografi och ekonomisk geografi vid Lunds universitet, Lund, 1970.
Öhman, Ivar (red.), *Tage Erlander i närbilder*, 1. uppl., Liber Förlag, Malmö, 1986.
Öhman, Meta, *Vardagen som försvann: Djursholms-bilder och annat från seklets början*, Dictum, Stockholm, 1976.

Östberg, Kjell, *I takt med tiden: Olof Palme 1927–1969*, Leopard, Stockholm, 2008.

Östberg, Kjell, *När vinden vände: Olof Palme 1969–1986*, Leopard, Stockholm, 2009.

Österman, Torsten, Wikman, Anders & Bernow, Roger, *Svenskarna och oljekrisen: ett samarbetsprojekt mellan: FSI, Forskningsgruppen för samhälls- och informationsstudier [&] SR/PUB, Sveriges radio, Avdelningen för publik- och programforskning*, [Beredskapsnämnden f. psykologiskt försvar], [Stockholm], 1974.

Östling, Johan, *Nazismens sensmoral: svenska erfarenheter i andra världskrigets efterdyning*, Atlantis, Diss. Lund: Lunds universitet, Stockholm, 2008.

Tack

Om det krävs en by för att uppfostra ett barn krävs det en medelstor stad för att skriva en biografi.

Först och främst ett särskilt tack till Lisbet, Joakim, Mårten och Mattias Palme som inte bara har låtit sig intervjuas utan också hjälpt till att öppna andra dörrar in i Olof Palmes liv och låtit mig ta del av böcker, bilder och annat material i familjens ägo. Deras tålamod med mina många frågor har varit beundransvärt. Jag står också i skuld till Madeleine Björk. Utan hennes slitna kappsäck med familjebrev skulle denna bok blivit torftigare.

Den hade också varit omöjlig att skriva utan generöst stöd från Axel och Margaret Ax:son Johnsons stiftelse för allmännyttiga ändamål, Helge Ax:son Johnsons stiftelse, Stiftelsen Olle Engkvist Byggmästare samt Sven och Dagmar Saléns stiftelse. Jag hoppas de tycker att pengarna blev väl använda. En lika viktig förutsättning var att *Dagens Nyheters* politiske redaktör Peter Wolodarski gav mig tjänstledigt.

Antingen är Per Faustino och Stefan Hilding världens bästa skådespelare eller också världens bästa förläggare – i vilket fall som helst har de lyssnat på mina långa utläggningar om Baltikum under mellankrigstiden och amerikanskt collegeliv och faktiskt sett ut som om de var genuint intresserade. Linda Altrov Berg och framför allt Magdalena Hedlund på Norstedtss Agency lyckades med konststycket att sälja boken i fyra länder innan den var färdigskriven. Ingemar Karlsson tog hand om manuset och redigerade det lika känsligt som bestämt. Ulla Renström hittade såväl väntade som oväntade bilder.

Utan arkiv stannar historien. Mina djupaste bugningar till Lars Ilshammar och Stellan Andersson på Arbetarrörelsens arkiv, Tom Stamp på Kenyon College, Folke Åkerblom på Sigtunaskolans arkiv, Stephan Bergman på Scanpix och Björn Jordell och Lennart Ploom på Stockholms stadsarkiv.

Det är många som har läst hela eller delar av manuset. Marika Gedin har varit med på resan från början och kommenterat kapitlen i takt med att de blivit klara. Lars Linder och Alf W. Johansson lämnade synpunkter när jag stod vid en skiljeväg. Björn Elmbrant hjälpte mig på slutet och räddade mig från många misstag, av vilka alla inte var obetydliga. Torgny Wärn gjorde en imponerande närläsning. Tack också till Håkan Berggren, Marianne Berggren, Anne Marie Berggren, Louise von Mentzer, Niklas Ekdal, Barbro Hedvall, Johannes Åman, Lars-Olof Lampers, Lars Trägårdh, Per T. Ohlsson, Kerstin Vinterhed för såväl kritik som goda förslag. Många förbättringar är deras förtjänst, allt ansvar för brister och fel faller på mig. Tack också till Kjell Östberg, som generöst lät mig ta del av den första delen av hans Palmebiografi i manusform.

Leif Nylén hjälpte mig med sextiotalet, Thomas Kramer med psykoanalysen, Olle Josephson med Stockholmsslangen, Jane Hann med att hitta rätt i England, Thomas Roth med att få ordning på de militära frågorna, Peder Alton med Stockholms byggnader. Pierre och Maud Schori har gett goda råd och bjudit på goda middagar. Lars Björlin var beredd att forcera den ryska arkivvärlden, även om det tyvärr aldrig blev av. Och någonstans längs vägen – jag tror det var på en pub på Tegnérgatan – berättade jag om boken för Kristian Petri, vars entusiasm startade ett filmprojekt som länge var trevande men nu tycks vara på väg att lyfta.

Och, som alltid, tack till Gunilla.

Henrik Berggren

Bildkällor

Bildark 1
s 1 Privat
s 2 Privat
s 3 OVAN Scanpix NEDAN Privat
s 4 Privat
s 5 Privat
s 6 Privat
s 7 OVAN Privat NEDAN Scanpix
s 8 VÄNSTER Privat OVAN Privat NEDAN Privat
s 9 Privat
s 10 OVAN Privat NEDAN Privat
s 11 Aftonbladet Bild
s 12 Sven & Bo Erlander /Arbetarrörelsens Arkiv
s 13 Privat
s 14 F H
s 15 Gunnar Södergren/Aftonbladet Bild
s 16 Scanpix

Bildark 2
s 1 Scanpix
s 2 Nordiska Museet
s 3 OVAN Oscar Bladh/Stockholms Stadsmuseum NEDAN Arne Schweitz /Scanpix
s 4 AP/Scanpix
s 5 Jan Delden/Scanpix
s 6 OVAN Jan Gustavsson/Scanpix NEDAN Scanpix
s 7 Sandrews
s 8 OVAN Ingemar Berling/Scanpix NEDAN Roland Jansson/Scanpix
s 9 Nordiska Museet
s 10–11 Rolf Olsson/Aftonbladet Bild
s 12 OVAN Lasse Olsson/Scanpix NEDAN Ulla Lemberg/Aftonbladet Bild
s 13 Scanpix
s 14 OVAN Jan Collsiöö/Scanpix NEDAN Jan Delden/Scanpix
s 15 OVAN Aftonbladet Bild NEDAN Paolo Rodriguez/Aftonbladet Bild
s 16 Lennart Halvarsson/Aftonbladet Bild

Bildark 3

s 1 Ewert Karlsson EWK/BUS 2010
s 2 Scanpix
s 3 OVAN Scanpix NEDAN Gunnar Berghkrantz/Aftonbladet Bild
s 4 OVAN Torbjörn Andersson/Scanpix NEDAN Weine Lexius/Scanpix
s 5 OVAN Scanpix NEDAN Scanpix
s 6 Gunnar Berghkrantz/Aftonbladet Bild
s 7 Kamerareportage
s 8 OVAN Ulla Lemberg/Aftonbladet Bild NEDAN VÄNSTER AFP/Scanpix NEDAN HÖGER Tommy Svensson/Scanpix
s 9 Bo Schreiber/Aftonbladet Bild
s 10 Bo Schreiber/Aftonbladet Bild
s 11 Bo Schreiber/Aftonbladet Bild
s 12 OVAN Arne Adler/Scanpix NEDAN Jan Delden/Scanpix
s 13 Sven-Erik Sjöberg/Scanpix
s 14 Stig A Nilsson/Scanpix
s 15 Jan Collsiöö/Scanpix
s 16 Claus Gertsen/Scanpix

Personregister

Abraham, Henry J. 114, 118f, 132
Acheson, Dean 219
Adelsohn, Ulf 607, 620ff, 625, 632, 643, 645f, 649
Adenauer, Konrad 225, 231, 354, 372
Ahlgren, Stig 164f, 368
Ahlin, Lars 97, 136
Ahlmark, Per 520, 539, 544, 546, 560f, 631, 634
Ahlstedt, Börje 375
Albert, prins (Storbrit.) 559
Alexander III, tsar 40
Alfredson, Hans 381, 572, 598
Alfvén, Hannes 535
Ali, Muhammad 609, 632
Allende, Salvador 505
Alopaeus, Marianne 632
Alving, Barbro 100, 386, 388
Ambjörnsson, Gunila 297
Ambjörnsson, Ronny 193, 308
Amin, Idi 591
Andersen, Stig 167
Anderson, Ivar 100, 102
Anderson, Perry 258f, 261, 295, 303, 324
Andersson, Bibi 513
Andersson, Börje ("Röde Börje") 614
Andersson, Dan 101
Andersson, Margareta, "Maddi" 56f, 63
Andersson, Paul 181
Andersson, Roy 646
Andersson, Sten 364, 384, 412f, 436, 441, 490, 517, 540f, 557, 561, 563, 568, 573, 581, 605, 614, 634
Andersson, Sven 288ff, 315, 364, 437, 475, 477, 509, 613
Andersö, Anders (Tecknar-Anders) 253
Andropov, Jurij 584
Arafat, Yassir 518
Arbatov, Georgij 583f, 588
Aristoteles 130

Armstrong, Louis 91
Aron, Raymond 176
Arvidsson, Håkan 190, 307
Ashton, Catherine 586
Aspenström, Werner 94, 259
Aspling, Sven 237–238, 282, 287, 290f, 321, 364, 384, 413, 436, 438, 441, 557
Asplund, Gunnar 82
Astaire, Fred 267
Astrid, drottning 247
Attlee, Clement 193, 231
Augustsson, Lars Åke 547
Auster, Paul 469

Bagge, Gösta 14
Bahr, Egon 584, 586, 619f
Bahr, John 146, 156
Baude, Annika 458f
Bauer, Otto 272
Baunsgaard, Hilmar 444
Beauvoir, Simone de 372
Becker, Gary 600
Beckett, Samuel 418
Beck-Friis, Anna-Lisa f. Bolling 206
Beck-Friis, Christian 205, 207
Beck-Friis, Lisbet se Palme, Lisbet
Belafonte, Harry 433
Bennedich, Carol 475
Berg, Håkan 327
Berghagen, Lars (Lasse) 530
Bergman, Ingmar 75, 89, 303, 310, 322, 345f, 363, 383, 417, 454f, 482, 523–526, 539, 541f, 598
Bergman, Petter 379
Berlin, Irving 115
Berlinguer, Giovanni 172f
Bernadotte, Folke 62, 66, 143
Bernström, Bonnie 555
de Besche, Hubert 464, 508
Bevan, Auerin 231

Bildt, Carl 12, 619, 621–624, 632
Bildt, Nils 12
Bismarck, Otto von 38, 90
Björk, Kaj 291
Björklund, Leni 604
Björkquist, Manfred 80, 82f, 122
Bladh, Curt 632
Blair, Tony 618
Blomberg, Erik 97
Blumenau, Ralph 163
Bodström, Lennart 187, 327, 360, 482, 614, 622f, 625
Bogart, Humphrey 373
Bohman, Gösta 277f, 434, 443, 465, 485f, 488–491, 514, 516, 519f, 530, 538ff, 544, 546, 568, 570, 574ff, 579f, 601–604, 607, 619f, 646
Bokassa, Jean-Bédel 591
Bonaparte, Napoleon 418
Bonnier, familjen 252, 292, 557
Borg, Björn 471
Borgendahl, Ragnar 472
Born, familjen von 25, 40
Born, Heidi von 87
Born, Viktor von 40, 42
Borten, Per 444
Boström, Erik Gustaf 34
Bourdieu, Pierre 550
Bowie, David 471
Boysson, Guy de 151
Brandelius, Harry 101
Brandt, Willy 312–313, 418, 443, 447f, 463, 516–517, 551f, 579, 583f, 587, 590, 614
Branting, Hjalmar 25, 34, 73, 289, 330, 360, 410, 648
Bratt, Bengt 489
Bratt, Ivar 240
Bratt, Peter 474–481, 496, 555
Bratteli, Trygve 493, 551
Braun, Wernher von 418
Brecht, Bertolt 333
Brendon, Piers 97
Breslin, Jimmy 568
Brezjnev, Leonid 582, 584
Browaldh, Tore 558f
Brown, Andrew 609
Brundtland, Gro Harlem 585
Bruno, Arvid 98
Buber, Martin 301
Buchanan, James 600
Buhre, Birger 100
Bulger, William 114, 119, 123f

Bunche, Ralph 433
Buñuel, Luis 375
Burenstam Linder, Staffan 599
Burke, Edmund 645
Bäckström, Claes 104
Böök, Fredrik 190

Caligula 574
Callahan, James 545f
Camus, Albert 94, 260, 315
Carl, prins 13, 73
Carl XVI Gustaf 287, 381, 492, 502, 530, 623
Carlberg, Anders 391, 400f, 403f, 406, 621
Carlsson, Ingvar 7, 234, 361, 363, 413, 428, 436ff, 500, 544, 577–581, 604, 610, 614, 616, 634, 642f
Carmichael, Stokely 372, 378, 399
Carter, Jimmy 546, 582f, 588
Casparsson, Ragnar 90
Cassady, Neal 125
Castro, Fidel 418, 513ff
Ceaucescu, Nicola 444
Chan, Nguyên Tho 388ff, 406
Chase, Philander 111f
Childs, Marquis 193, 615
Chopin, Frédéric 416
Chrusjtjov, Nikita 235, 614
Churchill, Winston 91f, 225, 231, 272, 567, 614
Claesson, Stig 150, 378, 489
Clason, Anders 481
Coase, Ronald 600
Cohn-Bendit, Daniel 400
Cox, Archibald 477
Crosland, Anthony 284f
Curman, Birgitta, f. Palme 65
Curman, Karl 50

Dagerman, Stig 97, 193
Dahl, Birgitta 497f, 614
Dahlgren, Hans 583, 634
Dahlsten, Ulf 635, 640, 645, 654
Danielsson, Tage 247, 381f
Davignon, Etienne 448
Dean, James 306
Delblanc, Sven 345, 378, 438, 469, 548, 598
Dellinger, Dave 372
Demosthenes 30
Dewey, Thomas E. 117, 127
Dickens, Charles 482

Dollfuss, Engelbert 312
Donhauser, Robert 170
Dos Passos, John 136
Dubček, Alexander 153, 405, 407
Dumas, Alexandre 58, 482
Durrell, Lawrence 94
Dutschke, Rudi 395, 400
Dutt, Anna, f. Palme 29, 50
Dutt, Radji Palme 29
von Döbeln, Georg Carl 40

Eberhard, Emile 193
Eckehart, mäster (Eckhart von Hochheim) 301
Edelstam, Harald 505ff, 509, 512
Edén, Nils 48
Edenman, Ragnar 209, 325, 376
Edfelt, Johannes 211
Edquist, Carl Göran 631
Ehnmark, Anders 176
Einstein, Albert 100, 267
Eisenhower, Dwight D. 117, 225, 299
Eisner, Kurt 262
Ekberg, Anita 276, 307
Ekelöf, Gunnar 208
Ekéus, Rolf 585
Eklund, Klas 654
Eliasson, Jan 592
Eliot, T.S. (Thomas Stearns) 94
Ellsberg, Daniel 481
Elmbrant, Björn 593
Elmér, Birger 107, 185, 235f, 474, 476
El-Sayed, Refaat 627
Enerström, Alf 631
Engels, Friedrich 136
Engström, Odd 635
Enquist, Per Olof 479, 485, 548, 633
Enzensberger, Hans Magnus 606f, 609
Erhard, Ludwig 298
Ericson, Hans (Hasse) 520f, 529
Ericsson, John ("Kinna") 241
Eriksson, Göran O. 194
Eriksson, Nancy 245, 287f, 359, 455, 629
Erlander, Aina 222, 237, 367, 369, 389, 551
Erlander, Bo 237
Erlander, Sven 223, 237, 245
Erlander, Tage 135, 158, 185, 196, 201, 210, 222–233, 235–239, 241, 245f, 249f, 253ff, 260, 263, 270, 274, 276f, 279f, 282–285, 289f, 292–295, 298–301, 315–318, 321ff, 325, 327f, 330, 340f, 353f, 358, 360f, 363–367, 369, 372, 376ff, 381ff, 385, 389f, 399f, 404ff, 408ff, 412f, 416ff, 421, 435–438, 442, 447, 451, 463, 477, 487, 494ff, 529, 534, 538, 551, 555, 559, 562, 564, 602, 613, 618, 633, 648f, 653
Erskine, Ralph 424

Fagerström, Allan 409
Fahlström, Öyvind 304
Falkenberg, Elise 86
Fanon, Frantz 301
Fant, Kenne 523
Feldt, Kjell-Olof 364, 444, 447, 571, 602–606, 614, 616f, 628, 630, 637ff, 640ff, 653ff
Fellini, Federico 276
Ferlin, Nils 101
Ferm, Anders 359f, 428, 431, 436, 438f, 463, 508, 512, 585, 590, 592, 624f, 634, 648
Filip II 92
Fleisher, Wilfrid 221f
Foerster, Svante 262, 303
Fogelström, Per Anders 265, 268, 339
Foot, Michael 553
Ford, Henry 53
Forman, Milos 656
Forssell, Lars 270, 351f
Foucault, Michel 550
France, Anatole 46
Franco, Francisco 90, 341, 375, 463, 510, 520
Franck, Hans Göran 169, 171
Franzén, Henrik (artistnamn Henrik Hemsk) 549
Fredriksson, Gunnar 352
Freud, Sigmund 58, 72, 206
Fridegård, Jan 522
Fridén, Sigurd 91
Friedman, Milton 550
Frisch, Max 481
Frost, David 417, 432
Frost, Robert 178
Fulbright, William 373, 431
Furugård, Birger 289
Fälldin, Thorbjörn 202, 320, 485–490, 492, 494ff, 516, 525, 533–540, 542, 544, 546, 560f, 570f, 573, 575, 581, 593, 595f, 601–604, 606, 613, 618f, 644, 646

Galbraith, John Kenneth 285

Galsworthy, John 388–389
Gandhi, Mahatma (Mohandas Karamchand) 166
Gandhi, Indira 444, 614
Gandhi, Rajiv 649
García Marquez, Gabriel 598
Garpe, Joakim 339
Gaulle, Charles de 267, 298, 313, 354, 372, 397, 447
Gedin, Per I. 349
Geer, Louis de 58
Geijer, Arne 364, 415, 531
Geijer, Erik Gustaf 27, 416
Geijer, Lennart 437, 454, 484, 554f, 629
Gellerfelt, Mats 597
Gerhardsen, Einar 298, 312
Giesecke, Curt-Steffan 153
Gillberg, Björn 535
Giscard d'Estaing, Valéry 546
Gleason, Teddy 431
Glistrup, Mogens 493, 541, 609
Glitter, Gary 471
Goethe, Johann Wolfgang von 11, 18, 90, 394
González, Felipe 517, 591, 614
Gorbatjov, Michail 584, 588, 655
Gore, Al 650
Gorkij, Maxim 289
Gottwald, Klement 166
Granlid, Hans 191, 297
Grass, Günter 481
Gripenberg, Bertel 96
Grohman, Joseph (Joscha) 155, 167, 172
Groth, Kaj 507
Guevara, Ernesto "Che" 348
Guillou, Jan 473–481, 496, 512, 598, 651f
Gunnarsson, Sture 61, 100
Gustafsson, Hans 594, 637
Gustafsson, Lars 393, 598, 631, 634
Gustav Adolf, kronprins 13, 73, 483
Gustav V 37, 196, 483
Gustav VI Adolf 232, 298, 482f, 491, 502, 534
Guthrie, John 508
Günther, Christian 269
Gyllenhammar, Pehr G. 558f, 630
Gyllensten, Lars 92, 345, 374, 539
Görling, Lars 304, 374

Hagberg, Hilding 279, 310, 315, 332

Hagman, Lennart 107, 185, 218, 235
Haldeman, Robert 634
Haley, Bill 242
Hallström, Åsa 342
Hamilton, Alexander 126
Hammarling, Vilgot 223
Hammarskjöld, Dag 143, 301f
Hansson, Knut M. 466
Hansson, Per Albin 78, 83, 222, 224, 242, 272, 279, 330, 360, 408, 410, 460, 537, 606, 630
Harrie, Ivar 38, 146
Harrington, Michael 431
Harris, Ted 163
Hartling, Poul 653
Hassner, Rune 338
Hausmann, Georges Eugène, baron 11
Hausner, Siegfried 501
Havel, Václav 589
Hayek, Friedrich 131, 616
Hayes, Rutherford B. 112
Heath, William 389, 430
Heckscher, Gunnar 315, 331, 365
Hedberg, Olle 206
Hedenius, Ingemar 164f
Hedin, Sven 36f
Hedin, Sven Adolf 26f, 35f, 47
Hedlund, Gunnar 227, 279, 310, 315, 369, 434ff, 439, 486, 494
Hedtoft, Hans 231
Heidenstam, Verner von 29, 33, 38, 96
Helén, Gunnar 237, 316, 320, 434, 442, 486f, 492, 494f, 520, 533, 562, 573, 632
Hellström, Gustaf 90
Hellström, Mats 650
Hemingway, Ernest 136
Hemsk, Henrik, se Franzén, Henrik
Hepburn, Audrey 373
Hermansson, Carl-Henrik 320, 331f, 365, 382, 400, 403, 406, 487
Hesselgren, Kerstin 81
Heydrich, Reinhard 463
Hierta, Lars Johan 37
Hillersberg, Lars 307
Hindenburg, Paul von 37
Hitchcock, Alfred 553
Hitler, Adolf 53, 64, 67, 90, 97, 161, 190, 272, 292, 466
Hjalmarson, Jarl 227, 310, 315, 614
Hjelm-Wallén, Lena 496ff, 614
Hjärne, Harald 42, 47
Hobsbawm, Eric 225, 257

Ho Chi Minh 431
Hoffa, Jimmy 521
Hoffman, Paul 170
Hofsten, Greta 474
Holland, Jerome 430, 435, 508
Holmberg, Bo 614
Holmberg, Per 450
Holmberg, Yngve 365, 406, 434, 485f
Holmqvist, Eric 408f, 450
Honecker, Erich 644
Hopp, Doris 554
Horne, Lena 433
Hughes, Langston 118
Humphrey, Hubert 404f, 508
Hussein, Saddam 591
Hyland, Lennart 229, 337
Håkanson, Björn 308f, 333, 378
Håkansson, Hans 161f, 327
Hägg, Gunder (musikgrupp) 411, 449
Hägg, Göran 192, 221, 248
Häggkvist, Carola 626
Hägglund, Joel (Joe Hill) 352
Höglund, Zäta (eg. Zeth) 262
Hökby, Bertil 86
Höök, Marianne 347

Ibsen, Henrik 27, 46
Inghe, Gunnar 208
Isaksson, Anders 286
Isaksson, Folke 351f, 386
Israel, Joachim 208
Israel, Miriam 208

Jarl, Stefan 349
Jaurès, Jean 218
Jefferson, Thomas 126
Jenkins, Stanley 153, 162f, 167ff, 172ff, 178
Jennings, David 335, 337
Jersild, P C (Per Christian) 346, 598
Johannesson, Kurt 278
Johansson, Alf W. 165
Johansson, Göran 531
Johansson, Ingemar 276
Johansson, Knut 415, 417
Johansson, Rune 408f, 535
Johnson, Axel Ax:son 260
Johnson, Lyndon B. 342, 353f, 385, 405
Jonsson, Gustav ("Skå-Gustav") 208
Josephson, Erland 454
Joyce, James 96, 597
Judt, Tony 519
Jungner, pastor 54

Jönsson, Anna 60
Jørgensen, Anker 493, 551

Kaganovitj, Lazar 578
Kallifatides, Theodor 337f
Karl X Gustav 103
Karl XI 59
Karl XV 17
Karl den store 553
Karleby, Nils 271
Karl Gerhard 66
Karlsson, Jan O. 439, 482, 634
Kaunda, Kenneth 444
Kekkonen, Urho 445f
Kennedy, Joe 314
Kennedy, John F. 224, 261, 297, 300, 312, 315, 321, 333, 342, 365, 431, 434, 614, 645
Kennedy, Robert F. 313ff, 349, 403ff, 431
Kenyon, George lord 112
Kerouac, Jack 111, 125, 308, 373
Key, Ellen 28f
Keynes, John Maynard 228, 254, 644
Kierkegaard, Sören 472
King, Coretta 433
King, Martin Luther 375, 395, 399, 433
Kissinger, Henry 269, 464, 508ff, 515–518, 614
Kling, Herman 437
Klinge, Matti 40
Klintberg, Bengt af 306
Knieriem, Elisabeth von (Elly) 59f, 62, 68
Knieriem, Joachim von 54
Knieriem, Ottokar von (Otto) 64, 66f
Knieriem, Woldemar von 59f, 118, 631
Koestler, Arthur 176, 478
Kohl, Helmut 587
Koivisto, Mauno 312, 444ff
Kołakowski, Leszek 351
Korvald, Lars 462
Kosygin, Aleksej 351, 405, 444
Kosygina, Ludmila 405
Krabbe, Hanna 501
Krag, Jens Otto 228, 298, 312
Kreisky, Bruno 312f, 443, 463, 516f, 551f, 590f, 614
Kreuger, Ivar 13, 54
Kreuger, Torsten 234
Krusenstjerna, Agnes von 21
Kröcher, Norbert 549
Kuylenstierna, Harriet 89
Kärre, Bo 148, 153, 155f, 161f, 164f, 182, 186, 230, 233

Kärre, Marianne 148, 182
Königson, Ture 252f

Lagerbielke, Gustaf lantmarskalk 17
Lagercrantz, Olof 104, 302, 349f, 368, 398
Lagercrantz, Henrik G:son överste 104
Lagerkvist, Pär 96
Lagerlöf, Selma 29, 427
Lamm, Martin 542
Lange, Anders 493, 541, 609
Lange, Gunnar 321, 447
Larsen, Aksel 331
Larsson, Kjell 568, 570, 634
Larsson, Sven Erik 516
Larsson, Ulf 635
Laski, Harold 136
Lehrer, Tom 268
Leijon, Anna-Greta 496–499, 513, 549, 614, 617, 637
Lenin, Vladimir Iljitj 47, 262, 289, 414
Lepage, Henri 599
Levertin, Oscar 28
Lévi-Strauss, Claude 550
Lidbom, Carl 361ff, 437f, 441, 454, 500f, 634
Lidbom, Gunnar 362
Lidman, Sara 268, 308, 357, 425, 427, 548
Liffner, Axel 96
Lilliestierna, Christina 96
Lincoln, Abraham 112
Lindbeck, Assar (se äv. Lindbäck, tidigare stavn) 361f
Lindberg, Giovanni 44
Lindbom, Tage 200ff, 204
Lindbäck (senare Lindbeck), Assar 242–245, 284
Lindegren, Erik 77, 93f, 96
Lindgren, Astrid 521–524, 526, 539, 541f, 597
Lindgren, Torgny 598
Lindh, Anna 642
Lindhagen, Carl 25
Lindholm, Sven Olov 107
Lindqvist, Boris (Rock-Boris) 359
Lindqvist, Sven 355, 378, 399, 513, 597
Lindström, Kjell 631, 651
Lindström, Rickard 209, 271f
Lindström, Ulla 288, 294, 299f, 302, 332, 383–384
Linna, Väinö 25, 333
Ljunggren, Jens 345

Llewellyn, Richard 189
Lo-Johansson, Ivar 100, 522
London, Jack 289
Louise, drottning, f. Mountbatten 483, 505
Lowenstein, Al 153, 174f
Lucas, George 597
Lundberg, Arne S. 426
Lundbohm, Hjalmar 424
Lundell, Ulf 373, 472f, 548f, 596
Lundgren, Caj 627
Lundkvist, Artur 96, 208, 304, 539
Lyder, Palme 14
Lysholm, Gustaf Adolf 12
Lyttkens, Alice 73
Löfberg, Bertil 271f, 274

MacArthur, Douglas 191
MacLaine, Shirley 553f, 571
Madden, Tom 154f
Mailer, Norman 136–140, 261, 568, 571
Malm, Stig 630
Malmsten, Carl 82
Malraux, André 176
Man, Hendrik de 387
Mandela, Nelson 552
Mann, Thomas 30
Mannerheim, Johan friherre 14
Mannerheim, Gustaf general 42, 48
Mao Zedong 404
Marcuse, Herbert 339, 346f, 393, 599
Margaret av Connaught, maka till Gustav VI Adolf 483
Martinson, Harry 96
Martinson, Moa 522
Marx, Karl 130, 136, 157, 260, 332, 344, 460, 472
Maslow, Abraham 283, 310
Matthis, Sköld Peter 371, 458
Maupassant, Guy de 103
May, Karl 58
Mazzini, Giuseppe 27
McCarthy, Joseph 171, 176, 292, 314
McGovern, George 553
McMillan, Harold 257
McNamara, Robert 583
Mehr, Hjalmar 262, 339, 384, 451, 533, 551, 555, 562
Meidner, Rudolf 527–533, 556ff, 627
Merckx, Eddy 418

Mercouri, Melina 349
Meyer, Conrad Ferdinand 609
Michelet, Jules 27
Michnik, Adam 589
Mill, John Stuart 26, 35, 533
Miller, Henry 278
Millroth, Thomas 265, 342
Mills, C. Wright 343
Mittag-Leffler, Gösta 20
Mitterrand, François 517, 574, 586
Moberg, Eva 456f
Moberg, Sven 377, 396, 398
Moberg, Vilhelm 91, 101f, 195ff, 200ff, 204, 239, 310f, 456, 483, 502
Modéen, Thor 86
Molin, Rune 590, 604
Mondale, Walter 508
Monroe, Marilyn 574
Morrison, Herbert 222
Mozart, Wolfgang Amadeus 656
Mugabe, Robert 515
Mussolini, Benito 90
Muzorewa, Abel 594
Myrdal, Alva 144, 198, 226, 249, 463, 569, 581, 597
Myrdal, Gunnar 144, 198, 226, 288, 320, 386ff, 446, 597
Myrdal, Jan 179, 198ff, 202, 204, 208, 338, 344, 346, 378f, 386, 504, 597f, 631, 634
Möller, Gustav 286
Möller, Yngve 464, 508

Nehru, Jawaharlal 152
Newman, Paul 119, 123
Nicolin, Curt 560
Nielsen, Monica 382
Nietzsche, Friedrich 538
Nightingale, Florence 46
Nilsson, Björn 652
Nilsson, Gunnar 531f, 605, 630
Nilsson, Macke 573
Nilsson, Torsten 252, 288ff, 293, 322, 352ff, 364, 384f, 387, 389, 406, 437, 448, 463, 613
Nilzén, Åke 636
Nixon, Richard 117, 129, 382, 405, 429, 433, 463–466, 477, 481, 508ff, 516, 614, 635
Nobel, Alfred 12, 444, 550, 649
Noel-Baker, Philip 583, 587
Nordensson, Harald 99f

Nordström, Brita 461
Nyblom, Lennart (sign. Red Top) 207
Nyerere, Julius 511, 615
Nylén, Leif 347, 656
Nyman, Lena 374ff

Obama, Barack 278
Ohlin, Bertil 185, 227ff, 238, 245f, 249ff, 253f, 295f, 315, 318, 320, 330, 354, 494, 614
Ollenhauer, Erich 231f
Olof Skötkonung 77
Olofsson, Clark 484ff
Olsson, Jan Erik 469, 483ff
Olsson, Jan Olof (Jolo) 279
Olsson, Oscar ("med skägget") 81
Oppenheimer, Robert 267
Orwell, George 160f
Osborne, John 303
Oscar I 40
Oscarsson, Per 337
Ossietzky, Carl von 481
Osten, Suzanne 656
Owen, David 584ff, 620
Owen, Robert 424

Palm, Göran 176, 194, 308, 345, 473
Palm, Thede 236
Palme, Adolph 16, 57
Palme, Anna 19
Palme, Axel 20, 445
Palme, Birgitta 28, 38, 46, 50, 61, 65, 68
Palme, Carin (Catharina) 54–57, 65f, 71, 84, 91, 105, 124, 145, 230, 234, 459, 636
Palme, Claës 54–57, 62, 68, 71, 79, 91, 102, 105, 134, 145, 230, 234, 628, 636
Palme, Elisabeth, f. von Knierim, "Müsi" 54f, 58–68, 70f, 73, 76–79, 95, 99, 102, 105, 107, 120, 134, 143, 145, 148, 160, 230, 234, 261f, 298, 442, 653
Palme, Gunnar 28, 38, 46, 50, 54, 57, 60ff, 65–70, 73, 100, 102f, 105, 107, 120, 143, 160, 183, 238, 261f, 267
Palme, Hanna, f. von Born 23–29, 39f, 42–46, 56ff, 61f, 66f, 71, 78, 91, 158, 233f, 459
Palme, Henrik 15f, 18–21, 23f, 28f, 40, 43, 50f, 108, 120, 267, 299
Palme, Ingegerd 29
Palme, Joakim 263, 298, 348, 398, 551, 635, 637, 651, 654
Palme, Joanna 654

Palme, Lennart 124
Palme, Lisbet, f. Beck-Friis 204f, 207f, 230, 235, 261ff, 265f, 275, 294, 298f, 322, 348, 361, 363f, 398, 412, 431, 433, 435, 442, 458ff, 490f, 513, 552, 564, 567, 585, 633, 635f, 648, 651, 656f
Palme, Mattias 398, 490, 551, 569, 635, 652, 656
Palme, Mårten 298, 348, 398, 430, 551, 635, 637, 657
Palme, Nils 28, 46, 48, 50, 68ff, 73
Palme, Olof *passim*
Palme, Olof d.ä. 28, 38, 42–45, 47, 49, 54, 68, 70, 77, 446
Palme, Ramón 124, 513
Palme, Sven 15f, 19ff, 23–31, 33–50, 57, 60, 66–73, 98, 100, 108f, 111, 120, 134, 158, 188, 267, 299, 349, 445, 466
Palme, Sven Ulric 182, 259, 299
Palme, Ulf 299
Palmstierna, Hans 534
Pankin, Boris 623
Papandreou, Andreas 517
Park Chung Hee 591
Parsons, Graham 354f
Pasternak, Boris 310
Paulsson, Valfrid 361
Peacock, Andrew 553
Peairs, Ralph D. 431f
Peck, Gregory 267
Pelikan, Jiri 153
Peppler, Willem 144, 148, 155f, 163
Persson, Carl 484, 554f
Persson, John 89
Persson, Yngve 327
Pétain, Philippe 313
Peterson, Thage G. 94, 277, 441f, 450, 497, 544, 556f, 564, 571, 573, 614, 616, 635, 637, 655
Petré, Gio 631
Petrén, Gustaf 504
Petri, Lennart 355, 388
Pettersson, Christer 9, 631
Philip, prins (Storbrit.) 298
Phúc, Kim 440
Pinochet, Augusto 505, 509
Platen, Gustaf von 234, 404, 465, 485
Platon 130
Plimpton, George 182
Pol Pot (eg. Saloth Sar) 591
Pompidou, Georges 418
Ponomarjov, Boris general 584

Popenoe, David 462
Presley, Elvis 306
Profumo, John 554
Proust, Marcel 53, 226
Pudas, Folke 612

Quant, Mary 337
Quensel, Nils 555

Rafael (eg. Raffaelo Sanzio) 289
Rainer Ove 482, 614, 625, 629f
Ramel, Povel 82f, 87
Ransom, John Crowe 113
Rasputin, Grigorij 584
Rauschenberg, Robert 304
Rausing, Gad 260
Rausing, Hans 260
Reagan, Ronald 550, 588, 599, 616, 639, 644, 654
Rehn, Gösta 528
Rennerova, Jelena 159f, 162, 653
Reuther, Walter 132f
Richelieu, Armand-Jean du Plessis 58
Ringholm, Bosse 430
Riza Pahlavi, Mohammad 591
Robbe-Grillet, Alain 303f
Robèrt, Carl-Axel 475ff
Robles, Alfonso García 585
Rockefeller, John D. 388
Rockefeller, Nelson 331
Rogers, William 431
Rolland, Romain 310
Rollén, Berit 431, 439, 459
Roosevelt, Franklin Delano 76, 115ff, 132, 150, 216, 285, 313
Rosenberg, Alfred 64, 631
Rosengren, Björn 656f
Roth, Tomas 184
Rothschild, Emma 585, 636f, 640, 651, 654
Rousseau, Jean-Jacques 421, 460, 462
Ruin, Olof 187, 327, 360
Runeberg, Johan Ludvig 33, 41
Rusk, Dean 385
Russell, Bertrand 176, 371f, 385, 390
Rust, Bonney 163, 172
Rydberg, Viktor 26
Rådström, Pär 199, 265
Rönnquist, Per-Erik 327

Sade, Donatien Alphonse François de 345

Sahlin, Mona 642
Salama, Hannu 350
Salim, Salim Ahmed 585
Samson, Sam 86
Samuelson, Kurt 317
Sandburg, Carl 429
Sandels, Johan August 41
Sandler, Rickard 190
Sartre, Jean-Paul 53, 72, 94, 166, 181, 372
Schein, Harry 154, 177, 293, 335, 362ff, 378, 409, 482, 525, 528, 551, 554, 634, 639
Schlesinger, Arthur 645, 654
Schmidt, Helmut 501, 546, 587
Schmitt, Carl 178
Schori, Pierre 475, 506, 512f, 515, 583f, 634
Segerstedt, Torgny 66, 393
Sehlin, Halvar 204
Sellassie, Haile 298
Servan-Schreiber, Jean-Jacques 313f
Shaffer, Peter 656
Shakespeare, William 90
Shirer, William L. 144
Shute, Nevil 267f
Sigurdsen, Gertrud 496
Silén, Sven 278
Silone, Ignazio 176
Silvia, drottning 530
Sinclair, Upton 289
Sirhan, Sirhan 404
Siwertz, Sigfrid 41, 90
Sjöberg, Birger 39, 494
Sjöman, Vilgot 176, 277, 349, 362, 374ff
Sjöström, Hans O. 358
Skoglund, Gösta 414
Sköld, Per Edvin 222
Slánský, Rudolf 182
Smith, Adam 130
Smith, Ian 515, 581, 591
Soares, Mário 517
Sofokles 90
Solzjenitsyn, Andrej 481, 507
Sommerlath, Silvia 530
Somoza, Anastasio 591
Sonnevi, Göran 343, 403
Sorsa, Kalevi 551
Spencer, Herbert 24, 46
Spender, Stephen 335
Staaff, Karl 34, 37
Stalin, Josef 64, 154, 166f, 402, 547, 578
Stanton, Edwin M. 112

Steele, Tommy 306
Steinbeck, John 136
Sten, Hemming 87, 96
Stenbeck, Jan 627
Stenberg, Birgitta 181
Stevenson, Robert Louis 277
Strand, Dieter 352, 360, 415, 428, 567, 569f, 576, 582
Strauss, Franz Josef 576
Strindberg, August 12, 18, 21f, 26f, 29, 33, 36, 205, 289, 524
Sträng, Gunnar 222, 288ff, 315, 328, 339, 364, 368, 383, 404, 408, 410, 412–417, 425, 436ff, 448, 450, 484, 491, 520, 523f, 526, 542, 556, 562, 564, 569, 571f, 581, 602, 613, 617
Styron, William 182
Ståhl, Ingemar 327
Sukarno, Ahmed 217
Sundström, Gun-Britt 435
Svedgård, Lars 415
Svenning, Eric 293
Svenning, Olle 293
Svensson, Sven 368, 383f, 422
Söder, Karin 581
Söderberg, Hjalmar 90
Söderblom, Nathan 49

Tambo, Oliver 552
Teagarden, Jack 91
Tennyson, Alfred 167
Tham, Carl 562
Thatcher, Margaret 246, 550, 574ff, 599, 616f, 639, 644, 654
Theorin, Maj Britt 581
Thomas av Aquino 301
Thomas, Evan 297
Thomas, Norman 128
Thorén, Ulf 349
Thorsson, Inga 581, 583
Thoursie, Ragnar 94, 97
Thulin, Ingrid 362
Thunborg, Anders 623
Thåström, Joakim 549
Tingsten, Herbert 105, 119, 164ff, 197f, 202, 224, 228, 252, 280ff, 472
Tito, Josip Broz 167
Titus, Paul M. 129–133, 429, 654
Tolkien, J.R.R. (John Ronald Reuel) 482
Tolstoj, Leo 24, 289
Tornborg, Rita 472
Toulouse-Lautrec, Henri de 378

Tranaeus, Jarl 173, 175
Trankell, Arne 105, 398
Tranströmer, Tomas 176
Trotskij, Leo 47
Trudeau, Pierre 313f, 443
Truffaut, François 303
Truman, Harry S. 116f, 127ff, 164, 191, 277
Trygger, Ernst 14

Ullmann, Liv 454
Ullsten, Ola 330f, 515, 560–563, 570, 573, 581, 595, 602ff, 629, 645
Ulvskog, Marita 543
Undén, Östen 269f, 275f, 300, 302, 315, 321f, 354
Unger, Gunnar 234, 269

Vance, Cyrus 583, 586, 620
Vennberg, Karl 94–97, 164ff, 309, 349, 479f
Verne, Jules 482
Victoria, drottning 483, 559
Vreeswijk, Cornelis 451

Waal, Nic 208
Wagner, Richard 38
Waldau, Göran 144, 160ff
Waldheim, Kurt 590f
Wall, Anders 626
Wallace, Henry 128
Wallenberg, familjen 19, 80f, 287, 417, 534, 557f
Wallenberg, Jacob 66f
Wallenberg, Marc 75
Wallenberg, Marcus 66f, 225, 260, 368, 402
Wallenberg, Peter 75, 183
Wallenberg, Raoul 269
Wallenberg, A.O. 18
Warhol, Andy 418
Wattrang, Hans 86, 91, 147, 156, 294, 352
Waugh, Evelyn 194
Weber, Max 257, 274, 278, 537
Wedén, Sven 253, 382, 405, 434
Weiss, Peter 208
Wennerström, Stig 321ff
Wesker, Arnold 303
Westerberg, Bengt 645, 647f
Westholm, Carl Johan 559
Whitman, Walt 381
Wibble, Anne 228
Wicander, C.A. 221f, 225
Wickman, Johannes 409
Wickman, Krister 321, 363, 404, 408f, 463, 466, 506, 508f
Widerberg, Bo 304
Wied, Victor von, prins 14
Wigforss, Ernst 81, 135, 198, 281, 407, 422
Wigforss, Harald 612
Wilde, Oscar 247
Wilder, Billy 553
Wilson, Harold 261, 312, 354, 418, 443, 517
Wirthén, Rolf 603
Wodehouse, P.G. 61, 519
Wohlin, Nils 288
Wolfe, Tom 568
Woodward, Robert F. 170f
Wästberg, Per 454, 511, 515

Ygeman, Ingvar 655
Young, Andrew 433
Young, Stephen M. 129

Zetterberg, Hans 246f, 250, 382, 384
Zetterholm, Finn 451
Zetterlund, Monica 382
Zetterström, Erik (Kar de Mumma) 451
Zetterström, Hans (Hasse Z) 55
Zetterström, Jelena, f. Rennerova 636
Zola, Émile 46
Zorn, Anders 626

Åberg, Carl Johan 650
Åhnberg, Annika 307
Åström, Sverker 433, 448, 513

Öberg, Jean-Christophe 355f
Östberg, Kjell 515
Östberg, Ragnar 82
Östergren, Bertil 148f, 170, 173, 186, 327ff, 370, 632ff
Östergren, Klas 548f
Österwall, Seymour 86